中国数量经济学会

21世纪
数量经济学

Quantitative Economics in the 21st Century

第11卷

◎主　编　汪同三　吴承业
◎副主编　李富强　赵昕东　胡日东

社会科学文献出版社
SOCIAL SCIENCES ACADEMIC PRESS (CHINA)

编审组名单

主　　编　汪同三　吴承业

副 主 编　李富强　赵昕东　胡日东

编审组长　汪同三

成　　员　李富强　彭　战　曹曼株　张秀武

前 言

本书是《21世纪数量经济学》丛书的第11卷。

中国数量经济学会2010年年会于2010年9月15日至17日在华侨大学（厦门校区）举行。来自政府部门、研究机构、大专院校和企业的四百多位数量经济学专家、学者参加了本次年会，会议共收到学术论文390多篇。

年会上，2007年诺贝尔经济学奖得主马斯金教授作了主旨讲演，日本应用经济学会副会长、九州大学大住圭介（Keisuke Ohsumi）教授、德国经济研究所宏观经济分析与预测部主任克里斯蒂安·德雷格（Christian Dreger）教授、华侨大学李拉亚教授分别做了学术讲演。

名家讲坛上，华侨大学赵昕东教授、南京理工大学朱宪辰教授、东北财经大学王维国教授、江西财经大学陶长琪教授、安徽财经大学张焕明教授、日本神户大学中村保（Tamotsu Nakamura）教授分别做了题为"Gibbs Sampler在计量经济学中的应用"、"经济学计量研究的具体问题与经验学科性质的思考"、"微观经济计量模型问题"、"随机前沿生产函数的进展"、"基于稳健主成分回归的统计数据可靠性评估"、"An Optimal Policy Rule in the Uzawa-Lucas Model"的学术报告。会议分十个小组进行了专题讨论，即经济计量学理论与方法、数理经济学理论与方法、宏观经济增长与发展、货币银行、金融与资本市场、财政税收、投资贸易、区域经济与协调发展、企业与产业经济、博弈论实验经济学及其他。一百多位学者在小组学术交流会上介绍了自己的最新研究成果，会议收到了良好的效果。

本书是由本次年会的优秀论文集结而成的，共33篇，分为六个部分：数量经济理论与方法，宏观经济增长与发展，金融、资本市场，财政、贸易，企业、产业经济，区域经济、协调发展。入选的这些论文均有较高的学术水平，具有一定的理论意义或实践意义。另需说明的是，本卷还收录了2

篇有较高学术价值的英文文章，我们认为这对促进数量经济学科的国际学术交流是有积极意义的。

囿于编者的能力和水平，本书一定存在不少错误和疏漏，欢迎广大读者批评指正。

编　者

2011 年 4 月

目　录

一　数量经济理论与方法

中国 GDP 序列的季节调整方法比较研究 …………………… 陈雄强 / 3
季节特征变化序列的 NBS – SA 季节调整方法研究
　　…………………………………………… 张　岩　张晓峒 / 14
Estimation of Moments for Linear Panel Data Models with Potential
　　Existence of Time Effects ………………………… Jianhong Wu / 25
An Extensive Study on Markov Switching Models with
　　Endogenous Regressors …………………… Tingguo Zheng, Xia Wang / 37
带有连续和离散数据的局部线性回归：一致收敛性及
　　收敛速度 ……………………………………………… 王建国 / 58
基于持久财产假说的购买力度量方法
　　——来自中国轿车市场的实证研究 ……… 孙　巍　张馨月　鄂禹含 / 73
向量自回归（VAR）模型中的识别问题
　　——分析框架和文献综述 …………………………… 张延群 / 83

二　宏观经济增长与发展

从投资比重上升看经济增长质量 …………………………… 沈利生 / 97
中国经济周期波动的"大稳定时代"识别 ………… 林建浩　王美今 / 106
自然垄断产业放松规制对经济增长的影响研究 …… 范合君　王文举 / 121
中国消费平滑假说的检验 ………………………… 张中元　赵国庆 / 132
中国产出缺口的实时估计及其可靠性研究 ………… 郑挺国　王　霞 / 142

资金流内敛与农业经济扩张
　　——基于1978~2008年31省（自治区、直辖市）
　　的面板分析 ………………………………………………… 裴辉儒 / 157
劳动力选择性迁移与我国经济区域增长
　　俱乐部收敛 ………………………………… 童光荣　杨艳军 / 171

三　金融　资本市场

利率期限结构预期理论的中国检验 ………………… 陈守东　杨东亮 / 185
货币政策及其外生冲击传导
　　——基于新凯恩斯动态随机一般均衡模型的视角
　　………………………………………… 刘松林　龚承刚　李松华 / 196
证券投资基金绩效的影响因素研究 ………………… 杨桂元　陈　磊 / 227
事件研究的新视角
　　——基于高频金融数据的波动率与突变 ……… 韩　清　梁　娟 / 240

四　财政　贸易

中国进出口贸易关系的实证分析 …………………… 肖腊珍　刘凤芝 / 253
财政支出结构对收入差距影响的统计评价
　　——以辽宁省为例的分析 ………………………………… 金双华 / 266
金融危机的贸易溢出效应对人民币有效汇率的影响
　　…………………………………………………… 姚　远　庞晓波 / 278

五　企业　产业经济

中国工业化进程对能源效率的阈值效应分析 ………………… 李　科 / 293
技术进步在中国低碳经济发展中的动态效应分析 …………… 郭　晶 / 307
电信移动客户流失的预测模型
　　——基于社会网络分析的实证研究 …………… 张海波　赵焕成 / 321

文化产业的定量分析
　　——以新疆为例 ……………………… 何伦志　黄常锋　甘晓成 / 336
我国高房价形成的影响因素及对策研究
　　………………………………………… 赵振全　谷家奎　程　浩 / 352

六　区域经济　协调发展

城镇居民收入流动性的实证分析
　　——伪面板数据门限自回归模型的估计与检验 …… 白仲林　赵　亮 / 365
中国区域经济增长不平衡的影响因素
　　——技术效率与要素积累视角 ………………… 陶长琪　齐亚伟 / 378
东北亚城市科技创新能力提升的因素探讨
　　——基于结构化方程模型的路径分析 …… 郑琼洁　倪鹏飞　杨　旭 / 390
中国省际教育投入对地区经济增长贡献率的
　　再测度及差异分析 ………………………………………… 冯　云 / 406
我国区域自主创新与政府行为的溢出效应研究
　　——基于 SPVAR 模型的分析 ………………… 耿　鹏　齐红倩 / 419
基于微观分层数据的我国农村居民医疗需求行为分析
　　…………………………………………………… 刘晓瑞　赵卫亚 / 436
澳门房价与经济发展关系研究 ………………………… 陈燕武　吴承业 / 448

一　数量经济理论与方法

中国 GDP 序列的季节调整方法比较研究[*]

陈雄强

（南开大学经济学院数量经济研究所）

引　言

对季度（或月度）数据进行季节调整是各国分析短期经济走势的一种有效手段。而我国迄今为止尚未发布包括季度 GDP 在内的经季节调整后的经济数据，这不仅不利于对我国宏观经济运行进行及时有效的监测，也无法满足国际比较的需要。在国家统计局季节调整重大科研项目框架下，本文论述了对我国 GDP 序列进行季节调整的两种方法，并对二表的操作结果进行了对比分析，这对研究和制定适合我国国情的季度 GDP 序列季节调整方法有重要意义。

本文第一部分阐述总量序列季节调整的基本理论与方法；第二部分论述了直接调整法和间接调整法对我国的 GDP 序列的季节调整；第三部分运用不同的评价指标对这两种季节调整方法的结果进行了对比；最后进行总结，得出结论。

一　理论回顾

与年度数据不同，由季度（或月度）数据构成的经济时间序列往往会

---

[*] 本文获得国家社会科学基金项目"经济序列季节调整的理论与应用研究"资助，项目编号 10BTJ010。感谢国家统计局重大科研项目"中国宏观经济序列季节调整与软件研发"提供的支持。

表现出有规律的周期性波动，这种季节性波动通常会影响研究者对经济走势的直观判断，因此应先对原始数据进行季节调整。从本质上说，季节调整是从原始序列中估计和剔除季节变动因素，其目的是更好地揭示季度（或月度）序列的潜在特征，真实地反映时间序列变动的客观规律。

按照世界各国的惯例，GDP通常不是直接测算的，而是按照地域加总或分行业加总的方式核算，这种需要通过加总的方式进行核算的序列可称为总量序列。构成总量序列的各个部分称为子序列。在此处，GDP序列是总量序列，不同地域或者行业的生产总值称为子序列。在实际操作过程中，总量序列的季节调整一般有两种方法：①直接调整法。先将各子序列的原始数据加总，构成总量序列，然后对总量序列运行季节调整程序。简而言之，即"先加总后调整"。张鸣芳（2005）在对中国季度GDP序列进行季节调整时采用的就是直接调整法。②间接调整法。先分别对各子序列的原始数据进行季节调整，剔除季节因素，然后将所有子序列的季节调整后数据进行加总，形成总量序列的季节调整后的数据。简而言之，即"先调整后加总"。美国普查局在对美国的零售额、建筑业增加值、出口、进口等指标进行季节调整时，使用间接调整法。

直接调整与间接调整的本质区别在于"加总"和"调整"的顺序差异。由于数学加总只是一个线性组合过程，而季节调整是一个非线性的分解过程，所以除非满足特别严格的条件，否则直接调整（先加总后调整）和间接调整（先调整后加总）得到的季节调整结果很难保持一致。Dagum（1979）研究认为，如果采用加法分解模型，所有序列中无离群值，并且只有所有序列的季节滤子完全相同，直接调整和间接调整的结果才可能相等。对于乘法分解模型，直接调整和间接调整的结果相等必须满足下列条件：不存在不规则成分，并且具有相同的季节类型和季节滤子。很显然，这些条件是相当苛刻的。因为绝大多数宏观经济序列的分解使用的是乘法模型，而不是加法模型；另外，经济序列易受外部冲击而产生各种形式的离群值，这也是不可避免的；此外，子序列不同，季节滤子也可能不相同。所以，直接调整和间接调整的结果很难保持一致。

对于总量序列，到底应该使用哪一种季节调整方法？Hood & Findley（2003）研究认为，当构成总量序列的子序列具有相异的季节变动模式时，使用间接法能得到比直接法更好的效果；而当子序列具有相似的季节变动模式时，将子序列直接加总可以使许多不规则成分相互抵消，最后直接调整获得的结果更好。那么子序列的相似或者相异的程度如何判断？几种季节调整方法到底孰优孰劣？对此，理论界尚未给出一个公认的判断标准。因此解决这个问题的唯一办法就是对具体的时间序列使用不同的调整方法，对二表进行对比分析，然后从中选择较为合理的季节调整方法。

二　数据与季节调整操作

中国国家统计局从1992年第1季度开始定期发布季度国民经济核算数据。目前核算季度GDP主要使用分行业增加值法，共分为九大行业，分别为农林牧渔业，工业，建筑业，交通运输、仓储及邮电通信业，批发和零售贸易，餐饮业，金融保险业，房地产业，其他服务业。本文将GDP序列作为总量序列，把九个行业增加值序列视作九个子序列，分别运用直接法和间接法进行季节调整。

（一）数据预处理

本文分析的数据包括1992年第1季度至2009年第4季度共72个季度的数据。其中1992年第1季度至2005年第4季度的中国分行业增加值数据取自国家统计局国民经济核算司2008年编制的《中国季度国内生产总值核算历史资料（1992～2005）》，2006年第1季度至2009年第4季度的数据来源于中国国家统计局网站季度数据库。我国季度GDP核算采用累计方式，即1季度数据、1～2季度累计数据、1～3季度累计数据、1～4季度累计数据。对于这些指标，国家统计局提供了两种数据，一种是按当年价格计算的累计增加值（单位：亿元），另一种是按不变价格计算的累计增加值指数（以上年同期为100）。为了获得分季度的实际数据，所有变量均以2005年为基期，根据累计增加值指数将所有数据转换为实际值，然后通过本季度累计量减去上季度累计量得到九个行业的实际季度数据，据此加总可得到实际季度GDP数据。1992年第1季度至2009年第4季度中国不变价季度GDP序列（以2005年为基期）见图1。

由图1中的实际GDP序列可以得出以下结论：

第一，不考虑季节性变动，中国GDP的整体走势是稳定增长的。按2005年不变价格计算，我国的季度GDP从1992年第1季度的1.08万亿元增长到2009年第4季度的8.92万亿元。

第二，中国季度GDP序列的季节性特征明显，而且季节性变动模式基本

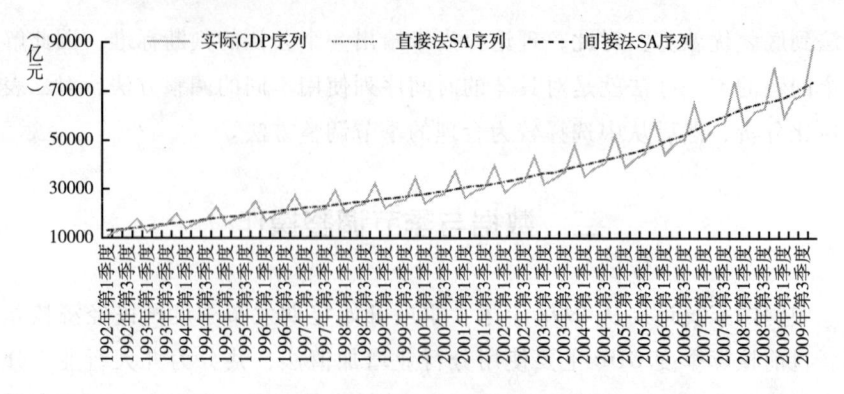

图 1　中国实际季度 GDP 序列与季节调整后序列

注：直接法 SA 序列值和间接法 SA 序列值差别很小，这两条虚线在图中几乎重合。

稳定。所有年份的季节模式显示：第 1 至第 4 季度的 GDP 都是上升的，但其中第 1 至第 2 季度上升幅度较大，第 2 至第 3 季度上升速度趋于减缓，第 3 至第 4 季度上升再次加速，第 4 季度至下一年的第 1 季度显著下降。这是由于春节长假位于第 1 季度，且 2 月只有 28（或 29）天，少于其他月份，因此第 1 季度的工作日明显少于其他季度。此外，还有可能把前 3 季度未统计完整的 GDP 增加值加到了第 4 季度上，使得第 4 季度的 GDP 明显高于其他季度。

第三，序列存在异方差。随着时间的推移，季节成分的波动幅度不断增大。

（二）季节调整方法与结果

X11[①] 和 SEATS 是目前使用最普遍的两种季节调整方法，并且仍将是季节调整的主流发展方向，相关讨论见 Findley（2005）。本文采用 NBS – SA 软件[②]进行季节调整。这个版本将 X11 和 SEATS 两种方法有效结合，极大地改善了季节调整效果。

首先对 GDP 序列进行直接调整并对九个行业的实际增加值分别进行季

[①] 此处的 X11 是指一种运用移动平均的原理进行季节调整的非参数方法。基于该原理，美国普查局和加拿大统计局相继开发了一系列季节调整软件，主要包括 X – 11（1965 年，美国普查局）、X – 11 – ARIMA（1975 年，加拿大统计局）、X – 12 – ARIMA（1998 年，美国普查局）和 X – 13 – ARIMA – SEATS（2009 年，美国普查局）。

[②] NBS – SA 软件是在中国国家统计局环比统计重大课题支持下由本课题组研制开发的一款中文版季节调整软件。该软件是在 X – 13 – ARIMA – SEATS 基础上开发的。与 X – 13 – ARIMA – SEATS 的主要区别在于 NBS – SA 增加了中国工作日、交易日以及移动假日（春节、中秋节、端午节）等特色功能选项。

节调整,从而完成对 GDP 序列的间接调整。在对九个行业的增加值进行季节调整的过程中,所有数据序列均取对数,采用乘法分解模型,季节滤子均为 3×3①。诊断结果表明,所有经济指标的 Fs>7,M7<1,结合原始序列的谱图表明所有序列都存在程序可识别的季节性;谱图分析结果表明季节调整后序列和不规则成分中都不包含残留的季节成分或交易日效应;A%<15%,MM%<35%,都通过平移区间检验;近三年预测误差都较小,显示模型预测能力较强;SARIMA 模型的残差均满足正态性,Ljung-Box Q 统计量检验显示不存在自相关。总体而言,以上九个行业数据的季节调整结果符合季节调整所有诊断指标的基本要求。

三 GDP 季节调整结果比较

根据季节调整的基本原理,即使使用不同的季节调整方法,得到的 GDP 的季节调整后序列(简称为 SA 序列)也应该是近似相等的,而且 SA 序列的增长率也应该具有相近的变化趋势。如果通过不同方法得到的季节调整结果差别太大,对外发布的数据势必会降低可信度。下面将从不同角度比较直接法和间接法所得到的季节调整结果的差异。

(一) 图形分析

直接法和间接法得到的 SA 序列图如图 1 所示。图中的 SA 序列曲线是在实际季度 GDP 序列的基础上剔除了季节成分的结果。从图中可以看出,除了在 2008 年第 4 季度附近增速有一定程度的减缓以外,其他时点的 SA 序列都表现出一种稳定的上升趋势。此外,从图形上已很难看出两种方法得到的 SA 序列的差别。据计算,直接法与间接法的 SA 序列的平均绝对百分偏差(Mean Absolute Percentage Deviation,MAPD)② 为 0.264%,相对

---

① 关于直接调整和间接调整的方法可参考 U.S. Census Bureau 于 2009 年出版的 X-13-ARIMA-SEATS Reference Manual。由于篇幅限制,九个行业及 GDP 的季节调整的相关参数设置与结果略去。

② 间接法与直接法的 MAPD 的计算公式为:

$$\frac{1}{N}\sum_{t=1}^{N}\left|\frac{SA_t^{indirect}-SA_t^{direct}}{SA_t^{direct}}\right|$$

SA_t^{direct} 和 $SA_t^{indirect}$ 分别表示直接法和间接法在 t 期所对应的季节调整值。

于根据直接法计算的环比增长率平均值 2.480% 而言，这个偏差是比较小的。

由于季节调整后数据（SA）已经剔除季节成分，因此相邻季度之间具有可比性，可以用来计算环比增长率。图 2 是分别根据两种方法得到的季节调整后序列的环比增长率变动图，从图中可以比较直观地得出以下结论：

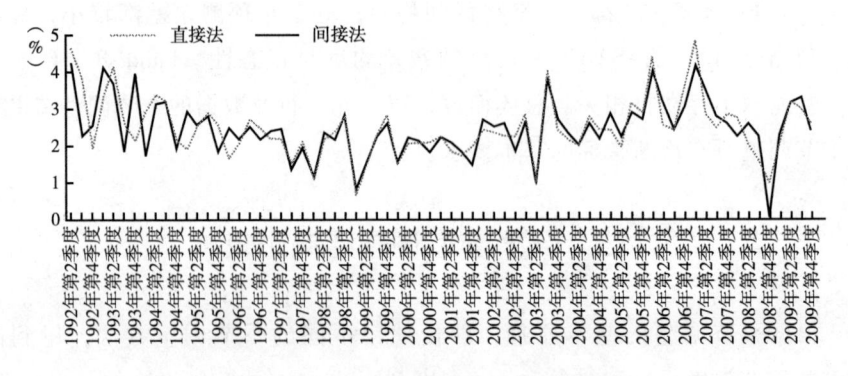

图 2　季度调整数据的环比增长率折线图

第一，两种方法计算的环比增长率差异很小。在整个序列范围内，直接法的环比增长率的平均值为 2.483%，标准差为 0.8017%；间接法的环比增长率的平均值为 2.474%，标准差为 0.7818%。

第二，两种方法计算的环比增长率变动方向基本一致。经计算，直接法与间接法方向一致的比例占 72.86%（后一期减去前一期的增长率所得数值符号若相同，则表示变动方向相同；否则表示变动方向相反）。此外，从图中还可以发现，1999 年第 1 季度、2003 年第 2 季度、2008 年第 4 季度，两种方法的环比增长率都大幅下降，而在 1999 年第 4 季度、2003 年第 3 季度、2009 年第 2 季度，两种方法得到的环比增长率都表明经济有一个强烈的反弹。在 1999 年第 1 季度和 2003 年第 2 季度，两种方法的下降幅度基本相同；而在 2008 年第 4 季度，间接法计算出来的环比增长率的下降幅度比直接法大得多。结合各行业的增速变动可初步推测，1999 年第 1 季度的增速减缓是 20 世纪 90 年代末亚洲金融危机对中国经济的后续影响所致；2003 年第 2 季度的下降则是 SARS 病毒在中国蔓延所致，这对餐饮业、交通业和旅游业等均有显著的负面影响；2008 年第 4 季度的下降则是美国的"次贷危机"引发的全球金融危机对我国所产生的影响所致。由此可见，运用这两种季节调整方法判断的经济走势都是可信的。

(二) 残留季节性

季节调整的本质在于从原始序列中剔除季节成分和日历效应，因此衡量季节调整质量的一个关键指标就是季节调整后序列和不规则成分中是否还有残留季节成分或者交易日效应，一般简称之为残留季节性。Cleveland & Devlin (1980) 提出的谱图是分析季节性和交易日效应的有效工具。检查两种季节调整方法的输出结果，在季节调整后序列和不规则成分的谱图中均未发现有显著的季节谱峰或交易日谱峰存在，表明不存在残留的季节性。

(三) 季节调整质量综合评价

NBS-SA 提供了 11 个 M 统计量 (M1~M11) 和 2 个 Q 统计量 (Q 和 Q2) 用来判断季节调整质量。这些统计量的取值在 0 到 3 之间，但只有小于 1 的值才是可以接受的。任何一个指标不满足要求都说明季节调整存在某方面的缺陷。观察表1，除 M6 以外的评价指标都在 0 到 1 的范围之内。可见，从这些指标来看，两种方法的结果都符合季节调整的要求。

表1 根据不同方法得到的 GDP 序列季节调整的质量评价指标体系

方法	M1	M2	M3	M4	M5	M7	M8	M9	M10	M11	Q	Q2
直接法	0.001	0.001	0.00	0.07	0.20	0.06	0.16	0.10	0.18	0.18	0.08	0.09
间接法	0.002	0.001	0.00	0.48	0.20	0.06	0.28	0.13	0.29	0.28	0.14	0.16

注：只有当季节滤子为 3×5 时 M6 才有效，而此处使用的季节滤子均为 3×3，所以不用考虑 M6。

(四) 平移区间检验

平移区间检验是判断季节调整稳定性的一个有效工具，它主要用来比较几个相互重叠的子区间季节调整结果的变动情况，相关研究可参考 Findley, Monsell 和 Shulma et al. (1990)。在对 GDP 的季节调整过程中，程序自动选取了 4 个子区间，每个区间包括 24 个季度，分别为 2001 年第 1 季度~2006 年第 4 季度，2002 年第 1 季度~2007 年第 4 季度，2003 年第 1 季度~2008 年第 4 季度，2004 年第 1 季度~2009 年第 4 季度。季节成分和环比增长率的稳定性只分析至少同属于两个子区间的季度，即 2002 年第 1 季度~2008

年第 4 季度，共包括 28 个季度。先对每一个子区间分别进行季节调整，那么对于 2002 年第 1 季度至 2008 年第 4 季度之间的每一个季度，就会得到几个不同的季节调整结果。例如，2006 年第 4 季度同属于以上 4 个区间，因此就会产生 4 个不同的季节调整值。

用 $\{S_t\}$ 和 $\left\{\dfrac{SA_t - SA_{t-1}}{SA_{t-1}} \times 100\%\right\}$ 分别表示时期 t 所对应的季节成分值的集合和环比增长率值的集合。定义

$$\text{季节成分最大偏差} = \frac{\max\{S_t\} - \min\{S_t\}}{\min\{S_t\}} \times 100\% \qquad (1)$$

$$\text{环比增长率最大偏差} = \max\left\{\frac{SA_t - SA_{t-1}}{SA_{t-1}} \times 100\%\right\} - \min\left\{\frac{SA_t - SA_{t-1}}{SA_{t-1}} \times 100\%\right\} \qquad (2)$$

如果式（1）或式（2）的值大于 3%，则称该时点的季节调整值是不稳定的。若 S（%）表示用式（1）判断出的季节成分不稳定的季度个数占总季度个数的百分比，MM（%）表示运用式（2）判断出的环比增长率不稳定的季度个数占总季度个数的百分比，检验结果表明，两种方法得到的 S（%）和 MM（%）均为 0.00%，也就是说没有发现任何不稳定点。从这两个统计指标来看，两种方法得到的季节调整结果是稳定的。

下面进一步比较季节成分最大偏差和环比增长率最大偏差统计量（见表 2）。从季节调整的稳定性考虑，运用不同的子区间进行估计时，对同一时点的修正应该越小越好，所以表 2 中的各项指标（中位数、最大值和标准差）也应该是越小越好。对比两种方法，无论是从季节成分的稳定性还是环比增长率的稳定性来看，间接法得到的结果变异小于直接法。

表 2 2002 年第 1 季度～2008 年第 4 季度各季度的最大偏差百分数分布统计量

单位：%

调整方法	季节成分			环比增长率		
	中位数	最大值	标准差	中位数	最大值	标准差
直接法	0.23	0.86	0.34	0.35	1.12	0.52
间接法	0.21	0.62	0.31	0.31	0.86	0.47

（五）修正历史检验

修正历史检验是判断季节调整稳定性的另一个有效工具，它主要用来衡

量当原始数据样本量增大时，对原季节调整后数据的修正程度，相关讨论见 Findley，Monsell 和 Bell et al.（1998）。显然，当向原序列的末端增加新的样本时，对原 SA 数据的修正越小，意味着季节调整结果稳定性越好。季节调整后序列（SA）修正比例的计算公式为：

$$R_t = \frac{SA_{t|T} - SA_{t|t}}{SA_{t|t}} \times 100\% \tag{3}$$

其中，$SA_{t|T}$ 表示当原始序列终止期为时间 T（$T > t$）时，时点 t 的季节调整后数据；$SA_{t|t}$ 表示当 t 为原始序列终止期时，时点 t 的季节调整后数据。

根据序列长度和滤子长度，程序默认选择的修正历史分析的区间为 2007 年第 1 季度至 2009 年第 4 季度，共 12 个季度。按照直接调整法，季节调整后序列的修正比例绝对值的平均数和中位数分别为 0.46% 和 0.43%；按照间接调整法这两个指标分别为 0.32% 和 0.23%。由此可见，直接法的修正比例大于间接法的修正比例，间接法得到的季节调整结果稳定性较好。

（六）平滑性检验

季节调整后序列（SA）曲线的平滑性也是季节调整质量的一个衡量标准。如果季节调整后序列出现剧烈的波动，容易导致环比增长率以及据此计算的折年率变动过大，不利于统计部门对公众作出解释。Dagum（1979）提出了两个判断季节调整后序列平滑性的指标：

$$R_1 = \sqrt{\frac{1}{N-1} \times \sum_{t=2}^{N} (SA_t - SA_{t-1})^2} \tag{4}$$

$$R_2 = \sqrt{\frac{1}{N-1} \times \sum_{t=1}^{N} (SA_t - H_{13}SA_t)^2} \tag{5}$$

其中，N 表示序列长度，SA_t 表示 t 期的季节调整后数据。$H_{13}SA_t$ 表示运用 13 项 Henderson 滤子得到的趋势循环序列对应 t 期的数值。一般而言，R_1、R_2 越小，说明 SA 曲线平滑性越好。计算结果表明，直接法和间接法对应的 R_1 值分别为 1011.30 和 1019.53，对应的 R_2 值分别为 0.002 和 0.006。由此可见，无论是以 R_1 还是 R_2 作为判断标准，通过直接法得到的结果的平滑性优于间接法。

结 论

本文运用直接调整法和间接调整法对中国的 GDP 分别进行了季节调整，并从不同的角度对两种方法的结果进行了对比分析，结论如下：①根据残留季节性检验、M 和 Q 统计量以及稳定性检验，两种调整方法的结果都是可以接受的。不论是季节调整各分解成分的实际值，还是季节调整后序列的环比增长率，差异都不大。②平移区间检验和修正历史检验结果表明，间接调整法稳定性优于直接调整法。③从平滑性角度来看，直接法得到的 SA 序列的曲线平滑性优于间接法。④从季节调整工作量的角度来看，直接法只需要对一个序列（即 GDP）进行季节调整，工作量较小，人为误差也较小；间接调整法需要先对九个行业进行季节调整，工作量较大，也最容易产生人为因素的误差。⑤如果需要同时发布九个行业的增加值和 GDP 的季节调整数据，就必须使用间接法，因为此时九个行业的季节调整序列之和刚好等于 GDP 的季节调整结果。如果使用直接法，二者结果不会相等，容易导致公众对数据产生质疑。

在未来的研究中，可以从以下两个方面对本文的研究做进一步扩展：第一，目前，我国的季度 GDP 采取分行业加总的核算方法，如果采取分省份加总核算的方法进行季节调整，可能会对以上结论有一定影响；第二，本文采用 X11 方法进行季节调整，此外还可以引入 SEATS 方法对 GDP 进行季节调整分析，并将两种方法所得的结果进行综合比较。

参考文献

[1] 国家统计局国民经济核算司，2008，《中国季度国内生产总值核算历史资料（1992～2005）》，中国统计出版社。

[2] 张鸣芳，2005，《中国季度 GDP 季节调整分析》，《财经研究》第 7 期。

[3] Cleveland, Devlin, 1980, "Calendar Effects in Monthly Time Series: Detection by Spectrum Analysis and Graphical Methods", *Journal of the American Statistical Association*, 75, 487–496.

[4] Dagum, 1979, "On the Seasonal Adjustment of Economic Time Series Aggregates: A Case Study of the Unemployment Rate", *National Commission Employment and Unemployment Statistics*, 2, 317–344.

[5] Findley, 2005, "Some Recent Developments and Directions in Seasonal Adjustment", *Journal of Official Statistics*, 21, 343 – 365.

[6] Findley, Monsell, Bell, et al, 1998, "New Capabilities of the X – 12 – ARIMA Seasonal Adjustment Program", *Journal of Business and Economic Statistics*, 16, 27 – 77.

[7] Findley, Monsell, Shulma, et al, 1990, "Sliding Spans Diagnostics for Seasonal and Related Adjustments", *Journal of the American Statistical Association*, 8, 345 – 355.

[8] Hood, Findley, 2003, "Comparing Direct and Indirect Seasonal Adjustments of Aggregate Series", *Manna, Peronaci, Proceedings of the Seminar on Seasonal Adjustment*, Frankfurt am Main: European Central Bank, 9 – 21.

季节特征变化序列的 NBS－SA 季节调整方法研究[*]

张岩 张晓峒

(南开大学经济学院数量经济研究所)

引 言

在季节性经济序列中,如果季节性变化特征在整个序列中非常稳定,那么进行季节调整相对比较容易。但有时会遇到一些经济序列,在存在季节性变化的同时,其季节性变化的规律也在随时间发生着变化。这时,就要根据实际情况,设定特殊的回归因子从序列中剔除这种随时间变化的季节性特征,从而得到较好的调整结果。本文以中国金融业不变价增加值序列为例,通过使用 NBS－SA 季节调整软件阐述如何完成这一调整过程。NBS－SA 是在中国国家统计局环比统计重大课题支持下我课题组研制开发的一款中文版季节调整软件。该软件是在美国普查局研发的 X－13A－S 基础上开发的。与 X－13A－S 的主要区别在于 NBS－SA 中增加了中国工作日、交易日以及移动假日(春节、中秋节、端午节)等特色功能选项。采用非参数方法,即移动平均的方法(X11),进行季节成分的提取,是该软件的一大特色。

一 NBS－SA 的工作原理

首先对 NBS－SA 软件的季节调整工作原理予以简单的介绍,以为后面

---

[*] 本文为国家社会科学基金项目"经济序列季节调整的理论与应用研究"(10BTJ010)阶段性成果。

的研究分析做准备。NBS – SA 的季节调整过程,主要分为三个步骤:①通过回归剔除日历效应等影响因素;②对回归残差建立季节 ARIMA 模型,对原始序列进行前向和后向预测拓展;③对经预测拓展的回归模型残差序列进行移动平均计算,即季节调整的 X11 过程。前两个步骤为进入 X11 前的预调整过程。对每个步骤,软件都设有程序命令语句来控制执行过程,从而实现用户预期的调整目标。下面就分步骤予以简单介绍。

(一) 通过回归剔除日历效应等影响因素

假定原始序列为 y_t,用户设定的 m 个回归变量为 $\{x_{1t}, x_{2t}, \cdots, x_{mt}\}$,则移项后回归残差为

$$a_t = y_t - \sum_{i=1}^{m} \beta_i x_{it}$$

回归变量可以是常数项、交易日效应、节假日效应、各种离群值以及其他用户自定义的回归变量。这些回归变量只对当期原始序列有影响。由于交易日效应和节假日效应一般对季度数据的影响并不显著[①],这里,只就常数项(const)、各种离群值和其他用户自定义的回归变量等对季度和月度数据均有显著影响的变量进行讨论。NBS – SA 中常用的离群值包括加性离群值(AO)、暂时性变动(TC)、斜线变动(RP)、水平漂移(LS)、暂时性水平漂移(TLs)、季节离群值(SO)等[②]。除此之外,用户还可以添加局部季节变量(seasonal//date/ 或 seasonal/date//)作为回归变量。这一变量的含义是指序列在 date 之后(或之前)存在与之前(或之后)完全不同的另外一种季节变化类型[③]。这一变量不十分常用,但在对季节特征发生变化的序列进行季节调整时,却是非常有用的一个回归变量。

这些变量都已经在 NBS – SA 中预先定义,可以直接加入程序语句中。用户还可以定义各种虚拟变量,把用户自定义变量的形式作为回归变量加入

---

① 在公历中,每个季度的总天数和周一到周日的个数都相差不多,因此,交易日效应一般对季度数据不具有显著性;节假日往往持续在一个季度中,并不跨季度,所以,节假日效应可以通过季节差分来剔除,因此,对季度数据也没有显著性。
② 参见中国人民银行调查统计司《时间序列 X – 12 – ARIMA 季节调整——原理与方法》(中国金融出版社,2006)以及 "Time Series Satff Statistical Research Division", X – 13A – S Reference Manual。
③ 类似的还有局部交易日变量 td//date/ 或 td/date//,表示在 date 之后(或之前)存在交易日效应。

程序语句中。尤其是局部季节变量，可以通过一组季节虚拟变量来描述局部季节特征导致的整个序列季节特征的变化，详见本文第三部分。

上述这些变量的回归，是通过 regression 程序语句实现的，这一语句中包括了多个选项，如，常数项、离群值和局部季节变量（回归因子）等，它们都是在 variables 选项中设定，而用户自定义变量则是在 user 等选项中设定。例如：

```
regression{variables = (const  ao1999.1  so2000.2  ls2003.3  tc2001.1
                       seasonal//2004.1/)
          user = (we  sp)        usertype = trading day
          file = 'wesp.dat'      format = 'datevalue' }
```

其中，regression 语句的作用是通过回归从原始序列 y_t 中剔除上述各种效应的影响，从而得到残差序列 α_t；user，usertype，file，format 四个选项的作用是分别给出作为回归变量的用户、自定义变量的名称、所在文件和该文件中的数据类型[①]。

（二）对回归残差建立 ARIMA 模型，进行前向和后向预测来拓展原始序列

用上一步得到的回归残差 α_t 建立 $SARIMA(p, d, q)(P, D, Q)_s$ 模型，公式为

$$\varphi(L)\Phi(L^s)(1-L)^d(1-L^s)^D \alpha_t = \theta(L)\Theta(L^s)\varepsilon_t$$

程序可以根据 AICC 准则寻找最适合的自回归移动平均阶数 p，d，q 和 P，D，Q 的值。模型参数的确定，主要是通过条件极大似然估计或精确极大似然估计。进行 SARIMA 模型拟合的目的是有效地拟合回归残差 α_t，以便更准确地预测原始序列的首末端外延数据，对原始序列进行拓展，从而使后面的移动平均方法更有效。

（三）对经预测拓展的原始序列的回归残差序列（剔除季节效应、日历效应、假日效应等影响的序列）进行移动平均运算，即进行 X11 季节调整

这一过程主要是通过重复的移动平均技术，从模型残差序列中寻找出极端值并赋权替换，再按顺序分离出趋势成分（C）、季节成分（S）和不规则

---

① 见 X-13A-S Reference Manual 中有关 regression 语句的说明。

成分（I）。用户可以通过设定识别极端值①的临界值和移动平均滤子阶数等选项，来达到所要实现的目标。

二 季节调整质量的检验指标

在 NBS – SA 的运行结果中给出了各种判断季节调整质量的检验指标。下面就这些指标的使用作简单介绍。

（一）Ljung – Box Q（LBQ）统计量

该统计量用于判断 regARIMA 模型残差 a_t 是否存在相关性。当不同滞后期的 LBQ 统计量对应的 P 值有小于 0.05 的情况时，说明当期与相应期的残差存在相关性，模型残差序列不满足非自相关要求。尤其是当具有显著性的 LBQ 值对应的滞后阶数为季节周期的整数倍②时，说明回归残差即使进行了季节差分也不能将季节特征彻底消除，因此这个模型是不被接受的。

（二）谱峰

如果 regARIMA 模型残差序列（rsd）、季节调整后序列（sa）和不规则成分序列（irr）的谱分析结果中存在季节峰值或交易日峰值，特别是 regARIMA 模型残差序列（rsd）存在谱峰，说明该序列中的季节成分不能因为季节差分而剔除干净，那么通过 X11 方法得到的季节调整结果更不能保证已经将季节成分剔除干净，由此说明季节调整结果不理想。

（三）季节特征显著的 F 检验

F_s 统计量用来检验回归模型残差的稳定季节特征是否显著；F_m 统计量用来检验回归模型残差的移动季节特征是否显著。F_s 必须非常大，以表明稳定季节特征的存在；而 F_m 必须小于 7，以表明移动季节特征不显著。否则，X11 方法将无法正确地识别并剔除季节特征。

（四）季节调整的 11 个 M 值和 2 个 Q 值

11 个 M 值是由 X11 运行结果计算得到的，2 个 Q 值是 11 个 M 值的加

---

① 异常值分为两种：极端值，指 X11 中的异常值；离群值，指 regARIMA 中的异常值。
② 对于季度数据，指 4、8、12 等 4 的整数倍；对于月度数据，指 12、24 等 12 的整数倍。

权平均①。如果 M1、M2、M3、M5 大于 1，则说明不规则成分变化很大，意味着很可能还有未剔除干净的异常值。如果 M4 大于 1，且 NBS-SA 输出结果中的表 D13 中有若干期不规则成分的变化方向相同，说明不规则成分存在自相关性。如果 M6 大于 1，说明 X11 经常使用的 3×5 滤子不适合在此序列中应用，所以，如果程序使用的不是 3×5 滤子，用户可以忽略对 M6 的评价。如果 M8~M11 这 4 个统计量中有大于 1 的情况，说明还有季节特征未被剔除。这种季节特征往往是局部的，位于序列的最后 3 到 5 年中。在这 11 个 M 值中，M7 是最重要的一个统计量②。如果 M7 大于 1，说明回归模型残差的移动季节性过大而稳定季节性不显著，导致季节性没办法通过 X11 方法被提取出来。

由于这 11 个 M 值越小说明季节调整的质量越好，所以 Q 值也是越小越好。如果有某个 M 值大于 1 的情况出现，则该 M 检验失败，但并不一定导致 2 个 Q 检验的结果失败。因此，只要 2 个 Q 检验是通过的，在为了保证其他检验指标都通过时，可以牺牲除 M7 之外的其他 M 检验。

（五）平移区间检验

如果季节成分序列的不稳定样本值占样本值总数的百分比大于 15%，或者季节调整后序列的季度（或月份）环比变动序列的不稳定样本值占样本值总数的百分比大于 35%，则说明季节调整结果随着样本区间的变化而变化，季节调整的结果不稳定。

（六）历史修正检验

季节调整后序列及其环比变动序列、趋势序列及其环比变动序列的历史修正百分比统计量，反映了当样本增加一期时上述四个序列改变了多少。因此，这些统计量越小，说明季节调整结果越稳定，也越有效。

（七）样本内和样本外预测误差

样本内预测误差和样本外预测误差都反映了模型拟合的好坏，预测误差越小，模型拟合得越好。

---

① 参见中国人民银行调查统计司《时间序列 X-12-ARIMA 季节调整——原理与方法》，中国金融出版社，2006。
② 见 Catherine C. H. Hood, Kathleen M. McDonald-Johnson, "Getting Started with X-13A-S-Diagnostics"。

（八）平滑性检验

因为剔除了季节周期的影响，季节调整后序列能够反映出经济序列真实的变化过程。考虑到经济数据对社会、经济、民生的影响，经济序列真实的变化应该是平稳的，没有较大的波动。因此，在上述其他诊断检验都被接受的情况下，应该适当地考虑追求季节调整后序列的平滑。平滑性检验有两个指标，它们都是越小越好（Dagum，1979）。

三 用季节虚拟变量改进季节特征变化
——序列季节调整质量的实例讨论

在我国，由于经济体制转型、改革开放、金融市场发展等政治、经济因素的影响，大多数国民经济序列都存在阶段性的变化，这种变化也体现在季节特征上。例如，1995年第1季度至2010年第2季度我国金融业不变价增加值[①]的62个季度数据[②]组成的序列，如图1所示。图中序列在整个区间上都表现出了明显的季节波动特征。但是在2007年第1季度之后，序列的斜率不仅明显增加，序列的季节波动幅度也明显增大。季节波动幅度的变化说明序列存在季节特征的变化，这也可以理解为有另一种季节特征在这个时点之后被叠加到原有季节特征之上，即序列存在一个整体季节特征和一个局部季节特征。

当序列存在季节特征变化时，单纯的移动平均方法只能消除序列早期的季节特征，导致季节调整后序列在变化时点之后仍然存在显著的季节特征，使季节调整失败。此时，可以引入季节虚拟变量，在X11调整之前先将变化时点之后的局部季节特征通过回归剔除出去。下面就以图1中的序列为例，根据上述各项检验指标，讨论用季节虚拟变量来改进季节特征变化序列季节调整质量的方法及其有效性。

首先，用最简单的方法设定程序来运行软件。程序设定包括：①只取离群值作为回归变量；②离群值采用自动识别方法；③自动识别ARIMA模型；④自动判断季节平滑滤子等几项。得到的诊断结果表明除LBQ统计量和几

[①] 根据我国国民经济行业分类方法，金融业包括银行业、证券业、保险业和其他金融活动。
[②] 由于数据的特殊性，且出于对数据保密性要求的考虑，对数据进行了非真实化处理。

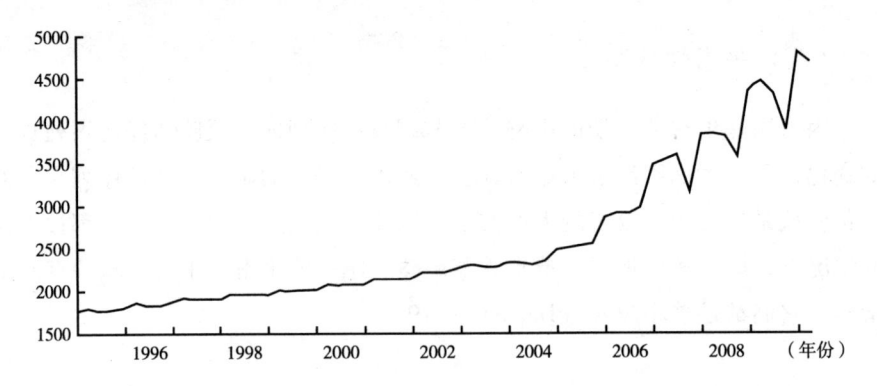

图1 1995年第1季度至2010年第2季度我国金融业不变价增加值序列

个M值不合格外,其他都能通过检验。LBQ统计量在滞后2阶和滞后4阶处存在自相关,说明回归残差还有季节性没有剔除干净;M值中的M8~M11都大于1,也说明了这一点,而且,这种季节性明显地存在于序列的最后5年内。此外,模型识别出的离群值多达10个,且有3个水平漂移离群值都密集在序列的最后5年内,这显然是不够理想的回归模型,因为回归模型应该越简单越好,回归变量过多会使模型变得复杂,使回归残差不稳定。综上考虑,需要寻找并剔除回归残差最后5年内残存的季节性,优化季节调整质量。

由于该序列在2007年第1季度前后存在明显的季节特征变化,因此在回归变量集中加入局部季节变量(seasonal//2007.1/),以便判断局部季节特征存在的显著性。regression程序语句为:

$$\text{regression}\{\text{variables} = (\text{seasonal}//2007.1/)\}$$

如果不够显著,可以改变这一局部变量的时点设定,逐一探测寻找局部季节特征存在的起始位置。从代入seasonal//2007.1/进行回归的回归模型的t检验结果可以看出,该变量的回归系数存在显著性,并且该变量的加入使2007年第1季度开始的离群值个数显著减少,说明有必要将这种局部季节性作为解释变量加入回归模型中。

根据NBS-SA的有关性质,局部季节变量只能用来判断局部季节特征存在的显著性,程序并不会将其作为计算回归残差的解释变量。因此,当局部季节特征显著存在时,需要用季节虚拟变量来替换局部季节变量,以将这种局部季节性作为用户自定义的解释变量从原始序列中剔除。

用来替代局部季节变量（seasonal//2007.1/）的季节虚拟变量定义如下：

$$q1 = \begin{cases} 0, t = 4n+2, t = 4n+3, t = 4n'+1, t = 4n'+4 \\ 1, t = 4n''+1 \\ -1, t = 4n''+4 \end{cases}$$

$$q2 = \begin{cases} 0, t = 4n+1, t = 4n+3, t = 4n'+2, t = 4n'+4 \\ 1, t = 4n''+2 \\ -1, t = 4n''+4 \end{cases}$$

$$q3 = \begin{cases} 0, t = 4n+1, t = 4n+2, t = 4n'+3, t = 4n'+4 \\ 1, t = 4n''+3 \\ -1, t = 4n''+4 \end{cases}$$

其中，$n = 0, 1, \cdots, 15$，对应于 1995~2010 年；$n' = 0, 1, 2, \cdots, 11$，对应于 1995~2006 年；$n'' = 12, 13, 14, 15$，对应于 2007~2010 年。$q1$，$q2$，$q3$ 分别用来拟合 2007 年前后第 1，2，3 季度相对第 4 季度的季节特征的变化。

设定季节虚拟变量 $q1$，$q2$，$q3$ 作为用户自定义回归变量时，程序的 regression 语句变为：

```
regression{user = (q1  q2  q3)    usertype = seasonal
    file = 'financeqqq.dat'    format = 'datevalue'}
```

其中，seasonal 指 $q1$，$q2$，$q3$ 是季节虚拟变量；financeqqq.dat 是存放 $q1$，$q2$，$q3$ 三个序列的数据文件；datevalue 指 $q1$，$q2$，$q3$ 是带有日期的[①]。

在加入季节虚拟变量后，模型自动识别出的离群值和 ARIMA 模型都有所变化。增加季节虚拟变量 $q1$，$q2$，$q3$ 前后软件运行的相关结果比较见表 1。结果表明，在把季节虚拟变量作为回归变量后，离群值个数减少一半，表明模型拟合得更稳定；regARIMA 模型残差不再存在自相关，表明预测拓展更稳定；M4 减少，说明季节性剔除得更彻底；稳定季节性 F 统计量显著增加，说明季节虚拟变量的加入，使回归模型残差中的季节特征更稳定更易被识别；样本外预测改善，历史修正值也被改善，说明季节调整的结果更稳定；平滑性指标显著改善，说明季节调整后序列平滑性更好。

---

① 见 *X-13A-S Reference Manual* 中有关 regression 语句的说明。

表 1　加入季节虚拟变量前后程序运行结果比较

	加入季节虚拟变量 $q1,q2,q3$ 前	加入季节虚拟变量 $q1,q2,q3$ 后
ARIMA 模型	$(0,1,0)(0,1,1)$	$(0,1,1)(0,1,1)$
离群值	TC1997.1,LS2003.4,TC2004.4 TC2006.3,LS2007.1,LS2007.4 TC2009.2,SO2007.4,SO2005.4,LS2009.4	TC2006.1,SO2007.4,AO2008.3 TC2009.2,TC2009.4
季节滤子	3×3	3×3
LBQ	滞后期　Q 统计量　自由度　P 值 　2　　4.138　　　1　　0.042 　4　　8.380　　　3　　0.039	各滞后期的 Q 检验均不显著(合格)
Q	$Q=0.560$(通过)；$Q2=0.638$(通过)	$Q=0.604$(通过)；$Q2=0.687$(通过)
前 7 个 M 值*	$M1=0.014$(通过)；$M2=0.001$(通过) $M3=0.000$(通过)；$M4=0.356$(通过) $M5=0.200$(通过)；$M6=1.167$(不考虑) $M7=0.092$(通过)	$M1=0.014$(通过)；$M2=0.001$(通过) $M3=0.000$(通过)；$M4=0.119$(通过) $M5=0.200$(通过)；$M6=1.167$(不考虑) $M7=0.074$(通过)
样本内预测的平均绝对误差	0.85%	0.99%
样本外预测的平均绝对误差	2.11%	1.55%
季节性 F 检验	$F_s=432.402$(显著)；$F_m=0.095$(不显著)	$F_s=872.854$(显著)；$F_m=0.89$(不显著)
谱峰	rsd,sa,td 序列都不存在季节和交易日谱峰	rsd,sa,td 序列都不存在季节和交易日谱峰
平移区间检验	季节成分序列的不稳定样本数占样本总数的百分比　　0.0% 季节调整后序列的季度(或月份)环比序列的不稳定样本数占样本总数的百分比　　0.0%	季节成分序列的不稳定样本数占样本总数的百分比　　0.0% 季节调整后序列的季度(或月份)环比序列的不稳定样本数占样本总数的百分比　　0.0%
历史修正检验	季节调整后序列的修正百分比　　0.163 季节调整后序列的环比变动序列的修正百分比　　0.244 趋势序列的修正百分比　　1.066 趋势序列的环比变动序列的历史修正百分比　　0.584	季节调整后序列的修正百分比　　0.582 季节调整后序列的环比变动序列的修正百分比　　0.222 趋势序列的修正百分比　　0.708 趋势序列的环比变动序列的历史修正百分比　　0.252
平滑性检验	$R1=73.8782$；$R2=26.2181$	$R1=63.7392$；$R2=10.3245$

注：M8～M11 值衡量的是经离群值、极端值等回归变量调整后的季节成分，并不受用户自定义变量的影响，所以，加入季节虚拟变量并不会改善 M 值，也就不会改善 Q 值。因此，这里没有对比加入季节虚拟变量前后的 M8～M11 值。

此外，对比图 2 中 a 图和 b 图，发现加入季节虚拟变量 $q1$，$q2$，$q3$ 后的季节调整结果（b 图中 SA 曲线）比未加入前的调整结果（a 图中 SA 曲线）平滑很多，消除了大的波动。

由此可见，当经济序列在不同区间明显存在不同季节特征时，加入反映局部季节特征的季节虚拟变量，可以更好地保证回归模型的拟合性，更好地保证回归残差的稳定性、非相关性和显著的季节性，并得到更平滑的趋势曲线和季节调整后曲线，因此不失为运用 NBS－SA 程序进行季节调整时的一个好方法。

这一方法还可以在其他情况中得到应用，例如，当某些序列只在区间的前一部分或后一部分存在季节性时，我们也可以加入这种季节虚拟变量来回归，剔除这种局部的季节特征，从而减少季节差分的阶数，避免过度的季节差分；或者，当区间上的季节特征存在其他变化时，例如季节特征的多阶段变化，我们就可以通过改变虚拟变量的设置值来反映这种季节特征的变化，从而剔除所有的季节特征等。

a 加入季节虚拟变量前的调整结果（SA）

b 加入季节虚拟变量后的调整结果（SA）

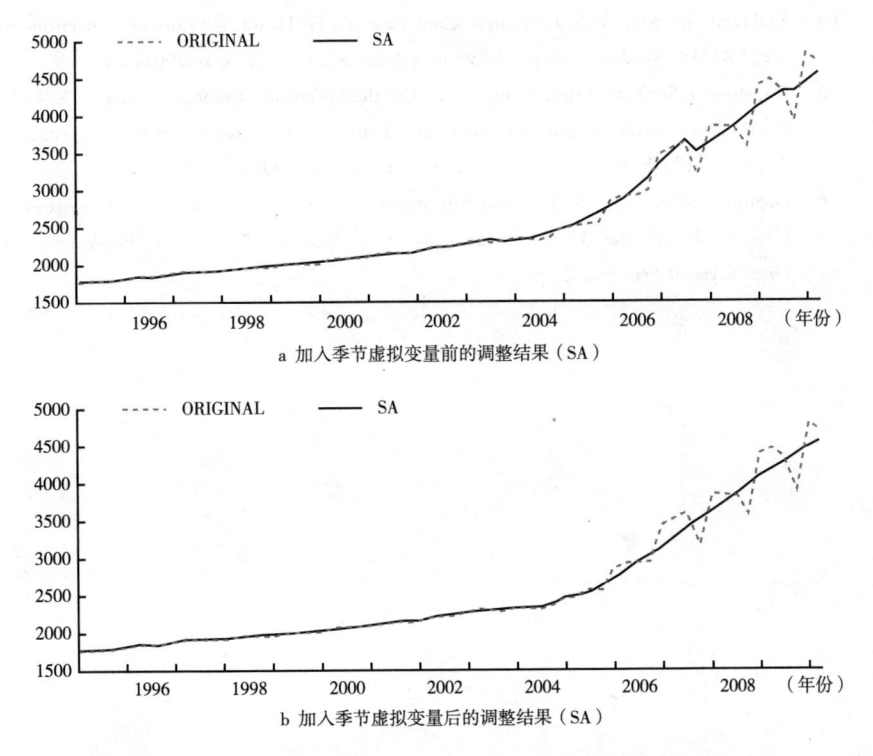

图 2　加入季节虚拟变量 $q1$，$q2$，$q3$ 前后的季节调整结果序列

综上所述，选择适合的回归变量，得到具有良好性状的回归残差是改善季节调整质量的关键。在这方面，季节虚拟变量能够作为回归变量来计算回归残差，以及可以被自由设定以适合各种季节特征变化情况的良好特性，使季节虚拟变量可以帮助用户在回归过程中更好地剔除各种季节性特征，从而获得更好的季节调整结果。

参考文献

[1] 中国人民银行调查统计司，2006，《时间序列 X-12-ARIMA 季节调整——原理与方法》，中国金融出版社。

[2] "Time Series Staff Statistical Research Division", *X-12-ARIMA Reference Manual*, http://www.census.gov/ts/x12a/final/temp/x12adocV03.pdf.

[3] Catherine C. H. Hood, Kathleen M. McDonald-Johnson, 2009, "Getting Started with X-12-ARIMA-Diagnostics", http://www.catherinechhood.net/papers/gsx12diag.pdf, Oct.

[4] Kathleen M. Mcdonald-Johnson, Catherine C. H. Hood, "Outlier Selection for RegARIMA Models", http://www.census.gov/ts/papers/asa2001kmm.pdf.

[5] Raymond J. Soukup, Dabid F. Findley, "On the Spectrum Diagnostics Used by X-12-ARIMA to Indicate the Presence of Trading Day Effects after Modeling or Adjustment", http://www.census.gov/ts/papers/rr9903s.pdf.

[6] Dagum, 1979, "On the Seasonal Adjustment of Economic Time Series Aggregates: A Case Study of the Unemployment Rate", *National Commission Employment and Unemployment Statistics*, 2.

Estimation of Moments for Linear Panel Data Models with Potential Existence of Time Effects[*]

Jianhong Wu

(Zhejiang Gongshang University)

1 Introduction

For linear panel data models, moment estimation is of great importance for statistical inference and hypothesis testing in nonparametric settings because test statistics often contains second and/or fourth order moments of the random effects and the errors. For instance, the fourth order moment estimators of the errors are neededin testing the variance components of the random effects. Wu and Zhu (2009) proposed the so-called orthogonality-based estimators of higher order moments of the individual effects and the errors for linear mixed models. Specifically, they firstly removed the random individual effects of the models by the orthogonality-based method, and then construct estimating equations for the moments of the errors. Together with the orthogonal-based estimation of the moments of the errors, they use the estimating equation to construct the estimators of the moments of the random effects. Under only moment conditions, this method can easily be used to estimate the model parameters and moments,

---

[*] This research has been supported in part by National Nature Science Foundation of China (Grant No. 11001238), National Funds of Social Science (Grant No. 09BTJ001) and Zhejiang Provincial Natural Science Foundation of China (Grant No. Y6090172).

particularly those of higher order than the second order, and in the estimators the random effects and errors do not affect each other. The asymptotic normality of all the estimators is provided. Moreover, the method is readily extended to handle non-linear, semiparametric and non-linearmodels. A simulation study is carried out to examine the performance of the newmethod.

In econometric analysis of panel data, however, one always doesn't have enough information to assure the existence/absence of time effects, which can lead to wrong conclusions in statistical inference such as moment estimation and hypothesis test-ing. When time effects do exist, their moment estimators may be biased. So, when there is the potential existence of the time effects, it is necessary to modify the method to facilitate the investigation in the setting under study.

In this paper, we modify their method and construct moment estimators of the random individual effects and the errors for linear panel data models with potential existence of time effects (i.e, no matter whether the time effects exist or not). In terms of an orthogonal approach, the moment estimation of the random effects is not affected by the moment estimation of the errors and vice versa. The asymptoticnormality of the resulted moment estimators is obtained under some mild moment conditions. Simulation results show that our estimators are more robust on the potential existence of time effects.

The rest of this paper is organized as follows. In the next section, we construct the estimators of second and fourth order moments of the individual effects and the errors, respectively. Their asymptotical normalities are obtained under only some mild moment conditions. In Section 3, Monte Carlo simulations are carried out for illustration. Technical proofs are given in Appendix.

2　Model and Estimation of Moments

Consider the linear panel data model with potential existence of time effects

$$y_{it} = \alpha + X_{it}^{\tau}\beta + \mu_i + c\eta_t + u_{it} \qquad i = 1, 2, \ldots, n, t = 2, 3, \ldots, T \tag{2.1}$$

where α is the intercept term, β the $K \times 1$ parameter coeffcient, and X_{it} the it-th observation on *K* explanatory variables. Moreover, μ_i stands for the individual effect with finite mean and finite variance. And η_t stands for the time effect which can be assumed to be fixed or random. Let $c = 0, 1$, where $c = 0$ means the absence of time effect and $c = 1$ means the presence of time effect. The error term u_{it} varies with individuals and time.

In this paper, our main focus is on the estimation of higher order moment of the individual effects μ_i and the errors u_{it}. Note that it is necessary to use the parameter coeffcient estimation in the construction of moment estimation. So, we first consider the estimation of the parameter coeffcient. We prefer the well-known Within estimation, which is robust on the miss pecification of time (and/ orindividual) effects. To present the estimation steps, we write (2.1) in the vector form as

$$y = \alpha \iota_n T + X\beta + Z_\mu \mu + c Z_\eta \eta + u,$$

where the dimensions of the response variable $y = (y_{11}, \cdots, y_{1T}, y_{21}, \cdots, y_{2T}, \cdots, y_{n1}, \cdots, y_{nT})^\tau$, μ, η and u are, respectively, nT, n, T and nT; X is an $nT \times K$ matrix, $Z_\mu = I_n \otimes \iota_T$, $Z_\eta = \iota_n \otimes I_T$, and I_g is an identity matrix of dimension g, ι_g is a vector of ones of dimension g, and $\otimes$ denotes the Kronecker product. Then, the Within estimator of β is defined as

$$\hat{\beta} = [X^\tau(I_n - \frac{J_n}{n}) \otimes (I_T - \frac{J_T}{T})X]^{-1} X^\tau(I_n - \frac{J_n}{n}) \otimes (I_T - \frac{J_T}{T})y \quad (2.2)$$

where J_g denotes a $g \times g$ matrix of ones. See the monograph by Baltagi (2005) for more details on the parameter estimation.

In the following, we consider the moment estimation of the individual effects and the errors. Wu and Zhu (2009) proposed the so-called orthogonality-based moment estimation for linear panel data models without time effects. We simply states it. Recalling the definition of the QR decomposition of a matrix in linear algebra, the vector ι_T can be decomposed as $\iota_T = Q (\sqrt{T}, 0, \cdots, 0)^\tau$ where $Q = (Q_1, Q_2)$ is anorthogonal matrix, $Q_1 = \frac{\iota_T}{\sqrt{T}}$, $Q_1^\tau Q_2 = 0$, $Q_2^\tau Q_2 = I_{T-1}$. For notational simplicity, denote $Q_2 = (q_2, q_3, \cdots, q_T)$ with $q_l = (q_{1l}, q_{2l}, \cdots, q_{Tl})^\tau$, $l = 2, 3, \cdots, T$. Given that Q_2 is not unique, it can be suggested that $ql =$

$\frac{1}{\sqrt{l(l-1)}}((l-1)e(l) - \sum_{k=1}^{l-1} e(k))$, $l = 2, 3, \cdots, T$, where $e(k)$ stands for the k-th column vector of the identity matrix I_T, although the others are also available. Then, the moment estimation of Wu and Zhu (2009) can be stated as follows

$$\hat{\gamma}_{2,wz}^u = \frac{1}{n(T-1)} \sum_{i=1}^{n} \sum_{l=2}^{T} (q_l^\tau (y_i - X_i\hat{\beta}))^2 = \frac{1}{n(T-1)} \sum_{i=1}^{n} M_2^\tau (y_i - X_i\hat{\beta})^{(2)} \quad (2.3)$$

$$\hat{\gamma}_{4,wz}^u = \frac{1}{nc_0} \sum_{i=1}^{n} M_4^\tau (y_i - X_i\hat{\beta})^{(4)} - 3(\hat{\gamma}_{2,wz}^u)^2 \left(\frac{T-1}{c_0} - 1 \right) \quad (2.4)$$

$$\hat{\gamma}_{2,wz}^u = \frac{1}{nT^2} \sum_{i=1}^{n} l_{T2}^\tau (y_i - X_i\hat{\beta})^{(2)} - \frac{1}{T} \hat{\gamma}_{2,wz}^u \quad (2.5)$$

$$\hat{\gamma}_{4,wz}^u = \frac{1}{nT^4} \sum_{i=1}^{n} (l_T^\tau y_i - l_T^\tau X_i \hat{\beta})^4 - \frac{6}{T} \hat{\gamma}_2^u, wz \hat{\gamma}_2^u - \frac{1}{T^3} \hat{\gamma}_{4,wz}^u - \frac{3T-3}{T^3} (\hat{\gamma}_{2,wz}^u)^2 \quad (2.6)$$

where $\gamma_{k,WZ}^u$ and $\gamma_{k,WZ}^\mu$ respectively stand for the k-order moment estimators of the individual effects and the errors ($k = 2, 4$), and hereafter, $c_0 = \sum_{l=2}^{T} \sum_{k=1}^{T} q_{kl}^4 = \sum_{l=2}^{T} \frac{l^2 - 3l + 3}{l(l-1)}$, $M_2 = \sum_{j=2}^{T} q_j^{(2)}$, $M_4 = \sum_{j=2}^{T} q_j^{(4)}$, $\xi^{(k)} = \underbrace{\xi \otimes \cdots \otimes \xi}_{k}$ ($k = 2, 4$).

For the one-way error component regression panel data model without time effects, under some moment conditions, the above moment estimators are asymptotically normal. However, when time effects do exist, the above moment estimators are not available, which is shown by the simulation results in this paper.

In practice, one always doesn't have enough information to assure the existence/absence of time effects in econometric analysis of panel data, which can lead to wrong conclusions in statistic inference such as moment estimation and hypothesis testing. So, when we have no information on the existence/absence of time effects, it is necessary to propose some more robust moment estimators to avoid wrong conclusions in hypothesis testing. To present the moment estimation steps, we first differentiate the equation (2.1) over the individual index i and obtain

$$\Delta_{iy_{it}} = \Delta_i X_{it}^\tau \beta + \Delta_{i\mu_i} + \Delta_{iu_{it}}, \quad i = 2, \cdots, n, \ t = 1, 2, 3, \cdots, T,$$

where "Δi" stands for the difference operator over the individual index i, i.e., $\Delta_{iy_{it}} = y_{it} - y_{i-1,t}$, $\Delta_{iu_{it}} = u_{it} - u_{i-1,t}$, $\Delta_i X_{it} = X_{it} - X_{i-1,t}$. To obtain the estimator of higher order moment of the random effects and the errors, we can consider the following models with the subsequence of the panel data

$$\Delta_i y_{2j,t} = \Delta_i X_{2j,t}^\tau \beta + \Delta_i \mu_{2j} + \Delta_i u_{2j,t}, \quad j = 1, 2, \cdots, m, \quad t = 1, 2, \cdots, T \quad (2.7)$$

where $m = \left[\frac{n}{2}\right]$, and $[\ \cdot\ ]$ stands for the integer part of $\frac{n}{2}$.

In a vector form (2.1) can be rewritten as

$$y_i = X_i \beta + \iota_T \mu_i + c\eta + u_i$$

where $y_i = (y_{i1}, y_{i2}, \cdots, y_{iT})^\tau$, $X_i = (X_{i1}, X_{i2}, \cdots, X_{iT})^\tau$, $u_i = (u_{i1}, u_{i2}, \cdots, u_{iT})^\tau$, $\eta = (\eta_1, \eta_2, \cdots, \eta_T)^\tau$. Correspondingly (2.7) can be rewritten as

$$\Delta_i y_{2j} = \Delta_i X_{x2j} \beta + \Delta_i \mu_{2j} \iota_T + \Delta_i u_{2j} \quad j = 1, 2, \cdots, m \quad (2.8)$$

where the response variable $\Delta_i y_{2j} = (\Delta_i y_{2j,1}, \Delta_i y_{2j,2}, \cdots, \Delta_i y_{2j,T})^\tau$, $\Delta_i u_{2j} = (\Delta_i u_{2j,1}, \Delta_i u_{2j,2}, \cdots, \Delta_i u_{2j,T})^\tau$, $\Delta_i X_{2j} = (\Delta_i X_{2j,1}, \Delta_i X_{2j,2}, \cdots, \Delta_i X_{2j,T})^\tau$.

By multiplying respectively Q_2^τ and $\frac{\iota_T^\tau}{T}$ in the left of the equation (2.8), we have the following new models, for $j = 1, 2, \cdots, m$

$$Q_2^\tau \Delta_i y_{2j} = Q_2^\tau \Delta_i X_{2j} \beta + Q_2^\tau \Delta_i u_{2j} \quad (2.9)$$

$$\frac{\iota_T^\tau \Delta_i y_{2j}}{T} = \frac{\iota_T^\tau \Delta_i X_{2j} \beta}{T} + \Delta_i \mu_{2j} + \frac{\iota_T^\tau \Delta_i u_{2j}}{T} \quad (2.10)$$

In the following, γ_k^u stands for the k-order moment of the error term u_{it} and γ_k^μ stands for the k-order moment of the individual effects μ_i, $k = 2, 4$. Note that the equation (2.9) can be rewritten as, for $j = 1, 2, \cdots, m$, $l = 2, 3, \cdots, T$,

$$q_l^\tau \Delta_i y_{2j} = q_l^\tau \Delta_i X_{2j} \beta + q_l^\tau \Delta_i u_{2j}.$$

Then, it follows easily from the above equation that

$$E \sum_{l=2}^{T} (q_l^\tau \Delta_i u_{2j})^2 = E \sum_{l=2}^{T} (\sum_{k=1}^{T} qkl \Delta_i u_{2j,k+1})^2 = 2(T-1)\gamma_2^u$$

$$E \sum_{l=2}^{T} (q_l^\tau \Delta_i u_{2j})^4 = E \sum_{l=2}^{T} (\sum_{k=1}^{T} qkl \Delta_i u_{2j,k+1})^4 = 2c_0 \gamma_4^u + 6(2(T-1) - c_0)(\gamma_2^u)^2$$

We obtain the estimators of γ_2^u and γ_4^u by the empirical version, respectively

$$\hat{\gamma}_2^u = \frac{1}{n(T-1)} \sum_{j=1}^{m} \sum_{l=2}^{T} (q_l^\tau (\Delta_i y_{2j} - \Delta_i X_{2j} \hat{\beta}))^2 = \frac{1}{n(T-1)} \sum_{j=1}^{m} M_2^\tau (\Delta_i y_{2j} - \Delta_i X_{2j} \hat{\beta})^{(2)} \quad (2.11)$$

$$\hat{\gamma}_4^u = \frac{1}{nc_0} \sum_{j=1}^{m} \sum_{l=2}^{T} (q_l^\tau (\Delta_i y_{2j} - \Delta_i X_{2j} \hat{\beta}))^4 - 3(\hat{\gamma}_2^u)^2 \left(\frac{2(T-1)}{c_0} - 1 \right)$$

$$= \frac{1}{nc_0} \sum_{j=1}^{m} M_4^\tau (\Delta_i y_{2j} - \Delta_i X_{2j} \hat{\beta})^{(4)} - 3(\hat{\gamma}_2^u)^2 \left(\frac{2(T-1)}{c_0} - 1 \right). \quad (2.12)$$

By the equation (2.10), we similarly obtain the estimators of moments $\hat{\gamma}_k^\mu$ ($k = 2, 4$), for the random effects μ_i,

$$\hat{\gamma}_2^\mu = \frac{1}{nT^2} \sum_{j=1}^{m} (\iota_T^\tau \Delta_i y_{2j} - \iota_T^\tau \Delta_i X_{2j} \hat{\beta})^2 - \frac{1}{T} \hat{\gamma}_2^u = \frac{1}{nT^2} \sum_{j=1}^{m} \iota_{T^2}^\tau (\Delta_i y_{2j} - \Delta_i X_{2j} \hat{\beta})^{(2)} - \frac{1}{T} \hat{\gamma}_2^u, \quad (2.13)$$

$$\hat{\gamma}_4^\mu = \frac{1}{nT^4} \sum_{j=1}^{m} (\iota_T^\tau \Delta_i y_{2j} - \iota_T^\tau \Delta_i X_{2j} \hat{\beta})^4 - \frac{12}{T} \hat{\gamma}_2^u \hat{\gamma}_2^\mu - \frac{1}{T^3} \hat{\gamma}_4^u - \frac{6T-3}{T^3} (\hat{\gamma}_2^u)^2 - 3(\hat{\gamma}_2^\mu)^2. \quad (2.14)$$

Remark 2.1 *Since there is no information on the existence of time effects, we construct some moment estimators based on the di? erences of residuals over the individual index. It is obvious that our moment estimators are more robust than those proposed by Wu and Zhu (2009) on the time effects. However, the cost is that all the odd order moment estimators of u_{it}/μ_{it} cannot be constructed by the above method because the odd order moment of $\Delta_i u_{2j,t}/\Delta_i \mu_{2j,t}$ are zero.*

In the following, we state the asymptotic normality of the moment estimators of the errors and the individual random effects.

Theorem 2.1 *Consider the linear panel data model (2.1) with potential existence of time effects. Suppose that the moments up to 2k-th of the errors exist ($k = 2, 4$). Then, as $n \to \infty$,*

$$\sqrt{n}(\hat{\gamma}_k^u - \gamma_k^u) \xrightarrow{D} N(0, \Gamma_k^u/2), \quad k = 2, 4$$

where Γ_k^u are defined in (4.1 – 4.2).

Theorem 2.2 *Consider the linear panel data model (2.1) with potential existence of time effects. Suppose that the moments up to 2k-th of the individual random effects and the errors exist ($k = 2, 4$). Then, as $n \to \infty$,*

$$\sqrt{n}(\hat{\gamma}_k^\mu - \gamma_k^\mu) \xrightarrow{D} N(0, \Gamma_k^\mu/2), \quad k = 2, 4$$

where Γ_k^μ are defined in (4.3 –4.4).

3 Simulation Study

Some simulation experiments are carried out in order to examine the performance of the moment estimators. We consider the following linear panel data model

$$y_{it} = \alpha + X_{it}^\tau \beta + \mu_i + c\eta_t + u_{it}, \tag{3.1}$$

where $\alpha = 0.5$, $\beta = (1, 2)^\tau$, $X_{it} \overset{i.i.d.}{\sim} N(0, I_2)$. For the individual effects μ_i and the errors u_{it}, we separately consider the following four combinations:

$(i)\ u_{it} \overset{i.i.d.}{\sim} N(0, 1)$ and $\mu_i \overset{i.i.d.}{\sim} N(0, 1)$,

$(ii)\ u_{it} \overset{i.i.d.}{\sim} \sqrt{\frac{3}{4}} t(8)$ and $\mu_i \overset{i.i.d.}{\sim} N(0, 1)$,

$(iii)\ u_{it} \overset{i.i.d.}{\sim} \sqrt{\frac{3}{4}} t(8)$ and $\mu_i \overset{i.i.d.}{\sim} \sqrt{\frac{3}{4}} t(8)$,

$(iv)\ u_{it} \overset{i.i.d.}{\sim} N(0, 1)$ and $\mu_i \overset{i.i.d.}{\sim} \frac{1}{\sqrt{2}}(\chi_1^2 - 1)$,

where $t(2.8)$ stands for the student distribution with 8 degrees of freedom and χ_1^2 is the chi-squared distribution with 1 degree of freedom. For the possible time effects, we consider the two cases: $\eta_t \sim N(0, 1)$ (random effects) and $\eta_t = 0.1t$ (fixed effects). We let $c = 0, 1$, where $c = 0$ means the absence of the time effects and $c = 1$ means the presence of the time effects. For sample size, we consider the case with $n = 100$ and $T = 10$. The simulation results are based on 1000 replications of the experiments. Tables 1 and 2 show the empirical mean and standard derivation for the moment estimators $\hat{\gamma}_k^u$, $\hat{\gamma}_k^\mu$ ($k = 2, 4$) suggested in this paper and the moment estimators $\hat{\gamma}_{k,WZ}^u$, $\hat{\gamma}_{k,WZ}^\mu$ ($k = 2, 4$) proposed by Wu and Zhu (2009). Simulation results show that our estimators perform well no matter whether the time effects are present or not, and in contrast, their estimators perform worse when the time effects are present. Furthermore, their estimators perform worse in the case of the presence of random time effects than of fixed time effects, which shows that the possible random time effects can result in more worse moment estimators than the fixed time effects. See Tables 1 and 2 for more details.

Table 1 The Mean and std of the Moment Estimators for Model (3.1) with Possible Random Time Effects (the std is in the parenthesis)

Combination	moment	true	c = 0 Our estimation	c = 0 Their estimation	c = 1 Our estimation	c = 1 Their estimation
(i)	γ_2^u	1.000	0.9991(0.0650)	0.9997(0.0481)	0.9967(0.0673)	1.9824(0.4589)
	γ_4^u	3.0000	2.9559(0.7805)	3.0062(0.3755)	2.9586(0.8120)	11.4513(5.8543)
	γ_2^μ	1.0000	1.0025(0.2136)	0.9929(0.1529)	1.0040(0.2213)	0.8927(0.1536)
	γ_4^μ	3.0000	2.9001(2.0374)	2.9566(1.0694)	2.8587(2.1623)	2.4063(1.0419)
(ii)	γ_2^u	1.0000	1.0036(0.0789)	1.0019(0.0624)	0.9991(0.0751)	2.0045(0.4576)
	γ_4^u	4.5000	4.5398(2.2000)	4.5033(1.4691)	4.4531(2.0247)	13.2844(6.2042)
	γ_2^μ	1.0000	1.0013(0.2082)	0.9845(0.1527)	0.9934(0.2158)	0.8806(0.1578)
	γ_4^μ	3.0000	2.8863(2.0714)	2.9295(1.1403)	2.8132(1.9978)	2.3283(1.0165)
(iii)	γ_2^u	1.0000	1.0033(0.0752)	1.0031(0.0600)	0.9998(0.0805)	2.0047(0.4715)
	γ_4^u	4.5000	4.3771(1.7260)	4.4099(1.3785)	4.4159(2.0692)	13.2655(6.7223)
	γ_2^μ	1.0000	0.9965(0.2505)	0.9868(0.1972)	0.9956(0.2536)	0.8869(0.2103)
	γ_4^μ	4.5000	4.1888(5.7993)	4.3293(3.7522)	4.5299(13.4192)	4.0162(10.2251)
(iv)	γ_2^u	1.0000	1.0027(0.0692)	1.0044(0.0484)	0.9995(0.0680)	2.0132(0.4775)
	γ_4^u	3.0000	3.0058(0.8485)	3.0332(0.3770)	2.9665(0.7814)	11.7497(5.8975)
	γ_2^μ	1.0000	1.0192(0.4048)	1.0051(0.3701)	0.9743(0.3865)	0.8677(0.3559)
	γ_4^μ	15.0000	15.6772(28.8916)	15.2346(25.6982)	13.0911(21.7128)	12.6857(19.7489)

Notes: "Our estimation" means the moment estimators ($\dot{\gamma}_k^u$ and $\dot{\gamma}_k^\mu$, $k = 2, 4$) sug-gested in this paper, and "their estimation" means the moment estimators ($\dot{\gamma}_{k,WZ}^u$ and $\dot{\gamma}_{k,WZ}^\mu$, $k = 2, 4$) proposed in Wu and Zhu (2009), see (2.3 –2.6). And the above results are obtained by 1000 replications.

Table 2 The Mean and std of the Moment Estimators for Model (3.1) with Possiblefixed Time Effects (the std is in the parenthesis)

Combination	moment	true	c = 0 Our estimation	c = 0 Their estimation	c = 1 Our estimation	c = 1 Their estimation
(i)	γ_2^u	1.000	0.9991(0.0650)	0.9997(0.0481)	0.9987(0.0662)	1.0919(0.0504)
	γ_4^u	3.0000	2.9559(0.7805)	3.0062(0.3755)	2.9596(0.8063)	3.5744(0.4416)
	γ_2^μ	1.0000	1.0025(0.2136)	0.9929(0.1529)	0.9973(0.2255)	0.9766(0.1594)
	γ_4^μ	3.0000	2.9001(2.0374)	2.9566(1.0694)	2.8724(2.1525)	2.8374(1.0595)

Cont

Combination	moment	true	c = 0 Our estimation	c = 0 Their estimation	c = 1 Our estimation	c = 1 Their estimation
(ii)	γ_2^u	1.0000	1.0036(0.0789)	1.0019(0.0624)	0.9996(0.0757)	1.0908(0.0640)
	γ_4^u	4.5000	4.5398(2.2000)	4.5033(1.4691)	4.4624(2.3185)	5.0560(2.1012)
	γ_2^μ	1.0000	1.0013(0.2082)	0.9845(0.1527)	1.0001(0.2185)	0.9760(0.1522)
	γ_4^μ	3.0000	2.8863(2.0714)	2.9295(1.1403)	2.8225(1.9106)	2.8394(1.0205)
(iii)	γ_2^u	1.0000	1.0033(0.0752)	1.0031(0.0600)	1.0022(0.0740)	1.0944(0.0641)
	γ_4^u	4.5000	4.3771(1.7260)	4.4099(1.3785)	4.3746(1.8144)	5.0075(1.6628)
	γ_2^μ	1.0000	0.9965(0.2505)	0.9868(0.1972)	1.0059(0.2527)	0.9816(0.1968)
	γ_4^μ	4.5000	4.1888(5.7993)	4.3293(3.7522)	4.2403(8.0301)	4.2492(4.9585)
(iv)	γ_2^u	1.0000	1.0027(0.0692)	1.0044(0.0484)	0.9977(0.0689)	1.0933(0.0523)
	γ_4^u	3.0000	3.0058(0.8485)	3.0332(0.3770)	2.9275(0.8108)	3.5690(0.4634)
	γ_2^μ	1.0000	1.0192(0.4048)	1.0051(0.3701)	1.0055(0.4085)	0.9739(0.3690)
	γ_4^μ	15.0000	15.6772(28.8916)	15.2346(25.6982)	13.8797(19.4867)	13.4356(18.3481)

Notes: "Our estimation" means the moment estimators ($\dot{\gamma}_k^u$ and $\dot{\gamma}_k^\mu$, $k = 2, 4$) sug-gested in this paper, and "their estimation" means the moment estimators ($\dot{\gamma}_{k,WZ}^u$ and $\dot{\gamma}_{k,WZ}^\mu$, $k = 2, 4$) proposed in Wu and Zhu (2009), see (2.3 – 2.6). And the above results are obtained by 1000 replications.

4　Appendix

The proof of Theorem 2.1 Firstly, we prove that γ_2^u is asymptotically normal.

Note that the Within estimator $\hat{\beta}$ is asymptotically normal. It then follows from Taylor series expansion and (2.11) that

$$\sqrt{n}(\dot{\gamma}_2^u - \hat{\gamma}_2^u) = \frac{1}{\sqrt{n}(T-1)} \sum_{j=1}^m [M_2^\tau(\Delta_i y_{2j} - \Delta_i X_{2j}\beta)^{(2)} - 2(T-1)\gamma_2^u] + o_p(1)$$

$$= n^{-\frac{1}{2}} \sum_{j=1}^m \varepsilon_j + o_p(1),$$

where $\varepsilon_j = \frac{1}{T-1} [M_2^\tau (\Delta_i y_{2j} - \Delta_i X_{2j}\beta)^{(2)} - 2(T-1)\gamma_2^u]$.

Clearly, the sequence ε_j is independent and identically distributed with meanzero and variance

$$\Gamma_2^u = E(\varepsilon_j)^2$$
$$= \frac{1}{(T-1)^2}[M_2^\tau(2(\gamma_4^u + (\gamma_2^u)^2)U_1 + 4(\gamma_2^u)^2 U_2)M_2 - 4(T-1)^2(\gamma_2^u)^2], \quad (4.1)$$

where $U_1 = \text{diag}\{E(1,1), E(2,2), \cdots, E(T,T)\}$ is a diagonal matrix, and

$$U_2 = \begin{pmatrix} I_T & E(1,2)+E(2,1) & \cdots & E(1,T)+E(T,1) \\ E(1,2)+E(2,1) & I_T & \cdots & E(2,T)+E(T,2) \\ \vdots & \vdots & \vdots & \vdots \\ E(1,T)+E(T,1) & E(2,T)+E(T,2) & \cdots & I_T \end{pmatrix},$$

with $E(i,j)$ being the $T \times T$ matrix with element $(i,j) = 1$, and zero otherwise. It then follows from the central limit theorem that, as $n \to \infty$,

$$\sqrt{n}(\hat{\gamma}_2^u - \gamma_2^u) \xrightarrow{D} N(0, \Gamma_2^u/2).$$

Next, we consider the proof of asymptotical normality of $\hat{\gamma}_4^u$. It then follows from Taylor series expansion and (2.12) that

$$\sqrt{n}(\hat{\gamma}_4^u - \gamma_4^u) = \frac{1}{\sqrt{nc_0}} \sum_{j=1}^{m} \left\{ \begin{array}{l} M_4^\tau(\Delta_i y_{2j} - \Delta_i X_{2j}\hat{\beta})^{(4)} - 2c_0\gamma_4^u - 6(2(T-1) - c_0)(\gamma_2^u)^2 \\ - 6(2(T-1) - c_0)[(\hat{\gamma}_2^u)^2 - (\gamma_2^u)^2] \end{array} \right\}$$

$$= \frac{1}{\sqrt{nc_0}} \sum_{j=1}^{m} \left\{ \begin{array}{l} M_4^\tau(\Delta_i y_{2j} - \Delta_i X_{2j}\beta)^{(4)} - 2c_0\gamma_4^u \\ - 6(2(T-1) - c_0)(\gamma_2^u)^2 - 6(2(T-1) - c_0)\gamma_2^u \varepsilon_j \end{array} \right\} + o_p(1)$$

$$= n^{-\frac{1}{2}} \sum_{j=1}^{m} \varepsilon_j^* + o_p(1),$$

where

$$\varepsilon_j^* = \frac{1}{c_0} \left\{ \begin{array}{l} M_4^\tau(\Delta_i y_{2j} - \Delta_i X_{2j}\beta)^{(4)} - 2c_0\gamma_4^u - 6(2(T-1) - c_0)(\gamma_2^u)^2 \\ - 6\gamma_2^u(2 - \frac{c_0}{T-1})[M_2^\tau(\Delta_i y_{2j} - \Delta_i X_{2j}\beta)^{(2)} - 2(T-1)\gamma_2^u] \end{array} \right\}$$

Clearly, the sequence ε_j^* is independent and identically distributed with mean zero and variance Γ_4^u,

$$\Gamma_4^u = \frac{1}{c_0^2} \left\{ \begin{array}{l} M_4^\tau E((\Delta_i u_{2j}\Delta_i u_{2j}^\tau)^{(4)})M_4 + 36(\gamma_2^u)^2 \left(2 - \frac{c_0}{T-1}\right)^2 M_2^\tau E((\Delta_i u_{2j}\Delta_i u_{2j}^\tau)^{(2)})M_2 \\ - 12\gamma_2^u \left(2 - \frac{c_0}{T-1}\right) M_4^\tau E(\Delta_i u_{2j}^{(4)} \otimes (\Delta^i u_{2j}^{(2)})^\tau) M_2 \\ - [2c_0\gamma_4^u - 6(2(T-1) - c_0)(\gamma_2^u)^2]^2 \end{array} \right\}$$

$$(4.2)$$

So, it follows from the central limit theorem that

$$\sqrt{n}(\dot{\gamma}_4^u - \gamma_4^u) \xrightarrow{D} N(0, \Gamma_4^u/2).$$

The proof of the theorem is then completed.

The proof of Theorem 2.2 By the completely similar method and techniques, we have, for $k = 2, 4$,

$$\sqrt{n}(\dot{\gamma}_2^\mu - \gamma_2^\mu) = \frac{1}{\sqrt{n}} \sum_{j=1}^m \xi_j + o_p(1),$$

$$\sqrt{n}(\dot{\gamma}_4^\mu - \gamma_4^\mu) = \frac{1}{\sqrt{n}} \sum_{j=1}^m \xi_j^* + o_p(1),$$

where

$$\xi_j = \frac{1}{T^2} O_2^\tau [(\Delta_i y_{2j} - \Delta_i X_{2j} \beta)^{(2)}] - 2\gamma_2^\mu,$$

$$\xi_j^* = g_1^\tau (\Delta_i y_{2j} - \Delta_i X_{2j} \beta)^{(4)} - g_2^\tau (\Delta_i y_{2j} - \Delta_i X_{2j} \beta)^{(2)} - g_3,$$

with $O_2 = \iota_{T^2} - \dfrac{T}{T-1} \sum_{j=2}^T q_j^{(2)}$, $O_4 = \iota_{T^4} - \dfrac{T}{c_0} \sum_{j=2}^T q_j^{(4)}$, $g_1 = \dfrac{1}{T^4} \iota_{T^4} - \dfrac{1}{T^3 c_0} M_4$,

$g_2 = \dfrac{1}{T^2} \left(\dfrac{12}{T} \gamma_2^\mu + 6 \gamma_2^\mu \right) O_2 + \left[\dfrac{12}{T(T-1)} + \left(\dfrac{12T-6}{T^3} + 6 \left(2 - \dfrac{c_0}{T-1} \right) \right) \gamma_2^\mu \right] M_2$, $g_3 =$

$\left(2 + \dfrac{1}{T^3} \right) \gamma_4^\mu - 6 (\gamma_2^\mu)^2 - \dfrac{24}{T} \gamma_2^\mu \gamma_2^\mu + \dfrac{12(T-1) - (24T-6) c_0}{T^3 c_0} (\gamma_2^\mu)^2.$

Clearly, the sequence ξ_j (ξ_j^*) is independent and identically distributed with mean zero and variance $\Gamma_2^\mu = E(\xi_j)^2$ ($\Gamma_4^\mu = E(\xi_j^*)^2$), where

$$\Gamma_2^\mu = \frac{1}{T^4} O_2^\tau \{ E(((\Delta_i y_{2j} - \Delta_i X_{2j} \beta)(\Delta_i y_{2j} - \Delta_i X_{2j} \beta)^\tau)^{(2)}) \} O_2 - 4(\gamma_2^\mu)^2, \quad (4.3)$$

$$\Gamma_4^\mu = \{ g_1^\tau E(((\Delta_i y_{2j} - \Delta_i X_{2j} \beta)(\Delta_i y_{2j} - \Delta_i X_{2j} \beta)^\tau)^{(4)}) g_1 + \\ g_2^\tau E(((\Delta_i y_{2j} - \Delta_i X_{2j} \beta)(\Delta_i y_{2j} - \Delta_i X_{2j} \beta)^\tau)^{(2)}) g_2 - \\ 2 g_1^\tau E((\Delta_i y_{2j} - \Delta_i X_{2j} \beta)^{(4)} \otimes ((\Delta_i y_{2j} - \Delta_i X_{2j} \beta)^{(2)})^\tau) g_2 \} - g_3^2. \quad (4.4)$$

So, it follows from the central limit theorem that

$$\sqrt{n}(\dot{\gamma}_2^\mu - \gamma_2^\mu) \xrightarrow{D} N(0, \Gamma_2^\mu/2),$$

$$\sqrt{n}(\dot{\gamma}_4^\mu - \gamma_4^\mu) \xrightarrow{D} N(0, \Gamma_4^\mu/2).$$

The details are omitted here.

References

Baltagi, B. H., 2005, *Econometric Analysis of Panel Data*, John Wiley and Sons, Ltd.

Wu, P. and Zhu, L. X., 2009, "An Orthogonality-based Estimation of Moments for Linear Mixed Models", *Scandinavian Journal of Statistics*, DOI: 10.1111/j.1467-9469.2009.00673.x.

An Extensive Study on Markov Switching Models with Endogenous Regressors

Tingguo Zheng　Xia Wang

(Wang Yanan Institute for Studies in Economics,
Xiamen University)

1 Introduction

Since Hamilton (1989), Markov switching models have been widely used in modeling business cycle phases, "bull" and "bear" markets in equity returns, the high and low volatility regimes in asset prices, and so on. Although the maximum likelihood estimation based on the traditional Hamilton filer is consistent for exogenous or predetermined regressors, as mentioned in Kim (2004), it is not valid in the presence of endogenous explanatory variables. In the classical linear model, we usually introduce instrumental variables to deal with the endogenous regressors' problem. Two-stage least square estimation or generalized method of moment estimation is consistent for this case. However, in Markov switching model or time-varying parameters model, analogous method is failed in dealing with inconsistent estimation problem caused by endogenous regressors.

Recently, some scholars represented by Kim attempt to investigate the Markov switching models with endogenous regressors. They applied linear model or Markov switching model (state variables are perfect correlated or imperfect correlated) to depict the relationship between endogenous regressors and instrumental variables. For example, Kim (2004) considered a Markov switching model for the instrumenting equation in which states variables are perfectly correlated. He focused on the joint estimation for the transformed model in which a vector of bias corrector terms is included. The maximum likelihood estimation based on Hamilton filter is consistent for this transformed model. Based on Kim (2004), Kim (2009) extended the Markov switching models with endogenous regressors by allowing the state variables are imperfect correlated. He suggested that although the joint estimation could deliver an asymptotically most efficient estimator, two-step estimation is more feasible since it can avoid the "curse of dimensionality".

Based on Kim's theoretical investigation, some literatures considered endogenous regressors' problem in empirical research. For example, Kim and Lee (2008) took account of the endogeneity of international interest rate shocks when they studied whether the choice of exchange rate regimes influences the sensitivity of domestic interest rates to international interest rate or not. They chose the four lags of 90-day local money market rates and 90-day US Treasury bill rate as the vector of instrumental variables.

According to Kim (2004), they employed maximum likelihood estimation based on Hamilton filter for the transformed model to deal with the endogeneity problem. Kim (2008) considered the endogeneity problem results from measurement errors associated with inflation forecasts and output gap measures when he investigated the importance of the backward looking component in a new Keynesian Phillips curve. They selected the four lags of actual inflation rate, CBO output gap, the change in the federal funds rate and the wage inflation as instrumental variables, dealt with endogeneity problem by Kim's (2004) joint estimation.

After taking into account the possible structural breaks in the model, he found that the backward-looking component is not significant throughout the whole sample period. Besides, Kim (2006), Kim and Kim (2007) discussed the time-varying parameters models with endogenous regressors. They provided the appropriate joint estimation and two-step MLE estimation procedure to handle endogeneity problem. In summary, above literatures essentially dealt with the endogeneity problem in Markov switching model and time-varying parameter model, made the macroeconomic modeling and nonlinear econometric analysis more feasible.

However, for the Markov switching model with endogenous regressors, linear model or Markov switching model may not be reasonable in depicting the relationship between endogenous regressors and instrumental variables. For example, lags of endogenous variables are often selected as the instrumental variables. It is not always consistent with the economic laws to regard the relationship between variables and its lags change suddenly. In contrary, since time-varying parameters model can catch the slowly change over time; it is better in describing the relationship between endogenous regressors and instrumental variables. Therefore, in this paper, we extend the Markov switching models with endogenous regressors by introducing the time-varying relationship between endogenous regressors and instrumental variables. After that, we derived the joint estimation, MCMC estimation and two-step estimation procedure to deal with the endogeneity problem based on Kim (2004, 2009). In order to derive the joint estimation, we translated the proposed model into a state-space model with Markov switching, and then applied maximum likelihood estimation based on Kalman filter and Hamilton filter. In addition, Kim (1994) approximation is adopted to make the iteration operable. Since the adoption of Kim (1994) approximation, the joint estimation is inconsistent. For the purpose of obtaining consistent estimation and compare with the two-step estimation, MCMC estimation procedure is proposed in this paper. We perform Gibbs sample for the translated state-space model with Markov switching in joint estimation procedure to realized the estimation of hyperparameters. For the two-step estimation, we first applied maximum likelihood estimation based on Kalman filter for the auxiliary regression constructed by endogenous regressors and instrumental variables.

Besides, the smoothed estimation of bias correction item can be obtained simultaneously. Then, the introduced bias correction item avoids the endogenous problem. Thus, the maximum likelihood estimation based on Hamilton filter can derived the consistent estimator.

The reminder of this paper is organized as follows. Section 2 provides a model specification. Section 3, section 4 and section 5 derive the joint estimation, MCMC estimation and two-step estimation procedure respectively. In section 6 we perform Monte Carlo experiments to investigate the finite sample performance of the proposed joint estimation, MCMC estimation and two-step estimation procedure. Section 6 extends Campbell and Mankiw's (1989) consumption function as an application. Finally, the last section draws some conclusions.

2 Model Specification

Consider the following Markov regime switching model:

$$y_t = x_t' \beta_{s_t} + e_t, \qquad t = 1, 2, \cdots, n \tag{1}$$

Where

$$e_t \sim i.i.d. N(0, \sigma_{e,s_t}^2); S_t = 1, 2, \cdots, j; \beta_{s_t} = \sum_{j=1}^{j} \beta_j S_{j,t}, \sigma_{e,s_t}^2 = \sum_{j=1}^{j} \sigma_{e,j}^2 S_{j,t},$$

$$S_{j,t} = \begin{cases} 1, & \text{if } S_t = j \\ 0, & \text{otherwise} \end{cases}$$

State variable S_t follows a first-order Markov-switching process with the matrix of transition probabilities:

$$\bar{p} = \begin{pmatrix} p_{11} & p_{21} & \cdots & p_{j1} \\ p_{12} & p_{22} & \cdots & p_{j2} \\ \vdots & \vdots & \ddots & \vdots \\ p_{1j} & p_{2j} & \cdots & p_{jj} \end{pmatrix}, \text{where } p_{ij} = p(S_t = j \mid S_{t-1} = i) \text{ with } \sum_{j=1}^{j} p_{ij} = 1, i = 1, 2, \cdots, j$$

In the model (1), x_t is a $K \times 1$ vector of explanatory variables correlated with disturbance term e_t, which induced the endogenous regressors problem. In this case, the maximum likelihood estimation based on the Hamilton filter (Hamilton, 1989) is not consistent. The way to dealing with this problem is introducing instrument variables z_t, which is uncorrelated with e_t, but correlated with z_t.

Since the relationship between economic variables might be affected by economic conditions, policy rules and other factors, we consider the following model, in which the relationship between endogenous regressors x_t and instrument variables z_t is time-varying:

$$x_t = Z_t' \delta_t + v_t \tag{2}$$

$$\delta_t = \delta_{t-1} + u_t \tag{3}$$

Where $Z_t = I_k \otimes z_t$ with z_t being a $L \times 1$ ($L \geq k$) vector of instrument variables uncorrelated with e_t but correlated with x_t, $v_t = \Sigma_v^{1/2} v_t^*$ with $v_t^* \sim N(0, I_k)$, u_t and v_t are uncorrelated with each other. ρ_{s_t} is a $K \times 1$ vector of correlation coefficients for e_t and v_t, i. e.

$$\begin{pmatrix} v_t^* \\ e_t \end{pmatrix} = \begin{pmatrix} \Sigma_v \\ e_t \end{pmatrix}^{-1/2} v_t \sim i.i.d. N(0, \Omega_{s_t}), \Omega_{s_t} = \begin{pmatrix} I_k & \rho_{s_t} \sigma_{e,s_t} \\ \rho'_{s_t} \sigma_{e,s_t} & \sigma_{e,s_t}^2 \end{pmatrix}.$$

3 Joint Estimation Procedure

As in Kim (2004), we consider the Cholesky decomposition of the covariance matrix of $(v_t^* \quad e_t)'$ in order to rewrite $(v_t^* \quad e_t)'$ as a function of two independent shocks:

$$\begin{pmatrix} v_t^* \\ e_t \end{pmatrix} = \begin{pmatrix} I_k & 0 \\ \sigma_{e,s_t} \rho'_{s_t} & \sigma_{e,s_t} \sqrt{1 - \rho'_{s_t} \rho_{s_t}} \end{pmatrix} \begin{pmatrix} w_{1t} \\ w_{2t} \end{pmatrix}, \begin{pmatrix} w_{1t} \\ w_{2t} \end{pmatrix} \sim N\left(\begin{pmatrix} 0 \\ 0 \end{pmatrix}, \begin{pmatrix} I_k & 0 \\ 0 & 1 \end{pmatrix} \right) \tag{4}$$

If we define $w_t = \sigma_{e,s_t} \sqrt{1 - \rho'_{s_t} \rho_{s_t}} \cdot w_{2t}$, which follows a normal distribution with variance $\sigma_{w_t}^2 = \sigma_{e,s_t}^2 (1 - \rho'_{s_t} \rho_{s_t})$, thus w_t is uncorrelated with v_t^* and further uncorrelated with explanatory x_t in model (1) and disturbance term v_t in model (2).

Based on equation (2) and (4), equation (1) can be rewritten as:

$$\begin{aligned} y_t &= x'_t \beta_{s_t} + v_t^{*'} \cdot \rho_{s_t} \sigma'_{e,s_t} + w_t \\ &= x'_t \beta_{s_t} + [\Sigma_v^{-1/2} (x_t - Z'_t \delta_t)]' \rho_{s_t} \sigma'_{e,s_t} + w_t \end{aligned} \tag{1'}$$

Note that in equation (1'), the new disturbance term w_t is uncorrelated with any of regressors, the endogenous problem is solved.

According to model (1') and (2), the conditional joint distribution of y_t and x_t is given by:

$$\begin{pmatrix} y_t \mid x_t, \tilde{Y}_{t-1}, S_t = j, S_{t-1} = i, \theta \\ x_t \mid \tilde{X}_{t-1}, S_t = j, S_{t-1} = i, \theta \end{pmatrix} \sim N\left(\begin{pmatrix} y_{t \mid t-1}^{(i,j)} \\ x_{t \mid t-1}^{(i,j)} \end{pmatrix}, \begin{pmatrix} H_{1,t \mid t-1}^{(i,j)} & 0 \\ 0 & H_{2,t \mid t-1}^{(i,j)} \end{pmatrix} \right) \tag{5}$$

If we denote:

$$\delta_{t|t-1}^{(i,j)} = E(\delta_t \mid \tilde{Y}_{t-1}, \tilde{X}_{t-1}, S_t - j, S_{t-1} = i, x_t)$$
$$P_{t|t-1}^{(i,j)} = E[(\delta_t - \delta_{t|t-1})(\delta_t - \delta_{t|t-1})' \mid \psi_{t-1}, S_t = j, S_{t-1} = i]$$

We have:

$$y_{t|t-1}^{(i,j)} = x_t'\beta_j + [\sum\nolimits_v^{-1/2}(x_t - Z_t'\delta_{t|t-1}^{(i,j)})]'\rho_j\sigma_{e,j}$$
$$x_{t|t-1}^{(i,j)} = Z_t'\delta_{t|t-1}^{(i,j)}$$
$$H_{1,t|t-1}^{(i,j)} = \sigma_{e,j}\rho_j'\sum\nolimits_v^{-1/2} Z_t' P_{t|t-1}^{(i,j)} Z_t \sum\nolimits_v^{-1/2} \rho_j\sigma_{e,j} + \sigma_w^2$$
$$H_{2,t|t-1}^{(i,j)} = Z_t' P_{t|t-1}^{(i,j)} Z_t + \sum\nolimits_v$$

Now considering the joint density of $\tilde{Y}_T = (y_1 \quad y_2 \quad \cdots \quad y_T)'$ and $\tilde{X}_t = (x_1 \quad x_2 \quad \cdots \quad x_T)'$:

$$f(\tilde{Y}_T, \tilde{X}_T; \theta) = \prod_{t=1}^T f(y_t, x_t \mid \tilde{Y}_{t-1}, \tilde{X}_{t-1}, \theta)$$
$$= \prod_{t=1}^T \sum_{j=1}^j \sum_{i=1}^j f(y_t, x_t \mid \tilde{Y}_{t-1}, \tilde{X}_{t-1}, S_t = j, S_{t-1} = i, \theta) \cdot$$
$$Pr(S_t = j, S_{t-1} = i \mid \tilde{Y}_{t-1}, \tilde{X}_{t-1}, \theta)$$

From equation (5), we have:

$$f(y_t, x_t \mid \tilde{Y}_{t-1}, \tilde{X}_{t-1}, S_t = j, S_{t-1} = i, \theta)$$
$$= f(y_t \mid \tilde{Y}_{t-1}, x_t, S_t = j, S_{t-1} = i, \theta) \cdot f(x_t \mid \tilde{X}_{t-1}, S_t = j, S_{t-1} = i, \theta)$$
$$= (2\pi H_{1,t|t-1}^{(i,j)})^{-1/2} \exp\left(-\frac{1}{2H_{1,t|t-1}^{(i,j)}} \cdot (y_t - y_{t|t-1}^{(i,j)})^2\right) \times \qquad (6)$$
$$(2\pi)^{-\frac{K}{2}} \mid H_{2,t|t-1}^{(i,j)} \mid^{-\frac{1}{2}} \exp\left(-\frac{1}{2}(x_t - x_{t|t-1}^{(i,j)})' H_{2,t|t-1}^{-1}(x_t - x_{t|t-1}^{(i,j)})\right)$$

Actually, if we define $\eta_{t|t-1}^{(i,j)} = \begin{pmatrix} y_t - y_{t|t-1}^{(i,j)} \\ x_t - x_{t|t-1}^{(i,j)} \end{pmatrix}$, $f_{t|t-1}^{(i,j)} = \begin{pmatrix} H_{1,t|t-1}^{(i,j)} & 0 \\ 0 & H_{2,t|t-1}^{(i,j)} \end{pmatrix}$,

equation (8) can be rewritten as:

$$f(y_t, x_t \mid \tilde{Y}_{t-1}, \tilde{X}_{t-1}, S_t = j, S_{t-1} = i, \theta) = (2\pi)^{-\frac{K+1}{2}} \mid f_{t|t-1}^{(i,j)} \mid^{-\frac{1}{2}} \exp\left(-\frac{1}{2}\eta_{t|t-1}^{(i,j)'} f_{t|t-1}^{-1} \eta_{t|t-1}^{(i,j)}\right)$$

(7)

Where $\theta = (\beta_1, \cdots, \beta_j, \gamma_1, \cdots, \gamma_j, vech(\sum_u), vech(\sum_v), \sigma_{e,1}, \cdots, \sigma_{e,j}, vec(\tilde{p}))$, $\tilde{p}$ is the matrix of transition probabilities.

Based on model (1'), (2), (3), we can derive:

$$\begin{pmatrix} y_t \\ x_t \end{pmatrix} = \begin{pmatrix} (\beta'_{s_t} + \gamma_{s_t} \sum_v^{-1/2}) x_t \\ 0 \end{pmatrix} + \begin{pmatrix} -\gamma_{s_t} \sum_v^{-1/2} Z'_t \\ Z'_t \end{pmatrix} \cdot \delta_t +$$

$$\begin{pmatrix} w_t \\ v_t \end{pmatrix}, \begin{pmatrix} w_t \\ v_t \end{pmatrix} \sim N\left(\begin{pmatrix} 0 \\ 0 \end{pmatrix}, \begin{pmatrix} \sigma^2_{w,s_t} & 0 \\ 0 & \sum_v \end{pmatrix} \right) \tag{8}$$

$$\delta_t = \delta_{t-1} + u_t \tag{9}$$

Which can be denote as:

$$\tilde{y}_t = A_{s_t} + H_{s_t} \cdot \delta_t + \tilde{e}_t \tag{10}$$

$$\delta_t = \delta_{t-1} + u_t$$

where, $\begin{pmatrix} \tilde{e}_t \\ u_t \end{pmatrix} \sim N\left(\begin{pmatrix} 0 \\ 0 \end{pmatrix}, \begin{pmatrix} R_{s_t} & 0 \\ 0 & \sum_u \end{pmatrix} \right)$, $R_{s_t} = \begin{pmatrix} \sigma^2_{w',s_t} & 0 \\ 0 & \sum_v \end{pmatrix}$.

In fact, $\eta_{t|t-1}^{(i,j)}$ and $f_{t|t-1}^{(i,j)}$ in equation (9) can be obtained by running the Kalman filter and Hamilton filter to model (10). Assume $S_{t-1} = i$, $S_t = j$, $i, j = 1, \cdots, j$, the corresponding Kalman filter recursive and Hamilton filter recursive is:

Kalman filter:

$$\delta_{t|t-1}^{(i,j)} = \delta_{t-1|t-1}^{(i)}$$

$$P_{t|t-1}^{(i,j)} = P_{t-1|t-1}^{(i)} + \sum_u$$

$$\eta_{t|t-1}^{(i,j)} = \tilde{y}_t - A_j - H_j \cdot \delta_{t|t-1}^{(i,j)}$$

$$f_{t|t-1}^{(i,j)} = H_j \cdot P_{t|t-1}^{(i,j)} \cdot H'_j + R_j$$

$$\delta_{t|t}^{(i,j)} = \delta_{t|t-1}^{(i,j)} + P_{t|t-1}^{(i,j)} \cdot H'_j \cdot [f_{t|t-1}^{(i,j)}]^{-1} \cdot \eta_{t|t-1}^{(i,j)}$$

$$P_{t|t}^{(i,j)} = [I - P_{t|t-1}^{(i,j)} \cdot H'_j \cdot [f_{t|t-1}^{(i,j)}]^{-1} \cdot H_j] \cdot P_{t|t-1}^{(i,j)}$$

Hamilton filter:

$$\Pr(S_t, S_{t-1} | \Psi_{t-1}) = \Pr(S_t | S_{t-1}) \cdot \Pr(S_{t-1} | \Psi_{t-1})$$

$$f(y_t | \Psi_{t-1}) = \sum_{s_t} \sum_{s_{t-1}} f(y_t | S_t, S_{t-1}, \Psi_{t-1}) \cdot \Pr(S_t, S_{t-1} | \Psi_{t-1})$$

$$\Pr(S_t, S_{t-1} | \Psi_{t-1}) = \frac{f(y_t | S_t, S_{t-1}, \Psi_{t-1}) \cdot \Pr(S_t, S_{t-1} | \Psi_{t-1})}{f(y_t | \Psi_{t-1})}$$

$$\Pr(S_t | \Psi_t) = \sum_{s_{t-1}} \Pr(S_t, S_{t-1} | \Psi_t)$$

Finally, the following Kim (1994) approximation is required to collapse $J \times J$

posteriors produced from Kalman filter into $J \times 1$ to make the above iteration operable:

$$\delta_{t|t}^{(i)} = \frac{\sum_{i=1}^{j} \Pr(S_{t-1} = i, S_t = j | \Psi_t) \cdot \delta_{t|t}^{(i,j)}}{\Pr(S_t = j | \psi_t)}$$

$$P_{t|t}^{(j)} = \frac{\sum_{i=1}^{J} \Pr(S_{t-1} = i, S_t = j | \psi_t) \cdot [P_{t|t}^{(i,j)} + (\delta_{t|t}^{(j)} - \delta_{t|t}^{(i,j)}) \cdot (\delta_{t|t}^{(j)} - \delta_{t|t}^{(i,j)})']}{\Pr(S_t = j | \Psi_t)}$$

4 MCMC Estimation Procedure

In the above section, we estimated model (10) by Kalman filter, Hamilton filter and Kim (1994) approximation. However, the joint estimation based on Kim (1994) approximation filter is inconsistent. In this section, we consider the MCMC estimation for model (10). In particularly, Gibbs sample is applied to realize the estimation of hyperparameters $\theta = (\beta_1, \cdots, \beta_J, \gamma_1, \cdots, \gamma_J,$ vech $(\Sigma_u),$ vech $(\Sigma_v), \sigma_{w,1}, \cdots, \sigma_{w,j},$ vec $(\tilde{p}))$ by the following steps.

Step1: Conditional on hyperparameters θ, $\tilde{S}_T = (S_1, \cdots, S_T)$, and the observed data $\tilde{Y}_T = (Y_1, \cdots, Y_T)$, generate $\tilde{\delta}_T$. The joint distribution of $\tilde{\delta}_T$ conditional on θ, $\tilde{S}_T = (S_1, \cdots, S_T)$, and $\tilde{Y}_T = (Y_1, \cdots, Y_T)$ is:

$$f(\tilde{\delta}_T | \tilde{Y}_T, \tilde{S}_T, \theta)$$
$$= f(\delta_T | \tilde{Y}_T, \tilde{S}_T, \theta) \cdot f(\tilde{\delta}_{T-1} | \tilde{Y}_T, \tilde{S}_T, \delta_T, \theta)$$
$$= \cdots$$
$$= f(\delta_T | \tilde{Y}_T, \tilde{S}_T, \theta) \cdot \prod_{t=1}^{T-1} f(\delta_t | \tilde{Y}_T, \tilde{S}_T, \delta_{t+1}, \theta)$$

Since $\begin{pmatrix} \tilde{e}_t \\ u_t \end{pmatrix} \sim N\left(\begin{pmatrix} 0 \\ 0 \end{pmatrix}, \begin{pmatrix} R_{s_t} & 0 \\ 0 & \Sigma_u \end{pmatrix}\right)$,

$$\delta_T | \tilde{Y}_T, \tilde{S}_T \sim N(\delta_{T|T}, P_{T|T}) \qquad (11)$$

$$\delta_T | \tilde{Y}_T, \tilde{S}_T, \delta_{t+1} \sim N(\delta_{t|t,\delta_{t+1}}, P_{t|t,\delta_{t+1}}) \qquad (12)$$

By Kalman filter, we can obtain $\delta_{t|t} = E(\delta_t | \tilde{Y}_t, \tilde{S}_t)$, $P_{t|t} = \text{cov}(\delta_t | \tilde{Y}_t, \tilde{S}_t)$, $t = 1, 2, \cdots, T$. Thus, $\delta_{T|T}$, $P_{T|T}$ are known. Since $\delta_{t+1} = \delta_t + u_{t+1}$, we can calculate:

$$\delta_{t|t,\delta_{t+1}} = \delta_{t|t} + P_{t|t} \cdot (P_{t|t} + \sum_u)^{-1} \cdot (\delta_{t+1} - \delta_{t|t})$$

$$P_{t|t,\delta_{t+1}} = P_{t|t} - P_{t|t} \cdot (P_{t|t} + \sum_u)^{-1} \cdot P_{t|t}$$

Thus, we can generate δ_t, $t = 1, 2, \cdots, T-1$ from (12), and generate δ_T from (11).

Step 2: Conditional on hyperparameters θ, $\tilde{\delta}_T$, and the observed data $\tilde{Y}_T = (Y_1, \cdots, Y_T)$, generate $\tilde{S}_T = (S_1, \cdots, S_T)$. The joint distribution of $\tilde{S}_T = (S_1, \cdots, S_T)$ conditional on θ, $\tilde{\delta}_T$, and $\tilde{Y}_T = (Y_1, \cdots, Y_T)$ is:

$$P(\tilde{S}_T \mid \tilde{Y}_T, \tilde{\delta}_T, \theta)$$
$$= P(S_T \mid \tilde{Y}_T, \tilde{\delta}_T, \theta) \cdot P(\tilde{S}_{T-1} \mid \tilde{Y}_T, \tilde{\delta}_T, \theta, S_T)$$
$$= \cdots$$
$$= P(S_T \mid \tilde{Y}_T, \tilde{\delta}_T, \theta) \cdot \prod_{t=1}^{T-1} P(S_t \mid \tilde{Y}_t, \tilde{\delta}_t, \theta, S_{t+1})$$

By running Hamilton filter, we can get $P(S_t \mid \tilde{Y}_t, \tilde{\delta}_t, \theta)$, $t = 1, 2, \cdots, T$.

$$P(S_t \mid \tilde{Y}_t, \tilde{\delta}_t, \theta, S_{t+1}) = \frac{P(S_t, S_{t+1} \mid \tilde{Y}_t, \tilde{\delta}_t, \theta)}{P(S_{t+1} \mid \tilde{Y}_t, \tilde{\delta}_t, \theta)} = \frac{P(S_{t+1} \mid S_t) \cdot P(S_t \mid \tilde{Y}_t, \tilde{\delta}_t, \theta)}{P(S_{t+1} \mid \tilde{Y}_t, \tilde{\delta}_t, \theta)} \quad (13)$$

$$Pr(S_t = j \mid S_{t+1}, \tilde{Y}_t, \tilde{\delta}_t, \theta) = \frac{P(S_{t+1} \mid S_t = j) \cdot P(S_t = j \mid \tilde{Y}_t, \tilde{\delta}_t, \theta)}{\sum_{j=1}^{j} P(S_{t+1} \mid S_t = j) \cdot P(S_t = j \mid \tilde{Y}_t, \tilde{\delta}_t, \theta)} \quad (14)$$

Using equation (13) and (14), we can calculate $Pr(S_t = j \mid S_{t+1}, \tilde{Y}, \tilde{\delta}_t, \theta)$, and further generate S_t from a uniform distribution between 0 and 1. If the generated number is less than or equal to $Pr(S_t = 1 \mid S_{t+1}, \tilde{Y}_t, \tilde{\delta}_t, \theta)$, we set $S_t = 1$. If it is greater than $Pr(S_t = 1 \mid S_{t+1}, \tilde{Y}_t, \tilde{\delta}_t, \theta)$, we generate another random number from the uniform distribution. Then if that generated number is less than or equal to $Pr(S_t = 2 \mid S_{t+1}, \tilde{Y}_t, \tilde{\delta}_t, \theta, S_t \neq 1)$, we set $S_t = 2$. If it is greater than $Pr(S_t = 1 \mid S_{t+1}, \tilde{Y}_t, \tilde{\delta}_t, \theta, S_t \neq 1)$, we generate another random number from the uniform distribution again and so on. Where, $Pr(S_t = j \mid S_{t+1}, \tilde{Y}_t, \tilde{\delta}_t, \theta, S_t \neq 1, \cdots, j-1)$ is calculated in the following ways:

$$Pr(S_t = j \mid S_{t+1}, \tilde{Y}_t, \tilde{\delta}_t, \theta, S_t \neq 1, \cdots, j-1)$$

$$= \frac{P(S_{t+1} \mid S_t = j) \cdot P(S_t = j \mid \tilde{Y}_t, \tilde{\delta}_t, \theta)}{\sum_{s=j}^{j} P(S_{t+1} \mid S_t = s) \cdot P(S_t = s \mid \tilde{Y}_t, \tilde{\delta}_t, \theta)}$$

Step 3: conditional on $\tilde{\delta}_T$, $\tilde{S}_T$ and the observed data $\tilde{Y}_T = (Y_1, \cdots, Y_T)$, generate hyperparameters θ.

(1) Generate $\beta_1, \cdots, \beta_j, \gamma_1, \cdots, \gamma_j$, conditional on $vech(\Sigma_u)$, $vech(\Sigma_v)$, $\sigma_{w,1}, \cdots, \sigma_{w,j} vec(\tilde{p})$ and $\tilde{\delta}_T$, $\tilde{S}_T$. According to model (1'),

$$y_t = x_t'\beta_{s_t} + [\Sigma_v^{-1/2}(x_t - Z_t'\delta_t)]'\gamma_{s_t} + w_t, \quad w_t \sim N(0, \sigma_{w,s_t}^2)$$

For $S_t = j$, assume the prior distribution for (β_j, γ_j) is:

$$(\beta_j, \gamma_j) \mid \sigma_w \sim N(b_{j,0}, B_{j,0})$$

Then the posterior distribution is given by:

$$(\beta_j, \gamma_j) \mid \sigma_w, \tilde{\delta}_T, \tilde{S}_T \sim N(b_{j,1}, B_{j,1})$$

Where

$$b_{j,1} = (B_0^{-1} + X'X)^{-1}(B_0^{-1} b_0 + X'Y)$$
$$B_{j,1} = (B_0^{-1} + X'X)^{-1}$$

with $X_t = (x_t' \quad \Sigma_v^{-1/2}(x_t - Z_t'\delta_t))'$

(2) Generate the transition probabilities $vec(\tilde{p})$, conditional on $\beta_1, \cdots, \beta_j$, $\gamma_1, \cdots, \gamma_j$, $vech(\Sigma_u)$, $vech(\Sigma_v)$, $\sigma_{w,1}, \cdots, \sigma_{w,j}$ and $\tilde{\delta}_T$, $\tilde{S}_T$.

Conditional on $\tilde{S}_T$, transition probabilities are independent of the data set and model's other parameters. Given $i = i^*$, $p_{i^* J}$ ($j = 1, 2, \cdots, J$), are probabilities that sum to unity. With the use of the noninformative prior, the conditional distribution of $p_{i^* 1}, p_{i^* 2}, \cdots, p_{i^* J}$ is the Dirichlet distribution Dir $(d_{i^* 1}, d_{i^* 2}, \cdots, d_{i^* J})$, where

$$d_{i^* j} = \sum_{t=2}^{n} I(S_{t-1} = i^*) \cdot I(S_t = j) + 0.5$$

In particularly, if $J = 2$, beta distribution can be used as the prior distribution of transition probabilities.

(3) Generate $vech(\Sigma_u)$, $vech(\Sigma_v)$, $\sigma_{w,1}, \cdots, \sigma_{w,j}$, conditional on $\beta_1, \cdots, \beta_j, \gamma_1, \cdots, \gamma_j$, $vech(\tilde{p})$ and $\tilde{\delta}_T$, $\tilde{S}_T$. For variance variables, we assume the

priors are inverted Gamma distributions and can obtain posterior distributions are also inverted Gamma distributions. For example, if we assume $\sigma_v \sim IG\ (v_0/2, \delta_0/2)$, the posterior distribution is: $\sigma_v \mid \beta_1, \beta_2, \gamma_1, \gamma_2, \tilde{\delta}_T, \tilde{S}_T \sim \sigma_v \sim IG\ (v/2, \delta/2)$, where $v = v_0 + T$, $\delta = \delta_0 + SSR$, where SSR is the sum of square residual for the corresponding regression.

5 Two Step MLE Estimation Procedure

The joint estimation procedure in section 3 is straightforward; however, as mentioned in section 4, the joint estimation based on Kim (1994) approximation filter is inconsistent. In addition, as the number of endogenous regressors increase, we need to estimate numerous parameters simultaneous, which may take a long time to finish the joint estimation iteration procedure. For the purpose of improving computational efficiency, avoiding employing Kim (1994) approximation, in this section, we consider a conventional two step MLE procedure.

In order to develop a two-step estimation procedure, we represent the following joint density of $\tilde{Y}_T = (y_1\ \ y_2\ \cdots\ y_T)'$ and $\tilde{X}_T = (x_1\ \ x_2\ \cdots\ x_T)'$ according to model (1'), (2), (3):

$$\begin{aligned} f(\tilde{Y}_T, \tilde{X}_T; \theta) &= f(\tilde{Y}_T \mid \tilde{X}_T, \theta_1, \theta_2) \cdot f(\tilde{X}_T \mid \theta_2) \\ &= \prod_{t=1}^{T} f(y_t \mid \tilde{Y}_{t-1}, \tilde{X}_T, \theta_1, \theta_2) \cdot \prod_{t=1}^{T} f(x_t \mid \tilde{X}_{t-1}, \theta_2) \end{aligned} \quad (15)$$

Where $\theta_1 = (\beta_1, \cdots, \beta_J, \rho_1, \cdots, \rho_J, \sigma_{e,1}, \cdots, \sigma_{e,j},\ vec\ (\tilde{p})')$, $\theta_2 = (vech\ (\Sigma_u)',\ vech\ (\Sigma_v)')$.

In model (15), since $\prod_{t=1}^{T} f\ (x_t \mid \tilde{X}_{t-1}, \theta_2)$ is the likelihood function of model (2) and (3), while $\prod_{t=1}^{T} f\ (y_t \mid \tilde{Y}_{t-1}, \tilde{X}_T, \theta_1, \theta_2)$ is the likelihood function of model (1'), maximizing $f\ (\tilde{Y}_T, \tilde{X}_T;\ \theta)$ can be realized by maximizing $\prod_{t=1}^{T} f\ (y_t \mid \tilde{Y}_{t-1}, \tilde{X}_T, \theta_1, \theta_2)$ and $\prod_{t=1}^{T} f\ (x_t \mid \tilde{X}_{t-1}, \theta_2)$ separately. Therefore, the basic idea two-step procedure is to estimate θ_2 by maximizing $f\ (\tilde{X}_T \mid \theta_2)$, and then to estimate θ_1 by maximizing $f\ (\tilde{Y}_T \mid \tilde{X}_T, \theta_1, \theta_2)$ conditional on the estimates for θ_2.

For the first step estimation, as Z_t is uncorrelated with v_t in equation (2) and (3), MLE estimation for θ_2 is consistent. Besides, the smoothed estimation of δ_t and v_t^* can be obtained simultaneously by applying the conventional Kalman filter. For the second step, the endogenous regressors' problem in model (1') have been conquered by introducing v_t^*, thus the consistent estimation for θ_1 is guaranteed by running Hamilton (1989) filter. The detail is shown as follows.

Step 1:

Model (2) and (3) can be rewritten as:

$$x_t = Z_t'\delta_t + v_t = Z_t'\delta_t + \sum_v^{1/2} v_t^* = (Z_t' \quad \sum_v^{1/2}) \cdot \begin{pmatrix} \delta_t \\ v_t^* \end{pmatrix} \tag{16}$$

$$\begin{pmatrix} \delta_t \\ v_t^* \end{pmatrix} = \begin{pmatrix} I_k & 0 \\ 0 & 0 \end{pmatrix} \cdot \begin{pmatrix} \delta_{t-1} \\ v_{t-1}^* \end{pmatrix} + \begin{pmatrix} u_t \\ v_t^* \end{pmatrix}, \begin{pmatrix} u_t \\ v_t^* \end{pmatrix} \sim N\left(\begin{pmatrix} 0 \\ 0 \end{pmatrix}, \sum_{u'}\right), \sum_{u'} = \begin{pmatrix} \sum_u & 0 \\ 0 & I_K \end{pmatrix} \tag{17}$$

Which can be denoted as:

$$x_t = W_t' \cdot \tilde{\delta}_t$$

$$\tilde{\delta}_t = F \cdot \tilde{\delta}_{t-1} + \tilde{u}_t$$

If we denote $\delta_{t|t-1} = E(\delta_t \mid \tilde{X}_{t-1})$, $P_{t|t-1} = Var(\delta_t \mid \tilde{X}_{t-1}$; then $x_{t|t-1} = Z_t'\delta_{t|t-1}$, $f_{t|t-1} = Var(x_t \mid \tilde{X}_{t-1}) = Z_t P_{t|t-1} Z_t' + \sum_v$; the likelihood function of model (14) can be expressed as:

$$f(\tilde{X}_T \mid \theta_2) = \prod_{t=1}^T f(x_t \mid \tilde{X}_{t-1}, \theta_2)$$

$$= \prod_{t=1}^T (2\pi)^{-\frac{K}{2}} \mid f_{t|t-1} \mid^{-\frac{1}{2}} \exp\left(-\frac{1}{2}(x_t - x_{t|t-1})' f_{t|t-1}^{-1} (x_t - x_{t|t-1})\right)$$

Note that $\eta_{t|t-1} = x_t - x_{t|t-1}$ and $f_{t|t-1}$ can be derived by running conventional Kalman filter, thus the maximum likelihood estimation of parameters θ_2 can be obtained.

The conventional Kalman filter recursion is:

$$\tilde{\delta}_{t|t-1} = \tilde{\delta}_{t-1|t-1}$$

$$\tilde{P}_{t|t-1} = F \cdot \tilde{P}_{t-1|t-1} \cdot F' + \sum_{u'}$$

$$\eta_{t|t-1} = x_t - x_{t|t-1} = x_t - W_t' \cdot \tilde{\delta}_{t|t-1}$$

$$f_{t|t-1} = W_t' \cdot \tilde{P}_{t|t-1} \cdot W_t$$

$$\tilde{\delta}_{t|t} = \tilde{\delta}_{t|t-1} + \tilde{P}_{t|t-1} \cdot W_t \cdot f_{t|t-1}^{-1} \cdot \eta_{t|t-1}$$

$$\tilde{P}_{t|t} = \tilde{P}_{t|t-1} - \tilde{P}_{t|t-1} \cdot W_t \cdot f_{t|t-1}^{-1} \cdot W_t' \cdot \tilde{P}_{t|t-1}$$

Further more, the following two equations can be iterated backwards for $t = T-1, T-2, \cdots, 1$ to get the smoothed estimates.

$$\tilde{\delta}_{t|T} = \tilde{\delta}_{t|t} + \tilde{P}_{t|t} \cdot F' \cdot \tilde{P}_{t+1|t}^{-1} \cdot (\tilde{\delta}_{t+1|T} - F \cdot \tilde{\delta}_{t|t}) \quad (18)$$

$$\tilde{P}_{t|T} = \tilde{P}_{t|t} + \tilde{P}_{t|t} \cdot F' \cdot \tilde{P}_{t+1|t}^{-1} \cdot (\tilde{P}_{t+1|T} - \tilde{P}_{t+1|t}) \cdot \tilde{P}_{t+1|t}^{-1} \cdot F \cdot \tilde{P}_{t|t} \quad (19)$$

In particularly, we define the last $K \times 1$ block of $\tilde{\delta}_{t|T}$ as $v_{t|T}^*$, and the last $K \times K$ block of $\tilde{P}_{t|T}$ as $P_{t|T}^* = E[(v_t^* - v_{t|T}^*) \cdot (v_t^* - v_{t|T}^*)']$, which are useful in the second step.

Step 2:

We rewrite equation (1') as:

$$\begin{aligned} y_t &= x_t'\beta_{s_t} + e_t = x_t'\beta_{s_t} + \sigma_{e,s_t}\rho_{s_t}' \cdot v_t^* + w_t \\ &= x_t'\beta_{s_t} + \sigma_{e,s_t}\rho_{s_t}' \cdot v_{t|T}^* + \sigma_{e,s_t}\rho_{s_t}' \cdot (v_t^* - v_{t|T}^*) + w_t \end{aligned} \quad (20)$$

Denote $w_t' = \sigma_{e,s_t}\rho_{s_t}' \cdot (v_t^* - v_{t|T}^*) + w_t$, then $\sigma_{w',s_t}^2 = \sigma_{e,s_t}^2 \rho_{s_t}' \cdot P_{t|T}^* \cdot \rho_{s_t} + \sigma_{w,s_t}^2$.

Equation (20) can be further more transformed as:

$$y_t = (x_t' \quad v_{t|T}^{*'}) \cdot \begin{pmatrix} \beta_{s_t} \\ \gamma_{s_t} \end{pmatrix} + w_t' = \tilde{x}_t'\tilde{\beta}_{s_t} + w_t'$$

$$\tilde{\beta}_{s_t} = \begin{pmatrix} \beta_{s_t} \\ \gamma_{s_t} \end{pmatrix} = \begin{pmatrix} \beta_0 \\ \gamma_0 \end{pmatrix}(1 - s_t) + \begin{pmatrix} \beta_1 \\ \gamma_1 \end{pmatrix} s_t$$

Since $E(y_t \mid \tilde{Y}_{t-1}, \tilde{X}_T, \theta_1, \theta_2) = x_t'\beta_{s_t} + \sigma_{e,s_t}\rho_{s_t}' \cdot v_{t|T}^* = \tilde{x}_t'\tilde{\beta}_{s_t}$, $\text{Var}(y_t \mid \tilde{Y}_{t-1}, \tilde{X}_T, \theta_1, \theta_2) = \sigma_{w',s_t}^2$, the joint density of $\tilde{Y}_T = (y_1 \quad y_2 \quad \cdots \quad y_t)'$ conditional on $\tilde{X}_T$ is:

$$\begin{aligned} f(\tilde{Y}_T \mid \tilde{X}_T, \theta_1, \theta_2) &= \prod_{t=1}^{T} f(y_t \mid \tilde{Y}_{t-1}, \tilde{X}_T, \theta_1, \theta_2) \\ &= \prod_{t=1}^{T} \sum_{j=1}^{J} f(y_t \mid \tilde{Y}_{t-1}, \tilde{X}_T, S_t = j, \theta_1, \theta_2) \cdot \Pr(S_t = j \mid \tilde{Y}_{t-1}, \tilde{X}_T, \theta_1, \theta_2) \end{aligned}$$

where,

$$f(y_t \mid \tilde{Y}_{t-1}, \tilde{X}_T, S_t = j, \theta_1, \theta_2) = \frac{1}{\sqrt{2\pi\sigma_{w',s_t}^2}} \cdot \exp\left(-\frac{(y_t - \tilde{x}_t'\tilde{\beta}_j)^2}{2\sigma_{w',j}^2}\right)$$

$$\Pr(S_t = j \mid \tilde{Y}_{t-1}, \tilde{X}_T, \theta) = \sum_{i=1}^{J} \Pr(S_t = j, S_{t-1} = i \mid \tilde{Y}_{t-1}, \tilde{X}_T, \theta)$$

$$= \sum_{i=1}^{J} \Pr(S_t = j \mid S_{t-1} = i) \cdot \Pr(S_{t-1} = i \mid \tilde{Y}_{t-1}, \tilde{X}_T, \theta)$$

$$\Pr(S_t = j \mid \tilde{Y}_t, \tilde{X}_T, \theta) = \frac{f(S_t = j, y_t \mid \tilde{Y}_{t-1}, \tilde{X}_T, \theta)}{f(y_t \mid \tilde{Y}_{t-1}, \tilde{X}_T, \theta)}$$

$$= \frac{f(y_t \mid S_t = j, \tilde{Y}_{t-1}, \tilde{X}_T, \theta) \cdot \Pr(S_t = j \mid \tilde{Y}_{t-1}, \tilde{X}_T, \theta)}{\sum_{j=1}^{J} f(y_t \mid S_t = j, \tilde{Y}_{t-1}, \tilde{X}_T, \theta) \cdot \Pr(S_t = j \mid \tilde{Y}_{t-1}, \tilde{X}_T, \theta)}$$

Hence, $\Pr(S_t = j \mid \tilde{Y}_t, \tilde{X}_T, \theta)$ and the maximum likelihood estimation of θ_1 conditional on the consistent estimation of θ_2 are obtained by applying Hamilton (1989) filter.

6 Monte Carlo Experiment

In this section, we empirically investigate the finite sample properties of the proposed joint estimation, MCMC estimation and two step estimation. The specific data generating process we assign is:

$$y_t = x_t \beta_{s_t} + e_t, \quad t = 1, 2, \cdots, T \tag{21}$$

$$\beta_{s_t} = (1 - s_t)\beta_0 + s_t\beta_1, s_t = 1, 2$$
$$x_t = Z_t \delta_t + v_t \tag{22}$$

$$v_t = \sigma_v v_t^*, v_t^* \sim N(0, 1)$$
$$\delta_t = \delta_{t-1} + u_t$$
$$\mathrm{corr}(e_t, v_t) = \rho_{s_t}$$

$$\begin{pmatrix} v_t^* \\ e_t \end{pmatrix} = \begin{pmatrix} \sigma_v v_t \\ e_t \end{pmatrix} \sim iid\ N(0, \Omega_{s_t}), \Omega_{s_t} = \begin{pmatrix} 1 & \rho_{s_t}\sigma_{e,s_t} \\ \rho_{s_t}\sigma_{e,s_t} & \sigma_{e,s_t}^2 \end{pmatrix} \tag{23}$$

Where u_t and v_t are uncorrelated with each other. $Z_t \sim N(0, 2)$, $u_t \sim N(0, 0.1^2)$, $\beta_1 = 2$, $\beta_2 = -2$, $\rho_1 = 0.8$, $\rho_2 = 0.4$, $\sigma_v = 1$, $\sigma_{e,1} = 1$, $\sigma_{e,2} = 1.5$, and the transition probabilities are:

$\Pr(S_t = 1 \mid S_{t-1} = 1) = p_{11} = 0.95, \Pr(S_t = 2 \mid S_{t-1} = 1) = 1 - p_{11} = 0.05$
$\Pr(S_t = 2 \mid S_{t-1} = 2) = p_{22} = 0.95, \Pr(S_t = 1 \mid S_{t-1} = 2) = 1 - p_{22} = 0.05.$

For MCMC estimation, the prior distribution is required. We assume $\beta_1 \sim N(2, 1)$, $\beta_2 \sim N(2, 1)$, $\gamma_1 = \rho_1 \sigma_{e1} \sim N(0.8, 0.25)$, $\gamma_2 = \rho_2 \sigma_{e2} \sim N(0.6, 0.25)$, and other parameters follow noninformative prior.

We generate 1000 sets of data for each sample size T = 200, T = 500 and T = 1000, according to the above data generating process. For each data set generated, we estimate the model by employing three estimation methods, which are an estimation procedure ignoring endogeneity, the joint estimation procedure, the MCMC estimation procedure and the two-step estimation procedure. Tables 1 to 3 report the mean, and the standard error for the hyper-parameters.

As shown in table 1 to table 3, bias in the estimation of β_1 and β_2 are obvious when endogenous regressors' problem is ignored. Specially, the bias in the estimation of β_1 is larger than β_2's, which is consistent with Kim (2004)'s confirm that as the endogeneity problem is more serious in state 1, the bias for β_1 would be larger. No matter the sample size is 200, 500 or 1000, the estimations of β_1 and β_2 are significantly biased in the upward direction, and the true value even fall outside the 95% confident interval. Thus, ignored endogeneity problem would induce considerable bias in the parameter estimate. Besides, the smaller the sample size is, the larger the biases in the parameter estimations are, which suggests that the bias for small sample size would be more serious when endogeneity problem is ignored.

The joint estimation, MCMC estimation and the two-step estimation procedure perform very well. The true value for all the parameters are well within their one standard error confident bands derived from the empirical distributions of the parameters estimation. In particular, the bias in the estimates of β_1 or β_2 is almost negligible. In addition, as the sample size increase, the means of the parameter estimates are closer to the true parameter values. As mentioned in section 3, for joint estimation, we adopt Kim (1994) approximation to collapse $J \times J$ posteriors produced from Kalman filter into $J \times 1$ to make the iteration procedure operable, which would deliver inconsistent estimators. On the contrary, MCMC estimation and two-step estimation are consistent. The two-step estimators are not the most efficient estimators while MCMC estimators are efficient. In our Monte Carlo experiment, the biases of two step estimations and the MCMC estimations are empirically smaller than joint estimations' as a whole. Furthermore, the standard errors of MCMC estimations are the smallest in this three methods. Therefore, we can make a conclusion the joint estimation procedure is the worst among this three method. This conclusion is different from Kim (2009)'s. For Kim (2009), since the joint estimations are realized by maximum likelihood estimation based on Hamilton filter without any approximation, they are asymptotical most-efficient estimators. Although the MCMC estimations are more efficient than the two-step estimations, it may take a long time to finish the estimation.

Table 1 Performance of Proposed Joint Estimation and Two-step Estimation (T = 200)

Parameters	True value	Estimation without endogeneity Mean	SD	Joint estimation Mean	SD	Two-step estimation Mean	SD	MCMC estimation Mean	SD
p_{11}	0.95	0.9434	0.0264	0.9471	0.0245	0.9439	0.0281	0.9459	0.0202
p_{22}	0.95	0.9439	0.0258	0.9428	0.0263	0.9445	0.0275	0.9481	0.0193
β_1	2	2.2874	0.1880	1.9962	0.1124	1.9972	0.1199	1.9883	0.0825
β_2	-2	-1.7809	0.1651	-1.9873	0.1791	-1.9981	0.1921	-2.0085	0.1059
ρ_1	0.8	—	—	0.7869	0.0698	0.7968	0.0741	0.7973	0.0515
ρ_2	0.4	—	—	0.3752	0.1414	0.3914	0.1455	0.3975	0.0987
$\sigma_{e,1}$	1	0.8638	0.1108	1.0059	0.1033	1.0014	0.1224	1.0163	0.0951
$\sigma_{e,2}$	1.5	1.4499	0.1099	1.4929	0.1325	1.4927	0.1388	1.5113	0.1162
σ_v	1	—	—	0.9959	0.0528	1.0010	0.0533	1.0007	0.0546
σ_u	0.1	—	—	0.0952	0.0253	0.0954	0.0321	0.1013	0.0275

Table 2 Performance of Proposed Joint Estimation and Two-step Estimation (T = 500)

Parameters	True value	Estimation without endogeneity Mean	SD	Joint estimation Mean	SD	Two-step estimation Mean	SD	MCMC estimation Mean	SD
p_{11}	0.95	0.9478	0.0150	0.9476	0.0153	0.9481	0.0150	0.9484	0.0133
p_{22}	0.95	0.9470	0.0162	0.9477	0.0155	0.9474	0.0157	0.9479	0.0138
β_1	2	2.2050	0.1493	1.9933	0.0563	2.0001	0.0417	1.9958	0.0357
β_2	-2	-1.8474	0.1178	-2.0025	0.0919	-1.9969	0.0643	-2.0023	0.0608
ρ_1	0.8	—	—	0.7982	0.0319	0.7991	0.0293	0.8003	0.0263
ρ_2	0.4	—	—	0.3986	0.0738	0.3985	0.0655	0.4001	0.0656
$\sigma_{e,1}$	1	0.9110	0.0788	1.0059	0.0607	0.9999	0.0520	1.0059	0.0512
$\sigma_{e,2}$	1.5	1.4583	0.0705	1.4985	0.0783	1.4997	0.0730	1.5090	0.0739
σ_v	1	—	—	0.9990	0.0341	0.9979	0.0330	1.0004	0.0341
σ_u	0.1	—	—	0.0962	0.0155	0.0981	0.0175	0.1003	0.0152

Table 3 Performance of Proposed Joint Estimation and Two-step Estimation (T = 1000)

Parameters	True value	Estimation without endogeneity Mean	SD	Joint estimation Mean	SD	Two-step estimation Mean	SD	MCMC estimation Mean	SD
p_{11}	0.95	0.9494	0.0109	0.9495	0.0104	0.9492	0.0100	0.9493	0.0098
p_{22}	0.95	0.9483	0.0107	0.9481	0.0102	0.9488	0.0104	0.9495	0.0096
β_1	2	2.1358	0.1108	1.9967	0.0342	1.9993	0.0216	2.0000	0.0188
β_2	-2	-1.8994	0.0848	-1.9984	0.0620	-1.9997	0.0356	-2.0016	0.0312
ρ_1	0.8	—	—	0.7997	0.0209	0.8001	0.0192	0.7991	0.0184
ρ_2	0.4	—	—	0.3979	0.0542	0.3988	0.0428	0.3986	0.0444
$\sigma_{e,1}$	1	0.9436	0.0559	1.0020	0.0386	0.9979	0.0322	1.0002	0.0329
$\sigma_{e,2}$	1.5	1.4742	0.0512	1.4962	0.0549	1.4969	0.0502	1.4988	0.0482
σ_v	1	—	—	1.0003	0.0226	1.0005	0.0235	0.9994	0.0233
σ_u	0.1	—	—	0.0959	0.0107	0.0989	0.0125	0.1002	0.0111

7 An Application

As an example, we extend Campbell and Mankiw's (1989) consumption function to incorporate a regime switching response of consumption growth to income growth. Campbell and Mankiw's (1989) estimate the following model for aggregate consumption:

$$\Delta C_t = \mu + \lambda \Delta Y_t + e_t \qquad (24)$$

$$\Delta Y_t = z_t' \delta + v_t \qquad (25)$$

Where C_t is the log of per-capita consumption on non-durable goods and services; Y_t is the log of per-capita disposable personal income; e_t and v_t are correlated with each other; z_t is a vector of instrument variables which is uncorrelated with t_t. λ can be interpreted as the faction of aggregate income that accrues to individuals who consume their current income, while $1 - \lambda$ is interpreted as the faction of aggregate income that accrues to individuals who consume their permanent income. From the perspective of aggregation, λ can also be interpreted as the sensitivity of consumption to current income. Kimball (1990) suggests that λ may be affected by the degree of uncertainty in the future economy, i.e. when the degree of future uncertainty is higher, λ is larger, vice versa. In addition, considering the relationship between endogenous regressors and instrument variables might be affected by economic conditions, policy rules and other factors, we extend model (24) and (25) to the following model:

$$\Delta C_t = \mu_{s_t} + \lambda_{s_t} \Delta Y_t + e_t \quad S_t = 1,2 \qquad (24')$$

$$\Delta Y_t = z_t' \delta_t + v_t$$
$$\delta_t = \delta_{t-1} + u_t \qquad (25')$$

Where $v_t \sim N(0, \sigma_v^2)$; $e_t \sim N(0, \sigma_{e,s_t}^2)$, $\begin{pmatrix} v_t^* \\ e_t \end{pmatrix} = \begin{pmatrix} \sigma_v^{-1} v_t \\ e_t \end{pmatrix} \sim iid \ N(0, \Omega_{s_t})$, $\Omega_{s_t} = \begin{pmatrix} 1 & \rho_{s_t}\sigma_{e,s_t} \\ \rho_{s_t}\sigma_{e,s_t} & \sigma_{e,e_t}^2 \end{pmatrix}$.

According to Campbell and Mankiw (1989), Kim (2009), the vector of instrumental variables adopted in this paper is $z_t = (\Delta Y_{t-2}, \Delta Y_{t-3}, \Delta Y_{t-4}, \Delta C_{t-2}, \Delta C_{t-3}, \Delta C_{t-4}, spread_{t-2}, spread_{t-3}, spread_{t-4})'$, where spread is the difference of the 10-year Treasury constant maturity rate and the 3-month Treasury Bill rate. The data we employed are quarterly data for USA covering the period 1953: Q3 − 2008Q1. All the data are obtained from FRED, collected by the Federal Reserve Bank of St. Louis.

Table 4 reports the joint estimation and two-step estimation results for the hyper-parameters in equation (24') and (25'). For MCMC estimation, the prior distribution is required. We assume $\mu_1 \sim N(0, 1)$, $\mu_2 \sim N(0, 1)$, $\lambda_1 \sim N(0, 1)$, $\lambda_2 \sim N(0, 1)$, $\gamma_1 = \rho_1 \sigma_{e1} \sim N(0, 1)$, $\gamma_2 = \rho_2 \sigma_{e2} \sim N(0, 1)$ and other parameters follow noninformative prior. As shown in table 4, the results for joint estimation, MCMC estimation and two-step estimation are similar.

As shown in Table 4, the estimation of λ_1 is higher than λ_2's, which means consumption growth is more sensitive to income growth during the first regime. According to the results of two-step estimation, $\lambda_1 = 0.6481$. That is, in the first regime, 64.8% of aggregate income that accrues to individuals who consume their current income, only 35.2% of aggregate income that accrues to individuals whose consumption behavior follows permanent income hypothesis. From the perspective

Table 4 Estimation Result of Regime Switching Model
for Campbell and Mankiw's (1989)

parameters	Joint estimation		Two-step estimation		MCMC estimation	
	estimates	sd	estimates	sd	estimates	sd
p_{11}	0.9306	0.0739	0.9132	0.0564	0.9186	0.0445
p_{12}	0.9425	0.0441	0.9434	0.0311	0.9302	0.0388
μ_1	0.1168	0.1335	0.1851	0.0933	0.2093	0.1281
μ_2	0.4880	0.0485	0.4998	0.0755	0.4552	0.1385
λ_1	0.7524	0.1565	0.6482	0.1354	0.6153	0.1414
λ_2	0.3488	0.0654	0.2762	0.1093	0.3640	0.1496
ρ_1	-0.7796	0.0591	-0.3817	0.3172	-0.4585	0.2212
ρ_2	-0.7509	0.0639	-0.5530	0.1846	-0.6352	0.2612
$\sigma_{e,1}$	0.6301	0.0672	0.4374	0.0831	0.4659	0.0664
$\sigma_{e,2}$	0.3498	0.0330	0.3537	0.0598	0.4144	0.0758

of aggregation, if the per-capita income raises 1%, the per-capita consumption growth would raises 0.648%. During the second regime, $\lambda_2 = 0.2763$. That means if the per-capita income raises 1%, the per-capita consumption growth would raise 27.63%, which is smaller than the result of first regime. About 72.37% of aggregate income that accrues to agents whose consumption behavior follows permanent income hypothesis. Furthermore, during the first regime, the volatility of consumption growth rate is larger, which means higher uncertainty for consumption in this regime. Similar analysis for the results of joint estimation and MCMC estimation.

8 Conclusions

In this paper, we studied the extensive Markov switching models with endogenous regressors which introduced time-varying relationship between endogenous regressors and instrumental variables. Furthermore, we derived the joint estimation, MCMC estimation and two-step estimation procedure to deal with the endogeneity problem based on Kim (2004, 2009).

In order to derive the joint estimation, we translated the proposed model into a state-space model with Markov switching model, and then applied maximum likelihood estimation based on Kalman filter and Hamilton filter. In addition, Kim (1994) approximation is adopted to make the iteration operable. For MCMC estimation procedure, we performed Gibbs sample for the translated state-space model with Markov switching in joint estimation procedure to realized the estimation of hyperparameters. For the two-step estimation, we first applied maximum likelihood estimation based on Kalman filter for the auxiliary regression constructed by endogenous regressors and instrumental variables. Besides, the smoothed estimation of bias correction item can be obtained simultaneously. Then, the introduced bias correction item avoids the endogenous problem. Thus, the maximum likelihood estimation based on Hamilton filter can derived the consistent estimator. Our Monte Carlo experiments confirm that the proposed joint estimation, MCMC estimation and two-step estimation all work fine in finite sample. Among these three method, the two-step estimations and the MCMC estimations are closer to the true value, which due to the inconsistent property of the joint estimation. Further more, the MCMC estimation derived the smallest standard error, that is consistent with the conclusion that two-step estimation is not efficient. However, the two-step estimation is the most convenient method and can derives the consistent estimation. In addition, biases in the estimation of parameters are obvious when endogenous regressors' problem is ignored and the true values even fall outside the 95% confident interval. Finally, we extend Campbell and Mankiw's (1989) consumption model into a Markov switching model. The proposed joint estimation, MCMC estimation and two-step estimation procedure are applied to estimate this model. Empirical results suggest that during the regime when uncertainty in the future income growth is higher, consumption growth is more sensitive to income growth and more individuals consume their current income.

References

Campbell, J., Y., Mankiw, N. G., 1989, "Consumption, income, and interest rates: Reinterpreting the Time Series Evidence", in Olivier J. Blanchard and Stanley Fischer eds. National Bureau of Economic Research Macroeconomics Annual 1989, MIT Press: Cambridge,

MA, 185 -216.

Hamilton, J., D., 1989, A New Approach to the Economic Analysis of Nonstationary Time Series and the Business Cycle, Econometrica, Vol. 57, No. 2, 357 -384.

Kimball, M., S., 1990, "Precautionary Savings and the Marginal Propensity to Consume," NBER Working Paper, No. 3403 Kim, C. -J., 1994, "Dynamic Linear Models with Markov-Switching", Journal of Econometrics, 60, 1 -22.

Kim, C. -J., 2009, "Markov-switching models with endogenous explanatory variables II: A two-step MLE procedure", Journal of Econometrics, 148 (2009), 46 -55.

Kim, C. -J., 2004, "Markov-switching models with endogenous explanatory variables", Journal of Econometrics 122 (2004), 127 -136.

Kim, C. -J., 2006, "Time-varying parameter models with endogenous regressors", Economics Letters 91 (2006), 21 -26.

Kim, C. -J., Lee, J. -W., 2008, "Exchange rate regime and monetary policy independent in east Asia", Pacific Economic Review, 13 (2), 155 -170.

Kim, C. -J., Kim, Y., 2008, "Is the Backward-Looking Component Important in a New Keynesian Phillips Curve", Studies in Nonlinear Dynamics & Econometrics, vol. 12 (3).

Kim, Y., Kim, C. -J., 2007, "Dealing with Endogeneity in a Time-Varying-Parameter Model: Joint Estimation and Two-Step Estimation Procedures", Working paper.

Morande., F., Tejada, M., 2009, "Sources of uncertainty in Conducting Monetary Policy in Chile", working paper.

Hamilton J. D., 1989, "A New Approach to the Economic Analysis of Nonstationary Time Series and the Business Cycle", Economitrica, Vol. 57, No. 2, 357 -384.

带有连续和离散数据的局部线性回归：
一致收敛性及收敛速度

王建国

（中国社会科学院研究生院）

引　言

对于连续型数据的非参数回归模型的核方法，Nadaraya（1964）和 Watson（1964）提出了局部常数估计①（Local Constant Estimator）。但是这种方法存在"边界效应"问题，而且因渐进偏差是设计密度的函数而不适合特定设计（Fan，1992）。Stone（1977）和 Cleveland（1979）提出了局部线性估计。局部线性估计克服"边界效应"，而且因渐进偏差与设计密度无关而适合各种设计（Fan & Gibels，1992）。局部线性估计进而可以推广到局部多项式估计（Masry，1996b）。

经济数据，尤其是微观数据，不仅有连续变量，而且有分类或离散变量。非参数回归的核方法通常主要研究连续型解释变量，遇到离散型解释变量时使用频率方法②（Frequency Method）（Li & Racine，2004）。但是，当离散解释变量可能的取值个数相对于样本量较大时，频率方法就不可靠。替代的选择是使用核估计和直接平滑离散型解释变量。自从 Aitchison 和 Aitken（1976）提出使用核方法估计离散随机变量概率分布以来，有不少文献研究离散随机变量的核估计。在混合数据方面，目前完成的研究有带有混合解释

---

① 也有文献称之为"核估计"。本文所指的核方法，包括局部常数估计、局部线性和多项式估计。

② 这种方法先按照离散变量可能取值的组合分拆数据集，然后对每个子数据集进行非参数估计。

变量的条件概率密度的非参数估计（Hall，1981），带有混合解释变量的局部常数估计，带有混合解释变量的局部线性估计（Li Racine，2004）。尤其要指出的是，Li 和 Racine（2003，2004）建议使用交错鉴定法（Cross-Validation）选择最优窗宽，因为这种方法具有自动剔除不相关变量（经理论和模拟证明）以及自动识别线性回归函数（经模拟证明）的功能。

除 Bierens（1993）外，上述带有连续和离散型解释变量的非参数估计局限于证明并推导了估计量的逐点收敛性及其收敛速度。尽管 Li 和 Quyang（2005）证明并推导了局部常数估计量的一致收敛性及其收敛速度，但是局部线性估计量的一致收敛性及其收敛速度尚未有人研究。鉴于局部线性估计相对于局部常数估计的优越性，本文在 Masry（1996a，1996b）连续变量局部多项式估计的一般性理论框架下，研究带有连续和离散随机解释变量回归模型的局部线性估计量的一致收敛性及其收敛速度。这对研究半参数估计量的渐进分布以及审查回归模型的非参数估计等具有重要意义。本文的结构如下：第一部分给出带有混合变量回归模型的局部线性估计量的闭合解析式及分解式；第二部分研究这个估计量的渐进分布；最后是本文的结论。

一 基本模型及估计量的解析式

我们研究下列非参数回归模型

$$y_i = g(x_i) + u_i, i = 1,2,\cdots,n \tag{1}$$

其中，解释变量由连续和离散随机向量组成，即 $x_i = (x_i^c, x_i^d)$；$x_i^c = (x_{i1}^c, \cdots, x_{iq}^c)$ 是 q 维连续型随机向量，$x_i^d = (x_{i1}^d, \cdots, x_{ir}^d)$ 是 r 维离散型随机向量；$x_i^d = (\tilde{x}_i^d, \bar{x}_i^d)$，$\tilde{x}_i^d$ 是 r_1 维无序离散随机向量，$\bar{x}_i^d$ 是 $r_2 = r - r_1$ 维有序离散随机变量。此外，随机误差项满足 $E(u_i|x_i) = 0$，这保证 $g(\cdot)$ 可被识别。

非参数核估计使用核函数作为权重，所以首先给出核函数形式。对于 q 维连续型随机变量，采用下列乘积核

$$W_{h,x^c,x_i^c} = \prod_{s=1}^q \frac{1}{h_s} w\left(\frac{x_{is}^c - x_s^c}{h_s}\right) \tag{2}$$

对于 r 维离散型随机变量，使用下列乘积核

$$L_{\lambda,x^d,x_i^d} = \prod_{s=1}^{r_1} \tilde{l}(\tilde{x}_{is}^d, \tilde{x}_s^d, \lambda_s) \prod_{s=1}^{r_2} \bar{l}(\bar{x}_{is}^d, \bar{x}_s^d, \lambda_s) \tag{3}$$

其中，$\tilde{l}(\tilde{x}_{is}^d, \tilde{x}_s^d, \lambda_s)$ 是 r_1 维无序离散变量的乘积核，$\bar{l}(\bar{x}_{is}^d, \bar{x}_s^d, \lambda_s)$ 是 r_2 维有序离散变量的乘积核，即

$$\tilde{l}(\tilde{x}_{is}^d, \tilde{x}_s^d, \lambda_s) = \begin{cases} 1 & \text{当 } \tilde{x}_s^d = \tilde{x}_{is}^d \\ \lambda_s & \text{当 } \tilde{x}_s^d \neq \tilde{x}_{is}^d \end{cases}, \bar{l}(\bar{x}_{is}^d, \bar{x}_s^d, \lambda_s) = \begin{cases} 1 & \text{当 } \bar{x}_s^d = \bar{x}_{is}^d \\ \lambda_s^{|\bar{x}_s^d - \bar{x}_{is}^d|} & \text{当 } \bar{x}_s^d \neq \bar{x}_{is}^d \end{cases} \tag{4}$$

因而，$q+r$ 维所有解释变量的乘积核是

$$K_{\omega,x,x_i} = W_{h,x^c,x_i^c} L_{\lambda,x^d,x_i^d} \tag{5}$$

其中，$\omega = (h, \lambda) = (h_1, \cdots, h_q, \lambda_1, \cdots, \lambda_r)$。

给定了乘积核函数形式，接着将推导出局部线性估计量的闭合解析式。局部线性估计量来自下列局部多元加权最小二乘目标函数

$$\sum_{i=1}^n [y_i - b_0 - \sum_{s=1}^q b_s(x_{is}^c - x_s^c)]^2 K_{w,x,x_i} \tag{6}$$

对目标函数关于 b_k（$k = 0, 1, \cdots, q$）求一阶偏导数，得

$$t_k(x) = \hat{b}_0 r_{k,0} + \sum_{1 \leq s \leq q} \hat{b}_s h_s r_{k,s}(x) \tag{7}$$

其中，$\hat{b}_0$ 是对均值函数 $g(x^c, x^d)$ 的估计量，b_k（$k = 0, 1, \cdots, q$）是对均值函数关于任意连续解释变量一阶偏导数即 $\partial g(x^c, x^d)/\partial x_k^c$ 的估计量，另外，当 $k = 1, \cdots, q$ 时，

$$t_k(x) = \frac{1}{n} \sum_{i=1}^n y_i \left(\frac{x_{ik}^c - x_k^c}{h_k}\right) K_{w,x,x_i}, r_{k,s}(x) = \frac{1}{n} \sum_{i=1}^n \left(\frac{x_{ik}^c - x_k^c}{h_k}\right)\left(\frac{x_{is}^c - x_s^c}{h_s}\right) K_{w,x,x_i} \tag{8}$$

便于统一符号[①]，增加 k 或 s 在 0 上的定义，令当 $k = 0$ 或 $s = 0$ 时，(8)式 $(x_{ik}^c - x_k^c)/h_k$ 或 $(x_{is}^c - x_s^c)/h_s$ 就变成 1，即

$$t_0(x) = \frac{1}{n} \sum_{i=1}^n y_i K_{w,x,x_i}, r_{0,0}(x) = \frac{1}{n} \sum_{i=1}^n K_{w,x,x_i}$$

$$r_{0,s}(x) = \frac{1}{n} \sum_{i=1}^n \left(\frac{x_{is}^c - x_s^c}{h_s}\right) K_{w,x,x_i}, r_{k,0}(x) = \frac{1}{n} \sum_{i=1}^n \left(\frac{x_{ik}^c - x_k^c}{h_k}\right) K_{w,x,x_i}$$

---

① 下文表达式 $r_{k,s,m}$、z_k'、$z_k(x)$、$e_k(x)$ 和 $t_k^*(x)$ 在下标为 0 的定义也相同。

将 $g(x_i)$ 在 x^c 处进行以积分形式表示的 Taylor 分解（Apostol，1967），

$$g(x_i) = g(x_i^c, x_i^d) = g(x) + \sum_{s=1}^{q} g_s(x)(x_{is}^c - x_s^c) + \frac{1}{2}\sum_{s=1}^{q}\sum_{m=1}^{q} g_{sm}(x)(x_{is}^c - x_s^c)(x_{im}^c - x_m^c) +$$

$$[g(x_c, x_i^d) - g(x)] + \sum_{s=1}^{q}[g_s(x^c, x_i^d) - g_s(x)](x_{is}^c - x_s^c) +$$

$$\frac{1}{2}\sum_{s=1}^{q}\sum_{m=1}^{q}[g_{sm}(x^c, x_i^d) - g_{sm}(x)](x_{is}^c - x_s^c)(x_{im}^c - x_m^c) +$$

$$\sum_{k=1}^{q}\sum_{m=1}^{q}(x_{is}^c - x_s^c)(x_{im}^c - x_m^c)\int_0^1 (1-t)(g_{sm}(x^c + t(x_i^c - x^c), x_i^d) - g_{sm}(x^c, x_i^d))dt \tag{9}$$

将（1）和（9）式代入（7）式，得

$$t_k^*(x) = (\hat{b}_0 - b_0)r_{k,0} + \sum_{s=1}^{q}(\hat{b}_s - b_s)h_s r_{k,s} - z_k^C - z_k^D - e_k \quad (0 \le k \le q) \tag{10}$$

其中，

$$t_k^*(x) = \frac{1}{n}\sum_{i=1}^{n} u_i\left(\frac{x_{ik}^c - x_k^c}{h_k}\right)K_{w,x,x_i}, \quad z_k^c = \frac{1}{2}\sum_{s=1}^{q}\sum_{m=1}^{q} g_{sm}(x)h_s h_m r_{k,s,m}$$

$$r_{k,s,m}(x) = \frac{1}{n}\sum_{i=1}^{n}\left(\frac{x_{ik}^c - x_k^c}{h_k}\right)\left(\frac{x_{is}^c - x_s^c}{h_s}\right)\left(\frac{x_{im}^c - x_m^c}{h_m}\right)K_{w,x,x_i}$$

$$z_k^D(x) = \frac{1}{n}\sum_{i=1}^{n}\left(\frac{x_{ik}^c - x_k^c}{h_k}\right)K_{w,x,x_i}\Big\{[g(x^c, x_i^d) - g(x)] + \sum_{s=1}^{q}[g_s(x^c, x_i^d) - g_s(x)](x_{is}^c - x_s^c) +$$

$$\frac{1}{2}\sum_{s=1}^{q}\sum_{m=1}^{q}[g_{sm}(x^c, x_i^d) - g_{sm}(x)](x_{is}^c - x_s^c)(x_{im}^c - x_m^c)\Big\}$$

$$e_k(x) = \frac{1}{n}\sum_{i=1}^{n}\sum_{s=1}^{q}\sum_{m=1}^{q}\left(\frac{x_{ik}^c - x_k^c}{h_k}\right)K_{w,x,x_i}(x_{is}^c - x_s^c)(x_{im}^c - x_m^c)\int_0^1(1-t)$$

$$(g_{sm}(x^c + t(x^c - x_i^c), x_i^d) - g_{sm}(x^c, x_i^d))dt$$

简便起见，将（10）式用矩阵形式统一表示。记 $T(x) = (t_0(x), \cdots, t_q(x))^T$；$T^*(x) = (t_0^*(x), \cdots, t_q^*(x))^T$；$R(x) = (r_{k,s}(x))_{(q+1)\times(q+1)}$；$Z^C(x) = (z_0^C(x), \cdots, z_q^C(x))^T$；$Z^D(x) = (z_0^D(x), \cdots, z_q^D(x))^T$；$E(x) = (e_0(x), \cdots, e_q(x))^T$。再记，$\hat{\beta}_0(x) = \hat{b}_0$，$\hat{\beta}_s(x) = \hat{b}_s h_s$（$1 \le k \le q$），则令 $\hat{\beta}(x) = (\hat{\beta}_0(x), \cdots, \hat{\beta}_q(x))^T$。进而，（10）式可用下列矩阵形式表示

$$T^*(x) = R(x)(\hat{\beta} - \beta)(x) - Z^C(x) - Z^D(x) - E(x) \tag{11}$$

容易证明 $R(x)$ 是正定矩阵,故 (11) 式可转化为

$$(\hat{\beta} - \beta)(x) = R^{-1}(x)Z^C(x) + R^{-1}(x)Z^D(x) + R^{-1}(x)T^*(x) + R^{-1}(x)E(x) \quad (12)$$

(12) 式是估计量的最终分解式,其右端第一项与连续变量的偏差相关,第二项与离散变量的偏差相关,第三项反映方差,最后一项是高阶误差项。给出了估计量的分解式 (12),就可以首先分别讨论各因子的一致收敛性,然后再统一研究估计量的一致收敛性。

二　估计量的一致收敛性

下面考虑 $R^{-1}(x)$、$Z^C(x)$、$E(x)$、$Z^D(x)$ 和 $T^*(x)$ 的渐进性质,进而推导出估计量的渐进性质。这些渐进性质建立在下列假设条件上

(C1)（随机抽样）$\{x_i, y_i\}_{i=1}^n$ 独立同分布。

(C2)（解释变量支集及分布）① $x \in \Omega = \Omega_c^q \times \Omega_d^r$,其中,$\Omega$ 是 x 的支集,Ω_c^q 是 R^q 的紧子集,Ω_d^r 是 r 维有限集；② $\inf_{x \in \Omega} f(x) = \delta > 0$；③ f 关于连续变量 x^c 满足 Lipschitz 条件,即存在有限的正整数 c_1,使得 $f(u^c, x^d) - f(v^c, x^d) \leq c_1 \|u^c - v^c\|$（$\|\cdot\|$ 是 Euclidean 准则）。

(C3)（回归函数）g 关于连续变量 x^c 的二阶偏导数存在且有界,且满足 Lipschitz 条件。

(C4)（核函数）① $w(\cdot): R \to R^+$ 是对称的有界核函数,是关于零对称的有界概率密度函数；② w 满足 Lipschitz 条件；③ $w(v)|v|$ 有界,满足 Lipschitz 条件,且 $w(v)|v| \in L^1$。

(C5)（随机扰动项）①随机扰动项具有有界连续概率密度函数；② $\sigma^2(x) = \text{var}(u|x)$ 连续有界。

(C6)（窗宽）$(h_1, \cdots, h_q; \lambda_1, \cdots, \lambda_r) \in H_{1n} \times H_{2n}$,$H_{1n} = \{(h_1, \cdots, h_q) \mid (h_1, \cdots, h_q) \in [0, n^{-\delta}], nh_1, \cdots, h_q \geq t_n\}$,$H_{2n} = \{(\lambda_1, \cdots, \lambda_q) \mid (\lambda_1, \cdots, \lambda_q) \in [0, n^{-\delta}]\}$,其中,$t_n$ 是趋于 $+\infty$ 的序列。

(C7)（被解释变量）对于 $\xi > 2$,$E|y_i|^\xi < \infty$。

虽然 (C1) 假定独立同分布,但本文的结论可以推广到强混合过程,当然这超出了本文的范围。(C2) 放松了对概率密度函数关于连续解释变量可微的要求,而只是要求满足 Lipschitz 条件。(C6) 等价于当 $n \to \infty$ 时,h_s,$\lambda_s \to 0$,且 $nh_1 \cdots h_q \to \infty$。(C7) 是对被解释变量的要求,是证明方差项强一

致收敛的充分条件之一。其他条件都是标准假设条件。在这些假设条件基础上，附录 A.1～A.5 分别给出 $R(x)$、$Z'(x)$、$Z(x)$、$E(x)$ 及 $T^*(x)$ 的强一致收敛速度，进而可得到下列定理。

定理1 在条件（C1）～（C7）下，可得下列定理

$$\sup_{x\in\Omega}|\hat{g}(x)-g(x)|=o\left(\frac{\ln n}{nh_1\cdots h_q}\right)^{\frac{1}{2}}+o\left(\sum_{s=1}^{r}\lambda_s\right)+o\left(\sum_{s=1}^{q}h_s^2\right),a.s.$$

$$\sup_{x\in\Omega}|\hat{g}_s(x)-g_s(x)|=o\left(\frac{\ln n}{nh_1\cdots h_q h_s^2}\right)^{\frac{1}{2}}+o\left(\frac{\sum_{s=1}^{r}\lambda_s}{h_s}\right)+o\left(\frac{\sum_{s=1}^{q}h_s^2}{h_s}\right),a.s. \quad s=1,\cdots,q$$

定理 1 给出了回归函数及其偏导数的强一致收敛性，它们的收敛速度依赖于窗宽。对于局部线性回归，当前主要有两种选择窗宽的方法：一是插入法（Plug-in Method）；二是完全的数据驱动方法（Data-driven Method），如交错鉴定法（Cross-Validtion）、赤池信息准则等。Li 和 Racine（2004）推荐使用最小二乘交错鉴定法选择连续和离散变量的窗宽。他们提出的最优窗宽估计量来自下列目标函数

$$CV(h,\lambda)=\frac{1}{n}\sum_{i=1}^{n}(y_i-\hat{g}_{-i}(x_i))^2$$

其中，$\hat{g}_{-i}(x_i)=e_i(\hat{b}_{-i,0},\hat{b}_{i,1},\cdots,\hat{b}_{-i,q})^T$，而 $e_i=(1,0,\cdots,0)$，$(\hat{b}_{-i,0},\hat{b}_{-i,1},\cdots,\hat{b}_{-i,q})=\underset{(b_0,b_1,\cdots,b_q)}{\operatorname{argmin}}\sum_{j\neq i,y=1}^{n}[y_i-b_0-\sum_{s=1}^{q}b_s(x_{js}^c-x_{is}^c)]^2K_{\omega,x_j,x_i}$。Li 和 Racin（2004）指出，$\hat{h}_s=a_s^0 n^{-1/(q+4)}+o_p(n^{-1/(q+4)})$，$s=1,\cdots,q$，$\hat{\lambda}_s=b_s^0 n^{-2/(q+4)}+o_p(n^{-2/(q+4)})$，$s=1,\cdots,r$，其中，$a_s^0$ 和 b_s^0 均为唯一确定的有限正数。

尚未发现有人使用嵌入法（plug-in method）研究包含连续变量和离散变量的非参数回归的最优窗宽，但是可以预知，它们具有相同的收敛速度。再借鉴 Li 和 Quyang（2005）利用随机等连续证明的思路，很容易得到下列定理。

定理2 在条件（C1）～（C7）下，如果使用最小二乘交错鉴定法（Li & Racine，2004）选择最优窗宽（$\hat{h},\hat{\lambda}$），那么进一步可得：

$$\sup_{x\in\Omega}|\hat{g}(x)-g(x)|=o_p\left(\frac{\ln n}{n^{4/(q+4)}}\right)^{\frac{1}{2}}$$

$$\sup_{x\in\Omega}|\hat{g}_s(x)-g_s(x)|=o_p\left(\frac{\ln n}{n^{2/(q+4)}}\right)^{\frac{1}{2}},s=1,\cdots,q$$

与定理 1 不同，由于最小二乘交错鉴定法选择的带宽仅具有依概率收敛性，定理 2 只能给出弱一致收敛性，但这足以用于半参数估计以及审查回归模型的非参数估计等。

结 论

本文在 Masry（1996a，1996b）连续变量局部多项式估计的一般性理论框架下，首先研究了带有连续和离散解释变量回归模型的局部线性估计量的强一致收敛性及其收敛速度。与全是连续解释变量的局部线性回归估计相比，多出反映离散解释变量的渐进偏差。然后通过最小二乘交错鉴定法（Li & Racine，2004）选择最优窗宽，证得弱一致收敛性并推导出收敛速度。这对于许多半参数估计及审查回归模型非参数估计等具有重要理论价值。本文的研究还有很多进一步研究的价值，例如可以将本文的结论推广到混合过程，将局部线性估计推广到局部多项式估计等。

附录 定理 1 的证明

从（11）式可知，要证明定理 1，关键要研究 $R(x)$、$Z'(x)$、$Z(x)$ 和 $E(x)$ 以及 $T^*(x)$ 的渐进性质。引理 1、引理 2、引理 3、引理 4 和引理 5 分别给出它们各自的一致收敛性。

引理 1 在假设条件（C1）~（C6）下，可得

$$\sup_{x \in \Omega} | R(x) - f(x) diag(1, v_{1,1}, \cdots, v_{q,q}) | = o(1) \quad a.s. \tag{A.1}$$

其中，$v_{j,j} = \int_{s^q} v_j^2 W(v) dv$

引理 2 在假设条件（C1）~（C6）下，可得

$$\sup_{x \in \Omega} | Z^C(x) - (z_0^C(x), 0, \cdots, 0)^T | = o(\sum_{s=1}^{q} h_s^2) \quad a.s. \tag{A.2}$$

其中，$z_0^C(x) = \frac{1}{2} f(x) \sum_{s=1}^{q} g_{ss}(x) h_s^2 v_{s,s}$

引理 3 在假设条件（C1）~（C6）下，可得

$$\sup_{x \in \Omega} | Z^D(x) - (z_0^D(x), 0, \cdots, 0)^T | = o(\sum_{s=1}^{r} \lambda_s) \quad a.s. \tag{A.3}$$

其中，$z_0^D(x) = \sum_{s=1}^{r}\sum_{x_s^d \in S^d} \lambda_s I_s(x_i^d, x^d)[g(x_c, x_i^d) - g(x)]f(x^c, x_i^d)$；而 $I_s(x_i^d, x^d)$ 是示性函数，当 x_i^d 和 x^d 在第 s 个相应无序元素上不同，或者在第 s 个相应有序元素的差距为 1，但在其他元素上相同时，它等于 1，其他情况下则等于 0，即

$$I_s(x_i^d, x^d) = \begin{cases} I(x_{is}^d \neq x_s^d)\prod_{m \neq s} I(x_{im}^d = x_m^d) & 1 \leq s \leq r_1 \\ I(|x_{is}^d - x_s^d| = 1)\prod_{m \neq s} I(x_{im}^d = x_m^d) & r_1 \leq s \leq r \end{cases}$$

引理 4 在假设条件（C1）~（C6）下，可得

$$\sup_{x \in \Omega} |E(x)| = o\left(\sum_{s=1}^{q}\sum_{m=1}^{q} h_s h_m\right) \quad a.s. \tag{A.4}$$

引理 5 在假设条件（C1）~（C7）下，可得

$$\sup_{x \in \Omega} |T^*(x)| = o\left(\frac{\ln n}{nh_1 \cdots h_q}\right)^{\frac{1}{2}} \quad a.s. \tag{A.5}$$

由引理 1 易知，$\sup_{x \in \Omega} R^{-1}(x) = diag(1, v_{1,1}^{-1}, \cdots, v_{q,q}^{-1})/\inf_{x \in \Omega} f(x) + o(1)$；此外，因为连续解释变量的窗宽是同阶的，所以 $E(x)$ 是 $Z(x)$ 和 $Z'(x)$ 的高阶无穷小，可以被忽略掉。总之，结合引理 1 ~ 引理 5 可证得定理 1。证毕！下面将给出引理 1 ~ 引理 5 的证明。

方阵 $R(x)$ 的元素是 $r_{k,s}(x)$，$Z'(x)$ 的元素是 $z_k'(x)$，而 $z_k'(x)$ 的关键因子是 $r_{k,s,m}$。正因为 $r_{k,s}(x)$ 是 $r_{k,s,m}$ 的特例，所以只要研究了 $r_{k,s,m}$ 的一致收敛性，就可证得 $R(x)$ 和 $Z'(x)$ 的一致收敛性。

引理 1 和引理 2 的证明

首先给出结论（A.6）式

$$\sup_{x \in \Omega} |r_{k,s,m}(x) - f(x)v_{k,s,m}| = o(1) \quad a.s. \tag{A.6}$$

其中，$v_{k,s,m} = \int_{S^q} v_k v_s v_m W(v)dv, 0 \leq k,s,m \leq p$；当 k、s 或 m 等于 0 时，对应的 v_j、v_s 或 v_m 等于 1。再利用连续核函数的对称性，便可证得引理 1 和引理 2。

首先，要证明的是

$$\sup_{x \in \Omega} |E[r_{k,s,m}(x)] - f(x)v_{k,s,m}| = o(1) \quad a.s. \tag{A.7}$$

因为

$$E[r_{k,s,m}(x)] = E\left[\left(\frac{x_{ik}^c - x_k^c}{h_k}\right)\left(\frac{x_{is}^c - x_s^c}{h_s}\right)\left(\frac{x_{im}^c - x_m^c}{h_m}\right)K_{\omega,x,x_i}\right]$$

$$= \sum_{x_i^d \in S^d} L_{\lambda,xd,x_i^d} \int_{S_q} v_k v_s v_m W(v) f(x^c + hv, x_i^d) dv \quad \left(\frac{x_i^c - x^c}{h} = v\right)$$

$$\leq \sum_{x_i^d \in S^d} L_{\lambda,xd,x_i^d} \int_{S_q} v_k v_s v_m W(v) [f(x^c, x_i^d) + c_1 \|hv\|] dv$$

$$= v_{k,s,m} f(x) + \sum_{s=1}^{r} \sum_{x_i^d \in S^d} \lambda_s I_s(x_i^d, x^d) v_k f(x^c, x_i^d) + c_1 \int_{S_q} v_k W(v) \|hv\| dv + s.o.$$

所以

$$|E[r_{k,s,m}(x)] - v_{k,s,m} f(x)| \leq \sum_{s=1}^{r} \sum_{x_i^d \in S^d} \lambda_s I_s(x_i^d, x^d) v_k f(x^c, x_i^d) +$$

$$c_1 \int_{S_q} v_k W(v) \|hv\| dv + s.o.$$

对 x 是一致的。(A.7) 得证!

其次，要证明的是

$$\sup_{x \in \Omega} |r_{k,s,m}(x) - E[r_{k,s,m}(x)]| = o\left(\frac{\ln n}{nh_1 \cdots h_q}\right)^{\frac{1}{2}} a.s. \quad (A.8)$$

因为 S 是紧集，所以存在 L_n 个中心为 $x_{n,j} \in S$、边长为 $l_{n,j}$ 的方盖 $I_{n,j}$，使得 $S \subset \bigcup_{k=1}^{L_n} I_{n,j}$。将 $r_{k,s,m}(x)$ 简写成 $r_g(x)$

记 $\sup_{x \in \Omega} |r_g(x) - E[r_g(x)]| = \max_{1 \leq j \leq L_n} \sup_{x \in S \cap I_{n,j}} |r_g(x) - E[r_g(x)]|$

$$\leq \max_{1 \leq j \leq L_n} \sup_{x \in S \cap I_{n,j}} |r_g(x) - r_g(x_{n,j})| +$$

$$\max_{1 \leq k \leq L_n} |r_g(x_{n,j} - E[r_g(x_{n,j})])| +$$

$$\max_{1 \leq j \leq L_n} \sup_{x \in S \cap I_{n,j}} |E[r_g(x_{n,j})] - E[r_g(x)]|$$

$$= Q_1 + Q_2 + Q_3$$

先研究 Q_2

$$P\{Q_2 > \eta_n\} = P\{\max_{1 \leq j \leq L_n} |r_k(x_{n,j} - E[r_k(x_{n,j})])| > \eta_n\}$$

$$= \bigcup_{1 \leq j \leq L_n} P\{|r_k(x_{n,j}) - E[r_k(x_{n,j})]| > \eta_n\}$$

$$\leq L_n \sup_{1 \leq j \leq L_n} P\{|r_k(x_{n,j}) - E[r_k(x_{n,j})]| > \eta_n\}$$

记 $r_k(x_{n,j}) - E[r_k(x_{n,j})] = \sum_{i=1}^{n} \frac{1}{n} \left\{ \left(\frac{x_{ik}^c - x_{n,j}^c}{h_k} \right) K_{\omega, x, x_i} - E\left[\left(\frac{x_{ik}^c - x_{n,j}^c}{h_k} \right) K_{\omega, x, x_i} \right] \right\} = \sum_{i=1}^{T} Z_{n,i}$

假定对于足够大的 n，存在标量 r_n，使得 $|r_n Z_{n,i}| \leq 1/2$，那么 $\exp(\pm r_n Z_{n,i}) \leq 1 + r_n Z_{n,i} + r_n^2 Z_{n,i}^2$。又 $E(r_n Z_{n,i}) = 0$ 和 $r_n^2 Z_{n,i}^2$ 非负，故 $E[\exp(\pm r_n Z_{n,i})] \leq 1 + E(r_n^2 Z_{n,i}^2) \leq \exp[E(r_n^2 Z_{n,i}^2)]$。根据 Markov 不等式

$$P\{|r_k(x_{n,j}) - E[r_k(x_{n,j})]| > \eta_n\} = P\left\{ \left| \sum_{i=1}^{T} Z_{n,i} \right| > \eta_n \right\}$$

$$= P\left\{ \sum_{i=1}^{T} Z_{n,i} > \eta_n \right\} + P\left\{ -\sum_{i=1}^{T} Z_{n,i} > \eta_n \right\}$$

$$\leq \frac{E[\exp(r_n \sum_{i=1}^{T} Z_{n,i})] + E[\exp(-r_n \sum_{i=1}^{T} Z_{n,i})]}{\exp(r_n \eta_n)}$$

$$\leq 2\exp(-r_n \eta_n) E\left[\exp\left(r_n^2 \sum_{i=1}^{T} E(Z_{n,i}^2) \right) \right]$$

又

$$E(Z_{n,i}^2) = \frac{1}{n^2} E\left[\left(\frac{x_{ik}^c - x_{n,j}^c}{h_k} \right)^2 K_{\omega, x, x_i}^2 \right] + s.o.$$

$$= \frac{1}{n^2} \sum_{x_i^d \in S^d} L_{\lambda, x^d, x_i^d}^2 \int_{Sq} \left(\frac{x_{ik}^c - x_{n,j}^c}{h_k} \right)^2 W_{h, x^c, x_i^c}^2 f(x_i^c, x_i^d) dx_i^c + s.o.$$

$$= \frac{1}{n^2 h_1 \cdots h_q} \sum_{x_i^d \in S^d} L_{\lambda, x^d, x_i^d}^2 \int_{Sq} v_j^2 W^2(v) f(x^c + hv, x_i^d) dv + s.o. \quad \left(\frac{x_i^c - x^c}{h} = v \right)$$

$$\leq \frac{1}{n^2 h_1 \cdots h_q} \sum_{x_i^d \in S^d} L_{\lambda, x^d, x_i^d}^2 \int_{Sq} v_j^2 W^2(v) [f(x^c, x_i^d) + c_1 \|hv\|] dv$$

$$= \frac{1}{n^2 h_1 \cdots h_q} f(x) \int_{Sq} v_j^2 W^2(v) dv + s.o. \leq \frac{A}{T^2 h_1 \cdots h_q}$$

其中，A 是某一常数。故

$$P\{|r_k(x_{n,j}) - E[r_k(x_{n,j})]| > \eta_n\} \leq 2\exp(-r_n \eta_n) E\left[\exp\left(r_n^2 \sum_{i=1}^{T} E(Z_{n,i}^2) \right) \right]$$

$$= 2\exp\left(-r_n \eta_n + \frac{Ar_n^2}{Th_1 \cdots h_q} \right)$$

又因为右式与 $x_{n,j}$ 无关，所以

$$\sup_{1 \leq k \leq L_n} P\{|r_k(x_{n,j}) - E[r_k(x_{n,j})]| > \eta_n\} \leq 2\exp\left(-r_n \eta_n + \frac{Ar_n^2}{Th_1 \cdots h_q} \right)$$

r_n 和 η_n 的选择应该满足下列条件：

条件 a　η_n 尽可能快地收敛到 0，$r_n\eta_n$ 尽可能慢地趋于 $+\infty$，r_n 尽可能慢地发散

条件 b　对于足够大的 n，$|r_n Z_{n,i}| \leq 1/2$

从条件 a 可知，应使 $r_n \eta_n = C_0 \ln n$，而 $A r_n^2 / Th_1 \cdots h_q$ 与 $r_n \eta_n$ 同阶，故 $r_n = [C_1(nh_1 \cdots h_q) \ln n]^{1/2}$，$\eta_n = C_2 [\ln n/(nh_1 \cdots h_q)]^{1/2}$。很显然，条件 b 自动得以满足。进而

$$\sup_{1 \leq k \leq L_n} P\{|r_k(x_{n,j}) - E[r_k(x_{n,j})]| > \eta_n\} \leq 2n^{(-C_0 + AC_1)}$$

故

$$\sum_{n=1}^{\infty} P\{Q_2 > \eta_n\} \leq 2 \sum_{n=1}^{\infty} L(n) n^{(-C_0 + AC_1)}$$

选择合适的 C_0、C_1、C_2 和 $L(n)$，可得 $\sum_{n=1}^{\infty} P\{Q_2 > \eta_n\} < \infty$

根据 Borel-Cantelli 引理得，$Q_2 = O[\ln n/(nh_1 \cdots h_q)]^{1/2}$　a.s.

进一步研究 Q_1 和 Q_3

$$r_k(x) - r_k(x_{n,j}) = \frac{1}{n}\sum_{i=1}^{n}\left(\frac{x_{ik}^c - x_k^c}{h_k}\right) K_{\omega,x,x_i} - \frac{1}{n}\sum_{i=1}^{n}\left(\frac{x_{ik}^c - x_{k,n,j}^c}{h_k}\right) K_{\omega,x,x_i}$$

$$= \frac{1}{nh_1 \cdots h_q}\sum_{i=1}^{n}\left[\left(\frac{x_{ik}^c - x_k^c}{h_k}\right)w\left(\frac{x_i^c - x^c}{h}\right) - \left(\frac{x_{ik}^c - x_{k,n,j}^c}{h_k}\right)w\left(\frac{x_i^c - x_k^c}{h}\right)\right] + s.o.$$

$$\leq \frac{C_3}{h_1 \cdots h_q}\left\|\frac{x_i^c - x^c}{h}\right\| \leq \frac{C_3 l_{n,k}}{h_1 \cdots h_q}\left\|\frac{1}{n}\right\|$$

因为不等式右边与 x 和 $x_{n,j}$ 无关，故 $Q_1 \leq C_3 \|1/h\| (l_{n,j}/h_1 \cdots h_q)$

因此，通过选择 $l_{n,j} = \left(\frac{h_1 \cdots h_q \ln n}{n}\right)^{1/2} / \|\frac{1}{h}\|$

$$Q_1 = o[\ln n/(nh_1 \cdots h_q)]^{1/2}$$

同理，$Q_3 = o[\ln n/(nh_1 \cdots h_q)]^{1/2}$。从而（A.8）得证。结合（A.7）和（A.8），可证得引理 A.1 和 A.2。

引理 A3 的证明

$Z(x)$ 的元素是 $z_k(x)$。易见，$z_k(x)$ 的第二和第三项都是第一项的高阶项，所以只需考虑它的第一项。首先证明下列结论

$$\sup_{x\in\Omega} | E[z_k(x)] - \sum_{s=1}^{r}\sum_{x_i^d\in S^d} \lambda_s I_s(x_i^d,x^d)[g(x_c,x_i^d) - g(x)]v_k f(x_i^c,x_i^d) |$$

$$= o(\sum_{s=1}^{r}\lambda_s) \ a.s. \tag{A.9}$$

其中，$v_k = \int_{S^q} v_k W(v)dv$；当 k 等于 0 时，对应的 v_k 等于 1。因为，

$$E[z_k(x)] = \sum_{x_i^d\in S^d} L_{\lambda,x^d,x_i^d}[g(x_c,x_i^d) - g(x)] \int_{S^q} \left(\frac{x_{ik}^c - x_k^c}{h_k}\right) W_{h,x,x_f} f(x_i^c,x_i^d)dx_i^c + s.o.$$

$$\leq \sum_{x_i^d\in S^d} L_{\lambda,x^d,x_i^d}[g(x_c,x_i^d) - g(x)] \int_{S^q} v_k W(v)[f(x^c,x_i^d) + c_1\|hv\|]dv + s.o.$$

$$= \sum_{s=1}^{r}\sum_{x_i^d\in S^d}[\lambda_s I_s(x_i^d,x^d)[g(x_c,x_i^d) - g(x)]v_k f(x_i^c,x_i^d)] + o(\sum_{s=1}^{r}\lambda_s)$$

所以，$E[z_k] - \sum_{s=1}^{r}\sum_{x_i^d\in S^d} \lambda_s I_s(x_i^d,x^d)(g(x_c,x_i^d) - g(x))v_k f(x_i^c,x_i^d) \leq o(\sum_{s=1}^{r}\lambda_s)$ 对 x 是一致的。(A.9) 得证。

其次，要证明的是

$$\sup_{x\in\Omega} | z_k(x) - E[z_k(x)] | = o\left(\frac{\ln n}{nh_1\cdots h_q}\sum_{s=1}^{r}\lambda_s^2\right)^{\frac{1}{2}} \ a.s. \tag{A.10}$$

因为 $z_j(x)$ 的逐点方差

$$Var[z_k(x)] = \frac{1}{nh_1\cdots h_q}\sum_{x_i^d\in S^d}[g(x_c,x_i^d) - g(x)]^2$$

$$L_{\lambda,x^d,x_i^d}^2 \int_{S^q} v^2 W_{h,x^c,x_f}^2 f(x^c + hv, x_i^d)dv + s.o. \ \left(\frac{x_i^c - x^c}{h} = v\right)$$

$$= \frac{1}{nh_1\cdots h_q}\sum_{s=1}^{q}\lambda_s^2 \sum_{x_i^d\in S^d} I_s(x_i^d,x^d)[g(x_c,x_i^d) - g(x)]^2 v_{2,2} f(x_i^c,x_i^d) + s.o.$$

$$\leq \frac{C_4}{nh_1\cdots h_q}\sum_{s=1}^{q}\lambda_s^2 \sum_{x_i^d\in S^d} I_s(x_i^d,x^d)[g(x_c,x_i^d) - g(x)]^2 v_{2,2} f(x_i^c,x_i^d)$$

再遵从证明（A.8）的思路，可证得（A.10）。结合（A.9）和（A.10），可证得引理 A.2。

引理 A.4 的证明

$E(x)$ 的元素是 $e_k(x)$，而 $e_k(x) = \sum_{s=1}^{q}\sum_{m=1}^{q} h_s h_m P_{k,s,m}(x)$

其中，

$$P_{k,s,m}(x) = \frac{1}{n}\sum_{i=1}^{n}\left(\frac{x_{ij}^c - x_j^c}{h_j}\right)\left(\frac{x_{is}^c - x_i^c}{h_s}\right)\left(\frac{x_{im}^c - x_i^c}{h_m}\right)K_{\omega,x,x_i^d}\chi(x)$$

$$\chi(x) = \int_0^1 (1-t)(g_{sm}(x^c + t(x^c - x_i^c), x_i^d) - g_{sm}(x^c, x_i^d))dt$$

$$E[P_{k,s,m}(x)] \le \sum_{x_i^d \in S^d} L_{\lambda,x^d,x_i^d} \int_{S^c} \left\{ \left(\frac{x_{ik}^c - x_k^c}{h_k}\right)\left(\frac{x_{is}^c - x_i^c}{h_s}\right)\left(\frac{x_{im}^c - x_i^c}{h_m}\right) w\left(\frac{x_i^c - x^c}{h}\right)\chi(x_i^c, x_i^d) \right.$$
$$\left. [f(x^c, x_i^d) + c_1 \| hv \|] dv \right.$$

$$= f(x)\int_{S^c} v_k v_s v_m w(v)\chi(x_i^c, x^d)dv \le c_4 f(x)\int_{S^c} v_k v_s v_m w(v)\| hv \| dv$$

其中，

$$\chi(x_i^c, x^d) = \int_0^1 (1-t)(g_{sm}(x^c + t(x^c + x_i^c), x^d) - g_{sm}(x^c, x^d))dt$$

$$= c_3\int_0^1 (1-t)t\| x^c - x_i^c \| dt \le c_4 \| hv \|$$

因为 $f(x)$ 有界，故 $\sup\limits_{x\in\Omega} E[P_{k,s,m}(x)] \le c_4\int_{S^c} v_k v_s v_m w(v)\|hv\|dv$，进而可得：

$$\sup_{x\in\Omega} E[e_k(x)] \le \sum_{s=1}^{q}\sum_{m=1}^{q} h_s h_m \sup_{x\in S} E[P_{k,s,m}(x)] \le c_4 \sum_{s=1}^{q}\sum_{m=1}^{q} h_s h_m \int_{S^c} v_k v_s v_m w(v)\|hv\|dv$$

所以，

$$\sup_{x\in\Omega} E[e_k(x)] = o\left(\sum_{s=1}^{q}\sum_{m=1}^{q} h_s h_m\right) \qquad (A.11)$$

沿用（A.8）的证明，易得

$$\sup_{x\in\Omega}|e_k(x) - E[e_k(x)]| = O([\ln n/(nh_1\cdots h_q)]^{1/2}\sum_{s=1}^{q}\sum_{m=1}^{q} h_s h_m) \qquad (A.12)$$
$$= o(\sum_{s=1}^{q}\sum_{m=1}^{q} h_s h_m) \quad a.s.$$

结合（A.11）和（A.12）可证得引理 A.4。

引理 A.5 的证明

因为 $\sup\limits_{x\in\Omega} E[t_k^*(x)] = 0$，故只需研究 $\sup\limits_{x\in\Omega} t_k^*(x)$ 的渐进性质。由于 $u_i = y_i - g(x_i)$ 的支集未必是紧集，所以首先要对 y_i 进行截断。选取截断序列 $T_n = [n\ln n(n\ln n)^{1+\delta}]^{1/\xi}$ $(0 < \delta < 1)$，记截断后的 $t_k^*(x)$ 是 $t_{k,T_n}^*(x) = \frac{1}{n}$

$$\sum_{i=1}^{n} [y_i - g(x_i)] I(y_i \leq T_n) \left(\frac{x_{ik}^c - x_k^c}{h_k}\right) K_{\omega, x, x_i}$$

根据条件（C3），易得

$$\sup_{x \in \Omega} |t_k^*(x) - t_{k,T_n}^*(x)| = 0 \text{ a. s.} \quad (\text{Etemadi, 1981})$$

另外，沿用（A.8）的证明，易得

$$\sup_{x \in \Omega} t_{k,T_n}^*(x) = O\left(\frac{\ln n}{nh_1 \cdots h_q}\right)^{\frac{1}{2}} \quad a.s. \tag{A.13}$$

从而，引理 A.5 得证。

参考文献

[1] Aitchison, J. and C. G. G. Aitken, 1976, "Multivariate Binary Discrimination by the Kernel Method", *Biometrika* 63, 413 – 420.

[2] Apostol, Tom M., 1967, "Calculus: One-variable Calculus, with an Introduction to Linear Algebra", New York: John Wiley and Sons.

[3] Bierens, H., 1993, "Uniform Consistency of Kernel Estimation of a Regression Function under Generalized Conditions", *Journal of American Statistical Association* 78, 699 – 707.

[4] Cleveland, William S., 1979, "Robust Locally Weighted Regression and Smoothing Scatterplots", *Journal of the American Statistical Association* 74, 829 – 836.

[5] Etemadi, N., 1981, "An Elementary Proof of the Strong Law of Large Numbers Z. Wahrscheinlichkeitstheorie Verw", *Gebiete* 55, 119 – 122.

[6] Fan, J., 1992, "Design-adaptive Nonparametric Regression", *Journal of the American Statistical Association* 87, 998 – 1004.

[7] Fan, J. and I. Gibels, 1992, "Variable Bandwidth and Local Linear Regression Smoother", *Annals of Statistics* 20, 2008 – 2036.

[8] Hall, P., 1981, "On Nonparametric Multivariate Binary Discrimination", *Biometrika* 68, 287 – 294.

[9] Li, Q. and Desheng Quyang, 2005, "Uniform Convergence Rate of Kernel Estimation with Mixed Categorical and Continuous Data", *Economics Letters* 86, 291 – 296.

[10] Li, Q. and J. Racine, 2003, "Nonparametric Estimation of Distribution with Categorical and Continuous Data", *Journal of Multivariate Analysis* 86, 266 – 292.

[11] Li, Q. and J. Racine, 2004, "Cross-validation Local Linear Nonparametric Regression", *Statistics Sinics* 14, 485 – 512.

[12] Masry, E., 1996a, "Multivariate Local Polynomial Regression for Time Series: Uniform Strong Consistency and Rates", *Journal of Time Series Analysis* 17, 571 –

599.

[13] Masry, E., 1996b, "Multivariate Local Polynomial Regression: Local Polynomial Fitting For Time Series", *Stochastic Processes and Their Application* 65, 81 – 101.

[14] Nadaraya, E. A., 1964, "On Estimating Regression", *Theory of Probability Application* 9, 141 – 142.

[15] Stone, Charles J., 1977, "Consistent Nonparametric Regression", *Annals of Statistics* 5, 592 – 620.

基于持久财产假说的购买力度量方法[*]

——来自中国轿车市场的实证研究

孙 巍 张馨月 鄂禹含

(吉林大学数量经济研究中心)

引 言

  近十年来,伴随国民经济的飞速发展和资本市场的逐步完善,房地产和股市的变化对国民经济产生越来越重要的影响,这也引起了众多国内外学者研究财富效应的兴趣。对于中国家庭,在家用电器逐渐饱和的情况下,居民财富增加将直接带动消费支出的进一步增长,从而对轿车、住宅等耐用品的消费决策产生重要影响(袁志刚,1998)。因此,为中国居民的财富水平确定合理的度量方法便成了国内学者争论的焦点。更进一步,其是如何影响以轿车为例的耐用品消费需求的?其变化又将导致细分车型内部需求产生何种改变?这一系列问题都是目前我国学术界和有关部门关注的热点和难点。

  追根究底,财富水平最终将影响消费者的支出行为,准确度量这一要素有必要回顾经典的消费理论。为解决第二次世界大战后出现的"新消费者"消费行为的特性,西方消费理论的发展不仅补充和修正了马歇尔(Marshall)需求理论和凯恩斯消费函数,同时也成了支撑宏观经济学和微观经济学研究的热点。然而,无论是凯恩斯(Keynes)的 AIH 还是费尔德曼(Friedman)的 PIH 均未将财富考虑进消费函数中,只有莫迪利安尼(Modigliani)的 LCH 真正把居民的资产作为消费者行为的重要影响因素,

---

[*] 教育部新世纪优秀人才支持计划和吉林大学"211 工程"三期资助项目。

考察包括未来收入在内的一生总财产，故此该种分析方法也被称为持久财产假说（PPH，Permanent Property Hypothesis）[①]。同时，传统消费理论的研究对象多是非耐用品，相比之下，耐用品则具有单位价值较高和购买率较低的特性。因此，将财富加入消费函数也为耐用品的消费分析奠定了微观基础。在有关财富度量的文献中，较具代表性的有 Martin Browning 和 Soren Leth-Petersen（2003），他们认为家庭财富除了包括可支配收入外，还包括银行存款、债券、存款抵押契据、房产和其他资产，其他资产包括股票、在国内的公司里拥有的自有资本、在外国公司里拥有的自有资金、其他外国财富和其他应税资产（如车、船等），这种家庭财富的构成是被人们普遍认可的，但很可惜只局限于定性研究。在国内，这种分析思路多用于对家庭支付住房能力的分析，也得到了一些有借鉴价值的成果和规律（李爱华、成思危等，2006；孙巍等，2008）。在以轿车为代表的耐用品消费研究中，很多学者通过实证分析指出，轿车的需求并非仅受已有财产（或财富）或是当期收入（Suits，1958；Suits，1961；Chow，1960；孙巍等，2008）的单独影响，更多的情况下则是受到消费者当期拥有实际财富能力的影响。Friedman 在1957年提出 PIH 理论时就曾指出，耐用品消费同"暂时收入"的关系要比它同"持久收入"的关系更为密切。由此可见，现有分析轿车消费的函数大多采用传统意义下的财富水平，这对轿车的需求影响研究略欠精准。因此，本文以 PPH 为基础，区别于传统财产（或财富）的定义，提出购买力这一概念并尝试对其进行度量，以期从一种全新的视角分析我国居民的轿车消费需求。此外，Carlson（1978）对美国市场分档次的乘用车需求进行了研究，结果表明消费者的车型的选择与其收入水平具有较强的关联性。在收入水平不断提高的大背景下，居民对轿车的需求结构也在不断发生改变。若仅以轿车市场整体的消费需求作为分析对象，势必会忽略中国轿车市场内部细分车型的需求结构变化，从而对总体样本的实证分析结果造成一定偏差。因此，分档次车型需求的研究对于揭示中国轿车市场的内在规律十分必要。

鉴于前述，本文对居民消费行为和轿车需求的研究将首先以 PPH 分析方法为基础，度量中国居民耐用品消费的购买力；其次，以经典需求函数与消费函数结合的理论框架为基本出发点构造需求函数，并应用 2003～2008

[①] 本文认为，由于翻译差异，所引文献中提到的"财富"和"财产"内涵近似。为避免混淆，本文统一使用"财产"概念。

年数据,通过 SUR 方法研究购买力水平对车型不同档次需求的作用,目的是为中央政府制定合理的宏观调控政策和为汽车厂商的决策提供一定的理论依据,从而促进我国汽车产业健康稳定发展。

二 基于 PPH 的数理分析

(一) 理论模型

PPH 和 PIH 下消费函数的一般形式可分别表示为式 (1) 和 (2)

$$C_t = \alpha W_t + \beta Y_t \tag{1}$$

$$C_t = \gamma\theta Y_t + \gamma(1-\theta)Y_{t-1} \tag{2}$$

其中,W 代表个人财富,Y 代表收入,α 为财富的边际消费倾向,β 为收入的边际消费倾向,$\theta \leq 1$。当 $\theta = 1$ 时,Keynes 消费函数就是 PIH 消费函数的一个特例。此后,Hall (1978) 和 Flavin (1981) 在综合研究理性预期理论、PPH 和 PIH 的内涵的基础上,把财富作为总消费的最重要因素,提出了一个更一般的消费函数

$$C_t = \alpha W_t + \gamma\theta Y_t + \gamma(1-\theta)Y_{t-1} \tag{3}$$

由于上述被称为生命周期—持久收入 (LC - PI) 的模型在后来的实证检验中被质疑 (Campbell and Mankiw, 1991; Deaton, 2005),因此很多学者对消费模型的构建都重新回归到经典的生命周期假说基本消费模型 (贺菊煌,1996;袁志刚等,2002)。在本文的后续分析中,也将以 Modigliani 的 PPH 消费函数为基本模型。此外,收入预期是影响耐用品购买的一个重要因素,耐用品需求会因当期收入的变化呈现特别不稳定的状态[①]。因此,本文认为我国居民对耐用品的消费需求更应该取决于当期拥有的累积财富和可支配收入的加总,即前文所提出的购买力概念。由此可得到耐用品消费需求的一般形式

$$C_t = \alpha PP_t \tag{4}$$

其中,PP_t 表示购买力水平,即当期的累积财富与可支配收入的总和。

[①] Martin Browning and Soren Leth-Petersen, "Imputing Consumption from Income and Wealth Information", *The Economic Journal*, 2003, (113).

(二) 购买力度量模型

根据前述,我国城镇居民家庭的购买力总构成可以表示为

$$PP = I + W \tag{5}$$

其中,PP 代表可支配收入水平,W 代表累积财富,I 代表城镇居民家庭的当期收入。我国城镇居民家庭的购买力包含了很多方面的财富形式,主要来源于收入、银行存款、股票、债券和房产等[①]。因此,本文认为(5)式中财富可由储蓄、股票、债券和房产四部分组成,如式(6)所示

$$W = D + S + B + H \tag{6}$$

其中,D 代表城镇居民家庭的人民币储蓄,S 代表城镇居民家庭的股票资产,B 代表城镇居民家庭的债券资产,H 代表城镇居民家庭的房产资产。根据城镇居民家庭财富来源于资产累积的理念,我国城镇居民家庭累积财富模型可以写成

$$W_t = [\Delta D_t + \Delta S_t + \Delta B_t + \Delta H_t] + [W_{t-1} - C_t] \tag{7}$$

结合式(5)和(7),即可推算出第 t 期的城镇居民购买力 PP_t 为

$$PP_t = [I_t + \Delta D_t + \Delta S_t + \Delta B_t + \Delta H_t] + [W_{t-1} - C_t] \tag{8}$$

需要特殊说明的是,家庭财产实际构成中的金融资产和房产资产以独立构成的方式纳入了度量模型之中,经营资产由于独立的数据不易获得,所以在收入部分采用包含了经营性的收入数据,并且房产部分里也采用包含了部分经营性房产的数据,这样就可以间接地将经营性资产纳入度量模型中;由于主要耐用品在家庭财产中所占的比例较小,所以本文模型中并未将主要耐用消费品的价值考虑到模型中来;此外,可获得的外币存款统计数据为 3 年(2002~2005 年),为了不影响数据的一致性,未将其加入计算方程。

(三) 样本选取及数据处理

根据模型的设定,本文主要考虑当期收入(I)、储蓄资产(D)、股票

---

① 根据 2002 年《首次中国城市居民家庭财产调查总报告》。

资产（S）、债券资产（B）、房产资产（H）和当期消费（C）。其中，I 采用城镇居民家庭人均总收入的月度数据；D 主要刻画的是当月的储蓄所产生的利息，并且假设每个月的存款都在月初存入；S 指城镇居民人均拥有的股票财富变化值；B 采用的是我国发行的除了股票之外的有价证券的总和；H 表示上年拥有的人均住宅财富再加上当期住宅投资额的方法计算出的人均的房产财富；C 采用城镇居民家庭人均生活消费支出的月度数据。本文所用样本为2003～2008年的月度数据，在计算时将以2002年12月作为基期，依此计算样本区间内各期购买力指数。根据（8）式计算得到的购买力如图1所示。其中，实线表示城镇居民购买力，虚线表示城镇居民消费价格指数[①]。

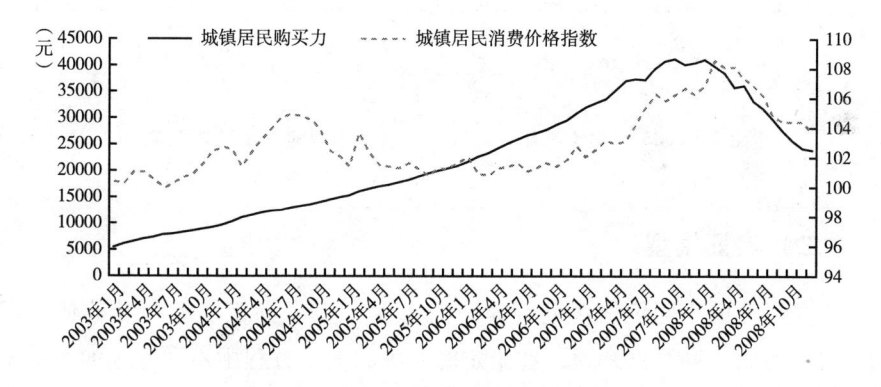

图1 2003～2008年中国城镇居民购买力和消费价格指数

三 购买力对轿车市场需求影响的实证研究

（一）分档次车型的需求分析

改革开放以来，伴随我国经济的不断发展和城镇居民生活水平的不断提高，消费结构发生了转变，轿车走入城镇居民家庭变得越来越容易。在购买轿车的过程中，消费者购买行为的差异既带来了庞大的需求同时也导致了轿车内部需求结构的变化。为了使分析更加准确和深入，本文首先采用价格分

---

① 数据来源于 RESSET 数据库。

类法将轿车市场中的代表车型及其销量进行分类汇总①。本文挑选了具有代表性的 81 种车型，按照价格区间进行分类：10 万元以下为低档车型、10 万元至 20 万元为中档车型、20 万元至 30 万元为中高档车型和 30 万元以上为高档车型。各档次车型销量的月度数据如图 2 所示。

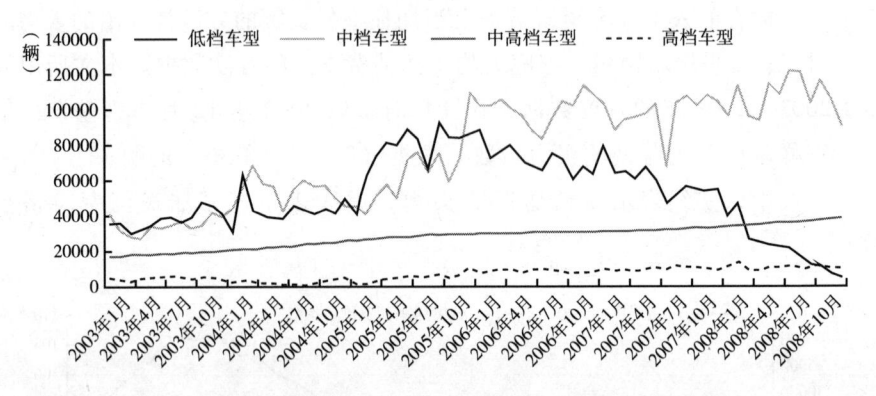

图 2　2003~2008 年部分月份四个档次车型的月度销量汇总

（二）实证模型

本文研究的不同价格区间的轿车需求属于多个方程模型的参数估计问题。对于时间序列数据来说，在给定时期内，多个方程中不同方程的扰动项大多有所关联，可能都是反映了某个相同的被忽略的或者不可测的因素，这种相关性被称为同时期相关。当同时期相关这种情况存在时，联合估计所有的方程要比单独地估计每个方程更有效，而这种联合估计就称为似不相关回归估计（SURE）。根据 SUR 模型的一般化模型的设定形式，本文的模型设定为

$$Q_1 = \alpha_1 PP + C_1 \Rightarrow 低档车型$$
$$Q_2 = \alpha_2 PP + C_2 \Rightarrow 中档车型$$
$$Q_3 = \alpha_3 PP + C_3 \Rightarrow 中高档车型$$
$$Q_4 = \alpha_4 PP + C_4 \Rightarrow 高档车型$$

其中，Q_1、Q_2、Q_3 和 Q_4 分别表示低档车型、中档车型、中高档车型和高档车型的需求，PP 为城镇居民购买力。

---

① 数据来源于各期《产销快讯》。

(三) 模型的回归结果及实证分析

SUR模型的估计结果显示（见表1），城镇居民的购买力对轿车市场中档、中高档和高档这三种车型的需求是有显著影响作用的，呈现了同向变动的关系。其中，购买力对中档车型需求的影响作用明显大于对中高档和高档车型需求的影响作用，低档车型方程的解释变量系数并不显著。究其原因，低档车型的价格、性能与配置均逊色于其他三种车型，多数消费者在经济实力较弱（财富累积较少）时不得不购入低档车型作为过渡。然而随着购买力的不断增加，他们将不再满足于低档车型给他们带来的效用，转而投向更高级别的车型。因此，购买力并未对低档车型的需求产生明显的影响。

表1 回归分析结果

	低档车型	中档车型	中高档车型	高档车型
C	50351.96 *** (8.8907)	26672.02 *** (6.9344)	17727.51 *** (24.4885)	1467.12 *** (3.0538)
α	0.0638 (0.2791)	2.2455 *** (14.4603)	0.4653 *** (15.9211)	0.2482 *** (12.7967)
R-squared	0.0011	0.7439	0.7788	0.6946
调整 R-squared	-0.0132	0.7402	0.7756	0.6902
样本点	72	72	72	72

注：括号内为 t 统计量；*** 表示在1%的置信水平下显著。余同。

尽管在总体样本区间内低档车型的模型结果并不显著，但对比图1和图2，购买力和轿车需求均有较明显的转折点，两者亦非同步。接下来的分析将以此为切入点，将样本区间分为2003年1月~2005年6月、2005年7月~2008年1月和2008年2月~2008年12月三子区间，分别用SUR方法估计，进一步探讨购买力在不同时间段的影响效果，并尝试从计量角度证明上述关于低档车型的理论解释。

表2的估计结果显示，在第一阶段（2003年1月~2005年6月），只有高档车型方程的解释变量系数是不显著的。比较三种显著车型可发现，原本在总样本区间估计中不显著的低档车型在这一区间上显著程度有所提升，系数估计值亦大于中档车型和中高档车型。这说明当购买力处于一个相对较低的水平时，居民重点关注低档车型，购买力所产生的乘数效应大于中档及以

上车型。在第二阶段（2005年7月~2008年1月），四种车型的方程都是显著的，购买力对轿车市场中四种车型需求都有显著影响作用。此时，我国城镇居民的购买力有一定程度增长，居民有能力购买更高档次的车型。但低档车型自身性能和质量方面的不足使其不再受关注，居民转向对中、高档价位车型的购买，因此造成了随着购买力的增加，低档车型的需求却随之减少的局面。此时，高档车型需求方程的显著性也证明了以上分析的合理性。在第三阶段（2008年2月~2008年12月），只有低档车型和中高档车型的系数估计结果显著。其中，中档车型与高档车型的方程回归结果的 R^2 分别为0.0026和0.0012，模型在此区间分段上已经失效。本文认为出现这种情况的主要原因是2008年这一年的特殊性造成的，一方面，沪深两市指数从2007年10月的最高点开始大幅下挫，2008年我国沪深股市总市值蒸发了约20万亿元，这极大影响了我国城镇居民的购买力；另一方面，2008年下半年全球金融危机的全面爆发使得各行业市场都出现了一定的紊乱，既影响了轿车市场本身生产和经营也影响了轿车需求。

表2 分段回归估计结果

时间段	系 数	低档车型	中档车型	中高档车型	高档车型
2003年1月~ 2005年6月	C	12278.75 * (1.9682)	20795.97 *** (4.1994)	11586.34 *** (52.1975)	4966.08 *** (5.5152)
	α	3.0963 *** (5.8007)	2.2780 *** (5.3762)	0.9443 *** (49.7176)	-0.1228 (-1.5938)
	R-squared	0.5287	0.4907	0.9880	0.0781
	调整 R-squared	0.5118	0.4725	0.9876	0.0451
2005年7月~ 2008年1月	C	109126.2 *** (23.2597)	71724.47 *** (7.8383)	26147.32 *** (109.1161)	4333.24 *** (5.2248)
	α	-1.4207 *** (-9.0684)	0.7871 *** (2.5760)	0.1637 *** (20.4524)	0.1572 *** (5.6745)
	R-squared	0.7262	0.1763	0.9310	0.5095
	调整 R-squared	0.7168	0.1479	0.9286	0.4926
2008年2月~ 2008年12月	C	-42140.82 *** (-5.0324)	104596 *** (5.3805)	44002.24 *** (202.9711)	10458.55 *** (4.5680)
	α	1.8811 *** (7.5046)	0.0986 (0.1695)	-0.2368 *** (-36.497)	0.0078 (0.1140)
	R-squared	0.8366	0.0026	0.9918	0.0012
	调整 R-squared	0.8184	-0.1082	0.9909	-0.1098

结　论

本文以持久财产假说为基本出发点，采用 2003～2008 年城镇居民可支配收入、储蓄、股票、债券和房产资产数据，构建和计算了样本区间内居民的购买力水平，应用 SUR 估计方法，研究了中国城镇居民购买力对以轿车为例的耐用消费品的影响，通过实证检验得到的基本结论如下：

第一，样本区间内，我国城镇居民的购买力得到了很大的提升，在 2007 年末至 2008 年初的顶峰时期实现近 3.5 倍的增长，之后呈现持续回落态势。导致这种现象的主要原因是，金融资产在购买力的构成中占有很大的比重，极大影响了购买力的变化趋势。股票市场在 2008 年近 20 万亿元资产的蒸发对我国城镇居民购买力的下降现象提供了合理解释。

第二，中国城镇居民的购买力的提升导致中档及以上的轿车车型需求持续增加，其中对中档车型的影响最大；而对于低档车型，多数居民仅在具有较低购买力水平时才选择购买；当购买力增加至一定程度时，低档轿车的需求开始减弱，从而转向中档及以上车型。

第三，以轿车市场消费需求为例的研究表明，中国居民对耐用消费品的购买决策随着购买力不断增加而改变，购买力不断增加带来耐用品总体需求增加的同时，也使其内部需求结构发生改变，呈现消费层次由低到高的升级现象。结论符合耐用消费品的传统需求规律，也验证了本文购买力度量方法的合理性。

参考文献

［1］贺菊煌，1996，《一个符合生命周期假说的总消费函数》，《数量经济技术经济研究》第 2 期。

［2］李爱华、成思危、李自然，2006，《城镇居民住房购买力研究》，《管理科学学报》第 10 期。

［3］孙巍、王文成、李何，2008，《基于 PI－LC 理论的现阶段居民消费行为研究》，《中国软科学》第 10 期。

［4］孙巍、谢淑萍，2008，《中国轿车市场供求结构不对称性及需求缺口分析》，《学习与探索》第 2 期。

［5］袁志刚，1998，《对中国当前宏观经济状况的经济学分析》，《复旦学报》第 4

期。
[6] 袁志刚、朱国林，2002，《消费理论中的收入分配与总消费——对中国消费不振的分析》，《中国社会科学》第 2 期。
[7] Campbell, J. and N. Gregory Mankiw, 1991, "The Response of Consumption to Income: A Cross-country Investingation", *European Economic Review*, (35).
[8] Chow, G. C., 1960, "Statistical Demand Functions for Automobiles and Their Use for Forecasting", *The Demand for Durable Goods*, Chicago: University of Chicago Press.
[9] Daniel B. Suits, 1961, "Exploring Alternative Formulations of Automobile Demand", *The Review of Economics and Statistics*, 43, (1).
[10] Daniel B. Suits, 1958, "The Demand for New Automobiles in the United States 1929 – 1956", *The Review of Economics and Statistics*, 40, (3).
[11] Deaton, A, 2005, "Life-Cycle Models of Consumption: Is the Evidence Consistent with the Theory?", *Advances in Macroeconomics*, (1).
[12] Marjorie Flavin, 1981, "The Adjustment of Consumption to Changing Expectations about Future Income", *Journal of Political Economy*, (89).
[13] Martin Browning and Soren Leth-Petersen, 2003, "Imputing Consumption from Income and Wealth Information", *The Economic Journal*, (113).
[14] Robert E. Hall, 1978, "Stochastic Implications of Life Cycle-Permanent Income Hypothesis: Theory and Evidence", *Journal of Political Economy*, (5).
[15] Rodney L. Carlson, 1978, "Seemingly Unrelated Regression and the Demand for Automobiles of Different Sizes, 1965 – 75: A Disaggregate Approach", *The Journal of Business*, 51, (2).

向量自回归（VAR）模型中的识别问题
——分析框架和文献综述

张延群

（中国社会科学院数量与技术经济研究所）

引　言

　　1970 年代后期，由于传统大型联立方程模型（SEM）在预测和政策分析方面的失效，其方法开始受到计量经济学家的批评。Sims（1980）对 SEM 模型中施加的识别的合理性提出质疑，认为模型中内、外生变量的假定是人为划分的，不一定符合经济运行的实际；施加的某些结构限制也是人为的，既没有确定的理论基础，也没有经过适当的统计检验。

　　Sims（1980）在这篇开创性论文中，同时提出向量自回归模型（VAR）的分析方法，主张以 VAR 来代替当时流行的 SEM 模型进行宏观经济分析。VAR 模型一般不区分内、外生变量，易于估计，能够很好地拟合数据，具有很好的灵活性和实用性，特别适合描述小变量集合的数据生成过程，因此作为预测或者模型评价的基准模型被广泛应用。大多数宏观经济学变量是具有一个单位根的非平稳一阶单整（I（1））变量。如果几个非平稳变量中的随机成分可以通过线性组合相互抵消，在这些变量之间就存在着协整关系。Engel and Granger（1987）提出协整的概念和误差修正模型（VECM）的设定形式，从此产生深远影响。Johansen（1995）、Hendry（1995）、Lütkepohl（2005）等将协整概念应用于 VAR 模型，发展出向量误差修正模型（VECM）。VAR 和 VECM 模型技术目前已经成为时间序列计量经济学的标准分析工具（Juselius，2006）。结构 VAR（SVAR）和结构 VECM（SVECM）是通过对约化形式的 VAR 和 VECM 模型施加限制，得到既能反映数据生成过程，又在经济学意义上可解释的结构模型的方法。

在应用 VECM 以及 SVAR 或 SVECM 模型进行实证分析时，例如，在 VECM 框架下分析和识别非平稳变量之间的长期均衡关系，以及变量对于均衡关系的调整速度；在 SVECM 框架下通过冲击反应函数分析，或误差方差分解方法，考察系统在受到结构冲击之后的动态路径时等，都涉及对约化 VAR 模型施加识别限制，使之成为结构模型的问题。因此，VECM 和 SVECM 模型中的识别问题是实证分析的一个关键。

本文讨论 VECM 和 SVECM 模型中的结构识别问题，归纳和总结识别问题的理论分析框架，回顾有关文献，阐述结构模型在实证分析中的应用方法，概括这一领域的最新进展和研究方向。

一 VECM 和 SVECM 模型中识别问题的提出

（一）VAR，VECM 以及 SVECM 模型的设定

包含 p 个内生变量的非限制约化形式（reduced form）的 VAR 模型由（1）表示：

$$X_t = \Pi_1 X_{t-1} + \Pi_2 X_{t-2} + \cdots + \Pi_k X_{t-k} + \Phi D_t + \varepsilon_t, t = 1, \cdots, T, \varepsilon_t \sim IN(0, \Omega) \quad (1)$$

其中 X_t 为 $p \times 1$ 向量，k 为滞后阶数，Π_i 为 $p \times p$ 系数矩阵，D_t 包括截距项、趋势项，以及哑变量等。误差项 ε_t 的均值为零，协方差矩阵 Ω 为正定矩阵，即假定 ε_t 不存在序列自相关，但存在协相关。VAR 模型描述了数据之间的统计性质，也就是变量之间的协相关关系（Johansen，1995）。

如果将 VAR 模型（1）稍加变化，就可以得到向量误差修正模型（VECM）的表达式（2）：

$$\Delta X_t = \Pi X_{t-1} + \sum_{i=1}^{k-1} \Gamma_i \Delta X_{t-i} + \Phi D_t + \varepsilon_t, t = 1, \cdots, T, \varepsilon_t \sim IN(0, \Omega) \quad (2)$$

模型（1）和（2）表示相同的数据生成过程。（2）式中，

$$\Pi = \sum_{i=1}^{k} \Pi_i - I, \quad \Gamma_i = -\sum_{j=i+1}^{k} \Pi_j, i = 1, \cdots, k-1$$

其中 Π 为 $p \times p$ 长期关系矩阵，$\Gamma_i, i = 1, \cdots, k-1$ 为 $p \times p$ 短期系数矩

阵。如果 X_t 是 I(1) 系统并且存在 r 个协整关系,那么 $rk(\Pi) = r$,$0 < r < k$,而且存在 $p \times r$ 阶满秩矩阵 α 和 β,使得 $\Pi = \alpha\beta'$,这时 VECM 模型 (2) 可由 (3) 式来表达:

$$\Delta X_t = \alpha\beta' X_{t-1} + \sum_{i=1}^{k-1} \Gamma_i \Delta X_{t-i} + \Phi D_t + \varepsilon_t, t = 1, \cdots, T, \varepsilon_t \sim IN(0, \Omega) \quad (3)$$

这里 β 代表协整空间,α 代表动态调整系数。$\beta' X_{t-1}$ 是 I(0) 变量,即在 X_t 中存在 r 个线性独立的协整关系。从经济学的角度看,β 代表的协整关系可以解释为经济变量之间的长期均衡关系,而 α 为变量向长期均衡关系调整的方向和速度。

VAR 模型 (1) 或者 VECM 模型 (3) 描述时间序列变量系统的数据生成过程 (DGP)。但是,重要变量之间的当期关系,以及模型误差项与结构冲击之间的关系没有在模型中明确刻画,体现为 Ω 中较大的相关系数。如果将变量之间的当期关系,以及模型误差项与结构冲击之间的关系明确表示出来,通常需要以下的结构模型 SVECM (4):

$$A\Delta X_t = A\alpha\beta' X_{t-1} + A\sum_{i=1}^{k-1}\Gamma_i \Delta X_{t-i} + A\Phi D_t + Bu_t \quad t = 1, \cdots, T, u_t \sim IN(0, I) \quad (4)$$

其中

$$A\varepsilon_t = Bu_t$$

Π 和 Γ_i 的定义同 (2)。u_t 通常解释为结构冲击。模型 (4) 称为结构 A-B 模型 (赫尔穆特·鲁克波尔等,2008;Gali,1992;Pagan,1995)。

SVECM 模型 (4) 与模型 (1) 和 (2) 从统计学的角度看,都描述同样的数据生成过程,但从经济学的角度看,SVECM 与 VAR 或 VECM 模型具有不同的解释意义。模型 (1) 和 (2) 中的系数可以唯一估计出来,但是对于模型 (4),为了得到 A 和 B 矩阵中所有元素的唯一估计值,需要施加至少 $2p(p-1)$ 个限制。这就是所谓的短期识别问题。此外,在模型 (3) 中,为了得到经济学意义上可识别的长期关系,需要对长期关系 β 施加至少 $r(r-1)$ 个限制,这涉及长期识别问题。这两类识别问题对于经济学的实证分析具有十分重要的意义。

(二) 长期识别与短期识别

VECM 模型 (3) 中,如果协整关系的个数为 r,在估计出长期关系矩

阵 Π 的情况下，如果没有进一步的限制，α 和 β 并不是唯一确定的，因为选择任何一个 $r \times r$ 阶非奇异矩阵 P，都有 $\Pi = \alpha P P^{-1} \beta'$，$\alpha P$ 和 βP^{-1} 也可以看做短期调整速度和协整空间。也就是说，协整关系的线性组合仍然是协整关系。当对协整关系不加限制时，估计出来的 β 只在统计学的意义上是可识别的，为了获得经济学意义上可解释的长期均衡关系 β 和短期调整系数 α，需要得到至少 r^2 个独立的信息，即需要对矩阵 P 施加限制，以得到可识别的长期均衡关系 β，这类问题称为长期识别问题（Juselius，2006）。

在 SVECM 模型（4）中，为了得到经济学可解释的结构冲击，如货币政策冲击，需要得到 A 和 B 的唯一估计值，因此需要在 VAR 或 VECM 模型的基础上，对 A 和 B 矩阵施加限制，得到可识别的 SVAR 或 SVECM 模型，这类识别称为短期结构识别。

（三）先识别 β 后识别 α 的合理性

在模型（3）中，$\Pi = \alpha P P^{-1} \beta'$，$\alpha P$ 和 βP^{-1} 可以分别看做短期调整速度和协整空间，因此对 β 和对 α 的识别是相关的。如果同时对 α 和 β 进行识别会使识别问题变得相当复杂，因此，通常的识别顺序是，先在约化的 VECM 模型中进行长期结构识别，使识别出的长期均衡关系的误差修正项作为模型（4）的一个平稳回归项，然后再对短期结构进行识别。也就是说，对长期结构 β 的识别可以不受短期结构识别 α 的影响。这样做的合理性在于，当样本数 T 趋于无穷时，估计值 $\hat{\beta}$ 向真值 β 收敛的速度快于估计值 $\hat{\alpha}$ 向真值 α 的收敛速度，前者的收敛速度是 T 级的，而后者为 $\sqrt{T}$（Juselius，2006，Lütkepohl，2005）。

（四）统计识别的秩条件

对 β 中系数施加识别限制的一般表达式为 $R'\beta = 0$，假设对第 i 个协整关系 β_i 上施加 m_i 个限制，则 R 为 $p \times m_i$ 阶的限制矩阵。限制矩阵 R 必须满足一定的秩条件，才能使所施加的限制在统计学意义上是可识别的。识别分为恰好识别、过度识别，以及识别不足三种情形，分别对应于 R 的不同秩条件。如果所施加的限制为恰好识别，则施加的限制不会改变似然函数，因此不能通过统计方法进行检验。如果是过度识别，就可以通过检验统计方法，来检验所施加的限制是否与模型和数据相合。Johansen et al.（1994）详细讨论了可识别限制的一般秩条件。

二 长期结构识别方法

按照 Johansen（1995）的迹估计方法，在假设 β 中各个向量是相互正交的条件下，β 中系数在统计学的意义上是可以唯一确定的。但是，如果将 β 中的向量解释为协整关系，从经济学的角度看，协整关系并不需要是相互正交的，而且，协整关系的线性组合仍然是协整关系。因此，为了得到在经济学意义上可解释的长期均衡关系，需要对 β 中的向量施加可识别的限制。

以货币需求分析为例，VAR 模型中通常包含货币总量、实际 GDP、通胀率以及长期利率、短期利率等变量。按照经济学理论，系统中有可能存在的长期均衡关系包括：货币需求函数、货币供给规则、菲利普斯曲线关系、Fisher 关系等。在检验以上经济学理论所描述的长期均衡关系是否成立时，首先按照理论模型对长期关系进行限制，然后对所施加限制与模型的相合性进行检验。如果模型接受限制检验，表明理论所阐述的长期均衡关系是存在的，并且可以将各个协整关系解释为经济学意义上的长期均衡关系。同时，根据相应的短期调整系数，对各个变量在协整关系中的地位进行判断，区分哪些变量对长期均衡关系起到主导作用，哪些起到被动调节作用。运用这种方法能够实证检验一些有关货币政策的基本命题，比如，是否存在货币需求关系；货币供给主要是由需求因素主导的内生变量，还是央行货币政策所决定的外生变量；超额货币供给对总产出和通货膨胀的影响等（Juselius，1998；张延群，2010）。

对协整关系施加限制，通常具有一定程度的任意性。在实际建模时，为了尽量准确地找出数据间存在的协整关系，可以在对所有协整关系施加限制之前，先根据有关的经济学理论，只对单个协整关系施加限制，对其他关系不加任何限制。如果施加限制的单一关系不能通过稳定性检验，这一关系不应当出现在完整的协整空间中。同时，单个稳定关系可以作为完整协整空间中的备选协整关系，从而为协整空间的限制提供有用的信息（Dennis，2006）。

三 短期结构识别方法

（一）结构冲击与短期结构识别

实证分析时，常常运用冲击反应函数分析（IRF）和预测误差方差分解

(FEVD)来描述系统中变量在受到结构冲击之后的动态反应路径,以及变量的变动受其他变量冲击的影响程度(Lütkepohl,2005)。变量的冲击是系统变动的驱动力量,但冲击从根本上讲是不可观察的。理论上常常将模型的冲击分为可预测的和不可预测的。可预测的部分为条件期望值,即模型中得到解释的部分,而不可解释的部分为模型的估计残差。当模型中可解释部分正确描述了公众预期形成的方式,残差项才可解释为不可预测的冲击(Juselius,2006)。结构模型(4)中的误差项 u_t 通常称为结构冲击,在实证分析时,常常需要给予结构冲击经济学名称,如需求冲击、供给冲击、技术冲击、偏好冲击、货币政策冲击等。为了识别结构冲击,必须对模型(4)中的 A、B 矩阵进行识别和估计。

(二) Choleski 分解方法

结构冲击常常定义为相互独立的,但在 VAR 或 VECM 模型中,不同方程的残差项之间往往是相关的,为了得到相互独立的结构冲击,可以将(3)式中的误差协方差矩阵 Ω 作 Choleski 分解,即将 Ω 分解为两个上三角矩阵的乘积,$PP' = \Omega$,在(4)式中对矩阵 A 和 B 作如下的限制:

$$A = P^{-1} \text{ 且 } B = I。$$

在这样的限制下,$E(u_t u'_t) = I$,即 u_t 中的变量是相互独立的。通过 Choleski 分解施加结构限制能够恰好识别结构系数,所施加的限制结构相当于对变量当期关系施加了递归的因果关系,即限制系统中的第一个变量不受其他变量的当期影响,第二个变量只受第一个变量的当期影响,不受其他变量的当期影响等。

由于上三角矩阵 P 的分解与变量在 X_t 中的排列顺序有关,因此运用 Choleski 分解法时,需要给定变量在 X_t 中的顺序,而这种顺序的选取通常具有随意性。因此,常常需要在不同变量顺序的设定下检验冲击反击函数的稳固性(robust)。相互独立的结构冲击是否能够对应经济学意义上的冲击取决于所施加限制的可信性如何。

(三) 只对 A 矩阵进行限制的 A 模型

在 A – B 模型(4)中,如果要得到 A 和 B 矩阵中元素的唯一估计,需要在得到 VECM 模型(2)后,识别 A 和 B 中各 p^2 个元素,共 $2p^2$ 个元素。

因为 $\Omega = A^{-1}BB'A^{-1'}$，是对称矩阵，因此可以通过 Ω 得到 $p(p+1)/2$ 个方程。此外还需要施加额外 $2p^2 - p(p+1)/2$ 个限制。同时对 A 和 B 矩阵进行识别和估计非常复杂，因此，常常假设 $B = I$，即只对当前关系矩阵 A 施加限制，使得误差项相互正交，这类结构模型称为 A - 模型。

A - 模型大量应用于货币政策传导机制的研究。模型中通常包含的变量是 GDP、CPI、商品价格指数等宏观经济变量，以及联邦基金利率、全部银行储备、可借入和非可借入的储备等货币政策变量（Christiano et al. 1999；Bernanke et al., 1998）。在对货币政策冲击进行识别时，最常用的限制就是基于探索性理论直接对变量之间的当期关系矩阵 A 进行限制，同时假设 $B = I$。A - 模型与 Choleski 分解的区别在于，没有采用简单递归形式的上三角矩阵，而是按照对不同货币政策目标的选取，或者对制度背景的分析，对当期矩阵 A 施加一般限制。通常假设宏观经济变量不会对货币政策变量有当期的反馈，而货币政策变量对宏观经济变量存在当期的反馈，同时结构冲击是相互独立的，从而在制度分析的基础上，根据货币政策的实施过程，对货币政策模块施加不同的限制。在识别出货币政策冲击后，考察变量在受到货币政策冲击后的动态反应，通过变量的典型反应来比较和评价各种不同的理论模型。

（四）只对 B 矩阵进行限制的 B 模型

另一种识别方法是设定 $A = I$，只对 B 矩阵施加限制，即只对约化模型的误差项与结构冲击之间的关系施加限制，这类模型称为 B 模型。一个典型代表是 Pagan（1995）运用凯恩斯理论来设定 VAR 模型的误差 ε_t 与结构冲击 u_t 之间的关系。模型包含的内生变量为产出 q，利率 i 以及货币供给 m，$\varepsilon_t = (\varepsilon_t^q, \varepsilon_t^i, \varepsilon_t^m)$ 为约化形式 VAR 的误差项，$u_t = (u_t^{IS}, u_t^{LM}, u_t^m)$ 为结构冲击，$u_t \sim (0, I)$。对 VAR 模型误差与结构冲击之间的关系作出如下的假设：

$$\varepsilon_t^q = -a_{12}\varepsilon_t^i + b_{11}u_t^{IS} \qquad \text{IS 曲线}$$
$$\varepsilon_t^i = -a_{21}\varepsilon_t^q - a_{23}\varepsilon_t^m + b_{22}u_t^{LM} \qquad \text{LM 曲线的倒数}$$
$$\varepsilon_t^m = b_{33}u_t^m \qquad \text{货币供给规则}$$

这样相当于对 B 矩阵施加了恰度识别的限制，因此可以进行唯一估计，并将结构冲击从 VAR 模型的误差项中识别出来。

（五）按照误差相关性对当期矩阵和短期系数施加限制

在 VECM 模型（3）估计结果中，有些短期系数 Γ_i 是不显著的，即存在过度系数化的问题，这时可以对不显著的短期系数矩阵施加零限制。对当期矩阵 A 和短期系数同时施加限制的一种方法是从观察模型（3）的误差协方差矩阵 Ω 入手，如果 Ω 中某个相关系数较大，即提示这两个变量之间存在当期相关性。对模型（3）中不显著的滞后项施加零限制，同时将一些变量的当期项包含在选定的方程中，只要施加的限制满足识别矩阵的秩条件，就可以用似然估计法对结构方程的系数进行重新估计，得到简明的结构模型（Doornik et al., 1995）。如果考虑了当期影响之后，误差的相关系数显著减小，并且表示当期影响的系数，以及短期调整系数 α 都符合经济学理论，就认为对矩阵 A 所施加的限制是合理的。用这样的方法进行识别的文献见 Juselius (1998), Lütkepohl et al. (1999) 等。

（六）通过永久冲击和暂时冲击进行识别

除了对矩阵 A 或 B 直接施加限制之外，还可以通过将冲击划分为永久冲击和暂时冲击对 A、B 矩阵进行识别。经济学理论假设某些冲击具有永久影响，另一些只有暂时影响。例如，假设名义冲击对通货膨胀具有永久影响，而对实际产出只有暂时影响等。因此，将冲击区分为永久冲击和暂时冲击增加了识别结构方程的信息。

可以用 VECM 的移动平均表达式（MA）来说明永久冲击和暂时冲击的区分。如果 X_t 为包含 p 个内生变量的 I (1) 系统，并且存在 r 个协整关系，则 X_t 可以由 Granger 移动平均表达式（5）来表示（Johansen, 1995）：

$$X_t = C \sum_{i=1}^{t} (\varepsilon_i + \Phi D_t) + C^*(L)\varepsilon_t + C^*(L)\Phi D_t + a_0 \tag{5}$$

将 ε_t 替换为结构冲击 u_t，得到

$$X_t = CB \sum_{i=1}^{t} (u_i + \Phi D_t) + C^*(L)Bu_t + C^*(L)\Phi D_t + a_0 \tag{6}$$

这里假设：$\varepsilon_t = Bu_t$，

MA 表达式（5）和（6）将 X_t 分解为 $p-r$ 个共同随机趋势项，加上一个平稳的周期项。(5) 中的 C 和 (6) 中的 CB 为冲击的长期效应矩阵，秩

为 $p-r$。因此，可以在模型（6）中对 CB 矩阵施加限制，使得

$$CB\begin{pmatrix} 0_{(p-r)\times r} \\ I_r \end{pmatrix} = 0_{p\times p}$$

即 CB 矩阵中最后的 r 个行为零行（Juselius，2006）。

同时模型（6）表示为

$$X_t = CB\begin{pmatrix} \sum_{i=1}^t u_{l,1,i} \\ \vdots \\ \sum_{i=1}^t u_{l,p-r,i} \\ \sum_{i=1}^t u_{s,1,i} \\ \vdots \\ \sum_{i=1}^t u_{s,r,i} \end{pmatrix} + CB\Phi D_t + C^*(L)Bu_t + C^*(L)\Phi D_t + a_0 \quad (7)$$

其中结构冲击 $u_{l,i}$ 表示永久冲击，$u_{s,i}$ 为暂时冲击，即通过对 CB 矩阵施加限制，将结构冲击划分为 $p-r$ 个永久冲击和 r 个暂时冲击。

Blanchard et al. 在1989年发表的论文"The Dynamic Effects of Aggregate Demand and Supply Disturbances"中将结构冲击分为暂时冲击和永久冲击，并运用这一信息对结构模型施加限制的经典论文。他们在只包含产出增长率和失业率两个变量的 VAR 模型中，假设供给和需求冲击在当期是不相关的，并且假设需求冲击对产出没有永久影响，而供给冲击对产出具有永久影响，从而对结构模型以及供给冲击和需求冲击进行了识别。Blanchard et al.（1989）模型只包含两个变量，结构冲击中只包含一个暂时冲击和一个永久冲击，是一个非常简单的 VAR 模型。如果系统中存在更多的永久冲击，或者在协整系统中考虑更多的协整关系，就需要在暂时和永久冲击内部施加更多的限制，以识别不同的暂时和永久冲击，这类限制类似于对 A-模型施加限制，通常依据实验性的、未经广泛接受的经济理论，因此也具有一定的随意性。有关文献见赫尔穆特·鲁克波尔等（2008），King et al.（1991），Gonzalo et al.（2001），Pagan et al.（2008），Fisher（1999），Gali（1999）。

（七）对长期和短期动态识别的总结

施加长期和短期限制常常具有一定的随意性。但是，对于长期关系，即

对协整关系的限制往往更具有可信性。原因在于，施加限制时，常常需要依据相关的经济学理论。在宏观经济学理论中，长期经济理论往往已经取得广泛共识，在识别协整关系时，恰恰需要以长期均衡理论为基础施。但是大多数情况下，经济学理论对描述经济变量调整的过程是十分欠缺的，大多是实验性质的，没有取得广泛的共识，往往存在较多的争论。因此对短期结构进行识别的经济学理论往往都是尝试性的（Pesaran and Shin，2002），对得到的结构冲击的经济学解释是否合理也往往存在争议。

四 SVECM 模型识别问题新进展

Markku et al.（2006）和 Sentana et al.（2001）尝试运用 VAR 模型误差项中波动模式的变化所蕴含的统计信息来识别结构冲击。即如果一个结构模型的误差项具有随时间变动的二阶矩，那么可以运用这一信息进行识别。Weber（2010）通过建立结构动态条件相关模型（SDCC），讨论当误差项具有 GARCH（1，1）结构时，对变量的当期关系矩阵 A 和引起误差项相关性的第三方共同推动因素同时进行识别的方法。在某些情况下，误差项中的相关性既来自于变量之间的当期相互影响，同时又来自于影响系统的第三方推动因素的假定更符合实际，比如在应用高频日度数据研究股票市场之间的相互影响时，即要考虑股票市场之间的相互溢价，也要考虑股票市场受共同因素的影响。同时对当前关系以及共同推动因素进行识别的方法受其识别理论的限制，目前通常只能运用于包含两个变量的简单 VECM 模型的结构识别问题。

参考文献

[1] 赫尔穆特·鲁克波尔（Helmut Lütkepohl），2008，马库斯·克莱茨希（Markus Krätzig），《应用时间序列计量经济学》，机械工业出版社。

[2] 张延群，2010，《中国货币供给分析及货币政策评价：1986～2007》，《数量经济技术经济研究》第6期。

[3] Sims, C. A., 1980, "Macroeconomics and Reality", *Econometrica*, 48（1），1 – 47.

[4] Engel, R. F. and Granger C. W. J., 1987, "Co-Integration and Error Correction: Representation, Estimation and Testing", *Econometrica*, 55（2），251 – 276.

[5] Johansen, S., 1995, *Likelihood-Based Inference in Cointegrated Vector Autoregressive*

Models, Oxford University Press.
[6] Hendry, D. F. , 1995, "Dynamic Econometrics", Oxford University Press.
[7] Lütkepohl, H. , 2005, "New Introduction to Multiple Time Series", Springer Verlag, Berlin.
[8] Juselius, K. , 2006, "The Cointegrated VAR Model: Methodology and Applications", Oxford University Press.
[9] Gali, J. , 1992, "How Well does the IS LM Model Fit Postwar U. S. Data?", *Quarterly Journal of Economics*, 107 (2), 709 – 735.
[10] Pagan, A R, 1995, "Three Econometric Methodologies: An Update" in L. T. Oxley, C. J. Roberts, D. A. R. George and S. T. Sayer (eds.), 1995, "Surveys in Econometrics", 1995, *Basil Blackwell*, 30 – 41.
[11] Johansen, S. and Juselius K. , 1994, "Identification of the Long-run And the Short-run Structure An Application to the ISLM Model", *Journal of Econometrics*, 63 (1), 7 – 36.
[12] Juselius, K. , 1998, "Changing Monetary Transmission Mechanisms Within the EU", *Empirical Economics*, 23 (3), 455 – 481.
[13] Dennis, J. G. , 2006, "Cats in Rats, Cointegration Analysis of Time Series", Version 2, *Estima*.
[14] Christiano, L. J. , Eichenbaum, M. and Evans C. , 1999, "Monetary Policy Shocks: What have We Learned and to What End?" in J. B. Taylor and M. Woodford (eds.), *Handbook of Macroeconomics*, vol. 1A, Elsevier, Amsterdam.
[15] Bernanke, B. S. and Mihov I. , 1998, "Measuring Monetary Policy", *Quarterly Journal of Economics*, 113 (3), 869 – 902.
[16] Doornik, J. A. and Hendry, D. F. , 1995, *PcFiml 8. 0*, *Interactive Econometric Modeling of Dynamic Systems*, Chapman and Hall Press.
[17] Lütkepohl, H. and Wolters J. , 1999, "A Money Demand System for German M3", in Lütkepohl H. and Wolters J. (eds.) *Money Demand in Europe*, Physica-Verlag.
[18] Blanchard, O. J. and Quah D. , 1989, "The Dynamic Effects of Aggregate Demand and Supply Disturbances", *American Economic Review*, 79 (4), 655 – 673.
[19] King, R. G. , Plosser, C. I. , Stock J. H. and Watson M. W. , 1991, "Stochastic Trends and Economic Fluctuations", *American Economic Review*, 81 (4): 819 – 840.
[20] Gonzalo, J. and Ng S. , 2001, "A Systematic Framework for Analyzing the Dynamic Effects of Permanent and Transitory Shocks", *Journal of Economic Dynamics and Control*, 25 (10), 1527 – 1546.
[21] Pagan, A. R. and Pesaran M. H. , 2008, "Econometric Analysis of Structural Systems with Permanent and Transitory Shocks", *Journal of Economic Dynamics and Control*, 32 (10), 3376 – 3395.
[22] Fisher, L. A. and Huh H. , 1999, "Weak Exogeneity and Long-run and

Contemporaneous Identifying Restrictions in VEC Models", *Economics Letters*, 63 (2), 159-165.

[23] Gali, J., 1999, "Technology, Employment, and the Business Cycle: Do Technology Shocks Explain Aggregate Fluctuations?", *American Economic Review*, 89 (1), 249-271.

[24] Pesaran, M. H. and Shin Y., 2002, "Long-Run Structural Modelling", *Econometric Reviews*, 21 (1), 49-87.

[25] Markku, L. and Lütkepohl H., 2008, "Identifying Monetary Policy Shocks via Changes in Volatility", *Journal of Money, Credit and Banking*, 40 (6), 1131-1149.

[26] Sentana, E. and Fiorentini G., 2001, "Identification, Estimation and Testing of Conditionally Heteroskedastic Factor Models", *Journal of Econometrics*, 102 (2), 143-164.

[27] Weber, E., 2010, "Structural Dynamic Conditional Correlation", *Journal of Financial Econometrics*, 8 (3), 392-407.

二 宏观经济增长与发展

从投资比重上升看经济增长质量[*]

沈利生

（华侨大学数量经济研究院
中国社会科学院数量经济与技术经济研究所）

引　言

　　本文定义的"投资比重"是指全社会固定资产投资相当于国内生产总值（GDP）的比例，它与投资率的定义有区别。在支出法国内生产总值中，把资本形成总额占 GDP 的比重叫做资本形成率，即投资率。进一步分析资本形成，它包括两部分：固定资本形成总额和存货增加。显然，固定资本形成总额是由固定资产投资转化而来，它是现实的生产能力。而存货增加有可能在未来转化成资本，但在统计的时候还不是。存货增加只占资本形成中的小部分，1997 年以前在 10% 至 30% 之间，1998 年以后下降到不足 10%。固定资本形成总额占了资本形成的绝大部分，1998 年以后超过了 90%。本文定义固定资本形成总额占支出法 GDP 的比例为"固定资本形成率"，它是投资率的大部分。之所以要定义固定资本形成率而不直接使用投资率，是因为固定资本形成率与"投资比重"有着密切的关系。图 1 是 1978～2009 年我国固定资本形成率和投资比重的变化情况。注意到在 1986～2003 年的 18 年里，两者的数值几乎完全一样。笔者认为，这种几乎重合不会是巧合。

　　看图 1 中的两条曲线。从 1978 年到 2002 年，我国的投资比重和固定资本形成率虽有波动，但幅度不大。从 1986 年以后，两者几乎重合。从数值

---

[*] 本文得到中国社会科学院数量经济与技术经济研究所数量经济重点学科的资助。

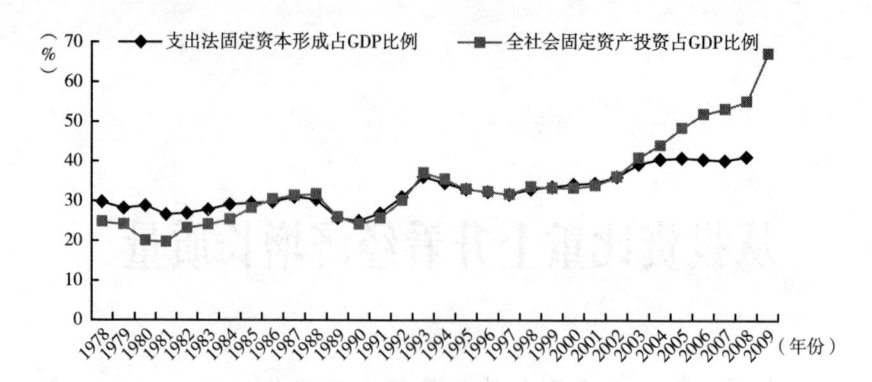

图 1 1978～2008 年我国固定资本形成率与投资比重的比较

资料来源：根据《中国统计年鉴（2009）》相应数据计算得到。

来看，1992 年以前两者大致在 20% 至 30% 之间，从 1993 年以后，两者同时有所增大，大致在 30% 至 40% 之间。令人关注的是，从 2003 年开始，由于固定资产投资增长率远高于 GDP 增长率，投资比重扶摇直上。投资比重与固定资本形成率之间出现了分离，仅仅经过短短的几年，2008 年投资比重上升到 55%。根据 2009 年的最新统计数据，投资比重上升到 67.0%[①]。而固定资本形成率则稍稍有点上升，2008 年为 41.1%。两条曲线张开形成了剪刀形喇叭口，且有继续扩大的趋势。根据中国社会科学院"经济形势分析与预测课题组"的预测，2010 年固定资产投资占 GDP 的比例将上升到 74.1%[②]。这里要提出的问题是，这个剪刀形喇叭口反映了什么？它所体现的经济增长质量是在提高，抑或相反？（本文不讨论 1985 年以前两条曲线由分离走向重合。）

计算投资比重和固定资本形成率的分母都是 GDP，一个来自于生产法，另一个来自于支出法，理论上应该一样，但反映在统计数据上稍有误差，支出法 GDP 略大于生产法 GDP，但误差不大，误差最大的个别年份为 5%，多数年份的误差为 2%～3% 或 2% 以下。2007 年以前的《中国统计年鉴》都是这样解释的："支出法国内生产总值不等于国内生产总值是由于计算误差的影响。"

那么，投资比重与固定资本形成率之间出现的差别，就应该来自于

[①] 原始数据来源于《中国统计摘要（2010）》，中国统计出版社，2010。
[②] 陈佳贵、李扬主编《中国经济前景分析——2010 年春季报告》，社会科学文献出版社，2010。

固定资产投资额与固定资本形成额之间的不同。如果说2002年以前，投资率与固定资本形成率几乎重合，可以解释为固定资产投资在当年就几乎全部转化成了固定资本，那么2003年以后两条曲线的分离就只能解释为，固定资产投资未能在当年全部（只有一部分）转化形成固定资本，在统计上就反映为固定资产投资额大于固定资本形成额。问题的关键在于，2003年以后，投资比重与固定资本形成率的背离越来越大，2003~2008年，两者之间差距的百分点分别为：1.7、3.5、7.5、11.2、13.3、13.9。这表明固定资产投资未能在当年转化成固定资本的部分越来越大。如果统计数据确实反映了实际情况，这就只能解释为近年来我国投资转化为资本的效率越来越低。从投资转化效率的角度来衡量，我国的经济增长质量在下降。

在现有文献中，直接讨论投资率的论文比较多，而同时提到投资率与投资效率的论文不是很多，但其观点却基本一致，即伴随着高投资率下的投资效率不高。乔为国、潘必胜（2005）通过建立合理投资率模型估算了投资率，结论是，在当前我国所有制结构下，合理投资率不应该超过32.4%。丁雪松、韩锐（2007）认为，在我国目前的经济发展当中，高投资率与低投资效率并存，这虽然与经济理论不相符，但却反映了我国当前的现实情况。政府作为投资的主要拉动者，在重视投资的回报的同时，却忽视了投资效率的降低。李建伟（2007）认为，在目前产能过剩问题日渐突出、国际贸易摩擦日趋严重的情况下，关键是如何提高投资效率，扩大国内消费需求，逐步将经济增长方式从外需拉动型转变为内需拉动型。刘煜辉、徐义国（2007）用"边际产出资本比率（IOCR）"来衡量投资效率，计算了1987年以来中国的IOCR的变化，从1994年以来，中国的投资效率指标直线下滑，IOCR从1994年的0.356一直下降至2005年的0.211。换句话讲，20世纪90年代初，大致2~3个单位的投资能获得一个单位的GDP增量；但最近四年需要5个单位的投资才能增加1个单位的GDP产出。李同宁（2008）认为，随着投资率的过度上升，宏观投资效率在降低，金融风险在增加。中国应进一步采取宏观调控措施，抑制投资率的过度上升。

以上讨论到投资效率的文献，都是从投资率的角度进行分析，至今还没有看到从投资比重变化的角度进行分析的。本文将通过数理公式推导和分析计算，讨论投资比重上升所反映的投资转化效率，进而讨论所反映的经济增长质量。

一 投资、资本存量、产出之间的关系

考虑投资、资本存量和产出之间的关系时,根据投资转化为资本时存在不同时滞以及产出增长率有变动,分四种情形讨论。

(一)情形一:投资在当年转化为资本,不存在时滞

用符号 I_t、K_t、Y_t 分别表示第 t 年的投资、资本存量、产出(或国内生产总值)。

假设1 资本 K 由投资 I 转化,经逐年累积而得,但要扣除折旧,折旧率 δ 为常数[①]:

$$K_t = (1-\delta)K_{t-1} + I_t = K_{t-1} + I_t - \delta \cdot K_{t-1} \tag{1}$$

(1)式意味着当年的投资 I_t 在补偿资本折旧后,余下部分成为新增资本。且当年的投资完全形成资本,无时滞。

假设2 资本产出比 η(资本与产出之比)为常数[②],即

$$\eta = K_t/Y_t = K_{t-1}/Y_{t-1} \tag{2}$$

假设3 产出 Y_t 的增长率为常数 g,即

$$Y_t = (1+g) \cdot Y_{t-1} \tag{3}$$

下面推导投资 I_t 与产出 Y_t 之间的关系。由(1)式可得:

$$I_t = K_t - (1-\delta)K_{t-1} \tag{4}$$

由(2)式可得:$K_t = \eta Y_t$,$K_{t-1} = \eta Y_{t-1}$,代入(4):

$$I_t = \eta Y_t - (1-\delta)\eta Y_{t-1} \tag{5}$$

由(3)式可得:$Y_{t-1} = \dfrac{1}{1+g} Y_t$,代入(5)得:

[①] 参见〔美〕戴维·罗默著《高级宏观经济学》,商务印书馆,2001,第198页,公式(4.2)。

[②] 参见〔美〕戴维·罗默著《高级宏观经济学》,商务印书馆,2001,第13页,"……意味着资本—产量比 K/Y 最终将稳定下来。实际上,就较长期限来看,资本—产量比并未表现出任何明显的向上或向下的趋势。"第33页,"1.3节提到的关于增长的特征事实之一是,资本—产量比随时间大体保持不变。……尽管资本—产量比在国家间有所不同,但差别不十分大。"

$$I_t = \eta Y_t - \frac{(1-\delta)}{1+g}\eta Y_t = \eta(1 - \frac{1-\delta}{1+g})Y_t = \eta(\frac{g+\delta}{1+g})Y_t \tag{6}$$

（6）反映了投资 I_t 与产出 Y_t 之间的关系。定义（6）式右边 Y_t 前面的系数为 λ，它是投资占产出的比重，简称投资比重：

$$\lambda = \eta\frac{g+\delta}{1+g} \tag{7}$$

当（7）式右边的资本产出比 η、资本折旧率 δ、产出增长率 g 都是常数时，投资占产出（或 GDP）的比重 λ 也是常数。此时经济系统处在均衡增长路径上。

（7）式反映了四个参数之间的关系，只要其中三个参数是常数，第四个参数也必定是常数。从另一个角度说，如果其中有一个参数发生了变化，那么在其他三个参数中至少肯定有一个发生了变化。

根据中国的实际经济背景，设定（7）式右边三个参数的数值，可得到投资占产出（GDP）的比重。假定资本产出比 $\eta = 2.5$[①]，折旧率 $\delta = 0.05$，产出（GDP）增长率 $g = 10\% = 0.1$，则可得：

$$\lambda = 2.5 \times (0.1 + 0.05)/(1 + 0.1) = 2.5 \times 0.15/1.1 = 0.341 = 34.1\%$$

对比图 1 可知，这大致是我国 1992～2002 年的情形，固定资产投资占 GDP 的比重在 30% 至 40% 之间。

（二）情形二：投资转化为资本时存在时滞，为 1 年

为此把假设 1 中的投资 I_t 改为 I_{t-1}，资本累积公式改变为：

$$K_t = (1-\delta)K_{t-1} + I_{t-1} = K_{t-1} + I_{t-1} - \delta \cdot K_{t-1} \tag{8}$$

（8）式意味着在 $t-1$ 年的投资 I_{t-1} 中，一部分补偿当年折旧，余下部分在下一年 t 年转化为资本。假设 2 和假设 3 同上。由（8）式得：

$$I_{t-1} = K_t - (1-\delta)K_{t-1} \tag{9}$$

把 $K_t = \eta Y_t$，$K_{t-1} = \eta Y_{t-1}$，代入（9）：

$$I_{t-1} = \eta Y_t - (1-\delta)\eta Y_{t-1} \tag{10}$$

[①] 资本产出比取 2.5。参见粟庆雄"中国经济之快速发展与波动：1980～1999 年"，载汪同三主编《数量经济学前沿》，社会科学文献出版社，2001，第 402 页。

把（3）式代入（10）式：

$$I_{t-1} = \eta(1+g)Y_{t-1} - (1-\delta)\eta Y_{t-1} = \eta(g+\delta)Y_{t-1} \tag{11}$$

由（11）式可得投资时滞为一年时，投资 I 占产出 Y 的比重 λ：

$$\lambda = \eta(g+\delta) \tag{12}$$

时滞为 1 年时的投资比重（12）式要比没有时滞时的（7）式显得更简洁。（12）式右边代入同样的参数可得：$\lambda = 2.5 \times (0.1 + 0.05) = 0.375 = 37.5\%$。对比没有投资时滞的 34.1%，有投资时滞时，投资占 GDP 的比重要稍高些。其原因也很简单，产出（GDP）在不断增长，如果投资占 GDP 的比重不变，投资也在不断增长，即上年的投资小于当年的投资。如果当年新增加的资本不是由当年投资转化，而要由上年的投资转化的话，就要求上年的投资更大些，则上年投资占上年产出（GDP）的比重自然就要大些了。推而广之，当投资转化成资本的时滞越长，投资占产出的比重也越大。可由下面的推导得证。

（三）情形三：投资转化为资本时存在时滞，为 2 年

当年的新增资本是 2 年前的投资形成的，资本累积方程为：

$$K_t = (1-\delta)K_{t-1} + I_{t-2}, 则有: I_{t-2} = K_t - (1-\delta)K_{t-1} \tag{13}$$

而

$$K_t = \eta Y_t = \eta(1+g)Y_{t-1} = \eta(1+g)^2 Y_{t-2} \tag{14}$$

$$K_{t-1} = \eta Y_{t-1} = \eta(1+g)Y_{t-2} \tag{15}$$

把（14）、（15）式代入（13）式，得：

$$I_{t-2} = \eta(1+g)^2 Y_{t-2} - (1-\delta)\eta(1+g)Y_{t-2} = \eta(1+g)(g+\delta)Y_{t-2} \tag{16}$$

由（16）式可得投资时滞为 2 年时，投资 I 占产出 Y 的比重 λ：

$$\lambda = \eta(1+g)(g+\delta) \tag{17}$$

代入同样的参数可得：

$$\lambda = 2.5 \times (1+0.1)(0.1+0.05) \approx 0.413 \approx 41.3\%$$

这表明，投资时滞为 2 年时的投资比重为 41.3%，高于投资时滞为 1

年时的投资比重（37.5%）。显然，投资时滞越长，投资比重就越高。当然，这是在假设经济增长率 g、资本产出比 η、折旧率 δ 都不变的情况下得到的结论。自然也可以想到，投资比重越高，说明投资时滞越长，即投资转化为资本的效率下降了。

（四）情形四：产出增长率有变动时

利用公式（7）、（12）、（17）作进一步讨论，设定资本产出比 η 和折旧率 δ 不变，产出增长率 g 分别为 8.0%、10.0%、12.0%，投资时滞分别为 0、1、2 年时的投资比重，计算结果列于表 1 中。

表 1　不同投资时滞和不同产出增长率下的投资比重

时滞与公式	产出增长率 g(%)	资本产出比 η	折旧率 δ	投资比重 λ(%)
投资时滞 0 年 公式(7)	8.0	2.5	0.05	30.1
	10.0	2.5	0.05	34.1
	12.0	2.5	0.05	37.9
投资时滞 1 年 公式(12)	8.0	2.5	0.05	32.5
	10.0	2.5	0.05	37.5
	12.0	2.5	0.05	42.5
投资时滞 2 年 公式(17)	8.0	2.5	0.05	35.1
	10.0	2.5	0.05	41.3
	12.0	2.5	0.05	47.6

表 1 反映出投资比重的变动趋势可概括为，在同样的经济增长率下，投资转化为资本的时滞越长，投资比重就越大；或者，在同样的投资时滞下，经济增长率越高，投资比重就越大。考虑投资比重最大的情况：投资时滞长达 2 年，经济增长率高达 12.0%，投资比重为 0.476 = 47.6%。2004～2009 年，我国的经济增长率分别为：10.1%、10.4%、11.6%、13.0%、9.6%、8.7%，而相应的投资比重分别为：44.1%、48.5%、51.9%、53.4%、55.0%、67.0%。如果投资比重的不断攀升确实是投资时滞越来越长所导致的话，就说明投资转化为资本的效率越来越差，经济增长的质量下降了。

二　对资本产出比的讨论

上节的讨论假定了资本产出比为常数，当投资形成资本的时滞增大时，需要有更高的投资比重转化为资本，以实现一定的产出。本节从另一个角度来考虑。如果投资时滞一样，但资本产出比发生了变化，考虑在何种变化情况下，会要求投资的比重增大。

资本产出比是资本与产出之比，是单位产出占用的资本数。其倒数为产出与资本之比，是单位资本的产出，即资本产出率。它与统计上的总资产贡献率相似，根据《中国统计年鉴》上的指标解释，总资产贡献率反映企业全部资产的获利能力，是企业经营业绩和管理水平的集中体现，是评价和考核企业盈利能力的核心指标。计算公式为：

$$总资产贡献率(\%) = \frac{利润总额 + 税金总额 + 利息支出}{平均资产总额} \times 100\%$$

公式中，税金总额为产品销售税金及附加与应缴增值税之和；平均资产总额为期初期末资产之和的算术平均值。

资本产出率是在微观上衡量企业资本产出效率的重要指标，越高越好。本文的资本产出比用于宏观分析，相当于微观上资本产出率的倒数，越低越好。假定投资时滞为1年，把公式（12）改写为 $\eta = \frac{\lambda}{(g+\delta)}$，根据2000~2009年的实际数据，测算各年的资本产出比，结果列于表2中。

表2 假定投资时滞为1年、折旧率为0.05时的各年的资本产出比

年 份	产出增长率 $g(\%)$	投资比重 $\lambda(\%)$	折旧率 δ	投资时滞	资本产出比 η
2000	8.4	33.2	0.05	1年	2.47
2001	8.3	33.9	0.05	1年	2.55
2002	9.1	36.1	0.05	1年	2.57
2003	10.0	40.9	0.05	1年	2.72
2004	10.1	44.1	0.05	1年	2.92
2005	10.4	48.5	0.05	1年	3.14
2006	11.6	51.9	0.05	1年	3.13
2007	13.0	53.4	0.05	1年	2.96
2008	9.6	55.0	0.05	1年	3.77
2009	8.7	67.0	0.05	1年	4.89

由表2结果可知，2000~2002年，投资比重在33%~37%，资本产出比大致在2.5~2.6。2003年以后，随着投资比重超过40%，且不断上升，资本产出比也随之上升，从2.72上升到4.89。如前所述，资本产出比的上

升意味着资本产出率下降，同样的资本投入，得到的产出却下降了。或者，在相同的产出下需要更多的资本投入。

资本产出比是资本与产出之比，如果在全部资本中，有一部分资本并未参与生产，而是处于闲置状态，但它却占分子的一部分，就使得资本产出比变大了。这部分闲置资本也就是过剩的产能。过剩产能可能来源于低水平重复建设，项目建成以后因需求不足，产品无销路，而不能投入生产。也有可能由于市场需求下降，原有的生产能力不能满负荷出力。不管是何种原因，只要存在着过剩产能或资本闲置，就说明经济增长的质量不好，过剩产能越多，资本产出比就越大，经济增长的质量就越差。

结　　论

近年来，我国的投资比重不断上升，反映出在我国的经济增长中投资起着重要的作用。然而，分析投资比重上升的起因，或者是投资时滞增大而引起，或者是资本产出比上升所引起。投资时滞增大反映了投资转化为资本的效率的下降，资本产出比上升反映了资本产出效率的下降。不管是由于其中哪一种原因，还是两种原因兼有，都反映了一个问题，即经济增长的质量下降了。这是需要相关部门认真对待的。

参考文献

［1］乔为国、潘必胜，2005，《我国经济增长中合理投资率的确定》，《中国软科学》第7期。

［2］丁雪松、韩锐，2007，《投资效率和投资率关系的实证研究》，《现代商贸工业》第10期。

［3］李建伟，2007，《投资率和消费率演变特征的国际比较》，《中国金融》第8期。

［4］刘煜辉、徐义国，2007，《中国投资率高低之争凸显微观与宏观的背离》，《中国金融》第1期。

［5］李同宁，2008，《中国投资率与投资效率的国际比较及启示》，《亚太经济》第2期。

中国经济周期波动的"大稳定时代"识别

林建浩 王美今

(中山大学岭南学院)

引 言

20 世纪 80 年代中期以来,美国主要宏观经济变量周期变动中的方差都呈现明显的下降趋势,这一时期被经济学界称为"大稳定时代(Great Moderation)"(Bernanke,2004)。Stock and Watson(2003)进一步发现,这种现象在其他 G7 经济体中都不同程度地存在,并认为这种波动变化是一种结构性或者状态转移性的变化。针对这种现象,甚至有学者认为经济周期已经变得不那么普遍、不那么严重、不那么重要,经济周期终结的时代已经来临(Weber,1997)。那么,对于中国而言,其经济周期演变进程也有属于自己的大稳定时代吗?

从纵向角度看,改革开放前,中国经济增长波动较大,其中三年困难时期以及"文革"初期更是出现了 GDP 总量急剧下降的情形,因此这是一种古典型周期现象。改革开放后,中国经济持续高增长,经济周期由古典型转变为增长型。与此同时,经济波动趋于平稳,尤其是 1990 年代中期以来,经济增长率峰谷间落差明显下降,为此刘树成(2000)较早地作出中国经济波动将从大起大落向微波化转变的判断。从横向比较角度看,刘树成和张晓晶(2007)比较 11 个持续高增长的发展中经济体,发现与其他 10 个经济体相比,中国经济增长率的位势较高,而变异系数最小;中国经济增长与宏观稳定课题组(2010)的研究也显示,与其他非 OECD 国家相比,中国宏观经济稳定的成就是最为突出的。

以上纵向和横向证据都初步支持一个判断——中国确实存在经济周期波动的"大稳定时代"。然而，学界对这个"大稳定时代"的起始时间却是众说纷纭，不同观点几乎涵盖了1990年代的初期、中期和后期，依据都是一些重要事件或者数据统计描述，并没有通过正规的计量模型进行统计推断。而要通过计量模型对"大稳定时代"进行识别，关键在于刻画经济增长率的方差行为特征。纵观现有对我国经济周期波动现象的模型研究，仍没有学者将之与"大稳定时代"的识别结合起来。那么，我国经济增长过程的方差行为究竟是存在一次性的结构突变还是周期性的状态转移呢？如果属于后者，对应于均值行为的分析，如何实现对方差状态转移行为的持续性与非对称性的刻画呢？可见，在研究我国经济周期的非线性动态结构时，识别经济增长过程是否存在方差的状态转移，从而识别"大稳定时代"这一重要现象应该成为必不可少的重要课题，这也对实证研究的模型设定提出了新的要求。

此外，2007年美国次贷危机开始席卷各主要经济体，进而演化成一场全球性金融危机，这使得"大稳定时代是否结束"成为学界中的焦点问题。我国在2008年下半年到2009年上半年期间出现经济增长率加速下滑的情形，这是否意味着中国经济周期"大稳定时代"的终结？另外，2008年下半年以来政府出台一揽子强力的财政与货币政策，对中国率先走出危机阴霾起到重要作用，但各界对后危机时代的经济增长仍存在各种担忧：其一，由于2009年下半年经济开始出现持续强劲复苏以及财政和货币刺激可能存在的滞后效应，各界开始担心中国经济增长出现过热，即呈现陡峭的"V"形反弹轨迹；其二，也有学者认为全球部分经济体复苏乏力的外部不确定性与国内刺激政策不具可持续性的内部不确定性的相互叠加，导致中国存在二次探底的风险，即呈现"W"形的走势。那么，经过2010年新的调控政策的出台，中国在后危机时代元年的经济周期究竟处于何种状态呢？

为回答上述问题，建立的模型必须符合两个基本要求：第一，刻画经济增长率方差的状态转移行为以实现对"大稳定时代"的识别；第二，刻画均值的状态转移以测定中国在后危机时代元年的经济周期阶段。

一　数据、模型与估计方法

（一）数据说明与统计描述

本文选取1979年第1季度～2010年第4季度的GDP增长率数据作为主

要的研究对象。其中，1992年以后的数据来自"国家统计数据库"网站。由于国家统计部门没有公布1992年以前的季度产出数据，我们无法从现有统计资料中直接获取季度增长率。针对这一数据限制，刘金全、刘志刚和于冬（2005），陈浪南、刘宏伟（2007）以及王成勇、艾春荣（2010）都是参考 Abeysinghe and Gulasekaran（2004）的方法，对1992年之前的GDP数据进行季节分解，本文借鉴相同的处理，最终形成了全样本季度GDP增长率数据。

为初步描述GDP增长率序列方差状态的演变，我们参考刘金全和刘志刚（2005）的方法，使用固定样本长度的滚动标准差来代表GDP增长率变化过程中的波动性。对于滚动窗口长度的选取，目前并没有明确的标准，我们遵循已有文献的做法，分别选取12个季度和16个季度，具体计算结果如图1所示。两种不同窗口长度的滚动标准差的轨迹较为相似，具有以下共同点：第一，显示GDP增长率的波动性变化是一种明显的多次出现的状态转换，而不是一次性的突变，这也要求模型设定必须能够体现方差的这一行为特征；第二，不同时期呈现不同的变化形态，包括"大起大落"、"缓起缓落"、"缓起大落"以及"大起缓落"等不对称性特征；第三，显示1990年代中期至2000年代中后期有一个较长的相对稳定期，预示着中国经济周期波动"大稳定时代"的存在。不同点在于，窗口长度为16季度的滚动标准差轨迹相比12季度，整体出现一定程度的上偏和右移，只是1985~1991年的波动性有所减弱。

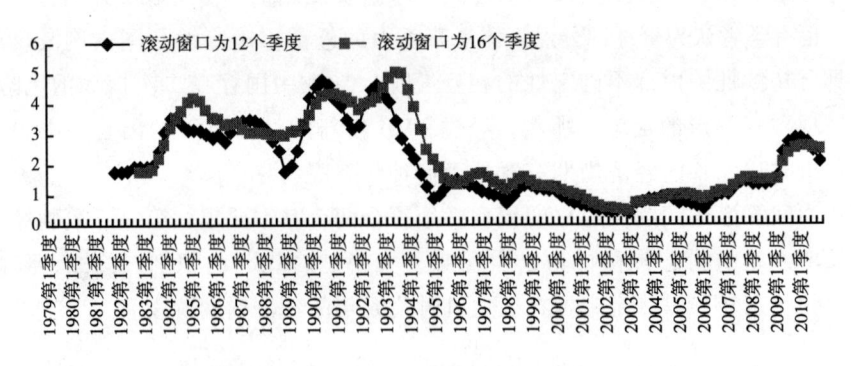

图1 中国1979年第1季度~2010年第4季度GDP增长率数据的滚动标准差

（二）模型设定与估计

图1滚动标准差轨迹为方差行为的模型设定提供了进一步依据，表明对

"大稳定时代"的识别以及对经济周期阶段的测定需要同时刻画均值和方差的状态转移特征。越来越多的学者开始致力于在传统的马尔可夫状态转移模型中进一步刻画变化的波动率(即方差状态转移)这一现象。其中,Bai and Wang(2010)设定外生状态变量来刻画方差变化,并基于此设定内生状态变量来刻画均值变化,由此建立起最新一代的条件马尔可夫状态转移模型,同时提出基于 EM 算法的估计过程。Bai and Wang(2010)还证明了 Kim and Nelson(1999)和 McConnell and Perez-Quiros(2000)的模型都是条件马尔可夫状态转移模型的特例,并对美国1947年第2季度至2006年第4季度的数据进行实证分析;该模型表现出极大的优越性,能够同时识别美国的"大稳定时代"以及测定经济周期阶段。这也为研究我国的相关问题提供了有效的分析工具。对于 GDP 增长率数据 $\{y_t\}_{t=1}^T$,假定其数据生成过程为

$$y_t = \mu(A_t, s_t) + \sigma(A_t)\varepsilon_t, \varepsilon_t \sim N(0,1) \tag{1}$$

$$Pr(A_{t+1} | A_t, s_t, A_{t-1}, s_{t-1}, \cdots, A_0, s_0) = Pr(A_{t+1} | A_t) \tag{2}$$

$$Pr(s_{t+1} | A_t, s_t, A_{t-1}, s_{t-1}, \cdots, A_0, s_0) = Pr(s_{t+1} | A_{t+1}, s_t) \tag{3}$$

其中,A_t 和 s_t 都是 ε_t 相互独立的不可观测的状态变量。A_t 用于刻画宏观经济变量长期波动的结构变化,称为方差状态变量,服从如(2)式的一阶平稳马尔可夫链,即 A_t 是用于预测 A_{t+1} 的一个 t 期全部 (A,s) 可得历史信息的充分统计量。s_t 则用于描述变量的短期周期变化,称为均值状态变量,服从如(3)式的一阶条件马尔可夫链,即 s_t 基于历史的方差状态才具有马尔可夫性质,其转换概率依赖于当前方差状态的实现值,也因此,Bai and Wang(2010)称 A_t 为外生状态(结构)变量,s_t 为内生状态(区制)变量[①]。

具体而言,本文设定存在两种方差状态 $\{A_H, A_L\}$,两种均值状态 $\{s_H, s_L\}$,H 代表高,L 代表低。记 $\sigma(A_i) = \sigma_i, \mu(A_i, s_j) = \mu_j^i, i, j = H, L$,方差状态变量 A_t 的转移矩阵为 P^A。给定 $A_t = \sigma_H^2$,则 t 时刻的均值状态是由转移矩阵 P^H 所掌控,相应的,在低波动状态下,均值状态是由 P^L 所

---

① Bai and Wang(2010)为区分外生状态与内生状态,还分别称之为外生结构(structure)与内生区制(regime),结构、状态与区制三个词本质上是同义的,只是本模型中结构特指方差状态,区制特指均值状态。

掌控。基于上述设定,经济周期是由 GDP 增长率的高均值与低均值之间的转移所刻画的,而波动率的长期变化可视为 σ_H^2 与 σ_L^2 之间的转移。此时,该模型可由三个转移概率矩阵和初始状态 (A_0, s_0) 的联合分布来刻画,即

$$P^A = \begin{pmatrix} p & 1-q \\ 1-p & q \end{pmatrix}, P^H = \begin{pmatrix} p_1 & 1-q_1 \\ 1-p_1 & q_1 \end{pmatrix},$$

$$P^L = \begin{pmatrix} p_2 & 1-q_2 \\ 1-p_2 & q_2 \end{pmatrix} \text{和} Pr(A_0, s_0)$$

以上是模型设定。待估参数集合 θ 包括 6 个均值与方差参数(μ_L^H, μ_H^H, μ_L^L, μ_H^L, σ_H^2, σ_L^2)以及 6 个转移概率参数(p_1, q_1, p_2, q_2, p, q)。Bai and Wang(2010)进一步证明联合状态 $Z_t = (A_t, s_t)$ 也是一阶马尔可夫过程,其转移矩阵记为 P^Z,$Pr(A_{t+1}, s_{t+1} | A_t, s_t) = Pr(s_{t+1} | A_{t+1}, s_t) \cdot Pr(A_{t+1} | A_t)$,其中 $Pr(s_{t+1} | A_{t+1}, s_t)$ 和 $Pr(A_{t+1} | A_t)$ 分别由 P^H、P^L 和 P^A 所给定。因此,$\{Z_t\}$ 也可视为一个具有 4 个状态和一个约束转移矩阵的 Hamilton(1989)马尔可夫过程,不过此时概率参数只有 6 个,而不是无约束时的 12 个。

记 $\tilde{X}_T = \{X_1, X_2, \cdots, X_T\}$,代表变量 X 全样本。那么,给定可观测时序数据 $\{y_t\}_{t=1}^T$,对数似然函数可记为:

$$\ln L(\theta; \tilde{y}_T) = \ln f(\tilde{y}_T | \theta) = \ln \sum_{Z_T} \cdots \sum_{Z_1} f(\tilde{y}_T, \tilde{Z}_T | \theta) \tag{4}$$

对于模型参数的估计,ML 估计通常没有显式解,需要用到 Newton-Raphson 或者 Gauss-Newton 等数值方法来得到参数估计值,但直接最大化(4)式中的 $\ln L(\theta; \tilde{y}_T)$ 会遇到两个难题:一是对数内部有求和号,直接的最大化很难收敛;二是在本文双方差状态与双均值状态下,需加总 4^T 项,这是巨大的计算负担。因此,Bai and Wang(2010)认为 A_t 和 s_t 都是不可观测的,可将其视为缺失数据,合并记为 $Z_t = (A_t, s_t)$,从而可以直观地利用 EM 算法进行模型的估计,具体的估计步骤可参阅该文的附录。EM 算法不是直接求出 MLE,而是确保可以收敛到 MLE,其基本思路是将一个复杂的似然函数极大化问题转化成一系列简单的极大化问题,而这一系列极大化的极限正是最初问题的结果。这需要在期望和最大化两个步骤之间不断迭代直到收敛准则得到满足。EM 算法一个最重要的性质就是似然函数会随着迭代

次数的增加而增大,这一点保证了 EM 算法的数值稳定性。而且,参数估计的稳健性可以通过尝试不同的初始值来检定。

二 模型参数估计结果

(一) 均值与方差参数估计

利用 EM 算法,估计过程经过 73 次迭代之后迅速收敛,获得最大对数似然值 -233.5714。参数估计结果如表 1 所示,无论是均值与方差参数,还是转移概率参数,都较为显著。其中,高波动结构的方差 $\hat{\sigma}_H^2 = 1.9588$,约为低波动时 $\hat{\sigma}_L^2 = 0.6268$ 的 3 倍,说明两种波动结构确实存在显著差异。对应于高波动时期,其高增长区制的均值为 $\hat{\mu}_H^H = 13.8836$,低增长区制均值为 $\hat{\mu}_L^H = 3.7683$;对应于低波动时期,其高增长区制的均值为 $\hat{\mu}_H^L = 10.6528$,低增长区制均值为 $\hat{\mu}_L^L = 8.2179$;$\hat{\mu}_H^H > \hat{\mu}_H^L > \hat{\mu}_L^L > \hat{\mu}_L^H$ 符合从高波动到低波动时期持续减小的经济增长率均值差距 (narrowing mean growth rate gap) 这一重要数据特征。

表 1 模型参数估计结果

μ_L^H	3.7683	p_1	1.0000
	(0.5188)		(0.1710)
μ_H^H	13.8836	q_1	1.0000
	(0.3383)		(0.1440)
μ_L^L	8.2179	p_2	0.8758
	(0.1409)		(0.0566)
μ_H^L	10.6528	q_2	0.8776
	(0.2199)		(0.0621)
σ_H^2	1.9588	p	0.8615
	(0.5307)		(0.0543)
σ_L^2	0.6268	q	0.9280
	(0.1503)		(0.0292)

注:括号中为标准误差。

特别需要指出的是,低波动时期的低增长均值 8.2179 与高增长均值 10.6528 与现有关于我国潜在经济增长率与适度经济增长区的研究结论十分接近。对于潜在经济增长率与适度经济增长区的测度,主要有趋势滤波法、生产函数法与和菲利普斯曲线法三种,王小鲁等(2003)以及林毅夫等(2003)使用的是生产函数法,刘树成等(2005)则利用趋势滤波法和菲利普斯曲线法做过测算。最新的研究来自中国社会科学院经济研究所宏观经济调控课题组(2010),他们使用的数据最长,涵盖1979~2009年,使用的方法最全面,包括上述三种,基本结果如表2所示。

表2 中国潜在经济增长率和适度经济增长区的估计结果

	潜在经济增长率	适度经济增长区	使用样本期	补充说明
趋势滤波法	9.87%	8%~12%	1979~2009年	样本期内GDP实际增长的年均递增速度9.78%
生产函数法	9.98%	8%~12%	1979~2008年	样本期内GDP实际增长的年均递增速度9.82%
菲利普斯曲线法	8.93%	8.15%~9.71%	1979~2009年	8.93%对应通货膨胀率为3%,8.15%~9.71%则对应1%~5%的通货膨胀率

注:本表根据中国社会科学院经济研究所宏观经济调控课题组(2010)研究结果整理而得。

宏观经济调控课题组指出,若经济增长率过高,如高于11%,就容易引发严重的通货膨胀,产生高能耗、高物耗、高污染等严重问题;若经济增长率过低,如低于8%,也会给城乡就业等带来巨大压力。因此,将经济增长保持在潜在经济增长率和适度经济增长区是实施宏观调控的重要目标。比较两项研究,本文GDP增长率低波动时期的低增长均值与高增长均值构成的区间8.22%~10.65%,都落在趋势滤波法以及生产函数法估算的适度经济增长区内,而高增长均值高于菲利普斯曲线法的上界约1个百分点。总体而言,我们可以得到一个结论:中国经济周期波动越是处于低波动时期,经济增长就越是处于一个适度经济增长时期。这也意味着保持中国经济周期波动始终处于低波动状态,应该成为宏观调控重要的中间目标。

(二)转移概率参数估计

对于转移概率矩阵的估计,根据表1的结果可知,方差结构之间的转移概率矩阵为 $P^A = \begin{pmatrix} p & 1-q \\ 1-p & q \end{pmatrix} = \begin{pmatrix} 0.8615 & 0.0720 \\ 0.1385 & 0.9280 \end{pmatrix}$,即当经济进入高波

动结构（$A_t = \sigma_H^2$）后，其自身的维持概率为 0.8615，而当进入低波动结构（$A_t = \sigma_L^2$）时具有更高的自维持概率 0.9280；从高波动向低波动转换的概率为 0.1385，而从低波动向高波动转移的概率仅为 0.0720。这些结果表明：第一，自维持概率高于转移概率，意味着方差结构的稳定性高于其变动性；第二，处于高波动结构和低波动结构的平均持续时间分别为 7.2 个季度和 13.8 个季度；第三，由于从低波动转移到高波动的概率小于从高波动转移到低波动的概率，同时处于低波动的平均持续时间远高于高波动，因此可以判断中国经济周期波动状态以低波动结构为主，至于具体时间段的分布将在图 2 中得到体现。

接下来考察均值行为的区制转移现象。基于高波动结构，低增长和高增长区制的概率转移矩阵为 $P^H = \begin{pmatrix} p_1 & 1-q_1 \\ 1-p_1 & q_1 \end{pmatrix} = \begin{pmatrix} 1 & 0 \\ 0 & 1 \end{pmatrix}$，两个区制的自维持概率都为 1，说明这两个区制本身都具有很强的稳定性，不会发生区制间的相互转移，我国改革开放以来仍未发生从最高均值 μ_H^H 到最低均值 μ_L^H 这种最为剧烈的区制转移。而在低波动结构，其低增长和高增长区制的概率转移矩阵为 $P^L = \begin{pmatrix} p_2 & 1-q_2 \\ 1-p_2 & q_2 \end{pmatrix} = \begin{pmatrix} 0.8758 & 0.1224 \\ 0.1242 & 0.8776 \end{pmatrix}$，低增长和高增长的自维持概率分别是 0.8758 和 0.8776，意味着两个区制有着相似的平均维持时间，也有着接近的相互转移概率，形成一种均势格局。

对于联合状态的转移概率矩阵而言，P^Z 的估计值如表 3 所示，其状态依序为"高方差-低均值"、"高方差-高均值"、"低方差-低均值"以及"低方差-高均值"。有如下几个发现：

第一，虽然高方差结构下的均值状态之间不会出现转移现象，但高方差与低方差之间以及低方差内部的均值状态均存在不同程度的转移现象。其中"高方差-低均值"向"低方差-低均值"和"低方差-高均值"转移的概率分别为 0.1213 和 0.0172，而"低方差-低均值"向"高方差-低均值"和"高方差-高均值"转移的概率分别为 0.0720 和 0.0000，这说明即使在不同方差结构中，低均值之间具有更高的转移概率。同样的现象，也出现在不同方差结构下的高均值区制之间。

第二，对于宏观政策制定者而言，其最希望出现的状态是"低方差-高均值"，此时的均值估计值为 10.6528，其自维持概率为 0.8144，相应的平均维持时间是5.4个季度；向其他状态转移的概率如最后一列所示，其他状态向该状态转移的概率如最后一行所示，都较低。

第三，以状态之间的均值落差度量转移的剧烈程度，可以分为如表4所示的六个级别。级别从高到低，则转移方向发生从无到有、从单向到双向的变化，转移概率则是从小到大的变化，这也说明改革开放以来，我国经济周期变化较少出现极端剧烈的区制转移。

表3 联合状态的概率转移矩阵估计值

	"高方差－低均值"	"高方差－高均值"	"低方差－低均值"	"低方差－高均值"
"高方差－低均值"	0.8615	0.0000	0.0720	0.0000
"高方差－高均值"	0.0000	0.8615	0.0000	0.0720
"低方差－低均值"	0.1213	0.0170	0.8127	0.1136
"低方差－高均值"	0.0172	0.1215	0.1153	0.8144

注：每列各项之和分别为1。

表4 以均值落差度量转移的剧烈程度分级

	均值落差	相关状态	转移方向	转移概率
第一级别	10.1153	"高方差－低均值"与"高方差－高均值"	无	0.0000
第二级别	6.8173	"高方差－低均值"与"低方差－高均值"	单向转移，从"高方差－低均值"到"低方差－高均值"	0.0172
第三级别	5.6657	"高方差－高均值"与"低方差－低均值"	单向转移，从"高方差－高均值"到"低方差－低均值"	0.0170
第四级别	4.4496	"高方差－低均值"与"低方差－低均值"	双向转移	0.1213与0.0720
第五级别	3.2308	"高方差－高均值"与"低方差－高均值"	双向转移	0.1215与0.0720
第六级别	2.4349	"低方差－低均值"与"低方差－高均值"	双向转移	0.1153与0.1136

三 "大稳定时代"识别与经济周期阶段测定

（一）"大稳定时代"的识别

在模型参数估计的基础上，我们可以获得状态变量在样本区间内离散取值的滤波概率与平滑概率，这些概率可作为经济周期分阶段的拐点识别依

宏观经济增长与发展

据。一般而言，对于状态变量在 t 时刻具体状态判断包括基于不同信息集的不同概率，其中，滤波概率（filtering probability）基于过去和现在的所有信息 I_t，平滑概率（smoothing probability）则是基于全样本信息 I_T。图 2 是各个样本点的低均值和高方差的滤波概率和平滑概率，其中高方差滤波和平滑概率为 $\Pr(A_t = H|I_t)$ 和 $\Pr(A_t = H|I_T)$；而低均值的滤波概率计算则是分别基于高方差和低方差的低均值的概率之和，即 $\Pr(s_t = L|I_t) = \Pr(A_t = H, s_t = L|I_t) + \Pr(A_t = L, s_t = L|I_t)$，相应的平滑概率为 $\Pr(s_t = L|I_T)$。

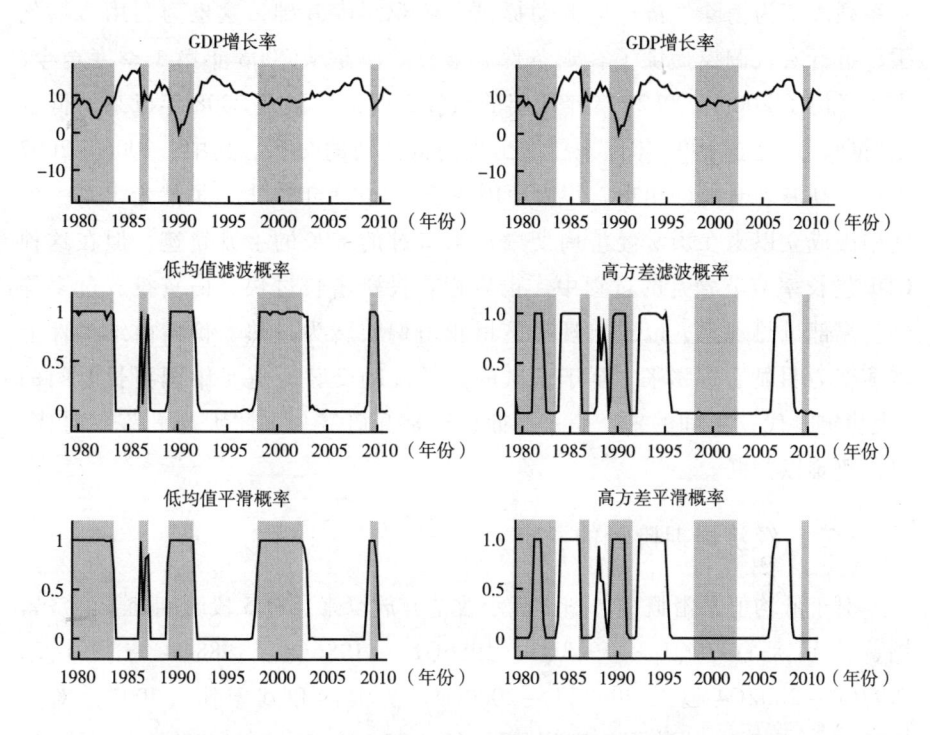

图 2　1979 年第 1 季度～2010 年第 4 季度的滤波概率与平滑概率轨迹

可以看出，中国经济周期波动的方差结构变化可以分为三个阶段：第一阶段是 1979 年第 1 季度到 1994 年第 4 季度，高波动与低波动的交替相对剧烈且频繁。这一时期中国改革的重点在于增量改革和微观经营机制改革，宏观调控以行政手段和直接的数量控制为主，重大改革措施的出台同时引起了剧烈的经济波动，可见经济周期的"大起大落"与中国经济改革进程的循环往复是紧密相关的。林毅夫等（1999）将其概括为"一活就乱、一乱就收、一收就死、一死就放"的"活乱循环"。第二阶段则是从 1995 年第 1

季度到 2005 年第 4 季度，中国进入适度高位平滑化波动阶段。正如引言所述，学界对于中国经济周期波动的这一重要现象已多有述及，对其起始时间更是充满争议，本文通过条件马尔可夫模型对此进行了首次正式的识别：我国进入以微波化为主要特征的"大稳定时代"的起始时间是 1995 年第 4 季度。这一"大稳定时代"的形成也有着相应的经济改革背景，1992 年邓小平南方谈话和十四大召开为经济发展注入了新的发展动力，也对市场化改革给予了纲领性的政策支持，而随后包括财税、外汇、金融、国企等领域一系列改革为消除经济过度波动提供了微观制度基础，这也为利用市场化手段进行宏观调控提供了客观条件。第三阶段是从 2006 年第 1 季度至今，中国经历了 2006 年和 2007 年两年的高波动时期，以及 2008 年以来的低波动时期，这是自 1995 年以来首次出现高低波动的交替。其中，2006~2007 年这一高波动时期的出现，很大原因在于自 2003 年以来，虽然走出了一条新中国成立以来在历次经济周期中从未有过的最长的上升轨迹，但在这种 GDP 增长率节节攀升的过程中，也累积着投资增长过快、信贷投放过多等经济局部过热现象，以致出现经济增长由偏快转为过热、价格由结构性上涨演变为明显通货膨胀。至于这次的高低波动交替究竟是中国更长时间的"大稳定时代"中间的一个简短插曲，还是开启又一个"大起大落"时代，目前仍难以判断。

（二）经济周期阶段的测定

对于低均值平滑概率，图 2 显示改革开放以来，有 5 段时期处于经济紧缩，分别是 1979Q1~1983Q3、1986Q1~1986Q4、1988Q4~1991Q2、1997Q4~2002Q4 以及 2009Q1~2009Q4。陈浪南和刘宏伟（2007）对于 1979Q1~2007Q4 的数据，则识别出 1980Q4~1981Q2、1988Q3~1990Q1、1997Q3~1997Q4、2001Q2~2001Q4 等四个低速增长时期，以及 1986Q3、1999Q2 两个低速单季。王成勇和艾春荣（2010）利用两机制的 LSTAR 模型识别出 1979Q1~2009Q3 期间的紧缩阶段为 1980Q1~1982Q2、1989Q2~1991Q1、1997Q3~2003Q1、2008Q4~2009Q3，而只有通过四机制模型，才能识别出 1986Q3~1987Q2 这一短期的衰退阶段。与这些已有研究相比，本文估计结果对于紧缩时期的识别较为全面，既能识别出 1997Q4~2002Q4 这种持续时间较长的紧缩阶段，也能识别出 1986Q1~1986Q4 这种短期紧缩。而且，刘树成等（2005）以及陈佳贵和李扬（2010）确认的改革开放以来 5

轮经济周期的波谷都分别处于本文的 5 个经济紧缩区制内①。

进一步比较，本文对于改革初期 1979Q1 ~ 1983Q3 以及政治风波时期 1988Q4 ~ 1991Q2 的识别，持续时间分别长于陈浪南和刘宏伟（2007）的 1980Q4 ~ 1981Q2 和 1988Q3 ~ 1990Q1 以及王成勇和艾春荣（2010）的 1980Q1 ~ 1982Q2，1989Q2 ~ 1991Q1。原因在于图 2 的计算包括了高方差和低方差两种结构下的低均值区制，进一步区分这两种低均值区制，可以发现：对于 1979Q1 ~ 1983Q3 而言，包含 1979Q1 ~ 1980Q4 和 1982Q2 ~ 1983Q2 这两段"低方差、低均值"时期，也包含着 1981Q1 ~ 1981Q4 这一段"高方差、低均值"时期；对于 1988Q4 ~ 1991Q2 而言，其中 1988Q4 以及 1990Q4 ~ 1991Q2 属于低方差结构下的低均值，而 1989Q1 ~ 1990Q3 属于高方差结构下的低均值。可见，高方差下的低均值与另外两项研究的结果较为接近，这也说明越是高波动下的紧缩时期，越容易被各种非线性时序模型所识别。

（三）金融危机的影响与后危机时代的周期状态

我们还采用条件马尔可夫模型分析美国 1947 年以来的季节 GDP 增长率数据，发现受金融危机影响，美国于 2007 年第 3 季度进入"低方差 - 低均值"区制，并于 2008 年第 3 季度进入了"高方差 - 低均值"区制，也即发生了从低方差到高方差的结构转移，这支持了美国自 1984 年以来的"大稳定时代"终结（中断）的观点。反观金融危机对中国的影响，我们发现了与美国不同的情形。首先，上已述及，中国确实也出现了"大稳定时代"终结（中断）的情况，但这不是在金融危机的影响之下发生的，而是 2006 ~ 2007 年中国特有的经济周期波动轨迹。其次，金融危机对我国的影响要滞后于美国 4 ~ 5 个季度，这符合这场危机从一场国别性的次贷危机向全球性金融危机演变这一特征。此外，金融危机对美国的影响呈现一种从"低方差 - 高均值"到"低方差 - 低均值"区制再到"高方差 - 低均值"区制逐级递增的态势，中国则是从"高方差 - 高均值"转入"低方差 - 低均值"区制，并未再度转入高波动结构。

由于我国及时采取了积极的财政政策和适度宽松的货币政策，实施了"一揽子计划"，金融危机并没有对我国经济增长产生更为持续的影响，而

---

① 刘树成等（2005）以及陈佳贵、李扬（2010）利用波谷划分方法，认为改革开放以来中国存在 5 轮经济周期，其波谷分别为 1981 年、1986 年、1990 年、1999 年以及 2009 年。

是经历短暂一年的紧缩期后迅速复苏，并于 2010 年第 1 季度再次进入"低方差 – 高均值"的最优状态且持续到年终。换言之，中国经济在后危机时代元年既没有出现陡峭"V"形反弹轨迹的过热情形（对应本文的"高方差 – 高均值"区制），也没有出现"W"形走势的二次探底（对应本文的"低方差 – 低均值"或"高方差 – 低均值"）。

结论与启示

本文应用条件马尔可夫转移模型对我国 1979Q1 ~ 2010Q4 的 GDP 增长率数据进行实证分析，研究结果显示，我国经济增长的波动以 1995 年第 4 季度为界，从高波动与低波动交替出现的大起大落阶段，进入以微波化为主要特征的"大稳定时代"；而 2006 年和 2008 年分别出现"从低到高"和"从高到低"的方差结构转移，这究竟是"大稳定时代"的插曲还是终结，目前仍难以判断。

此外，基于对均值区制的考察，我们得到有关我国的经济周期现象的一些新证据。第一，本文估计得到 GDP 增长率低波动时期的低均值与高均值构成的区间为 8.22% ~ 10.69%，这与中国社会科学院经济研究所宏观经济调控课题组（2010）关于我国适度经济增长区的研究结论十分接近。这说明中国经济周期波动越是处于低波动时期，经济增长越是处于一个适度增长时期，保持中国经济周期波动始终处于低波动状态，应该成为宏观调控重要的中间目标。第二，本文以状态之间的均值落差度量转移的剧烈程度，可以分为六个级别的转移。级别从高到低，转移方向则发生从无到有，从单向到双向的变化，这也说明改革开放以来，我国经济周期变化较少出现极端剧烈的区制转移。第三，通过对状态变量处于低均值的概率计算发现，改革开放以来经济紧缩期分别是 1979Q1 ~ 1983Q3、1986Q1 ~ 1986Q4、1988Q4 ~ 1991Q2、1997Q4 ~ 2002Q4 以及 2009Q1 ~ 2009Q4。刘树成等（2005）以及陈佳贵和李扬（2010）确认的改革开放以来 5 轮经济周期的波谷都分别处于本文的 5 个经济紧缩区制内，本文模型对经济周期的阶段性具有较好的识别效果。

对于金融危机的影响，本文发现 2008 年我国经济增长率开始出现回落，并于 2009 年进入低增长区制，但我国及时采取了积极的财政政策和适度宽松的货币政策，实施了"一揽子计划"，使得经济从高波动结构转移至低波动结构，总体而言，2008~2009年我国经济运行仍处于8%~12%的适度经济增长区间。2010年以来，我国经济增长率出现回升，于2010年第1季度再次进入"低波动-高均值"的最优状态，后危机时代元年并未出现过热或二次探底等过度波动情形。

参考文献

[1] 陈佳贵、李扬主编，2010，《中国经济前景分析：2010年春季报告》，社会科学文献出版社。

[2] 陈浪南、刘宏伟，2007，《我国经济周期波动的非对称性和持续性研究》，《经济研究》第4期。

[3] 林毅夫、蔡昉、李周，1999，《中国的奇迹：发展战略与经济改革》（增订版），上海三联出版社、上海人民出版社。

[4] 林毅夫、郭国栋、李莉、孙希芳、王海琛，2003，《中国经济的长期增长与展望》，北京大学中国经济研究中心讨论稿。

[5] 刘金全、刘志刚，2005，《我国经济周期波动中实际产出波动性的动态模式与成因分析》，《经济研究》第3期。

[6] 刘金全、刘志刚、于冬，2005，《我国经济周期波动性与阶段性之间关联的非对称性检验——Plucking模型对中国经济的实证研究》，《统计研究》第8期。

[7] 刘树成，2000，《论中国经济增长与波动的新态势》，《中国社会科学》第1期。

[8] 刘树成、张晓晶、张平，2005，《实现经济周期波动在适度高位的平滑化》，《经济研究》第11期。

[9] 刘树成、张晓晶，2007，《中国经济持续高增长的特点和地区间经济差异的缩小》，《经济研究》第10期。

[10] 王成勇、艾春荣，2010，《中国经济周期阶段的非线性平滑转换》，《经济研究》第3期。

[11] 王小鲁、樊纲，2003，《中国经济增长的可持续性》，经济科学出版社。

[12] 中国经济增长与宏观稳定课题组，2010，《后危机时代的中国宏观调控》，《经济研究》第11期。

[13] 中国社会科学院经济研究所宏观经济调控课题组，2010，《宏观调控目标的"十一五"分析与"十二五"展望》，《经济研究》第2期。

[14] Abeysinghe, T. and R. Gulasekaran, 2004, "Quarterly Real GDP Estimates for China and ASEAN4 with a Forecast Evaluation", *Journal of Forecasting*, 23, 431–447.

[15] Bai Jushan and Wang Peng, 2010, "Conditional Markov Chain and Its Application in Economic Time Series Analysis", *Journal of Applied Econometrics*, forthcoming.

[16] Bernanke B., 2004, "The Great Moderation", Meetings of the Eastern Economic Association, Washington, DC.

[17] Hamilton, J. D., 1989, "A New Approach to the Economic Analysis of Nonstationary Time Series and the Business Cycle", *Econometrica*, 57, 357–384.

[18] Kim, C. J. and C. Nelson, 1999, "Has the U. S. Economy Become More Stable? A Bayesian Approach Based on a Markov-switching Model of the Business Cycle", *Review of Economics and Statistics*, 81, 608–616.

[19] McConnell, M. and G. Perez-Quiros, 2000, "Output Fluctuations in the United States: What Has Changed Since the Early 1980s?", *American Economic Review*, 90, 1464–1476.

[20] Stock, J. H. and M. W. Watson, 2003, "Has the Business Cycle Changed? Evidence and Explanations", woking paper.

[21] Weber, S., 1997, "The End of the Business Cycle?", *Foreign Affairs*, 76, 65–82.

自然垄断产业放松规制对经济增长的影响研究[*]

范合君　王文举

（首都经济贸易大学）

引　言

　　电力、电信、民航、铁路、邮政、石油、燃气、自来水、公交等自然垄断产业是国民经济的"基础设施"，在国民经济中处于不可替代的地位。这些产业的产出是国民经济其他产业的投入，对国民经济的发展起着重要的支撑作用。2007年，我国电力、热力、石油、天然气、交通运输等多个垄断产业的感应系数都大于1，其中电力、热力的生产与供应业的感应系数更是高达6.767，表明垄断产业在国民经济中的支撑作用十分明显。因此垄断产业经营效率的高低、产品或服务数量的盈缺、质量的好坏、价格的高低直接决定一国经济的发展态势与发展潜力。目前，垄断产业已经制约了我国经济领域活力的进一步释放，成为制约经济发展方式转变的障碍。因此，推进并深化垄断产业改革势在必行，刻不容缓。加快推进垄断产业改革，不仅有助于促进垄断产业自身的发展，而且有助于推动国民经济的全面增长。

　　垄断产业改革的重要方向是放松规制（戚聿东、范合君，2009）。放松规制意味着放松或者取消诸多规制条款，让市场机制在更多的领域发挥资源配置的基础作用。20世纪70年代末期以来，美国、英国等成熟市场经济国家在电信、电力、铁路、民航、石油及天然气输送、煤气、自来水等垄断产

---

[*] 本文是北京市教委科研计划立项项目"大部制下中国垄断产业规制体系构建与机制设计研究"、北京市高等学校人才强教深化计划高层次人才资助项目（PHR20100513）和北京市优秀博士学位论文指导教师人文社科项目（YB 20091003801）的研究成果。

业的规制出现了放松的趋势。在美国、英国的带领下其他国家争相效仿，各国政府纷纷对本国垄断产业与公用事业放松规制，引入竞争。OECD通过构建规制指数来评价OECD主要国家对民航、电信、电力、天然气、邮政、铁路以及公路等七个主要垄断产业的规制程度。研究发现1978~2007年的30年间，OECD主要国家的规制指数由5.12下降到2007年的2.08[①]。放松规制改革使得传统垄断产业焕发了生机活力，成为社会经济发展和技术进步的重要引擎。在过去的20多年里，美国GDP增长率比欧洲许多国家都要高得多。例如，20世纪90年代后期，美国GDP的增长率达到4.3%，而同期欧洲大陆几个国家（德国、意大利、法国）GDP的增长率只有2%[②]。一般认为，产生这样差异的原因在于美国采取了更放松、更自由的规制政策，而欧洲各国采取了较为严格的规制政策。垄断产业放松规制后将有更多的企业进入，从而使企业处于竞争更加激烈的环境中，这有利于降低成本，提高生产效率。Nickell（1996）发现企业之间的竞争对企业生产率的增长有正的影响。Lipschitz等（1989）利用模拟方法发现放松规制使德国GDP的增长率每年提高0.3个百分点。Van Sinderen等（1994）利用模拟方法发现放松规制使荷兰GDP的增长率每年提高0.5个百分点。OECD在1997年利用效率收益的特定产业评估，结合投入产出集合和一个包含互联宏观模型的动态模拟方法，对美国、日本、德国、法国、英国、荷兰、西班牙以及瑞典进行检验，发现放松规制后劳动生产率与GDP都得到了提高[③]。以美国为例，美国民航从20世纪70年代末开始放松规制，通过20年的实践，美国航空机票价格总体下降了33%，全行业的全要素生产率（FTP）提高了15%，安全系数也得到了很大提高，服务质量也明显改进（白让让，2006）。

相反，严格的规制会抑制企业的投资与创新，最终导致经济增长的缓慢。Bassanini and Ernst（2002）发现规制对企业的研发有负向作用。

[①] Conway, P., V. Janod, and G. Nicoletti详细描述了规制指数的定义及计算方法。规制指数的范围在0到6之间，规制指数越大表示规制越严格。

[②] 摘自《世界经济年鉴（2004/2005年卷）》，经济科学出版社，2005。

[③] 报告利用模拟方法研究了美国、日本、德国、法国、英国、荷兰、西班牙、瑞典等8个OECD国家在电力、电信、航空客运、公路货运、零售业的放松规制改革对各国的长期（15~20年）GDP的潜在益处。其中，美国为0.9%、日本为5.6%、德国为4.9%、法国为4.8%、英国为3.5%、荷兰为3.5%、西班牙为5.6%、瑞典为3.1%。详见OECD, 1997, *The OECD Report on Regulatory Reform*。

Nicoletti and Scarpetta（2003）研究发现产品市场的严格规制降低了 OECD 国家的全要素生产率，而全要素生产率恰恰是经济增长的重要源泉。Djankov 等（2002）通过对比 85 个发展中国家与发达国家创建企业的容易程度，发现规制不利于企业家的出现与成长，而这恰恰是国家增长的重要因素之一。另外，自然垄断产业产品供给不足、价格连续大幅度上涨，都会致使相关产业的发展受阻。例如，安徽蚌埠市供电部门的垄断价格高，安徽蚌埠市化工厂就大受其害。供电部门从发电企业以每千瓦 0.25 元的价格购电，然后以每千瓦 0.5 元的价格卖给化工企业，使得烧碱行业的电费成本大大增加，占到了总成本的 70%，企业每生产一吨烧碱就要亏损 500 元。如果企业自己发电，则每吨烧碱可降低成本 500 元，不少企业就可以立即扭亏为盈（王佐军，2004）。世界银行的企业调查也发现，由于电力、电信、自来水等基础设施服务的短缺，全世界企业的产量减少了 3.8%，其中中低收入国家的产量减少了 7.5%[①]。同样，近期的一项研究报告发现，20 世纪 90 年代拉美地区由于缺少基础设施投资，其长期增长率下降了 1~3 个百分点[②]。

根据世界银行（1994）的一项保守的估算，20 世纪 90 年代中国每年因交通基础设施不足而增加的成本大约相当于 GNP 的 1%。同样，2004 年我国电力供应发生了严重短缺，有 24 个省（自治区、直辖市）拉闸限电，高峰时段电力供需缺口达二千万至三千万千瓦。据估计，这些电力缺口使当年 GDP 缩水 3054 亿元人民币（范合君，2008）。

本文建立两部门模型分析放松规制对经济增长的作用机制，并利用 OECD 主要国家的面板数据进行实证检验。本文余下部分是这样安排的：第一部分、第二部分建立了两部门模型，分析放松规制对经济增长的影响机制，第三部分利用 OECD 国家的面板数据进行了验证，最后是结论与政策建议。

一 模型假设与求解

（一）模型假设

第一，一国有两个部门：部门 1 与部门 2。其中部门 1 是提供基础设施服务的部门（例如电力产业），部门 2 是生产消费产品的部门（例如生产食

---

① 详见 http://www.doingbusiness.org/MethodologySurveys/infrastructure.aspx。
② 详见 http://www.worldbank.org.cn/Chinese/Content/IB-infr.htm。

品、日用品的部门）。部门 1 是上游产业，部门 2 是下游产业，即部门 1 的产出是部门 2 的投入，如图 1 所示。为了简化分析，我们假设部门 1 每一个单位产出作为部门 2 的投入可以生产出 1 单位部门 2 的产品。

图 1 两部门模型

第二，部门 1 只有一个垄断厂商，只生产 1 种产品。部门 2 存在 n 个不同但是又相近的企业，每个企业生产一种产品。

第三，消费者只消费部门 2 生产的产品，效用函数采用 Dixit and Stiglitz (1977) 模型的形式，即 $u(q_1, q_2, \cdots, q_n) = (\sum_{j=1}^{n} q_j^\alpha)^{\frac{1}{\alpha}}$。其中 q_i 是部门 2 第 i 种产品的消费量。其中 α 代表不同产品之间的替代弹性。

第四，部门 2 各种商品的价格为 $p_2^i \geq 0$，$i = 1, 2, \cdots, n$，消费者的收入为 m。

（二）模型求解

1. 消费者行为选择

消费者是在收入一定的情况下最大化自己的效用。即

$$\max_{q_1, q_2, \cdots, q_n} u(q_1, q_2, \cdots, q_n) = (\sum_{j=1}^{n} q_j^\alpha)^{\frac{1}{\alpha}} \tag{1}$$

$$s.t. \quad \sum_{j}^{n} p_2^i q_i = m \tag{2}$$

通过求解，我们可以得到

$$p_2^i = \frac{\partial u}{\partial q_i} = q_i^{\alpha-1} (\sum_{j=1}^{n} q_j^\alpha)^{(\frac{1}{\alpha})-1}$$

那么部门 2 内第 i 个企业的需求函数为 $D(p_2^i) = q_i = k(p_2^i)^{\frac{-1}{1-\alpha}}$，其中

$$k = \left(\frac{\sum_{j=1}^{n} q_j^\alpha}{m}\right)^{\frac{1}{\alpha-1}}$$

2. 部门 2 中企业 i 行为选择

假设部门 2 中企业 i 的成本为 c_i，则部门 2 中企业 i 的目标是最大化自己的利润

$$\max_{p_i} \pi = (p_2^i - c_i) D(p_2^i) - F = (p_2^i - c_i) k (p_2^i)^{\frac{-1}{1-\alpha}} - F \tag{3}$$

一阶条件（FOC）为

$$p_i = \frac{c_i}{\alpha} \tag{4}$$

部门 2 企业 i 的产出为

$$q_i = k\left(\frac{c_i}{\alpha}\right)^{\frac{-1}{(1-\alpha)}} \tag{5}$$

3. 部门 1 行为选择

部门 1 的目标是最大化自己的利润

$$\max_{p_1^i} \pi = \sum_{i=1}^{n} (p_1^i - c_0) D_i(p_1^i) - F \tag{6}$$

其中 p_1^i 是部门 1 向部门 2 第 i 个企业索要的价格，c_0 为部门 1 的边际成本。

一阶条件（FOC）为

$$p_1^i = \frac{c_0}{1 - \frac{1}{\varepsilon_i}} \tag{7}$$

其中 ε_i 为部门 2 第 i 个企业对部门 1 产品的需求价格弹性。

4. 社会总产出

由于部门 1 的产出是部门 2 中企业 i 的投入，因此部门 2 中企业 i 的成本是部门 1 的价格即 $c_i = p_1^i$。

因此部门 2 中企业 i 的产出为 $q_i = k\left(\dfrac{c_0}{\alpha - \dfrac{\alpha}{\varepsilon_i}}\right)^{\frac{-1}{(1-\alpha)}} = k^*(c_0)^{\frac{-1}{(1-\alpha)}}$，其中 $k^* = k\left(\alpha - \dfrac{\alpha}{\varepsilon_i}\right)^{\frac{1}{(1-\alpha)}}$ 是一个常数。

考虑到部门 2 中各产业之间的对称性，得到

$$q_1 = q_2 = \cdots = q_n = k^*(c_0)^{\frac{-1}{(1-\alpha)}}$$

部门 2 的总产出为

$$Q_2 = \sum_{j=1}^{n} q_i = nk^*(c_0)^{\frac{-1}{(1-\alpha)}}$$

由于部门 1 与部门 2 各产业之间的投入产出比是 1∶1。因此，部门 1 的总产出为 $Q_1 = Q_2 = k^*(c_0)^{\frac{-1}{1-\alpha}}$。

最终得到社会总产出为

$$Q = Q_1 + Q_2 = 2nk^*(c_0)^{\frac{-1}{1-\alpha}} \tag{8}$$

二 模型分析

（一）放松规制对经济增长的影响

首先，对成本 c_0 进行比较静态分析，发现

$$\frac{\partial Q}{\partial c_0} = 2n \frac{-k^*}{1-\alpha}(c_0)^{\frac{\alpha-2}{1-\alpha}} < 0 \tag{9}$$

由于放松规制能够降低垄断企业的成本（范合君，2008），由此得到命题 1。

命题 1 自然垄断产业的放松规制改革能够促进经济增长。

垄断产业放松规制后，随着竞争的引入，基础设施等垄断企业开始提高效率，降低产品成本，从而降低下游部门的投入成本，进而降低下游部门生产的最终产品的价格。而产品价格的降低会增加产品的需求，最终会导致最终产品的供给增加，实现经济增长。以美国为例，美国在 20 世纪 90 年代对垄断产业消除了进入限制和退出限制，并放开了价格规制，由市场来决定价格。美国从这些改革中所获得的综合收益异常巨大，每年可高达 350 亿 ~ 460 亿美元（以 1990 年美元价格计算）（Winston，1993）。

对 c_0 求二阶导数得到

$$\frac{\partial^2 Q}{\partial c_0^2} = 2n \frac{-k^*(\alpha-2)}{(1-\alpha)^2}(c_0)^{\frac{2\alpha-3}{1-\alpha}} > 0 \tag{10}$$

由于 $\frac{\partial Q}{\partial c_0} < 0$；$\frac{\partial^2 Q}{\partial c_0^2} > 0$，可以得到命题 2。

命题 2 自然垄断产业的放松规制改革对经济增长的促进作用是递增的。

这与 Alesina、Ardagna、Nicoletti、Schiantarelli（2005）的发现一致。他们研究了放松规制对被规制产业投资的影响，发现放松规制会导致投资增

加,并且这种影响是递增的,即严格规制的小规模放松规制对投资的影响有限,随着放松规制程度的增加,投资规模迅速增加。

(二) 垄断产业的基础性地位的影响

下面研究垄断产业的基础性地位与放松规制、经济增长的关系。由上述分析知道,n 代表部门 1 在国民经济中的重要性。n 越大表示部门 1 对其他部门的影响也越大。通过比较静态分析,发现

$$\frac{\partial}{\partial n}\left(\frac{dQ}{dc_0}\right) = 2\frac{-k^*}{1-\alpha}(c_0)^{\frac{\alpha-2}{1-\alpha}} < 0 \tag{11}$$

得到命题 3。

命题 3 垄断产业的基础地位越重要,与其他产业的关系越紧密,放松规制对经济增长的贡献越大。

事实上,垄断型基础设施产业的地位越重要,与其他产业的关系越紧密,那么垄断产业放松规制后,随着垄断产业成本的降低,其他产业也都会间接受益,最终会对整个国民经济增长作出贡献,即产生了乘数效应。

三 实证分析

下面利用 30 个 OECD 国家 1975~2005 年的面板数据进行实证研究,分析放松规制对经济增长的作用。回归模型如下

$$\ln GDP_{i,t} = c + \ln K_{i,t} + \ln L_{i,t} + Regulation_{i,t} \tag{12}$$

其中 GDP 是各国国内生产总值,K 是资本存量,L 是劳动量,Regulation 是规制指数,i 分别代表 OECD30 个国家,t = 1975,1980,1985,1990,1995,2000,2005。GDP 与 L 来源于 OECD 统计数据库,K 来源于世界银行经济指标数据库,Regulation 来源于 OECD 规制数据库 (Indicators of Product Market Regulation Database)。

为了便于比较分析,分别采用混合 OLS 方法、固定效应方法、随机效应方法进行回归分析,回归结果如表 1 所示。

根据 Hausman 检验,得知固定效应模型比较合适。因此我们选择固定效应模型。事实上,不论是采用混合 OLS 方法估计参数,还是采用固定效应模型和随机效应模型,模型结果都表明放松规制对经济增长有正的显著影响,

表 1　放松规制对经济增长作用的回归结果

	混合 OLS	固定效应模型	随机效应模型
C	0.803621 (0.0000)		
Ln(K)	0.840161 (0.0000)	0.701771 (0.0000)	0.738364 (0.0000)
Ln(L)	0.167929 (0.0000)	0.364156 (0.0000)	0.284627 (0.0000)
Regulation	-0.077241 (0.0000)	-0.112602 (0.0226)	-0.107345 (0.0293)
R^2	0.984243	0.994067	0.987863

注：括号内的数字是 p 值，Hausman Test = 3.11。

并且规制强度每降低一个单位，GDP 能增长 11%，支持命题 1 的结论。OECD 主要国家近 30 年的努力使垄断行业垄断指数从 5.12 降低到 2.08，平均每十年降低 1 个单位。根据范合君（2010）的测度，2009 年我国垄断产业的规制指数高达 4.73，而同期 OECD 主要国家的规制指数只有 2.08。根据范合君（2010）的预测，在下一个 30 年的改革中我国垄断产业的规制指数将降低 3 个单位，即每十年降低 1 个单位。那么，我国垄断产业的放松规制改革每年可以使 GDP 增长率提高 1 个百分点。这与世界银行的估计基本一致。根据 2007 年世界银行的测算，如果非洲基础设施的增长速度与 20 世纪八九十年代亚洲的水平相当，其年经济增长率可能比实际水平要高出 1.3 个百分点。如果今后每年我国 GDP 能够持续增长 8%，那么垄断产业改革的贡献率将高达 12.5%。由此可见，垄断产业的放松规制改革将成为推动我国下一个 30 年经济增长的重要引擎之一。

另外，回归结果还表明 GDP 与规制指数之间存在非线性关系，随着规制指数的降低，GDP 是增加的，并且 GDP 增长速度是递增的。即在放松规制的初期，放松规制对经济增长的影响有限，随着放松规制程度的提高，经济增长的速度迅速增加，这都支持命题 2 的结论。

为了比较不同产业放松规制对经济增长的影响，本文分别选取了民航、电信、电力、铁路四个产业进行回归分析，回归结果如表 2 所示。研究发现，民航业规制强度每降低一个单位，GDP 能增长 5%；电信业规制强度每降低一个单位，GDP 能增长 12%；电力业规制强度每降低一个单位，GDP

能增长 18%；铁路业规制强度每降低一个单位，GDP 能增长 7%。由此，可以看出，垄断产业的基础地位越重要，与其他产业的关系越紧密，放松规制对整个国民经济增长的贡献越大，支持命题 3 的结论。

表 2 不同行业放松规制对经济增长作用的回归结果

		模型 1	模型 2	模型 3	模型 4
Ln(K)		0.750206 (0.0000)	0.802016 (0.0000)	0.610915 (0.0000)	0.656679 (0.0000)
Ln(L)		0.378073 (0.0000)	0.335561 (0.0000)	0.303226 (0.0000)	0.366911 (0.0000)
Regulation	民航	-0.051844 (0.0037)			
	电信		-0.121263 (0.0000)		
	电力			-0.180258 (0.0000)	
	铁路				-0.074139 (0.0023)

注：括号内的数字是 p 值。

结论与政策建议

垄断产业大都是基础设施行业，这些产业的产出是其他产业重要的投入要素。因此，垄断产业的发展对一国经济的增长起着重要的支撑作用。目前，放松规制已经成为世界各国垄断产业改革的重要方向。放松规制能够促进垄断产业的自身发展，进而促进一国的经济增长。本文建立的两部门模型分析了放松规制对经济增长的作用机制，并利用 30 个 OECD 国家 1975~2005 年的面板数据进行了验证。研究发现自然垄断产业放松规制能够促进经济增长，并且产业放松规制对经济增长的促进作用是递增的。同时，垄断产业的基础地位越重要，与其他产业的关系越紧密，放松规制对经济增长的贡献也越大。

垄断产业放松规制改革将成为推动我国下一个 30 年经济增长的重要引擎之一。特别是在全球金融危机的背景下，我国面临的外需不足、内需疲软的局面很难在短期内改变，垄断产业放松规制改革将成为拉动经济增长的新引擎。因此，我国垄断产业相关监管部门应当借鉴国外垄断产业改革的经验与教训，根据我国的实际情况，逐渐放松对垄断产业的规制特别是进入规制，不断深化垄断产业改革，为国民经济实现又好又快发展提供保障。

事实上，垄断经营体制既不符合科学发展观，又不符合和谐社会建设要求。党的十六大政府报告、十六届三中全会决定、十七大政府报告以及政府一系列文件都明确提出了"深化垄断行业改革"的要求和部署，体现了党和政府对深化垄断行业改革的决心。改革开放30多年的经验告诉我们一个重要道理：放松规制，市场化改革才是我国经济发展、人民福祉提高的根本出路。垄断产业改革要按照政企分开、政资分开、政事分开的原则建立政府部门行政管理、监管机构依法监管、行业协会自律服务的新型垄断行业监管制度；按照"毫不动摇地巩固和发展公有制经济，毫不动摇地鼓励、支持、引导非公有制经济发展"的原则鼓励民营经济进入垄断行业，形成各种所有制经济平等竞争、相互促进的新竞争格局；按照"产权清晰、责权明确、政企分开、管理科学"的原则建立现代企业制度。最终形成供求平衡、价格合理、服务一流、竞争有序、生产高效、监管有力的市场体系。当前，随着改革不断进入"深水区"，无论在理论上还是在实践部门，各种畏难、动摇、怀疑、反对深化改革，甚至为垄断产业大唱赞歌的现象都不同程度地存在着；作为改革对象的各个垄断产业本身，也无疑是改革的最大阻力。在这种情况下，有关决策部门需要坚定"停顿和倒退没有出路"的信念，坚持放松规制的市场化改革方向不动摇，打好垄断产业改革的这场"持久攻坚战"。

参考文献

[1] 白让让，2006，《边缘性进入与二元管制放松》，上海人民出版社。
[2] 范合君，2008，《中国垄断产业放松规制与机制设计博弈研究》，首都经济贸易大学博士学位论文。
[3] 范合君，2010，《中国垄断产业垄断程度的测度：基于OECD规制指数方法的研究》，工作论文。
[4] 戚聿东、范合君，2009，《放松规制：中国垄断行业改革的方向》，《中国工业经济》第4期。

［5］世界银行，1994，《世界发展报告：为发展提供基础设施》，中国财政经济出版社。

［6］王佐军，2004，《自然垄断部门国有企业改革的经济学分析》，《天府新论》第4期。

［7］Alesina. Alberto, Silvia. Ardagna, Giuseppe. Nicoletti, Fabio. Schiantarelli, 2005, "Regulation and Investment". *Journal of the European Economic Association*, Vol 4 (06).

［8］Bassanini Andrea and Ekkehard Ernst, 2002, "Labour Market Institutions, Product Market Regulation, and Innovation: Cross-Country Evidence", OECD Working Papers NO316.

［9］Dixit, Avinash K. and Stiglitz, Joseph E., 1977, "Monopolistic Competition and Optimal Product Diversity", *American Economic Review*, 67 (3).

［10］Djankov. Simeon, Rafael. La Porta, Florencio, Lopez-de-Silanes, and Andrei. Shleifer, 2002, "The Regulation of Entry", *Quarterly Journal of Economics*, 117 (1).

［11］Lipschitz. Leslie, Donogh. McDonald, Jeroen. J. M. Kremers and Thomas H. Mayer, 1989, "The Federal Republic of Germany: Adjustment in A Surplus Country", IMF Occasional Paper 64.

［12］Nickell, S., 1996, "Competition and Corporate Performance", *Journal of Political Economy*, 104 (4).

［13］Nicoletti. Giuseppe and Scarpetta. Stefano, 2003, "Regulation, Productivity, and Growth: OECD Evidence", World Bank Working Paper NO2944.

［14］Van Sinderen, J. P. A. G. Van Bergeijk, R. C. G. Haffner and P. M. Waasdorp, 1994, "De kosten van economische verstarring op macro-niveau (The Macroeconomic Costs of Inertia: in Dutch)", *Economisch-Statistische Berichten* (79).

［15］Winston. Clifford, 1993, "Economic Deregulation: Days of Reckoning for Microeconomists", *Journal of Economic Literature* (31).

中国消费平滑假说的检验

张中元　赵国庆

（中国人民大学经济学院）

引　言

根据生命周期持久收入假说，居民为了实现一生效用水平的最大化，会通过跨时期消费平滑机制来应对收入风险，使各个时期消费的边际效用相等，这就需要通过资产积累来应对风险（即自我保险）或通过贷款来实现跨时期的消费平滑，家庭通过储蓄和借贷手段平滑自己一生的或一段生命期间内的边际消费效用，这是一种在时间上的消费平滑。而在一个完备市场的理想状况下，当居民面临特定的外生冲击（Idiosyncratic Shock）时，居民还可以借助各种市场和非市场的风险分担机制（如购买保险或向亲友借贷）进行风险分担（Risk Sharing），从而对家庭消费进行平滑，以保持家庭的边际效用水平不变，这是一种横截面上的消费平滑。

在发达国家中，消费一直被视为宏观经济中最平稳的变量之一，理论上消费的平稳性是个体进行跨期最优化选择的自然结果（Fiorito and Kollintzas, 1994），但与持久收入假说的成熟市场前提不同，国内关于消费的一些研究表明西方的消费理论无法完全涵盖目前中国转型期的消费者行为特征，多数实证结果显示消费对收入都是过度敏感的，即消费的变动会对可预期收入的变化作出反应（卜永祥和靳炎，2002；黄赜琳，2005）。张耿和胡海鸥（2006）认为我国转型期以来比较剧烈的总消费波动应主要归于居民消费行为的转型，消费的剧烈波动往往出现在转型早期，在转型后期消费开始变得平稳，他们同时还发现耐用品不能解释我国消费的大部分波动性。艾春荣和汪伟（2008）运用1995～2005年省际动态面板数据研究中国居民消费的过度敏感性发现无论是城镇还是农村居民的消费变动都呈现出对预期收入变动的过度敏感，城镇居民总消费变动的敏感性明显高于农村，但城镇居民的非耐用消费支出变动的收入敏感系数低于农村。

有许多研究检验国家之间的风险分担，一些研究发现各国之间的风险分担程度随全球化的深化而提高（Sørensen et al.，2007）；但也有一些研究发现各国之间的风险分担程度相当有限，Asdrubali and Kim（2008）采用23个 OECD 国家1955～2005年的数据，实证研究发现国际风险分担很小；Kose et al.（2009）也发现虽然发展中国家降低了资本控制，在跨国资本流动方面也有了很大发展，但在风险分担方面却没有多大起色。以上不一致的结论可能是因为中国家庭在面临外生经济冲击时对消费进行风险分担是有条件的，与本地区的经济发展程度、制度安排等因素有重要关系。如 Sørensen and Yosha 考察欧盟各国及 OECD 国家之间的风险分担，发现各国之间的要素收入流动没有起到风险分担的作用，是因为欧盟国家的资本市场与美国的资本市场相比，一体化程度较低。

Asdrubali and Kim（2008）采用的将检验不完全的风险分担与跨期消费平滑纳入统一模型中的分析框架，不仅可以考察对特定外生冲击的平滑，还可以检验各经济区之间的风险分担；同时还能区分外生冲击的当期与长期效应。本文在应用 Asdrubali and Kim 分析框架的基础上，利用31个省（自治区、直辖市）1978～2008年的数据，对中国的消费平滑假说进行实证检验，结果发现在1978～2008年全时间段上，各省份的人均最终消费平滑主要依靠跨期平滑，而各省份之间风险分担的程度很低或不存在。而在对人均居民消费的平滑中，跨期消费平滑与各省份之间风险分担都起了很大作用。在1978～1992年分时间段上，无论是最终消费平滑还是居民消费平滑，各省份平滑消费的机会很少。而在1993～2008年分时间段上，各省份对最终消费平滑风险分担的程度虽然很低或不存在，但居民消费平滑异质性增长率冲击得到了保险的部分得到了提高；各省份最终消费平滑依靠跨期平滑来平稳消费的能力大幅度提高了，跨期消费平滑与各省份之间风险分担对各省份的居民消费平滑的作用也显著提高。

本文结构如下，第一部分为估计模型；第二部分为采用的样本数据以及主要变量的定义；第三部分给出主要的实证分析结果；最后为结论。

一 估 计 模 型

按照 Asdrubali and Kim（2008）检验消费平滑的方法模型，首先考虑消费增长与产出增长的面板数据模型：

$$c_{it} = \beta \cdot y_{it} + \eta_{it} \tag{1}$$

其中 $c_{it} = \Delta\log(cc_{it})$，$y_{it} = \Delta\log(GDP_{it})$，$cc_{it}$ 与 GDP_{it} 分别是省份 i 的人均消费和产出。

为了检验中国各省份之间是否能实现完全风险共担，在模型（1）中加入全国产出增长率 ny_t，其中 $ny_t = \sum_i y_{it}$，则：

$$c_{it} = \beta \cdot y_{it} + \alpha \cdot ny_t + \eta_{it} \tag{2}$$

省份 i 的人均产出增长率 y_{it} 的系数 β 是对偏离风险共担的度量，全国产出增长率 ny_t 的系数 α 是对各省份之间风险共担程度的直接度量。

为了检验中国各省份人均消费的跨期平滑（intertemporal smoothing）程度，在模型（1）中加入各省份平均产出增长率 py_i，其中 $py_i = \frac{1}{T}\sum_t y_{it}$，则：

$$c_{it} = \beta \cdot y_{it} + \delta \cdot py_i + \eta_{it} \tag{3}$$

这时省份 i 的人均产出增长率 y_{it} 的系数 β 表示当期收入增长对消费平滑的影响程度，而各省份平均产出增长率 py_i 的系数 δ 则是对持久收入增长对消费平滑影响程度的度量。

如果在同一个模型中考虑风险共享与消费跨期平滑，则（1）变为：

$$c_{it} = \beta \cdot y_{it} + \alpha \cdot ny_t + \delta \cdot py_i + \eta_{it} \tag{4}$$

这时全国产出增长率 ny_t 的系数 α 度量了各省份之间风险共享的程度，各省份平均产出增长率 py_i 的系数 δ 则度量了消费跨期平滑的程度，人均产出增长率 y_{it} 的系数 β 则度量了各省份消费增长受异质性（idiosyncratic）和当期收入增长影响的程度，其结果可以作为对持久收入假设和完全风险共享假设是否成立，能否进行联合检验的依据。

在本文中对面板数据模型的估计采用固定效应（FE）或随机效应

（RE）估计。η_{it} 采用包括省份 i 个体效应的单因素误差模型（one-way error components），即 $\eta_{it} = \mu_i + \nu_{it}$。

二 数据与变量

本文采用的数据均来自《新中国六十年统计资料汇编》中 31 个省（自治区、直辖市）1978~2008 年的相关数据。下面给出各个变量指标的构建和含义。

y：各省份产出增长率。该变量定义为 $y_{it} = \log(GDP_{it}) - \log(GDP_{it-1})$，其中 GDP_{it} 是省份 i 的人均产出，数据来自《新中国六十年统计资料汇编》中各地区人均地区生产总值（元），并按各地区 1978 年不变价生产总值价格平减指数平减得到的真实值。

TC：各省份人均最终消费。该变量定义为 $TC_{it} = \log(TC0_{it}) - \log(TC0_{it-1})$，其中 $TC0_{it}$ 是省份 i 的人均最终消费，数据来自《新中国六十年统计资料汇编》中各地区人均最终消费（元），并按各地区 1978 年不变价生产总值价格平减指数平减得到的真实值。

CC：各省人均居民消费。该变量定义为 $CC_{it} = \log(CC0_{it}) - \log(CC0_{it-1})$，其中 $CC0_{it}$ 是省份 i 的人均居民消费，数据来自《新中国六十年统计资料汇编》中各地区人均居民消费（元），并按各地区 1978 年不变价生产总值价格平减指数平减得到的真实值。

ny：全国产出增长率。该变量定义为 $ny_t = \log(GDP_t) - \log(GDP_{t-1})$，其中 GDP_t 是全国的人均产出，数据来自《新中国六十年统计资料汇编》中全国人均地区生产总值（元），并按全国 1978 年不变价生产总值价格平减指数平减得到的真实值。

py：各省份长期产出增长率。该变量定义为 $py_{it} = \frac{1}{T}\sum_t y_{it}$，其中 y_{it} 是各省份产出增长率，本文采用 5 年期滚动平均计算。

三 实证结果

表 1 给出了模型（2）的估计结果，在表中分别给出了人均最终消费与人均居民消费在 1978~2008 年以及 1978~1992 年、1993~2008 年两个分时

间段上的回归结果,固定效应(FE)或随机效应(RE)之间的选择用Hausman统计量判断。在人均最终消费(TC)方程中,各省份产出增长率的系数是0.4418,并且在统计上显著,这表明有大约56%的异质性增长率冲击得到了保险(insured)。全国产出增长率的系数是0.1340,但在统计上不显著,这表明各省份之间风险分担的程度很低或不存在。在1978~1992年、1993~2008年两个分时间段上的回归结果也类似,各省份产出增长率的系数分别是0.4611、0.3627,并且在统计上显著,这表明最终消费中有大约54%、64%的异质性增长率冲击得到了保险,得到保险的异质性增长率冲击明显提高。但全国产出增长率的系数在统计上仍旧是不显著的,表明各省份之间不存在明显的风险分担。

表1 风险共担估计结果

	TC			CC		
	(1)	(2)	(3)	(4)	(5)	(6)
时 期	1978~2008年	1978~1992年	1993~2008年	1978~2008年	1978~1992年	1993~2008年
y	0.4418***	0.4611***	0.3627***	0.4127***	0.4367***	0.3618***
	(0.0505)	(0.0567)	(0.1097)	(0.0505)	(0.0615)	(0.1031)
ny	0.1340	0.0631	0.1413	0.4105**	0.2381	0.7212**
	(0.1695)	(0.1920)	(0.3262)	(0.1693)	(0.2064)	(0.3063)
调整 R^2	0.1631	0.2126	0.0401	0.1864	0.1971	0.0991
Hausman Test	8.0327	0.0527	6.4684	6.4806	0.1367	8.7665
P值	0.0180	0.9740	0.0394	0.0392	0.9339	0.0125
模型选择	FE	RE	FE	FE	RE	FE

注:括号中的数值是标准误差。***、**、*分别表示1%、5%、10%显著水平。FE表示固定效应,RE表示随机效应。

在人均居民消费(CC)方程中,各省份产出增长率的系数是0.4127,并且在统计上显著,表明有大约59%的异质性增长率冲击得到了保险。全国产出增长率的系数是0.4105,并且在统计上也是显著的,这表明就居民消费而言,各省份之间存在显著的风险分担。在1978~1992年、1993~2008年两个分时间段上的回归结果中,各省份产出增长率的系数分别是0.4367、0.3618,并且在统计上显著,这表明居民消费中有大约56%、64%的异质性增长率冲击得到了保险,得到保险的异质性增长率冲击也有明显提高的趋势。在 1978~1992 年分时间段上，全国产出增长率的系数统计仍旧是不显著的，表明在该段时期内各省份之间不存在明显的风险分担；但在 1993~2008 年分时间段上全国产出增长率的系数为正，且统计上是显著的，表明在该段时期内各省份之间存在明显的风险分担。

表 2 给出了模型（3）的估计结果，在表中分别给出了人均最终消费与人均居民消费在 1978~2008 年以及 1978~1992 年、1993~2008 年两个分时间段上的回归结果。在人均最终消费（TC）方程中，当期收入增长率的系数是 0.4001，并且在统计上显著，这表明有大约 60% 的当期增长率冲击得到了保险。表示持久收入增长的各省份长期产出增长率的系数是 0.2715，并且在统计上是显著的，该系数直接度量了消费跨期平滑的程度，结果表明各省份最终消费增长与持久收入增长之间约有 27% 的协动（co-movement）。在 1978~1992 年、1993~2008 年两个分时间段上的回归结果有所不同，各省份产出增长率的系数分别是 0.4403、0.2772，并且在统计上显著，这表明最终消费中有大约 56%、73% 的当期增长率冲击得到了保险，得到保险的当期增长率冲击显著提高。但在 1978~1992 年分时间段上的各省份长期产出增长率的系数在统计上不显著，表明该阶段各省份消费跨期平滑与各省份持久收入增长之间不存在明显的协动关系。在 1993~2008 年分时间段上的各省份长期产出增长率的系数为 0.3750，并且统计上显著，表明各省份

表 2 跨期消费平滑估计结果

	TC			CC		
	（1）	（2）	（3）	（4）	（5）	（6）
时 期	1978~2008 年	1978~1992 年	1993~2008 年	1978~2008 年	1978~1992 年	1993~2008 年
y	0.4001***	0.4403***	0.2772***	0.4224***	0.4465***	0.3844***
	(0.0439)	(0.0487)	(0.0945)	(0.0440)	(0.0523)	(0.0894)
py	0.2715***	0.1808	0.3750***	0.2544***	0.2030*	0.3558***
	(0.0740)	(0.1159)	(0.1140)	(0.0757)	(0.1267)	(0.1077)
调整 R^2	0.1668	0.2171	0.0793	0.1697	0.1995	0.1156
Hausman Test	0.1190	1.3696	1.6993	0.0781	1.5534	1.9510
P 值	0.9422	0.5042	0.4276	0.9617	0.4599	0.3770
模型选择	RE	RE	RE	RE	RE	RE

注：括号中的数值是标准误差。***、**、* 分别表示 1%、5%、10% 显著水平。FE 表示固定效应，RE 表示随机效应。

最终消费增长与持久收入增长之间有 37.5% 的协动，远远高于 1978~2008 年全时间段上各省份消费跨期平滑与各省份持久收入增长之间的协动程度。

在人均居民消费（CC）方程中，当期收入增长率的系数是 0.4224，并且在统计上显著，这表明有大约 58% 的当期增长率冲击得到了保险。各省长期产出增长率的系数是 0.2544，并且在统计上是显著的，表明各省份居民消费增长与持久收入增长之间有约 25% 的协动。在 1978~1992 年、1993~2008 年两个分时间段上各省份产出增长率的系数分别是 0.4465、0.3844，并且在统计上显著，这表明居民消费中有大约 55%、62% 的当期增长率冲击得到了保险，得到保险的当期增长率冲击也有显著提高的趋势。各省份长期产出增长率的系数分别为 0.2030、0.3558，并且统计上显著（只是 1978~1992 年分时间段上的各省份长期产出增长率的系数在统计上的显著性水平较低），表明各省份消费跨期平滑与各省份持久收入增长之间存在明显的协动关系。并且 1993~2008 年时间段上各省份消费跨期平滑与各省份持久收入增长之间的协动程度，远远高于 1978~2008 年全时间段与 1978~1992 年时间段上各省消费跨期平滑与各省份持久收入增长之间的协动程度。

表 3 给出了模型（4）的估计结果，在人均最终消费（TC）方程中，当期收入增长率的系数是 0.3811，并且在统计上显著，这表明有大约 62% 的当期增长率冲击得到了保险；表示持久收入增长的各省份长期产出增长率的系数是 0.2739，并且在统计上是显著的，表明各省份最终消费增长与持久收入增长之间有 27% 的协动；全国产出增长率的系数在统计上不显著，仍旧表明各省份之间风险分担的程度很低或不存在。在 1978~1992 年、1993~2008 年两个分时间段上的回归结果有所不同，各省份产出增长率的系数分别是 0.4312、0.2489，并且在统计上显著，这表明最终消费中大约 57%、75% 的当期增长率冲击得到了保险，得到保险的当期增长率冲击显著提高。在 1978~1992 年分时间段上的各省份长期产出增长率的系数在统计上不显著，表明该阶段各省份消费跨期平滑与各省份持久收入增长之间不存在明显的协动关系；但全国产出增长率的系数在统计上仍旧是不显著的，表明在该阶段各省份之间不存在明显的风险分担。在 1993~2008 年分时间段上的各省份长期产出增长率的系数为 0.3837，并且统计上显著，表明各省最终消费增长与持久收入增长之间有 38% 的协动，远远高于 1978~2008 年全时间段上各省份消费跨期平滑与各省份持久收入增长之间的协动

程度；全国产出增长率的系数在统计上的不显著，再次表明在该阶段各省份之间不存在明显的风险分担。

表3 风险共享与消费跨期平滑估计结果

时期	TC (1) 1978~2008年	TC (2) 1978~1992年	TC (3) 1993~2008年	CC (4) 1978~2008年	CC (5) 1978~1992年	CC (6) 1993~2008年
y	0.3811*** (0.0531)	0.4312*** (0.0599)	0.2489** (0.1082)	0.3546*** (0.0534)	0.4066*** (0.0645)	0.2585** (0.1093)
py	0.2739*** (0.0735)	0.1794 (0.1161)	0.3837*** (0.1152)	0.2584*** (0.0753)	0.1964 (0.1274)	0.3250*** (0.1207)
ny	0.1051 (0.1645)	0.0499 (0.1917)	0.1678 (0.3119)	0.3697** (0.1655)	0.2184 (0.2063)	0.7453*** (0.3043)
调整 R^2	0.1680	0.2153	0.0780	0.1740	0.1999	0.1115
Hausman Test	4.5394	1.3044	5.4739	4.7385	1.0794	8.4306
P 值	0.2088	0.7281	0.1402	0.1920	0.7821	0.0379
模型选择	RE	RE	RE	RE	RE	FE

注：括号中的数值是标准误差。***、**、* 分别表示1%、5%、10%显著水平。FE 表示固定效应，RE 表示随机效应。

在人均居民消费（CC）方程中，当期收入增长率的系数是0.3546，并且在统计上显著，这表明有大约65%的当期增长率冲击得到了保险；各省份长期产出增长率的系数是0.2584，并且在统计上是显著的，表明各省份居民消费增长与持久收入增长之间有约26%的协动；全国产出增长率的系数是0.3697，并且在统计上也是显著的，这表明就居民消费而言，各省份之间存在显著的风险分担。在1978~1992年分时间段上的结果与人均最终消费（TC）方程中的结果类似，但在1993~2008年分时间段上的结果中主要是各省份产出增长率的系数发生了很大变化，这时在统计上是显著的，并且达到了0.7453，远远高于1978~2008年全时间段上的风险分担。

从模型（2）~（4）的估计结果来看，就人均最终消费（TC）而言，当期收入增长率与各省份长期产出增长率的系数在整个样本区间上都是显著的，且数值结果变化也不大；而全国产出增长率的系数在统计上一直不显著。因此各省份的消费平滑主要依靠跨期平滑，而各省份之间风险分担的程度很低或不存在。在1978~1992年分时间段上，各省份长期产出增长率与全国产出增长率的系数在统计上都不显著，说明该时间段上平滑消费的机会很少。而在1993～2008年分时间段上，全国产出增长率的系数在统计上还是不显著的；当期收入增长率与各省份长期产出增长率的系数都是显著的，但其数值远远高于1978～2008年全时间段上的数值，因此该阶段各省份之间风险分担的程度虽然很低或不存在，但各省份依靠跨期平滑来平稳消费的能力却大幅度提高了。

就人均居民消费（CC）而言，人均居民消费是从人均最终消费中扣除人均政府消费后的消费值。在排除政府消费的影响之后，结果有明显变化。在1978～2008年全时间段上，当期收入增长率、各省份长期产出增长率与全国产出增长率的系数都是显著的，并且全国产出增长率的系数在数值上大于各省份长期产出增长率的系数，因此跨期消费平滑与各省份之间风险分担对各省份的居民消费平滑都起了很大作用。在1978～1992年分时间段上人均居民消费的估计结果与人均最终消费的估计结果类似，表明该时间段上平滑消费的机会很少。在1993～2008年分时间段上，当期收入增长率、各省份长期产出增长率与全国产出增长率的系数都是显著的，当期收入增长率的系数比在1978～2008年全时间段上的系数明显减少，各省份长期产出增长率与全国产出增长率的系数比在1978～2008年全时间段上的系数都明显提高，说明异质性增长率冲击得到了保险的部分得到了提高，跨期消费平滑与各省份之间风险分担对各省份的居民消费平滑的作用也显著提高。

结　论

本文利用31个省（自治区、直辖市）1978～2008年的数据，对中国的消费平滑假说进行实证检验，通过以上分析发现：就人均最终消费（TC）而言，各省份的消费平滑主要依靠跨期平滑，而各省份之间风险分担的程度很低或不存在。在1978～1992年分时间段上，各省份平滑消费的机会很少。而在1993～2008年分时间段上，各省之间风险分担的程度虽然很低或不存在，但各省依靠跨期平滑来平稳消费的能力却大幅度提高了。就人均居民消费（CC）而言，在1978～2008年全时间段上，跨期消费平滑与各省份之间风险分担对各省份的居民消费平滑都起了很大作用。在1978～1992年分时间段上居民平滑消费的机会很少。在1993～2008年分时间段上，异质性增长率冲击得到了保险的部分得到了提高,跨期消费平滑与各省份之间风险分担对各省份的居民消费平滑的作用也显著提高。

参考文献

[1] 艾春荣、汪伟,2008,《习惯偏好下的中国居民消费的过度敏感性——基于1995~2005年省际动态面板数据的分析》,《数量经济技术经济研究》第11期。

[2] 黄赜琳,2005,《中国经济周期特征与财政政策效应》,《经济研究》第6期。

[3] 卜永祥、靳炎,2002,《中国实际经济周期:一个基本解释和理论扩展》,《世界经济》第7期。

[4] 张耿、胡海鸥,2006,《消费波动小于产出波动吗?》,《经济研究》第11期。

[5] Asdrubali, Pierfederico and Soyoung Kim, 2008, "On the Empirics of International Smoothing", *Journal of Banking & Finance* 32, pp. 374 – 381.

[6] Fiorito, R. and T. Kollintzas, 1994, "Stylized Facts of Business Cycle in the G7 from A Real Business Cycles Perspective", *European Economic Review* 38, pp. 235 – 269.

[7] Kose, M. Ayhan, Eswar S. Prasad and Marco E. Terrones, 2009, "Does Financial Globalization Promote Risk Sharing?", *Journal of Development Economics* 89, 258 – 270.

[8] Sørensen, Bent E., Yosha, Oved, Wu, Yi-Tsung, Zhu, Yu, 2007, "Home Bias and International Risk Sharing: Twin Puzzles Separated at Birth", *Journal of International Money and Finance* 26 (4), 587 – 605.

中国产出缺口的实时估计及其可靠性研究[*]

郑挺国 王 霞

（厦门大学王亚南经济研究院）

引 言

近年来，经济学家对货币政策规则问题的关注和探讨再次激发了人们对产出缺口估计和经济周期测度的研究兴趣。作为可以描述总体经济活动状态的一个变量，产出缺口度量了实际产出与潜在产出的偏离程度，反映了现有资源的充分利用程度，从而在制定宏观经济政策、调节未来经济走势中发挥着重要的作用。例如，泰勒规则（Taylor，1993）指出，货币当局需以通货膨胀和产出缺口为基准来调整短期利率，从而有效抑制价格的过度上涨或下降，并促进经济的健康稳定增长。然而，由于产出缺口不可观测，泰勒规则不具实际可操作性。如果产出缺口估计不可靠，那么政策制定者就可能无法对实际经济状况作出正确的判断，从而作出错误的决策。因此，如何准确地估计产出缺口对于合理制定经济政策，正确把握实际经济运行态势有着十分重要的作用。

目前，文献对产出缺口的研究主要体现在两个方面。一是提出产出缺口的不同度量方法来研究经济周期波动和经济政策行为等问题。这些度量方法包括：HP 滤波（Hodrick and Prescott，1997；1980），BK 滤波（Baxter and King，1999），CF 滤波（Christiano and Fitzgerald，2003），不可观测成分模型（Harvey，1985；Clark，1987），以及基于经济结构的生产函数法等。二

---

* 本研究得到国家自然科学基金项目（71001087）、福建省自然科学基金项目（2010J01361）和国家自然科学基金项目（71071432）资助。

是比较不同度量方法在产出缺口实时估计上的可靠性。由于数据来源的不断完善，统计方法、分类标准的变化以及误差调整等多种原因，GDP 数据经过了频繁的修正，这种数据修正导致决策者在制定决策时获得的实时数据与修正后的最终数据存在一定差异，从而在制定政策时对产出缺口的实时估计和最终估计也存在很大的差别。

鉴于产出缺口实时估计与最终估计间的差异及其在经济分析和决策中的重要性，国外学者已在这方面展开了大量的讨论。Orphanides and van Norden（2002）利用多种方法对美国实时数据进行了产出缺口估计，发现实时估计的产出缺口可靠性较低，基于产出缺口的政策建议可能是不可信的。Cayen and van Norden（2005）在对加拿大产出缺口进行实时估计时也得到了类似的结论。Morande and Tejada（2009）对智利数据的研究表明基于不可观测成分模型的 Clark（1987）方法得到了最优的结果，而常用的滤波（如 HP 滤波）会产生误导。总的来说，这些文献认为产出缺口的实时估计与最终估计存在较大程度的差异，产出缺口估计方法可靠性较差，这表明进行经济政策分析时应谨慎使用产出缺口的最终估计。而据笔者了解，目前尚未有相关文献探讨我国产出缺口的实时估计问题。

我国自 1985 年建立 GDP 核算制度以来，核算方法不断完善，数据修订和发布程序逐步规范，这为我国经济波动和经济政策的实时研究提供了一定的基本条件。在此基础上，本文尝试搜集和整理我国季度 GDP 的实时数据，并参照 Orphanides and van Norden（2002）的研究思路，运用文献中常用的六种退势方法对我国 1992 年之后的产出缺口进行实时估计和可靠性分析。为了阐明产出缺口的实时估计与最终估计之间的差异及其构成，我们将同时得到产出缺口的最终估计、准实时估计（quasi-real time estimate）、准最终估计（quasi-final estimate），分析数据修正、参数不确定性、事后信息修正在产出缺口修正中的重要程度。此外，我们将基于 Orphanides and van Norden（1999）使用的一些可靠性测度（reliability measure）方法评价以上六种退势方法在产出缺口实时估计时是否可靠。

一 季度 GDP 实时数据的收集与处理

（一）数据发布修正机制及资料收集

我国继 1985 年建立 GDP 核算制度并开始进行年度 GDP 核算后，于

1992年建立了季度国内生产总值核算，以满足宏观经济管理对季度国民经济发展情况的需要。2003年，国家统计局发布了《关于我国GDP核算和数据发布制度的改革》文件。根据该文件规定，发布季度GDP数据与年度GDP数据分为初步核算数、初步核实数和最终核实数三个步骤。另外建立了年度GDP定期修正和调整机制，每隔数年对之前各年度GDP数据及其增长率进行修正。

我国1992年以来的官方季度数据主要公开发布在《中国人民银行统计季报》（1993年至今）和《经济景气统计月报》（2000年至今）。2003年，国家统计局国民经济核算司编写的《中国季度国内生产总值历史资料（1992~2001）》，首次公布了与国内生产总值年度数据相衔接的季度历史数据，对这一时段的季度数据进行了修正。2004年与2009年，我国分别进行了两次经济普查，并根据经济普查数据对1992~2005年、2005~2008年的季度GDP历史数据进行了修正，修正后的数据分别公布在《中国季度国内生产总值核算历史资料（1992~2005）》和国家统计局网站上。

（二） 实时GDP数据的描述与处理

根据前面描述的GDP数据资料及历史修订情况，本文收集我国季度GDP从V1992Q2至V2010Q3的实时数据集。在这里，字母"V"为特定年份数据（vintage data）的缩写，表示当期可获取的数据，一般含1期的滞后，具体形式见表1。以上数据来源为《中国人民银行统计季报》（各期）、《中国季度国内生产总值核算历史资料（1992~2001）》和《中国季度国内生产总值核算历史资料（1992~2005）》。对实时数据的每组年份数据，我们选取从1979年第1季度开始，主要是为扩充数据样本，使得数据建模和估计具稳健性。然而1992年以前的季度GDP数据无法从统计资料中直接获取，因此我们按照刘金全、刘志刚、于冬（2005），陈浪南、刘宏伟（2007）等人采用的方法对我国1978~1991年的年度实际GDP数据进行季度分解（具体分解方法参见Abeysinghe and Gulasekaran，2004）。

为实现本文关于实时数据产出缺口的估计和分析，需要利用前面的实时GDP增长率来计算实时的实际GDP数据。我们首先根据国家统计局公布的同比累计GDP增长率和名义GDP水平值推算出1992~2010年以1992年为不变价的季度实际GDP。然后，我们通过1992年以前估算的季度同比GDP增长率将实际GDP数据样本向前扩展至1978年第1季度。最后，我们采

表1 GDP增长率实时数据

单位：%

时段	V1992Q2	V1992Q3	V1992Q4	V1993Q1	……	V2009Q4	V2010Q1	V2010Q2	V2010Q3
1979Q1	6.4	6.4	6.4	6.4	……	6.4	6.4	6.4	6.4
……	……	……	……	……	……	……	……	……	……
1991Q4	10.3	10.3	10.3	10.3	……	10.3	10.3	10.3	10.3
1992Q1	13.2	13.2	13.2	13.2	……	13.6	13.6	13.6	13.6
1992Q2	NA	13.4	13.4	13.4	……	13.6	13.3	13.3	13.3
……	……	……	……	……	……	……	……	……	……
2009Q4	NA	NA	NA	NA	……	NA	8.7	8.7	9.1
2010Q1	NA	NA	NA	NA	……	NA	NA	11.9	11.9
2010Q2	NA	NA	NA	NA	……	NA	NA	NA	11.1

注：字母"V"为特定年份数据（vintage data）的缩写，"NA"表示为空值。对每组GDP增长率，1979Q1~1991Q4的数据为同比增长率，而1992Q1~2010Q2的数据为累计同比增长率。

用Tramo-Seats方法对实际GDP数据进行季节调整。在本文中，我们所考虑的实际产出序列为对数百分化数据，即$y_t = 100 \times \log GDP_t$。

二 我国产出缺口的实时分析

本文所借鉴的文献运用较为广泛的六种单变量退势方法对产出缺口进行估计，包括QT（Quadratic Trend）滤波、HP滤波、BK滤波、CF滤波，以及由Harvey（1985）和Clark（1987）提出的CL（Harvey-Clark）模型及Harvey and Jaeger（1993）提出的HJ（Harvey-Jaeger）模型两类基于不可观测成分（UC）的模型。

（一）最终估计与实时估计

对每种方法，简单地取最终数据（即最后一组V2010Q3的年份数据）并将其退势，我们将这种最终数据偏离其趋势的部分称为产出缺口的最终估计（final estimate，简称FL）。实时估计（real time estimate，简称RT），其构建是先运用各种退势方法估计每组年份数据的产出缺口值，然后提取每组产出缺口估计的最后一个观测值，组成一组新的序列。注意所有估计的样本均为从1992Q1至2010Q2［详见Orphanides and van Norden（1999）附录］。

图1和图2分别比较了各种退势方法对产出缺口的最终估计和实时估

计。如图所示，不同退势方法的产出缺口估计存在明显差异。从轨线的方向来看，最终估计的结果表明 QT 滤波和 CL 模型接近，HP 滤波、BK 滤波和 HJ 模型接近，而 CF 滤波显示出更多周期性波动；实时估计结果与最终估计的情形明显不同，各方法之间的度量误差变大。从波动幅度来看，QT 滤波和 CL 模型的估计在数值上较大。尽管不同方法之间存在一定的差异，但它们之间在短期上仍存在一种协同运动趋势。

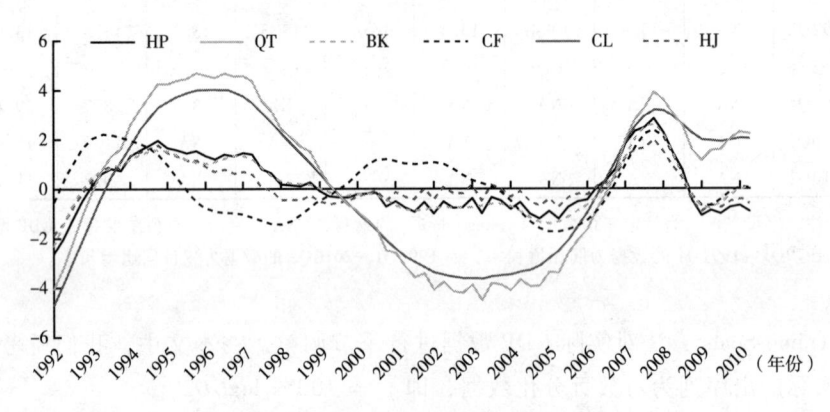

图 1 产出缺口最终估计值

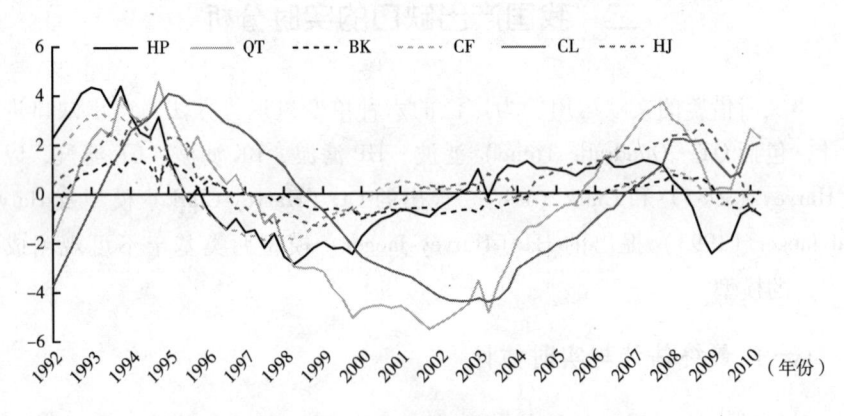

图 2 产出缺口实时估计值

表 2 给出了一些产出缺口估计的描述性统计量，其中标准差描述了经济周期波动或产出缺口的变异程度，最小值和最大值描述了经济周期波动的深度和大小，COR 描述了各种产出缺口估计与最终估计的相关程度。从最终估计和实时估计的对应结果来看，各种方法的结果差异十分明显，其中 QT 滤波和 CL 模型在两种估计上的变异性、周期深度和大小较大，HP 滤波实

时估计的扩张深度也较大。对 COR 指标，大多数方法实时估计对最终估计的相关性都较低，仅有 CL 模型具有较高的相关性，而 HP 滤波的相关程度最低，接近于 0.1。

表 2 产出缺口估计的描述统计量

方法	估计	均值	标准差	最小值	最大值	COR
HP 滤波	最终估计（FL）	0.1412	1.1408	-2.6388	2.8381	1.0000
	实时估计（RT）	0.1729	1.8724	-2.8713	4.4055	0.1174
	准实时估计（QR）	0.4434	1.9021	-2.5347	4.3615	0.1328
QT 滤波	最终估计（FL）	0.2595	3.0787	-4.5296	4.7111	1.0000
	实时估计（RT）	-0.5198	2.8755	-5.5294	4.5777	0.6737
	准实时估计（QR）	0.1843	2.9916	-4.5303	5.7663	0.6098
BK 滤波	最终估计（FL）	0.1223	1.0433	-2.3053	2.5957	1.0000
	实时估计（RT）	0.0186	0.6462	-1.0374	1.4922	0.6219
	准实时估计（QR）	0.1906	0.7057	-0.8340	1.6666	0.7095
CF 滤波	最终估计（FL）	0.1757	1.1742	-1.7472	2.4009	1.0000
	实时估计（RT）	0.1635	1.2700	-1.8983	3.2903	0.7921
	准实时估计（QR）	0.3894	1.2674	-1.7630	3.3610	0.8227
CL 模型	最终估计（FL）	0.1774	2.7298	-4.7233	4.0369	1.0000
	实时估计（RT）	-0.3437	2.5936	-4.4422	4.0554	0.9523
	准实时估计（QR）	0.5869	2.4441	-3.6750	4.4094	0.9288
	准最终估计（QF）	0.5961	2.4250	-3.8408	4.3369	0.9518
HJ 模型	最终估计（FL）	0.1303	0.8106	-1.8587	1.9650	1.0000
	实时估计（RT）	0.6888	1.2071	-1.3235	2.9722	0.4788
	准实时估计（QR）	0.5457	1.5744	-2.1897	3.6521	0.5100
	准最终估计（QF）	0.2399	0.8173	-1.1817	1.9192	0.6618

注：COR 表示各种产出缺口估计与最终估计之间的相关性。

（二）修正尺度与分解

在每个时点，实时估计和最终估计的差（RT - FL）就表示为产出缺口估计的总修正（total revision）。图 3 给出了各种方法产出缺口的总修正结果。从图中可以看出，各种方法的总修正都有比较一致的总变化趋势。另外，HP 滤波和 QT 滤波在 2008 年以后与其他滤波的变化方向有较为明显的区别，这可能是 HP 滤波和 QT 滤波对样本尾部估计不准确导致的。

为更好理解修正的构成及其作用，我们将产出缺口总修正分解为多种来

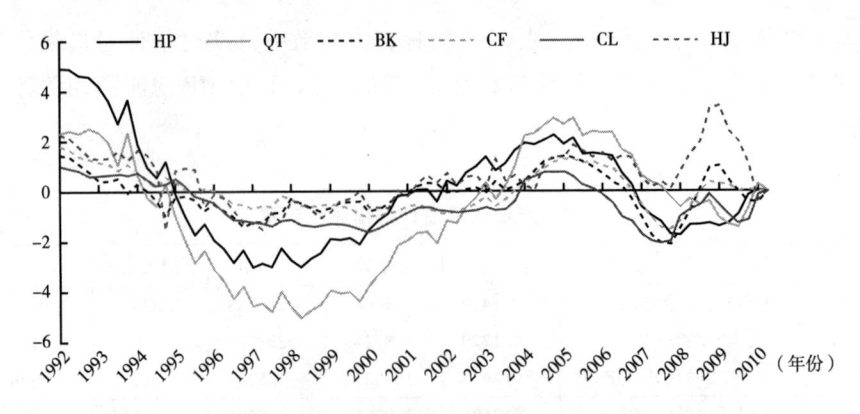

图 3　各种方法产出缺口的总修正结果

源，其一就是来自不断公布数据的修正。为分离这种数据修正因素，我们定义第三种产出缺口测度，即准实时估计（quasi-real estimate，简称 QR），它可由最终数据进行滚动估计得到，我们将这种滚动估计得到每组产出缺口估计的最后一个观测作为准实时估计的估计值。表 2 已给出了我国产出缺口准实时估计的一些描述性统计量。由于准实时估计与实时估计在任何一时点都是基于相同期的数据样本，因此两者的差（RT - QR）就完全归因于数据修正（data revision）效应。对四种滤波，准实时估计与最终估计的差，即（QR - FL）=（RT - FL）-（RT - QR）反映了事后信息在估计产出缺口中的重要性。

图 4 ~ 图 7 给出了四种滤波产出缺口的实时估计、总修正及修正的分解成分，表 3 给出了相关的描述性统计量。首先，比较总修正与实时估计。图 4 表明 HP 滤波的总修正与实时估计接近，说明总修正的变化大体上解释了实时估计的变化，而最终估计的相对解释力较弱。除 HP 滤波外，其他三种滤波总修正与实时估计之间也体现了一定的可比性，这意味着总修正在实时估计中具有相当的重要性。其次，比较总修正与数据修正。对四种滤波方法，数据修正效应是明显存在的，从图 4 ~ 图 7 中可以看出 2001 年之前数据修正基本在零附近，而 2001 年以后数据修正都显著为负，其中以 QT 滤波的结果尤为明显。然而，数据修正部分在总修正中的重要性却是微弱的。我们可以从这些图中看到，四种滤波中数据修正与总修正在变动趋势和变动幅度上都存在很大的差异，特别是 2001 年以前。此外，由于总修正包含数据修正和根据事后信息的修正（QR - FL），因此上述结果也意味着事后信息在四种滤波的产出缺口估计中起到更为重要的作用。

然而，对不可观测成分（UC）模型的 CL 方法和 HJ 方法，需要考虑模

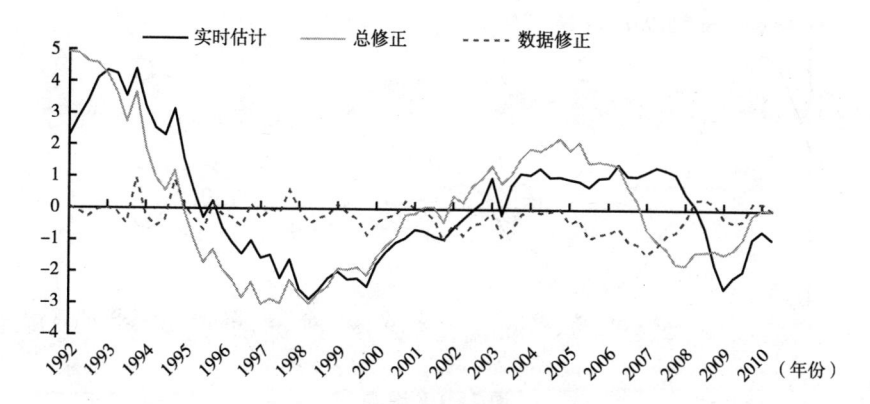

图 4　HP 滤波

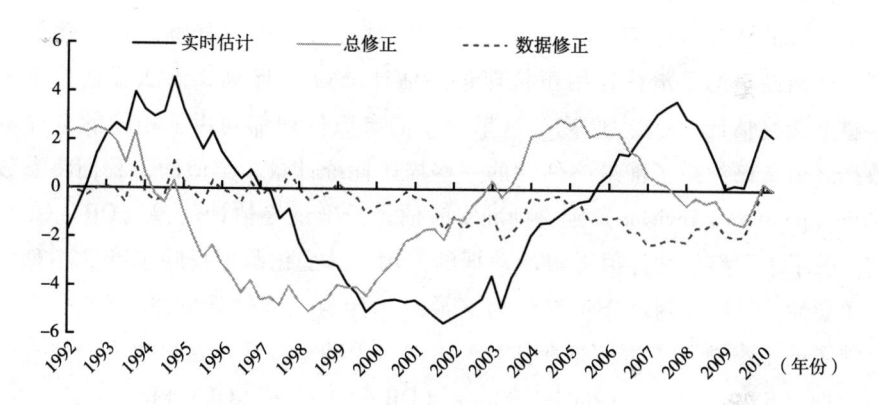

图 5　QT 滤波

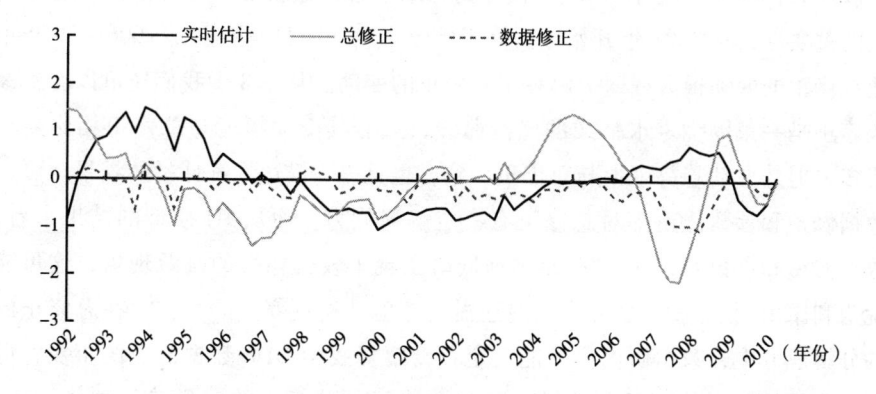

图 6　BK 滤波

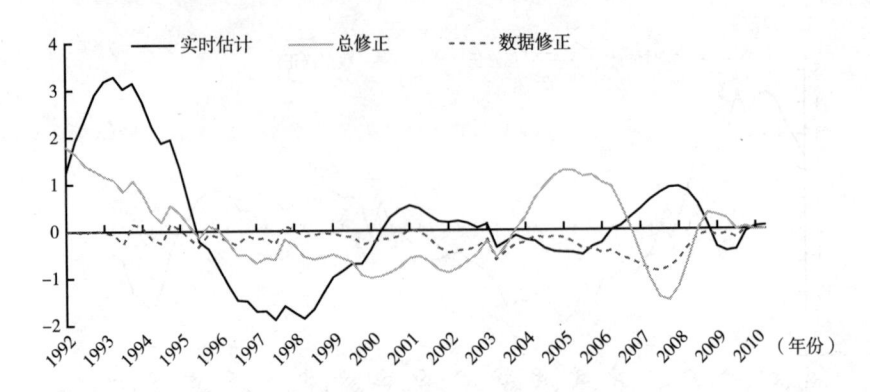

图 7　CF 滤波

型参数估计带来的不确定性,因此我们定义第四种估计即准最终估计(quasi-final estimate,简称 QF),来进一步对总修正进行分解。对于此类模型,产出缺口的平滑估计用于构建最终估计(FL)序列,而滤子估计用于构建准最终估计(QF)序列,这里模型的参数估计都利用了相同的全样本数据。表 2 已给出了准最终估计的一些描述性统计量。类似的,我们将参数修正(parameter revision)定义为准实时估计与准最终估计的差(QR - QF),它反映了不同参数估计值对过滤数据的作用,其变化范围反映了参数不稳定的重要性。最后,剩余修正部分为准最终估计与最终估计的差(QF - FL),反映了给定参数下事后信息在估计产出缺口中的重要性。这里也有一恒等关系,即(RT - FL) = (RT - QR) + (QR - QF) + (QF - FL)。

图 8 和图 9 分别给出了 CL 模型和 HJ 模型对产出缺口的实时估计、总修正以及修正的分解成分。从 CL 模型的结果来看,数据修正对总修正也存在一定的重要性,从 2001 年开始数据修正的效应愈加明显,特别是 2006~2009 年数据修正的变动很大程度上解释了总修正的变动。从图 8 中我们还可以看到参数修正是一条围绕零水平线的光滑曲线,虽然其变动幅度与总修正相比要小得多,但其变动趋势基本与总修正一致,也见表 3 描述性统计量的结果。可见数据修正和参数修正都对总修正有一定解释能力。而从 HJ 模型的结果来看,数据修正和参数修正在 2002 年之前同时出现了较大相反的跳跃现象,这可能说明利用 HJ 模型拟合实际产出时还需要考虑结构突变点的存在。在总修正的各分解成分中,数据修正虽然能一定程度解释我国 GDP 数据修正的事实,但其变化趋势与总修正很不一致,而参数修正与总修正的变化趋势大体一致,因此表明参数修正相比数据修正在总修正中更为重要。

图 8 CL 模型

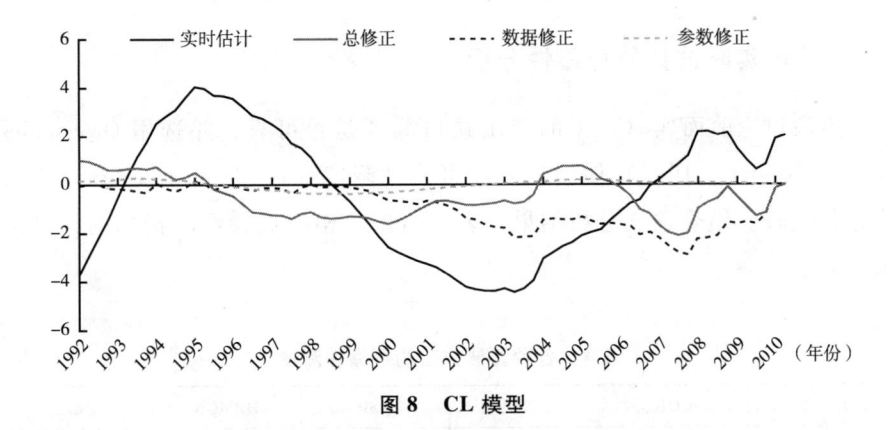

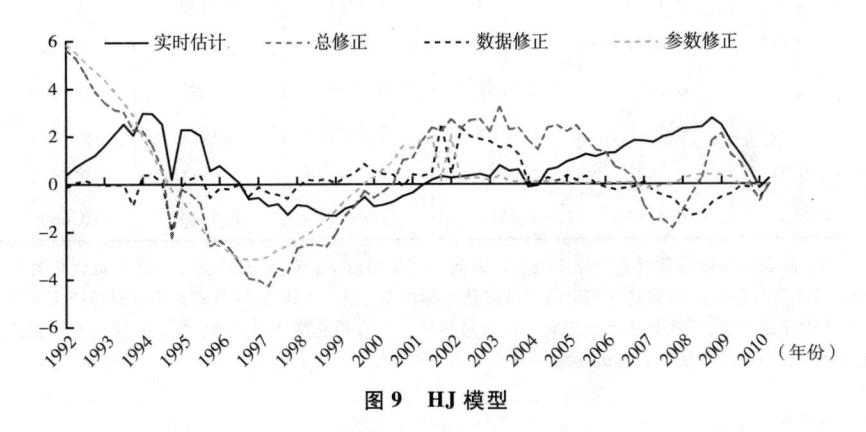

图 9 HJ 模型

表 3 产出缺口修正结果的描述统计量

方　法	修正分解	均值	标准差	均方根	最小值	最大值	AR(1)
HP 滤波	全修正（RT－FL）	0.0318	2.0750	2.0753	－3.0271	4.9220	0.9344
	数据修正（RT－QR）	－0.2704	0.4323	0.5099	－1.4187	0.9514	0.2507
QT 滤波	全修正（RT－FL）	－0.7792	2.4359	2.5575	－5.0570	2.9241	0.9391
	数据修正（RT－QR）	－0.7040	0.7955	1.0623	－2.2691	1.0951	0.6466
BK 滤波	全修正（RT－FL）	－0.1036	0.8170	0.8236	－2.1195	1.4494	0.7275
	数据修正（RT－QR）	－0.1719	0.2869	0.3345	－1.0433	0.3432	0.2873
CF 滤波	全修正（RT－FL）	－0.0122	0.7932	0.7933	－1.5154	1.7943	0.8454
	数据修正（RT－QR）	－0.2258	0.2310	0.3230	－0.8858	0.1547	0.6297
CL 模型	全修正（RT－FL）	－0.5211	0.8330	0.9825	－2.1021	1.0151	0.8274
	数据修正（RT－QR）	－0.9306	0.8498	1.2603	－2.9024	0.1314	0.9062
	参数修正（QR－QF）	－0.3822	0.1926	0.1928	－0.3822	0.2704	0.9656
HJ 模型	全修正（RT－FL）	0.5584	1.0850	1.2203	－1.5689	3.3987	0.6830
	数据修正（RT－QR）	0.1431	0.7777	0.7908	－1.9458	2.5238	0.6115
	参数修正（QR－QF）	0.3058	1.2004	1.2387	－2.2115	2.9671	0.8878

注：AR（1）表示对应方法的一阶自回归系数。

（三）实时估计的可靠性分析

本段讨论前面实时数据的产出缺口测度是否可靠，并选用 Orphanides and van Norden（1999）使用的一些可靠性测度（reliability measure）方法来进行比较。结合前文分析结果，表 4 给出了相应五种测度指标的计算结果。

表 4 各种滤波方法的可靠性测度

方法	COR	NS	NSR	OPSIGN	XSIZE
HP 滤波	0.1174	1.8189	1.8053	0.4189	0.6486
QT 滤波	0.6737	0.7912	0.8278	0.2162	0.3243
BK 滤波	0.6219	0.7831	0.7840	0.2297	0.3649
CF 滤波	0.7921	0.6755	0.6682	0.1081	0.1892
CL 模型	0.9523	0.3051	0.3592	0.0811	0.1622
HJ 模型	0.4788	1.3384	1.4862	0.3649	0.6622

注：此表给出评价各种方法修正规模、方向和变化的测度。COR 表示实时估计与最终估计的相关性，NS 表示总修正标准差与产出缺口最终估计标准差之比，NSR 表示总修正均方根与产出缺口最终估计均方根之比，OPSIGN 表示实时估计与最终估计具有相反符号的频率，XSIZE 表示总修正绝对值超过产出缺口最终估计绝对值频率。

如表 4 所示，可以获得以下一些基本结果：①CL 模型中最终估计与实时估计的相关性最强，相关度达到 0.9523，HP 滤波中的相关性最弱，相关度接近于 0.12，其他四种方法的相关性介于 0.4 至 0.8 之间；②就噪声信息比而言，CL 模型的 NS 和 NSR 指标值最小，反映了该方法在测度实时产出缺口时产生了相对最少的噪声信息，而 HP 滤波和 HJ 模型的两个指标值都明显大于 1，说明修正信息对最终估计的影响显著；③从 OPSIGN 指标结果来看，CF 滤波和 CL 模型中实时估计与最终估计出现相反符号的频率较低，均在 0.1 附近，表明实时估计与最终估计变动趋势的一致性较高，而 HP 滤波和 HJ 模型出现相反符号的频率较大，表明两种估计变动趋势的一致性较差；④XSIZE 的结果显示，CF 滤波和 CL 模型的总修正绝对值以不足 0.2 的概率超过最终估计绝对值，从而说明这两种方法实时估计值与最终估计值的接近程度最高，而 HP 滤波和 HJ 模型的接近程度最差，它们的总修正绝对值以大于 0.6 的较高概率超过最终估计。

通过上述分析结果可以得出,在六种产出缺口测度方法中,CL 模型提供了最为有利的统计结果,也因此表明 CL 模型对产出缺口实时估计是最可靠的。可靠性测度指标结果表明,CL 模型测度的实时估计具有与最终估计相关性强、符号一致性高、接近程度高和噪声信息产生少的特点。除 CL 模型外,其他五种方法对实时产出缺口估计是不可靠的,特别是 HP 滤波在六种测度方法中可靠性最差。另外需要注意的是,我们给出不同方法的可靠性比较主要是针对这些方法的实时估计行为而提出的,这并不意味着它们中某种方法在最终估计中也一定比其他方法更准确。

(四) 我国经济周期波动的进一步分析

鉴于 CL 模型测度的最终估计和实时估计在相关性、符号一致性、接近程度等方面有较好的性质,这一部分基于产出缺口估计进一步探讨 CL 模型能否描述中国经济周期波动的基本情况。为此,我们借助前面的产出缺口估计来识别我国经济周期的波峰和波谷,以及经济周期的收缩和扩张阶段。由图 10,我们可以获得以下一些重要结果:

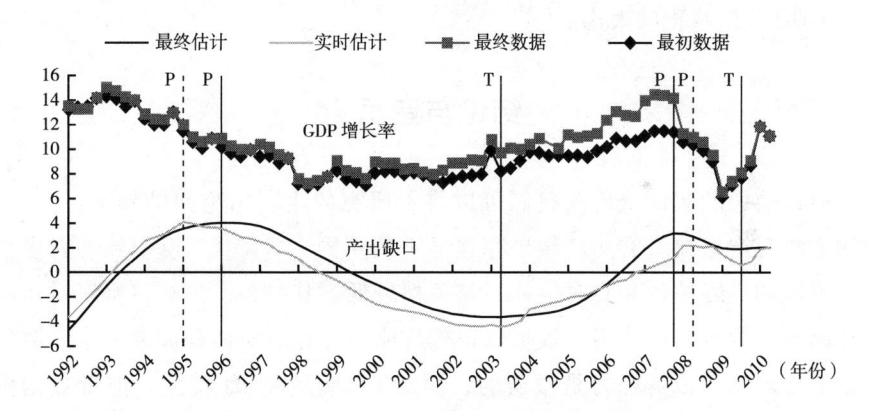

图 10 基于 CL 模型对我国经济周期的描述

注:图中"P"表示波峰,"T"表示波谷,实竖线表示最终估计对应的时点,虚竖线表示实时估计对应的时点。GDP 增长率的最终数据(final data)即为表 1 最后一列观测数据,GDP 增长率的最初数据(original data),表示官方资料最初公布的数据,即为表 1 中每一列最后一个观测组成的数据。

首先,基于 CL 模型的产出缺口最终估计和实时估计对我国经济周期的刻画比较接近,特别是与对波谷的时点刻画一致。由图可知,我国从 1992 年至今经历了两个经济周期,分别为 1992Q1 ~ 2003Q2 和 2003Q3 ~ 2009Q3。

对两个波谷，最终估计和实时估计均分别为2003Q2（即"非典"疫情发生时期）和2009Q3；对两个波峰，最终估计分别为1996Q1和2007Q4，实时估计则分别为1995Q1和2008Q2，两者间相差较小。可见，基于CL模型刻画我国经济周期仍然是较为可靠的。

其次，CL模型测度的产出缺口可以描述我国宏观经济运行的基本态势。比较产出缺口估计与GDP增长率的最终数据可以得到，产出缺口最终估计和实时估计在第二个波峰前，经济周期的波长明显较长，捕捉了我国经济增长过程中历时之久的"软着陆"时期（1993~1997年），和历时之久的"软扩张"时期（2003~2007年）。2008年以后，产出缺口最终估计和实时估计都捕捉到了2008年下半年"世界经济金融危机"的收缩信号，而前者也捕捉到了2008年第1季度发生的"雪灾"事件，受此影响，实际GDP增长率开始下降，产出缺口有所回落，并于2009年第3季度达到谷底。

最后，产出缺口最终估计和实时估计对我国经济周期识别的差异可归因于统计数据修正的影响，主要指两次波峰上的刻画不同。为此，我们在图10中引入GDP增长率的最终数据与最初数据的比较，它们之间的差完全反映了GDP数据修正的大小。

结论与启示

通过前面的实证分析，我们可以将本研究的主要结论归纳如下：其一，不同方法对产出缺口的测度结果存在显著的不同，且除CL模型外，大多数方法测度的最终估计和实时估计的相关性较低。其二，产出缺口修正对实时估计起到十分重要的作用，数据修正效应明显存在。对四种滤波方法，数据修正部分对总修正解释力是微弱的，而对CL模型和HJ模型，前者数据修正和参数修正都对总修正有一定的解释力，而后者参数修正比数据修正对总修正重更为重要。其三，最为重要的一点是在六种产出缺口估计方法中，几乎所有可靠性测度的统计结果都表明CL模型对实时估计的测度最为可靠，而其他方法对产出缺口的实时估计不可信，尤其是HP滤波对实时估计的可靠性最差。此外，根据CL模型估计的产出缺口，我们可以对我国经济周期阶段进行较好的划分，反映我国宏观经济运行的基本态势，并且该划分具有一定的合理性和现实依据。

然而，产出缺口测量不仅仅是一个估计问题，它更重要的是体现在我们进行经济政策分析的准确性和可靠性方面。产出缺口测量不准会导致严重的政策问题,特别是对稳定经济的政策产生不利影响。因此,当前国内该领域的研究当务之急就是如何采取相对可靠的退势方法,减少模型带来的度量误差,从而提高我国经济政策分析的准确性。无疑,本文关于产出缺口估计的可靠性分析,可以为我国宏观经济与政策分析提供基本的参考依据。

参考文献

[1] 陈浪南、刘宏伟,2007,《我国经济周期波动的非对称性和持续性研究》,《经济研究》第 4 期。

[2] 刘金全、刘志刚、于冬,2005,《我国经济周期波动性与阶段性之间关联的非对称性检验——Plucking 模型对中国经济的实证研究》,《统计研究》第 8 期。

[3] Abeysinghe, T. and R. Gulasekaran, 2004, "Quarterly Real GDP Estimates for China and ASEAN4 with a Forecast Evaluation", *Journal of Forecasting*, 23, 431–447.

[4] Baxter, M. and R. G. King, 1999, "Measuring Business Cycles: Approximate Band-pass Filters for Economic Time Series", *Review of Economics and Statistics*, 81, 575–593.

[5] Cayen, J. P. and S. van Norden, 2005, "The Reliability of Canadian Output Gap Estimates", *The North American Journal of Economics and Finance*, 16 (3), 373–393.

[6] Christiano, L. J. and T. J. Fitzgerald, 2003, "The Band Pass Filter", *International Economic Review*, 44 (2), 435–465.

[7] Clark, P., 1987, "The Cyclical Component of U. S. Economic Activity", *Quarterly Journal of Economics*, 102, 797–814.

[8] Harvey, A. C., 1985, "Trends and Cycles in Macroeconomic Time Series", *Journal of Business and Economic Statistics*, 3, 216–227.

[9] Harvey, A. and A. Jaeger, 1993, "Detrending, Stylized Facts and the Business Cycle", *Journal of Applied Econometrics*, 8, 231–247.

[10] Hodrick, R. J. and E. C. Prescott, 1980, "Post-war U. S. Business Cycles: An Empirical Investigation", Discussion paper 451, Carnegie-Mellon University.

[11] Hodrick, R. J. and E. C. Prescott, 1997, "Postwar U. S. Business Cycles: An Empirical Investigation", *Journal of Money, Credit and Banking*, 29 (1), 1–16.

[12] Morande, F. and M. Tejada, 2009, "Sources of Uncertainty in Conducting Monetary Policy in Chile", Central Banking, Analysis, and Economic Policies Book Series, in: Klaus, S. H. and C. E. Walsh (ed.), *Monetary Policy under Uncertainty*

and Learning, 13, 451 – 509, Central Bank of Chile.

[13] Orphanides, A. and S. van Norden, 1999, "The Reliability of Output Gap Estimates in Real Time", *Finance and Economics Discussion Series* 1999 – 38.

[14] Orphanides, A. and S. van Norden, 2002, "The Unreliability of Output Gap Estimations in Real Time", *The Review of Economics and Statistics*, 84 (4), 569 – 583.

[15] Taylor, J. B., 1993, "Discretion versus Policy Rules in Practice", *Carnegie-Rochester Conference Series on Public Policy*, 39, 195 – 214.

资金流内敛与农业经济扩张

——基于 1978~2008 年 31 省（自治区、直辖市）的面板分析

裴辉儒

（陕西师范大学农村发展研究中心）

引　言

对农业经济发展的支持主要包括政策扶持、以实物为载体的物质流援助和以货币为表现形式的资金流服务。政策扶持制定迅速但实施效果显现周期较长，实物援助直接但存在援助实物与实际需求错位问题，相对于前两项支持，资金流服务不但比较直接，还可以充分满足各种不同形式的农业需求，所以，以财政支付、金融服务和农业自身资金积累为基础的资金流支持对农业经济发展有十分关键的推动作用。

长期以来，理论界分别对财政支农、金融支农和农业自身脱贫问题展开过丰富研究，但鲜有从资金流支农立体视角进行综合研究的成果，而政府在支农改革与发展政策的制定与执行上的综合功能同样欠佳，政策预期效应不显著。为此，本文试图从财政、金融、农户收支等资金流三维视角，运用 1978~2008 年 31 省（自治区、直辖市）面板数据对财政支农、金融支农、农户自我支持等三类支农政策与农业经济增长的二者关系展开实证分析。本文研究主要针对的问题有：改革开放以来，农业资金流对农业经济增长的整体绩效如何？不同地区之间的资金流政策效果有无显著差异？各资金流之间是否存在内在联动机制和相互制约关系？本文以实证研究结论为支撑，提出了整合资金流的理论架构与政策建议。

一 文献综述

农业经济增长一般通过财政、金融和农业自我发展获得资金流支持。究竟单独资金流扶持、综合性服务、被动补救、激励自我调节流等政策哪一个更有效,国内外学者从不同研究视角分别就这几个方面的资金流政策与农业经济发展的关系和政策绩效问题展开了研究,并获得了不同结论,形成了旗帜鲜明的观点。

大量实证研究表明,政府的财政政策不仅可以通过调节一国的收入再分配,均衡农业生产供求和调整农民收入增减,而且财政政策作为公共产品对农业基础设施建设、抵御自然灾害同样有积极的保障作用。Jean-Yves Duclos (2005) 认为直接支农资金在促进农业增长方面具有很高的经济绩效。但是,Goodwin 和 Ligia 在 2007 年认为救助会给农业带来风险。西方各研究者的结论之间显然矛盾。国内学者也针对我国的实际状况做了一定的研究。张元红 (2000) 认为,中国财政支农支出与波动明显同步,在某种程度上成为农业经济增长的一种助推因素。然而,张元红只是对财政支农和农业经济增长的时间序列周期做了简单比较,并没有进行相关检验分析,并不足以说明财政支农支出增长是推动中国农业产出增长的因素。李焕彰、钱忠好 (2004) 的实证检验结果表明:财政支农支出增长与农业产出增长之间存在着互为因果的关系,但农业公共产品投入不足极大地制约着中国农业可持续增长潜力的发挥。

理论界一般认为对金融服务与经济增长的关系的研究始自 Schumpter 在 1911 年的研究,他发现金融机构能够以较低成本获取公司信息,可以通过完善的监管和投资方式,最终促进经济增长。在随后的研究中逐步形成了两种相互对立的理论观点。Mckinnon 和 Shaw 在 1973 年强调金融服务可以通过价值链的作用减少市场摩擦,加速资本积累和降低企业外部融资成本,使经济较快增长。但金融压抑论强调价格是影响经济增长的重要因素,而信贷水平等形式的金融压抑、阻碍了经济增长。他们认为在金融约束条件下,金融机构的固定成本对金融发展造成的"门槛效应"必然导致大量金融机构的金融债务致贫和金融呆坏账显著增加,使其对信贷丧失信心,同时贷款对少数非目标受益的贷款激励,以及金融机构缺乏有效监督动力和机制等原因,又致使信贷机构活力衰退和信贷计划真实目标扭曲,进而经济增长受到阻碍，所以金融在经济增长中的作用不应被过分夸大。其中，Demetiades and Hussein、Neusser and Kugler 等于 20 世纪末通过模型验证了金融发展同经济增长之间的因果关系并不显著。金融发展中存在的"门槛效应"表明，只有在经济发展到一定水平之后，构造复杂的金融体系的发展才是可行的。那么在经济发达程度不同的国家或地区采用综合数据来分析金融发展与经济增长的关系就很可能存在设定偏差。因此，只有将研究视角引入区域层面，运用面板数据分析才能使我们更好地解读金融发展与经济增长的关系，在地区不均衡发展条件下理解金融发展水平在经济增长中所扮演的角色。国内学者在此方面也做了一定的研究，但由于数据指标选取和经验变量，以及计量分析方法的应用差异，这些研究并没有获得一致性结论。谈儒勇（1999）认为我国金融中介发展与经济增长显著正相关，但金融市场发展与经济增长的关系并不显著。但是，韩廷春（2001）认为资本市场及金融发展对经济增长的作用极其有限，不能单纯地追求金融发展与资本市场的数量扩张，应更加重视金融体系的效率与质量问题。

　　事实上，大量经济与金融发展的相关研究表明，在国民经济获得持续高速增长和金融迅速发展的同时，农业经济并没有出现与之相协调的增长。但是农业金融服务是构成一国宏观金融体系的重要组成部分，农业金融服务的好坏在很大程度上影响着农业经济发展的速度。为此，国外学者进行了大量的研究。Ronald Mckinnon 和 Edward Shaw 在 1973 年认为农村要素市场的分割和金融压抑是制约农业经济发展的主要因素，过度控制利率会减少储蓄、降低资金使用效率，导致资金外流，引起农业经济恶化；Diamend 和 Krugman 认为经济结构刚性和低经济供求弹性在农村地区金融市场会引起过度资金需求与资金供给不足的非均衡结构，导致金融服务阻碍农业经济增长；国内相关研究中具有代表性的观点包括：林毅夫（2004）指出中国的正规金融和财政支农资金虽然缺乏效率，但是总体上有利于农业经济发展。季凯文和武鹏（2008）认为由于中国农村正规金融的运作缺乏效率，农村金融深化虽然在一定程度上促进了农业经济增长，但没有给当前农业经济增长带来明显的效果，并且二者之间不存在显著的格兰杰因果关系。裴辉儒（2009）通过 VAR 模型对资金流与农业经济增长进行实证分析后认为，农村金融对农业经济增长的服务功能不明显，必须借助财政收支、金融信贷和农户收支三方资金流的合力才能推动农业经济快速增长。

农户收支与经济增长的关系研究同样表现为两种观点。古典经济学认为收入分配不均等刺激了资本积累，从而促进了经济增长；人力资本收入分配理论认为人力资本在经济发展中具有双向作用，一方面带来了经济增长，另一方面导致了收入分配不均等。收入分配不均等又对经济增长产生反作用，所以不同的经济发展阶段、不同的农业部门、收入分配不均等对经济增长的功效不同。

国内学者分别从全国整体、区域比较、定点案例等方面对不同的资金流与农业经济发展关系展开研究。大量研究集中于财政支农或金融服务与农业经济增长的相关性分析，以及农业经济发展如何促进农民收入等领域，对农户收支如何推动农业经济增长的相关研究相对较少，研究观点同样分为促进论与抑制论。促进论认为农村居民收入水平低、经济理性差等因素决定了他们具有较高的消费倾向，加上农业和农村地区经济基础薄弱、资金需求缺口大、产业提升空间宽广，所以财政支农、金融服务、农民收支水平等资金流对农业经济增长具有显著的促进作用。抑制论认为，我国财政支农资金管理松懈，资金使用过于分散，金融政策传导机制不畅、金融风险过大、交易成本过高、要求过严、运营效率低下、公众信誉度下降等因素限制了农业贷款需求的增长，造成大量农业存款流向非农业部门，迫使国有金融大规模撤出农业和农村地区，最终导致农村金融服务体系不适应农业经济发展要求，所以金融发展对农业经济增长的作用不仅极其有限而且具有逆向效应，自上而下的农贷制度并不能有效地解决当前的农业经济增长问题。除了上述研究，还有部分学者就财政、金融和农户收支等资金流中的二级指标与农业经济增长的关系展开研究，揭示了不同二级指标对农业经济增长具有正或负的效应。也有学者针对上述不同观点提出了折中结论。

综观国内外研究，大量研究主要集中于单个支农政策与农业经济增长的研究，而将财政、金融和农业自我支持三个政策加以综合，来分析其与农业经济增长的关系研究尚不多见。在发展中国家，农业资金的筹集主要来自于国家财政，但政府主导的农业信贷体系在促进农业投资方面缺乏效率，而发达国家已经由政府资助补贴的农业支农模式逐步向市场化的融资方式转变，这种市场化融资的方式和国家必要干预的措施显然更有效。就我国政策效果来看，虽然有财政支持和银行信贷，但由于没有高度重视农业的信贷需求重点和倾向，农业资金仍然主要依靠政府，而政府主导的农业信贷和财政支持模式在促进农业投资增加方面普遍缺乏效率。因此，如果仅仅依靠政府的资金支持，而不加强农业金融市场、金融制度和经营风险管理体系的建设，不培育稳定的农业资本形成机制，是难以实现农民收入和农业经济稳定增长的，所以较为普遍的观点是认为政府主导的支农模式在促进农业经济发展和农民增收方面缺乏效率。处于体制转轨和产业结构升级双重转型阶段的中国的农业经济发展实际上面临着严重的资本短缺问题，但仅仅依靠处于割裂状态的各种资金流支农政策显然缺乏全局观，也必然抑制支农效率。因而运用立体视角加大对农业资金流支持政策的整合型研究，构建组合式的多维资金流支农政策不仅具有重要的理论指导和实际操作意义，而且还能缓解资金流支农效率低下与支农、助农紧迫形势之间的突出矛盾。

二 实证分析

（一）样本数据与指标

本文采用 1978～2008 年全国 31 各省（自治区、直辖市）的面板数据。数据来源为 31 个省（自治区、直辖市）1983～2009 年的统计年鉴以及各省份的财政、金融年鉴。

指标主要包括第一产业总产值、农业各税、财政支农支出、农业存款、农业贷款、农民人均纯收入、农民人均生活消费支出、农村人口等 8 个指标，7000 多个数据。由于各省份统计口径存在细微差异，所以需要对各省份具体指标作如下设定：

第一产业总产值（PI），包括农、林、牧、渔产业指标，主要反映历年农业经济增长状况。

农业各税（AT），指农业税、农业特产税、牧业税、耕地占用税、契税等。由于 2004 年之后逐步取消了农业税、牧业税和除烟叶之外的农业特产税，因此，2004 年之后的数据主要是耕地占用税和契税。鉴于各个省份统计数据存在细微差异，笔者根据我国 SNA 核算统计标准进行了归并，最终获得该指标，以下各指标也采用了同样的方法。

财政支农支出（EA），本文财政支农支出包括农业生产、农林、水利气象等项目建设费、农垦事业费、农场事业费、挖潜改造费、科技三项费以及用于农业的其他流动资金项目费的汇总数据。

农业存贷款包括存款（AD）和贷款（AL），统计数据主要为金融机构统计口径计算的存贷款年底余额。其中，金融机构包括：中国人民银行、政策性银行、国有独资商业银行、邮政信汇局、其他商业银行、农村合作银行、城市信用社、信托投资公司、财务公司等机构。1993年之前为银行口径。除了农业存贷款之外，还应包括农户存贷款，但是统计年鉴主要统计了农村居民存款，甚至部分省份为城乡居民储蓄的合并值，没有农户贷款的统计数据，所以在本文中没有涉及农户存贷款。

农民人均纯收入（NI），农民人均纯收入按来源分为工资性收入、家庭经营纯收入、转移性和财产性收入。工资性收入是农民从事非农业生产获得的收入；家庭经营纯收入是农民从事农业及农业加工业获得的收入；转移性和财产性收入是农民获得的非劳动收入。

农村居民人均消费，包括生产性消费和生活性消费。为了与纯收入指标对应，本文把农民人均生活消费支出（CE）选取为考察指标。

农业人口（RP）：按照产业和户籍将人口分为农业人口和非农业人口、城镇人口和农村人口（或农村人口和非农村人口）。为了使农村收入统计口径一致，本文采用后者。

完整的资金流体系还应该包括农业保险流，但受农业保险数据可获得性的限制，本文没有涉及农业保险流。本文所有指标用人均数据来衡量我国农业资金流与农业经济增长的状况。故在本文中实际包括第一产业总产值（PI）、农业各税（AT）、财政支农支出（EA）、农业存款（AD）、农业贷款（AL）、农民人均纯收入（NI）、农民人均生活消费支出（CE）等七个人均指标。并根据这些指标建立面板数据。

（二）整体检验与模型估计

本文主要通过模型效应、单位根、协整等检验来确定模型并加以估计，最后通过对模型估计结果的分析来揭示出资金流支农政策与农业经济增长之间的内在联系。

1. 效应检验与估计

首先，在设定固定模型效应的前提下，检验共同系数的模型，检验结果见表1。检验结果表明在5%的置信水平下，无论是截面固定、时期固定、还是截面时期混合固定都拒绝了原假设，即引入固定效应是合理的。

然后，根据固定效应假设估计模型，结果见表2。从模型估计效果来看，时期固定效应模型估计值和拟合效果比较合理，DW值却小于2，存在序列相关，虽然在 Panel Data 中对 DW 值的要求不是很高，但是模型不十分理想，因此再进行随机效应检验。本文采用 Hausman 方法进行检验，估计结果见表3、表4。

表1 固定效应检验

效应检验	统计量	自由度	相伴概率
截面固定	21.778483	(30,864)	0.0000
时期固定	14.571145	(29,864)	0.0000
截面和时期固定	20.828136	(59,864)	0.0000

表2 各类固定效应模型估计

自变量	截面固定效应模型 系数估计值	标准误差	时期固定效应模型 系数估计值	标准误差	截面和时期固定效应模型 系数估计值	标准误差
C	814.683***	43.6952	131.4584***	26.6615	211.304***	31.77265
AT	1.52122	0.48544	2.62909***	0.57235	3.53856***	0.538130
EA	-0.14022	0.10487	-0.34845**	0.10285	-0.12359	0.114346
AD	0.00076	0.01184	-0.04871***	0.01071	-0.07306***	0.012474
AL	0.00212	0.05815	0.21609***	0.05252	0.28847***	0.058613
NI	0.28835***	0.06310	0.27142***	0.06244	0.16364**	0.068934
CE	-0.05456	0.08155	0.48278***	0.07827	0.49143**	0.086306
R^2	0.781329		0.81458		0.69839	
AIC	15.48453		15.3216		15.7437	
SC	15.67170		15.5140		15.7801	
DW	0.872341		1.53675		1.1131	

注：表中 ***、**、* 分别表示1%、5%、10%的显著水平，以下各表同。

表3 随机效应检验一

效应检验	统计量	χ^2自由度	相伴概率
截面随机	10.357750	6	0.1104
时期随机	332.38540	6	0.0000
截面和时期都随机	0	6	1.0000

表 4　随机效应检验二

变量	截面随机 估计值	截面随机 差分后方差	截面随机 相伴概率	时期随机 估计值	时期随机 差分后方差	时期随机 相伴概率	截面和时期都随机 估计值	截面和时期都随机 差分后方差	截面和时期都随机 相伴概率
AT?	2.7514	0.014396	0.307	1.5212	3.5385	0.0188*	2.6290	2.7157	-0.0879
EA?	-0.3283	0.000171	0.125	-0.1402	-0.1235	0.0012	-0.3484	-0.3343	-0.0030
AD?	-0.0506	0.000001	0.069	0.0007	-0.0730	0.0001*	-0.0487	-0.0500	-0.0001
AL?	0.2224	0.000043	0.336	0.0021	0.2884	0.0008*	0.2160	0.2205	-0.0007
NI?	0.2617	0.000068	0.242	0.2883	0.1636	0.0004*	0.2714	0.2646	-0.0011
CE?	0.4830	0.000107	0.977	-0.0545	0.4914	0.0010*	0.4827	0.4829	-0.0017

从检验结果来看，只有时期随机效应模型在5%的置信水平下，拒绝了原假设，其他检验都接受了原假设，因此引入时期效应比较合理。但为了充分比较各种模型的优劣，本文同时对截面随机、时期随机和混合随机模型进行估计，估计见表5。表5估计结果显示，三个模型的拟合效果都并不明显优于固定效应模型，而且大部分系数检验不显著，序列相关性更为严重。基于此，选择固定效应模型相对合理，但模型仍然存在缺陷，需要做进一步检验和改进模型。

表 5　各类随机效应模型估计

自变量	截面随机效应模型 系数估计值	截面随机效应模型 标准误差	截面随机效应模型 t检验值	时期随机效应模型 系数估计值	时期随机效应模型 标准误差	时期随机效应模型 t检验值	截面和时期随机效应模型 系数估计值	截面和时期随机效应模型 标准误差	截面和时期随机效应模型 t检验值
C	131.45	26.6615	4.9306*	814.68	43.6952	18.644*	131.45	22.212	5.9182
AT	2.6290	0.57235	4.5935*	1.5212	0.48544	3.1336*	2.629	0.4768	5.5135
EA	-0.348	0.10285	-3.3878*	-0.1402	0.10487	-1.3370	-0.3484	0.0856	-4.0664
AD	-0.048	0.01071	-4.5453*	0.0007	0.01184	0.0648	-0.0487	0.0089	-5.4558
AL	0.2160	0.05252	4.1145*	0.0021	0.05815	0.0365*	0.2160	0.0437	4.9386
NI	0.2714	0.06244	4.3467*	0.2883	0.06310	4.5692	0.2714	0.0520	5.2174
CE	0.4827	0.0782	6.1676*	-0.0545	0.0815	-0.6690	0.4827	0.0652	7.4030
R^2	0.814589			0.781329			0.814589		
AIC	15.32168			15.48453			1147.392		
SC	15.51405			15.67170			2.27E+08		
DW	1.04891			1.00086			0.964891		

2. 单位根检验

本文对七个人均变量分别进行同质单位根和异质单位根检验，检验结果分别见表6、表7。在水平值条件下，所有的变量都基本接受了原假设，表明各变量均存在单位根，一阶差分后的各变量在不同的显著水平条件下大部分检验结果表现为无单位根，从而证明这七个变量是一阶单整的。

表6 各变量在水平值下的单位根检验

变量	同质单位根检验			异质单位根检验		
	LLC	Breitung	Hadri	IPS	ADF	PP
PI	7.099	10.986	12.7958***	6.6960	29.645	13.3415
AT	8.783	11.257	1.7397**	4.0273	96.085***	34.8056
EA	20.376	13.201	1.7719**	24.2861	5.11080	10.0783
AD	24.684	17.689	20.1537***	24.8896	10.8387	35.7174
AL	15.286	14.881	24.0049***	16.5504	18.0104	25.6841
NI	7.9206	-4.4943	59.6573***	12.6203	6.04035	2.86968
CE	7.934	4.0671	55.7107***	9.53561	13.8789	7.89450

表7 各变量在一阶差分后的单位根检验

变量	同质单位根检验			异质单位根检验		
	LLC	Breitung	Hadri	IPS	ADF	PP
PI	-3.77329***	-0.77591	2.48451**	-11.4499*	273.594***	544.432***
AT	-8.99382**	2.17498**	9.34449***	-11.4798*	41.848*	79.466**
EA	26.1063**	11.9906**	11.4423***	25.4692**	151.120***	8.62525**
AD	4.32948	10.4020*	30.6658***	3.32844	204.384***	591.496***
AL	1.31836	8.66992	12.7697***	-5.26945**	222.211***	826.795***
NI	0.82831	2.96922*	2.38201**	-4.50595**	129.677***	96.2700***
CE	-7.42908**	-2.72456*	4.91398***	-6.85974**	157.349***	214.102***

3. 协整检验与估计

单位根检验表明七个变量均表现为一阶单整，说明PI和各变量之间存在协整关系。因此需要进一步检验PI和各变量之间的协整关系。检验结果见表8。

面板数据协整检验显示，除了PI和AT在各种检验中存在着明显的协整

表 8 协整检验

变量	检验方法		变量	AT	EA	AD	AL	NI	CE
PI	Pedroni	同质备择检验	Panel-V	10.285 (0.000)	5.8390 (0.000)	4.7352 (0.000)	4.4553 (0.000)	-1.081 (0.222)	0.3448 (0.375)
			Panel-Rho	2.5691 (0.015)	0.9145 (0.263)	1.4133 (0.146)	1.6347 (0.104)	0.9197 (0.261)	-1.228 (0.187)
			Panel-PP	3.3077 (0.002)	0.0813 (0.397)	0.6455 (0.323)	1.3254 (0.165)	0.1408 (0.395)	-2.962 (0.005)
			Panel-ADF	3.2025 (0.002)	-0.331 (0.377)	-0.914 (0.262)	-1.651 (0.102)	-0.977 (0.247)	-4.575 (0.000)
		异质备择检验	Group-Rho	2.5257 (0.016)	3.1155 (0.003)	2.8943 (0.006)	3.402 (0.001)	2.6742 (0.011)	-0.572 (0.338)
			Group-PP	2.4947 (0.017)	1.8644 (0.070)	0.8124 (0.286)	2.330 (0.026)	1.4533 (0.138)	-3.700 (0.001)
			Group-ADF	0.1242 (0.000)	-2.852 (0.006)	-3.030 (0.004)	-2.603 (0.013)	-5.1792 (0.000)	-5.201 (0.000)
	Kao	ADF		4.4161 (0.000)	4.7134 (0.000)	6.6936 (0.000)	2.4247 (0.008)	3.9405 (0.000)	3.8096 (0.000)
	Fisher	迹检验	无联合协整关系	187.0 (0.000)	251.0 (0.000)	293.6 (0.000)	228.3 (0.000)	187.6 (0.000)	187.0 (0.000)
			至少存在一个关系	142.9 (0.000)	93.74 (0.006)	97.11 (0.003)	122.2 (0.000)	130.1 (0.000)	142.9 (0.000)
		最大特征值检验	无联合协整关系	147.8 (0.000)	243.2 (0.000)	285.4 (0.000)	202.9 (0.000)	157.6 (0.000)	147.8 (0.000)
			至少存在一个关系	142.9 (0.000)	93.74 (0.006)	97.11 (0.003)	122.2 (0.000)	130.1 (0.000)	142.9 (0.000)

关系外，其他变量都有部分检验没有通过。其中，在 PI、EA 和 AD 之间，Panel-Rho、Panel-PP、Panel-ADF、Group-PP 检验表明没有明显的协整关系，其他检验则表明二者存在协整关系；在 PI 和 AL 之间，Panel-Rho、Panel-PP、Panel-ADF 检验表明没有明显的协整关系，其他检验则表明二者存在协整关系；在 PI 和 NI 之间的同质备择检验和 Group-PP 检验都表明没有明显的协整关系，其他检验则表明二者存在协整关系；在 PI 和 CE 之间，Panel-V、Panel-Rho、Group-Rho 检验表明没有明显的协整关系，其他检验则表明二者存在协整关系。在假定存在协整关系的前提下，建立如下协整模型：

$$\Delta PI_{it} = \beta_0 + \beta_1 \Delta AT_{i,t-i} + \beta_2 \Delta EA_{i,t-i} + \beta_3 \Delta AD_{i,t-i} + \beta_4 \Delta AL_{i,t-i} + \beta_5 \Delta NI_{i,t-i} + \beta_5 \Delta CE_{i,t-i} + \varepsilon_{it}$$ (1)①

根据（1）式，筛选出6个相对较为理想的估计模型加以比较。从6个模型估计结果来看，序列相关问题有了显著改善，但模型拟合效果仍不理想，每个模型都有部分参数统计检验不显著，还需要作进一步的技术处理和模型改进。本文主要对所有变量依次取对数，并再次通过固定和随机效应、单位根、协整检验（限于篇幅省去上述具体步骤）重估模型。检验表明，模型依然是固定效应相对比较合理，存在一阶单整，说明PI和各变量之间存在协整关系。所以，我们作协整模型估计（同时作出对数估计模型，加以比较），结果见表9。

表9 对数后模型与对数协整模型估计结果

因变量 LPI	回归系数	标准误差	因变量 ΔLPI	回归系数	标准误差
LAT	0.0255**	0.0118	ΔLAT	0.038**	0.018
LEA	0.0587**	0.0150	ΔLEA	-0.139***	0.029
LAD	-0.124**	0.0152	ΔLAD	0.047***	0.017
LAL	0.062**	0.0158	ΔLAL	0.031**	0.019
LNI	0.6423**	0.0115	ΔLNI	0.725***	0.061
LCE	0.3272**	0.0125	ΔLCE	0.213***	0.041
R^2	0.89425		R^2	0.184931	
AIC	0.66862		AIC	-0.902194	
SC	0.69462		SC	-0.709929	
DW	1.07854		DW	2.127187	

4. 最终估计结果

表9估计显示，在取对数的协整模型中，财政支持农业的贡献率为负值，这与理论和实际都不相符，协整模型拟合效果不理想，故需要进一步改进。经过重复筛选和模型优化，最终选择截面固定效应模型进行估计，结果见表10。估计结果显示：农业各税（AT）对农业经济增长产生弱的负效应，减免农业各税对农业经济的促进作用并不显著，因此农业各税不是影响农业经济发展的主要因素。这也可能与我国取消农业税时间较短、政策存在滞后效应有关；财政支农（EA）对农业增长的支持力度十分有限，与我国财政支农政策功能表现实际基本一致，因为财政支农主要目的在于改善农村

---

① 式中，Δ表示一阶差分,滞后一期用变量后加(-1)表示。

地区水利设施、农场等基础设施和产业技术等，虽然在一定程度上扶持了农业经济建设，但不是促进农业经济发展的主要动力源；农业存款（AD）和农业贷款（AL）对农业经济发展推动乏力，这与我国尚没有形成有效的金融服务激励机制有着密切的关系；显然，农户收入（农民人均纯收入，NI）是目前支持农业经济增长的主导因素，但众所周知，我国农户收入相对于城镇居民收入显然比较低下，资本积累有限，不能在农业的后续发展中发挥更大的支撑作用；而农户消费水平（农民人均生活消费支出，CE）是拉动农业经济增长不可或缺的力量，但由于农户收入低下，农村市场发育不健全，显然拉动乏力。分析结果进一步证实了我国农业经济发展的现状是农业经济增长的动力源主要是农村自身资金源而非其他外在因素，但是依靠脆弱的农业基础和微薄的农业及农民收入来推动农业经济发展、产业结构调整和产业规模扩大只能是杯水车薪、步履维艰，所以还必须依靠二、三产业对农业的反哺才能切实促进农业快速发展，推动农业经济全面提升。从整体资金流的支农绩效来看，虽然发挥了一定的支农作用，但效果都不显著，显示出我国财政、金融政策相互割裂而且与农业自身发展的资金流需求存在严重偏差，所以整合资金流支农模式，形成组合式、一体化的资金流支农战略是当前支农政策中的一个重大难题。

表10 最终估计模型

指标	C	LAT	LEA	LAD	LAL	LNI	ΔLCE
LPI	0.625144***	-0.0757***	0.02437**	0.07264***	0.07404***	0.75291***	0.25594**
检验值	R^2	调整的R^2	AIC	SC	DW	F统计量	F概率值
	0.955495	0.953636	0.196651	0.000954	1.543361	514.0724	0.0000

结论与启示

从以上实证分析来看，资金流服务与农业经济增长之间存在着复杂的关系，不能简单地定性为正向或负向关系。本文从以上分析结果中得出如下结论与启示。

第一，资金流服务绩效不显著，体制有待创新，服务力度尚须加强。由于农业金融服务体系中不合理的制度安排和支农金融机构的经营战略转移，农户不仅贷款困难,储蓄乏力,农户和农村产业难以获得大量原始积累资金,且外流现象出现在地区和产业方面;农民收入提高缓慢,农村消费水平低下,与农业收入的不确定性,致使农村经济增长十分缓慢,最终阻碍了农业现代化进程。因此,需要通过进一步深化资金流改革,逐步建立政府、企业、个人三方投入,政府、市场双轨机制、财政、金融、生产等多元化的农业资金流保障机制。

第二,资金流的传导机制不畅,有待完善。从目前我国资金流支农的实际情况来看,大量增加的农业和农村地区的资金投入往往造成更多渠道的大量资金流失和资金无效沉淀。政府信贷所增加的货币供给主要被农民用于消费而不是生产和投资,导致这部分资本不能够用于创造资本,只有比例较低的农业生产利润和农民纯收入被用于生产保险和生产资本。因此,仅仅依靠政府推动下的简单化的资金支持,而不完善农村金融市场、健全农业经营管理体系就难以实现改善农业、农村资金流结构与提高效率的目的。从农业经济发展的角度看,只有建立健全农村金融市场体系,优化财政支农资金的配置结构,促进农业保险的快速发展,逐步规范地方政府的经济行为,并真正形成从农业贷款到农业投资的高效转化机制和财政支农资金支出的有效监控机制,才能实现农业资金的高效配置,从而进一步推动农民收入的稳定增长。

第三,一刀切的资金流支农政策在区域空间缺乏灵活性,产生效果存在巨大差异,有待于推出个性化服务政策。地区间经济规模差距逐步拉大,导致东西部资金流服务特征出现异化,东部地区资金流支持力度在逐步加大,中西部地区支持作用并不明显,甚至部分地区出现倒退现象。因此,农业经济发展不仅要依赖资金流的外力支持,更重要的是要改善自身的内在激励机制,根据区域间农业经济特点实施侧重点各异、方式多样的资金流支农梯度和个性化战略。

第四,各项资金流政策有待于进一步整合以提高支农效率。促进农业经济增长的资金流政策并不是依靠某一种方式就可以解决问题。不同的资金流内部关系复杂,彼此协调性差,只有科学地评估资金流内部机理和外部联动关系,进行资源整合,构建拥有多种筹集资金渠道、联动回报的立体资金流支农体系,才能有效地补充农业资金流资源。除此之外,还要积极探索农业保险机制,加强对农业保险与农业经济增长的研究,促进农业可持续发展。

第五,农业和农村资金流需求动机庞杂,需要通过建立完备的甄别机制来提高资金流的利用效率。针对不同需求对象可以将资金流需求主体依次划分为投资型、温饱型、无奈型和冒险型。投资型是指有好的项目，能够理性投资的客户；温饱型是指能够基本维持日常生活，但无资金流需求的客户，这一类型的客户一般在经济十分落后的贫困地区比较普遍；无奈型是指由于婚丧嫁娶、建房置业、破产等被迫需求资金的客户；冒险型是指试图通过高额贷款和资金支持发家致富的企业和个人。其中，有些客户经济基础较好，还款能力强、资金支持绩效高；有些客户经济条件差，试图冒险致富，往往会给资金流服务带来很大风险和过高成本。资金流服务政策可以根据上述对象分类，针对不同的农业客户实施不同的资金流战略，以规避金融风险和财政支持失效现象发生。

参考文献

[1] 张元红，2000，《财政政策与中国农业的周期性波动》，《中国农村观察》第1期。

[2] 李焕彰、钱忠好，2004，《财政支农政策与中国农业增长：因果与结构分析》，《中国农村经济》第8期。

[3] 谈儒勇，1999，《中国金融发展和经济增长关系的实证研究》，《经济研究》第10期。

[4] 韩廷春，2001，《金融发展与经济增长：经验模型与政策分析》，《世界经济》第6期。

[5] 林毅夫，2004，《金融改革与农村经济发展》，《金融与保险》第1期。

[6] 季凯文、武鹏，2008，《农村金融深化与农村经济增长的动态关系》，《经济评论》第4期。

[7] 裴辉儒，2009，《农村金融服务条件下资金流与经济增长的相关性分析》，《陕西师范大学学报》（哲学社会科学版）第2期。

[8] Jean-Yves Duclos, Paul Makdissi, and Quentin Wodon, 2005, "Poverty-dominant Program Reforms: the Role of Targeting and Allocation Rules", *Journal of Development Economics*, 77, 53 – 73.

[9] MacKinnon, D., 2002, "Rural Governance and Local Involvement: Assessing Stated Community Relations in the Scottish Highlands", *Journal of Rural Studies*, 18, 307 – 324.

[10] Pagano, M., 1993, "Financial Markets and Growth: An Overview", *European Economic Review*, Vol. 37, 613 – 622.

[11] Neusser, K., and Kugler, M., 1998, "Manufacturing Growth and Financial Development: Evidence from OECD Countries", *The Review of Economics and Statistics*, Vol. 15, 638 – 646.

劳动力选择性迁移与我国经济区域增长俱乐部收敛

童光荣 杨艳军

(武汉大学经济与管理学院)

引 言

改革开放以来，我国城乡、地区之间劳动力流动性日益增强，大批外来务工人员被城市部门所雇佣，到20世纪90年代，随着政府限制迁移政策的适当放宽，全国范围的劳动力流动规模迅速扩大，鼓励人口跨区流动，已经逐渐成为我国政策层面上的基本取向。新古典增长理论认为资本的边际收益递减，劳动力会由资本劳动力比率低的部门流向资本劳动力比率高的部门，资本的流动方向则与之相反，这种生产要素的流动最终会使地区间的资本劳动力比率趋于一致，从而使地区间经济发展水平相同，劳动力由欠发达地区向发达地区的迁移会加快人均产出收敛的速度。但是，伴随着劳动力流动规模的扩大，我国的地区经济差距却并没有缩小。国家统计局的数据显示，我国的基尼系数已经由1980年的0.33上升至2009年的0.47，随着我国经济总量的快速增长，出现了收入差距不断增加与劳动力流动规模不断扩大并存的现象。

这一问题引起了研究者们的极大关注，一些学者就我国地区差距与劳动力流动的关系进行了研究，但从现有的研究看，由于研究角度和采用方法与数据不同，结论也存在较大差异。部分学者认为劳动力迁移会缩小地区收入差距，段平忠等（2008）认为中国人口流动地区分布的差距与中国经济增长的地区差距具有高度的相关性，人口流动对增长差距的收敛作用明显。其作用主要发生在两个方面：一是中西部低收入地区的劳动力外流，会缓和这些地区农村人口对土地的压力和就业压力;二是劳动力流动为中西部地区带来了大量的汇款,对流出地区农民收入的增长起了直接支撑作用(王小鲁、樊纲,2004)。姚枝仲和周素芳(2003)也有类似观点,他们采用 Taylor Williamson(1997)的方法估算了中国内地劳动力流动对地区经济增长趋同的现象,结果表明1985~1990年劳动力流动对地区收入增长差距缩小的贡献大约为12%,他们认为劳动力地区迁移除了能使地区间要素收入相等以外,还能改变各地区的需求结构,削平地区间要素禀赋差异,最终实现地区间人均收入相等,但他们的经验分析也表明由于中国的劳动力流动受到较大的限制,劳动力流动还没有对地区差距缩小发挥重要作用。林毅夫,刘培林(2003)通过估计迁移者对收入差距的反应弹性,认为迁移的确是一种缩小差距的机制,但由于户籍制度的存在和沿海地区过快的发展速度,目前的迁移规模仍不足以缩小现存的收入差距。部分学者则有相反的观点,杨云彦(1999)研究认为我国外部注入资金的倾斜对劳动力的跨地区流向的牵引,促成了人力资本的区域转移,从而使得我国的经济增长产生了极化效应,跨省劳动力流动的结果反而扩大了地区间发展差距。蔡昉等(2001),Cai F. et al.(2002)也认为劳动力市场的扭曲是形成地区差距的一个重要原因。还有一些学者则认为劳动力的迁移对不同区域的经济增长作用有所不同。李实(2003)指出劳动力流动在一些富裕地区有助于缩小收入差距,但在一些贫穷地区却起到了扩大收入差距的作用。这是因为中国在富裕地区外出的劳动力主要来自于一些低收入家庭,而在贫穷地区则主要来自于中等偏上收入家庭,因此现阶段仅依靠农村剩余劳动力转移并不能缩小城乡收入差距。敖荣军(2008)通过引入各省份劳动力的净迁入率,计算了1990~2000年初劳动力迁移的经济增长作用,认为中国省际劳动力迁移使得省际经济增长分散的速度提高了0.12%。

这些研究虽然从不同角度反映了我国各阶段劳动力迁移对我国区域经济增长差异的影响,但结论存在显著的不一致性,且都忽视了我国迁移劳动力的非同质性及其作用地区差异性并存的实际情况。对技术性的劳动力而言,跨省跨地区的流动相对比较容易,他们趋向于在沿海地区找到报酬较高的工作。显然大量技术性劳动力的流入促进了流入地区的经济发展,然而劳动力的这种迁移对劳动力输出地的影响则是模棱两可:一方面,从内陆到沿海的技术性劳动力源源不断地向家乡汇款,从而促进了劳动力输出地区的收入增加,缩小了区域差距。另一方面,技术人才的流出抑制劳动力输出地区生产力的提高,从而可能拉大地区差距[①][②]。如果将迁移劳动力的人力资本水平对地区经济增长的影响也考虑在内的话,劳动力的迁移对区域差距的变动可能会带来更为深刻的影响。本文从我国异质性劳动力迁移现状出发,从理论和实证两方面来分析劳动力选择性迁移对我国地区经济收敛的影响。

一 两部门经济模型

根据 Kremer 的模型,假设生产过程由 n 个独立的任务组成,每个环节都由一个不同的工人独立完成,完成第 i 个任务的工人的技能水平为 $h_i \in [0,1]$,技能水平也决定了工人能完成任务的概率:$p\{i\ successful\} = h_i$,则生产过程的产出为:[③]

$$y = n \prod_{i=1}^{n} I\{i\ successful\} \tag{1}$$

当条件 Q 为真时,$I(Q) = 1$;当不满足条件 Q 时,$I(Q) = 0$。在此基础上,我们设定一个包括农业部门和工业部门的两部门经济模型。农业部门中,无论劳动力的技能水平为多少,均获得一个固定的收益:$\bar{R} = c1$;工业部门的工资收益则随着所在企业产出的不同而有所差异,假设产品和劳动力市场是竞争性的,产出收入与支付的总工资相等,每个工人的工资为 $w = y/n$。第一阶段工人决定是否"迁移",迁移成本为 $c2 \in (0,1)$,第二阶段企业将本部门已有的工人及新转入的工人进行匹配,进行生产并支付工资。但是因为事前工人的技能水平是无法观测的,企业需根据自己设置的测试核来确定工人的技能水平。

(一) 企业的雇佣决策

企业判定工人技能水平的测试核为:

$$t = \begin{cases} h & (p) \\ 1-h & (1-p) \end{cases} \tag{2}$$

[①] 覃成林:《中国区域经济增长分异与趋同》,科学出版社,2008。
[②] 张焕明:《我国经济增长的地区性趋同理论及实证分析》,合肥工业大学出版社,2007。
[③] Michael Kremer, "The O-Ring Theory of Economic Development", *The Quarterly Journal of Economics*, 1993 (8): 551–575.

这意味着当工人的技能水平为 h 时,企业将会以 p 的概率将其技能水平判定为 h,以 $1-p$ 的概率将其技能水平判定为 $1-h$,其中 $p>1/2$。当所有工人成功的可能性 $p\{i \ successful\} = h_i$ 相互独立时,生产过程预期的产出为:$E(y) = n\prod_i h_i$。设 h 是企业工人的平均技能水平(Kremer,1993),则每一个企业的期望产出为:

$$E(y) = nh^n \tag{3}$$

其中 $\dfrac{\partial E(y)}{\partial h} = n^2 h^{n-1} > 0$,且 $\dfrac{\partial^2 E(y)}{\partial h^2} = n^2(n-1)h^{n-2} > 0$,说明企业的产出随雇佣工人平均技能水平的增加而递增,且呈现边际产出递增的特点。由此可以得到两个推论来说明企业匹配工人的准则:一是因为技能水平较低的工人会有较大的可能性破坏整个生产过程,企业不愿意将高技能水平的工人与一个相对技能水平较低的工人组合成一个生产团队;二是在其他工人的基础上,每一个新增工人都是边际价值递增的,拥有高技能水平生产团队的企业倾向于雇佣更多的高技能工人。因此,当企业以测试核判定结果为依据时,企业将会按照如下匹配准则将工人匹配进行生产:当测试判定新进工人技能水平为 $t=0$ 时,将其编入 $t=0$ 的生产团队进行生产;当测试判定新进工人技能水平为 $t=1$ 时,将其编入 $t=1$ 的生产团队。

(二)劳动力的迁移决策

为简化分析,我们假设工人的技能水平只存在无技能 $h=0$ 和高技能 $h=1$ 两种极端情况。假设在工业部门现存的生产模式下初始高技术水平工人的比例为 $\gamma \in [0,1]$,那么在原有的生产模式下,$t=1$ 与 $t=0$ 的生产团队中包含 $h=1$ 的工人的概率分别为:

$$p\{h=1 \mid t=1\} = \frac{p\{h=1, t=1\}}{p\{t=1\}} = \frac{\gamma p}{\gamma p + (1-\gamma)(1-p)} \tag{4}$$

$$p\{h=1 \mid t=0\} = \frac{p\{h=1, t=0\}}{p\{t=0\}} = \frac{\gamma(1-p)}{\gamma(1-p) + (1-\gamma)p} \tag{5}$$

$t=1$ 与 $t=0$ 的生产团队可以获得大于 0 的工资概率分别为:

$$P\{w \mid t=1\} = \left(\frac{\gamma p}{\gamma p + (1-\gamma)(1-p)}\right)^n \tag{6}$$

$$P\{w \mid t=0\} = \left(\frac{\gamma(1-p)}{\gamma(1-p)+(1-\gamma)p}\right)^n \tag{7}$$

$h=0$ 的劳动力，因其个人完成任务的概率 $p\{i\ successful\} = h_i = 0$，因此，无论他被纳入哪一个生产团队，获得工资的概率都是 0。因此 $h=0$ 的工人迁移到工业部门的预期收益为：

$$R_0 = E_0(w) - C_0 = 0 - c1 - c2 \tag{8}$$

其中 $R_0 = -c1 - c2 < \bar{R} = c1$，意味着无技能的工人迁移到工业部门的收益小于留在农业部门的收益，因此对这部分人而言，其最优决策是留在农业部门，不参与转移。

而 $h=1$ 的高技能水平的劳动力迁移到工业部门获得工资的概率为：

$$P(w) = P\{w \mid t=1\} * P\{t=1\} + P\{w \mid t=0\} * P\{t=0\}$$
$$= \left(\frac{p}{p+(\frac{1}{\gamma}-1)(1-p)}\right)^n p + \left(\frac{(1-p)}{(1-p)+(\frac{1}{\gamma}-1)p}\right)^n (1-p) \tag{9}$$

这部分高技能工人转移到工业部门的预期收益为：

$$R_1 = E_1(w) - C_1 = P(w) - c1 - c2$$
$$= \left\{\left(\frac{p}{p+(\frac{1}{\gamma}-1)(1-p)}\right)^n p + \left(\frac{(1-p)}{(1-p)+(\frac{1}{\gamma}-1)p}\right)^n (1-p)\right\}\frac{w}{n} - c1 - c2 \quad (n=2,3,\cdots,N) \tag{10}$$

当预期收益 $R_1(w) > 0$ 时，这类工人将选择由传统农业部门向工业部门的转移，且存在：

$$\frac{\partial R_1(w)}{\partial \gamma} > 0, \frac{\partial R_1(w)}{\partial c1} < 0, \frac{\partial R_1(w)}{\partial c2} < 0 \tag{11}$$

意味着随着农业部门的平均收益增加和迁移成本的增加，高技能劳动力进行迁移的预期收益越小，其迁移的可能性也就越小。而随着工业部门中原有高技能水平人员比例的增加，高技能劳动力进行迁移的预期收益增大，其迁移的可能性也增加。通过计算我们可得到临界值 γ^* 满足条件 $R_1(w) = 0$。存在两个局部均衡点：在工业部门初始高技能工人比例 $\gamma_0 < \gamma^*$ 的地区，均衡点 $\gamma_t \to 0$，即所有的劳动力都会选择留在原有的传统农业部门；在工业部门初始高技能工人比例 $\gamma_0 > \gamma^*$ 的地区，均衡点 $\gamma_t \to 1$，即 $h=0$ 的工人会留在传统农业部门，而所有 $h=1$ 的工人都会进行转移（见图1）。

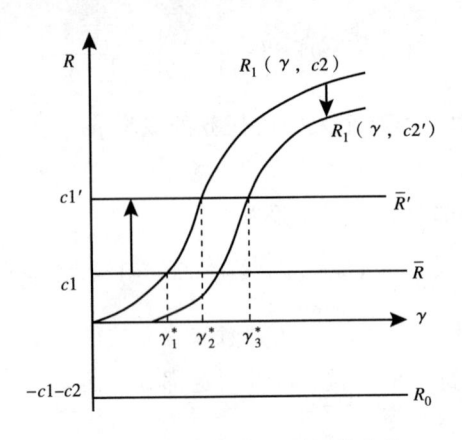

图 1 农业部门与工业部门的收益

随着各地区 c_1、c_2 的变化，相应的 γ^* 会发生变化：在 $c_1' > c_1$ 的地区，即农业生产条件相对较好，农业部门收入相对较高的地区，劳动力迁移的机会成本较大，临界值 γ_1^* 会右移至 γ_2^*，该地区决定迁移的高技能水平劳动力比例相对较少，而在农业部门收入相对较低的 c_1 地区，决定迁移的劳动力比例相对较高。在 $c_2' > c_2$ 的地区（即因地理或者交通等因素，迁移成本较大的地区），迁移的预期收益较低，$R_1(\gamma, c_2') < R_1(\gamma, c_2)$，临界值 γ_2^* 会进一步右移至 γ_3^*，该地区参与迁移的高技能劳动力会比临界值在 γ_2^* 的地区更少，而在迁移成本较小的 c_2 地区，参与迁移的高技能劳动力则相对较多。

分析表明劳动力的迁移存在选择性，包含两层含义：一是迁移劳动力的选择性，即劳动力技能水平越高的劳动力决定迁移的概率越大，技能水平越低的则决定迁移的概率越小；二是迁移地区的选择性，即劳动力往往选择迁移到高技能工人比例较高的地区，而平均技能水平越高的地区往往其经济发展水平和人均收入水平也高。这种选择性迁移会使得初始条件相似的地区趋同，而初始条件不同的地区则会强化其趋异的趋势。

二 实证分析

早期关于经济增长收敛的假说提出人均产出的增长率与人均产出的初始水平存在反向关系，特别是如果存在相似的偏好和技术水平，落后的经济体会比发达经济体的经济增长速度快，因此在落后与发达的经济体之间，就存在一个推动经济增长收敛的力量，也就是绝对收敛。随着收敛理论实证研究的开始，许多实证研究表明，绝对收敛只表现在具有相似初始条件的经济体之中，而对所有的经济体而言，只存在"俱乐部收敛"，这意味着落后的经济体越来越落后，而发达的经济体越来越发达。为探寻改革开放以来我国区域经济增长与收敛的基本趋势，本文选取我国30个省级行政区（省、自治区、直辖市）作为基本的区域分析单元①，以各省级行政区域实际人均国内生产总值（GDP）作为衡量各省份经济增长的基本指标。

（一）绝对收敛检验

横截面增长回归是经典文献普遍采用的检验收敛假说的方法，标准新古典模型为该方法提供了理论基础，并由 Barro 和 Sala-I-Martin（1991，1992）进行了改进，构建了如下方程：

$$(\log y_{i,t} - \log y_{i,t-T})/T = a - (1 - e^{-\beta T})/T * \log y_{i,t-T} + \varphi X_{i,t} + u_{i,t} \quad (12)$$

$\text{Log} y_{i,t}$ 为第 i 个经济体在 t 期的人均收入对数，$\log y_{i,t-T}$ 则为其在第 $t-T$ 期的实际人均收入对数。方程的左边 $(\log y_{i,t} - \log y_{i,t-T})/T$ 整体代表经济体在 $t-T$ 期到 t 期共 T 个时间段内的平均实际人均收入增长速度，$X_{i,t}$ 代表总量扰动，方程意味着经济体在期间内的实际人均收入增长速度由初期的人均收入水平及一系列相关的总量扰动决定。其中一个关键参数是 β，反映了经济体向稳定状态调整的速度，若 $\beta > 0$ 则说明经济体之间存在收敛，反之，则发散。在实证绝对收敛分析中，一般采用如下回归方程：

$$r_{i,t-T,t} = a + b\log(y_{i,t-T}) + \xi_{i,t-T,t} \quad (13)$$

式中 $r_{i,t-T,t} = (\log y_{i,t} - \log y_{i,t-T})/T$，$b = -(1 - e^{-\beta T})/T$，收敛判断的标准转变为回归参数 b，若方程回归结果出现 $b < 0$，则表明被测区域在时间段 T 内存在绝对收敛，表现为区域经济增长率和初始经济水平的负相关，$b > 0$ 则表明被测区域在时间段 T 内不存在绝对收敛。

各省第 i 年的实际人均 GDP = 各省份第 i 年名义人均 GDP/全国第 i 年人均 GDP 平减指数；

全国第 i 年人均 GDP 平减指数 = 全国第 i 年名义人均 GDP/全国第 i 年

---

① 重庆因行政建制时间短，在分析时，被排除在外，中国港澳台地区也未列入本文分析范围。

实际人均 GDP。

对不同时期各省份的实际人均 GDP 增长率进行测算,并采用经典回归方程 (13),分时段对全国各省份的数据进行对数线性回归,构建分时段的绝对收敛模型(见表1)。

表1 分时段绝对收敛模型回归结果

时 期	截距	系 数	R^2	F 值	DW 值
1978~1990 年	0.205 6.962 (0.0000)	-0.022 -4.484 (0.0001)	0.409	20.101 (0.0001)	2.034
1990~2000 年	-0.032 -0.767 (0.4493)	0.016 2.728 (0.0107)	0.204	7.442 (0.0107)	1.561
2000~2009 年	0.195 4.135 (0.0003)	-0.012 -2.007 (0.0541)	0.123	4.029 (0.05413)	1.995
1978~2009 年	0.142 6.817 (0.0000)	-0.009 -2.816 (0.0087)	0.215	7.931 (0.0087)	1.732

注:①受资料所限,重庆行政建制时间短,在分析时,被排除在外。②表中截距项和系数估计值栏中,第一行的值为估计值,第二行的值为 t 统计检验值,( ) 内的值表示 t 检验中接受原假设的显著水平。

回归结果表明:除了 1978~1990 年的绝对收敛模型的拟合程度稍高外,其他各时期的拟合程度都很低,回归系数也不显著,且 1990~2000 年的系数为正值,这表明自改革开放以来,我国地区经济增长速度不存在显著的绝对收敛。

为了度量劳动力选择性迁移对区域经济增长的影响,在经典的绝对收敛回归方程中分别引入劳动力净迁入率及不同教育程度劳动力的迁入率,构建模型 2 至模型 5。其中 R_m 为各省份的人口净迁入率,R_{XX} 为小学教育程度劳动人口迁入率(包括扫盲班、小学及以下教育水平人口),R_{ZX} 为中学教育程度人口迁入率(包括初中、中专和高中教育水平人口),R_{DX} 为大学教育程度人口迁入率(包括大专、本科及研究生教育水平人口),将相关数据进行回归分析,构建部分条件收敛模型(见表2)。

从回归结果看,相对于模型 1 而言,模型 2 至模型 5 在引入各变量之后,拟合度得到了不同程度的提高,其中除模型 3 之外,新增变量都通过了显著性检验,这说明将我国经济增长中的净迁入人口、中学教育程度迁入人

表 2 我国经济收敛模型分析（1978～2009 年）

	模型 1	模型 2	模型 3	模型 4	模型 5
constant	0.142 6.817 (0.0000)	0.180 7.009 (0.0000)	0.144 5.441 (0.0000)	0.104 5.219 (0.0000)	0.147 7.779 (0.0000)
lny_{1978}	-0.009 -2.816 (0.0087)	-0.017 -3.769 (0.0008)	-0.009 -2.655 (0.0131)	-0.012 -4.033 (0.0004)	-0.009 -2.917 (0.0070)
R_m	—	1.085 2.319 (0.0282)	—	—	—
R_{XX}	—	—	-0.004 -0.125 (0.9014)	—	—
R_{ZX}	—	—	—	0.09 3.874 (0.0006)	—
R_{DX}	—	—	—	—	-0.062 -2.889 (0.0075)
R^2	0.215	0.345	0.216	0.496	0.400
Adjust R^2	0.187	0.297	0.157	0.458	0.356
F 值	7.931 (0.0087)	7.125 (0.0033)	3.710 (0.0377)	13.26 (0.0000)	9.017 (0.0010)
DW 值	1.732	1.389	1.731	1.656	1.496

口、大学教育程度迁入人口等因素分离后，地区经济收敛趋势有所增强，其中影响最大的是中学教育水平的劳动力，这部分劳动力的区域迁移使我国经济收敛的速度从每年 1.5 降低到 1.06，而小学教育程度迁入人口对迁入区的影响不大。这说明不同教育程度的劳动力迁移对区域经济的影响存在差异，劳动力的选择性迁移在一定程度上加剧了我国经济增长的趋异程度。

（二）"俱乐部收敛"检验

从上文的分析可以看出，改革开放以来，我国整体经济不存在收敛趋势，且劳动力的地区迁移加剧了这种趋异程度，为分析劳动力迁移对各地区经济增长所产生的不同效应，我们对不同劳动力迁移情况的地区进行"俱乐部收敛"分析。

对于我国经济俱乐部收敛地区的划分，不同的学者采用了不同的划分方法。林毅夫、蔡昉、王小鲁、樊纲等按照国家统计局的划分方法，将我国31个省（自治区、直辖市）从地理位置划分为东、中、西部三个地带；刘强以长江为界，将我国31个省（自治区、直辖市）划分为南北两个地区；张伟丽采用CART（分类回归树分析）根据预测变量对目标变量的解释能力来选取分组变量，计算其临界值，以此作为区域分组的标准，将我国按照空间区域组划分为四类地区。一般而言，进行地区分类的基本依据有以下两个方面：一是考虑历史沿革和地理概念上约定俗成的情况；二是考虑有关省（自治区、直辖市）经济技术发展的实际水平。按照历史沿革和地理概念的划分方法仅强调相同的区域政策，并不一定满足经济增长的初始条件和结构特征等方面的相似性，这种预先设定划分标准的方法并没有紧扣俱乐部收敛的概念。因此，我们按照经济发展状况，以我国30个省（自治区、直辖市）年度平均人口净迁入率、中学教育程度人口迁入率、大学教育程度人口迁入率为指标，进行动态聚类分析（见表3）。

表3 人口迁移动态聚类分析结果

类型	性质	地区
类型一	大量高素质人口迁入区	上海、浙江、江苏、天津、福建、河北、北京、广东、山东、海南
类型二	高素质人口迁移平衡区	新疆、云南、山西、内蒙古、青海、辽宁、西藏、宁夏
类型三	大量高素质人口迁出区	吉林、陕西、甘肃、黑龙江、河南、湖北、贵州、广西、四川、安徽、湖南、江西

其中大量高素质人口迁入区、高素质人口迁移平衡区和大量高素质人口迁出区分别代表在1978年至2009年期间大学、中学教育程度人口在迁移中形成的大量净迁入、基本平衡和大量净迁出的区域，据此，我们构建三大区域的俱乐部收敛检验模型5至模型7（见表4）。

可以看出，三类区域收敛模型的拟合程度较高，且初始实际人均GDP对数的系数均为负值，这表明三大区域内部存在收敛趋势，其中大量高素质人口迁入区以平均每年2.42的速度收敛，人口迁移基本平衡区以平均每年1.66的速度收敛，大量高素质人口迁出区以每年2.21的速度收敛，远大于全国整体的收敛速度，这表明不同劳动力迁移水平地区的内部呈现显著的"俱乐部收敛"特征。

表4 我国区域经济增长的俱乐部收敛模型

	模型5	模型6	模型7
constant	0.194 8.239 (0.0000)	0.154 1.939 (0.1005)	0.171 4.168 (0.0019)
lny_{1978}	-0.017 -4.515 (0.002)	-0.013 -2.931 (0.054)	-0.016 -3.180 (0.014)
R^2	0.818	0.645	0.721
Adjust R^2	0.803	0.607	0.708
F值	20.383 (0.002)	4.867 (0.054)	7.749 (0.014)
DW值	2.229	1.872	2.023

结　论

本文通过建立一个两部门经济模型，从理论上分析了我国劳动力迁移的选择性问题及其对区域经济的影响，并采用我国30个省份1978~2009年的数据进行了绝对收敛的实证分析，在对我国各省份劳动力迁移水平和构成进行动态聚类分析的基础上，探讨了我国劳动力迁移与区域经济收敛的关系，结果表明：

第一，我国劳动力存在选择性转移。这包含两方面的含义：一是迁移劳动力的选择性，即技能水平越高的劳动力选择迁移的概率越大，技能水平较低的劳动力则选择留在本地的概率较大；二是迁移地区的选择性，即劳动力往往选择迁移到平均技能比例较高的地区，而平均技能水平越高的地区往往其经济发展水平和人均收入水平也越高。这与我国劳动力迁移的数据是一致的：迁移劳动力的平均受教育水平远高于地区的平均水平，且绝大部分流向经济发达的地区。

第二，我国劳动力选择性转移对我国经济收敛有反向作用。模型分析表明企业的产出随着雇佣工人平均技能水平的增加而出现边际递增的趋势，劳动力的选择性转移会提高原本产出相对较高地区的产出，进一步加大不同产出水平地区之间的差距，在一定程度上促进了不同劳动力迁移水平地区的"俱乐部收敛"。实证分析也表明，我国30个省份可分为大量高素质人口迁入区、高素质人口迁移平衡区和大量高素质人口迁出区三类区域，区域内实际人均GDP水平趋同，而区域间的实际人均GDP水平趋异。

由此可见,在我国现有经济体系中,因为劳动力的选择性转移,平均技能水平越高的地区会雇佣到技能水平越好的工人,其产出也会越高;而平均技能水平越低的地区,可雇用的工人技能水平也就越低,其产出则会越低。在经济增长过程中,各地区和部门原有的资源配置水平不仅会影响当期的产出,还会决定其长期的经济发展,随着时间的推移,各地区的经济增长及人均收入水平呈现俱乐部收敛的特点。

参考文献

[1] 段平忠,2008,《1978年以来我国地区差距形成过程中人口流动的影响分析》,《中国人口资源与环境》第5期。

[2] 王小鲁、樊纲,2004,《中国地区差距的变动趋势和影响因素》,《经济研究》第1期。

[3] 姚枝仲、周素芳,2003,《劳动力流动与地区差距》,《世界经济》第4期。

[4] 林毅夫、刘培林,2003,《中国的经济发展战略与地区收入差距》,《经济研究》第3期。

[5] 杨云彦,1999,《劳动力流动、人力资本转移与区域政策》,《人口研究》第5期。

[6] 蔡昉、王德文、都阳,2001,《劳动力市场扭曲对区域差距的影响》,《中国社会科学》第2期。

[7] 李实,2003,《中国个人收入分配研究回顾与展望》,《经济学季刊》,2(2)。

[8] 敖荣军,2008,《劳动力流动与中国地区经济差距》,中国社会科学出版社。

[9] 覃成林,2008,《中国区域经济增长分异与趋同》,科学出版社。

[10] 张焕明,2007,《我国经济增长的地区性趋同理论及实证分析》,合肥工业大学出版社。

[11] Cai F., Wang D. and Du Y., 2002, "Regional Disparity and Economic Growth in China: the Impact of Labour Market Distortions," *China Econ Rev*, 2002 Vol. 13: 197–212.

[12] Michael Kremer, 1993, "The O-Ring Theory of Economic Development", *The Quarterly Journal of Economics*, (8): 551–575.

[13] Philippe Aghion, Steven N. Durlauf, 2005, "Handbook of Economic Growth", *Elsevier B. V.*, Vol. 1, Part1: 295–384.

[14] Robert J. Barro, 1991, "Economic Growth in a Cross Section of Countries", *The Quarterly Journal of Economics*, (5): 407–443.

[15] Robert J. Barro, 1992, "Xavier Sala-I-Martin, Convergence", *Journal of Political Economy*, vol. 100, no. 2: 223–251.

利率期限结构预期理论的中国检验*

陈守东[1]　杨东亮[2]

（1. 吉林大学数量经济研究中心

2. 吉林大学东北亚研究院）

引　言

利率是经济和金融领域的一个核心变量。长期利率和投资、通货膨胀预期和长期经济增长等有着密切的关联，短期利率是央行货币政策操作的重要工具，央行通过对短期利率的控制来影响利率期限结构曲线，从而实现货币政策目标。由于利率期限结构与总产出、通货膨胀率、远期利率和汇率之间存在稳定的关系，因此可以通过利率期限结构曲线的形状、长短期利率的利差、利率水平的高低等因素反映大量的经济信息。因此，分析研究利率期限结构曲线，识别长短期利率之间的关系，对中央银行制定货币政策和投资者投资具有重要意义。

长期以来，国外对利率期限结构的研究很多。Fisher（1930）研究了长期利率和短期利率间的关系，为利率期限结构预期理论奠定了基础①。随着预期理论作为利率期限结构研究主要理论的不断丰富和发展，预期理论目前已包括纯预期理论、流动性理论和偏好理论（Fabozzi，1998）。纯预期理论认为远期利率只代表预期的未来利率，既定时间的期限结构反映了

---

* 吉林大学"985工程"和"211工程"项目；教育部人文社会科学重点研究基地重大项目（07JJD790131、08JJD790153和2009JJD790015）。

① 另一种研究利率期限结构的主要理论是市场分割理论，可参见Culbertson（1957）。

市场当期对未来短期利率的预期。Lutz（1940）指出无论何种期限策略，投资者在投资期内的收益相同①。流动性理论考虑到了期限与价格波动性的相关性，长期债券的高风险和投资者对不确定性的厌恶导致了流动性溢酬的存在，指出远期利率实际是利率预期和流动性溢酬的反映，这一思想体现在 Hicks（1946）的论述中。偏好理论同流动性理论观点一致，但不认为风险溢酬与期限正相关，溢酬是作为期限改变的补偿（Modigliani 和 Sutch, 1966）。

在利率期限结构预期理论的实证研究方面，Samuelson（1965）和 Mandelbrot（1966）提出了远期价格服从鞅的命题，Roll（1966）、Sargent（1972）和 Cargill（1975）等学者对该命题进行了检验。Campbell 和 Shiller（1987）指出在理性预期下，单期债券的利率和多期债券利率之间应该存在着一个协整关系，协整向量为（1，-1），通过建立向量自回归模型（VAR）可得到利率期限结构预期理论成立下的理论价差，理论价差和实际价差应该是一致的。该研究引起了广泛的重视，特别是利率期限结构预期理论成立下的长短期利率间存在着协整关系且价差是平稳的这一命题，学者们利用各国的利率数据对之进行了广泛的实证检验，但是实证结论并不一致。如 Campbell 和 Shiller（1991）对 1987 年的扩展研究发现美国政府债券不支持预期理论，而 Taylor 对英国政府债券数据进行检验发现政府债券支持预期理论，Arize（2002）检验发现 19 个国家长短期利率间存在着稳定的长期均衡关系。近期研究中，Enders 和 Granger（1998）发现在长短期利率建立的误差修正模型中②，二者存在明显的非对称性关系。Enders 和 Siklos（2001）也发现长短期利率的误差修正模型具有非对称性。Bekaert 和 Hodrick（2001）指出由于短期利率生成过程存在着区制跳跃现象，这影响着远期利率预期的形成，因此导致线性模型的实证结果与预期理论相悖。因此，在研究长短期利率关系时，必须考虑到这种区制效应，通过引入确定性区制转移变量，建立门限误差修正模型来考察长短期利率间的关系。

1994 年金融体制改革以来，我国利率市场化进程不断深入。目前，在

---

① 但事实上远期利率并不是未来利率的准确预测，价格风险和再投资风险的存在导致投资期内的收益率不确定，学者对这两种风险的不同看法导致了对纯预期理论的不同解释，详见 Cox, Ingersoll 和 Ross（1981）。

② 具有协整关系的向量可用误差修正模型表示；见 Engle 和 Granger（1987）。

债券和货币市场领域，市场化利率已经基本形成①，这为利率期限结构的研究奠定了基础，国内学者对利率期限结构的预期理论也进行了大量的实证研究。基于 Campbell 和 Shiller（1987）提出的利率期限结构预期理论意味着长短期利率之间存在着协整关系这一命题，唐齐鸣与高翔（2002）和杜海涛（2002）分别通过利用我国银行同业拆借利率日数据和上海证券交易所国债回购数据进行检验，发现我国支持利率期限结构的预期理论。史敏等（2005）对银行同业拆借利率的研究发现亚洲危机前我国支持预期理论，危机后不支持这种理论。

然而，考虑到长短期利率间可能存在着非对称动态调整特征，线性协整模型检验将是有偏误的，这要求对数据进行非线性建模。另外，2007年我国推出上海银行间同业拆放利率（Shibor），将此利率作为我国基准利率，我国学者对该利率的研究相对较少。因此，本文以我国基准利率 Shibor 为研究对象，建立非线性的门限误差修正模型来刻画我国不同期限利率的变动特征，并检验我国利率变动与利率期限结构预期理论的一致性。

一　数据与模型

2007年1月4日，全国银行间同业拆借中心发布的上海银行间同业拆放利率（Shibor）正式运行，Shibor 与全球最著名的伦敦同业拆借利率和美国联邦基准利率相似，成为我国的基准利率②。本文选取的样本即为不同期限的七种 Shibor，样本数据时间跨度为 2007 年 1 月 4 日至 2008 年 12 月 31 日，期限分别是 1 周、2 周、1 个月、3 个月、6 个月、9 个月和 1 年，七种拆放利率分别表示为 w1、w2、m1、m3、m6、m9 和 m12。

由图 1 和图 2 可知，w1、w2、m1 等短期拆借利率和 m3、m6、m9、m12 等长期拆借利率走势图存在较大的差异，后者相对平滑，并且表现出先升、中平、后降的趋势特征，这主要是因为后者受相同期限银行定期存款利

---

① 我国同业拆借市场始于1978年，其利率是我国货币市场上最早市场化的利率；国债交易始于上海证券交易所成立的1990年底，1997年6月，银行间债券市场成立，经过多年不断发展完善，成为债券市场中的主体。

② 该利率是由信用等级较高的银行组成报价团自主报出的人民币同业拆放利率计算确定的算术平均利率，是单利无担保的批发性利率。

率的影响①，这也反映了我国 2007 年以来的货币政策，2007 年 3 月至 12 月是我国的利率上升周期，2008 年 9 月后我国进入利率下降周期。

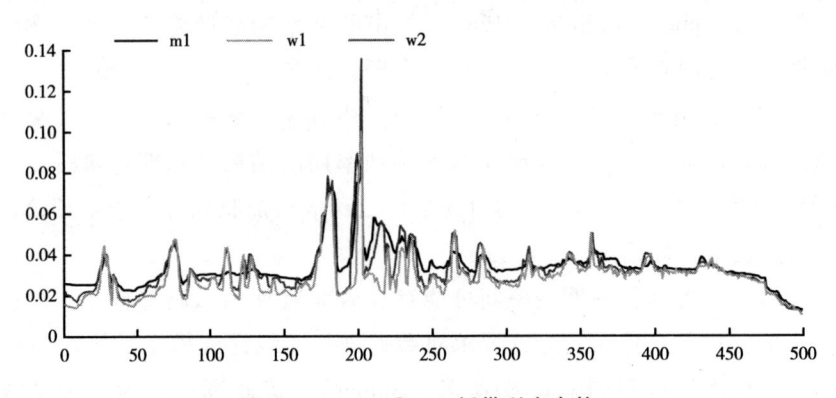

图 1　w1、w2 和 m1 拆借利率走势

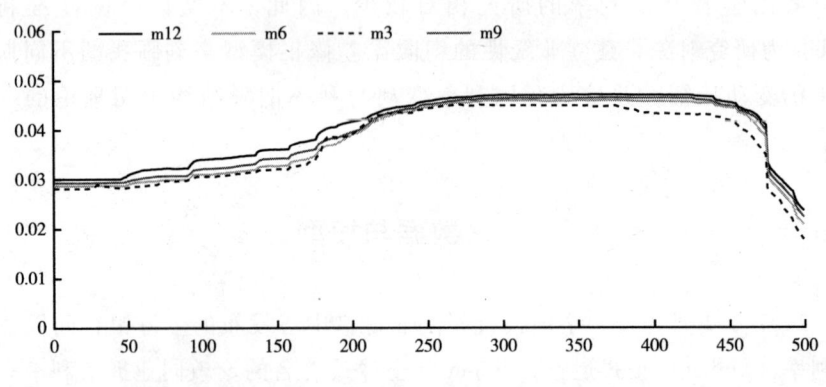

图 2　m3、m6、m9 和 m12 拆借利率走势

在利率期限结构预期理论下，长短期利率应满足如下关系，

$$r_t^{(n)} = \frac{1}{k}\sum_{i=0}^{k-1} E_t r_{t+im}^{(m)} + \lambda^{(n,m)} \tag{1}$$

其中，$k = \dfrac{n}{m}$，$r_t^{(n)}$ 为 t 时刻持续期为 n 的收益率，$\lambda^{(n,m)}$ 表示取决于时期 m, n 的风险溢价，这里要求它是非时变的，E_t 表示数学期望，该式表明长期债券利率倾向于等于长期利率持续期内预期短期利率的平均值。令 $s_t^{(n,m)} =$

---

① 因为一般认为一年内的利率为短期利率，超过一年的为长期利率，实际上的银行同业拆借利率均为短期，我们这里的长短期是相对而言的。又由于我国定期存款利率没有放开管制，短期利率的市场化情况相对较好。

$r_t^{(n)} - r_t^{(m)}$,表示长短期利率间的价差,那么由(1)式可得

$$s_t^{(n,m)} = \lambda^{(n,m)} + \frac{1}{k}\sum_{i=0}^{k-1} E_t(r_{t+im}^{(m)} - r_t^{(m)}) = \lambda^{(n,m)} + \frac{1}{k}\sum_{i=1}^{k-1}\sum_{j=1}^{i} E_t(\Delta^m r_{t+jm}^{(m)}) \quad (2)$$

其中,$\Delta^m r_{t+jm}^{(m)} = r_{t+jm}^{(m)} - r_{t+jm-m}^{(m)}$。在理性预期假设下①,$r_{t+m}^{(m)} = E_t r_{t+m}^{(m)} + \varepsilon_t$。那么当 $r_t^{(n)}$ 和 $r_t^{(m)}$ 都是一阶单位根过程时,由式(2)可知,价差序列是平稳的,$r_t^{(n)}$ 和 $r_t^{(m)}$ 间存在长期均衡关系,价差即为二者的均衡误差。由此,检验预期理论的一种方法即是长短期利率的约束协整关系检验,在协整关系下可建立线性误差修正模型来刻画长短期利率的动态调整过程,模型如下:

$$\Delta x_t = A' X_{t-1}(\beta) + u_t \quad (3)$$

其中,$X'_{t-1}(\beta) = (1 w_{t-1}(\beta) \Delta x_{t-1} \cdots \Delta x_{t-l})$,$w_t(\beta) = \beta' x_t$ 为协整方程,β 是协整向量,u_t 为有限方差的鞅差序列。实际上,长短期利率动态调整过程常常具有非对称性,这需要非线性模型来捕捉这一特征。Balke 和 Fomby(1997)提出一种把非线性和协整联合考虑的可行方法,该模型能刻画存在长期均衡的变量间非线性动态调整过程②。Hansen 和 Seo(2002)提出了单一协整向量和单一门限效应下双参数极大似然估计的算法,并提出了门限检验的统计量和统计量在自助抽样法下模拟的渐进临界值。门限误差修正模型可表示如下,

$$\Delta x_t = \begin{cases} A'_1 X_{t-1}(\beta) + u_t & if \quad w_{t-1}(\beta) \leq \gamma \\ A'_2 X_{t-1}(\beta) + u_t & if \quad w_{t-1}(\beta) > \gamma \end{cases} \quad (4)$$

w_t 是门限变量,γ 是门限参数值。式(4)的另一种表达如下,

$$\Delta x_t = A'_1 X_{t-1}(\beta) d_{1t}(\beta,\gamma) + A'_2 X_{t-1}(\beta) d_{2t}(\beta,\gamma) + u_t \quad (5)$$

其中,$d_{1t}(\beta,\gamma) = 1(w_{t-1}(\beta) \leq \gamma)$,$d_{2t}(\beta,\gamma) = 1(w_{t-1}(\beta) > \gamma)$ 为示性函数。该模型除协整向量 β 外,其他控制变量动态变化的参数均可在两区制内转换。

三 实证分析

首先,对七种不同期限的拆借利率进行单位根检验,检验方法为 ADF

---

① 这里的理性预期信息集,仅指序列自身已发生的信息。
② 这类模型的应用文献可见 Lo 和 Zivot(2001)的综述。

检验和 PP 检验，检验模型中无漂移项和趋势项。检验发现这些利率都是一阶单整的，结果如表1。

表1 拆借利率单位根检验统计量

	w1	w2	m1	m3	m6	m9	m12
ADF 检验统计量	-1.624	-1.783	-0.881	-0.633	-0.566	-0.513	-0.504
PP 检验统计量	-1.314	-1.792	-1.129	0.458	-0.519	-0.489	-0.466

对七种拆借利率两两组合，得到21组。基于 Johansen (1998) 提出的协整关系检验，检验每个组合中两种不同期限利率间的关系。检验发现所有组合中不同期限的两种利率间存在着协整关系，为了简便，这里我们只给出期限为1月和1周的拆借利率组合（m1, w1）的分析结果。

协整关系检验迹统计量值是35.339，表明显著存在着协整关系，协整方程为

$$m1_t - \underset{0.0331}{1.2007} w1_t = v_t \qquad (6)$$

式（6）表明数据最优拟合的协整向量并不是预期理论下 $\beta = 1$，这表明在线性模型下，数据实证结果与预期理论存在着一定的偏差。但是，实际价差序列 S（即 m1 - w1）也是平稳的，并且实际价差序列在大多数时点大于零（见图3），表示期限风险溢价的存在和向上倾斜的利率期限结构曲线。若我们假定实际价差 S 为长期均衡误差，利率 w1, m1 的短期动态调整与实际价差序列存在着不稳定的相依关系（见图4和图5），即存在着区制转移的特征，这意味着忽略利率非线性特征，估计得到的线性协整向量可能是有偏误的。

这里，我们利用 Hansen 和 Seo (2002) 的方法，首先检验利率 m1, w1 的短期动态调整过程中的非线性特征，然后建立非线性的误差修正模型。通过对 (β, γ) 进行格子搜索［搜索范围基于线性模型 $\tilde{\beta}$ 估计值的95%置信区间（见图6和图7）］，得到极大似然估计结果 $\beta = 1.077$，$\gamma = -0.626$，$AIC = -1113.84$，和拉格朗日乘子统计量 $LM_{\sup} = 26.742 (p = 0.021)$，显著拒绝线性模型假设，由此可知利率的动态调整确实存在着显著的非对称效应，在非线性模型下，协整向量 β 的估计值与预期理论的要求十分接近。

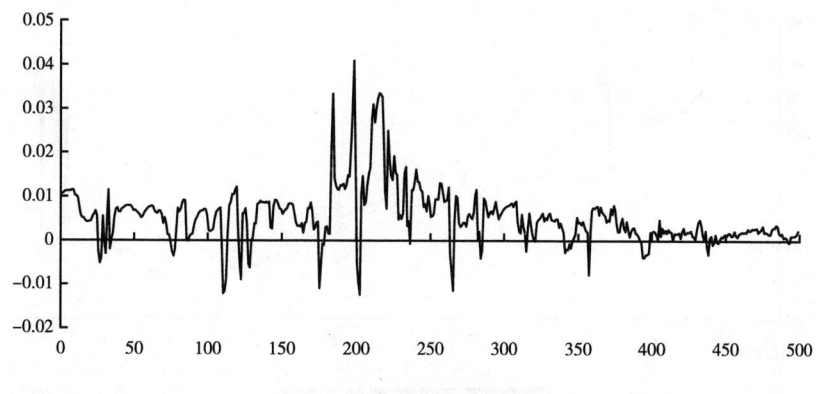

图 3 实际价差时间序列

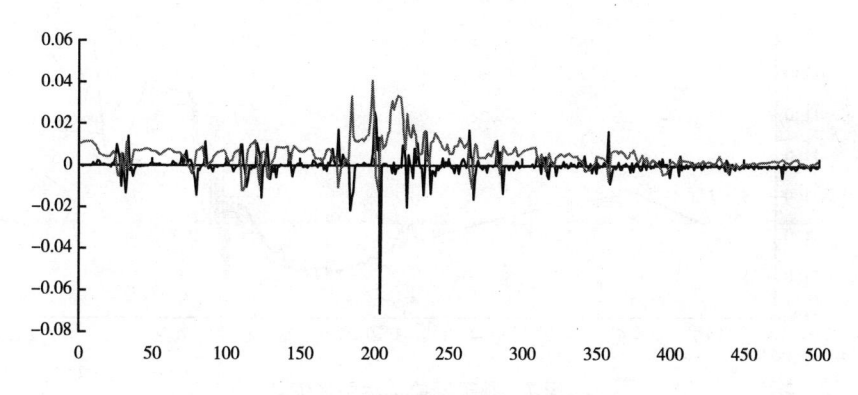

图 4 实际价差与 w1 动态调整

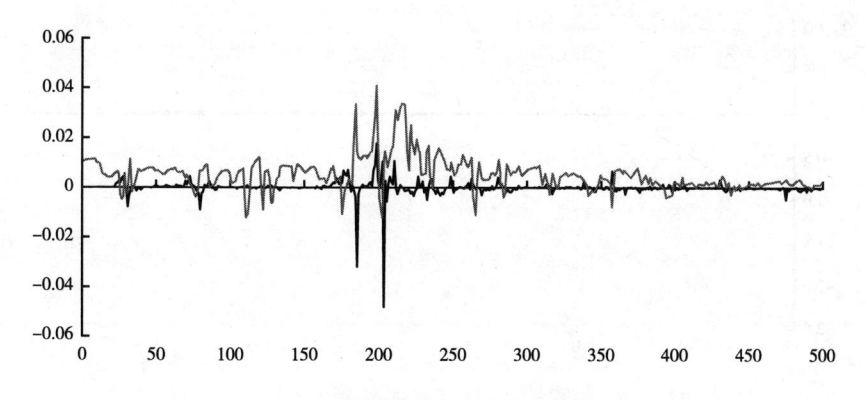

图 5 实际价差与 m1 动态调整

进一步约束 $\beta = 1$，即以实际价差作为长短期利率的长期均衡误差，建立协整向量受约束下的门限误差修正模型。门限效应检验统计量 $LM_{\sup} =$

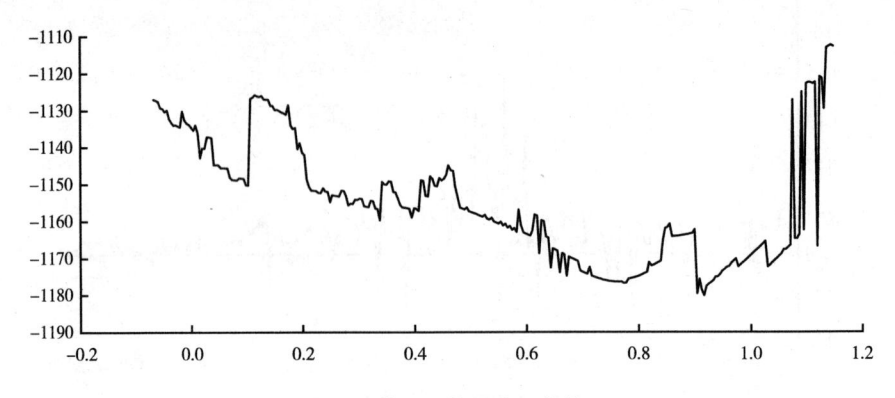

图6 基于 β 的似然函数值

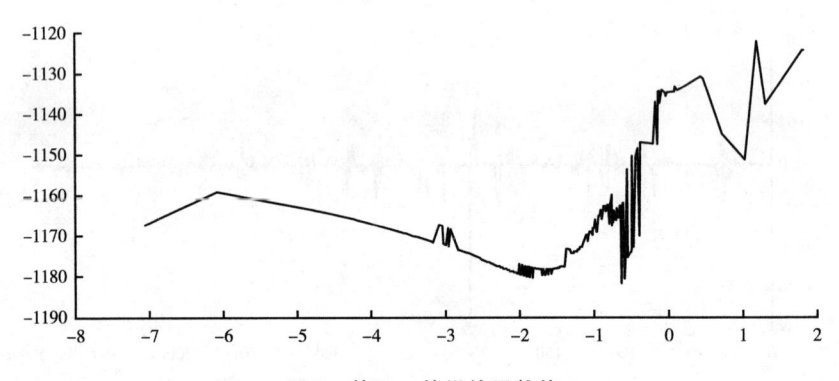

图7 基于 γ 的似然函数值

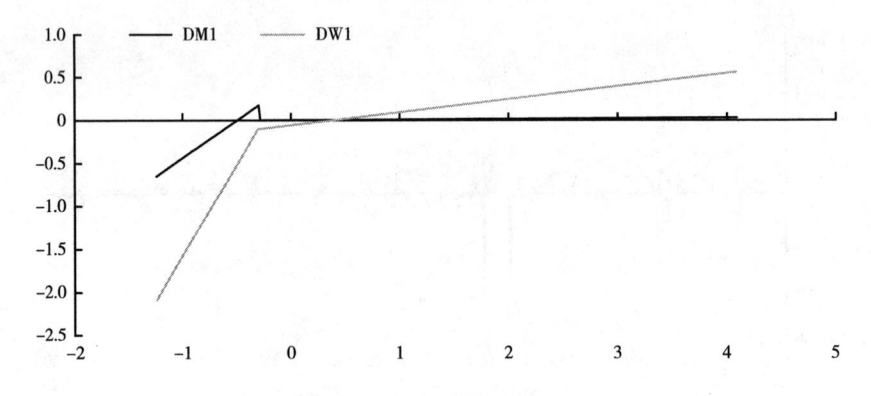

图8 价差对利率调整冲击

30.052（$p = 0.005$），门限效应显著。对两个区制内的价差参数和其他参数进行等价性检验，沃尔德统计量分别为 17.554 和 8.211（$p = 0.024, p =$

0.016），表明利率在两个区制内的动态调整有着显著的差异。根据门限参数值可把样本分为两个区制：当 $S_{t-1} = w_{t-1} > -0.3022$ 时，为区制一，该区制内月拆借利率不低于周拆借利率30个基点，属于典型区制，该区制内样本个数占总样本数的比例为94%，当 $S_{t-1} = w_{t-1} \leq -0.3022$ 时，为区制二，该区制内月拆借利率低于周拆借利率30个基点，属于特殊区制，该区制内样本个数占总样本数的比例仅为6%。利率在不同区制内的动态调整方程如下，

区制一：

$$\begin{pmatrix} \Delta M1_t \\ \Delta W1_t \end{pmatrix} = \begin{pmatrix} 0.005_{0.02} \\ -0.056_{0.029} \end{pmatrix} + \begin{pmatrix} 0.006_{0.038} \\ 0.152_{0.052} \end{pmatrix} w_{t-1} + \begin{pmatrix} 0.097_{0.091} & 0.042_{0.058} \\ 0.011_{0.145} & 0.214_{0.089} \end{pmatrix} \begin{pmatrix} \Delta M_{t-1} \\ \Delta W1_{t-1} \end{pmatrix} + \begin{pmatrix} 0.02_{0.103} & 0.121_{0.092} \\ 0.257_{0.139} & -0.063_{0.091} \end{pmatrix} \begin{pmatrix} \Delta M_{t-2} \\ \Delta W1_{t-2} \end{pmatrix} + u_t \quad (7)$$

区制二：

$$\begin{pmatrix} \Delta M1_t \\ \Delta W1_t \end{pmatrix} = \begin{pmatrix} 0.439_{0.391} \\ 0.550_{0.533} \end{pmatrix} + \begin{pmatrix} 0.869_{0.673} \\ 2.114_{0.916} \end{pmatrix} w_{t-1} + \begin{pmatrix} -0.838_{0.991} & 0.262_{0.253} \\ -1.256_{1.358} & 0.652_{0.329} \end{pmatrix} \begin{pmatrix} \Delta M_{t-1} \\ \Delta W1_{t-1} \end{pmatrix} + \begin{pmatrix} -2.494_{1.601} & 0.344_{0.231} \\ -3.733_{1.961} & 0.712_{0.312} \end{pmatrix} \begin{pmatrix} \Delta M_{t-2} \\ \Delta W1_{t-2} \end{pmatrix} + u_t \quad (8)$$

由式（7）、式（8）和图8可知，在区制一内，价差对利率短期调整影响微弱，并且方程内大多数系数不显著非零，并且较小，这表明该区制内利率短期调整接近于白噪声过程，利率表现为无漂移项的白噪声过程。在区制二内，价差对利率短期调整作用显著，尤其是对周利率来说，存在一个逆向调整，即当价差大于－30个基点时，周利率将迅速下跌，向同月利率形成的长期均衡关系收敛，这将使得价差回归正常，进入区制一内。利率动态调整的上述特征使得价差是平稳不发散的，总体上，周和月利率能够保持着共同的变动趋势，这一利用中国利率数据获得的实证结论支持了利率期限结构预期理论。

结　论

本文以我国基准利率为研究样本，检验利率期限结构预期理论在我国是否成立，通过实证研究，得到如下结论：

第一，我国Shibor市场上，七种不同期限的拆放利率都是一阶单整的，

在它们的任意两两配对形成的组合内,两种不同期限利率间存在着协整关系,价差序列是平稳的,与利率期限结构预期理论一致,但是基于线性模型的协整向量参数估计值与预期理论要求相悖。

第二,由利率短期动态变动与价差的关系,发现其具有非对称调整特征,通过建立非线性的门限误差修正模型进行实证分析,构造的拉格朗日乘子检验显著支持非对称性的存在,拟合的门限模型优于线性模型,并且通过分析两区制内利率调整动态,发现利率期限结构预期理论在我国得到了较好支持。

参考文献

[1] 杜海涛,2002,《利率期限结构理论与实证研究》,《中国货币市场》第10期。

[2] 史敏、汪寿阳、徐山鹰、陶铄,2005,《银行同业拆借市场利率期限结构实证研究》,《管理科学学报》第5期。

[3] 唐齐鸣、高翔,2002,《我国同业拆借市场利率期限结构的实证研究》,《统计研究》第5期。

[4] Arize, A., Malindretos, J., and Obi, Z., 2002, "Long and Short-term Interest Rates in 19 Countries: Tests of Cointegration and Parameter Instability", *Atlantic Economic Journal*, Vol. 30, No. 2, pp. 105 – 120.

[5] Balke, N. S., Fomby, T. B., 1997, "Threshold Cointegration", *International Economic Review*, Vol. 38, pp. 627 – 645.

[6] Bekaert, G., and Hodrick, R. J., 2001, "Expectations Hypotheses Tests", *The Journal of Finance*, Vol. 56, No. 4, pp. 1357 – 1394.

[7] Campbell, J. Y., and Shiller, R. J., 1987, "Cointegration and Tests of Present Value Models", *Journal of Political Economy*, Vol. 95, pp. 1062 – 1288.

[8] Campbell, J. Y., and Shiller, R. J., 1991, "Yield Spreads and Interests Rate Movements: A Bird's Eye View", *Review of Economic Studies*, Vol. 58, No. 3, pp. 495 – 514.

[9] Cargill, T. F., 1975, "The Term Structure of Interest Rates: A Test of the Expectations Hypothesis", *The Journal of Finance*, Vol. 30, No. 3, pp. 761 – 771.

[10] Cox, J. C., Ingersoll, J. E., and Ross, S. A., 1981, "A Reexamination of Traditional Hypotheses about the Term Structure of Interest Rates", *Journal of Finance*, Vol. 36, No. 4, pp. 769 – 799.

[11] Culbertson, J. M., 1957, "The Term Structure of Interest Rates", *The Quarterly Journal of Economics*, Vol. 71, No. 4, pp. 485 – 517.

[12] Enders, W., and Granger, C. W., 1998, "Unit-root Tests and Asymmetric Adjustment with An Example Using the Term Structure of Interest Rates", *Journal of Business and Economic Statistics*, Vol. 16, pp. 304 – 311.

[13] Enders, W., and Siklos, P. L., 2001, "Cointegration and Threshold Adjustment", *Journal of Business Economics and Statistics*, Vol. 19, pp. 166 – 176.

[14] Engle, R. F., and Granger, C. W., 1987, "Cointegration and Error-correction: Representation, Estim Ation and Testing", *Econometrica*, Vol. 55, pp. 251 – 276.

[15] Fabozzi, F. J., 1998, *Valuation of Fixed Income Securities and Derivatives*, John Wiley & Sons.

[16] Fisher, I., 1930, *The Theory of Interest*, New York.

[17] Hansen B. E., and Seo, B, 2002, "Testing for Two-regime Threshold Cointegration in Vector Error-correction Models", *Journal of Econometrics*, Vol. 110, pp. 293 – 318.

[18] Hicks, J. R., 1946, *Value and Capital*, Oxford.

[19] Johansen, S., 1998, "Statistical Analysis of Cointegration Vectors", *Journal of Economic Dynamics and Control*, Vol. 12, pp. 231 – 254.

[20] Lo, M., and Zivot, E., 2001, "Threshold Cointegration and Nonlinear Adjustment to the Law of One Price", *Macroeconomic Dynamics*, Vol. 5, pp. 533 – 576.

[21] Lutz, F. A., 1940, "The Structure of Interest Rates", *Quarterly Journal of Economics*, Vol. 55, pp. 36 – 63.

[22] Mandelbrot, B., 1996, "Forecasts of Future Prices, Unbiased Markets and Martingale Models", *Journal of Business*, Vol. 39, pp. 242 – 255.

[23] Modigliani, F., and Sutch, R. C., 1966, "Innovations in Interest Rate Policy", *American Economic Review*, Vol. 56, pp. 178 – 197.

[24] Roll, R., 1966, "Interest Rate Risk and the Term Structure of Interest Rates", *Journal of Political Economy*.

[25] Samuelson, P. A., 1965, "Proof that Properly Anticipated Prices Fluctuate Randomly", *Industrial Management Review*, Vol. 6, pp. 41 – 49.

[26] Sargent, T. J., 1972, "Rational Expectations and the Term Structure of Interest Rates", *Journal of Money, Credit and Banking*, Vol. 4, No. 1, pp. 74 – 97.

货币政策及其外生冲击传导
——基于新凯恩斯动态随机一般均衡模型的视角

刘松林[1] 龚承刚[2] 李松华[3]

(1. 中南财经政法大学武汉学院
2. 中南财经政法大学统计与数学学院
3. 华北水利水电学院管理与经济学院)

引 言

自1996年,我国中央银行开始以货币供应量作为货币政策的中介目标。但近年来,这种数量型调控政策越来越暴露出监管成本高、漏洞多、市场行为扭曲、寻租易发生等弊端,货币供应量在实现我国货币政策最终目标方面的中介作用受到越来越多的批评。如夏斌、廖强(2001)的研究就认为货币供应量已经不再适宜作为我国货币政策的中介目标。那么利率是否可以发挥我国货币政策中介目标的作用呢?如果可以,则利率是如何发挥其传导作用的呢?因此,本文关注利率传导,并考察泰勒规则作为我国货币政策规则的可行性。

现有文献关于利率传导的研究较多。彭方平、王少平(2007)从微观角度,利用动态面板数据模型,实证检验了我国货币政策的微观有效性问题,认为我国货币政策利率传导渠道是有效的。周英章、蒋振声(2002)的研究也认为我国货币政策利率传导渠道是存在的。然而,由于研究方法以及所采用数据的差异,学者们的研究结论并不一致。宋芳秀(2008)通过对制造业上市公司的实证研究认为利率对投资的作用机制传导不畅,我国货币政策的利率传导渠道不存在。

与上述研究不同,本文所构建的动态随机一般均衡模型(DSGE)有着坚实的微观经济理论基础、采用动态优化的方法推导行为方程,本质上属于结构模型。而且，本文的研究不仅关注利率在我国货币政策传导中的作用，还考察了利率在技术、投资调整成本、消费偏好、价格加成以及工资加成等5个外生冲击传导中的作用。

本文其余部分的结构安排如下：第一部分为新凯恩斯动态随机一般均衡模型（DSGE）的构建，第二部分为数据来源介绍及极大似然方法的参数估计，第三部分为外生冲击传导的脉冲响应分析，最后为本文的结论。

一 动态随机一般均衡模型（DSGE）的构建

本文的模型主要采取了 CEE（2003）和 Ireland（1997）的形式，但与 CEE（2003）不同的是，本文完全指数化名义黏性工资和价格，货币政策采用修正的泰勒规则而非货币供应量规则；与 Ireland（1997）模型不同的是本文将黏性名义工资及投资调整成本纳入了模型框架，且本文采用 Calvo（1983）的"价格调整信号"，将其引入名义黏性。本文的模型包含了4个经济主体：代表性家庭、代表性最终产品厂商、代表性中间产品厂商，以及货币政策机构中央银行。

（一）代表性家庭的效用最大化行为

经济中具有无限寿命的代表性家庭 $j[j \in (0,1)]$ 在每一期 $t = 0,1,2\cdots$，需作出一系列决策以最大化其一生的效用。这些决策包括：消费决定、资本积累决定、投资决定、工资决定即劳动供给决定，以及资产持有决定。代表性家庭 j 的效用函数为：

$$E_0 \sum_{t=0}^{\infty} \beta^t \left\{ b_t \left[\frac{\sigma}{\sigma-1}(C_t - hC_{t-1})^{\frac{\sigma-1}{\sigma}} + \frac{\gamma}{\gamma-1}\left(\frac{M_t}{P_t}\right)^{\frac{\gamma-1}{\gamma}} - \frac{\phi}{\phi+1} N_t^{\frac{\phi+1}{\phi}} \right] \right\} \quad (1)$$

$\beta \in (0,1)$ 为家庭的随机贴现因子，（1）式说明代表性家庭最大化的是其一生效用的现值。σ、γ、φ、h 均大于0，其中 σ 为消费的跨期替代弹性，γ 为货币需求的利率弹性，φ 为家庭的劳动供给弹性，h 为消费习惯形成，b_t 为消费偏好冲击。

家庭在最大化其一生效用时受到的跨期预算约束为：

$$P_t(C_t + I_t) + \frac{1}{R_t} B_t + M_t \leq M_{t-1} + B_{t-1} + W_t N_t + Div_t + R_t^k u_t K_t - P_t f(u_t) K_t + T_t \quad (2)$$

其中，消费 C_t、劳动供给 N_t、投资 I_t、资本 K_t 均为实际变量；B_t 为家庭在 t 期以价格 $1/R_t$ 购买的一次性（one-period）债券的数量，R_t 为名义的债券总收益率；B_{t-1} 为家庭在 $t-1$ 期购买的债券在 t 期初的本息和；T_t 为中央银行给予家庭的一次性转移支付；M_{t-1}、K_t 分别为家庭在进入 t 期时持有的现金和资本；M_t 为 t 期末持有的现金，W_t 为名义工资；Div_t 为家庭从中间产品厂商那里获得的红利；R_t^k 为名义的资本使用价格，u_t 为资本利用率，从而净资本出租回报为 $R_t^k u_t K_t - P_t f(u_t) K_t$，即资本出租回报不仅取决于出租的资本量，还取决于资本利用率 u_t。根据 CEE（2003），本文假定稳态时资本利用率 $u_t = 1$，资本使用成本 $f(1) = 0$。

家庭 j 的资本积累方程为：

$$K_{t+1} = (1-\delta)K_t + \left(1 - S\left(\frac{z_t I_t}{I_{t-1}}\right)\right)I_t \tag{3}$$

其中，δ 为资本折旧率，z_t 为投资调整成本冲击，$S(\cdot)$ 为投资调整成本，且是投资变化的增函数。根据 CEE（2003），稳态时 $S(\cdot) = S'(\cdot) = 0$，从而投资调整成本仅取决于 $S(\cdot)$ 的二阶导数。

在（2）、（3）的约束下，代表性家庭 j 通过决定 C_t、M_t/P_t、B_t、K_t、u_t、I_t 的数量以最大化其效用函数（1），通过构建拉格朗日函数得到一阶条件：

$$b_t(C_t - hC_{t-1})^{-\frac{1}{\sigma}} - \lambda_t P_t = 0 \tag{4}$$

$$b_t\left(\frac{M_t}{P_t}\right)^{-\frac{1}{\gamma}} + \beta P_t E_t\{\lambda_{t+1}\} - \lambda_t P_t = 0 \tag{5}$$

$$\beta E_t\{\lambda_{t+1}\} - \lambda_t \frac{1}{R_t} = 0 \tag{6}$$

$$\beta E_t\{\lambda_{t+1}(R_{t+1}^k u_{t+1} - f(u_{t+1}) + P_{t+1} Q_{t+1}(1-\delta))\} - \lambda_t P_t Q_t = 0 \tag{7}$$

$$R_t^k = P_t f'(u_t) \tag{8}$$

$$Q_t\left(1 - S\left(\frac{z_t I_t}{I_{t-1}}\right)\right) = 1 + Q_t S'\left(\frac{z_t I_t}{I_{t-1}}\right)\frac{z_t I_t}{I_{t-1}} - \beta E_t\left\{Q_{t+1}\frac{\lambda_{t+1}}{\lambda_t}\frac{P_{t+1}}{P_t}S'\left(\frac{z_{t+1} I_{t+1}}{I_t}\right)\frac{z_{t+1} I_{t+1}}{I_t}\frac{I_{t+1}}{I_t}\right\} \tag{9}$$

其中 λ_t 为预算约束（2）式的拉格朗日乘子，其含义为消费的边际效用；Q_t 为（3）式的拉格朗日乘子，其含义为资本投资价值。此外，由于不同家庭提供的劳动是有差别的，从而劳动市场是垄断竞争的。根据 CEE (2003)，本文采取 Calvo (1983) 的方式引入黏性名义工资，即假定每一期家庭接收到"工资调整信号"，并将其最优名义工资制定为 W_t^* 的概率为 $1-\xi_w$，没有接收到的家庭则按照上一期的通货膨胀（$\pi_t = P_t/P_{t-1}$）调整其名义工资，即 $W_t(j) = \pi_{t-1} W_{t-1}(j)$。

在总劳动需求 $N_t = (\int_0^1 N_t(j)^{\frac{\theta_t^w - 1}{\theta_t^w}} dj)^{\frac{\theta_t^w}{\theta_t^w - 1}}$ 的约束下，家庭 j 面临的劳动需求为：

$$N_t(j) = \left(\frac{W_t(j)}{W_t}\right)^{-\theta_t^w} N_t \tag{10}$$

其中，$N_t(j)$ 为第 j 种劳动的需求数量，$W_t(j)$ 为其价格，W_t 为总的工资水平，θ_t^w 为随时间而变化的劳动需求的工资弹性。则总的工资水平为：

$$W_t = \left[\int_0^1 W_t(j)^{1-\theta_t^w} dj\right]^{\frac{1}{1-\theta_t^w}} = [\xi_w (\pi_{t-1} W_{t-1})^{1-\theta_t^w} + (1-\xi_w) W_t^{*\,1-\theta_t^w}]^{\frac{1}{1-\theta_t^w}} \tag{11}$$

假定代表性家庭 j 在 t 期制定最优工资 W_t^* 之后没有再收到工资调整信号，则其 $t+k$ 期的工资为 $W_{t+k} = X_{tk} W_t^*$，其中 $X_{tk} = \begin{cases} \pi_t \pi_{t+1} \cdots \pi_{t+k-1} & k \geq 1 \\ 1 & k = 0 \end{cases}$。

在（2）式和（10）式的约束下，代表性家庭 j 选择最优工资 W_t^* 最大化其 t 期与 $t+k$ 期之间的效用的现值之和：

$$\max E_t \sum_{k=0}^{\infty} (\beta \xi_w)^k U\left(C_{t+k/t}, \frac{M_{t+k/t}}{P_{t+k/t}}, N_{t+k/t}\right) \tag{12}$$

由一阶条件得到：

$$\sum_{k=0}^{\infty} (\beta \xi_w)^k E_t \left\{ N_{t+k} U_c \left(\frac{W_t^*}{P_{t+k}} X_{tk} + \mu_{t+k}^w \frac{U_n}{U_c}\right) \right\} = 0 \tag{13}$$

其中，$U_n = -b_{t+k} N^{\frac{1}{\phi}}_{t+k}$，$U_c = b_{t+k} (C_{t+k} - h C_{t+k-1})^{-\frac{1}{\sigma}}$，工资加成冲击 $\mu_{t+k}^w = \frac{\theta_{t+k}^w}{\theta_{t+k}^w - 1}$。

(二) 厂商的利润最大化行为

(1) 最终产品厂商的利润最大化。

最终产品市场是完全竞争的，厂商使用连续的中间产品 $Y_t(i)$（$i \in (0,1)$）生产唯一的最终产品 Y_t。最终产品厂商的生产函数为：

$$Y_t = \left(\int_0^1 Y_t(i)^{\frac{\theta_t^p - 1}{\theta_t^p}} di \right)^{\frac{\theta_t^p}{\theta_t^p - 1}} \tag{14}$$

其中，θ_t^p 为可变的需求弹性。由利润最大化得到最终产品厂商对第 i 种中间投入产品的需求为：

$$Y_t(i) = \left(\frac{P_t(i)}{P_t} \right)^{-\theta_t^p} Y_t \tag{15}$$

将（15）式代入（14）式得到最终产品价格 P_t 与中间产品价格 $P_t(i)$ 之间的关系为：

$$P_t = \left[\int_0^1 P_t(i)^{1-\theta_t^p} di \right]^{\frac{1}{1-\theta_t^p}} \tag{16}$$

(2) 中间产品厂商的利润最大化。

中间产品 $i \in (0,1)$ 在垄断竞争市场生产，厂商的生产函数为：

$$Y_t(i) \leq A_t \tilde{K}_t(i)^\alpha N_t(i)^{1-\alpha} \tag{17}$$

其中，A_t 为技术冲击，有效资本 $\tilde{K}_t(i) = u_t K_t(i)$，$N_t(i)$ 是投入的劳动数量，为（10）式所给出的所有 j 种劳动的组合。

中间产品厂商的实际边际成本为：

$$MC_t = \frac{1}{A_t} (r_t^k)^\alpha w_t^{1-\alpha} \alpha^{-\alpha} (1-\alpha)^{\alpha-1} \tag{18}$$

其中，实际资本使用价格 $r_t^k = R_t^k/P_t$，实际工资 $w_t = W_t/P_t$。结合（18）和 $MC_t = \frac{w_t}{MPN_t} = \frac{w_t}{(1-\alpha)A_t(u_t K_t)^\alpha N_t(i)^{-\alpha}}$ 得到劳动需求方程：

$$N_t(i) = (1-\alpha)\alpha^{-1} r_t^k u_t K_t w_t^{-1} \tag{19}$$

此处再次假定中间厂商定价时采用 Calvo（1983）的机制，即每一期，厂商将其产品名义价格调整为最优价格 P_t^* 的概率为 $1-\xi_p$。当厂商没有接收到"价格调整信号"，其产品价格按照过去的通货膨胀调整，即 $P_t(i) = \pi_{t-1} P_{t-1}(i)$。

t 期制定最优价格的厂商选择最优价格 P_t^* 最大化其在 $(t,t+k)$ 的利润的现值之和：

$$\max E_t \sum_{k=0}^{\infty} \xi_p^k \zeta_{t,t+k} (P_t^* X_{tk} - P_{t+k}(i) MC_{t+k}) Y_{t+k}(i) \tag{20}$$

其中，贴现因子 $\zeta_{t,t+k} = \beta^k \dfrac{\lambda_{t+k}}{\lambda_t}$，稳态时，$\zeta_{t,t+k} = \beta^k$。则由利润最大化得到一阶条件：

$$\sum_{k=0}^{\infty} \xi_p^k E_t \left\{ \zeta_{t,t+k} Y_{t+k}(i) \left(\frac{P_{t+k-1}}{P_{t-1}} P_t^* - \mu_{t+k}^p P_{t+k}(i) MC_{t+k} \right) \right\} = 0 \tag{21}$$

其中，工资加成冲击 $\mu_{t+k}^p = \dfrac{\theta_{t+k}^p}{\theta_{t+k}^p - 1}$。

上文家庭和厂商行为及下文央行政策行为中的外生冲击 $\varphi_t = [z_t, A_t, b_t, \mu_t^p, \mu_t^w, v_t]'$ 为 AR（1）过程：

$$\ln \varphi_t = (1 - \rho_\varphi) \ln \varphi + \rho_\varphi \ln \varphi_{t-1} + \eta_t^\varphi \tag{22}$$

其中 $\rho_\varphi \in (-1,1)$，φ 为外生冲击的稳态值，η_t^φ 是具有 0 均值、标准误为 σ_φ 的 i.i.d. 正态分布。

（三）对称均衡与对数线性化模型

对称均衡时，对于 $t = 0,1,2\cdots$，所有家庭的决策是一致的，所有厂商的决策也是相同的，则有 $P_t(i) = P_t$，$Y_t(i) = Y_t$，$N_t(i) = N_t$，$K_t(i) = K_t$。此外，市场均衡要求 $B_t = B_{t-1} = 0$ 和 $M_t = M_{t-1} + T_t$，从而由预算约束（2）得到总资源约束方程：

$$Y_t = C_t + I_t \tag{23}$$

稳态时，所有的变量均为常数，即 $Y_t = Y$，$C_t = C$，$N_t = N$，$M_t = M$，$K_t = K$，$I_t = I$，$P_t = P$，$R_t^k = R^k$，$\pi_t = \pi = 1$，$A_t = A = 1$，$\mu_t^p = \mu^p$，$\mu_t^w = \mu^w$，$b_t = b$，$z_t = z$。相应的，定义 $\hat{x}_t = \ln(X_t/X)$ 为变量 X_t 对其稳态值

X 偏离的百分比,则对数线性化形式的模型如下:

由 (4) 式、(5) 式和 (6) 式得到货币需求方程:

$$-\frac{1}{\gamma}\hat{m}_t + \frac{1}{\sigma(1-h)}(\hat{c}_t - h\hat{c}_{t-1}) = \frac{\beta}{1-\beta}\hat{r}_t \tag{24}$$

消费的欧拉方程,则由 (4) 式和 (6) 式得到:

$$\hat{c}_t = \frac{1}{1+h}E_t\{\hat{c}_{t+1}\} + \frac{h}{1+h}\hat{c}_{t-1} + \frac{\sigma(1-h)}{1+h}(-\hat{r} + E_t\{\hat{\pi}_{t+1}\} - E_t\{\hat{b}_{t+1} - \hat{b}\}) \tag{25}$$

当 $h=0$ 时,上式即转化为传统的前瞻性的消费方程。资本投资价值方程由 (7) 式和 (8) 式得到:

$$\hat{q}_t = \beta(1-\delta)E_t\{\hat{q}_{t+1}\} - \hat{r} + E_t\{\hat{\pi}_{t+1}\} + (1-\beta(1-\delta))E_t\{\hat{r}^k_{t+1}\} \tag{26}$$

投资方程由 (9) 式得到:

$$\hat{i}_t = \frac{\beta}{1+\beta}E_t\{\hat{i}_{t+1}\} + \frac{1}{1+\beta}\hat{i}_{t-1} + \frac{\psi}{1+\beta}\hat{q}_t + \frac{1}{1+\beta}E_t\{\beta\hat{z}_{t+1} - \hat{z}_t\} \tag{27}$$

其中 $\psi = 1/s''(\cdot)$,为正数。一个正的投资调整成本冲击即负的投资冲击将降低投资。

由 (8) 式可得到对数线性化的实际资本使用价格与资本利用率的关系:

$$\hat{r}^k_t = \hat{u}_t/\psi_u \tag{28}$$

其中,$\psi_u = f'(1)/f''(1)$。

生产函数由 (17) 和 (28) 得到:

$$\hat{y}_t = \hat{a}_t + \alpha\hat{k}_t + \alpha\psi_u\hat{r}^k_t + (1-\alpha)\hat{n}_t \tag{29}$$

资本演进方程 (3) 对数线性化为:

$$\hat{k}_{t+1} = (1-\delta)\hat{k}_t + \delta\hat{i}_t \tag{30}$$

由 (11) 式和 (14) 式得到实际工资决定方程:

$$\hat{w}_t = \frac{1}{1+\beta}(\hat{\pi}_{t-1} + \hat{w}_{t-1}) - \hat{\pi}_t + \frac{\beta}{1+\beta}E_t\{\hat{w}_{t+1} + \hat{\pi}_{t+1}\} - \frac{(1-\beta\xi_w)(1-\xi_w)}{(1+\beta)\xi_w}\left(\hat{w}_t - \hat{\mu}^w_t - \frac{1}{\phi}\hat{n}_t - \frac{1}{\sigma(1-h)}(\hat{c}_t - h\hat{c}_{t-1})\right) \tag{31}$$

同样的,完全指数化的通货膨胀方程由 (16) 式、(18) 式和 (21) 式得到：

$$\hat{\pi}_t = \frac{1}{1+\beta}\hat{\pi}_{t-1} + \frac{\beta}{1+\beta}E_t\{\hat{\pi}_{t+1}\} + \frac{(1-\beta\xi_p)(1-\xi_p)}{(1+\beta)\xi_p}(-\hat{a}_t + \alpha\hat{r}_t^k + (1-\alpha)\hat{w}_t + \hat{\mu}_t^p) \quad (32)$$

上式即为新凯恩斯主义的菲利普斯曲线：通货膨胀取决于过去和预期未来通货膨胀以及当期实际边际成本。

产品市场均衡条件即总资源约束方程（23）式可对数线性化为：

$$\hat{y}_t = \frac{\mu^p(1-\beta(1-\delta))-\alpha\beta\delta}{\mu^p(1-\beta(1-\delta))}\hat{c}_t + \frac{\delta\alpha\beta}{\mu^p(1-\beta(1-\delta))}\hat{i}_t \quad (33)$$

劳动需求方程由（19）和（28）得到：

$$\hat{n}_t = \hat{k}_t - \hat{w}_t + (1+\psi_u)\hat{r}_t^k \quad (34)$$

模型中所包含的6个冲击，即方程（22）对数线性化形式为下式：

$$\hat{\varphi}_t = \rho_\varphi\hat{\varphi}_{t-1} + \eta_t^\varphi \quad (35)$$

（四）中央银行的政策行为

由于本文的目的在于考察利率在我国经济中的作用，因此，假定央行的货币政策为泰勒规则。

$$\hat{r}_t = (1-\gamma_r)(\gamma_\pi\hat{\pi}_t + \gamma_y\hat{y}_t) + \gamma_r\hat{r}_{t-1} + \hat{v}_t \quad (36)$$

即利率不仅取决于上期利率，还取决于通货膨胀、产出和冲击项。

上述方程（23）～（27），（29）～（36）构成了DSGE模型的对数线性化形式，下文第二部分的参数估计和第三部分的脉冲响应分析都是基于该对数线性化的DSGE模型进行的。

二　数据和模型估计

（一）样本数据的选取

本文数据来自于CCER和中经统计网。数据长度为1996年第1季度至2009年第1季度，分别以国内生产总值、社会消费品零售总额、7天同业拆借利率、货币供应量M2、全部从业人员劳动报酬作为模型中产出Y、消费

C、利率 R、货币余额 M 以及工资 W 的替代变量。通货膨胀 π 是以环比的居民消费价格指数 CPI 作为价格 P 的替代变量计算得到的。此外，CPI 以 1996 年第 1 季度为基期，进行定基处理，从而得到 Y、C、M、W 的实际值。随后采用 BP 滤波方法对全部 6 个观测变量进行了退势（de-trending）和季节调整处理，保留各观测变量周期为 6~32 个季度的分量，去掉了周期小于 6 个季度和大于 32 个季度的分量。

（二）模型参数的估计

本文采用极大似然方法估计上文线性化 DSGE 模型的结构参数。首先运用 Blanchard & Kahn（1980）的方法求解线性 DSGE 模型的解，并用状态空间的形式表示；然后运用 Kalman 滤波得到关于模型结构参数的似然函数，极大化之即可求得参数的估计值。具体如下：

对数线性化 DSGE 模型，即上文方程（23）~（27），（29）~（36）的解的状态空间形式为：

$$x_t = Fx_{t-1} + D\varepsilon_t$$

$$X_t = Hx_t$$

其中状态变量 $x_t = [\hat{y}_t, \hat{c}_t, \hat{i}_t, \hat{k}_t, \hat{r}_t, \hat{n}_t, \hat{m}_t, \hat{\pi}_t, \hat{w}_t, \hat{q}_t, \hat{z}_t, \hat{a}_t, \hat{b}_t, \hat{v}_t, \hat{r}_t^k, \hat{\mu}_t^p, \hat{\mu}_t^w]'$，观测变量 $X_t = [\hat{y}_t, \hat{c}_t, \hat{r}_t, \hat{m}_t, \hat{\pi}_t, \hat{w}_t]'$，外生随机扰动项 $\varepsilon_t = [\varepsilon_t^b, \varepsilon_t^a, \varepsilon_t^z, \varepsilon_t^v, \varepsilon_t^{\mu^p}, \varepsilon_t^{\mu^w}]'$，系数矩阵 F、D、H 依赖于模型结构参数。观测变量个数与外生冲击个数相等，从而避免了估计中的奇异性问题。则卡尔曼（Kalman）滤波基于 ε_t 的正态分布得到如下似然函数〔具体推导见 Hamilton（1994）〕：

$$L(X_t|\theta) = (2\pi)^{-\frac{n}{2}} |Q_{t|t-1}|^{-\frac{1}{2}} \cdot \exp\left[-\frac{1}{2}(X_t - X_{t|t-1})'Q_{t|t-1}^{-1}(X_t - X_{t|t-1})\right]$$

其中 $X_{t|t-1} = H'x_{t|t-1}$，$Q_{t|t-1} = E(X_t - X_{t|t-1})(X_t - X_{t|t-1})'$。下文参数的估计值是通过运用 DYNARE 工具箱，在 MATLAB-7.7 环境中计算得到的。

（三）参数估计结果

由于受可得数据个数的限制，模型中的部分结构参数需要通过校准得到。随机贴现因子 β 在已有文献中均通过采用校准的方法得到，本文根据样本期内我国 7 天同业拆借利率的年度均值将 β 值校准为 0.9892。根据我国全部从业人员劳动报酬占 GDP 的比重,将资本份额 α 校准为 0.41。根据 Smets & Wouters (2003),将劳动供给的工资弹性 φ 校准为 0.42,投资调整成本 ψ 和资本利用成本 ψ_u 分别校准为 0.148 和 0.17,稳态价格加成比例 μ^p 校准为 1.2(则稳态时,中间产品的需求弹性为 6)。资本折旧率 δ 校准为 0.025,意味着年折旧率为 10%[见 CEE (2003) 等]。模型中其余 20 个参数则由极大似然估计方法得到。表 1 和表 2 分别为校准的参数值和估计的参数值。

表 1 参数校准值

参 数	β	δ	α	φ	ψ	ψ_u	μ^p
校准值	0.9892	0.025	0.41	0.42	0.148	0.17	1.2

表 2 极大似然参数估计值

参 数	估计值	标准误	参 数	估计值	标准误
ρ_a	0.8101	0.6332	σ_a	0.3557	0.0547
ρ_b	0.8477	0.1523	σ_b	0.2017	0.3933
ρ_z	0.7969	0.0490	σ_z	0.2076	0.0613
ρ_{μ^p}	0.8492	0.1005	σ_{μ^p}	0.1091	1.2312
ρ_{μ^w}	0.8415	0.5824	σ_{μ^w}	0.2212	0.7366
ρ_v	0.8410	0.1258	σ_v	0.0018	0.0002
σ	0.3756	0.1562	h	0.6812	0.0867
γ	0.5995	0.5606	ξ_p	0.9053	0.0129
ξ_w	0.8284	0.0112	γ_r	0.7822	0.0213
γ_y	0.2890	0.0196	γ_π	1.7099	0.0778

本文的参数估计在统计上大都是显著的。消费跨期替代弹性 σ 的估计值为 0.3756,外生习惯形成参数 h 为 0.6812,货币需求的利率弹性 γ 的估计值为 0.5995。参数不制定最优价格的概率 ξ_p 与不制定最优工资的概率 ξ_w 的估计值分别为 0.9053、0.8284,这意味着价格和工资的黏性(即持久期)分别为 10.5 个和 5.8 个季度,即约 2.6 年和 1.5 年,比较接近 Smets & Wouters (2003) 所估计的欧元区的价格黏性和工资黏性的 2.5 年和 1 年。泰勒规则的三个参数,即利率对通胀、产出、上期利率的响应系数 γ_π、γ_y、γ_r 的估计值分别为 1.7099、0.2890 和 0.7822,且是显著的,说明本文对央行遵循利率规则的假设是合理的,可以运用泰勒规则指导中国的货币政策。

6 个外生冲击持久性参数的估计值基本都在 0.8 以上,说明这 6 个外生冲击对我国经济的影响较为持久。技术、投资调整成本及利率冲击的标准误的估计值都是显著的，说明这3个外生冲击在很大程度上解释了观测变量的波动，而两个成本推动冲击以及消费偏好冲击的标准误不显著，说明这3个冲击对经济波动的影响较小。此外，利率冲击的标准误 σ_v 较小，在一定程度上也说明了本文假设我国货币政策遵循利率规则是合理的。

图1给出了通过反事实仿真得到的模型拟合的6个观测变量值与它们的实际值的比较：除了实际货币余额的拟合值与其实际值差别较大外，模型对实际产出、消费、利率、工资，以及通货膨胀的拟合较好——拟合值与实际观测值基本一致，这说明本文所构建的动态随机一般均衡模型（DSGE）比较符合现实，对现实的解释能力较强。

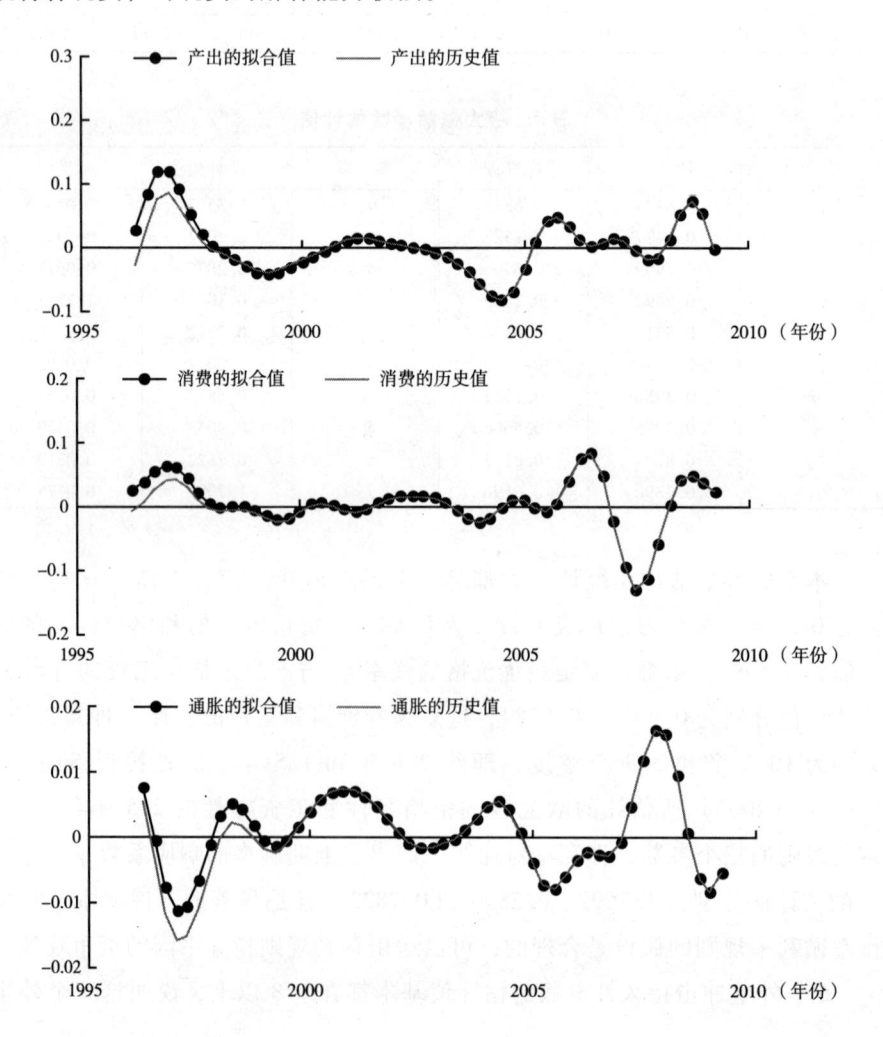

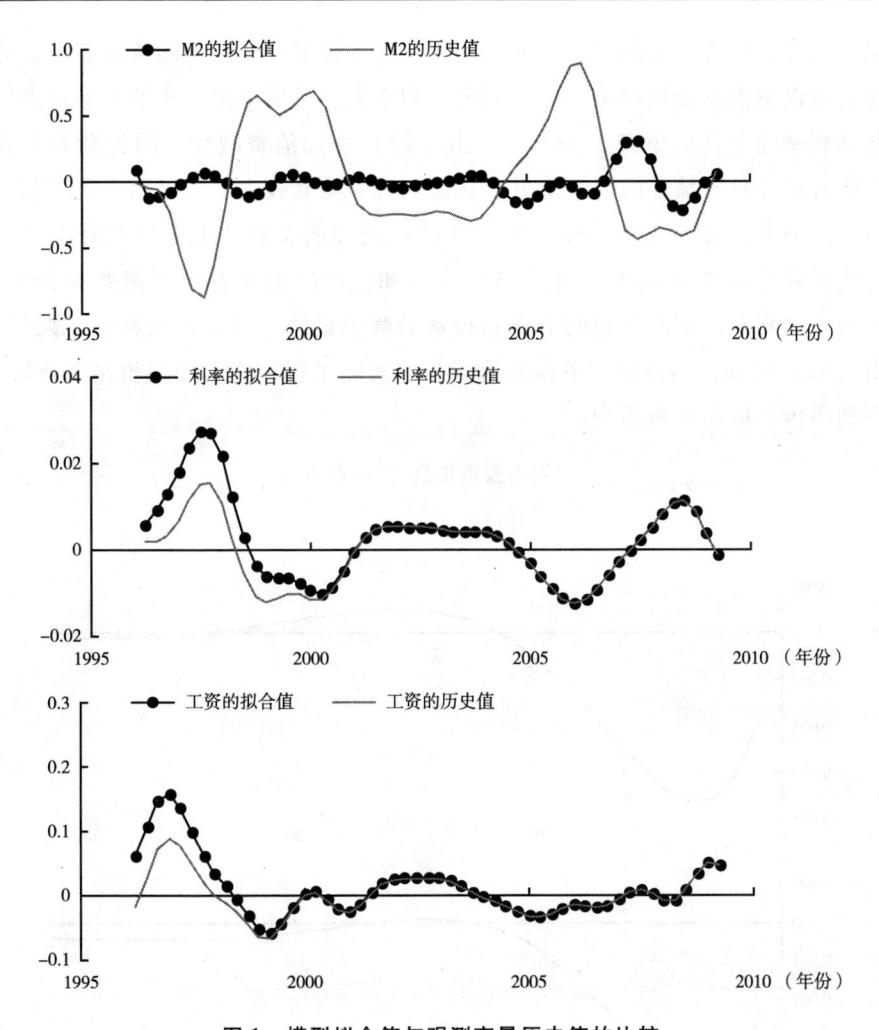

图 1 模型拟合值与观测变量历史值的比较

三 外生冲击传导的脉冲响应分析

本部分将根据上文所估计的 DSGE 模型,运用脉冲响应分析利率、技术等 6 个外生冲击是如何影响我国经济的。图 2 ~ 图 7 均为一个标准误正向冲击的脉冲响应。

(一) 利率冲击传导

图 2 正的利率冲击,即紧缩性货币政策对经济的影响是负面的,造成产

出、消费、投资、实际工资、通货膨胀、资本投资价值、实际货币需求、劳动需求以及资本使用价格下降，而名义利率先上升后下降。正的利率冲击使名义利率先上升后下降，一方面，由（25）可知消费减少，因为利率上升意味着家庭投资债券的回报上升，从而家庭会将其收入更多地用于购买债券而不是消费；另一方面，由（26）、（27）可知名义利率上升导致资本投资价值下降进而投资减少；由（33）式可知，产出正向取决于消费和投资，因而正的利率冲击所导致的消费和投资的减少最终导致了产出减少。此外，由（32）可知，通货膨胀下降的原因在于实际工资和资本使用价格的下降。则利率传导机制可概括为：

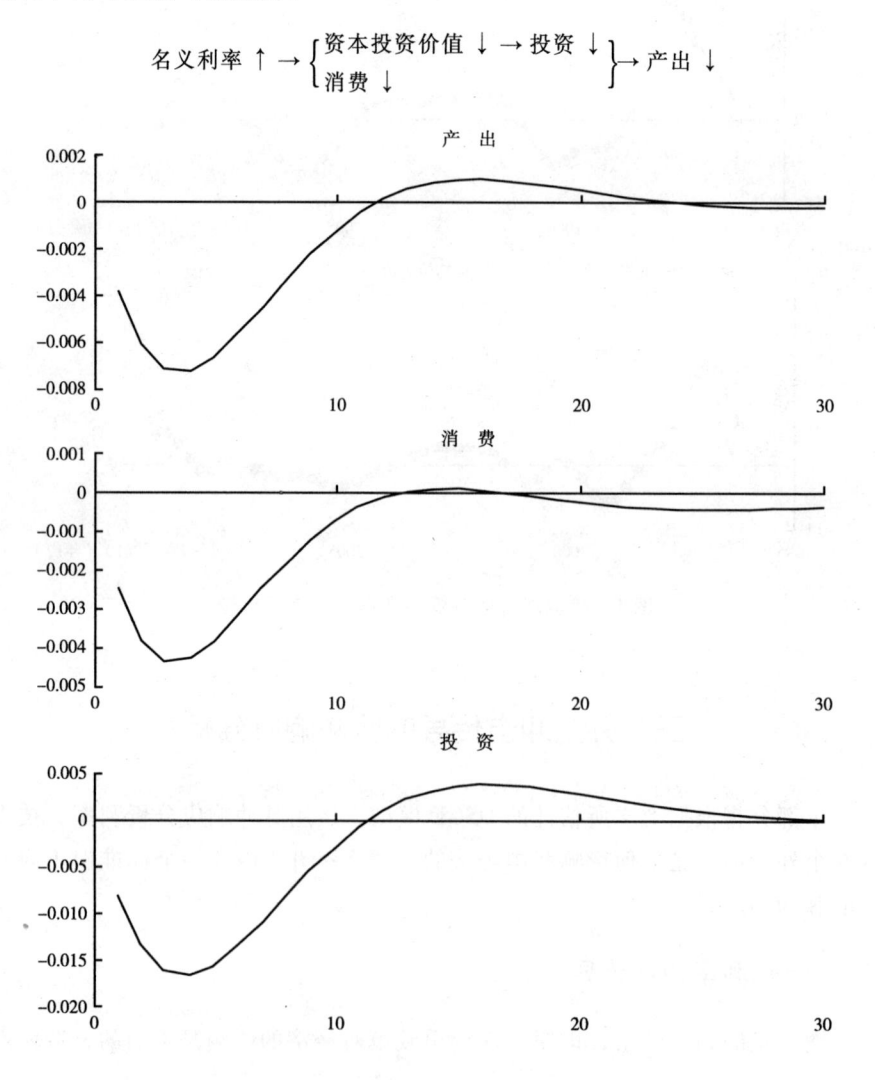

$$名义利率\uparrow \rightarrow \begin{Bmatrix} 资本投资价值\downarrow \rightarrow 投资\downarrow \\ 消费\downarrow \end{Bmatrix} \rightarrow 产出\downarrow$$

产 出

消 费

投 资

利 率

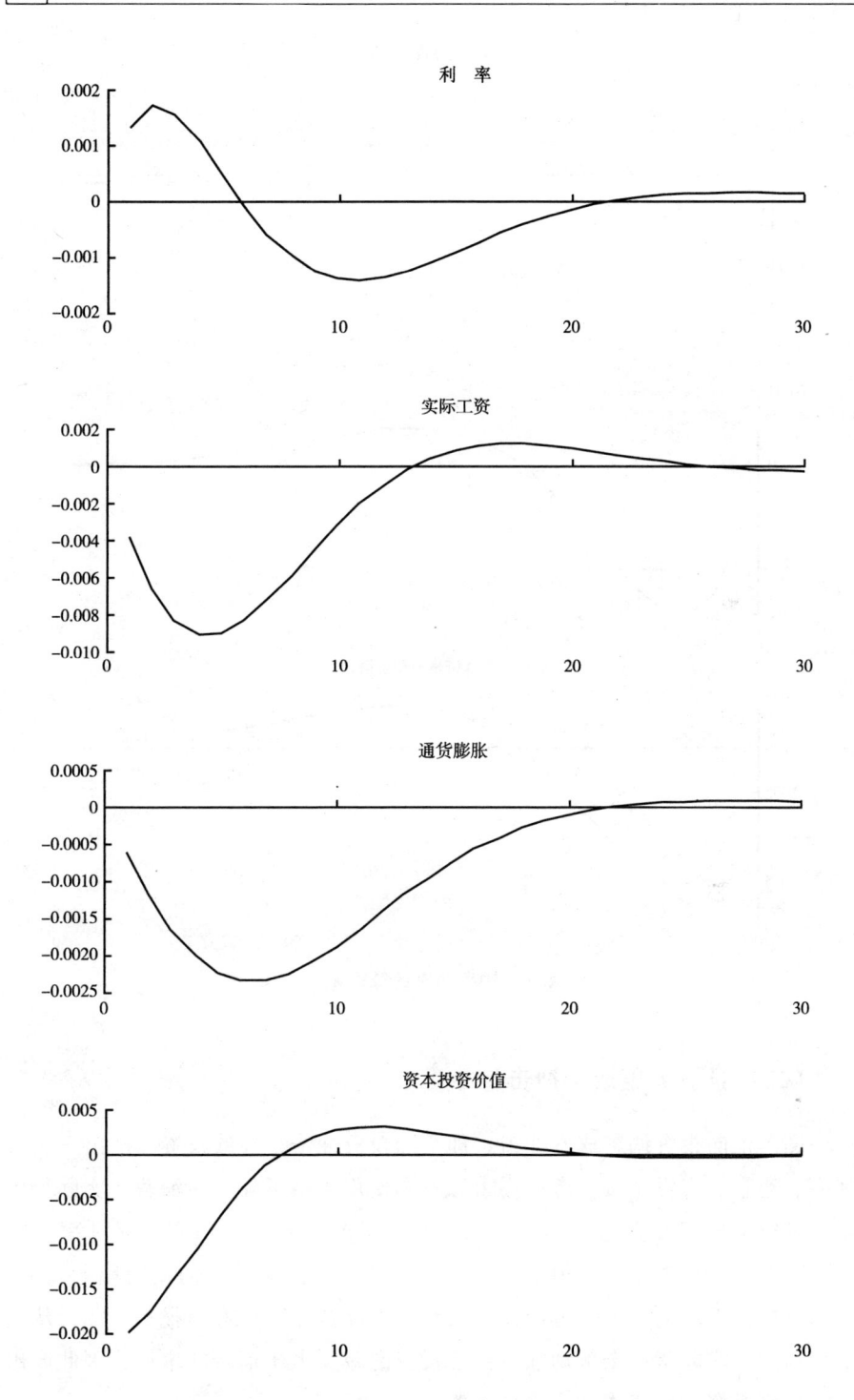

实际工资

通货膨胀

资本投资价值

图 2 利率冲击的脉冲响应

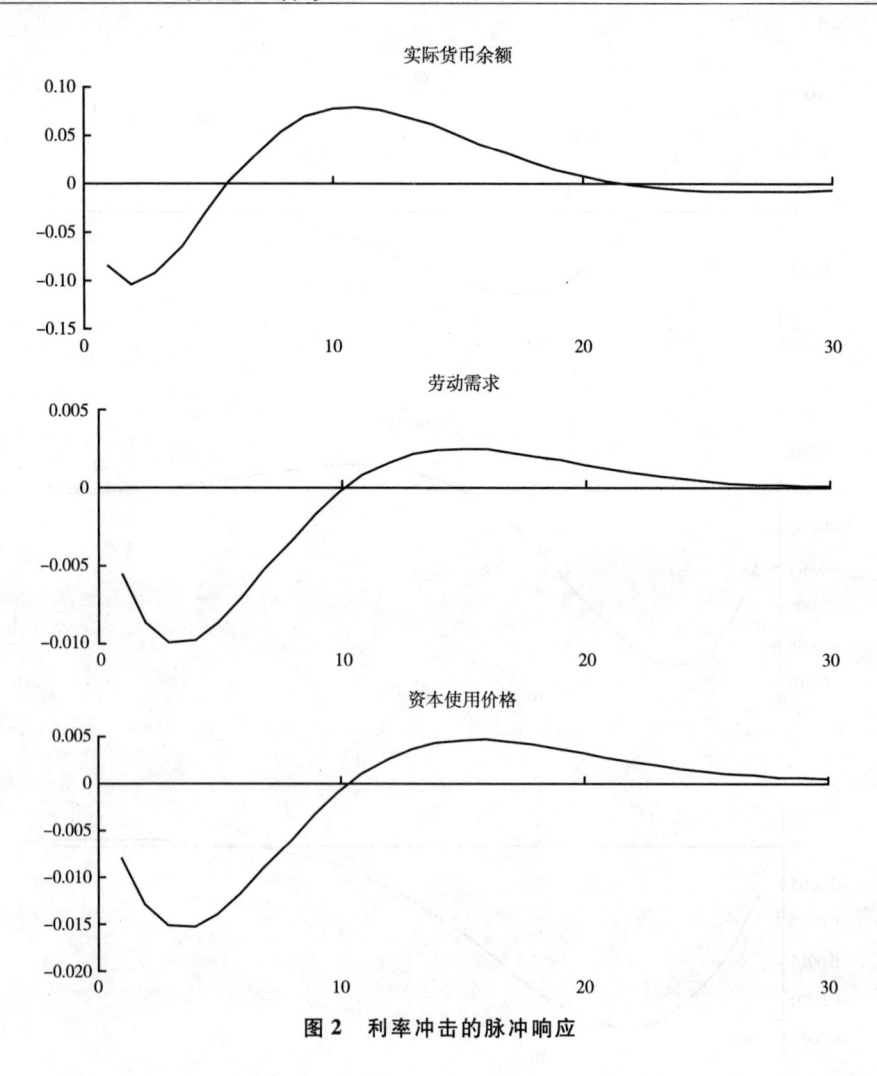

（二）投资调整成本冲击传导

图 3 正向投资调整成本冲击，即负的投资冲击，导致投资、产出、名义利率、通胀、实际工资、劳动需求和资本使用价格下降，而消费、实际货币余额和资本投资价值上升。由（26）和（27）式可知，尽管名义利率下降导致资本投资价值上升，但由于投资调整成本冲击对投资的负向影响较大，从而投资是下降的；另一方面，名义利率下降意味着债券回报率下降，从而消费增加，实际货币余额增加；由于投资的减少大于消费的增加，因此产出下降。则投资调整成本冲击传导可概括为：

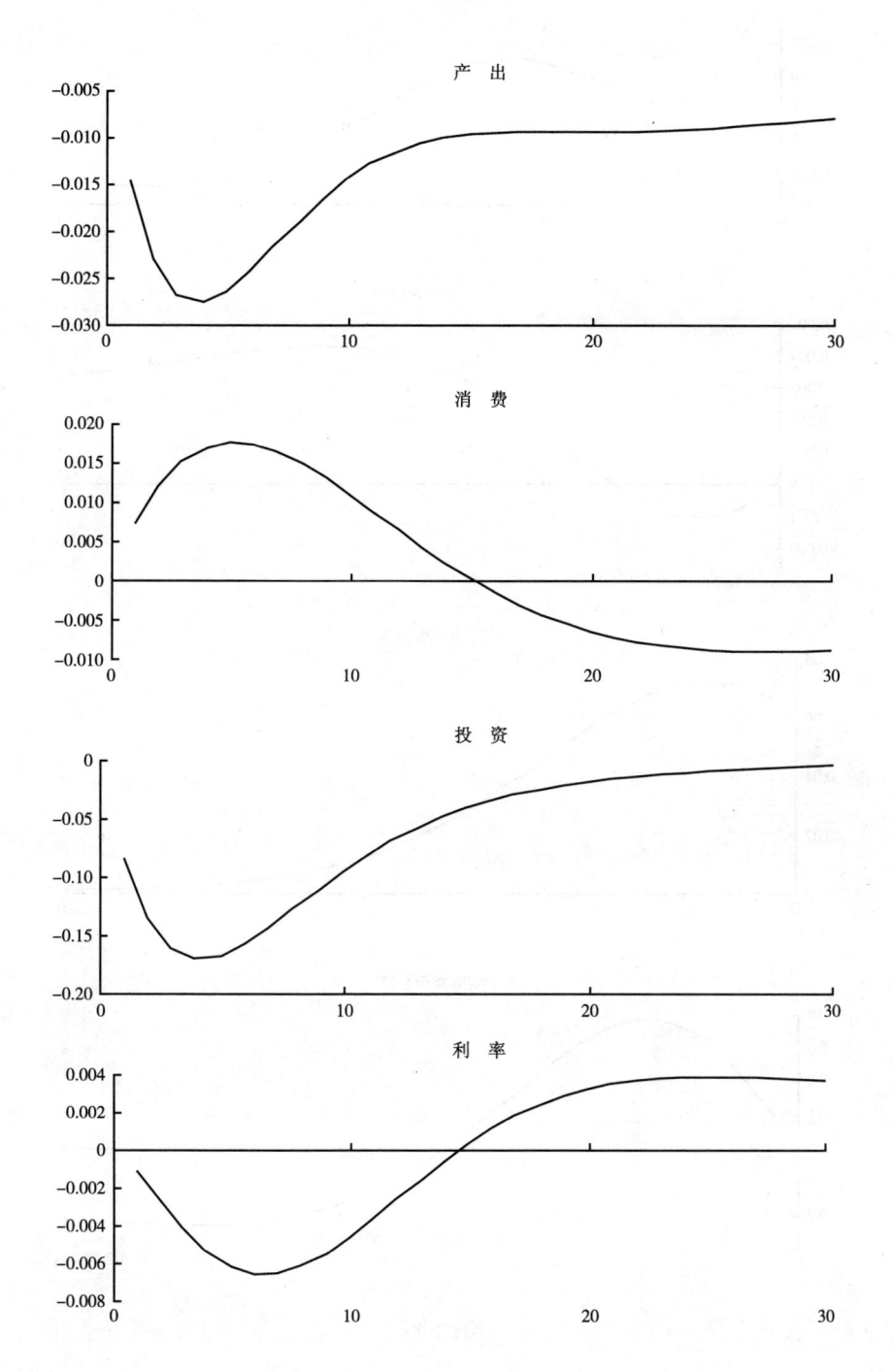

投资调整成本 ↑ → 名义利率 ↑ → $\begin{cases} 资本投资价值 ↓ → 投资 ↓ \\ 消费 ↑ \end{cases}$ → 产出 ↓

产 出

消 费

投 资

利 率

实际工资

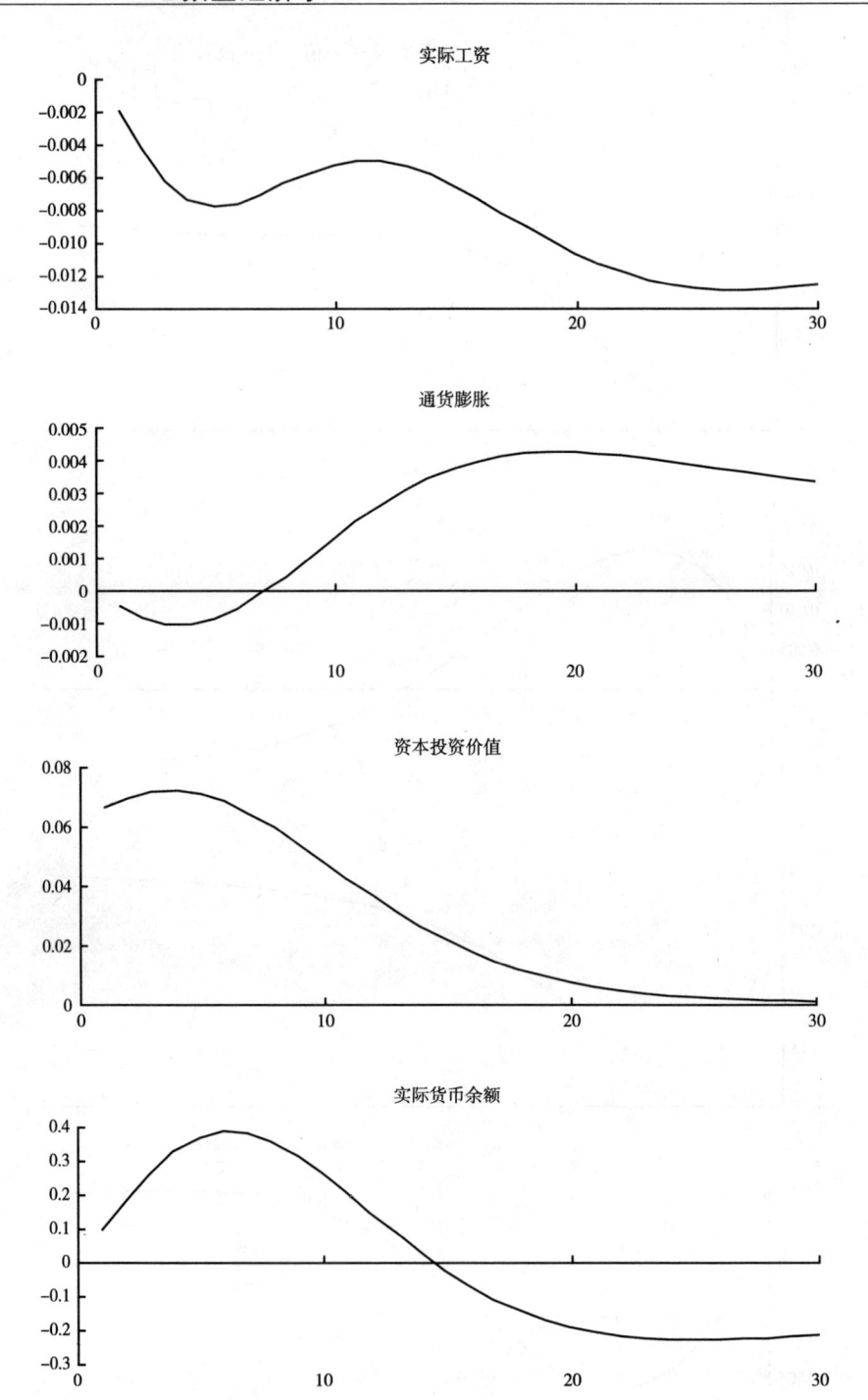

通货膨胀

资本投资价值

实际货币余额

劳动需求

资本使用价格

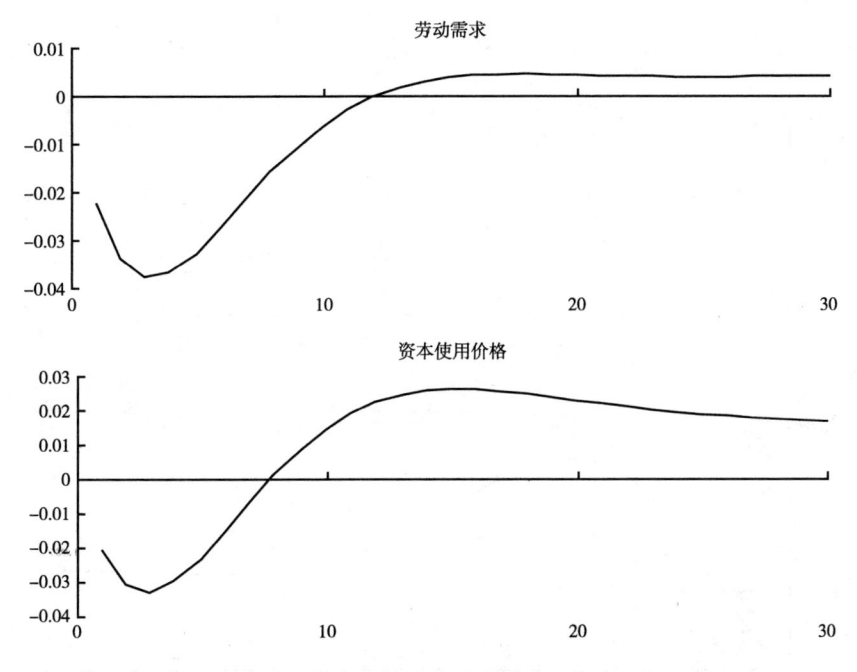

图 3 投资调整成本冲击的脉冲响应

（三）技术冲击传导

图 4 正向技术冲击导致产出、消费、投资、实际工资、资本投资价值及实际货币余额上升，而通胀、名义利率、劳动需求和资本使用价格下降。由(32)式可知，技术进步使通货膨胀下降，从而名义利率下降［由(36)可知］，这一方面导致消费增加（原因在于债券回报下降），另一方面，名义利率下降使资本投资价值上升进而投资增加［由(26)、(27)可知］，因而产出增加。实际工资由于通胀下降和消费增加而上升［见(31)式］。则技术冲击传导可概括为：

$$\text{技术} \uparrow \to \text{通货膨胀} \downarrow \to \text{名义利率} \downarrow \to \begin{Bmatrix} \text{资本投资价值} \uparrow \to \text{投资} \uparrow \\ \text{消费} \uparrow \end{Bmatrix} \to \text{产出} \uparrow$$

（四）消费偏好冲击传导

图 5 正向消费偏好冲击导致消费、名义利率、实际工资、通货膨胀及资本使用价格上升，产出和劳动需求先增加后减少，而资本投资价值、投资减

产 出

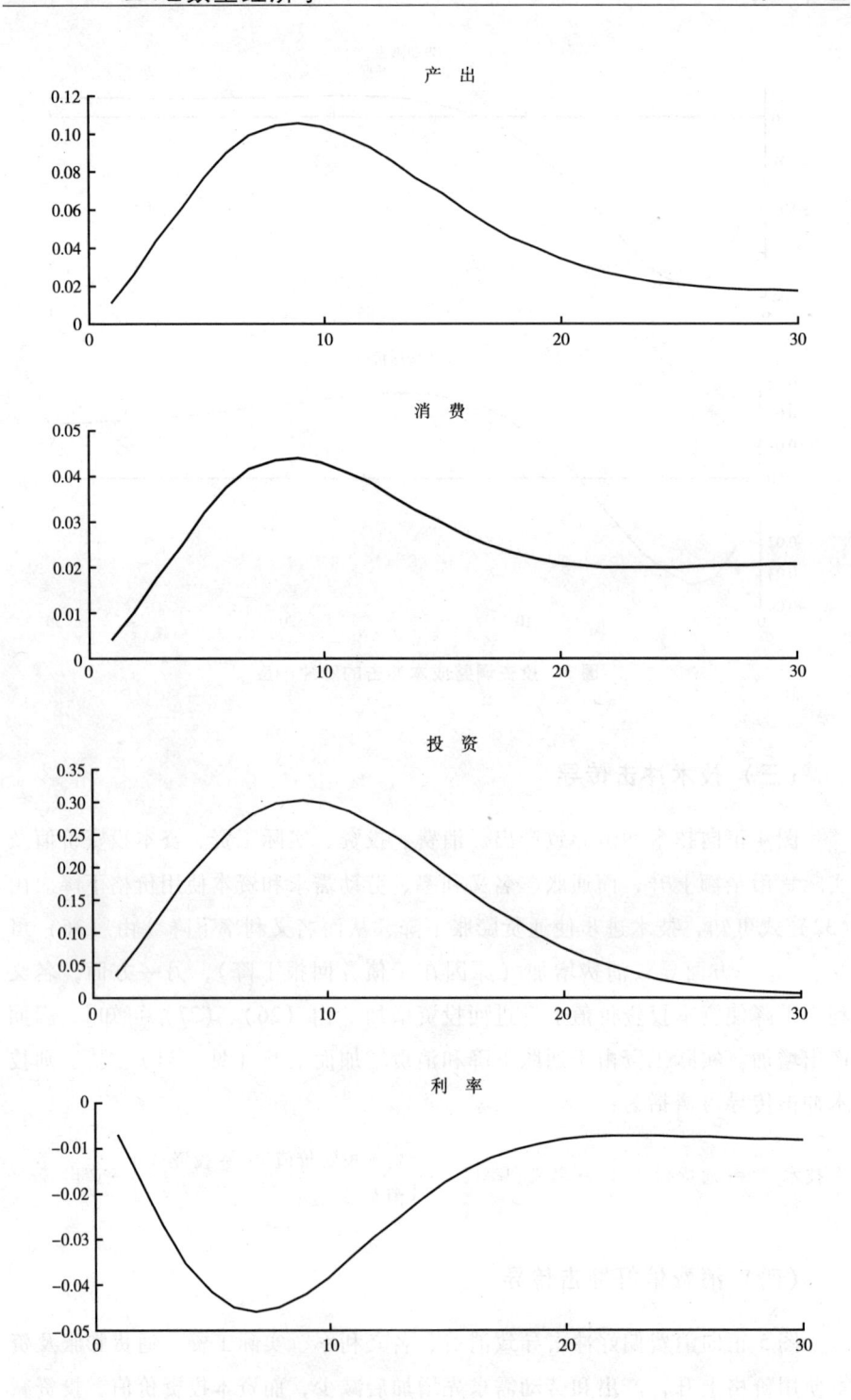

消 费

投 资

利 率

实际工资

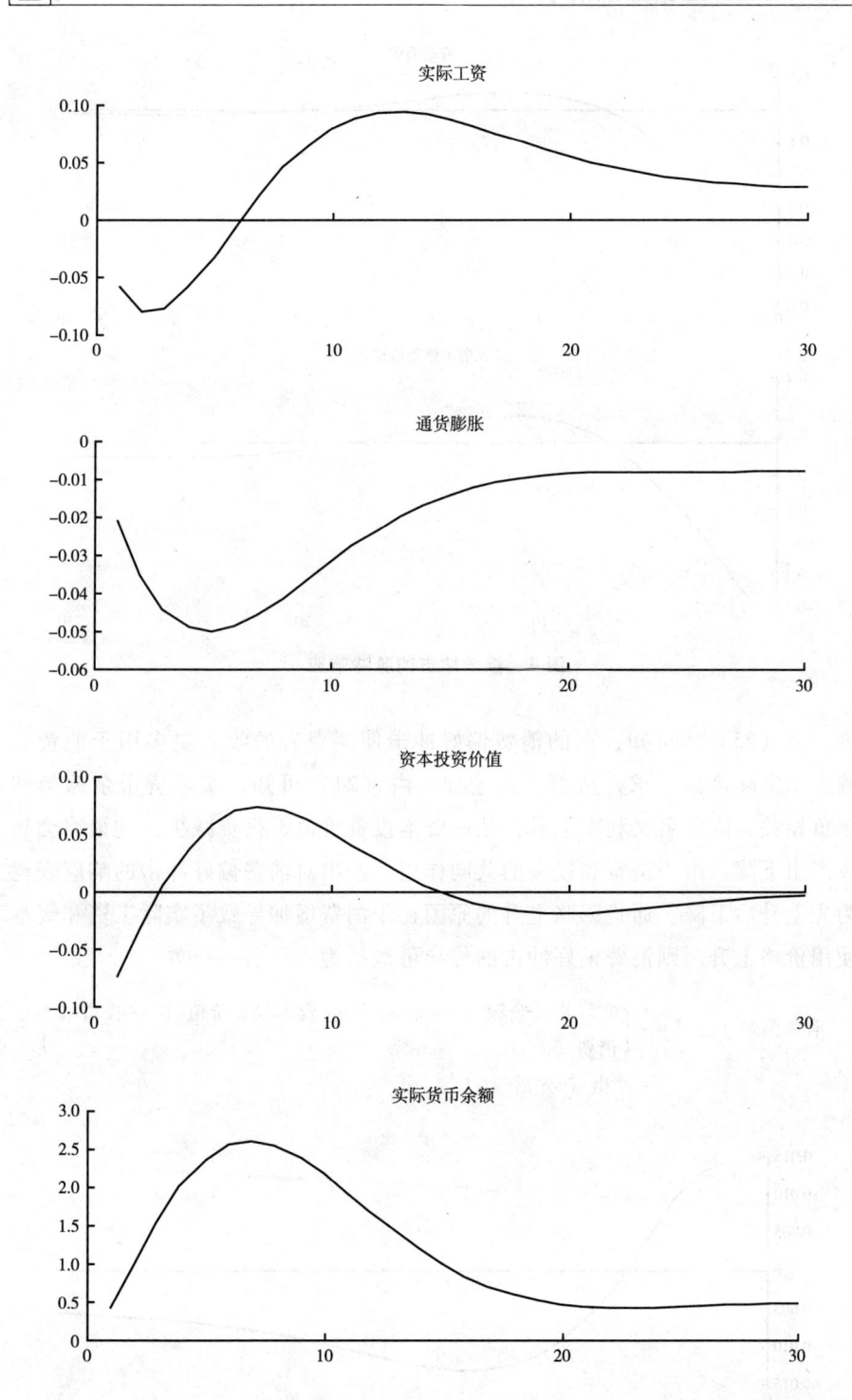

通货膨胀

资本投资价值

实际货币余额

劳动需求

资本使用价格

图4 技术冲击的脉冲响应

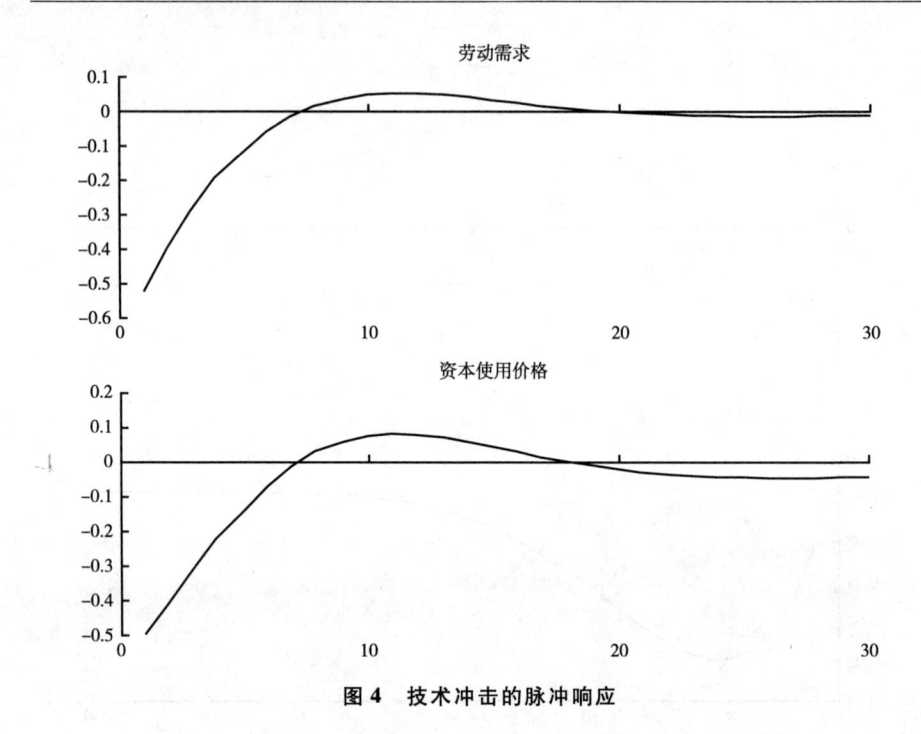

少。由（25）式可知，正的消费偏好冲击使消费者的收入更多用于消费而减少了实际余额需求，从而产出增加。由（24）可知，实际货币余额与利率负相关，因此名义利率上升，从而资本投资价值、投资减少，这最终会导致产出下降。由于消费和投资的共同作用，产出对消费偏好冲击的响应表现为先上升后下降。通货膨胀上升的原因在于消费增加导致了实际工资和资本使用价格上升。则消费偏好冲击的传导可概括为：

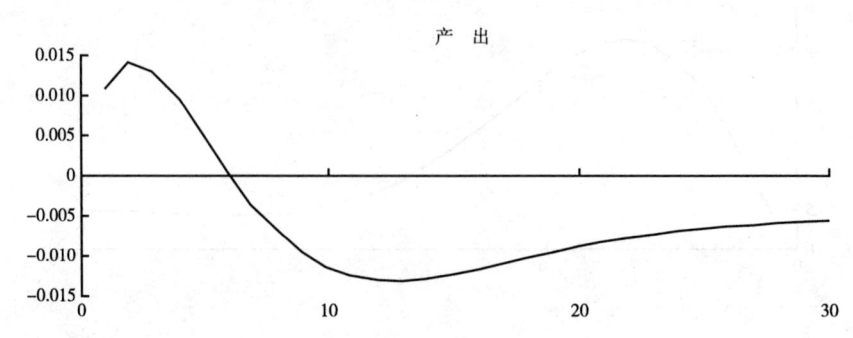

$$消费偏好冲击 \uparrow \rightarrow \begin{Bmatrix} 实际货币余额 \downarrow \rightarrow 利率 \uparrow \rightarrow 资本投资价值 \downarrow \rightarrow 投资 \downarrow \\ 消费 \uparrow \end{Bmatrix}$$
$$\rightarrow 产出 \uparrow 先后 \downarrow$$

产出

消　费

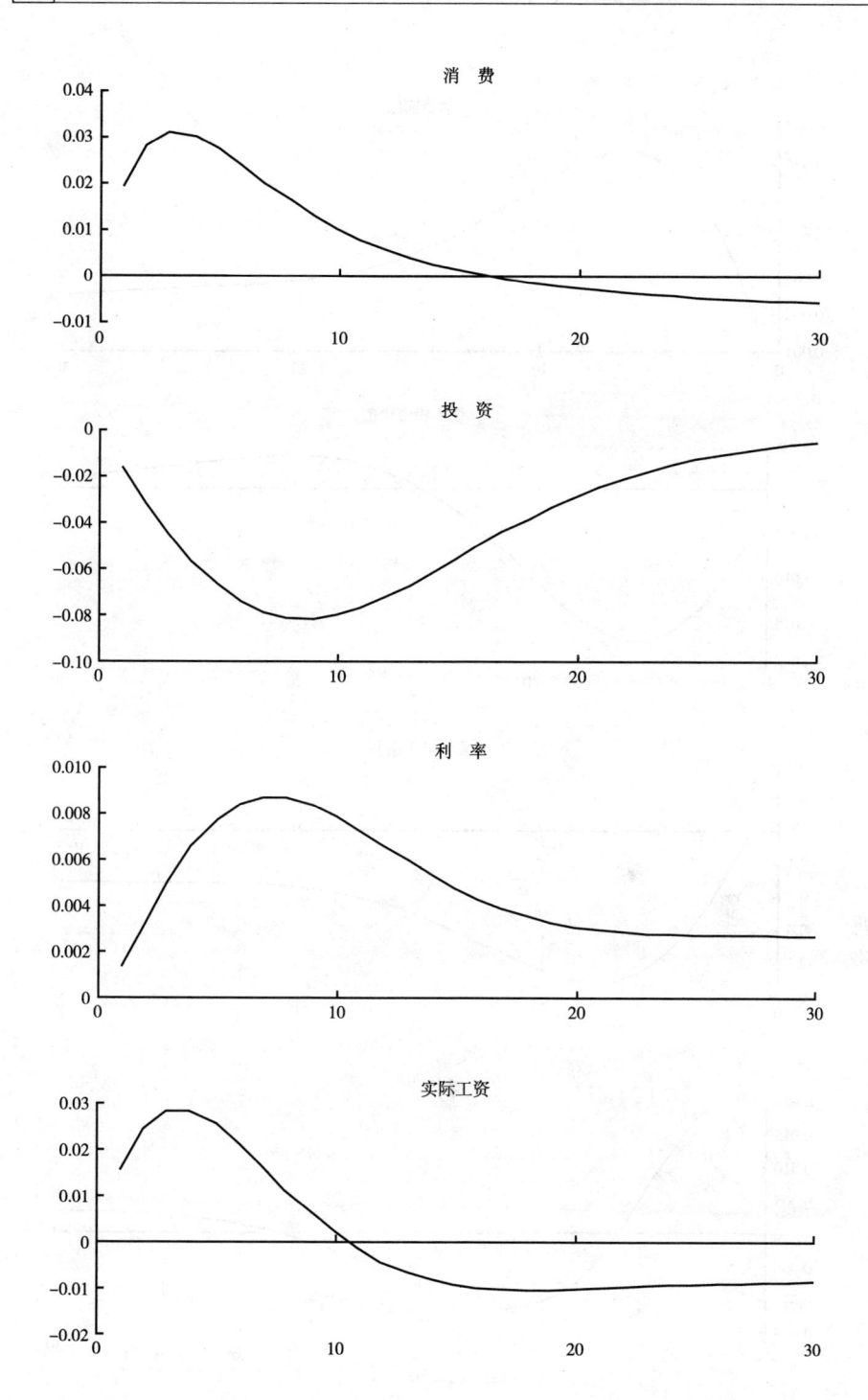

投　资

利　率

实际工资

通货膨胀

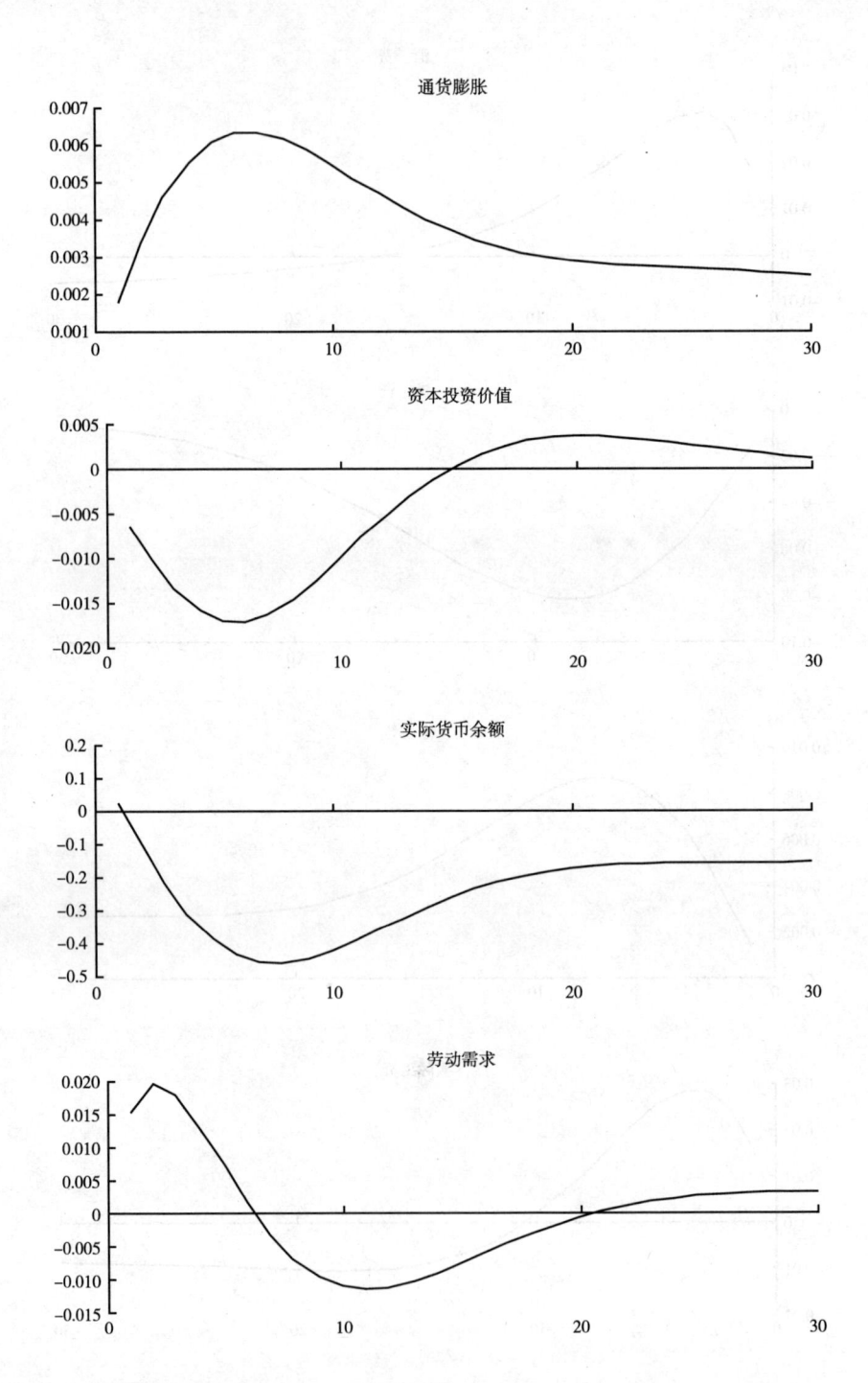

资本投资价值

实际货币余额

劳动需求

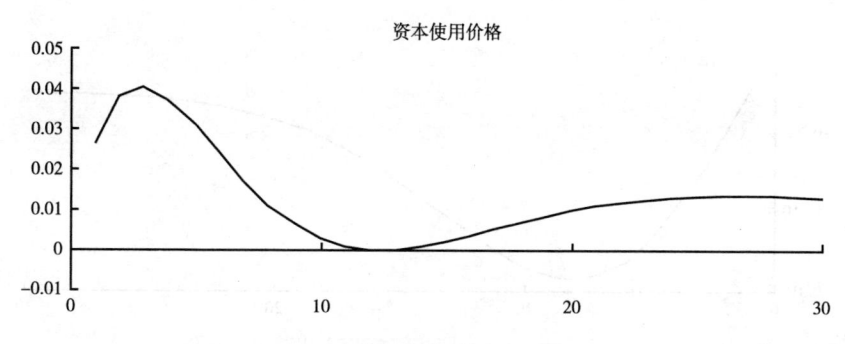

图 5 消费偏好冲击的脉冲响应

（五）价格加成冲击传导

图 6 正向价格加成冲击导致产出、消费、投资、实际工资、资本投资价值、实际货币余额、劳动需求及资本使用价格下降，而通货膨胀、名义利率上升。由（32）式可知，正向价格加成冲击导致通货膨胀上升，且由（36）式可知，名义利率随通胀的上升而上升，这一方面使消费减少，另一方面使资本投资价值下降进而投资减少，并最终导致了产出的减少。由（31）式可知，实际工资下降是由消费减少和通胀上升共同导致的。则价格加成冲击的传导可概括为：

价格加成 ↑ → 通货膨胀 ↑ → 名义利率 ↑ → $\begin{cases} 资本投资价值 ↓ → 投资 ↓ \\ 消费 ↓ \end{cases}$ → 产出 ↓

（六）工资加成冲击传导

图 7 正向工资加成冲击导致产出、消费、资本投资价值、投资、实际货币余额及劳动需求减少，而实际工资、名义利率、通胀及资本使用价格上升。由（31）式可知，正向工资加成冲击使实际工资上升，进而通货膨胀上升、名义利率上升。而名义利率的上升一方面导致消费减少，另一方面导致资本投资价值下降进而投资减少，消费和投资的减少最终使产出减少。且名义利率上升还使实际货币余额减少。则正向价格加成冲击的传导可概括为：

工资加成 ↑ → 实际工资 ↑ → 通货膨胀 ↑ → 名义利率 ↑

→ $\begin{cases} 资本投资价值 ↓ → 投资 ↓ \\ 消费 ↓ \end{cases}$ → 产出 ↓

产 出

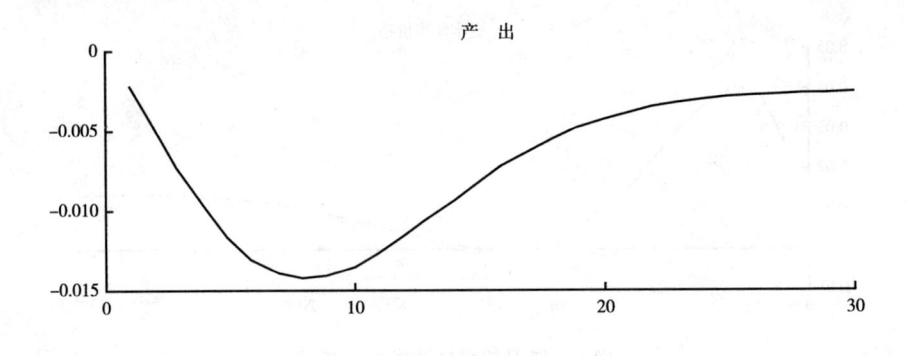

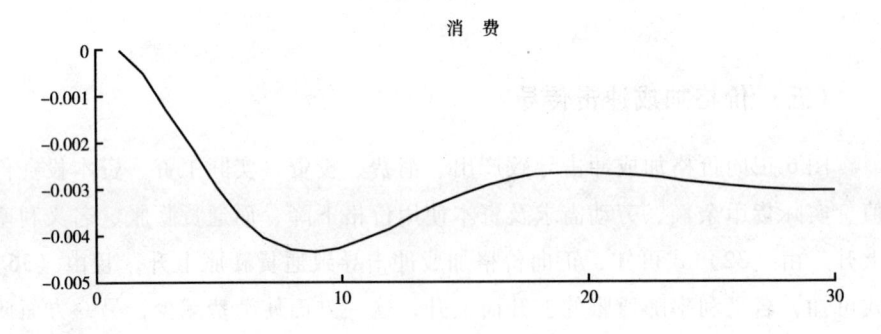

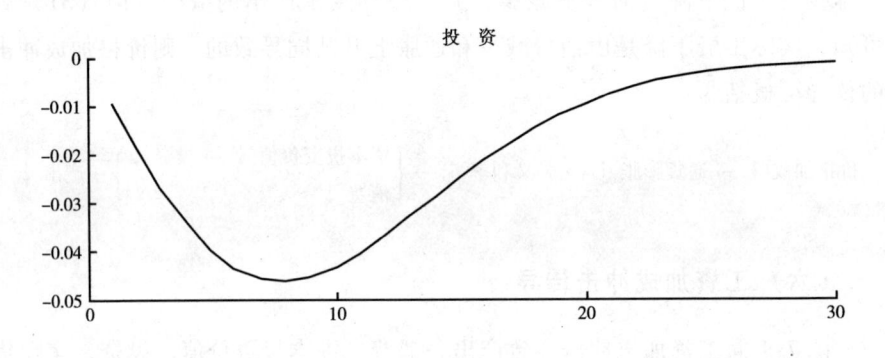

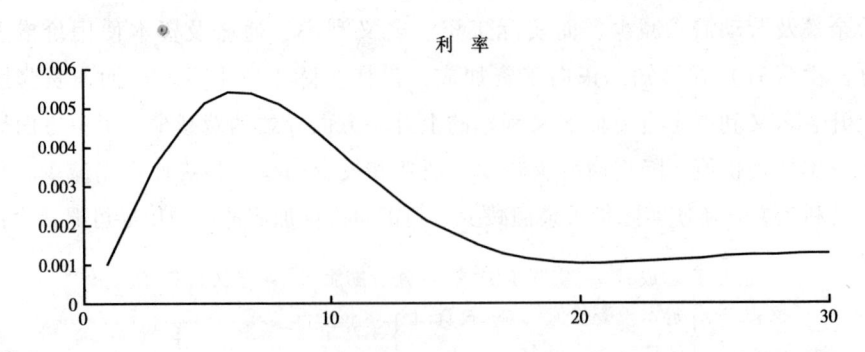

消 费

投 资

利 率

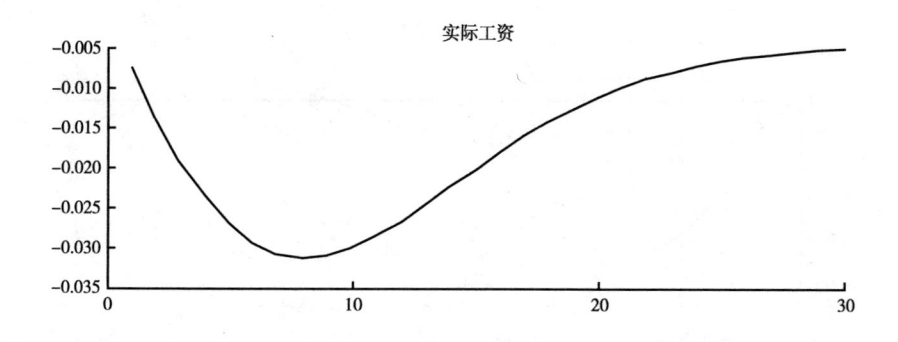

实际工资

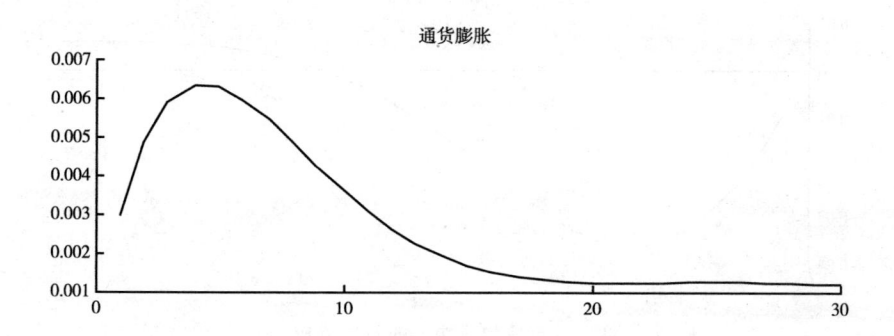

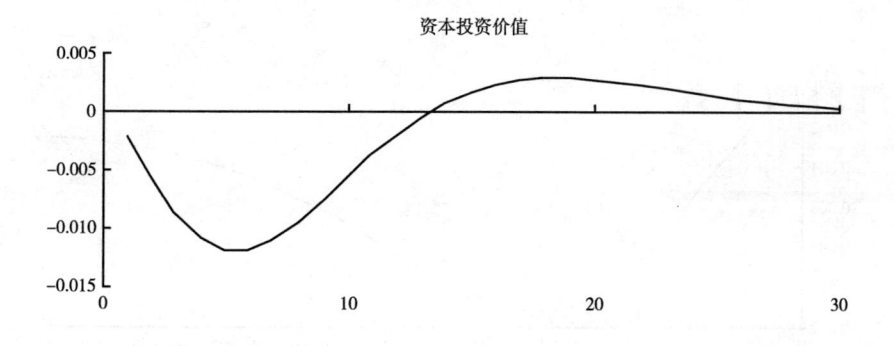

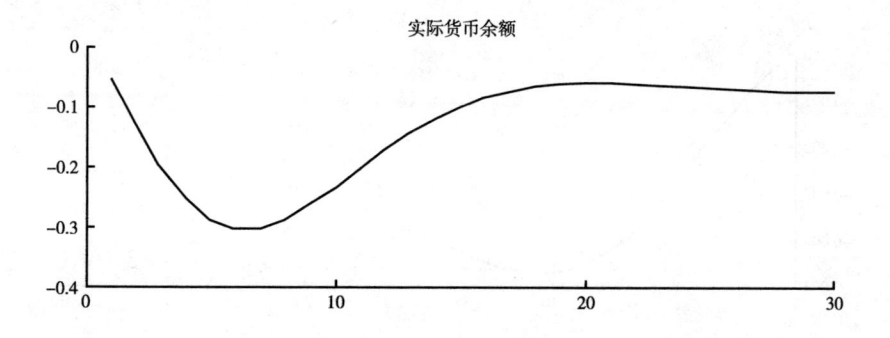

通货膨胀

资本投资价值

实际货币余额

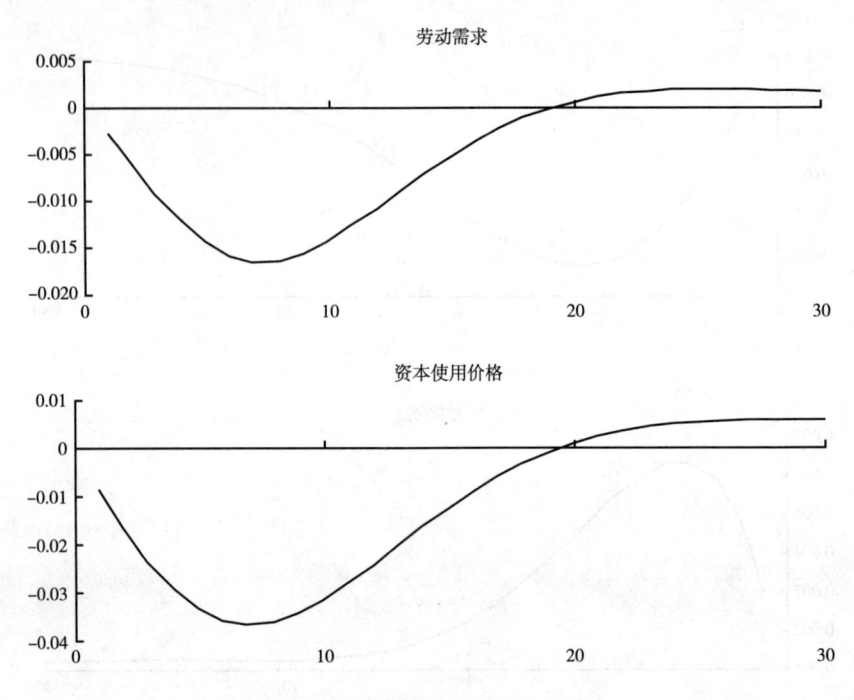

图 6 价格加成冲击的脉冲响应

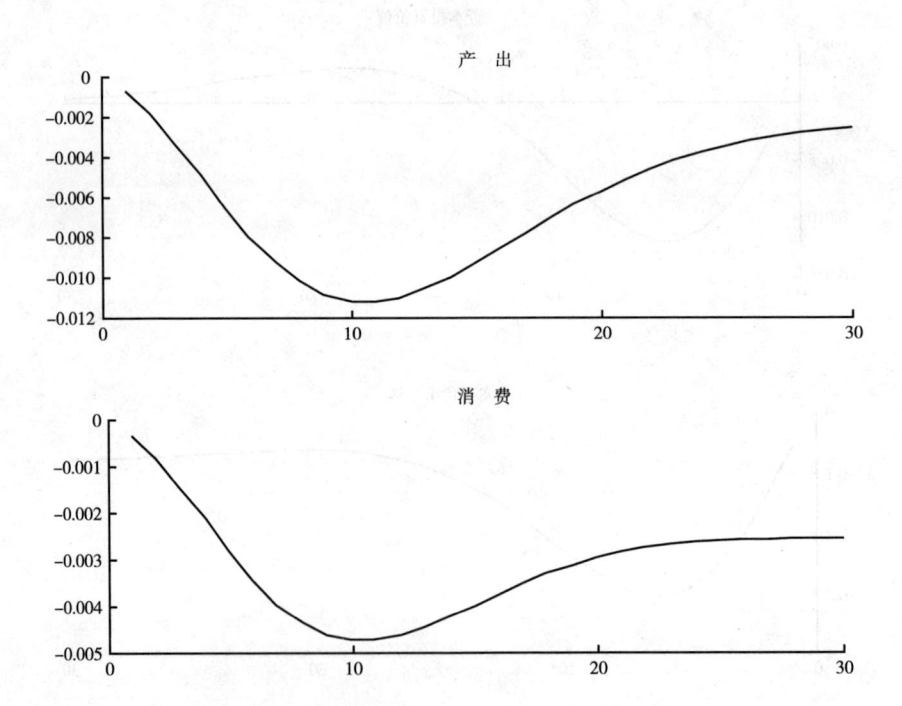

投 资

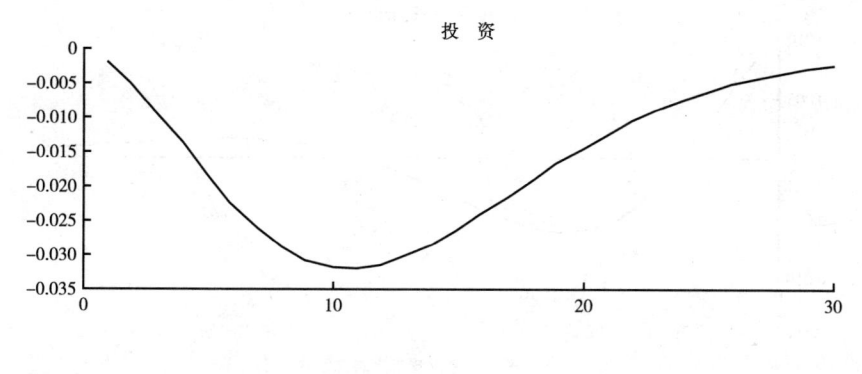

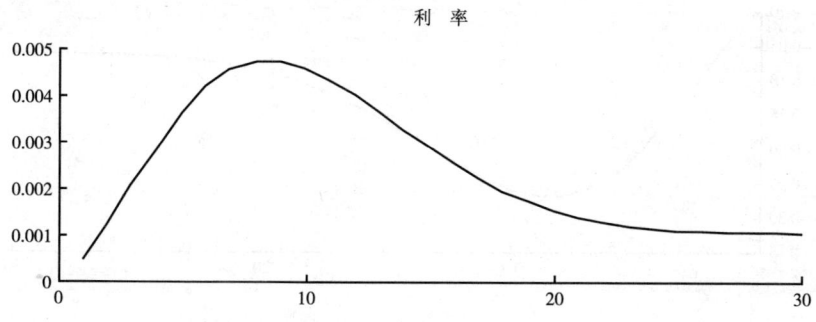

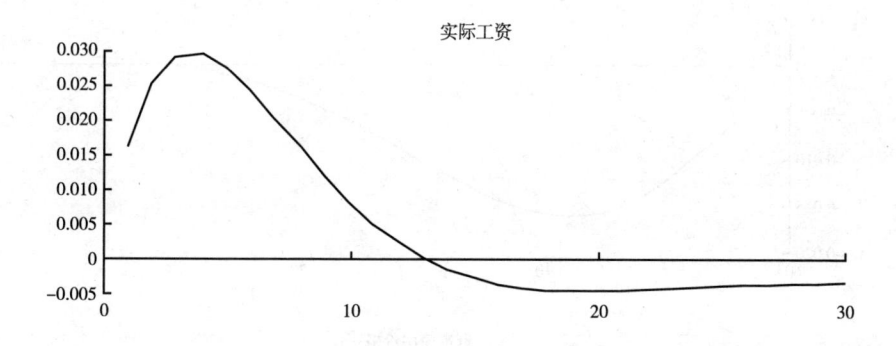

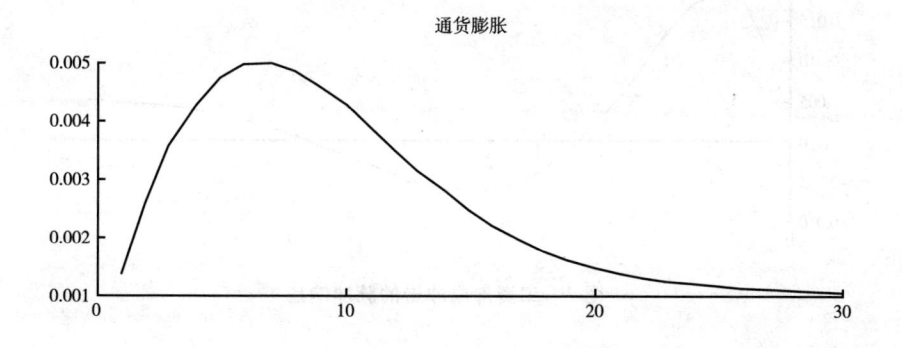

利 率

实际工资

通货膨胀

图 7 工资加成冲击的脉冲响应

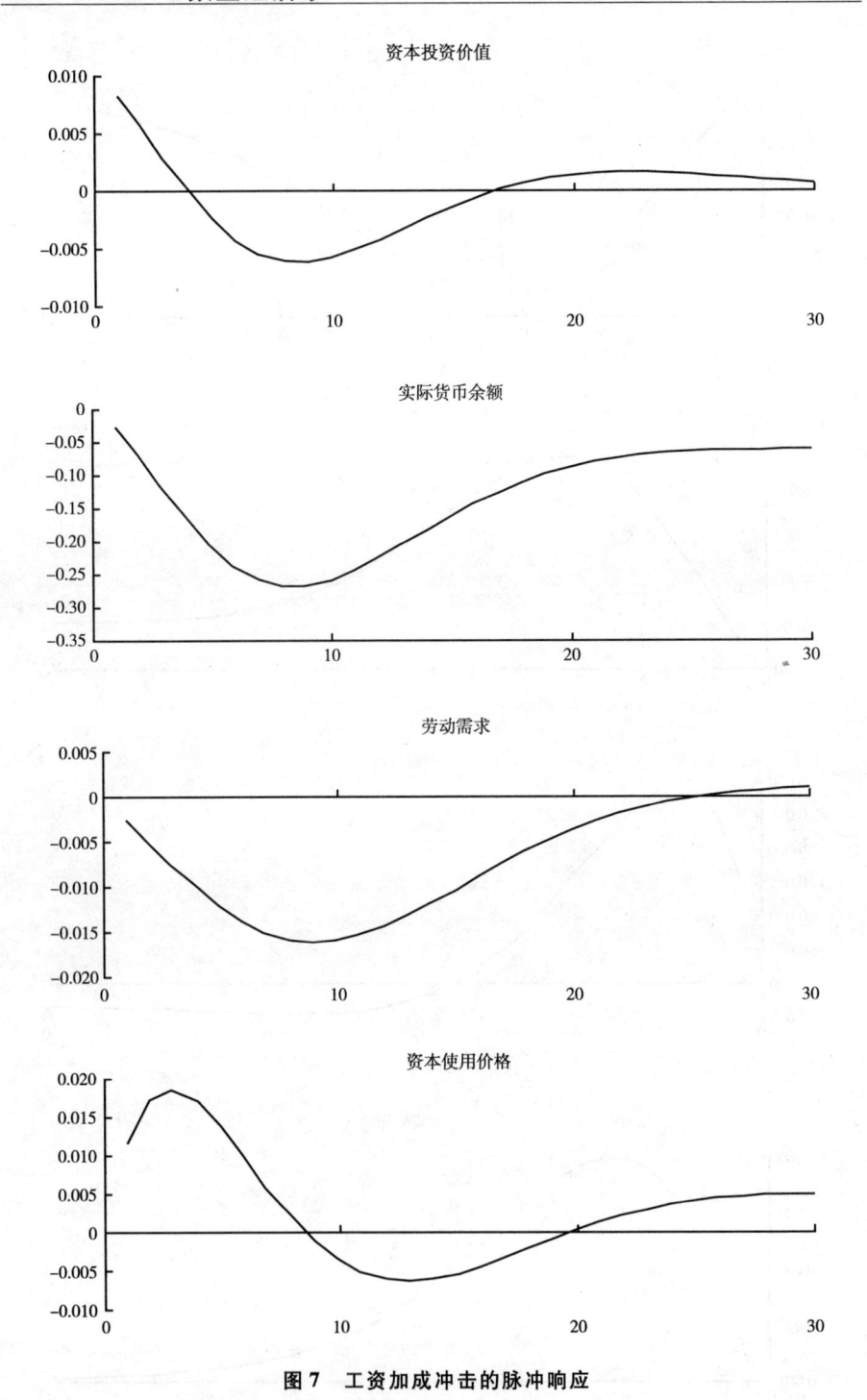

综合图2至图7中产出、消费、投资和通货膨胀对各冲击的响应可知，利率在外生冲击的传导中发挥着极其重要的作用，说明以利率作为我国货币政策的中介目标有着重要的现实意义。

结　论

本文通过构建一个新凯恩斯主义的动态随机一般均衡模型（DSGE），考察了利率作为我国货币政策中介目标的可行性，并分析了利率、技术、投资调整成本、消费偏好、价格加成、工资加成等冲击在我国经济中的传导。研究发现：

第一，反事实仿真表明，本文所构建的 DSGE 模型对现实的描述较好，用来分析我国的经济问题是适宜的。而且，结合第三部分的脉冲响应分析，本文的 DSGE 模型较为成功地刻画了外生冲击在我国经济中的传导过程。

第二，DSGE 模型中利率规则参数的估计值均是显著的，说明泰勒规则在我国具有一定的适用性。利率不仅在货币政策的传导中发挥着重要作用，投资调整成本等冲击的传导也需要通过利率对投资、消费进而产出产生影响，说明利率作为我国货币政策执行的中介目标是可行的。

第三，由脉冲响应分析可知，投资对利率、投资调整成本、技术、价格加成、工资加成等冲击的响应要远大于消费对各冲击的响应，但在消费偏好冲击情形上，二者对冲击响应的大小基本一致，这说明在我国经济中，货币政策及其他冲击的传导主要是通过投资而对产出产生影响的，消费对外生冲击的传导作用相对较小。该结论与我国现实是相符的，多年来我国经济增长主要来自于投资的增加，而消费需求往往不足。

本文的不足之处在于没有将信贷、财政政策等纳入分析的框架。并且，本文主要考察的是封闭经济情形下利率等外生冲击的传导，而在现实经济中，各国之间的联系越来越紧密，各国的经济不可避免要受到其他国家经济情况的影响，因此考察开放经济情形下的货币政策及其他外生冲击的传导也是进一步研究的重要方向。

参考文献

［1］彭方平、王少平，2007，《我国利率政策的微观效应——基于动态面板数据模

型研究》,《管理世界》第 1 期。
[2] 宋芳秀,2008,《中国利率作用机制的有效性与利率调控的效果》,《经济学动态》第 2 期。
[3] 王召,2001,《对中国货币政策利率传导机制的探讨》,《经济科学》第 5 期。
[4] 夏斌、廖强,2001,《货币供应量已不宜作为当前我国货币政策的中介目标》,《经济研究》第 8 期。
[5] 周英章、蒋振声,2002,《货币渠道、信用渠道与货币政策有效性——中国 1993~2001 年的实证分析和政策含义》,《金融研究》第 9 期。
[6] Blanchard O. J., Charles M. Kahn, 1980, "The Solution of Linear Difference Models under Rational Expectations", *Econometrica*, 1, pp. 305 – 311.
[7] Calvo, Guillermo, 1983, "Staggered Prices in a Utility Maximizing Framework", *Journal of Monetary Economics*, 12, pp. 383 – 398.
[8] Christiano, L., Martin Eichenbaum, Charlie L. Evans, 2003, "Nominal Rigidities and the Dynamic Effects of a Shock to Monetary Policy", Federal Reserve Bank of Cleveland Working Paper.
[9] Hamilton, J. D., *Time Series Analysis*, Princeton University Press, 1994.
[10] Ireland Peter N., 1997, *A Small, Structural, Quarterly Model for Monetary Policy Evaluation*, Carnegie-Rochester Conference Series on Public Policy, 47, pp. 83 – 108.
[11] Smets, F. and Raf Wouters, 2003, "An Estimated Dynamic Stochastic General Equilibrium Model of the EURO Area", *Journal of the European Economic Association*, 9, pp. 1123 – 1175.

证券投资基金绩效的影响因素研究[*]

杨桂元　陈　磊

（安徽财经大学统计与应用数学学院）

引　言

国内外对基金业绩的评价方法已经非常丰富，从传统的单指标评价发展为多因素评价，随着研究的不断深入，其中一些风险调整评价方法相继被提出并且在实践中得到了广泛的应用。主要有：信息比率、M^2方法、M^3方法、衰减度等。这些指标目前已成为国际金融市场评价投资管理者获取有关投资组合信息的一些重要指标。

运筹学家Charnes和Cooper等人提出了以相对效率概念为基础发展起来的一种非参数统计方法——数据包络分析（Data Envelopment Analysis，DEA），鉴于这种评价方法具有高度的客观性，因此得到了广泛的应用。Murthi、Choi和Desai首次提出了无须基准、考虑多种交易费用的基于DEA的组合绩效度量（以标准偏差和交易成本作为输入，组合额外收益作为输出），并给出了DEA组合效率指数。国内也开始有学者将DEA方法运用到基金绩效的评价之中，罗洪浪、王浣尘和田中甲，韩泽县和刘斌，马利军、伍建和程希骏等人也采用DEA模型对封闭式基金绩效进行了评价。前人的研究对基金的评价体系起到了丰富完善的作用，但迄今为止对基金运行效率影响因素进行研究的文献相对不足，仅有的研究如曾德

---

[*] 教育部人文社会科学研究项目"基于风险约束的委托组合投资管理PBF合同研究"（项目编号08JA63003）资助。

明、刘颖（2005）研究了基金费用对基金绩效的影响；肖奎喜（2007）研究了规模对基金运行效率的影响等。这些文献存在的问题是仅从某一个角度去考虑基金运行效率的影响因素，在实际运行中基金的运行效率肯定会受到不同方面的因素影响，例如：费率、规模、流动性，甚至宏观的众多因素。

正是基于这种考虑，本文对基金运行 Malmquist 效率指数的影响因素进行了分类与归纳，并利用 Panel Data 模型对影响因素进行了实证分析，分析了宏观与微观因素在基金运行效率中所起的不同作用。希望本文的研究能够使得投资者对基金运行效率有更深刻的认识，在投资过程中有一定的参考价值。

一 构建效率评价体系

（一）基金的风险度量

证券或证券组合的风险结构中，风险包括系统风险与非系统风险，其中系统风险是无法通过证券组合来消除的。为了更好地度量风险的不同部分对基金业绩的影响，将基金的总风险分解成为基金的系统风险和非系统风险。根据 CAPM 理论：

$$(R_{Pt} - R_{ft}) = \alpha + \beta(R_{Mt} - R_{ft}) + \varepsilon_t$$

β 可用来看做对系统风险的一种度量，β 越大，说明承担的系统风险越大；随机误差序列 ε_t 的标准差 $\sigma(\varepsilon_t)$ 可以用来度量非系统风险的大小。本文将系统风险 β、非系统风险 $\sigma(\varepsilon_t)$ 作为评价体系的输入指标。

（二）基金运行费率

已有很多文献在评价基金业绩过程中将基金申购、赎回率作为基金的运行费率，然而基金行业竞争加剧、申购费率在逐年下降，申购费率有趋同的趋势。因而，申购费率、回购费率不能够反映基金的运行费率，选用基金的管理费率、托管费率作为基金运行费率更为恰当。本文将单位基金费用率作为一项输入指标，其中包括：基金管理费、托管费、证券交易费、销售费用、基金信息披露费用等，并将单位基金费用率纳入评价体系作为输入指标，其计算公式为：

单位基金费率 = 基金期间运行费用/(期初基金份额 × 0.5 + 期末份额 × 0.5)

（三）基金的收益的度量

投资者最关心的莫过于基金的收益率，这个指标无疑属于输出层面，但基金的超额收益率包含很多信息，简单将超额收益率作为输出指标，就会掩盖基金超额收益率所包含的重要信息。

为进一步分析超额收益率的各个不同的部分对基金 DEA 效率值的影响，本文将超额收益率分为资产配置超额收益率 R_t、非资产配置超额收益率 R_Q，并将它们作为输出指标。

假设投资组合 P 与市场基准组合 M 中包括 n 类资产。第 i 类资产在投资组合 P 与市场基准组合 M 的中收益率分别为 R_{Pi} 与 R_{Mi}，在这两个组合上相应的投资比例分别为 w_{Pi} 与 w_{Mi}，$i = 1, 2, \cdots, n$。则对组合 P 而言，根据时机动态调整资产配置所获得的超额收益为：

$$R_t = \sum_{i=1}^n R_{Mi} \times (w_{Pi} - w_{Mi})$$

选择证券组合而获得的超额收益率为：

$$R_S = \sum_{i=1}^n (R_{Pi} - R_{Mi}) \times w_{Mi}$$

在 R_S 的计算上，参照赵秀娟、马超群对超额收益的处理方法，采用另外一种方式间接获得基金除时选外的其他能力获得的超额收益，表述为：$R_S \approx R_Q = R_P - R_M$。其中，$R_P$ 为基金的实际绝对收益率，R_M 为市场基准收益率。

（四）指标数据负值的处理

数据包络分析模型要求指标变量的取值必须为非负数，由于系统风险、资产配置超额收益率、非资产配置超额收益率等指标可能存在负数，若对数据不加处置则会导致评价失效。本文对原始数据的处理方法为：

处置后数据 = (原始数据 - 最小值)/(最大值 - 最小值)

数据包络分析是评价各个决策单元的相对效率的大小，这样处理并不影响各个决策单元的相对有效性，不会对评价结果产生影响。

（五）基金 DEA 效率评价体系

影响基金运行效率的因素很多，以往的文献中 DEA 前沿面体系的构建各不相同，很难找出一种标准的评价体系，且不同的评价体系的分析结果差异很大。从现有的文献来看，DEA 评价体系一般都将风险、费用、成本作为输入指标；收益作为输出指标。本文试图找到一种能够具有广泛适用性的评价体系，评价体系如图1：

```
输入指标：          输出指标：
系统风险、费率      资产配置收益率      DEA →  评价结果
非系统风险          非资产配置收益率
```

图1　基金运行效率评价体系

（六）样本基金的选择

国外对发行低于 36 个月的基金不予评价，运作时间长短的选择可能会直接影响基金业绩评价的稳定性、连续性和全面性。考虑到我国基金业起步较晚，发展迅速，基金市场环境波动较大，本文选择 2004 年以前成立的基金作为研究对象。由于我国基金市场在近三年可以看成一个市场的波动周期：2007年高涨——2008 年低谷——2009 年缓慢回升。所以本文选择考察取值范围为 2007 年 1 月到 2009 年 12 月期间的 14 只开放式基金（国泰金鹰、华夏成长、华安创新、大成价值、宝盈鸿利、华安 MSCI、金鹰成份、银河稳健、宝康消费品、国泰金龙、融通蓝筹成长、鹏华普天、嘉实增长、嘉实稳健）的数据。

二　Malmquist 效率指数测度

由于 DEA 模型仅考虑到截面数据，也就意味着同一个决策单元不同日期的效率值不具有可比性，不可以直接对 DEA 效率值进行时间序列分析。但基于 DEA 方法测度的 Malmquist 效率指数表示的是前沿面的变动，不同时刻的效率值可以进行比较，克服了无法对 DEA 效率值进行面板数据分析的缺陷，本文则以基金运行的 Malmquist 指数效率为基础，分析基金运行效率的影响因素。

本文利用2007年1月到2009年12月数据分析我国基金行业效率前沿面变化趋势，结果见表1和表2，其中综合技术效率指数（TE）测度了从时期t到时期$t+1$每一只基金对效率可能性前沿的追赶程度，技术进步指数（TP）测度了技术边界在时期t到时期$t+1$之间的移动情况，全要素生产率（TFP）测度了基金行业相对于上一年的效率变化。某一指数大于1表示其是效率提高的源泉，反之则是导致生产率降低的根源。

表1 2007~2009年半年Malmquist指数均值变化及其分解

时间区间	综合技术效率指数（TE）	技术进步指数（TP）	纯技术效率指数（PTE）	规模效率指数（SE）	全要素生产率指数（TFP）
2009上~2009下	0.581	0.580	0.664	0.876	0.337
2008下~2009上	1.0621	2.6026	1.0079	1.0520	2.7151
2008上~2008下	1.1112	1.4161	1.0850	1.0126	1.5686
2007下~2008上	0.8818	1.1717	0.9289	0.9386	1.0669
2007上~2007下	1.2602	1.0439	1.1354	1.0938	1.3271
Means	0.9792	1.3628	0.9642	0.9946	1.4029

表2 14只基金在每半年的全要素生产率指数

全要素生产率指数（TFP）	2007上~2007下	2007下~2008上	2008上~2008下	2008下~2009上	2009上~2009下	Means
国泰金鹰	1.236	0.548	2.49	2.139	0.763	1.4352
华夏成长	1.621	0.647	1.358	1.482	0.316	1.0848
华安创新	0.675	2.482	0.953	10.94	0.177	3.046
大成价值	0.957	2.212	1.102	2.225	0.325	1.3642
宝盈鸿利	0.75	1.014	1.272	1.499	1.172	1.1414
华安MSCI	2.807	0.58	2.243	4.947	0.405	2.1964
金鹰成份	0	1.571	1.055	1.746	0.439	0.9622
银河稳健	1.291	0.338	2.153	1.536	0.151	1.0938
宝康消费品	1.959	0.874	2.124	1.074	0.291	1.2644
国泰金龙	3.131	0.457	2.031	2.692	5.264	2.715
融通蓝筹成长	1.946	0.933	1.793	1.261	0.529	1.2924
鹏华普天	0.566	1.32	1.17	1.739	0.196	0.9982
嘉实增长	1.595	0.838	1.286	2.35	0.128	1.2394
嘉实稳健	0.045	1.123	0.93	2.378	0.028	0.9008

现有文献中，杨大楷、蔡锦涛（2008）利用2003~2005年的基金数据分析了Malmquist指数，得出我国基金也存在一定的追赶效应，但并未对基

金效率值的影响因素给予进一步的解释。本文重点是测度基金运行效率的影响因素，因此，不再对 Malmquist 指数进行分析。

三　基金效应的影响因素分析

在以前的文献中，鲜有对基金行业全要素生产效率的影响因素作深入的探讨的。本文认为基金的全要素生产效率波动的原因不能只归因于各只基金的操作，还应该受到宏观因素的影响。因此，需要将效率的影响因素细分为宏观、微观部分，再进行深入探讨。

（一）影响基金运行效率的因素选择

在现有的基金绩效评价研究中，一般认为超额收益率对基金的绩效有影响，在此基础上 Fama 通过将股票按照账面市值和规模大小分类，计算不同组合间的超额收益率的差额，构造出规模因子（SMB）和价值因子（HML），通过实证发现，规模因子和价值因子有助于提高对金融资产收益的解释度。Carhart 在 Fama 三因子模型的基础上加入了动量因子（MOM），他认为动量因子能够增加对基金业绩的解释程度，且修正的 Carhart 模型可用于对开放式基金的业绩做归因分析。但这些指标测算比较烦琐，限制其广泛的使用。

本文根据我国基金运行的特点，参照 Carhart 四因子模型指标选择对基金的投资组合的处理方法，将每只开放式基金视为一个投资组合，并将变量分为微观和宏观变量，相关变量的定义和数据处理方法如下。

1. 流动性因子（LD）

基金的流动性指标，也就是对前十大重仓股的流动性加以考察，再结合十大重仓股在基金总资产中的比重来考虑基金的整体流动性。这样构造的流动性指标能够在经济意义上对影响流动性的因素进行合理解释。股票的流动性一般可以通过换手率来衡量：换手率 = 交易量/总市值。

$$\text{基金} t \text{期的流动性指标} = \sum_{i=1}^{10} Stock_{it} \times P_{it}$$

其中，$Stock_{it}$ 为第 t 期第 i 重仓股的换手率，P_{it} 为第 t 期第 i 重仓股的投资比例。

2. 规模因子（SE）

用 t 期末各基金所投资股票流通市值之和来度量当期各基金规模的大小。

3. 动量因子（MOM）

运用重叠抽样方法，选取每期各基金投资组合内股票超常收益率的前25%和后25%组成赢者和输者组合；计算赢者组合内各股票收益的算术平均值，减去市场平均收益，得到赢者组合的超额收益，并同样计算输者组合的超额收益。然后用赢者组合的超额收益减去输者组合的超额收益，得到每期基金组合的动量收益，由此得到动量因子序列 MOM_t。

4. 收益因子（SR）、费率因子（FR）

收益因子、费率因子用上文中计算的超额收益率与基金的运行费率表示。

5. 经济因子（GDP）

本文选用 GDP 增长率作为基金运行外部影响的经济因子，基金经理非常关注宏观经济政策，因为宏观经济发展水平和状况对一国的投资市场有着重大影响力，经济处于膨胀时期，投资的回报率较高，基金就能够得到高的增长，反之亦然。

6. 市场因子（SC）

本文选用股市综合收益率作为基金运行市场因子。

$$市场因子 = 50\% \times 上证综合指数收益率 + 50\% \times 深证综合指数收益率$$

股票是基金的主要投资对象，股市收益率的高低自然也会影响到基金的运行效率，数据来源于锐思数据库。

7. 货币因子（MS）

货币供给量作为中央银行执行货币政策的主要工具，反映我国宏观经济的运行状况，货币供给量按照货币的流动性大小分为：M_0、M_1、M_2，本文选择 M_2 作为货币因子，数据来源于中国人民银行。

8. 利率因子（BIR）

利率反映了市场上资本的供求关系，基准利率也是货币政策的中间工具。基准利率包括中国人民银行公布的商业银行存款、贷款、贴现等业务的指导性利率。本文选择金融机构人民币 6 个月的贷款利率作为利率因子，数据来源于中国人民银行网站。

因此，本文选择五个微观影响因素：收益因子、规模因子、动量因子、费率因子、流动性因子。基金运行的效率同时也会受到宏观经济因素的影响，将影响基金运行外部环境的宏观因素定义为：经济因子、市场因子、货币因子、利率因子。

基于微观金融理论、厂商理论和利率期限结构理论等对基金行业效率的影响因素提出以下两点假设，并且通过面板数据模型给予检验。

假设1 基金的收益因素、动量因素、流动性因素与基金的效率正相关；基金的效率与基金规模因素有"倒U形"关系；费率因素与基金业绩负相关。

假设2 经济因子、市场因子、利率因子与基金的全要素生产效率正相关；货币因子与基金的效率负相关。

（二）基金运行效率影响因素模型

在样本估计上，面板数据除了提供较多的观测数、增加估计效率外，其较仅采用时序或截面数据而言，能降低样本估计误差。因此，本文结合前人对影响基金运行效率因素的研究结果和我国的实际特点，分别从宏观和微观两个方面阐述影响我国基金运行效率的因素。以基金的全要素生产效率值为因变量，分别以微观影响因素、宏观影响因素为自变量构建 Panel Data 模型，模型如下：

微观模型：

$$TFP_{it} = \alpha_0 + \alpha_1 SR_{it}^* + \alpha_2 LD_{it}^* + \alpha_3 SE_{it}^* + \alpha_4 MOM_{it}^* + \alpha_5 FR_{it}^* + \varepsilon_{it} \quad ①$$

宏观模型：

$$TFP_{it} = \beta_0 + \beta_1 GDP_t^* + \beta_2 SC_t^* + \beta_3 BIR_t^* + \beta_4 MS_t^* + \eta_{it} \quad ②$$

模型①、②中的变量上标"*"表示相应的指标进行了标准化处理，将数据变量调整为可比性的指标①。本文首先计算微观、宏观变量之间的相关系数，结果如表3、表4。

通过表3、表4可以发现，微观、宏观变量之间都具有显著相关的指标变量，特别是宏观变量经济因子与货币因子、利率因子之间均存在较强的相关性。为了克服指标之间存在多重共线性的问题，考虑利用主成分分析提取主成分，并用主成分作回归分析。按照方差贡献率大于85%原则选择主成分个数，提取出变量，如表5。因此，模型①、②变为：

---

① 本文也尝试了用原始数据回归，但效果不佳，这主要是由于基金行业的全要素生产效率主要集中于1左右，因而考虑将因变量标准化后进行回归。

微观模型：

$$TFP_{it} = \alpha_0 + \alpha_1 F_{it}^1 + \alpha_2 F_{it}^2 + \alpha_3 F_{it}^3 + \alpha_4 F_{it}^4 + \varepsilon_{it} \qquad ③$$

宏观模型：

$$TFP_{it} = \beta_0 + \beta_1 F_t^1 + \beta_2 F_t^2 + \eta_{it} \qquad ④$$

表3　影响我国基金效率的微观因子之间的相关系数*

微观因子	效益因子	规模因子	动量因子	费率因子	流动性因子
效益因子	1.000	—			
规模因子	0.023	1.000	—		
动量因子	0.017	-0.037	1.000	—	
费率因子	0.342**	0.289*	0.013	1.000	—
流动性因子	-0.201	0.231	-0.153	0.135	1.000

注：*、**、*** 分别表示10%、5%、1%的显著水平下，余表相同。

表4　影响我国基金效率的宏观因子之间的相关系数

宏观因子	经济因子	市场因子	货币因子	利率因子
经济因子	1.000	—		
市场因子	-0.100	1.000	—	
货币因子	1.000**	0.100	1.000	—
利率因子	0.600**	-0.700*	-0.600**	1.000

表5　影响我国证券投资基金效率因素的主成分变量

主成分变量		主成分的组成
微观	F^1	$-0.058SE^* + 0.508SR^* + 0.112FR^* - 0.033MOM^* + 0.718LD^*$
	F^2	$-0.235SE^* + 0.319SR^* + 0.083FR^* + 0.923MOM^* - 0.204LD^*$
	F^3	$-0.118SE^* - 0.132SR^* + 0.995FR^* + 0.096MOM^* + 0.203LD^*$
	F^4	$1.08SE^* + 0.006SR^* - 0.131FR^* - 0.219MOM^* - 0.075LD^*$
宏观	F^1	$0.409GDP^* + 0.249SC^* - 0.385MS^* + 0.31BIR^*$
	F^2	$0.17GDP^* + 1.058SC^* - 0.117MS^* - 0.056BIR^*$

　　面板数据模型的估计大部分是应用固定效应模型，而非随机效应模型，本文选取的目标低于截面数据，所以宜采用个体固定效应的面板数据模型。模型③的 Hausman 检验结果也支持使用个体固定效应模型①，模型④选择截面数据回归。模型③、④利用最小二乘法的估计结果见表6。

---

① Chi-square 统计量为21.424，显著水平为0.065＜0.1。

表6 我国证券投资基金全要素生产效率与主成分变量的回归结果

模型	主成分变量	回归系数	t检验值
模型③	常数项	1.6694	9.3821 ***
	F^1	0.3645	1.9115 *
	F^2	0.3475	1.7464 *
	F^3	-0.3779	-2.0399 **
	F^4	0.2787	1.3670
	$R^2 = 0.4704$　DW = 2.320　F-statistics = 19.856			
模型④	常数项	1.6694	8.8622 ***
	F^1	-0.5116	-2.6917 ***
	F^2	0.3695	1.9438 *
	$R^2 = 0.1722$　DW = 2.2181　F-statistics = 5.5116			

（三）影响基金运行效率的微观因素结果分析

将表6中的主成分回归系数转化为微观指标变量后，即为中国基金全要素生产率微观影响因素的回归结果，见表7。

表7 影响我国证券投资基金效率的微观因素回归系数

微观变量	常数项（C）	效益因子（SR）	规模因子（SE）	费率因子（FR）	动量因子（MOM）	流动性因子（LD）
系数	1.6694	0.2428	0.3476	-0.3429	0.2114	0.0932

基金收益（SR）作为影响基金的重要因素，其影响系数为0.2428，从Treynor于1965年提出的单因素风险调整收益指标到Carhart（1997）多因素风险调整收益指标，基金收益率一直被作为影响基金业绩的重要因素，收益率对业绩的影响不言而喻。

基金规模（SE）同其他要素一样存在着规模收益特征，基金规模的扩大有助于基金经理运用更大的资本进行投资组合和市场操作，从而获得更高的回报，且能够有效地分散风险。规模对全要素生产效率的影响系数为0.3476，高于收益的影响系数，但这不表明基金规模越大越好，本文将规模的平方项SE^2与全要素生产效率回归，考察规模与效率之间是否存在非线性关系，回归系数为-0.0146，这表明全要素生产效率随着基金规模的扩大呈现出先上升后下降的"倒U形"特征，这可能是规模报酬递减规律发生的作用。黄伊汶

(2006) 分析了资产规模对基金绩效的影响，得出规模与基金绩效之间有一定正相关的结论，这就说明开放式基金存在规模效应，大规模基金有着比小规模基金更大的资金优势、信息优势、人才优势、研究和风险管理优势。

基金运行费率（FR）对基金全要素生产效率产生负向影响，系数 -0.3429。显而易见，基金的运行费率越高其运行效率越低；与其他金融业相比直接参与基金管理的人员较少，但其在发行过程中的销售费用、佣金费用却相当高，若能在不影响基金正常运行的情况下压缩这部分开支，将会有效提升基金的全要素生产效率。Sharpe 在提出基金绩效评价指数时就指出，低的基金经营费用有助于提高基金绩效。

动量因子（MOM）对基金全要素生产效率的影响系数为 0.2114，动量因子对我国基金效率产生正向的影响。Carhart（1997）认为，动量因子有助于解释金融资产的横截面收益，朱波、宋振平（2009）用随机前沿面分析（SFA）的回归结果也表明动量因子与基金业绩的回归系数为正，均与本文的结果一致。

基金流动性（LD）用所投资股票的换手率测度，从实证的回归结论来看，流动性对全要素生产效率的影响为 0.0932，流动性与全要素生产效率同方向变化，但影响系数不高。我国的证券投资基金在 2007 年之后对股票的投资比例越来越高，股票对基金业绩影响加大，基金流动性体现为：在看涨市场中能够迅速买进证券、获利；在看跌市场中迅速卖出、止损，故基金流动性越大基金的效率越高。

但过高的流动性会对基金业绩产出侵蚀，由利率期限结构理论可知长期资产的收益一般高于短期资产收益，若基金所投资的资产流动性较高，则意味着短期资产的比例较高，盈利能力减弱，即流动性是以牺牲资本的收益为代价的，过高的流动性将会减弱资产的盈利能力，因此需要保持资产合适的流动性。

（四）影响基金运行效率的宏观因素结果分析

表 7 中的主成分回归系数转化为宏观指标变量后，即为中国基金全要素生产率宏观影响因素的回归结果，如表 8。

表 8 影响我国证券投资基金效率的宏观因素回归系数

宏观变量	常数项（C）	经济因子（GDP）	市场因子（SC）	货币因子（MS）	利率因子（BIR）
系数	1.6694	0.4718	0.6399	-0.4282	0.2893

市场因子（SC）为沪深综合指数收益率，反映股市对基金全要素生产效率的影响，影响系数为 0.6399。股票为基金的主要投资对象，股市的收益对基金效率影响最为直接，基金收益率的波动与股市一样经历了 2007 年的高收益、2008 年的低迷、2009 年的微弱回升，股票市场的影响系数最高。

GDP 增长率对基金行业全要素生产效率的影响明显，影响系数为 0.4718，股市是宏观经济的"晴雨表"，GDP 增长率也是通过股市间接地对基金效率施加影响，宏观经济形势较好带动股票市场上扬，使得基金行业整体获利，从而基金全要素生产效率提升。

利率因子（BIR）为中央银行货币政策的主要工具，反映了宏观经济的走向，2007 年至 2008 年上半年增长，体现经济膨胀的状态。2008 年下半年到 2009 年下降，体现宏观经济的收缩。因此，利率因子与经济因子一致，对基金效率产出为正向影响，但影响系数较小（0.2893）。另外，利率也能通过影响融资的成本、现券的价格水平，进而影响基金投资者申购和赎回交易量，从而间接地影响到基金业绩。

货币供给（MS）的现状为：除了 2009 年上半年略有下降以外，其余各期均为增加。其对基金的影响分为两个方面：①货币供给影响利率水平，货币供给越大利率水平越低，因此货币供给通过利率水平对基金效率产生负向影响。②货币供给量 M_2 表示可以用来投资的社会闲置资金，这部分资金通过银行流向企业，影响企业的经营状况，从而间接地影响基金投资的回报率。货币供给对基金全要素生产效率的影响系数为 -0.4282。

结　论

从分析的结论来看，微观影响因素中仅有费率因子与基金运行效率呈现出负相关，其他指标都显示出正相关；宏观影响因素中仅有货币因子与基金运行效率呈现负相关，其他宏观指标也都呈现出正相关。

并且各因子的影响大小不同，微观因素中的规模因子与宏观因素中的市场因子影响程度最大。大规模的资金优势在本文的研究中得到体现，但同时也应该注意到规模对基金运行效率的影响表现为"倒 U 形"的关系，因此，合理的做法是将基金的规模控制在合适的水平，例如华夏基金旗下的部分基金有暂停申购的规定，目的也是控制基金的规模。

市场因子对基金的影响最大，在基金的投资过程中如何能够保持与市场相同的节奏对基金运行效率尤为重要。基金的投研团队和宏观分析作为基金公司中基金经理共享的平台，应该扮演起"领航者"的角色，若投研团队在宏观市场分析中判断失误，则可能导致基金管理公司旗下所有基金集体踏空。因此，基金公司应该加大投研团队的建设，应将投研力量作为基金公司的核心竞争力，力争对市场趋势和行业的分析不出现大的偏差。

参考文献

[1] 罗洪浪、王浣尘、田中甲，2003，《双风险度量下封闭式基金业绩的数据包络分析》，《系统工程》第5期。

[2] 曾德明、刘颖，2005，《证券投资基金费用对基金绩效的影响研究》，《科技管理研究》第10期。

[3] 肖奎喜，2007，《开放式基金的净值增长能力与证券市场收益的互动关系检验》，《中央财经大学学报》第3期。

[4] 赵秀娟、马超群，2008，《基于DEA评价模型挖掘证券投资基金管理信息》，《系统工程理论与实践》第8期。

[5] 唐玲、杨正林，2009，《能源效率与工业经济转型——基于中国1998~2007年行业数据的实证分析》，《数量经济技术经济研究》第10期。

[6] 杨大楷、蔡锦涛，2008，《基于DEA方法的开放式证券基金业绩评价》，《安徽大学学报》（哲学社会科学版）第2期。

[7] 黄伊汶，2006，《我国开放式证券投资基金绩效评价研究及实证分析》，《暨南大学硕士学位论文》第8期。

[8] 朱波、宋振平，2009，《基于SFA效率值的我国开放式基金绩效评价研究》，《数量经济技术经济研究》第4期。

[9] Murthi B., Choi Y. K., Desai P., 1997, "Efficiency of Mutual Funds and Portfolio Performance Measurement: A Non-parametric Approach", *European Journal of Operational Research* (98): 408–418.

[10] Carhart, M. 1997, "On Persistence In Mutual Fund Performance", *Journal of Finance* (52), pp. 57–82.

事件研究的新视角

——基于高频金融数据的波动率与突变

韩 清[1]　梁 娟[2]

（1. 上海社会科学院数量经济研究所

2. 江西财经大学金融与统计学院）

引　言

在会计、金融、经济等领域的研究中，事件研究法是探讨在金融市场中被认为会影响上市公司市场价值的已经发生的事件对股票价格带来的冲击，分析该价格冲击是否会引起统计上的显著反应。事件研究法的本质是探讨事件的发生对公司价值产生的影响。40多年来，事件研究的基本统计模式没有发生多大变化，仍然沿用1960年代Ball-Brown（1968）和Fama（1969）的研究模式，焦点仍然是度量事件窗样本证券的异常收益均值与累积异常收益率CAR（Khotari & Warner，2006）；采用的数据都是低频数据（日数据或月数据，甚至是季数据）。

这种研究模式存在几方面问题。首先，低频数据，从统计上来说是低效的。低频数据仅是高频金融数据的抽样，抽样丢失了大量信息。某一天的收盘价仅有一个，但其背后的高频数据却跌宕起伏。可见，抽样后的低频的数据丢失了太多的信息。

最后，从公式上看，累积超额收益（Cumulative Abnormal Return，CAR）为：

$$CAR_i(0,N) = \sum_{\tau=0}^{T} AR_{i\tau} = \sum_{\tau=0}^{T} (R_{i\tau} - E(R_{i\tau}|X_\tau)) \\ = (y_{iN} - y_{i(-1)}) - \sum_{\tau=0}^{T} E(R_{i\tau}|X_\tau) \quad (1)$$

其中，$R_{i\tau}$ 为第 i 种资产第 τ 天的收益（$\tau = 0, 1, \cdots, N$），$y_{i(-1)}$ 是事件发生前一天的收盘价对数，y_{iT} 是事件后第 T 天的收盘价对数。因此，累积超额收益实质上反映的是两时点（即时间窗区间的两端点）的价格超常变化状况。

CAR 分析要求收益满足正态分布，且独立同分布。低频数据（如一天取一个值——收盘价）可以达到这一要求，但高频金融数据尤其是每笔交易记录的超高频金融数据的收益率则并不满足正态、独立同分布的条件，在这种情况下，若仍采用 CAR 进行分析，则分析结果有失偏颇，甚至严重偏离事实。采用高频金融数据，由于市场微观结构的影响又不可避免地有噪音，而且取样频率越高，市场微观结构噪音越明显。而 CAR 的解释力度与样本证券价格的方差成反比，因此，收益噪音越大，收益方差越大，越难以准确反映事件影响的本质。

我们认为可以用累积波动率来刻画事件冲击的市场反应。累积波动率

$$CAV_i(N) = \sum_{\tau=1}^{T} R_{i\tau} = \sum_{\tau=1}^{T} (x_{i\tau} - x_{i(\tau-1)})^2 \quad (2)$$

反映的是两点间（即事件窗区间）的价格变化状况。其中 $x_{i\tau}$ 是资产的高频价格对数。

受到市场信息冲击的价格使收益产生波动。市场跌宕起伏则是近年来股市特有的现象，尤其是在高频金融数据中，突变更是频繁出现。突变，相对于波动率来说更缺乏可预测性，它通常是由市场信息的冲击所致，反映出更丰富的市场信息和投资者行为特征。因此，探测这种数据序列中的突变点并将其与市场事件相联系，将具有更加重要的现实意义。

所以，从事件研究反映事件发生对市场冲击而影响股票价格变化的本质来说，累积波动率及突变比累积超常收益率刻画得更为贴切。但是，高频金融数据含有噪音。市场微观结构噪音的复杂性，使得波动率估计变得复杂，因此很难找到适合这些高频数据的适当的参数模型；使诸如已实现波动（Realized Volatility，RV）等常用非参数估计量变得不可靠——存在偏差问题，而且日内收益取样频率越高偏差越严重（Fang，1996；Andreou and Ghysels，2002；Bai，et al，2004）。

本文根据小波具有自适应的时频局部化分析的特性，及能将正常信号、突变信号、噪音信号分离出来的特点，用多分辩小波分析方法检测高频金融

数据突变位置，用小波消噪来估计波动率。作者选取2005年有股权分置题材的公司，以2005年内年报披露、红利公告、股权分置方案实施为事件，尝试用小波检测估计的突变、小波消噪估计的波动率来刻画信息披露的股市反应。本文在进行研究设计、研究假设之后，检测股价突变点、消噪估计波动率，然后给出研究结果，最后给出结论。

一　研究设计

样本选择：原则上2005年度有股权分置题材且发放了红利的上市公司。因为相对2006年来说，2005年股市较为平静。分析时要用到2005年公司股价高频金融数据，选取的事件包括股权分置方案实施，股改方案实施事件窗限制在2005年内，所以实际上选取的样本公司为2005年12月15号前实施股权分置方案的公司。2005年我国有股改题材的上市公司共有243家；2005年12月15号前实施股权分置改革方案的有197家；2005年12月15号前实施股改方案、2005年又发放了红利的上市公司有156家。即所选样本公司为156家。

事件：股权分置方案实施、年报公告、红利公告。

事件窗：事件日当天，事件日后第1天，后第2天至后5天共4天，事件日后第6天至后10日共5天。

比较窗：股权分置改革开始公告前50天（若包含年报、红利等事件，将剔除事件当天及前5天、后15天）作为股权分置题材事件的比较窗。因股权分置改革开始公告后，在股改开始公告到股权分置方案实施期间陆陆续续有关公司股改题材的公告，故这期间不宜作为事件分析的比较窗。

对照公司：选取同行业、资产相近、2005年有红利发放公告、在同一交易所交易的上市公司作为样本公司的对照公司。

除息除权日及股权分置方案实施日的开盘价的滞后价格设置为缺省值。因为这天的开盘价不反映市场的价格波动率，前者的开盘价是交易所根据公式设定的，后者则是多方博弈的结果。

数据来源：色诺芬数据库。

二　检测突变、估计波动率

高频金融数据真实反映市场变化情况。高频金融数据含有噪音。通常处理方法是把它当做"观测误差",然后假设观测到的高频价格对数 Y_t 等于基础资产的真实价格对数过程 X_t 加市场微观结构噪音 ε_t 的和,即

$$Y_t = X_t + \varepsilon_t \quad t \in [0,1] \tag{3}$$

其中 Y_t 是观测到的基础资产交易价格的对数,在时点 $t_i = i/n(i = 0, 1, \cdots n)$ 的观测值;X_t 为基础资产的真实价格对数过程;而噪音 ε_t 假设为具有均值为 0 方差为 η^2 的平稳过程,且与 X_t 独立。

(一)检测突变点

对 (3) 式两边分别施予正交离散小波变换。令 $Y_{j,k}, X_{j,k}, \varepsilon_{j,k}$ 分别为 Y_t,X_t, ε_t 的小波变换系数,由模型 (3) 有 $Y_{j,k} = X_{j,k} + \varepsilon_{j,k}$,其中 j 表示尺度层,k 表示位置,$t = k2^{-j}$ 对应于原时间位置。对高尺度层细节系数,选择阈值 D_n,比较 $|Y_{j,k}|$ 与 D_n 的大小来确定 X 的突变位置。如果 $|Y_{j_n,k}| > D_n$,相应的突变的位置估计为 $\hat{\tau} = k2^{-j_n}$。且 $\hat{\tau}$ 与真实突变位置 τ 间有:

$$\hat{\tau} - \tau = O_p\left(\frac{\log^2 N}{N}\right) \quad (\text{Wang}, 1995) \tag{4}$$

(二)数据调整

设 X_t 在 $\hat{\tau}_l$ 具有突变,其大小为 $\hat{L}_l, l = 1, \cdots, \hat{q}$,则计数过程 N_t 和 X 的突变部分分别估计为:

$$\hat{N}_t = \sum_{l=1}^{\hat{q}} 1(\hat{\tau}_l \leq t) \quad \hat{X}_t^d = \sum_{l=1}^{\hat{N}_t} \hat{L}_l = \sum_{\hat{\tau}_l \leq t} \hat{L}_l \tag{5}$$

为了从数据中消除突变的影响,调整数据 Y_t 为:

$$Y_{t_i}^* = Y_{t_i} - \hat{X}_{t_i}^d = Y_{t_i} - \sum_{\hat{\tau}_l \leq t} \hat{L}_l$$

(三)估计波动率

小波压缩降噪方法可概括为三个主要步骤:

(1) 对 Y_t^* 进行离散正交小波变换(Discrete Wavelet Tansform,DWT):

$$\omega = WY^* \tag{6}$$

(2) 压缩噪音小波系数到 0。采取适应性选取的阈值，用软阈值方法进行降噪。

(3) 应用小波逆变换得到 $f(t)$ 的估计 $\hat{f} = W^T \hat{\theta}$，即 $\hat{X}^* = W^T \times T \times WY^*$。波动率估计为：

$$\hat{\Theta} = \sum_{i=1}^{s}(\hat{x}_i - \hat{x}_{i-1})^2 \qquad (7)$$

三　研究结果

平均来说，样本公司 2005 年全年的突变次数为 884 次，累积波动率平均为 0.5409；对照公司全年的突变次数和累积波动率平均分别为 679 次、0.4304；上证指数全年的突变次数为 928 次，如表 1 所示。

表 1　样本公司 2005 年全年的波动率与突变次数

样本公司		对照公司		上证指数
突变次数	累积波动率	突变次数	累积波动率	突变次数
884	0.5409	679	0.4304	928

如表 2，样本公司在 2005 年全年的突变次数和波动率平均明显高于对照公司的对应值，其差的均值分别为 228（次）和 0.1123，分别在 0.01 和 0.05 的显著水平上成立。但是，样本公司和对照公司在各自的比较窗的突变次数和波动率上不存在显著差异。样本公司全年的突变次数相对于上证指数来说要少，但不存在显著差异。

表 2　样本公司全年的突变次数、波动率与对照公司、上证指数对应值的差异

变量	djump_1_2	djump_1_sh	djump_1_2_com	drv_1_2	drv_1_2_com
均值	228	−43	39	0.1123	0.0223
T 值	2.81***	−0.82	0.67	2.12**	0.54

注：d - 对应两值之差；rv - 已实现累积波动率；jump - 突变的次数；_1 - 样本公司；_2 - 对照公司；_com - 比较窗；_sh 上证指数。

（一）公司公告信息

检验市场反应速度。将事件当天与事件后第 1 天、事件后第 1 天与事件

后第2天突变次数、波动率的差进行 t - 检验,直至事件后第 i 天与第 $i+1$ 天且事件后第 i 天与比较窗的突变次数、波动率在 0.1 水平上不存在显著差异,从而判断市场对事件冲击的反应强度与速度。i 越小,说明市场反应速度越快,市场越有效。

同一公司同一信息当天、第 2 天、后 5 天、后 5 至 10 天波动率、突变比较——市场有效吗?

1. 股权分置改革方案的实施

表 3 显示,股改方案实施当日,股价突变非常频繁,平均为 17 次,占全年突变次数 884 的 1/52,波动也非常激烈,平均波动率为 0.0818,约占全年波动率 0.5409 的 1/6;第 2 天的波动率和突变也不一般,波动率平均为 0.0028、平均来说突变次数为近 8 次,分别约占全年的 1/16、1/110;从对照公司、上证指数的波动率、突变次数来看,市场在这期间没有出现异常,虽然上证指数在股改方案实施当天的波动率、突变比平常要大,但异常幅度远不如样本公司。

表 3 样本公司、对照公司股权分置改革方案实施
当日及以后不同时期突变与波动率对照

变量	jump_w_1_d0	jump_w_1_d1	jump_w_1_d2	jump_w_1_d3	jump_w_1_com
均值	16.68965	7.78261	4.48913	2.65385	1.90358
变量	jump_w_2_d0	jump_w_2_d1	jump_w_2_d2	jump_w_2_d3	jump_2_com
均值	2.03571	1.85714	2.18750	1.60714	1.50307
变量	jump_w_sh_d0	jump_w_sh_d1	jump_w_sh_d2	jump_w_sh_d3	
均值	9	5.00000	5.43966	2.89655	
变量	rv_w_1_d0	rv_w_1_d1	rv_w_1_d2	rv_w_1_d3	rv_1_com
均值	0.08178	0.00283	0.00203	0.00111	0.00165
变量	rv_w_2_d0	rv_w_2_d1	rv_w_2_d2	rv_w_2_d3	rv_2_com
均值	0.00175	0.00179	0.00150	0.00099	0.00187

注:jump - 突变的次数;rv - 已实现累积波动率;_w - 股改方案实施;_1 - 样本公司;_2 - 对照公司;_com - 比较窗;_sh 上证股指;d0 - 事件当天;d1 - 事件后第 1 天;d2 - 事件后第 2 天至第 5 天平均;d3 - 事件后第 6 天至第 10 天平均。

表 4 是样本公司股改方案实施当天的波动率、突变与事件后第 1 天、事件后第 2 天至第 5 天平均、事件后第 6 天至第 10 天平均。与对照公司、比较窗对应的值之差作 t - 检验,看是否在统计上存在显著差异,以判断市场

吸收信息的速度、检验市场是否有效。表4显示，股改方案实施当天突变次数与事件后不同时期、对照公司同日、比较窗的值相比较都高出10次以上，且所有检验的值都在0.01水平上显著；股改方案实施当日的波动率与各相应值之差均大于0.075，是样本公司比较窗日平均波动率的45倍以上。说明股改方案实施当天波动率、突变异常。

表4 样本公司、对照公司股权分置改革方案实施当日及以后不同时期突变与波动率比较

变量	Djump_w_1_d0_d1	Djump_w_1_d0_d2	Djump_w_1_d0_d3	Djump_w_1_2_d0	Djump_w_1_d0_com
均值	10.913	14.207	15.192	14.107	17.181
T值	3.03 ***	4.26 ***	4.98 ***	4.07 ***	4.99 ***
变量	Drv_w_1_d0_d1	Drv_w_1_d0_d2	Drv_w_1_d0_d3	Drv_w_1_2_d0	Drv_w_1_d0_com
均值	0.0789	0.0797	0.0806	0.0766	0.0753
T值	7.97 ***	8.03 ***	8.10 ***	7.91 ***	7.08 ***

注：d-对应两值之差；rv-已实现累积波动率；jump-突变的次数；w-股改方案实施；_1-样本公司；_com-比较窗；d0-事件当天；d1-事件后1天；d2-事件后第2天至第5天平均；d3-事件后第6天至第10天平均。

如"Djump_w_1_d0_d1"表示样本公司（_1）股改实施方案（w）当天（d0）与第2天（d1）的突变次数（jump）之差（D）。

综合表3、表4的结论：股改方案实施当天市场给予了强烈的反应。这一方面可能是由于股改题材本身的魅力，也可能是因为股改方案实施当天股价涨跌幅不受限的客观原因。

2. 年报公告

表5是样本公司、对照公司、上证指数在样本公司年报公告当天、事件后第1天、事件后第2天至第5天平均、事件后第6天至第10天平均的波动率、突变次数。从表5可以看出，年报公告仅在公告当天的市场有反应，波动率、突变次数大约为平时及对照公司对应值的两倍，公告后第1天及以后波动率便基本恢复正常。突变次数与比较窗、对照公司相比较高。

表6是样本公司年报公告当天的波动率、突变与事件后第1天、后第2天至第5天平均、后第6天至第10天平均，与对照公司、比较窗对应的值之差作t-检验，看是否在统计上存在显著差异，以判断市场吸收信息的速度、检验市场是否有效。表6显示，所有的检验值都在0.01水平上显著。说明股改方案实施当天波动率、突变有些异常。说明年报披露具有信息内含，颇受投资者关注。

表 5　样本公司、对照公司年报公告当日及以后不同时期突变与波动率对照

变量	jumpy_1_d0	jumpy_1_d1	jumpy_1_d2	jumpy_1_d3
均值	7.55	4.445	3.715	3.035
变量	jumpy_2_d0	jumpy_2_d1	jumpy_2_d2	jumpy_2_d3
均值	2.57	2.97	3.23	2.51
变量	jumpy_sh_d0	jumpy_sh_d1	jumpy_sh_d2	jumpy_sh_d3
均值	2.00	2.53	3.50	2.43
变量	rvy_1_d0	rvy_1_d1	rvy_1_d2	rvy_1_d3
均值	0.00327	0.0016	0.00155	0.00129
变量	rvy_2_d0	rvy_2_d1	rvy_2_d2	rvy_2_d3
均值	0.00154	0.00176	0.00159	0.00127

注：rv－已实现累积波动率；jump－突变的次数；y－年报公告；_1_－样本公司；_2_－对照公司；_com_－比较窗；_sh_上证股指；d0－事件当天；d1－事件后1天；d2－事件后第2天至第5天平均；d3－事件后第6天至第10天平均。

表 6　样本公司、对照公司年报公告当日及以后不同时期突变与波动率比较

变量	djumpy_1_d0_d1	djumpy_1_d0_d2	djumpy1_d0_d3	djumpy_1_2_d0	djumpy_1_d0_com
均值	3.5000	4.1145	4.5133	4.6207	7.6298
T 值	2.86 ***	4.08 ***	4.77 ***	3.77 ***	7.90 ***
变量	drvy_1_d0_d1	drvy_1_d0_d2	drvy_1_d0_d3	drvy_1_2_d0	
均值	0.0016	0.0018	0.0020	0.0016	
T 值	4.79 ***	4.92 ***	5.41 ***	3.88 ***	

注：d－对应两值之差；rv－已实现波动率；jump－突变的次数；y－年报公告；y_1_－样本公司；_1_2－当天、第2天之差；_1_com－当天、比较窗之差；d0－事件当天；d1－事件后1天；d2－事件后第2天至第5天平均；d3－事件后第6天至第10天平均。

3. 红利公告

表 7 是样本公司、对照公司、上证指数在样本公司红利公告当天，公告后第 1 天，公告后第 2 天至第 5 天平均，公告后第 6 天至第 10 天平均的波动率、突变次数。从表 7 可以看出，这期间受大盘影响，样本公司、对照公司、上证指数的突变次数都偏高。红利公告当天市场并没给出反应，波动率、突变次数相对正常。这可能是由于年报公告一般都会附上分红预告，所以到红利公告时不会给市场带来冲击。值得注意的是红利公告后第 2 天至第 5 天平均的波动率、突变次数出现异常，波动率四天平均高达 0.015！其他时间段日平均波动率均小于 0.0026。其中的原因可能是这期间包含除息除权日、红利发放日。也就是说除息除权、红利发放给市场带来较大冲击。

表 7　样本公司、对照公司红利公告当日及以后不同时期突变与波动率对照

变量	jumpb_1_d0	jumpb_1_d1	jumpb_1_d2	jumpb_1_d3
均值	5.25	6.11	7.29	5.44
变量	jumpb_2_d0	jumpb_2_d1	jumpb_2_d2	jumpb_2_d3
均值	4.70	4.94	4.67	2.25
变量	jumpb_sh_d0	jumpb_sh_d1	jumpb_sh_d2	jumpb_sh_d3
均值	5.52	7.27	5.52	4.03
变量	rvb_1_d0	rvb_1_d1	rvb_1_d2	rvb_1_d3
均值	0.00145	0.00152	0.01516	0.00262
变量	rvb_2_d0	rvb_2_d1	rvb_2_d2	rvb_2_d3
均值	0.01803	0.00580	0.00307	0.00140

注：rv-已实现累积波动率；jump-突变的次数；b-红利公告；_1_-样本公司；_2_-对照公司；_com_-比较窗；_sh_上证股指；d0-事件当天；d1-事件后1天；d2-事件后第2天至第5天平均；d3-事件后第6天至第10天平均。

表 8 是样本公司红利公告当天的波动率、突变次数与红利公告后第 1 天、公告后第 2 天至第 5 天平均、公告后第 6 天至第 10 天平均值，与对照公司、比较窗对应的值之差作 t - 检验，看是否在统计上存在显著差异。

表 8　样本公司、对照公司红利公告当日及以后不同时期突变与波动率比较

变量	djumpb_1_d0_d1	djumpb_1_d1_d2	djumpb_1_d2_d3	djumpb_1_2_d0	djumpb_1_d0_com
均值	-1.3043	-2.2174	-0.1714	-0.5000	-5.3044
T 值	-1.11	-2.23*	-0.16	-0.40	-5.79***
变量	drvb_1_d0_d1	drvb_1_d1_d2	drvb_1_d2_d3	drvb_1_2_d0	drvb_1_d0_com
均值	-0.0001	-0.0137	-0.0012	-0.016	-0.0020
T 值	-0.46	-2.23*	-1.81*	-1.05	-3.21***

注：d-对应两值之差；rv-已实现累积波动率；jump-突变的次数；b-红利；_1-样本公司；_com-比较窗；d0-事件当天；d1-事件后1天；d2-事件后第2天至第5天平均；d3-事件后第6天至第10天平均。

同样，除息除权日、红利发放日的市场反应突出，且与红利公告当天的波动率、突变之差的 t - 检验在 0.05 水平上显著。

（二）重要信息与一般信息

同一公司各事件当天波动率、突变次数比较——重要信息？一般信息？
表 9 是样本公司股改方案实施与年报公告、红利公告当天、对应事件后

第 1 天、事件后第 2 天至第 5 天平均、事件后第 6 天至第 10 天平均所对应的波动率、突变次数之差的 t - 检验值。结果向人们揭示，股改方案实施这一事件对市场的冲击，远比年报公告、红利公告来得猛烈。股改方案实施当天、后 1 天产生的波动率及突变与年报公告日、后 1 天的波动率、突变存在显著差异，都明显大于后者。由于除息除权日、红利发放日是几天平均值，不便与股改方案实施当日进行比较。

表 9　样本公司不同时间事件发生当日及以后不同时期突变与波动率比较

变量	Djumpwy_d0	Djumpwy_d1	Djumpwy_d2	Djumpwy_d3	Djumpwb_d0	Djumpwb_d1	Djumpwb_d2	Djumpwb_d3
均值	6.5555	3.3529	0.3676	-1.0833	13.4166	2.6470	-2.0441	-2.7769
T 值	2.80 ***	2.37 **	0.50	-2.39 **	3.69 ***	1.50	-1.48	-2.89 ***
变量	Drvwy_d0	Drvwy_d1	Drvwy_d2	Drvwy_d3	Drvwb_d0	Drvwb_d1	Drvwb_d2	Drvwb_d3
均值	0.0775	0.0012	0.0003	-0.0003	0.0803	0.0013	-0.0148	-0.0017
T 值	7.47 ***	4.10 ***	1.64	-1.46	8.10 ***	4.07 ***	-2.15 *	-2.35 *

注：d - 对应两值之差；rv - 已实现累积波动率；jump - 突变次数；（样本公司）；w - 股改方案实施；y - 年报公告；b - 红利公告；d0 - 事件当天；d1 - 事件后 1 天；d2 - 事件后第 2 天至第 5 天平均；d3 - 事件后第 6 天至第 10 天平均。

结　论

通过对人们关注的异常波动率、异常突变的分析，可以发现，中国股票市场中股权分置改革方案实施、年报披露、红利公告等事件对市场冲击的一些特点：

（一）股权分置改革方案信息较年报信息、红利信息披露对市场的冲击更为激烈

平均来说，样本公司实施股改方案当天产生的波动率占全年波动率的近 1/6，突变次数占全年突变的近 1/52；而其他事件当日市场没有如此强烈的反应。即对于不同的信息，市场给予了不同的反应，说明在证券市场，信息有一般信息和重要信息之分。

（二）市场对信息披露的反应较为迅速

年报信息当天基本反应完毕；红利信息的披露，因为在年报中公司一般

会对分红预案作预告，红利信息披露当天市场没给出任何反应，除息除权或红利发放对市场产生不小冲击；股权分置改革方案实施除当天反应猛烈外，第2、第3天还余波未尽。从信息披露后市场给予了反应的角度讲，市场尚未达到强有效；从信息披露后市场迅速予以了反应的角度，说明市场是有效的，当然是弱有效。

参考文献

[1] Andreou, T. G., and Ghysels, E., 2002, "Rolling-sampling Volatility Estimator: Some New Theoretical, Simulation, and Empirical Results", *Journal of Business & Economic Statistics*, 20, 363–376.

[2] Bai, X., Russell, J. R. and Tiao, G. C., 2004, "Effects of Non-normality And Dependence on the Precision of Variance Estimates Using High-frequency Financial Data", working paper, University of Chicago, Graduate School of Business.

[3] Ball, Brown P., 1968, "An Empricial Evaluation of Accounting Income Numbers", *Journal of Accounting Research*, 6 (Autumn), 159–78.

[4] Fama, Eugene F. ET AL., 1969, "The Adjustment of Stock Prices to New Information", Int. Econ. Rev. Feb. 10, pp. 343–365.

[5] Fang, Y., 1996, *Volatility Modeling and Estimation of High-frequency Data with Gaussian Noise*, MIT, Sloan School of Management.

[6] Khotari, S., and J. Warner, 2006, *Econometrics of Event Studies*, Working paper.

[7] Wang, 1995, "Jump and Sharp Cusp Detection by Wavelets", *Biometrika*, 82, 2, pp. 385–97.

四 财政 贸易

中国进出口贸易关系的实证分析

肖腊珍　刘凤芝

（中南财经政法大学统计与数学学院）

引　言

　　进出口贸易作为拉动经济增长的三驾马车之一，对一个国家经济增长的贡献是毋庸置疑的。我国从实行改革开放政策以来，进口贸易与出口贸易都得到了迅速发展。但是，2008年的金融危机对我国的进出口造成了极大的冲击，使进出口总额受到了严重影响。由于我国政府及时采取了积极的财政政策和稳健的货币政策，积极调整了产业结构，增强了国内经济的实力，我国的经济形势目前已经有了很大好转。但是就全球来看，经济复苏依然是缓慢而微弱的，并且还存在着许多影响经济发展的不确定性因素，这会影响人们的消费信心，从而影响进出口贸易。

　　针对目前这种经济状况，从定量方面搞清楚我国进口与出口之间是否存在某种均衡的关系，以及两者之间是否存在因果关系是非常重要的。依据进出口之间内在关系，面对世界复杂多变的形势，研究中国要采取怎样的应对政策，才能尽量免受经济危机影响，推动国民经济持续、协调、健康发展有着重要的意义。故本文将集中对进出口的关系做讨论，并将根据实证结论提出相应的政策建议。

一　相关文献回顾

　　国外学者利用不同国家的数据对进出口关系进行了研究，结果不尽相同。1992年Husted用美国1967~1989年的季度数据对美国进口与出口的协整关系进行了研究，得出二者之间存在长期的协整关系。而在1999年Fountas和Wu用美国1967~1994年的季度数据对进口与出口的协整关系做了研究，却发现进口与出口之间并不存在长期的均衡关系。1994年M. Bahmani-Oskooee对澳大利亚进口与出口协整关系进行了实证分析，结果为澳大利亚进口与出口之间存在协整关系。1997年M. Bahmani-Oskooee又和R. Hyun-Jae利用韩国的季度数据研究了进出口之间的协整关系，得出韩国进口与出口之间存在协整关系，且协整系数为正。2004年Choong C., Soo S.和Zulkornain Y利用马来西亚1959~2000年的年度数据对该国进口与出口的协整关系进行了研究，结论为马来西亚进口与出口之间存在协整关系，且不同时期的格兰杰关系各不相同。

国内方面：任永菊（2003）利用中国1980~2001年的年度数据，研究了中国进出口的协整关系和格兰杰因果关系，结论是中国的进口与出口之间存在协整关系，且在滞后期数为1或2时进口是出口的格兰杰原因，反之却不成立。王群勇（2004）采用中国1981~2003年的季度数据，运用VECM对进出口的长期均衡关系和短期动态关系进行了实证研究，结论为中国进口与出口虽在短期内出现过较大程度的偏离，但长期仍然维持均衡关系。陈柳钦和孙建平（2004）利用中国1983~2002年的年度数据，对中国的进出口贸易间的总量和结构之间的关系做了实证分析，结果表明：无论在总量上还是在结构上，趋势变量与进（出）口贸易间的关系既有正相关，也有负相关。耿楠（2006）利用中国1951~2004年进出口的年度数据和物价指数进行协整检验并建立误差修正模型，对进出口关系做了实证研究。结果表明：进口、出口以及物价之间存在协整关系；出口对当期进口的变动较为敏感，而滞后一期的误差项则以较快的速度对出口变动作出反向修正。刘富华和李国平（2006）运用E-G两步法，分析我国1951~2003年对外贸易出口总额和进口总额之间的关系。实证分析表明：进口总额和出口总额之间存在长期稳定的均衡关系，且进口总额和出口总额之间还存在双向的格兰杰因果关系。

以上文献多数在选取数据时没有考虑到经济转型时的结构突变问题，有些只是做了协整分析，没有做进一步的格兰杰因果关系检验。本文在实证分析时，在数据选取上注意到了这些问题，而且在协整分析的基础上又进一步做了格兰杰因果关系检验，避免了虚假回归问题，并且根据检验结果，针对我国目前的经济情况提出了政策性建议。

二 进出口关系的基本理论简介

从理论上来讲，进口与出口之间是相互影响的：一方面，我国一半多出口贸易是加工贸易，加工贸易是"两头在外"的贸易方式，因此加工贸易出口的增长意味着进口的增长。另一方面，出口贸易创造外汇供给，而进口贸易可以创造外汇需求，出口贸易及其外汇的增加，为进口贸易的增加提供了货币支付条件。具体来说，出口贸易主要通过两种机制对进口贸易产生影响。

在一般贸易方式下，根据支出法 GDP，出口收入是国民收入的重要来源，出口的增加意味着国民收入的增加，而进口是国民收入的使用，因此，国民收入的增加表示在其他条件不变的情况下可以有更多的收入用于进口，这样可以引起进口的增加。故此时出口贸易与进口贸易正相关；而在出口加工贸易方式下，由于出口加工是"两头在外，中间在内"的国际贸易模式，出口国外产品的投入品绝大部分是来自国外的进口，出口贸易与进口贸易相辅相成，所以在社会化大生产的循环中，出口的增加必然带来进口的增加。所以此时出口与进口也是正相关。总的来说，两种贸易方式下，出口对进口的影响都是正相关。

另外，按照一般贸易与加工贸易方式的分类，进口贸易对出口贸易的影响机制也分两种。在一般贸易方式下，初级品和工业制品进口不仅为出口产品的增加提供了投入品，还提高了劳动生产率，因此，从一定程度上来说，进口提高了出口的竞争力，故进口对出口的影响也是同向的正相关。加工贸易方式下，进口对出口的作用原理与出口对进口的作用原理是相同的。

基于对以上理论的认识，本文从实证分析的角度来研究出口贸易和进口贸易之间是否真的存在数量上的相互影响关系，以及如果存在两者是如何相互影响的。

三 进出口贸易关系的计量分析方法

本文分析我国进出口贸易关系，着重研究进口序列、出口序列各自的平稳性以及两者的协整关系，分析两者格兰杰因果关系情况，然后分析构建误差修正模型量化两变量间是如何通过短期调节行为实现两者长期的均衡关系的。使用的计量方法有平稳性检验、协整关系检验、因果关系检验以及误差修正模型。

(一) 时间序列的平稳性检验

平稳性原理：如果一个随机过程的均值和方差在时间过程上都是常数，并且在任何两时期的协方差值仅依赖于该两时期间的距离或滞后，而不依赖于计算这个协方差的实际时间，就称它为平稳的。

但在现实生活中，当用两个相互独立的非平稳时间序列建立回归模型时，往往会得到一个显著性的回归系数，这就是通常所说的虚假回归问题。也正是由于虚假回归问题的存在，我们在建立时间序列模型之前就必须要判断时间序列的平稳性。本文采用 DF 检验、ADF 检验法来检验进口序列、出口序列是否存在单位根，以判断时间序列的平稳性。

首先考虑模型：

$$Y_t = \rho Y_{t-1} + u_t \tag{1}$$

式中 u_t 为白噪声的随机误差项。

判断一个序列是否平稳，可以通过检验 ρ 是否严格小于 1 来实现。若 $\rho < 1$ 序列是稳定的；若 $\rho > 1$，序列是发散的，很显然，此时序列是不稳定的；若 $\rho = 1$ 序列是一阶单整非平稳序列。

DF 检验是通过如下三个模型完成的：

$$Y_t = (1+\delta)Y_{t-1} + u_t \text{ 即 } \Delta Y_t = \delta Y_{t-1} + u_t \tag{2}$$

$$Y_t = \beta_1 + (1+\delta)Y_{t-1} + u_t \text{ 即 } \Delta Y_t = \beta_1 + \delta Y_{t-1} + u_t \tag{3}$$

$$Y_t = \beta_1 + \beta_2 t + (1+\delta)Y_{t-1} + u_t \text{ 即 } \Delta Y_t = \beta_1 + \beta_2 t + \delta Y_{t-1} + u_t \tag{4}$$

其中，$\Delta Y_t = (\rho - 1)Y_{t-1} + u_t = \delta Y_{t-1} + u_t$，$t$ 是时间或趋势变量，在每一种形式中，建立的零假设都是 $H_0: \rho = 1$ 或 $H_0: \delta = 0$，即存在一单位根。方程 (2) 和另外两个回归模型的差别在于是否包含常数和趋势项。

DF 检验相当于对 Y_{t-1} 的系数作显著性检验，如果拒绝原假设，则称 Y_t 没有单位根，此时 Y_t 是平稳的；如果接受原假设，我们就说 Y_t 具有单位根，此时 Y_t 是不稳定的。

如果被检验序列是一个高阶 AR (e) 序列时，就采用如下回归式检验单位根：

$$\Delta Y_t = \delta Y_{t-1} + \alpha_i \sum_{i=1}^{m} \Delta Y_{t-i} + u_t \tag{5}$$

$$\Delta Y_t = \beta_1 + \delta Y_{t-1} + \alpha_i \sum_{i=1}^{m} \Delta Y_{t-i} + u_t \tag{6}$$

$$\Delta Y_t = \beta_1 + \beta_2 t + \delta Y_{t-1} + \alpha_i \sum_{i=1}^{m} \Delta Y_{t-i} + u_t \tag{7}$$

上面的三个方程中增加了 ΔY_t 的滞后项，建立在上式基础上的 DF 检验又被称为增广的 DF 检验，简记 ADF 检验。

（二）变量的协整性检验

协整是对非平稳经济变量长期均衡关系的统计描述。如果一组非平稳的时间序列存在一个平稳的线性组合，那么这组序列就是协整的，表示经济变量间存在着长期稳定的均衡关系。在检验一组时间序列的协整性或长期均衡关系之前应首先检验时间序列的单积次数。如果所有变量都是同阶单整的，且这些变量的某些线性组合是平稳的，则称这些变量之间存在协整关系或协积关系。

根据检验的对象来分，协整检验有两种：基于回归残差的协整检验，如 E - G 两步法协整检验；基于回归系数的协整检验，如乔纳森协整检验。其中，E - G 两步法的检验步骤是：

首先进行协整回归，$x_{t1} = \hat{\beta}_2 x_{2t} + \cdots + \hat{\beta}_N x_{Nt} + \hat{u}_t$，式中 $\hat{\beta}_2, \cdots, \hat{\beta}_N$ 是最小二乘估计量。

由第一步得到残差序列 $\hat{u}_t$，然后检验 $\hat{u}_t$ 的平稳性。如果 $\hat{u}_t$ 为平稳序列，则上述一组变量序列是协整的，否则不是协整的。检验 $\hat{u}_t$ 的平稳性，就是对 $\hat{u}_t$ 进行单位根检验，其方法为 DF 检验或 ADF 检验，其中用于 $\hat{u}_t$ 检验平稳性的回归式分别为：

$$\Delta \hat{u}_t = \rho \hat{u}_{t-1} + \sum_{i=1}^{k} \gamma_i \Delta \hat{u}_{t-i} + v_t$$

$$\Delta \hat{u}_t = \alpha_0 + \rho \hat{u}_{t-1} + \sum_{i=1}^{k} \gamma_i \Delta \hat{u}_{t-i} + v_t$$

$$\Delta \hat{u}_t = \alpha_0 + \alpha_1 t + \rho \hat{u}_{t-1} + \sum_{i=1}^{k} \gamma_i \Delta \hat{u}_{t-i} + v_t$$

当上面三式中不含有滞后项时，称为 EG 检验；当含有滞后项时，称为增广的 EG 检验或 AEG 检验。

（三）格兰杰因果关系检验

在时间序列情形下，两个经济变量 X 与 Y 之间的格兰杰关系定义为：若在包含了变量 X 与 Y 的过去信息的条件下，对变量 Y 的预测效果要优于只单独有 Y 的过去信息对 Y 进行的预测效果，即变量 X 有助于解释变量 Y 的将来变化，则认为变量 X 是引致变量 Y 的格兰杰原因。

根据以上定义，格兰杰因果关系检验式如下：

$$y_t = \sum_{i=1}^{k} \alpha_i y_{t-i} + \sum_{i=1}^{k} \beta_i x_{t-i} + u_{1t} \tag{8}$$

则检验 x_t 对 y_t 不存在格兰杰因果关系的原假设是：

$$H_0: \beta_1 = \beta_2 = \cdots = \beta_k = 0$$

如果式（8）中的 x_t 的滞后变量的回归参数估计值全部不存在显著性，则就不能拒绝原假设。也就是说，如果存在 x_t 的任何一个滞后变量的回归参数估计值不等于零，则就要拒绝原假设。格兰杰检验的统计量为：

$$F = \frac{(RSS_r - RSS_u)/k}{RSS_u/(T-2k)}$$

上式中，RSS_r 表示原假设成立时模型的残差平方和。RSS_u 表示不施加约束条件下模型的残差平方和。k 表示模型中 x_t 的最大滞后期。$2k$ 表示无约束模型中被估计参数个数。T 表示样本容量。原假设成立时，判别规则为：

如果 $F \leq F_\alpha(k, T-2k)$，则接受原假设，即 x_t 对 y_t 不存在格兰杰因果关系；

如果 $F > F_\alpha(k, T-2k)$，则拒绝原假设，即 x_t 对 y_t 存在格兰杰因果关系。

（四）误差修正模型

根据格兰杰定理，如果若干个非平稳变量存在协整关系，则这些变量必有误差修正模型表达式存在。误差修正模型分为单一方程和多方程两种形式。其中单一方程的误差修正模型由原变量差分变量、误差修正项和随机误差项组成。

对于两变量，若 $y_t, x_t \sim I(1)$，并且已知两者存在协整关系，则误差修正模型表达式为：

$$\Delta y_t = \beta_0 \Delta x_t + \beta_1 ECM_{t-1} + v_t$$

其中 $ECM_t = y_t - \alpha_0 - \alpha_1 x_t$，是非均衡误差。$y_t = \alpha_0 + \alpha_1 x_t$ 表示 y_t 和 x_t 的长期关系，$\beta_1 ECM_{t-1}$ 为误差修正项。β_1 为修正系数，表示误差修正项对 Δy_t 的修正速度，v_t 是随机误差项。其中 α_0 和 α_1 是长期参数，β_0 和 β_1 是短期参数。

最常用的误差修正模型的估计方法是 E-G 两步法：

第一步用 OLS 估计出长期协整模型，并得到残差序列 $\hat{u}_t$；第二步再用最小二乘法估计误差修正模型 $\Delta y_t = \beta_0 + \alpha \hat{u}_{t-1} + \beta_2 \Delta x_t + \varepsilon_t$。

误差修正模型的优点在于不只是使用变量的原始值或变量的差分建模，而是把两者结合起来，以充分利用它们所提供的信息。

四 我国进口与出口关系的实证

（一）变量的选取与数据处理

文中实证分析所涉及的变量序列主要为中国进口贸易总额和出口贸易总额。本文把公开发表的数据作为样本数据，且所有数据均取自《新中国55年统计资料汇编》和历年《中国统计年鉴》。

样本空间的确定。由于我国的进出口贸易是从1978年改革开放以后才真正发展起来的，而且1979年前后的数据统计口径不一样，2008年的金融危机又使中国的进出口受到了严重的影响，考虑到这样的外部冲击可能会造成结构突变问题，所以我们选取了从1980年到2007年的年度数据，对其进行分析。

（二）进出口关系的实证分析

本文实证分析的思路为：首先对选取的进出口总额序列取对数，对取了对数以后的序列进行单位根检验，然后在单位根检验的基础上做协整检验，由协整检验的结论进一步进行格兰杰因果关系检验，最后根据检验结果提出了一些建议。文中的实证均是采用 Eviews6.0 来完成的。

由于数据的自然对数变换不改变原来的协整关系，并能使其趋势线性化，消除时间序列中存在的异方差现象，所以对实际进口和实际出口取对数。定义对数的年进口、出口变量分别为 $lnim_t$ 和 $lnex_t$。因为检验对数的出口序列和对数的进口序列的单整性的方法是一样的，所以我们只详细介绍检验对数的出口时间序列的单整性，对于对数进口序列的单整性不做详细介绍。下面检验 $\ln ex_t$ 的单整性。

1. 平稳性检验

$\ln ex_t$ 和 $\ln im_t$ 的时间序列图如下：

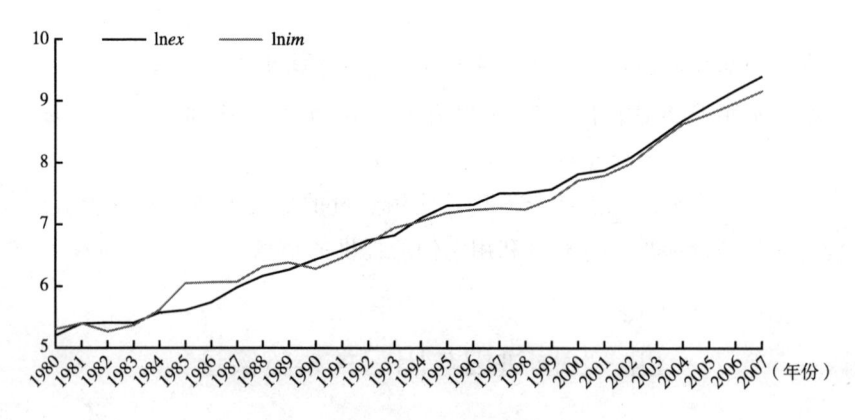

图 $\ln ex_t$ 和 $\ln im_t$ 的时间序列

由图可以看出：我国从 1978 年实行改革开放政策以来，进口贸易与出口贸易都得到了迅速发展，1980 年到 2007 年进出口额增加了几十倍。进口额由 1980 年的 200.2 亿美元增加至 2007 年的 9559.5 亿美元；出口额由 1980 年的 181.2 亿美元增加至 2007 年的 12177.8 亿美元。对数的进出口额时间序列显示了强劲的上升的趋势，展示出其是一个非平稳的序列。下面对其进行单位根检验：

因为 $\ln ex_t$ 已经是一个取了对数的序列，所以其趋势项只可能是一次的，所以进行单位根检验时不需从带有时间趋势项的检验式开始，只需要从带有常数项的开始即可，首先用不带滞后差分项的检验式，得出的结果为：

$$\Delta \ln \hat{ex}_t = -0.0749 + 0.0334 \ln ex_{t-1}$$
$$(-0.74) \quad (2.30)^*$$
$$R^2 = 0.175 \quad DW = 1.995 \quad T = 28(1980 \sim 2007)$$

上式中，带星号的 t 值为 ADF 值。ADF 值大于临界值则结论为 $\ln ex_t$ 含有单位根。又因为常数项的估计值没有通过显著性检验，说明这是一个不带常数项的单位根序列，需要去掉常数项继续做单位根检验。不带常数项的单位根检验结果为：

$$\Delta\ln\hat{ex}_t = 0.0228\ln ex_{t-1}$$
$$(9.63)^*$$
$$R^2 = 0.16 \quad DW = 1.93 \quad T = 27(1981 \sim 2007)$$

此时 $ADF = 9.63$，仍然大于临界值，检验结论仍然是含有单位根，结合以上两个检验式得出结论：$\ln ex_t$ 是一个不带常数项的单位根序列。所以应该进一步对他的差分序列做单位根检验，从而确定 $\ln ex_t$ 的单积性。于是 $\ln ex_t$ 的不带常数项的一阶差分序列的单位根检验结果为：

$$\Delta^2\ln\hat{ex}_t = -0.3244\Delta\ln ex_{t-1}$$
$$ADF \quad (-1.68)^*$$
$$R^2 = 0.1 \quad DW = 2.47 \quad T = 26(1982 \sim 2007)$$

式中 $ADF = -1.68$ 小于临界值，所以 $\Delta\ln ex_t$ 为不含有单位根的平稳序列。即 $\ln ex_t$ 序列是一个 I（1）序列。用相似的方法可以得出，$\ln im_t$ 序列也是一个 I（1）序列。

2. 协整性分析

由 $\ln ex_t$ 和 $\ln im_t$ 的时间序列图我们可以看出：尽管两个变量都是非平稳的，但他们的离差时正时负，所以这两个变量的线性组合有可能是平稳的，即他们有可能存在协整关系，我们前面已经检验出了这两个序列都是一阶单整变量，下面就来检验这种关系：用 E-G 两步法对 $\ln ex_t$ 和 $\ln im_t$ 进行协整性检验。

第一步，对进出口的对数序列进行协整回归，利用最小二乘估计得到的结果如下：

$$\ln ex_t = -0.4615 + 1.0716\ln im_t$$
$$(-2.71) \quad (44.44)$$
$$R^2 = 0.99, T = 28, DW = 0.96$$

第二步，检验 $\hat{u}_t$ 的平稳性。AEG 回归如下：

$$\Delta\hat{u}_t = -0.6426\hat{u}_{t-1} + 0.3478\Delta\hat{u}_{t-1}$$
$$(-3.46) \quad (1.83)$$
$$R^2 = 0.33, DW = 1.99, T = 26$$

根据麦金农临界值表得到的麦金农协整检验临界值可知，对数的进出口时间序列之间存在协整关系。协整向量为 $(1, -1.0716)'$。

由此可以看出，改革开放以来，中国的出口和进口总额呈现1:1.17的比例关系，进口量稍大一些。

3. 格兰杰因果关系检验

虽然通过前面的协整分析可知，改革开放以来中国的 $lnex_t$ 和 $lnim_t$ 二者之间具有长期稳定的关系，但经济时间序列经常出现伪相关问题，使得在经济意义上几乎没有联系的序列得到较大的相关系数，所以我们必须对相应的变量进行因果关系检验。

判断一个变量的变化是否是另一个变量变化的原因，是计量经济学中的常见问题，其方法常用 Granger 提出的格兰杰因果关系检验法。格兰杰因果关系检验法假定有关两个变量的预测信息全部包含在这两个变量的时间序列之中。如两个变量在时间上有先后关系时，从统计上考察这种关系是单向的还是双向的（即主要是一个变量过去的行为在影响另一个变量的当前行为，还是双方过去的行为在相互影响着对方的当前行为），以保证模型设定的合理性。下面就进行双向的格兰杰因果性分析。

由 $lnex_t$ 和 $lnim_t$ 的时间序列图可以看出，两个序列存在着高度的相关性，通过计算可得出他们之间的相关系数为0.9792，他们可能存在着双向因果关系，也有可能存在单向因果关系。

根据分析文本分别做了滞后期为1，2，3，4，5，6时的格兰杰因果关系检验，检验结果如表1：

表1 格兰杰因果关系检验结果

滞后期	原假设	F值	P值	结论
1	进口不是出口的格兰杰原因	8.99	0.0062	拒绝
	出口不是进口的格兰杰原因	1.14	0.2971	接受
2	进口不是出口的格兰杰原因	5.46	0.0123	拒绝
	出口不是进口的格兰杰原因	1.69	0.2093	接受
3	进口不是出口的格兰杰原因	4.64	0.0143	拒绝
	出口不是进口的格兰杰原因	1.04	0.3998	接受
4	进口不是出口的格兰杰原因	2.65	0.0744	接受
	出口不是进口的格兰杰原因	0.95	0.4627	接受
5	进口不是出口的格兰杰原因	1.17	0.3759	接受
	出口不是进口的格兰杰原因	0.93	0.4957	接受
6	进口不是出口的格兰杰原因	1.36	0.3248	接受
	出口不是进口的格兰杰原因	0.33	0.9054	接受

由表1以及通过计算得到的F统计量可知：当滞后期为1，2，3时，$lnim_t$是$lnex_t$变化的格兰杰原因，但$lnex_t$不是$lnim_t$变化的格兰杰原因；当滞后期为4，5，6时，得出的结论都是两者不存在格兰杰因果关系。所以得出结论：$lnex_t$和$lnim_t$之间短期内存在着单向因果关系，即$lnim_t$是$lnex_t$变化的格兰杰原因，但$lnex_t$不是$lnim_t$变化的格兰杰原因。

4. 误差修正模型

依据前文的分析，已知我国进出口序列之间存在协整关系。根据格兰杰定理，若干个非平稳但存在协整关系的变量之间就必会有误差修正模型表达式的存在。由于此处有两个变量，适用于单一方程的误差修正模型，在此本文用E-G两步法来估计误差修正模型。

首先，在变量间的协整检验中，我们得到了协整回归为：

$$lnex_t = -0.4615 + 1.0716 lnim_t + \hat{u}_t$$
$$(-2.71) \quad (44.44)$$
$$R^2 = 0.97, T = 28, DW = 0.96$$

然后再令$ECM_t = \hat{u}_t$，也就是将上式中的残差序列$\hat{u}_t$作为误差修正项，建立误差修正模型，并利用最小二乘估计法得到如下估计结果：

$$\Delta lnex_t = 0.1106 - 0.3379 ECM_{t-1} + 0.3117 \Delta lnim_t$$
$$(4.92) \quad (-3.15) \quad (2.66)$$
$$R^2 = 0.37, T = 27, DW = 1.83$$

由上述长期协整模型可知，我国进口增长1%，出口增长1.072%。从误差修正模型可以看出，误差修正项ECM_t的系数为负，且具有显著性，再次说明了误差修正模型是一个负反馈过程。误差修正模型系数的大小反映了经济系统对非均衡误差的修正速度。此处的修正速度值为0.3377，其经济含义是当我国进出口贸易偏离均衡状态时，该经济系统将以这种偏离的0.3377倍强度在下一期朝着均衡点调整。

综上所述，由协整检验和误差修正模型可知，改革开放期间，我国进出口贸易值之间存在着稳定的均衡关系；短期内，当两者偏离长期均关系时，经济系统将以0.3377的调整力度将进出口贸易从非均衡状态拉回到均衡状态。

结论及建议

结合上述模型的输出结果，得到的全文基本结论如下：改革开放以来我国的进出口额发生了很大变化,协整分析表明,尽管我国进口和出口都具有非平稳性,但两者之间存在协整关系,即长期的均衡关系;格兰杰因果关系分析表明,短期内我国的进出口之间存在单向的格兰杰因果关系,即进口是出口变化的原因,但从长期来看,两者并不存在因果关系。

根据以上得出的结论,特提出如下建议:

(一)适当增加进口,大力发展加工贸易的同时,加大调整我国产业结构力度

根据格兰杰因果关系检验结果,在滞后期数为1~3年时,进口是出口的原因,即在短期内进口能够促进出口,或者也可以说在短期内我国的进口绝大部分是因为要出口才进口的,这主要是我国境内的企业进行加工贸易的结果。基于以上结论,以及加工贸易从很大程度上能够解决我国劳动力的就业问题,更重要的是,由于目前中国还没有从金融危机中完全恢复过来,所以由支出法GDP可知,出口也是国民收入的一部分,因此本文认为我国应该适度增加进口,积极开展加工贸易,以促进出口。但另一方面我们又看到,目前我国的加工贸易多为低技术含量、低附加值部分,而且产业关联性较低,如果把加工贸易作为一项长期的经济发展目标,则有可能使经济畸形发展,所以本文认为在立足于发展加工贸易的同时,还应该加大调整我国产业结构的力度,推进产业结构升级,形成以高新技术产业为先导,基础产业和制造业为支撑,服务业全面发展的产业格局。

(二)继续推行保持进出口大体平衡的外贸基本政策,同时要重视短期不确定因素

根据结论,长期进出口之间存在着协整关系,而且扩大出口有助于缓解失业、国企改革、结构调整等方面的矛盾;而扩大进口,有利于促进国内产业结构优化升级,达到资源配置优化的目的。因此我国应当继续推行保持进出口大体平衡的外贸基本政策。同时随着我国出口规模和经济总量的迅速扩大,一些国家与我国的贸易摩擦日益增多,对我国出口构成严重威胁。这些短期不确定因素对我国外贸造成的冲击更是不容忽视的,因此本文还认为我国要尽快完善有关政策与法律法规,建立快速预警、预报机制,加强对国外反倾销、反补贴及保障措施的应诉和磋商;改变我国出口市场分布过于集中的状况,从而降低风险,防止对外贸易大起大落。

总之，在我国经济发展中，对外贸易起着不可替代的作用，为了使我国国民经济持续、稳定、协调发展，并给对外贸易有个自身发展的基础与空间，我们应该在经济发展战略中正确处理进口与出口的关系，采取各种措施发挥出口与进口之间的相互促进作用，减少进出口中的负面影响。

参考文献

［1］张晓峒，2009，《应用数量经济学》，机械工业出版社。
［2］王聪，2010，《人民币汇率变动对我国出口贸易影响的实证研究》，《金融管理》第1期。
［3］任永菊，2003，《我国进口与出口间的关系检验》，《当代经济科学》第7期。
［4］陈锦锦、赵同亮，2010，《基于1955～2009年中国进出口数据的计量经济分析》，《现代商贸工业》第11期。
［5］刘富华、李国平，2006，《我国进出口贸易关系的时间检验》，《国际贸易问题》第1期。
［6］王群勇，2004，《中国进出口贸易的均衡关系研究》，《当代财经》第11期。
［7］耿楠，2006，《中国进出口贸易的实证研究》，《对外经济贸易大学学报》第4期。
［8］陈柳钦、孙建平，2004，《中国进出口贸易之间的总量与结构关系》，《国际经贸》第1期。

财政支出结构对收入差距影响的统计评价[*]

——以辽宁省为例的分析

金双华

(东北财经大学财政税务学院)

改革开放以来,辽宁省经济快速发展,城镇居民和农村居民的收入水平都有了极大提高,但随着经济结构转型,城乡差距、地区差距、贫富差距扩大已成为影响辽宁经济发展与社会和谐的现实问题之一。

省域内收入分配差距问题的研究是比较常见的内容,统计系统开展过多项研究,如湖南统计局撰写了湖南居民收入分配差距现状原因及对策建议等几项文献。在辽宁省收入分配差距方面也有一些研究文献,但多集中在对城乡差距的研究上,如金永利、赵文祥在辽宁省居民收入差距问题上,特别研究了辽宁省城乡居民收入差距,并在此方面提出了调节这一分配差距的主要对策,其中包括打破城乡壁垒,优化农业内部产业结构,政策上向辽西、辽北地区倾斜;赵子祥分析了辽宁城乡居民收入差距的变化轨迹、发展趋势、原因,提出了缩小辽宁城乡收入差距的对策建议。还有集中研究扶贫的文献,如李坤英分析了辽宁省财政扶贫资金投向存在的问题,并就资金管理及资金的整合提出了建议。张万强专门分析转移性收入视角下的政府转移支付对居民收入差距影响的问题,并用多种指标进行了实证研究。目前还没有系统见到通过对辽宁省基尼系数的计算来评价总体收入分配差距的文献,本文借此计算了近几年辽宁省的基尼系数,分析了财政支出对辽宁省收入差距的影响,并提出了财税对策的初步建议。

---

[*] 2009年度国家社科基金项目(09BTJ006)和2008年度辽宁省社科基金项目(L08BJY023)。

一 辽宁省总体收入差距的测算及与全国的比较

由于文献中没有关于辽宁省总体收入差距的测算资料，本文以基尼系数代表总体收入差距指标，对辽宁省总体收入差距进行分析。我们利用摩根公式分别计算辽宁省农村和城镇居民收入分配基尼系数，进而运用"城乡加权法"推算辽宁省总体基尼系数。

（一）方法说明

1. 计算基尼系数的摩根公式

个人收入（或家庭收入）分配数据，通常是由抽样调查按分组形式提供的，往往提供的是属于不同收入区间的人数百分比（或人数）和每个不同收入区间里总收入占全体总收入的百分比（或区间里的总收入），许多关于居民家庭或个人的收入抽样调查数据就是上述的两个百分比。实际中被普遍使用的对离散形式基尼系数计算的公式是所谓的摩根公式，表述如下：

设有 n 个收入单元，划分为 $(T+1)$ 个收入等级 $(x_0, x_1]$，$(x_1, x_2]$ … $(x_T, x_{T+1}]$，n_t 表示第 t 个收入等级中含有的单元数，$f_t = n_t/n$ 是第 t 个收入区间的频率，μ_t 是第 t 个收入区间收入平均值，μ 是总体收入平均值，p_t 和 q_t 分别表示收入小于等于 x_t 的单元数（或人数）相对总单元数之比和相应的收入累积比，于是有如下关系式：

$$\mu = \mu_1 f_1 + \mu_2 f_2 + \cdots + \mu_{T+1} f_{T+1} \tag{1}$$

$$p_t = f_1 + f_2 + \cdots + f_t \tag{2}$$

$$q_t = (\mu_1 f_1 + \mu_2 f_2 + \cdots + \mu_t f_t)/\mu \tag{3}$$

摩根公式的具体表达式是基尼系数 G_M：

$$G_M = 1 - \{f_1(q_0 + q_1) + f_2(q_1 + q_2) + \cdots + f_{T+1}(q_T + q_{T+1})\}$$
$$q_0 = 0, q_{T+1} = 1 \tag{4}$$

摩根公式是对基尼系数的一种近似估计，但它对基尼系数的这种估计明显偏低，其原因是摩根公式只计算了收入类之间的不均等性，而没有计算收入类内部的不均等性，只有当收入类内部的不均等性等于 0 时，摩根公式的计算才是准确的。

2. 城乡加权法

由于我国目前的居民收入分组数据是按照城镇居民和农村居民分别统计的，如何由农村和城镇居民收入分配基尼系数推算总体基尼系数，是一个重要的问题。"城乡加权法"给出了相关的计算方法，该方法的具体计算公式如下：

$$G = P_u^{2*}(u/y)G_u + P_r^{2*}(r/y)G_r + P_u^* P_r^* |(u-r)/y| \qquad (5)$$

式中，G 表示全国居民收入分配基尼系数，G_u 和 G_r 分别表示城镇居民和农村居民收入分配的基尼系数，P_u 和 P_r 分别表示城镇居民和农村居民占全国总人口的比重，u 和 r 分别表示城镇居民和农村居民的人均收入，y 表示全国居民的人均收入，我们利用城乡居民人均收入的加权平均计算得到：

$$y = P_u^* u + P_r^* r \qquad (6)$$

（二）计算结果

我们按照摩根公式，利用历年《辽宁统计年鉴》的数据，分别计算了辽宁省城镇居民基尼系数和农村居民基尼系数，在此基础上运用"城乡加权法"计算辽宁省总体基尼系数，得到近几年总体收入差距扩大的结论。按照城乡加权法测算了辽宁和全国居民收入分配基尼系数，计算结果是：

表1 辽宁省 2004~2008 年基尼系数

年 份	城镇基尼系数	农村基尼系数	全省基尼系数
2004	0.2894	0.2971	0.3494
2005	0.3028	0.3084	0.3577
2006	0.3003	0.3107	0.3613
2007	0.3013	0.2962	0.3698
2008	0.3327	0.2709	0.3785

资料来源：根据历年《辽宁省统计年鉴》计算。

由于《中国居民收入分配年度报告（2009）》有全国城镇居民和农村居民收入分配的基尼系数，因此我们只用"城乡加权法"来计算全国居民总体基尼系数。

以上的计算是在只有城镇居民和农村居民各自不同收入阶层的数据的情况下开展的，许多学者认为对最高收入阶层的收入估计偏低，同时城镇居民

表2 全国2004~2008年基尼系数

年 份	城镇基尼系数	农村基尼系数	全国基尼系数
2004	0.33	0.37	0.4408
2005	0.34	0.38	0.4453
2006	0.34	0.37	0.4461
2007	0.35	0.37	0.4481
2008	0.34	0.38	0.4480

资料来源：根据《中国居民收入分配年度报告（2009）》和历年《中国统计年鉴》数据计算。

的层次划分比较粗，因此计算的基尼系数偏低，但这样的结果也能证明我们的结论，即计算结果表明，从总体收入差距看，虽然辽宁省整体收入差距小于全国，但是，2004年以来辽宁省收入差距不断扩大，2008年比2004年总体收入差距扩大了8.32%。

二 辽宁省收入分配差距扩大的具体表现及原因

（一）具体表现

城乡之间收入差距扩大。自1990年以来，尽管个别年份的城乡居民收入差距曾出现短暂回落，但整体呈现上升趋势。城镇居民人均可支配收入从2000年的5358元增加到2007年的12300元，不考虑价格因素2000年是2007年的2.3倍，年均增长12.9%；农民人均纯收入从2356元增加到4773元，是2007年的2.03倍，年均增长9.6%。2000年城乡收入比为2.27∶1，2007年城乡收入比扩大为2.58∶1。2008年城镇居民人均可支配收入14392.7元，农民人均纯收入5576.5元，城乡收入比扩大为2.581∶1。

省内各市之间收入差距扩大。2000年收入最高的大连市城镇居民人均可支配收入6861元，农民人均纯收入3740元；最低的朝阳市两项收入分别是4021元、1008元，两个城市的两项收入分别相差2840元、2732元；2008年最高的大连市两项收入分别是17500元、9818元，最低的阜新市两项收入分别是10114元、5030元，分别相差7386元、4788元。差距继续扩大。

省内行业之间收入差距扩大。2000年收入最高的是金融、保险业，其职工年平均工资为13211元，最低的是批发、零售贸易、餐饮业，其平均工资为3666元，二者相差9545元，最高平均工资是最低平均工资的3.6倍。2007年最高的仍是金融业，其职工年平均工资为38732元，最低的是农林牧渔业，其平均工资为7365元，二者相差31367元，最高平均工资是最低平均工资的5.3倍。从劳动者报酬占地区生产总值的角度观察，同样可以得出在政府、企业与个人的分配格局中个人所得下降的结论。劳动者报酬是劳动者从事生产活动所获得的全部报酬。1995年，辽宁省劳动者报酬占地区生产总值的比例为47.4%，2006年这一比例下降到42.5%，下降了4.9个百分点。

低收入群体与高收入群体之间的收入差距扩大。2000年，占城镇居民5%的困难收入户人均可支配收入1953元，占城镇居民10%的最高收入户人均可支配收入11424元，两者相差9471元，最高收入户的人均生活费收入是困难收入户的5.85倍；2007年，占城镇居民5%的困难收入户人均可支配收入3432元，占城镇居民10%的最高收入户人均可支配收入29977元，两者相差26545元，最高收入户的人均可支配收入是困难收入户的8.73倍。2008年占城镇居民5%的困难收入户人均可支配收入3714元，占城镇居民10%的最高收入户人均可支配收入39334元，两者相差35620元，最高收入户的人均可支配收入是困难收入户的10.59倍。

辽宁省与全国和东部地区收入差距拉大。辽宁省城镇居民人均可支配收入长期低于全国城镇居民人均可支配收入。全国城镇居民人均可支配收入从2000年的6280元增加到2007年的13785.81元，增长119.5%，年均增长11.89%；农民人均纯收入由2000年的2253元增加到2007年的4140.36元，增长83.8%，年均增长9.08%。虽然这期间辽宁省两项收入的增幅高于同期全国平均增幅，但城镇居民人均可支配收入与全国平均水平的绝对差距扩大，由2000年的922元扩大到2007年的1485元，差距扩大了61%，并且辽宁省与东部其他省份之间以及辽宁省城乡之间、各市之间、高低收入群体之间的收入差距也在扩大。2009年第一季度辽宁省城镇居民平均每人季度收入为4488元，全国平均为5234元，折合年差距为2984元，绝对差距进一步扩大。

（二）收入差距扩大的原因

收入差距扩大的原因是多方面的，主要有：

城乡居民收入差距扩大的原因是农村的非农产业发展较缓，广大农民依旧靠"土里刨食"为主。2007年全省近50%的就业人员创造第一产业增加值为1133亿元，仅占全省GDP的11%。几年来，老工业基地的振兴给全省城镇居民带来了实惠，但农民由此得到的实惠不多。2008年一场突如其来的国际金融危机，造成我国部分企业经营困难，一些农民工失掉了工作机会。辽西一直是农民劳务输出的重点地区，以朝阳市为例，受金融危机影响"非正常返乡人员"人数占总返乡人数的近1/4。若加上其他不利因素，辽宁省农民纯收入的增长速度不容乐观。

历史、科技、地理、资源等方面原因造成朝阳、阜新等地和沈阳、大连等地的差距，并且这种差距因各自优劣态势在改革开放和老工业基地振兴中得到强化，差距越拉越大。除此之外，朝阳、阜新等地既不具备大连、沈阳等地的人才优势，也不具备地理、资源等优势。以上原因使得二者差距在原有基础上越拉越大。

低收入群体与高收入群体的收入差距扩大的主要原因是：首先，下岗和失业人员较多。据2005年1%人口抽样调查推算，全省城镇失业率为10.89%。其次，部分国有或集体企业（单位）内部收入分配差距过大。经济体制改革后企业有了用工和收入分配的自主权，使得企业内部收入分配过分向管理层倾斜，有的高层管理人员年薪达到30万元以上，形成过大的收入分配差距。

行业收入差距扩大的主要原因是：辽宁省二、三产业发展速度一直高于第一产业，造成涉农行业收入始终在低水平徘徊，而城镇居民收入增长速度快于农村居民。收入水平比较高的行业虽然有电子等非垄断行业，但大部分都是像金融、电信等具有垄断色彩的行业。垄断行业收入畸高是导致行业间收入差距过大的主要原因，也是社会非议产生的最大的诱因。

城镇居民可支配收入是总收入扣除所得税支出、社会保障支出和记账补贴，其中总收入是工薪收入、经营净收入、财产性收入和转移性收入之和。2007年全省城镇居民人均总收入13438元，全国14909元，两者相差1471元。其中主要是工薪收入相差较大，2007年全省城镇居民人均工薪收入8213元，全国10235元，两者相差2022元，这一差距比2005年的1695元，扩大327元。另外，辽宁省居民财产性收入也相对较低。

2007年全省城镇居民人均可支配收入占总收入的比重为91.53%，比全国平均数92.47%低0.94个百分点，位列全国第24，这也说明辽宁省城镇居民所得税支出、社会保障支出负担比较重。辽宁省城镇居民人均可支配收入低于全国平均水平，也是缘于辽宁省工资水平低。2007年辽宁省此项收入排在全国第11位，排在辽宁省前面的10个省（自治区、直辖市）有7个的职工平均工资比辽宁省高。

三 财政支出与收入差距的统计评价

财政支出规模巨大，类型较多，不同规模、不同类型的财政支出对收入差距的作用是不同的，本部分我们进行辽宁省财政支出与收入差距的统计评价，并重点分析福利支出对收入差距的影响。

（一）辽宁省各地区人均可支配收入与人均财政支出关系分析

通过上面的分析，结合辽宁省财政支出的实际情况，我们可以将财政支出分为两部分，一部分是福利性支出，另一部分为非福利性支出。人均福利支出＝人均教育支出＋人均社会保障和就业支出＋人均医疗卫生支出＋人均城乡社区事务支出＋人均农林水事务支出，下表提供了2008年辽宁省的有关数据。

表3 2008年辽宁省部分地区人均财政支出情况

单位：元

城 市	人均财政合计	人均福利支出合计	人均教育	人均社会保障和就业	人均医疗卫生	人均城乡社区事务	人均农林水事务
沈 阳	5701	3323	839	1217	278	699	290
大 连	7028	3747	907	1232	264	973	370
鞍 山	4453	2773	543	1137	149	741	204
抚 顺	3948	2604	424	1341	133	457	248
本 溪	4874	3094	844	1139	184	594	333
丹 东	3276	2181	630	808	138	291	314
锦 州	2619	1696	352	739	127	236	241
营 口	3305	2140	426	864	163	478	208
阜 新	2686	1734	362	849	95	157	271
辽 阳	3227	1971	452	807	164	311	237
盘 锦	4511	2664	613	797	221	558	475
铁 岭	2530	1457	399	365	110	306	277
朝 阳	2726	1737	446	625	145	184	337
葫芦岛	2513	1534	388	568	127	221	231

资料来源：根据《辽宁省统计年鉴（2009）》计算。

根据人均可支配收入及上表数据，绘制辽宁省人均可支配收入与人均财政支出、人均福利支出的图形，以利于我们直观形象地看到它们的变化情况。

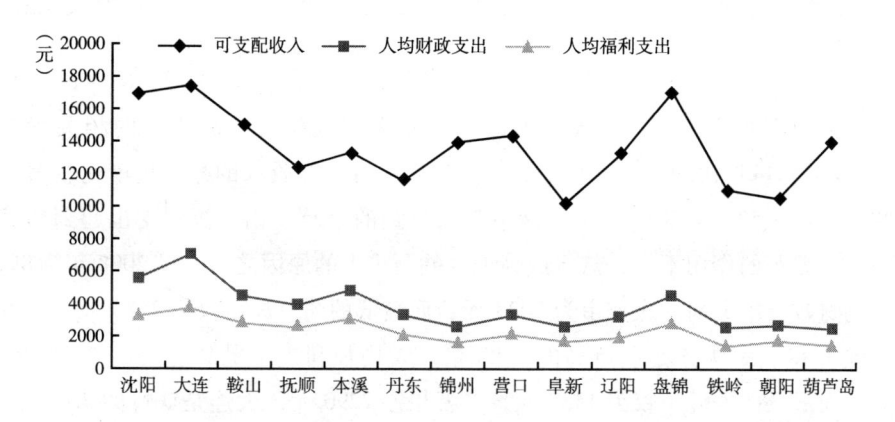

图1　辽宁省部分地区人均可支配收入与人均财政支出关系

通过图1，可以看到，人均可支配收入与人均财政支出、人均福利支出三者的变化趋势基本相同，有可能存在相关关系。为分析三者的关系，一般做法是根据现有的样本资料建立比较合适的截面回归方程进行分析。

1. 人均可支配收入和人均财政支出的关系

为了分析人均可支配收入和人均财政支出的关系，我们建立一元线性截面回归方程，以人均财政支出作为解释变量，以人均可支配收入作为被解释变量，进行回归分析，其结果如表4所示。

表4　人均可支配收入和人均财政支出的回归数据

解释变量	系　数	t统计量	P值
常　　数	8478	6.33	0.0000
人均财政支出	1.36	4.08	0.0015

注：$R^2 = 0.5814$，$F = 16.66427$。

2. 人均可支配收入和人均福利支出的关系

为了分析人均可支配收入和人均财政福利支出的关系，我们建立一元线性截面回归方程，以人均财政福利支出作为解释变量，以人均可支配收入作为被解释变量，进行回归分析，其结果如表5所示。

表5 人均可支配收入和人均福利支出的回归数据

解释变量	系数	t统计量	P值
常　数	7966.82	4.84	0.0004
人均财政支出	2.436	3.60	0.0036

注：$R^2 = 0.520$，$F = 12.96$。

从上面的分析看到，人均财政支出水平与人均可支配收入的相关程度（$R^2 = 0.5814$）比较高，人均福利支出与人均可支配收入的相关程度比较弱一些（$R^2 = 0.520$），说明本应是缩小收入差距的财政支出、福利支出起到的缩小收入差距的作用不大，甚至成为地区差距扩大的原因之一。以2008年为例，人均财政支出最高的大连市为7028元，而最低的葫芦岛市仅为2513元，二者相差4515元，大连是葫芦岛的2.80倍。人均福利支出最高的大连市为3747元，而最低的铁岭市仅为1457元，二者相差2290元，大连是铁岭的2.57倍。可以看出不同地区地方财力对收入差距的作用还是比较大的。

（二）财政支出对不同收入群体的作用

由于农村居民没有转移性收入的详细数据，本部分分析城镇居民情况。为了分析财政性转移收入的情况，根据统计年鉴的数据，我们选取了养老金或离退休金、社会救济收入、失业保险金、提取住房公积金、记账补贴作为财政性转移收入。表6是2008年辽宁省城镇居民不同收入阶层人均收入和转移性收入情况。

表6 2008年辽宁省城镇居民不同收入阶层人均收入和转移性收入情况

单位：元

指　标	可支配收入	转移性收入	养老金或离退休金	社会救济收入	失业保险金	提取住房公积金	记账补贴
最低10%	4408.72	1350.46	778.26	243.64	9.45	0.18	69.38
更低5%	3713.54	1210.69	602.78	276.2	10.82	0.34	73.36
低10%	6535.25	2042.31	1613.34	105.09	12.93	1.28	68.22
较低20%	8926.94	3067.99	2609.87	39.4	8.73	3.91	75.27
中间20%	12093.67	3986.86	3501.02	23.42	9.05	13.3	78.84
较高20%	16402.34	5328.86	4777.11	9.28	11.67	13.65	80.33
高10%	22391.80	7333.31	6522.35	15.72	10.22	55.5	88.2
最高10%	39333.48	11642.74	8696.39	16.61	7.24	243.77	101.72
更高5%	50009.92	12779.80	7948.66	25.39	9.63	385.87	104.16
合　计	14392.69	4610.32	3865.03	53.02	9.92	33.35	79.3

资料来源：《辽宁省统计年鉴（2009）》。

由表6可以看出，转移性收入随着可支配收入的提高而提高。在财政性转移收入中，不同收入群体的养老金或离退休金、提取住房公积金收入基本随着可支配收入的提高而提高，这与现行的养老金或离退休金、住房公积金制度有关。失业保险金呈现波动变化，5%更高收入群体的人均失业保险金为9.63元，10%最高收入群体的人均失业保险金为7.24元，5%更低收入群体的人均失业保险金为10.82元，10%最低收入群体的人均失业保险金为9.45元，失业保险金与可支配收入的关系不密切。记账补贴呈现随着可支配收入的提高而提高的情况。社会救济收入在20%较高收入群体、10%高收入群体、10%最高收入群体、5%更高收入群体这四个群体呈现随着可支配收入的提高而提高的情况，在其他群体中随着可支配收入的提高而下降，但社会救济收入占可支配收入的比重比较低，最高是5%更低收入群体，该比重仅为7.44%。

综合以上分析，可以看到，财政性转移收入只有社会救济收入对收入差距有一定正向调节作用，养老金或离退休金、提取住房公积金、记账补贴对收入差距是逆向调节。失业保险金对收入差距的调节作用没有显现出来。总体看，财政性转移收入对收入差距是逆向调节。

四 缩小辽宁省收入分配差距的财税对策

（一）进一步完善社会保障制度

辽宁省要解决社保管理制度建设严重滞后问题，为全体劳动者，提供统一、基本参保平台。在省级尝试建立专门的社保基金运营机构，或委托可靠的基金管理公司管理基金，按照市场规则运营，确保基金保值增值，杜绝贪污挪用基金的现象发生。逐步调整企业退休人员基本养老金水平，调整优抚对象等人员抚恤和生活补助标准。落实与完善医疗与失业保障制度、最低工资制度，为广大劳动者提供基本福利保障。适时调高城镇居民各项最低收入标准，包括医疗保险、失业保险、优抚待遇、最低工资标准等，既调节高低收入的差距，切实保障了最低收入居民的基本生活，又能扩大内需促进经济平稳较快增长。

（二）辽宁省各级政府要继续完善城市居民最低生活保障制度，推进农村低保工作

要分析不同贫困群体的特点，采取不同的扶贫政策。对那些由于大病、

残疾等陷入持久性贫困的家庭采取救济式的扶贫措施,保证他们的基本生活。对那些因为暂时性原因陷入贫困的家庭可以采取开放式的扶贫政策,帮助他们摆脱困境。为帮助贫困家庭应对物价上涨,辽宁省应在全省推广"低收入价格指数与补贴的联动机制"。也就是说,当低收入家庭每月或每季所承受的物价压力高于CPI一定幅度时,政府便可能启动价格补贴机制。比如,当CPI高于低收入消费价格3个百分点时,即启动补贴机制。

(三) 辽宁省政府要合理调整国有部门的分配关系和分配秩序,对国有垄断部门和国有垄断行业的收入分配要加强监管,积极探索省及各市所辖的国有资产收益向全民所有者转移的机制

这部分资金的使用理论上应当选择"全民模式"而不是"成人模式",即人人有份,这应当是所有国有资产收益使用的最终目标。具体发放形式是发放现金还是发放消费券或其他形式,可以根据不同情况进行分析。可将国有资产收益用于社会保障。如果经过人大批准,可以拿出部分国有资产收益,用于基本社会保障的完善。如果绝大多数公民同意,也可以考虑向低收入者发放"选择性全民模式",比如用国有资产收益改革目前的低保,如果将社会分红额定在低保水平上,对公平、效率两个方面来说都是有利的。

(四) 政府教育主管部门应考虑扩大职业教育,压缩非职业教育

现在,我国快速的经济发展对职业教育有了迫切的需求,大学毕业生虽然数量庞大,但是大部分缺乏动手实践能力,很多企业仍然找不到熟练的技术工人。财政要加大对急需的岗位职业教育的投入,制定有关法律,规定企业必须承担职业教育的责任,必须拿出一部分资源,为职业学校的学生提供培训岗位,要明确这是企业必须承担的义务。两个方法:鼓励民间资本办学,鼓励企业自己办学,解决实习难的问题。

目前不管是农村还是城市的孩子,都"一刀切"地接受相同的义务教育,但很多农村或边远山区的孩子,对在学校里学习知识并不感兴趣,加上考大学无望,那些孩子很容易辍学。与其对他们实行普通义务教育,不如对他们进行职业义务教育,可能比普九教育实用得多,毕竟社会更需要有技术、有手艺的人。这种方法很灵活,也很务实,拿到职业资格证书,工作的范围就更宽泛了,辽宁省在职业义务教育上可以先行一步。

（五）辽宁省政府要根据调节收入差距的需要，将财政经济建设资金投向就业密集型或劳动密集型的建设项目，使各项建设项目不仅包括增强经济的建设功能，还包括创造就业、增加低收入人口收入的调节功能

财政支出政策向辽西、辽北地区倾斜，较大幅度地提高粮食最低收购价水平，增加农资综合直补。提高良种补贴标准，扩大补贴范围，全面覆盖玉米、大豆等主要农作物，扩大农机具补贴范围和种类，提高补贴标准。辽宁省应当进一步争取中央的促进经济发展的投资计划资金，配合本省的财政资金，投向农村基础设施建设，这也是缩小城乡差距的主要措施之一。

参考文献

[1] 湖南省统计局，2009，《湖南居民收入分配差距现状原因及对策建议》，http://www.hntj.gov.cn/fxbg/2009fxbg/2009jczx/200906120022.htm。

[2] 李坤英，2009，《关于辽宁财政扶贫开发新机制的探索》，《农业经济》第7期。

[3] 金永利，2003，《辽宁省居民收入分配差距问题研究》，《社会科学辑刊》第3期。

[4] 赵子祥，2008，《辽宁城乡居民收入分配研究》，辽宁人民出版社。

[5] 潘敏、王磊，2010，"辽宁城乡居民收入分配状况的研究报告"，收录于曹晓峰主编《2010年辽宁经济社会形势分析与预测》，社会科学文献出版社。

[6] 金双华，2006，《财政支出与社会公平关系分析》，《统计研究》第3期。

[7] 张万强，2009，《转移性收入视角下的政府转移支付对居民收入差距影响的实证分析——以辽宁为例》，《社会科学辑刊》第5期。

金融危机的贸易溢出效应对人民币有效汇率的影响

姚远 庞晓波

(吉林大学商学院 吉林大学数量经济研究中心)

引 言

2007年爆发的美国次贷危机波及了整个拉美洲,以及欧洲和亚洲大部分国家,迅速演变为全球性金融危机,至今为止,被传染的部分国家央行公布的数据显示各国陆续触底反弹,开始经济复苏,然而,对于此次金融危机的研究远未结束。理论界的共识是大的金融危机爆发往往伴随着危机国汇率的贬值,本次由次贷危机演变的全球金融危机也不例外,美元、欧元等危机国货币的汇率均出现了剧烈的波动。汇率波动对一国的宏观经济的诸多方面都有影响,比如实际产出水平、国内物价水平以及产业结构和就业等。所以,对金融危机中汇率变动的分析对进一步研究国内经济受到冲击的情况而言是首要的也是必要的。

金融危机在国际的传染途径可以分为由对外贸易溢出造成的传染、由国际资本市场流通造成的传染和纯心理因素引起的传染。由于我国对资本项目存在严格管制,金融机构介入衍生产品不多,所以对危机从金融途径的传染有一定的调控能力。然而由于近年来中国的促进对外贸易政策导向,中国对外贸易依存度一直居高不下(59%~75%)。2005年以来中国内地与总额排名前十一位的主要出口目的地间的贸易额占贸易总额的75%以上,这些国家和地区中,美国、欧盟、日本、韩国、加拿大和澳大利亚均在本次次贷危机中受到严重影响。所以本文的目的在于演示贸易如何在本次金融危机传染中起到重要的渠道作用,分析并检验人民币有效汇率受主要贸易伙伴国国内形势恶化影响而波动的事实。

　　国外学者对金融危机传染的贸易渠道研究开始于20世纪90年代墨西哥金融危机发生时，并于早期研究确认了国际金融危机传染过程中贸易溢出的存在性和合理性。将贸易渠道纳入金融危机传染理论模型框架的代表人是P. R. Masson（1999）。Masson建立了一个两国的国际收支模型，利用多重均衡的分析方法，将金融危机的传染方式总结为三种效应：季风效应、溢出效应和净传染效应，他将以往文献中提到的通过国与国之间的金融、贸易等联系渠道发生的危机传染归结为溢出效应。Van Rijckeghem和Weder在1999年从更全面的角度，将金融联系与贸易联系放在一个函数内共同分析危机起始国对与其有紧密贸易、金融联系的国家的传染，发现在某个区域中，贸易联系与金融联系常常高度相关，这在一定程度上解释了金融危机传染的区域性特点。在实证方面，Mendoza在1995年收集了23个发展中国家1961~1990年的数据，证实贸易条件的冲击波动在发展中国家产出波动中所占的比例高达50%。Eichengreen等人在1996年利用Probit模型对20个工业化国家货币危机发生的条件概率进行估计，发现相对于传统理论强调的宏观经济相似性，贸易联系对货币危机在国家间传播的解释力更强。Glick and Rose（1999）选取1971~1997年5次不同危机作为研究对象，将贸易联系设为解释变量，又挑选各种反映外贸及金融传染的变量作回归分析后，发现一国名义汇率贬值会使其贸易竞争对手国的出口减少，国际收支恶化，从而将危机传染给后者，证实了贸易联系是危机扩散的重要原因，一国与危机起始国的贸易联系紧密程度决定了危机扩散的概率。

　　亚洲金融危机爆发后，国内学者也开始了对金融危机传染的贸易渠道的研究。秦朵（2000）采用误差修正模型，将东亚金融危机期间的韩国作为易感染体，其邻近八个国家作为潜在传染体，发现外贸传染对金融危机的作用并不十分显著，而来自金融渠道的传染则最为显著。乔涤卓（2005）将东南亚15个国家作横截面的回归分析，指出危机发生国和受危机传染国的贸易联系是唯一具有显著性的变量，证明贸易渠道在亚洲金融危机的传染中是最显著。李嘉嬴（2009）运用VAR系统的方法测定了次贷危机的传染，并从国际贸易和国际投资两个角度对传染性关系检验结果加以剖析。李刚，潘浩敏，贾威（2008）采用空间统计分析方法对金融危机分布的空间集聚性和传染路径进行了实证分析，结果证实美国次贷危机和东南亚金融危机中贸易关系均显著，是危机传染路径的直接路径。

一 理论模型

(一) 贸易渠道传染危机的多重均衡模型

Masson (1999) 在名为《传染：季风效应、溢出和多重均衡间跳跃》的论文中建立了多重均衡模型，通过对均衡间跳跃的描述，将金融危机传染分为季风效应、溢出效应和自实现效应。该理论认为金融危机传染存在三种途径：季风效应、溢出效应和自实现效应。季风效应是指 a 国爆发的金融危机通过改变外部环境或者改变外部汇率，引起 a 国的贸易出口的汇率升值，使 a 国的经常账户和资本账户面临双重压力，进而提高 a 国发生危机的概率。溢出效应是通过改变 b 国的原始汇率来影响 a 国发生危机的概率，且 b 国与 a 国的贸易联系越紧密，贸易份额越大，溢出效应越大。贬值预期的自我实现也会影响 a 国发生危机的概率，当人们预期到 a 国发生危机的概率增加时，风险中性的投资者所要求的风险溢价就提高，资本流出压力增大，从而增加外汇市场压力，进一步增大了 a 国发生危机的概率，使危机的自发生成为可能。本文将着重分析溢出效应。

(二) 指标构建思路

很多文献对危机传染溢出效应的贸易联系研究从直接贸易和间接贸易两个角度开展 [如 Kaminsky et al (2000), Masson (1999)]。直接贸易溢出，指被传染国与危机发生国有双边贸易往来关系，危机爆发引起的汇率贬值和国内需求下降会导致贸易伙伴国的经常账户赤字增加、外汇储备减少，成为投机者进行货币冲击的对象。间接贸易溢出又称第三方贸易联系，即"竞争性贬值"，指某国与危机发生国竞争共同的出口市场，危机国遭受汇率贬值意味着其出口品价格下降，使其在贸易竞争中具有相对优势，降低另一国的出口竞争力，对共同市场的竞争有可能引发另一国货币贬值，从而诱发投机者对另一国家货币发起冲击。

由于数据局限，只搜寻到美国以下七个主要贸易伙伴国的数据：加拿大、中国、法国、德国、日本、墨西哥、英国。其中，加拿大、德国、日本、英国也是中国的主要贸易出口目的地国，所以，把这四个国家和中国作为研究对象进行检测。实证模型的构建参考了秦朵 (2000) 关于冲击指标的设定和 Glick & Rose（1999）在贸易联系部分对衡量贸易竞争所设置的指标的思路。

根据上文分析，将直接贸易溢出表达为两部分：产出溢出和汇率溢出，冲击变量设置如下：

$$SDG_i = W_{CHi} \times \dot{GDP}_i \tag{1}$$

$$SDR_i = W_{CHi} \times \dot{R}_{CHi} \tag{2}$$

$$i = CA, JP, GR, UK, US, W_{CHi} = \frac{EX_{CHi}}{EX_{CH}}$$

直接贸易溢出用 SD 表示，其中产出溢出表示为 SDG_i，汇率溢出表示为 SDR_i。W_{CHi} 为中国对 i 国的出口额占中国出口总额的比例；$\dot{R}_{CHi}$ 是中国与 i 国双边名义汇率的波动率，$\dot{R} = \ln R_t - \ln R_{t-1}$；产出选用工业产值作为替代指标，$\dot{GDP}_i$ 表示 i 国产出的变动率，$\dot{GDP} = \ln GDP_t - \ln GDP_{t-1}$。$\dot{GDP}_i$ 减小，$\dot{R}_{CHi}$ 减少，W_{CHi} 降低，都意味着 i 国经济情况的恶化，所以直接贸易溢出的冲击变量缩小意味着 i 国处在恶化的经济危机中，而直接贸易溢出的冲击变量增大，则意味着 i 国经济好转。

间接贸易溢出比较复杂。根据短期名义刚性的假设，出口价格变动对汇率变化的调整滞后，然而汇率贬值能马上转变为贬值国的出口竞争优势，所以从理论上讲，危机国贬值到被传染国出口价格调整完成这一过程，将伴随着两国对同一市场的出口份额转移。关系式表示如下：

$$SI_i = \frac{W_{USi}}{W_{CHi}} \times \dot{R}_{USi} \tag{3}$$

$$i = CA, JP, GR, UK, W_{USi} = \frac{EX_{USi}}{IM_i}, W_{CHi} = \frac{EX_{CHi}}{IM_i}$$

SI 为间接贸易溢出，W_{USi} 为 i 国对美国的进口额占该国进口总额的比例，W_{CHi} 为 i 国对中国的进口额占该国进口总额的比例，二者的比值其实就是美国与中国对 i 国的出口额之比，如果比值减少，说明 i 国的进口份额从美国转移到中国，如果比值增加，则相反。$\dot{R}_{USi}$ 为美国与 i 国双边汇率的变动率，表示方法同上。

（三）数据说明

本文以危机爆发为实证的起始时间，2007 年 2 月，美联储发布对次贷市场的负面评论，不久后，次贷恶化便开始冲击美国金融市场，同年7月全球金融市场大震荡，标志着此次次贷危机的全面爆发，2009年7月，虽然很多国家的中央银行发出积极预期，然而宏观经济数据表明市场复苏状况低于预期。所以，将检验的时间段定在2007年2月到2010年3月。

指标的选择上，双边出口额选取月度数据，其中，美国与四国的双边进出口额月度数据来自 Federal Reserve Bank of St. Louis，中国对美国和四国的双边出口额月度数据来自中国经济信息网和欧盟统计局。人民币对马克的名义汇率月度值不可得，由于2002年起欧元区欧元全面取代马克，故用欧元作为马克的代理变量。由于GDP没有月度数据，所以用工业产品增加值作为代理变量，数据来自 OECD extract 数据库。

根据 Kaminsky & Reinhart (2000)，竞争性贬值的衡量与贸易品结构有关，美国与中国对四国的出口只有针对相似的（替代性强的）产品时才会产生竞争性贬值，所以用出口总量存在不准确性。然而由于相似产品包含在总产品内，所以相似产品产生的竞争性可以部分地体现在总量上，这是在分类贸易比率月度数据不可得的情况下所作出的次优处理。

二 边界检验（Bound Test）

（一）冲击变量的单位根检验

Granger 因果检验和 VAR 系统要求时间序列平稳，否则会出现伪回归现象，所以进行实证分析之前首先对所有变量进行单位根检验。从图形和数字特征观察，冲击变量均为无截距和趋势项的时间序列，滞后阶数根据 SIC 规则自动选择，ADF 单位根检验结果见表1。

表1 变量的 ADF 单位根检验

变量	T统计量	Prob.	变量	T统计量	Prob.
R_CN	-3.60218	0.0007	SDRJP	-3.082885	0.0030
SDGCA	-2.037934	0.0413	SDRUK	-5.669224	0.0000
SDGGR	-1.969988	0.0479	SDRUS	-1.116317	0.2350
SDGJP	-2.845613	0.0057	D_SDRUS	-11.34683	0.0000
SDGUK	-4.689989	0.0000	SICA	-5.722412	0.0000
SDGUS	-4.061832	0.0002	SIGR	-6.989743	0.0000
SDRCA	-4.772127	0.0000	SIJP	-4.083087	0.0002
SDRGR	-4.598028	0.0000	SIUK	-4.697881	0.0000
1% level	-2.630762	5% level	-1.950394	10% level	-1.611202

单位根检验结果表明，只有 SDRUS 是经过一次差分后平稳的，即 I（1）单整序列，此外除了 SDGCA 和 SDGGR 是 5% 置信水平下平稳的，其余的变量均为 1% 置信水平下平稳。其中 R_ CN 为人民币名义有效汇率的变动率，计算方法与式中的人民币双边汇率变动率相同。

（二）危机传染的边界检验

由于美国的汇率溢出变量（SDRUS）为 I（1）单整序列，而其他变量均为平稳序列，所以对危机传染的检验采用自回归分布滞后模型（ARDL）和边限检验方法。基于 ARDL 模型的边限检验是由 Pesaran 等于 2001 年提出的，是对变量间长期关系检验的扩展，其优势在于对小样本有更好的提取性，而且无论回归变量由 I（0）、I（1）或者混合序列组成，都可以保证检验结果的一致性和有效性。

ARDL 模型分析过程分为三步，第一步是利用边限检验识别人民币名义有效汇率变动率与直接贸易溢出的协整关系，Pesaran 等于 2001 年给出两组渐进临界值，一组假设所有变量都是 I（0）过程，另一组全都假定为 I（1）过程，计算出的 F 统计值如果落在临界值上限以上，则不存在协整关系，原假设被拒绝，如果落在下限以下，则原假设不能被拒绝。如果落在临界值上下边限以内，则不能作出肯定结论。一旦协整关系确立下来，第二步将估计长期关系系数，最后利用 ARDL – ECM 模型来分析短期动态关系。

首先对各差分变量充分滞后，利用 AIC 和 SBC 准则选择最佳的滞后期。为避免样本滞后期过长而产生的序列相关问题，根据样本容量，选取最大滞后阶数为 4，考虑到变量的均值接近零，图形上观察也不存在平稳的趋势，所以在模型中未加入常数项和趋势项。

由表 2 看出，SDG 和 SDR 方程中各滞后阶数上都存在明显的 4 阶序列相关，SI 方程的最佳滞后阶数为 2。表 3 是根据各滞后阶上的估计结果计算的 F 统计值，由于样本容量小，直接贸易溢出变量只能估测出滞后三阶的值。上下边限的临界值表格由 Pesaran 等于 2001 年给出，直接贸易溢出模型的 k 值为 5，间接贸易溢出 k 值为 4，SDG 和 SI 模型的变量均为 I（0）序列，所以只要大于 I（0）边限即可看做有效，SDR 方程变量为 I（0）和 I（1）混合序列，所以需要大于 I（1）的边限才可认定有效。根据比较可以看出，SDG 和 SDR 方程在 3 个滞后阶上都在 1% 的显著性水平下拒绝不存在长期协整关系的原假设，而 SI 方程则在 4 个滞后阶上都不能拒绝不存在长期协整关系的原假设。由此我们可以看出直接贸易溢出与人民币有效汇率波动间存在长期平稳关系，可以继续采用 ARDL 估计方法对原变量的长期关系和差分变量的短期动态关系进行估计。而间接贸易溢出与人民币有效汇率波动间不存在长期平稳的关系，我们将在下一部分用 VAR 系统进行估计。

表 2　不同滞后阶数 AIC、SBC 信息标准及序列相关 LM 统计值

	Lag	AIC	SBC	$\chi^2(1)$	$\chi^2(4)$
SDG	1	121.0759	112.3666	0.098813	17.992***
	2	131.6779	118.4575	4.4916**	8.4562*
	3	135.2292	117.676	0.83928	10.3487**
	4	150.1605	128.4611	9.0946***	14.5915***
SDR	1	133.4492	124.7399	20.3367***	23.8687***
	2	128.0263	114.8059	24.8241***	25.4889***
	3	127.579	110.0259	18.7193***	23.6073***
	4	130.6991	108.9997	19.3286***	23.0317***
SI	1	131.1276	124.1285	6.8071**	14.0255***
	2	132.6989	122.0144	0.077283	3.5292
	3	124.5313	110.3145	8.2211**	17.4743***
	4	122.1788	104.59	18.9034***	26.9105***

注：*、**、*** 分别表示在 10%、5%、1% 的显著性水平上拒绝序列不相关的原假设。

表 3　不同滞后阶数 AIC、SBC 信息标准及序列相关 LM 统计值

	SDG			SDR			SI			
Lag	1	2	3	1	2	3	1	2	3	4
F 统计值	4.2745	3.4693	3.4297	16.898	25.263	9.2546	2.1087	0.6163	0.8064	1.2871

各显著性水平下的临界值

k	10%		5%		1%	
	I(0)	I(1)	I(0)	I(1)	I(0)	I(1)
4	2.14	3.34	2.44	3.71	2.82	4.21
5	2.26	3.48	2.62	3.9	3.07	4.44

三　直接贸易溢出的 ARDL 模型

　　进行模型估计之前，首先根据 AIC 信息准则剔除不显著阶数，对两个方程进行简化。简化后的最终模型设定为：SDG 为 ARDL（4，3，0，3，4，

4)，SDR 为 ARDL（1，0，4，4，3，4）。为了检验模型参数的稳定性，以保证模型最终设定的可靠性，我们还对两个估计方程进行递归残差累计和（CUSUM）及递归残差平方累计和（CUSUMSQ）检验，检验结果显示曲线变化图均在表示 5% 显著水平的两条直线范围内，即模型结构稳定。

表 4 是利用 ARDL 模型估计的直接贸易溢出下人民币汇率波动的长期系数值，反映的是变量间的长期关系。从中我们可以看出，长期上加拿大、德国和日本的产出溢出与人民币名义有效汇率变动的关系为正值，与我们最初的预期相符，意味着在危机发生时这三国产出的下降会引起人民币汇率的贬值，英国和美国的产出溢出对人民币名义汇率变动的关系相反，说明这两国由危机带来的产出下降并未引起人民币汇率的贬值，反而使之升值。其中，加拿大、德国和美国的冲击效果显著。对于汇率溢出而言，除了日本以外的四个国家汇率溢出与人民币名义有效汇率变动的关系均为负值，且德国、英国与美国的负向关系显著，这说明人民币日元汇率的贬值会引发人民币名义有效汇率的贬值，而与另外四个国家双边汇率的贬值会令人民币名义有效汇率升值，而且德、英、美三国货币带来的升值冲击显著，这可能与人民币名义汇率核算权重有关。

表 4　ARDL 模型估计的直接贸易溢出下人民币汇率波动的长期系数值

变量	系数	T 统计值[P 值]	变量	系数	T 统计值[P 值]
\multicolumn{3}{l	}{SDG(4,3,0,3,4,4)}	\multicolumn{3}{l}{SDR(1,0,4,4,3,4)}
CA	33.5418	4.5826[0.001]***	CA	-2.0491	-0.77964[0.450]
GR	1.8745	3.4581[0.005]***	GR	-9.6708	-3.5051[0.004]***
JP	0.59064	1.1468[0.276]	JP	2.3051	1.4074[0.183]
UK	-5.3322	-1.3526[0.203]	UK	-7.4937	-3.0078[0.010]***
US	-6.4258	-11.0696[0.000]***	US	-3.736	-3.4470[0.004]***
F 统计值		14.0704[0.000]	F 统计值		41.7680[0.000]***
R^2		0.96568	R^2		0.98468

注：*** 表示在 1% 显著性水平上拒绝原假设。

表 5 是利用变量的长期关系对变量的一阶滞后项进行线性替代后估计的条件误差修正模型，它反映的是人民币有效汇率波动受直接贸易溢出影响的短期动态效应。短期来看，产出溢出的滞后期会对汇率产生负向调整。加拿大与德国的当期产出对汇率变动的冲击是正向的，而加拿大随后两期的冲击

转为负向,日本、英国和美国的当期产出都会对汇率变动有反向冲击,然而日本与英国在随后的第二至三期依然会维持冲击的方向,而美国的冲击则在第二期便转负为正,继而在第三期又恢复负向冲击。汇率溢出的情况恰好相反,虽然五个国家在同期的冲击都为反向,然而除了日本在随后的三期内一直是负向冲击以外,德国、英国和美国在随后的调整期内均转变了冲击的方向。

表5 ARDL模型估计的直接贸易溢出下人民币汇率波动的短期系数值

变量	系数	T统计值[P值]	变量	系数	T统计值[P值]
\multicolumn{3}{c|}{SDG(4,3,0,3,4,4)}	\multicolumn{3}{c}{SDR(1,0,4,4,3,4)}
dR(-1)	1.6581	5.3755[0.000]***	dCA	-1.3653	-0.79539[0.437]
dR(-2)	0.98348	3.7554[0.002]***	dGR	-8.4554	-13.0551[0.000]***
dR(-3)	0.71326	3.2027[0.006]***	dGR(-1)	1.9162	1.4482[0.166]
dCA	10.5224	1.0307[0.319]	dGR(-2)	0.40357	0.37109[0.715]
dCA(-1)	-61.964	-4.1280[0.001]***	dGR(-3)	3.0561	4.1991[0.001]***
dCA(-2)	-64.2922	-5.7501[0.000]***	dJP	-0.59895	-1.4261[0.172]
dGR	4.5544	3.2255[0.006]***	dJP(-1)	-0.9722	-1.3483[0.195]
dJP	-1.0848	-1.2958[0.215]	dJP(-2)	-0.98287	-1.7052[0.106]
dJP(-1)	-1.3659	-1.9053[0.076]*	dJP(-3)	-0.84704	-2.0599[0.055]*
dJP(-2)	-4.1804	-6.7040[0.000]***	dUK	-1.7195	-2.2850[0.035]**
dUK	-1.9506	-0.45155[0.658]	dUK(-1)	1.7127	1.2173[0.240]
dUK(-1)	-6.9942	-0.86660[0.400]	dUK(-2)	2.1512	2.5153[0.022]**
dUK(-2)	-11.2944	-1.7245[0.105]	dUS	-1.6531	-1.8009[0.089]*
dUK(-3)	-16.769	-3.9045[0.001]***	dUS(-1)	2.5516	2.5650[0.020]**
dUS	-5.7945	-4.6421[0.000]***	dUS(-2)	0.026293	0.027860[0.978]
dUS(-1)	5.6539	3.9591[0.001]***	dUS(-3)	1.5297	1.9295[0.071]*
dUS(-2)	-2.5793	-2.9238[0.010]***			
dUS(-3)	-1.1735	-1.5304[0.147]			
ecm(-1)	-2.4297	-5.7728[0.000]***	ecm(-1)	-0.66626	-4.2491[0.001]***
R^2		0.96835	R^2		0.98587
F统计值		18.6998[0.000]***	F统计值		56.6841[0.000]***
$\chi^2(1)_{SC}$		4.8708[0.027]**	$\chi^2(1)_{SC}$		1.4690[0.226]
$\chi^2(2)_N$		0.013473[0.993]	$\chi^2(2)_N$		1.6844[0.431]
$\chi^2(1)_H$		2.3634[0.124]	$\chi^2(1)_H$		0.0090401[0.924]

注:d表示对变量进行一阶差分;ecm(-1)表示误差修正项,值为负数并且显著,说明误差修正项对模型存在反向调节机制;***、**、*表示在1%、5%、10%显著性水平上拒绝原假设;$\chi^2(2)_N$、$\chi^2(1)_{SC}$、$\chi^2(1)_H$表示检验估计方程残差项正态分布、1阶序列相关和1阶条件异方差的卡方统计值。

从以上分析来看，无论是长期还是短期，来自不同国家的不同冲击对人民币名义汇率变动的效果都存在着明显的不对称性。

四 间接贸易溢出的 VAR 系统

由于间接贸易溢出的变量均为平稳序列，在边限检验中 4 个滞后阶的 F 统计值显示长期关系均不显著，所以对危机传染的间接贸易溢出效应的检验采用 VAR 系统。在 VAR 系统中对变量进行滞后结构检验，根据滞后长度标准检验结果显示，我们选择建立间接贸易溢出的三阶分布滞后模型，对人民币名义有效汇率变动率做模型估计。AR 图形结果显示多项式特征根全部落在单位圆内，表明模型稳定，可以进行脉冲响应检验和方差分解。

$$\dot{R}_{CN} = \sum_{i=1}^{3} \sum_{j=1}^{4} \psi_{ij} SI_{j,t-i} + \omega_t \qquad (4)$$

（4）式为间接贸易溢出变量对人民币有效汇率变动影响的 VAR 方程。式中，i 为滞后阶数，j 表示加拿大、德国、日本、英国四个国家。

为了观察间接贸易溢出对汇率波动影响的动态反应过程，我们引入脉冲响应函数。从图 1 描绘的脉冲响应图形上我们发现了与表 6 相似的情况，即间接贸易溢出变量在不同时期对汇率带来方向持续变化的波动冲击。冲击持续时间较长，到 16 期以后才逐渐消失。四个国家在初始几期的冲击均是反向作用在汇率波动上的，意味着美元对四个国家双边汇率的贬值会引发人民币名义有效汇率的贬值，这是与我们的预期相符，即间接贸易溢出所引发的贸易竞争效应会使美国货币的贬值传染给人民币汇率。其中，加拿大与日本的初期反向冲击持续时期较长，说明对这两个国家的竞争性贬值在一开始便会被引发，并持续较长一段时间，英国与加拿大的图形相似度比较强，均为反向冲击强度大于正向冲击，冲击方向转换过程中反向冲击多于正向冲击，表明这三个国家是我国与美国主要竞争的贸易出口市场。

为了进一步观察各个国家的冲击对汇率变动的贡献程度，我们对 VAR 模型进行方差分解，从表 7 中可以看到从第三期起各国的间接贸易溢出贡献度趋于平稳，其中加拿大与日本的贡献度最大，即来自这两个国家的竞争性贬值程度在人民币汇率贬值的总水平中所占份额最大，这是因为四个国家中，加拿大是美国最大的出口目的地国家，而日本是中国最大的出口目的地

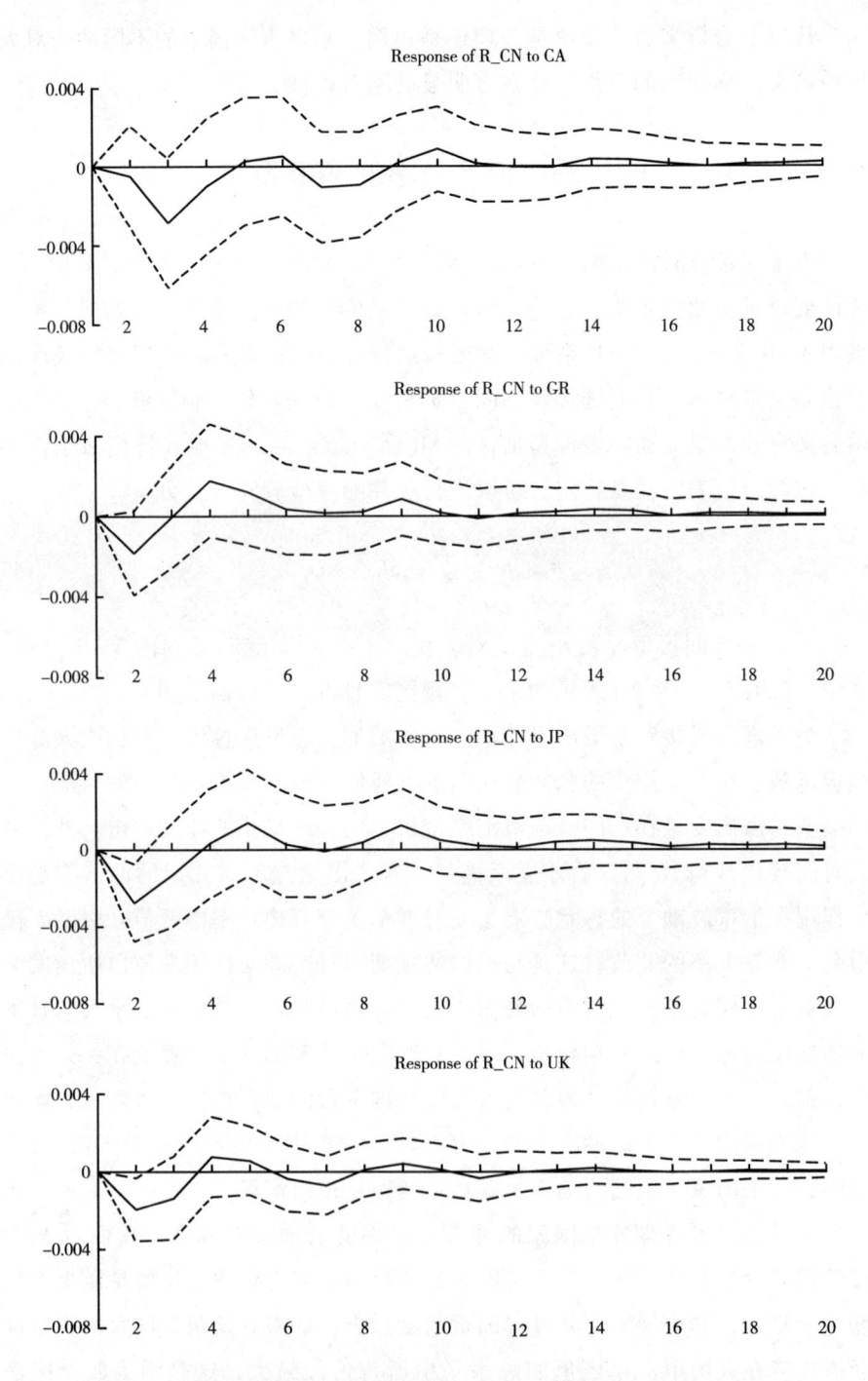

图 1　间接贸易溢出对人民币名义有效汇率波动的脉冲响应

国。英国与德国的贡献度非常相近，也许可以用二者皆为欧盟成员国，具有相同的地域性来解释[①]。

表6　间接贸易溢出对人民币名义有效汇率变化的贡献程度

时期	S. E.	R_CN	CA	GR	JP	UK
1	0.004656	100	0	0	0	0
2	0.006979	68.77956	0.507952	7.042653	15.79631	7.873528
3	0.007839	55.92837	13.7671	5.588476	15.43264	9.283411
4	0.008149	51.96517	14.27702	9.84894	14.45623	9.452636
5	0.008382	49.23099	13.59438	11.3441	16.45346	9.377073
6	0.008529	50.16474	13.49399	11.10983	15.99234	9.239103
7	0.008723	50.14765	14.39721	10.64808	15.30018	9.506882
8	0.008788	49.48407	15.3207	10.54836	15.26664	9.380231
9	0.008935	47.96834	14.86274	11.10138	16.78188	9.285659
10	0.009014	47.57479	15.56054	10.94603	16.78502	9.133616

Cholesky Ordering: R_CN CA GR JP UK

结　论

本文在 Masson 的多重均衡理论基础上，根据贸易联系传染金融危机的理论假说，分项探讨了不同的贸易联系下危机传染的不同机制，设计了直接贸易溢出和间接贸易溢出的冲击变量，利用边限检验、ARDL 模型以及 VAR 系统，检验来自加拿大、德国、日本、英国和美国五个与中国有着密切贸易往来并在本次次贷危机引发的全球金融危机中受到严重影响的伙伴国对人民币有效汇率的影响，从检验结果中得出以下政策启示：

第一，对一国而言，受到来自外国的危机传染的原因包括本国基本面恶化和投资者偏好的改变两种，所引起的危机爆发的概率和治理方式存在较大不同。如果一国危机爆发的同时，投资者反映出风险偏好的下降，则应该采取措施正确引导投资者的预期；如果危机传染的原因与投资者风险态度的改变无关，则需要对本国经济基本面进行评估，当发现存在多重均衡的情况，则应对本国基本面的脆弱性和与危机爆发国基本面的相对状况

[①]　Masson（1999）提到，由于贸易伙伴的相互影响与距离负相关，金融危机呈现地区性。

进行比较和调整。

第二，我国是贸易依存度较高的国家，危机通过贸易联系进行传染的概率很高，应适时进行产业结构调整和升级，一旦贸易伙伴国爆发危机，则应通过稳定币值、扩大内需等方式，降低本国贸易溢出传染金融危机的可能性。

第三，竞争性贬值是引发金融危机在国家间传染的渠道，单个国家的金融危机通过贸易对手国的竞争性贬值和货币危机的交叉性扩散，最终引发全球性的灾难。所以在世界经济一体化和金融全球化的背景下，日益紧密的国家间相互依赖和依存，令各国经济日益呈现一荣共荣、一损共损的趋势，即便出于自我保护的目的，一国率先使用报复性政策手段极易引发其他国家的连锁反应，最终导致所有国家的福利降低。所以危急关头，加强国家间合作和政策协调是重要的，更是必要的。

参考文献

[1] 高铁梅, 2009,《计量经济分析方法与建模——EViews 应用及实例》（第2版），清华大学出版社。

[2] 李刚、潘浩敏、贾威, 2008,《金融危机传染路径的空间统计分析》,《统计研究》第 12 期。

[3] 李嘉赢, 2009,《美国次贷危机的国家传染性检验》,《经济科学》第 5 期。

[4] 乔涤卓, 2005,《东南亚金融危机的贸易传染效应分析》,《世界经济研究》第 19 期。

[5] 秦朵, 2000,《外贸与金融传染效应在多大程度上导致了韩国 1997 年的货币危机》,《世界经济》第 8 期。

[6] GL Kaminsky, CM Reinhart, 2000, "On Crises, Contagion, and Confusion", *Journal of International Economics*.

[7] M. Hashem Pesaran, 2001, Yongcheol Shin, Richard J. Smith, "Bounds Testing Approaches to the Analysis of Level Relationships", *Journal of Applied Econometrics* (16): 289 – 326.

[8] Masson, P., 1999, "Contagion: Macroeconomic Models with Multiple Equilibria", *Journal of International Money and Finance*, Vol. 18.

[9] R. Glick, K. A. Rose, 1999, "Contagion and Trade: Why are Currency Crises Regional?", *Journal of International Money and Finance*, 18 (4), 603 – 17.

五 企业 产业经济

中国工业化进程对能源效率的阈值效应分析

李 科

(湖南师范大学数学与计算机科学学院)

引 言

新中国成立以来，我国的经济结构从农业产值为主逐渐转向工业产值占主导，与不同时期的经济增长相对应，我国的能源强度（即单位GDP能耗）和经济结构在不同时期呈现不同的变化特征。改革开放前，我国经济基本上处于农业社会，经济总量较小，以建立完整的工业体系为特征的工业经济一方面消耗了大量的能源，另一方面也存在巨大的用能浪费，使能源强度相对偏高。改革开放早期，家庭联产承包责任制的推广极大地解放了农业生产力，导致农业产值的大幅上升，促进了工农业产值结构的调整，相应的，能源使用效率也得到了提高。例如，1982年一二产业的产值比（本文指第二产业增加值比第一产业增长值，下同）为1.34，农业的快速发展使得该比值同比下降了7.3%，与之相对应，当年能源强度同比下降了4.3%。随着联产责任制的全面实施，农村的剩余劳动力开始向工业企业尤其是乡镇企业转移，同时在市场配置资源的机制作用下，消费品轻工业获得了大发展，工业内部结构得到调整和优化，工业的良性发展使我国步入工业化的正常轨道，并促使了能源消费的品种结构和部门结构的优化，经济结构的节能效也开始显现。例如，1993年一二产业的产值比同比大幅上涨18.5%，达到2.4，当年能源强度却同比下降了6.8%。1993~1996年的高通胀及反通胀措施，加上亚洲金融危机影响使我国经济在1997年进入了通胀紧缩期，有效需求不足，对此，我国加快了基础设施建设，并带动相关工业的快速发展，工业化进程明显加快。然而，这一特定时期的经济结构对能源强度具有显著的负效应，2002年一二产业产值比相比1997年上涨了25.4%，而同期能源强度则下降了26.1%。2003年以来，我国经济结构向工业化中期阶段快速调整，经济增长以工业结构重型化为重要特征，带动一二产业产值比的迅速提高，2003~2005年三年间一二产业的产值比累计上涨了19.2%，与之相对应的却是同期能源强度累计上升超过了10%。

由上述事实所提出的问题是，我国的经济结构应如何调整才能促进能源使用效率提高？而以上的简要分析表明，我国的能源强度与经济结构和经济增长之间很可能存在非线性的演进与调整。本文的研究目的，就是针对我国能源强度与经济结构变动的非线性特征，建立非线性阈值协整模型，以检验结论为依据，说明能源强度与经济结构和经济增长之间是否存在非线性阈值协整关系，以有效的估计结果，揭示不同时期的结构对能源强度的不同效应，以回答上述问题。

一 变量、数据与模型

（一）能源强度与经济结构的定义与说明

1. 能源强度

能源强度（即单位GDP能耗，记为EI）通常用以衡量能源使用效率，它定义为：

$$EI = 能源消费总量/GDP \tag{1}$$

其中，GDP为1978年不变价的实际GDP。由定义可知，该值越小意味着能源利用效率越高。EI的计算结果见图1。[①]

图1中的EI曲线表明，1977年以前，农业社会基础上建立的工业体系导致能源消耗大，而经济发展水平低，因此EI值相对较高，且受工业发展和经济状况的影响较大，如1957~1963年的"全民炼钢运动"及三年的经

[①] 本文所有数据均来自历年《中国统计年鉴》、《中国能源统计年鉴》和《中国国内生产总值核算历史资料（1952~2004）》。

济困难导致了 EI 值的剧烈波动。1977 年以后受益于经济的快速增长和经济结构的调整与改善，EI 值稳步下降，但 2003 年开始出现了小幅上升。但这一时期 EI 的波动相比 1977 年以前有显著差异：它是在能源使用效率相对较高的情况下的小幅上升，且持续时间很短，2006 年以来受"节能减排"政策的影响，EI 值再次缓慢下降。

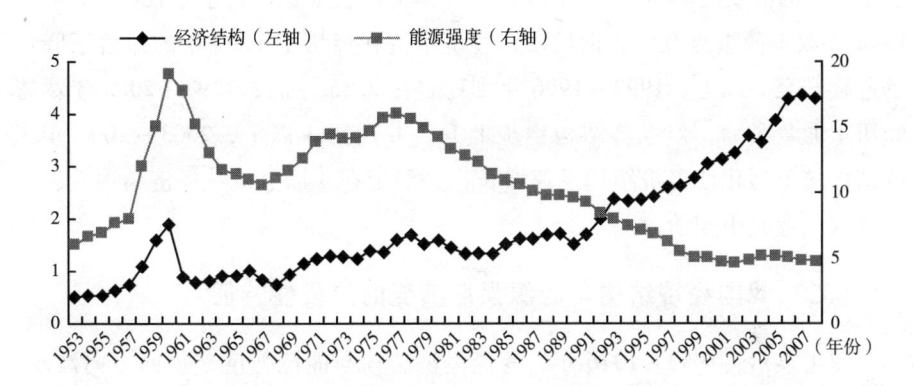

图 1 经济结构（ES）与能源强度（EI）的耦合关系（1953～2008 年）

资料来源：根据历年《中国统计年鉴》与《中国能源统计年鉴》整理而得。

2. 经济结构

钱纳里等（1989）、陈佳贵等（2006）指出在工业化的不同阶段，各次产业结构存在明显差异，如表 1 所示。考虑到我国目前正处于工业化发展阶段，本文将经济结构（记为 ES）定义为：

$$ES = 第二产业增加值 / 第一产业增加值 \qquad (2)$$

该度量指标一方面反映了经济结构的变动，另一方面也从产业结构的角度衡量了工业化发展的不同阶段，该比例越高，工业化程度也就越高。相应的 ES 计算结果见图 1。

表 1 工业化不同阶段的产值结构

前工业化阶段	工业化初期	工业化中期	工业化后期	后工业化阶段
A > I, ES < 1	A > 20%, A < I, 2 < ES < 3	A < 20%, I > S, 4 < ES < 5	A < 10%, I > S, 6 < ES < 7	A < 10%, I < S, ES > 8

注：A、I、S 分别代表第一、第二和第三产业增加值在 GDP 中的比重，ES = I/A。

资料来源：陈佳贵等（2006）。

图1表明，整体上我国经济结构的波动可划分为两个阶段。1977年以前在低水平上波动，且存在反复。例如，1959~1960年受全国大炼钢运动的影响，经济结构迅速跃升至1.59和1.89，而后又迅速下降至1961年的0.87，且一直在1附近徘徊，直到1970年以后经济结构才稳定在1以上，并稳步地小幅上升。1977年后，我国经济结构稳步上升。1977~1986年农业生产力的解放使ES值小幅下降，但总体上比较平稳，且水平较低；1987~1996年改革的重点全面转向城市，经济结构在经历了1990年的短暂下降后迅速爬升至2以上，1993~1996年则稳定在2.35左右；1997~2002年尽管经历了通货紧缩，但经济结构稳步上升，并达到3以上；2003~2008年工业结构的重型化使经济结构迅速增长，并稳定在4以上，从经济结构看，我国进入工业化中期阶段。

（二）我国经济结构与能源强度演变的阶段性特征

图1显示，1953~1976年，我国经济结构与能源强度呈现同方向波动，这表明在经济发展水平较低、工业化尚处于起步阶段时，经济结构由农业转向工业的过程带动了能源消费总量的上升，进而使能源强度上升。改革开放以来，经济结构与能源强度的变动成显著的反方向变动。但是，2003~2006年，ES值由3.59快速上升至4.29，EI值却不降反升，从4.86上升至5.04。这表明在工业化进入中期时，经济结构的调整并没有伴随能源强度的下降。

图1和表2表明，在结构变动的不同阶段能源强度的演变具有不同的特点。1953~1976年经济发展水平较低，经济结构均值处于1以下，对应的能源强度值较高。1977~1986年，农业的发展使ES值从1978年的最高值1.698逐步下降至1984年的1.341，均值为1.498，我国处于准工业化发展阶段。经济结构的调整促使了能源强度的下降，表2显示，1977~1986年能源强度年均下降3.901%。1987~1996年，市场配置力量的作用促使了消费品工业的加速发展，也带动了乡镇企业的迅猛发展，此时经济结构迅速爬升到2以上，我国进入工业化初级阶段。同期，能源强度年均降幅达4.146%。1997~2002年为应对通货紧缩和亚洲金融危机影响，我国加快了基础设施建设，由此带动经济结构变量值的进一步提高，2000年EI值达到了3.048，此后一直稳定在3以上。与之相对应，我国能源强度的均值进一步下降，年均下降率达6.337%，是年均降幅最大的一个时期。2003~2008

年我国进入重化工业加速发展的工业化中期阶段，2003~2005年连续三年能源强度不降反升，能源与环境压力持续增强促使"节能减排"成为"十一五"规划中重要的约束性指标，并促使能源强度的缓慢下降。

表2 不同发展阶段能源强度的均值与年均下降率

时期	同期人均实际GDP区间(元)	经济结构均值	能源强度的平均值(吨标准煤/万元)	能源强度年均下降率(%)
1953~1976年	154~326	0.998	12.299	-5.082
1977~1986年	346~717	1.498	13.224	3.901
1987~1996年	787~1654	1.974	8.657	4.146
1997~2002年	1790~2556	2.909	5.225	6.337
2003~2008年	2795~4544	3.982	4.964	-0.668

注：①人均实际GDP与能源强度均按1978年不变价计算；②能源强度年均下降率为负意味着能源使用效率的降低。

（三）非线性阈值协整模型的设定

Schäfer（2005）的经济理论分析表明，随着经济增长，产业结构会由农业为主转向工业为主，能源消费品种与消费方式的改变有助于能源强度的下降。但Wei & Shen（2007）指出，在工业化发展的不同阶段，能源强度会呈现出先上升而后下降的抛物线形状。换言之，只有当工业化发展到后期阶段以及后工业化阶段时，结构调整在能耗方面才具有显著的递减效应并具有可持续性，从而显著降低能源强度。前文的分析表明我国经济结构与能源强度的演变特征与上述理论分析是基本一致的。

本文以人均实际GDP（按1978年价计算，下同）度量经济增长，并以$lgdp_t$表示t时期人均实际GDP的自然对数，同时记les_t为经济结构变量ES的自然对数；lei_t为能源强度EI的自然对数。其次，经济增长对能源效率的效应也取决于经济结构，因此，定义$lgdp_t \times les_t$以揭示经济增长因经济结构的不同而对能源强度产生不同的效应。再次，经济结构的变动水平导致它对能源强度产生了显著的非线性效应。为此，定义非线性光滑转移函数$G(es_{t-d}, \gamma, th)$，该函数是一个值域为[0,1]的有界、连续函数，其中es_{t-d}为阈值变量，d为发生机制转移的位置参数，γ是一个识别性约束条件，它反映了状态转移的速度，th是阈值，用来确定状态转变时阈值变量的取值。由此，我国经济结构与能源效率的阈值模型设定为：

$$lei_t = \beta_0 + \beta_1 lgdp_t + \beta_2 les_t + \beta_3(lgdp_t \times les_t) + \\ (\lambda_0 + \lambda_1 lgdp_t + \lambda_2 les_t + \lambda_3(lgdp_t \times les_t))G(es_{t-d}, \gamma, th) + u_t \quad (3)$$

在模型（3）中，当 $G(\cdot) = 0$ 时，则经济结构对能源强度的效应服从第一机制（由参数 β 刻画）；当 $G(\cdot) = 1$ 时，则经济结构对能源强度的效应服从第二种机制［由参数 $(\beta + \lambda)$ 刻画］；当 $G(\cdot) \in (0, 1)$ 时，经济结构对能源强度的效应在两种机制间平滑转移。如果模型（3）中的变量为 I（1）变量，并且残差 $\hat{u}_t \to I(0)$，则模型（1）为阈值协整模型。本文后续的研究正是对模型（3）进行检验和估计，其估计结果具体揭示了经济结构对能源强度所产生的效应。

三 模型的检验与估计

（一）变量的单位根检验

为确保结论的稳健性，本文分别采用 ADF 法和 PP 检验对各变量时间序列进行检验，具体检验结果列入表3。由表3可知，所有变量均为 I（1）变量，其一阶差分均为 I（0）变量。

表3 各变量的单位根检验

变量	检验设定形式	ADF	PP	检验结论
lei_t	(c,t)	-3.0669(0.1246)	-2.8727(0.1791)	I(1)
Δlei_t	(c,0)	-3.0399(0.0376)	-3.3379(0.0179)	I(0)
$lgdp_t$	(c,t)	-1.3025(0.8766)	-0.7388(0.9648)	I(1)
$\Delta lgdp_t$	(c,0)	-5.3198(0.0000)	-4.6272(0.0004)	I(0)
les_t	(c,t)	-2.9675(0.1506)	-2.8758(0.1781)	I(1)
Δles_t	(c,0)	-5.8961(0.0000)	-6.9870(0.0000)	I(0)
$les_t \times lgdp_t$	(c,t)	-1.8371(0.6731)	-1.8112(0.6858)	I(1)
$\Delta les_t \times lgdp_t$	(c,0)	-5.9301(0.0000)	-6.0808(0.0000)	I(0)

注：检验设定形式中 c 代表截距项，t 代表时间趋势项；ADF 和 PP 检验统计值括号内的数值是对应的 p 值。

（二）模型设定检验

为检验转移函数 $G(es_{t-d}, \gamma, th)$ 的存在和形式，首先需要确定发生机制转移的位置参数 d。根据 Choi & Saikkonen（2004）的研究，将指数函数和逻辑函数分别在原点进行三阶泰勒展开，并将泰勒展开式作为转移函数的近似式代入模型（3），重新参数化后可得：

$$lei_t = \beta_0 + \beta_1 lgdp_t + \beta_2 les_t + \beta_3 (lgdp_t \times les_t) + (\lambda_0 + \lambda_1 lgdp_t + \lambda_2 les_t + \lambda_3 (lgdp_t \times les_t)) \sum_{i=1}^{3} \rho_i es_{t-d}^i + u_t \quad (4)$$

Dijk 等（2002）建议对（4）式在不同的 d 值下进行估计，最小的 AIC 或最大的 $\bar{R}^2$ 所对应的 d 值即为转换发生的位置，本文选取最大的 $d_{max} = 6$，结果见表 4。根据表 4 的结果，$d = 1$ 时所对应的 AIC 最小，而 $\bar{R}^2$ 最大，因此本文选取 $d = 1$。

表 4　d 值的确定

d	0	1	2	3	4	5	6
AIC	-3.0363	-3.0673	-2.7702	-2.4594	-2.2097	-2.4681	-3.0275
$\bar{R}^2$	0.9868	0.9872	0.9830	0.9770	0.9710	0.9781	0.9877

为检验非线性，针对模型（4）设定原假设 $H_0: \rho_1 = \rho_2 = \rho_3 = 0$，拒绝原假设即存在非线性。模型（4）中，各变量数据均是非平稳的，为此，我们运用 Caner 和 Hansen（2001）基于 Bootstrap 而形成的 LM 检验。从表 5 的检验结果可知，应拒绝线性原假设。进一步的，根据 Teräsvirta 等（2008），对模型（4）设定原假设 $H_{01}: \rho_3 = 0$；$H_{02}: \rho_2 = 0 \mid \rho_3 = 0$；$H_{03}: \rho_1 = 0 \mid \rho_2 = 0, \rho_3 = 0$，并对这些假设做序贯检验：不拒绝 H_{01} 而拒绝 H_{02} 则模型（4）中的 $G(\cdot)$ 为指数函数，否则，为逻辑函数。实现这一检验的仍为上述 LM 约束检验，检验结果一并列入表 5。表 5 的结果拒绝原假设 H_{01}，因此无须检验 H_{02}、H_{03} 即可确定 $G(\cdot)$ 为逻辑函数。

表 5　模型设定检验

原假设	LM^T	LM_T^b（1% 的临界值）	Bootstrap p 值	结论
$H_0: \rho_1 = \rho_2 = \rho_3 = 0$	461.8083	30.3384	0	拒绝 H_0
$H_{01}: \rho_3 = 0$	28.9265	19.3801	0.0026	拒绝 H_{01}

（三）阈值协整检验

基于估计的 $G(\cdot)$，对模型（3）进行估计，记估计的残差为 $\hat{u}_t$。Choi

和 Saikkonen (2008) 建议选取部分残差实现阈值协整检验,并设原假设为 $H_0: \hat{u}_t \to I(0)$,接受它则模型 (3) 为阈值协整模型,相应的检验统计量为:

$$C_{FMOLS}^{b,i} = b^{-2}\hat{\omega}_{i,u}^{-2}\sum_{t=i}^{i+b-1}\left(\sum_{j=i}^{t}\hat{u}_j\right)^2 \Rightarrow \int_0^1 W^2(s)ds \quad (5)$$

其中,下标表示模型的 FMOLS 估计,$\hat{\omega}_{i,u}^{-2}$ 是 u 的长期方差 ω_u^2 的一致估计,b 为所选取的部分残差样本容量,i 是部分残差的起始点,$W(s)$ 为标准布朗运动。为提高检验势,选取不同的 b 和 i,计算 (5),从中选取能够使 $C_{FMOLS}^{b,i}$ 最大的统计量。此外,由于 $C_{FMOLS}^{b,i}$ 的分布收敛于随机泛函,我们只能通过 Monte Carlo 仿真试验来计算它的临界值,详细的计算步骤和方法可参考王少平、欧阳志刚 (2008)。相应的估计与检验结果见表 6。由表 6 可知,应接受原假设 $\hat{u}_t \to I(0)$,即估计的模型 (3) 为我国能源强度的阈值协整模型。

表 6 阈值协整检验

检验统计量	估计值	5%临界值	p 值	结论
$C_{FMOLS}^{b,i;max}$	1.1504	2.9875	0.3831	接受原假设

注:循环次数设定为 10000 次。

(四) 阈值协整模型的估计结果

为最终估计模型,我们需确定阈值 th,为此将样本区间中经济结构 es 从小到大排列并取中间的 80% 部分(即样本量中的 [0.1T, 0.9T])作为阈值的可能区间,对该区间中每一个可能的阈值均采用 FMOLS 法。对模型进行迭代估计,直至残差平方和最小,对应的阈值即为估计的阈值。本文将上述残差平方和最小所对应的参数估计值作为初始值,对模型进行 Newton-Raphson 迭代估计,由此产生用于阈值协整检验的残差 $\hat{u}_t$ 和模型的具体估计结果(括号内为 t 统计量):

$$\begin{aligned}
lei_t = & \ 5.492 - 0.633 lgdp_t + 0.033 les_t + 0.234(lgdp_t \times les_t) + \\
& (-76.819) \quad (0.077) \quad (13.722) \\
& [6.771 - 0.726 lgdp_t - 7.985 les_t + 0.773(lgdp_t \times les_t)] \\
& \{1 + exp[-2.508(es_{t-1} - 1.659)]\}^{-1} + \hat{u}_t \\
& (-20.937)(-14.922) \quad (70.207) + \hat{u}_t
\end{aligned} \quad (6)$$

由表 6 的检验结果可知，(6) 式即为我国经济结构与能源强度的长期阈值协整关系。其中，估计的 $G(\cdot)$ 揭示了我国经济结构对能源强度的长期效应因经济结构和增长水平的差异而具有显著的非线性特征。光滑参数 γ 的估计值为 2.508，它揭示了非线性效应机制转移的速度较缓慢这一现象（见图 2）；估计的位置参数 $d = 1$，说明我国经济结构的调整和变化，将迅速导致能源使用效率的变动。

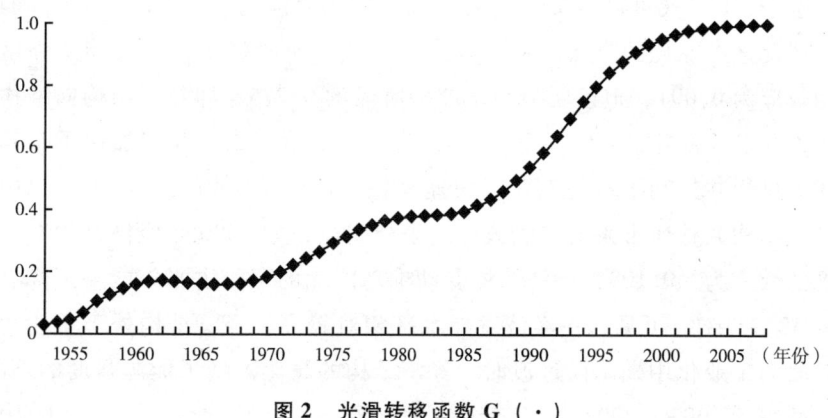

图 2　光滑转移函数 G（·）

阈值参数 th（$= 1.659$）表明，我国经济结构对能源强度的上述非线性效应的机制转移发生在 $es = 1.659$ 处。由图 2，1953~1976 年，我国的经济结构小于估计的阈值 1.659，估计的转移函数 $G(\cdot)$ 值较小，经济结构对能源强度的效应主要由第一机制（即估计的 $\hat{\beta}_1$、$\hat{\beta}_2$ 和 $\hat{\beta}_3$）所刻画，其中具有代表性的年份为 1954 年和 1958 年。这两年的经济结构分别为 0.535 和 1.075，人均实际 GDP 分别为 156.512 元和 223.312 元，根据估计结果 (6) 式的第一机制，1954 年和 1958 年经济结构对能源强度的效应分别为 1.215（$= 0.033 + 0.234 lgdp_{1954}$）和 1.299（$= 0.033 + 0.234 lgdp_{1958}$），经济结构是推动能源强度上升的主要力量。表 7 显示，该区间经济结构对能源强度的效应的均值为 1.302，即经济结构的变动不利于能耗的降低。

1977~2002 年，经济结构围绕阈值（$th = 1.659$）由 1977 年的 1.588 上升至 2002 年的 3.259，经济结构对能源强度的效应在第一机制和第二机制间平滑转换，其效应值由 $\hat{\beta} + \hat{\gamma} \cdot G(\cdot)$ 所刻画。1977~1986 年我国正处于改革开放初期，农业和轻工业的快速发展使这一时期经济结构相对稳定，与之相对应的是图 2 中的转换函数也很平缓。工业内部结构的轻型化和经济结构的基本稳定极大地弱化了经济结构对能源强度的效应。表7显示这一时期经济结构对能源强度的平均效应由1953~1976年的1.302大幅降至1977~1986年的0.275。1987~1996年,经济结构调整较快,经济结构对能源强度的效应由第一机制向第二机制的转移速度也明显加快。这一时期ES由1987年的1.624调整至1996年的2.414,经济结构的改善使"结构红利"开始显现。如1993年经济结构为2.363,人均实际GDP为1238.642元,基于(6)式可得经济结构对能源强度的效应为-0.022,即当年的经济结构促进了能耗的降低。从整体上看,这一阶段经济结构对能源强度的平均效应为0.091,但已明显小于前一阶段的0.275,即经济结构向结构节能的方向迅速演化。1997~2002年,为应对通货紧缩,我国加快了基础设施建设进程并带动了相关工业的快速发展,使经济结构快速向工业化中期调整,结构调整所带来的节能效应越来越明显,如2000年经济结构对能源强度的效应为-0.109,经济结构变动推动能耗的下降占当年能耗下降总比率的58.993%。可见,在经济发展水平相对较高,经济结构处于工业化初期阶段向工业化中期阶段过渡时,经济结构的演化推动了能源强度的下降。表7所得的1997~2002年经济结构对能源强度的平均效应值(-0.103)进一步印证了上述结论。

当经济结构大于估计的阈值1.659时,经济结构实质性地转向工业化中级阶段,估计的转移函数值较大,经济结构对能源强度的效应主要由第二机制(即估计的$\hat{\beta}+\hat{\gamma}$)所刻画,对应的年份为2003~2008年。2003年,重工业的快速增长使得经济结构变量演化为3.592(同比大幅上涨了10.215%),根据估计结果(6)式的第二机制,当年经济结构对能源强度的效应值为0.039[0.033+0.234$lgdp_{2003}$+(-7.985+0.773$lgdp_{2003}$)],经济结构促使能源强度上升了0.399%,即经济结构变动降低了能源使用效率。此后,经济结构对能源强度的效应值一路上扬,经济结构成为近年来能源使用效率下滑的主要因素。表7也表明,经济结构对能源强度的平均效应由前一阶段的-0.103变为2003~2008年的0.283。这表明在工业化中期,经济结构的重型化促使能源强度上升,经济结构朝不利于节能降耗的方向发展。这也意味着,从能源使用效率的角度看,加速经济结构调整、转变经济增长方式已经刻不容缓,同时基于转换函数G=1和业已形成的经济结构对能源强度的正效应,经济结构调整将是我国面临的一项长期的战略任务。

表7 不同时期经济结构与经济增长对能源强度的平均效应

区间（年）	经济结构均值	人均实际GDP均值（元）	经济结构对能源强度的平均效应	经济增长对能源强度的平均效应
1953~1976	0.998	233.150	1.302	-0.644
1977~1986	1.498	500.149	0.275	-0.696
1987~1996	1.974	1131.022	0.091	-0.592
1997~2002	2.909	2141.524	-0.103	-0.291
2003~2008	3.982	3612.280	0.283	0.028

注：1953~1976年的效应值是根据（6）式的第一机制计算得到；2003~2008年的效应根据（6）式第二机制计算得到；其余区间根据（6）式的中间机制计算得到。

进一步的，我们可以根据估计结果（6）式分别计算经济增长、经济结构变动对能源强度的偏效应：

$$\partial lei_t / \partial lgdp_t = -0.633 + 0.234 les_t + (-0.726 + 0.773 les_t) G(es_{t-1}, 2.508, 1.659) \quad (7)$$

$$\partial lei_t / \partial les_t = 0.033 + 0.234 lgdp_t + (-7.985 + 0.773 lgdp_t) G(es_{t-1}, 2.508, 1.659) \quad (8)$$

根据（7）式和（8）式的计算结果，得到图3和图4（图4中阴影部分的偏效应值为负数）。图3的结果说明，我国经济增长对能源强度增长的偏效应总体为负，但逐年减弱。2005年以后的经济增长对能源强度增长的偏效应由负变为正，这意味着我国粗放型的经济增长方式已成为制约节能降耗的重要因素。

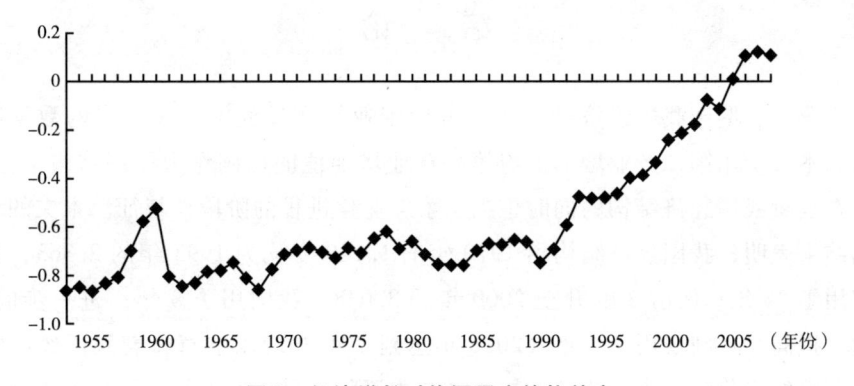

图3 经济增长对能源强度的偏效应

图4的结果反映了经济结构的演变对能源强度的偏效应，其中最突出的特征是1997年以后，这种偏效应呈现出迅速上升的趋势，且2003年以来，

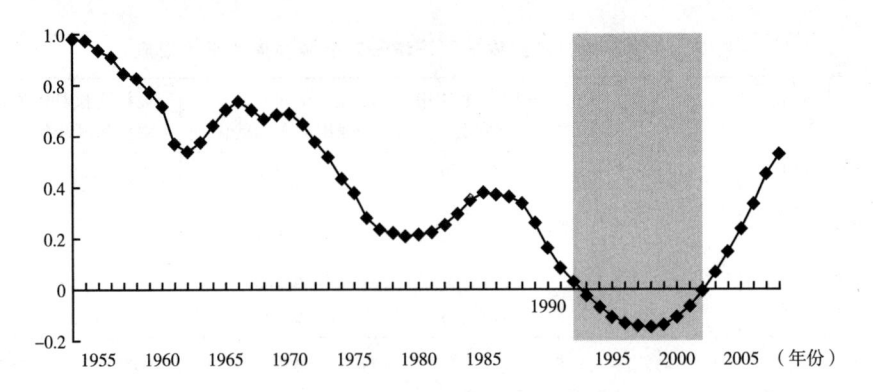

图4 结构变化对能源强度的偏效应

相应的偏效应值为正,经济结构的演化推动了能源强度的上升。尽管近几年我国加大了节能降耗的工作力度,单位GDP能耗也缓慢下降,但下降的趋势并不牢固。为应对全球金融危机,一大批高耗能的投资项目上马,迅速逆转了结构的积极调整,也加大了节能降耗的难度。2010年第一季度,电力、钢铁、有色、建材、石油化工、化工等6大高耗能行业加快增长促使全国单位国内生产总值能耗上升3.2%。由此说明本文结论所隐含的意义:我国当前所提出的加速经济结构调整,大力推进战略性新兴产业发展,转换经济发展方式,对破解我国经济结构与能源效率的难题,弱化我国工业化进程中的能源约束,锁定低能耗、低排放的经济增长方式具有重要的战略意义。

结　论

第一,鉴于我国经济结构由农业向工业转变过程中所表现出的数据特征,本文使用第二产业增加值与第一产业增加值的比例作为经济结构指标,它在度量我国经济结构的同时也揭示了工业化进程的阶段性特征。本文的计算结果表明,我国经济结构由1970年的1.140变化为1993年的2.363,其间用了24年;而由2跃升至2000年的3.048,我国用了8年;进一步的,由3提高至4则仅用了6年(2006年达到了4.291)。这意味着我国经济结构调整的步伐将越来越快,加快经济结构调整,尽快实现经济结构由能源约束突出的工业化中期过渡到工业化后期以及后工业化发展阶段是我国经济发展中突出的现实经济问题。

第二,新中国成立以来,我国结构演变与能源效率间存在非线性的阈值协整关系,即我国经济结构变动对能源使用效率的长期效应,因结构调整和经济增长水平的差异而存在非线性的转换与演变：1953～1976 年与 2003～2008 年,我国分别处于农业社会和工业化中期阶段,经济结构的变动导致能源强度的上升;1977～2002 年,经济结构对能源强度的效应由第一机制向第二机制快速转移,相应的长期效应值由正逐渐转变为负,结构调整的节能效应逐渐显现。与之相一致,1953～1992 年经济结构对能源强度的偏效应为正,但其效应值的趋势是朝着有利于节能的方向发展,并在 1993～2002 年转为负效应,而在 2003～2008 年经济结构对能源强度的偏效应值为正,且正效应越来越显著。显然,经济结构对能源强度的偏效应值的变动特征与阈值协整模型估计结果的分析是相互支持和相互印证的。

第三,本文的计量结果表明,2003 年以来经济结构的演变对能耗的下降产生了阻碍作用。这一实证结论不仅为我国实施经济结构调整战略提供了计量证据,也表明当前所提出的"调结构,转方式"的发展战略具有紧迫性、科学性和长期性。从长期发展趋势看,在工业化中期阶段,由于重化工业的发展具有其必然性,因此通过技术进步与经济结构的升级,构建能源节约型的经济体制和生活方式,不仅可以避免能源强度的上扬,实现跨越式发展,而且还能将未来的发展模式锁定在低能耗、低排放的发展路径上,对我国经济的长期可持续发展具有重要意义。

参考文献

[1] 陈佳贵、黄群慧、钟宏武,2006,《中国地区工业化进程的综合评价和特征分析》,《经济研究》第 6 期。

[2] 钱纳里、鲁宾逊、赛尔奎因著,吴奇、王松宝等译,1989,《工业化和经济增长的比较研究》,上海人民出版社。

[3] 王少平、欧阳志刚,2008,《中国城乡收入差距对实际经济增长的阈值效应》,《中国社会科学》第 2 期。

[4] Caner M., Hansen B. E., 2001, "Threshold Autoregression with A Unit Root", *Econometrica*, 69 (6): 1555 – 1596.

[5] Choi I., Saikkonen P., 2004, "Testing Linearity in Cointegrating Smooth Transition Regressions", *Econometrics Journal*, 7, 341 – 365.

[6] "Tests for Nonlinear Cointegration", 2008, Working Paper, Department of Economics, Hong Kong University of Science and Technology.

[7] Dijk D. v. , Teräsvirta T. , Franses P. H. , 2002, "Smooth Transition Autoregressive Models—A Survey of Recent Developments", *Econometric Reviews*, 21: 1 - 47.

[8] Hofman B. , Labar K. , 2007, "Structural Change and Energy Use: Evidence from China's Provinces", China Working Paper No. 6.

[9] Schäfer A. , 2005, "Structural Change in Energy Use", *Energy Policy*, 33: 429 - 437.

[10] Teräsvirta T. , 1994, "Specification, Estimation, and Evaluation of Smooth Transition Autoregressive Models", *Journal of the American Statistical Association*, 89: 208 - 218.

[11] Teräsvirta, T. , Tjøstheim, D. & Granger, C. W. , 2008, *Modeling Nonlinear Economic Time Series*, Unpublished Book.

[12] Wei, C. & Shen M. H. , 2007, "Impact Factors of Energy Productivity in China: An Empirical Analysis", *Chinese Journal of Population, Resources and Environment*, Vol. 5 No. 2, 28 - 33.

技术进步在中国低碳经济发展中的动态效应分析

郭 晶

(中国海洋大学经济学院)

引 言

低碳经济的发展水平是由一个国家的技术水平、发展阶段、能源结构、经济结构、人口结构等众多因素共同作用决定的,而技术进步是其中的关键因素。《IPCC 排放情景特别报告》和《2001 年气候变化：IPCC 第三次评估报告》指出,技术进步是解决温室气体减排和气候变化的最重要的因素,其作用超过其他所有因素。技术进步是低碳经济发展的动力和核心,中国能否顺利实现低碳经济很大程度上取决于技术进步水平。何建坤提出低碳经济的本质要求是提高碳的生产力,关键在于低碳技术的进步。冯之俊和牛文元以国际金融危机后时代为研究背景,从科技进步与经济周期的关系着眼,发现世界经济史上存在着由重大科技进步所主导的周期性经济波动,提出低碳技术将成为推动全球发展的新动力,将引领全球经济走出衰退的困局。李瑾从温室气体减排成本的角度,提出技术进步能够在不增加产品投入的同时提高产出,并且通过技术创新降低温室气体减排的成本。在理论研究的基础上,实证研究也取得了一定的进展。从技术进步与能源消耗的角度,刘畅等对中国工业行业的面板数据进行细分研究,发现科技经费支出的增加有助于高能耗行业能源效率的提高。孙立成等将能源消耗纳入 DEA-Malmquist 方法,测算了 1997~2006 年 12 个国家的能源效率变化,结果显示能源利用技术进步增长率的下降是中国能源利用效率未改善的主要原因。从技术进步与碳排放的角度,王群伟等将二氧化碳作为非期望产出纳入 DEA 模型中,以估算二氧化碳排放绩效的动态变化，研究发现中国二氧化碳排放绩效主要因技术进步而不断提高，平均改善率为 3.25%。

上述研究表明，正确认识技术进步对低碳经济发展的影响机制，明确其作用路径与作用强度，对于充分发挥技术进步的驱动效应，探索中国特色的低碳经济发展道路具有重要的现实意义。基于此，本文对技术进步影响低碳经济发展的动态效应进行了检验与分析。

一 技术进步水平的测度

全要素生产率是衡量一国技术进步水平的重要指标。全要素生产率的测定方法很多，其中应用最为广泛的是索洛余值法（Solow，1957）、随机前沿生产函数法（Aigner，etc.，1977；Battese，etc.，1977；Meeusen，etc，1977）以及非参数 Malmquist 指数法（Caves，etc.，1982）。但是，以全要素生产率衡量技术进步具有一定的局限性，尤其对中国不适用（Chen，1997）。首先，全要素生产率是从总量上评价投入与产出的关系，比较适合经济增长相对稳定和政策波动较小的国家，与我国的国情不符，其适用性和客观真实性都会受到限制。其次，技术进步分为非体现式技术进步和体现式技术进步（Felipe，1999），非体现式技术进步独立于生产要素之外，又与全要素生产率具有密不可分的关系；体现式技术进步则与要素投入融为一体。中国的技术进步正是一种以引进先进设备和技术、技术模仿等为主的体现式技术进步，但是在以往的研究中却缺乏相关的估算。鉴于此，本文构建了能够体现不同技术进步类型的核算方程，对中国的技术进步水平进行测算。

（一）模型构建

索洛是最早将技术进步因素纳入经济增长模型的学者，他采用计量经济学方法，将经济增长扣除劳动和资本投入两个生产要素所导致的经济增长后剩余的部分，称为技术进步。索洛方程简单易行，合乎经济原理，对于时间序列数据较为适用；但是也存在比较明显的缺陷：一是忽略了自然资源在增长中的重要性；二是技术进步外生性、非体现性、希克斯中性的假设遭受质疑；三是以索洛余值测算的技术进步无法涵盖所有类型的技术进步（王林辉等，2009）。

本文基于索洛增长方程理论，从三个方面对其不足进行修正。首先在生产函数中引入能源要素，体现资源对经济增长的促进作用；其次建立时变参数模型，解除原索洛增长方程中对技术中性和规模报酬不变的假设；最后将技术进步分解为体现式技术进步和非体现式技术进步两种，分别考察其对经济增长的作用。基于以上分析，构建出改进的索洛余值模型，具体形式为：

$$y_t = A_t + \alpha_t^1 k_t + \alpha_t^2 l_t + \alpha_t^3 m_t + \beta_t p_t + \varepsilon_t \tag{1}$$

式（1）中，y_t、k_t、l_t、m_t 分别表示产出增长速度、资本增长速度、劳动人数增长速度和能源消耗增长速度；A_t 表示非体现式技术进步；$\beta_t p_t$ 表示体现式技术进步。其中，体现式技术进步主要表现为资本投资的溢出效应，主要包括固定资产更新投入（p_t^k）、能源技术的改进和能源效率的提升（p_t^e）以及公共基础设施的完备（p_t^s）（王玺，张勇，2010）。因此，式（1）可进一步分解为：

$$y_t = A_t + \alpha_t^1 k_t + \alpha_t^2 l_t + \alpha_t^3 m_t + \beta_t^1 p_t^k + \beta_t^2 p_t^e + \beta_t^3 p_t^s + \varepsilon_t \tag{2}$$

式（2）中，各项系数皆为时变参数，表示技术进步随时间、各种要素投入和要素弹性的变化而变化；反过来要素投入和要素弹性随技术进步变化而变化。

（二）变量选取

1978 年改革开放后，1978~1981 年社会经济仍然处于改革初期的调整阶段，市场体系和统计体系均不完善，因此本文选取 1982~2008 年的时间序列数据作为研究样本，各变量赋值如下。

产出：采用实际 GDP。

劳动力：采用历年就业人数。

能源：采用每年能源消费总量，即将煤炭、石油、天然气、水核风电按相应比例折算成统一单位（标准煤），然后汇总计算。

资本体现式技术进步：按其构成分别采用固定资产投资下设备工具与器具购置项目；国有经济能源工业固定资产投资项目；交通、仓储与邮政投资项目。

资本：采用全社会固定资产投资扣除资本体现式技术进步中包含的项目。

（三）中国技术进步水平的测算

本文采用状态空间模型以及卡尔曼滤波算法，对于式（2）所建立的时变参数模型进行估计。对于式（2）建立如下的状态空间模型：

量测方程：

$$y_t = A_t + \alpha_t^1 k_t + \alpha_t^2 l_t + \alpha_t^3 m_t + \beta_t^1 p_t^k + \beta_t^2 p_t^e + \beta_t^3 p_t^s + \varepsilon_t \tag{3}$$

状态方程：

$$A_t = A_{t-1} + \eta_t \tag{4}$$

$$\alpha_t^1 = \alpha_{t-1}^1 + \mu_t \tag{5}$$

$$\alpha_t^2 = \alpha_{t-1}^2 + \varphi_t \tag{6}$$

$$\alpha_t^3 = \alpha_{t-1}^3 + \delta_t \tag{7}$$

$$\beta_t^1 = \beta_{t-1}^1 + \nu_t \tag{8}$$

$$\beta_t^2 = \beta_{t-1}^2 + u_t \tag{9}$$

$$\beta_t^3 = \beta_{t-1}^3 + \sigma_t \tag{10}$$

其中，ε_t、η_t、μ_t、φ_t、δ_t、ν_t、u_t、σ_t 为随机扰动项，均服从独立正态分布。式（4）~（10）所表示的状态方程采用了随机游走的形式。

利用 Eviews5.1 对上述状态空间模型进行估计[①]。为了保证估计结果的有效性，我们将对状态空间模型量测方程残差的平稳性进行检验。残差检验结果见表 1。

表 1 残差单位根检验结果

变量	ADF 检验值	检验形式(c,t,k)	P 值	结论
ε_t	-3.47769	(0,0,0)	0.0012	平稳

注：①检验形式中，c 为常数项，t 为趋势项（0 表示此影响不存在），k 为滞后阶数；②滞后阶数应用 SIC 准则。

残差检验结果显示，在 1% 的显著水平上拒绝残差具有单位根的假设，可以认为上述建立的状态空间模型残差平稳，估计结果有效。

因此，我们可以得出历年技术进步水平，包括体现式技术进步和非体现式技术进步（见表 2）。

---

① 本文分析数据来自《中国统计年鉴》、《中国能源统计年鉴》、《中国人口和就业统计年鉴》以及《中国固定资产投资统计年鉴》。

表2 1983～2008年中国技术进步水平测算值

年份	技术进步 JSJB	体现式技术进步 设备更新 PK	体现式技术进步 能源改进 PE	体现式技术进步 基础设施投入 PS	非体现式技术进步 A
1983	5.8397	1.8240	1.3410	2.6720	0.0026
1984	15.9634	3.5383	9.0019	3.4102	0.0130
1985	20.6300	8.6005	11.4990	0.5183	0.0122
1986	11.8663	3.0743	8.8380	-0.0786	0.0327
1987	12.4549	2.7067	9.9056	-0.1773	0.0199
1988	4.0938	4.8627	-0.8096	-0.2776	0.3182
1989	-3.1281	-1.8844	0.2961	0.2130	-1.7528
1990	2.8480	0.9404	1.1642	-0.9201	1.6635
1991	6.6135	5.3671	0.7672	-1.2906	1.7697
1992	11.7971	10.3258	0.4909	-1.3021	2.2825
1993	13.0090	12.6723	0.1962	-3.5685	3.7090
1994	10.4860	6.7584	0.1665	-0.1093	3.6704
1995	2.7710	-0.3537	-0.0921	-0.6899	3.9067
1996	4.5110	2.1116	0.2974	-0.6451	2.7471
1997	5.8888	3.0962	0.5614	-0.7397	2.9709
1998	3.5228	1.0925	-0.2236	-1.9717	4.6256
1999	8.1204	1.2398	0.0628	-0.1302	6.9479
2000	8.2588	1.5870	-0.0873	-0.1479	6.9070
2001	8.4691	2.0505	-0.1699	-0.3111	6.8996
2002	8.4144	1.7403	0.0063	-0.1663	6.8341
2003	10.2308	4.1539	0.2927	-1.0727	6.8569
2004	11.6316	4.1046	1.2804	-0.7496	6.9963
2005	11.4530	3.8809	1.3489	-0.9425	7.1656
2006	9.4513	2.5368	0.7267	-0.9791	7.1669
2007	10.2599	2.8868	0.7579	-0.5803	7.1955
2008	10.6915	3.4181	0.8028	-0.7829	7.2536

根据表2可知，1983～2008年中国技术进步平均增长率为8.7%，其中非体现式技术进步平均增长率为3.7%，体现式技术进步平均增长率为5%；体现式技术进步中，生产设备改进的贡献率为71%，能源投入的贡献率为

37%，而基础设施建设的贡献率为 -8%。由此可知，中国的技术进步是一种以设备更新、技术引进为特征的体现式技术进步，而公共基础设施的不完善则阻碍了技术的进步。

根据技术进步水平测算结果，可知 1983~2008 年中国技术进步水平变化趋势如图 1 所示。

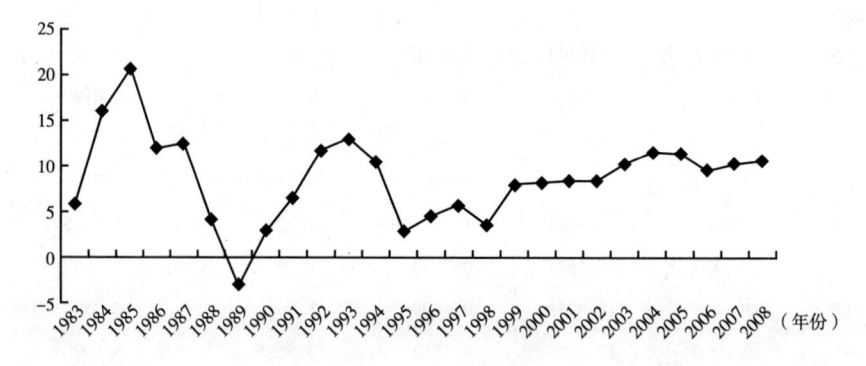

图 1 1983~2008 年中国技术进步水平趋势图

由图 1 可知，在时间轴上中国技术进步水平呈现周期性变化，周期内技术进步的速度先上升，再下降，然后经历一个短暂的回弹后再持续下降。这基本反映了技术的生命周期，一项重要技术的产生会带动其他相关技术的发展，促进整个经济社会的技术进步水平快速上升；随着该技术由成熟走向衰落，其波及性和影响力会逐渐减弱，这时其他相关技术在其带动下逐渐成熟，成为经济发展的主导力量；当相关技术也进入衰退阶段时，一轮技术生命周期宣告结束，新一轮的周期开始。1983~2008 年中国技术进步经历了三个周期：

①1983~1989 年是第一个技术进步周期，时间跨度为 7 年。这一时期中国技术进步速度波动很大，最高增速与最低增速之间的差值达 23.75%，1989 年第一轮周期结束时，中国技术进步速度为负值，即整个经济社会的技术水平出现衰退。

②1990~1998 年是第二个技术进步周期，时间跨度为 9 年。这一时期主导技术衰退的速度明显下降，其他相关技术对经济社会的影响时间有所延长，周期内技术进步速度的波幅有所减小。

③1999~2008 年是第三个技术进步周期，时间跨度为 10 年。这一时期主导技术发挥作用的时间更长，其他相关技术的发展及时弥补了主导技术衰

退对经济增长的影响,周期内技术进步速度波幅很小,基本呈现稳步上升的态势。

综上所述,三个技术进步周期在时间维度上的变化趋势为:周期持续时间变长,周期内技术进步速度波幅变小,主导技术生命周期延长,其他相关技术对经济的影响力度加大。

二 技术进步对中国低碳经济发展的动态效应测度

本文以在静态框架下测度技术进步对碳减排的贡献率为基础,利用动态分析,进一步检验碳排放量对技术进步的响应趋势。

(一) 技术进步对碳减排的贡献率分析

1983~2008年中国二氧化碳排放量(见图2)整体呈现上升趋势,但增长速度在1997年前后发生了显著的变化,因此本文将研究数据分为1983~1997年、1998~2008年两个样本区间。

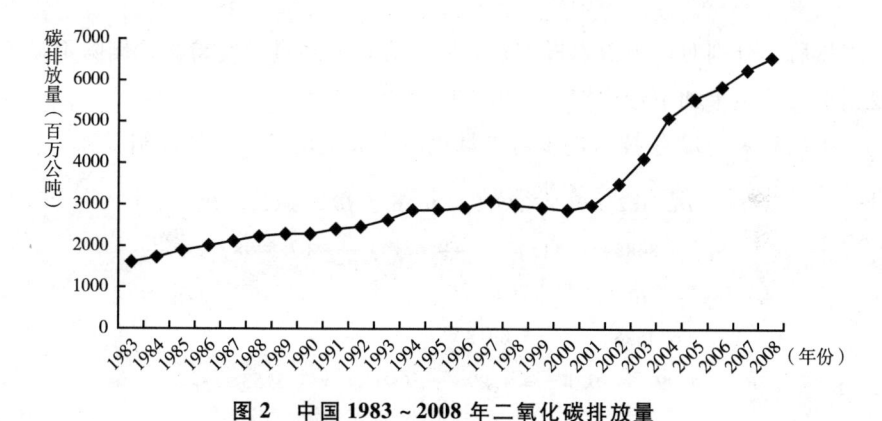

图2 中国1983~2008年二氧化碳排放量

注:本文采用的二氧化碳排放量统计数据来自 U. S. Energy Information Administration, http://www.eia.doe.gov。

首先对时间序列数据进行平稳性检验。其中 CO_2 表示二氧化碳排放量,l 表示二氧化碳排放的增长率。检验结果显示(见表2):1983~1997年的数据样本中,除能源改进(PE)与非体现式技术进步为一阶单整外,其余变量皆平稳;1998~2008年的数据样本中,二氧化碳排放量(CO_2)、基础设施投入(PS)、非体现式技术进步(A)为平稳变量,其余变量一阶单整。

表 3 平稳性检验

样本区间	变量	ADF 检验值	检验形式(c,t,k)	P 值	结论
1983~1997 年	CO_2	-3.434	(c,t,3)	0.0982	平稳
	l	-3.0392	(c,0,1)	0.0573	平稳
	JSJB	-4.8891	(c,0,3)	0.011	平稳
	PK	-2.8876	(c,0,1)	0.0737	平稳
	dPE	-7.9331	(c,t,3)	0.0006	平稳
	PS	-2.3097	(0,0,0)	0.0249	平稳
	dA	-4.866	(c,0,0)	0.0046	平稳
1998~2008 年	CO_2	-3.3	(0,0,1)	0.1184	平稳
	dl	-3.318	(c,0,0)	0.04	平稳
	dJSJB	-4.7171	(c,t,0)	0.0045	平稳
	dPK	-3.8196	(c,0,1)	0.0181	平稳
	dPE	-3.2408	(c,0,1)	0.0451	平稳
	PS	-3.082	(c,0,0)	0.0579	平稳
	A	-4.5385	(c,t,1)	0.0219	平稳

注：d 表示差分；在 10% 的显著性水平下检验。

然后，分别对两组数据样本建立回归方程，经过反复检验，剔除不显著变量，估计结果如下：

①1983~1997 年技术进步对二氧化碳排放量增长率的估计结果：

$$l = -16.2162 + 0.8432 JSJB_t + 0.762 JSJB_{t-1} + 0.384 JSJB_{t-3} +$$
$$(-9.8688)(6.117) \quad (9.6213) \quad (7.5498)$$
$$0.5233 JSJB_{t-4} + 0.308 JSJB_{t-6} \tag{11}$$
$$(6.4526) \quad (5.0918)$$
$$\bar{R}^2 = 0.99 \quad D.W. = 1.99 \quad LM(2) = 7.5153$$

②1998~2008 年技术进步对二氧化碳排放量增长率的估计结果：

$$l_t = 9.7484 + 0.9988 JSJB_t - 1.5857 JSJB_{t-6}$$
$$(8.2078)(14.9651) \quad (-26.3214) \tag{12}$$
$$\bar{R}^2 = 0.99 \quad D.W. = 1.17 \quad LM(2) = 1.5712$$

估计结果显示，1983~1997 年技术进步对二氧化碳排放具有促进作用。这种促进作用呈现累积性和渐缓性特征，即技术进步对二氧化碳排放的影响力可持续六期左右，随时间流逝影响力将趋缓。同期技术进步增长 1% 将导致二氧化碳排放增长 0.8432%，滞后 1、3、4、6 期的技术进步对二氧化碳排放均有不同程度的影响，基本呈现逐渐减弱的趋势。

1998~2008 年技术进步对二氧化碳排放的影响方向出现差异性，同期技术进步对二氧化碳排放具有正向促进作用，技术进步增长 1% 可导致二氧化碳排放增长 0.9988%；而滞后 6 期的技术进步对二氧化碳排放具有反向抑制作用，技术进步增长 1% 可在六期之后导致二氧化碳排放减少 1.5857%。

技术进步对二氧化碳排放的影响的差异性在一定程度上反映了中国经济发展的阶段性。1983~1997 年中国实施了改革开放，开创了经济增长的新纪元，这一时期社会发展的首要目标是追求经济的高速增长，一切为工业化发展而服务，因此，技术进步的作用主要体现在改进生产工艺，扩大生产规模，带动经济增长；而经济的增长导致了二氧化碳排放量的持续上升。

1998~2008 年中国经济面临了新的机遇与挑战，一方面进入了工业化高速发展的阶段，另一方面经济增长所带来的资源、环境压力越来越大，因此，技术进步的作用主要体现在协调经济与资源、环境之间的矛盾，实现经济的可持续发展。但是中国在节约资源、保护环境方面的技术研究尚处于起步阶段，并且资源环境的改善与恢复需要经历一个较长的时期，因此，技术进步对于环境问题的解决具有一定的滞后性，但是其作用是毋庸置疑的。此外，对式（11）、（12）的估计结果进行比较还可以发现，在剔除技术进步影响的前提下，二氧化碳排放量的增长方向是不同的。当经济处于起步阶段时，没有相关技术的支撑会导致经济发展速度十分缓慢，因此二氧化碳排放量将减少；而当经济处于高速发展阶段时，社会已经形成了一定的经济规模，即使在没有相关技术支撑的条件下，既定的生产规模也会导致二氧化碳排放量的不断增长。

技术进步可分为体现式技术进步与非体现式技术进步，不同的技术进步类型对于二氧化碳排放的影响是不同的。下面我们将技术进步进行分解，进一步研究不同因素对于碳排放的影响。

①1983~1997 年技术进步各因素对二氧化碳排放量的估计结果：

$$CO_2 = 2221.475 + 31.5303 PK_{t-3} - 198.4329 PS_t - 97.0679 PS_{t-4} +$$
$$(86.8721)(8.7495) \quad (-14.9213)(-12.2524)$$
$$23.4051 \Delta PE_{t-3} + 105.9215 \Delta A_{t-4} \tag{13}$$
$$(23.6783) \quad (11.2935)$$

$$\bar{R}^2 = 0.99 \quad D.W. = 3.02 \quad LM(2) = 1.2094$$

②1998~2008年技术进步各因素对二氧化碳排放量的估计结果：

$$CO_2 = -20956.8 - 5397.762PS_t - 1470.329PS_{t-4} + 2959.728A_t -$$
$$(-14.3227)(-12.9637) \quad (-6.5208)(18.2802)$$
$$304.5287\Delta PK_{t-5} + 3103.411\Delta PE_{t-5} \tag{14}$$
$$(-5.8834) \quad (7.8273)$$
$$\bar{R}^2 = 0.98 \quad D.W. = 1.96 \quad LM(2) = 2.5256$$

估计结果显示，1983~1997年体现式技术进步对二氧化碳排放量的影响为，设备工艺改进对二氧化碳排放具有作用，基础设施投入对二氧化碳排放具有抑制作用，能源改进对二氧化碳排放具有促进作用；非体现式技术进步对二氧化碳排放具有促进作用。

1998~2008年体现式技术进步对二氧化碳排放量的影响可分解为，基础设施投入对二氧化碳排放具有抑制作用，设备工艺改进对二氧化碳排放具有抑制作用，能源改进对二氧化碳排放具有促进作用；非体现式技术进步对二氧化碳排放具有促进作用。

就技术进步各因素而言，不同因素对二氧化碳排放的影响方向和影响力度各不相同，具体表现为。

①非体现式技术进步对二氧化碳排放具有促进作用。1997年之前这种促进作用表现出一定的滞后性，而1997年之后的实证研究显示非体现式技术进步对同期二氧化碳排放具有巨大的促进作用。非体现式技术进步主要包括全要素生产率的改进，是经济快速增长的核心动力，在中国现有能源结构的条件下，经济增长代价必然是二氧化碳的大量排放。

②体现式技术进步对二氧化碳排放的影响比较复杂。设备工艺的改进在1997年前对二氧化碳排放具有促进作用，1997年后转变为抑制作用。转变的原因在于经济处于起步阶段时，改进设备工艺的主要目的是提高生产效率，促进经济增长；而随着资源、环境矛盾的日益突出，设备工艺改进则增加了减少污染、节约资源等体现绿色发展的新内容。能源改进在研究区间内对二氧化碳排放具有促进作用，原因在于虽然相关技术极大提高了中国的能源效率，但是以化石能源为主的能源结构根本没有发生变化，导致能源技术的发展无法有效减少碳排放。最后，基础设施的改善对碳排放具有显著的抑制作用，这主要由于政府是提供公共物品的主体，与企业相比，政府在保护环境，减少经济发展的外部性方面具有更

高的积极性和主动性，因此，基础设施的改善可以在一定程度上体现政府的决策方向。

（二）碳减排对技术进步的响应度分析

根据式（13）、（14）建立的回归模型估计结果，以 CO_2 和 JSJB 为变量分别对两个研究样本建立 VAR 模型。根据1983~1997年的数据建立 VAR（4）模型，两个模型的拟合优度分别为0.97和0.91，特征根的倒数均位于单位圆内，可见 VAR 模型是稳定的，且通过 Granger 因果检验（见表4）；根据1998~2008年的数据建立 VAR 模型，滞后阶数分别为2、3、4、5，两个模型的拟合优度均为0.96，特征根的倒数位于单位圆内，且通过 Granger 因果检验（见表4）。

表4 Granger 因果关系检验结果

	原假设	χ^2 统计量	自由度	P值
1983~1997年	JSJB 不是引起 CO_2 的 Granger 原因	7.595	4	0.1076
	CO_2 不是引起 JSJB 的 Granger 原因	26.7997	4	0.0000
1998~2008年	JSJB 不是引起 CO_2 的 Granger 原因	16.7473	4	0.0022
	CO_2 不是引起 JSJB 的 Granger 原因	87.1265	4	0.0000

基于上述 VAR 模型进行的脉冲响应分析，可以获得不同阶段二氧化碳排放对技术进步正向冲击的脉冲响应。

图3中的实线部分表示脉冲响应函数。根据1983~1997年的脉冲响应图可知，二氧化碳排放对技术进步的响应呈现周期性衰减的特征，每个周期大约8年时间。在本期给技术进步一个正冲击后，二氧化碳排放在第二期迅速作出反应，并达到最高点，随后六期开始持续下降，在第八期附近将出现反弹，进入第二个响应周期。根据1998~2008年的脉冲响应图可知，当在本期给技术进步一个正冲击后，二氧化碳排放量在前三期没有显著变化，随后围绕零轴呈现周期性波动，且波动区间持续扩散。

通过上述分析可以总结出碳排放对技术进步的响应特征：①就整体而言，技术进步对碳排放的影响是一个显著而持久的效应，其影响的力度不随时间而衰退，且呈现周期性变化。这一变化趋势可能与技术的特征有关。技术具有一定的累积性和波及性，一项新技术的产生，不仅能够直接带动经济社会的发展，还能带动相关技术的发展；该技术进入衰退期时，其他相关技

(a) 1983~1997年

(b) 1998~2008年

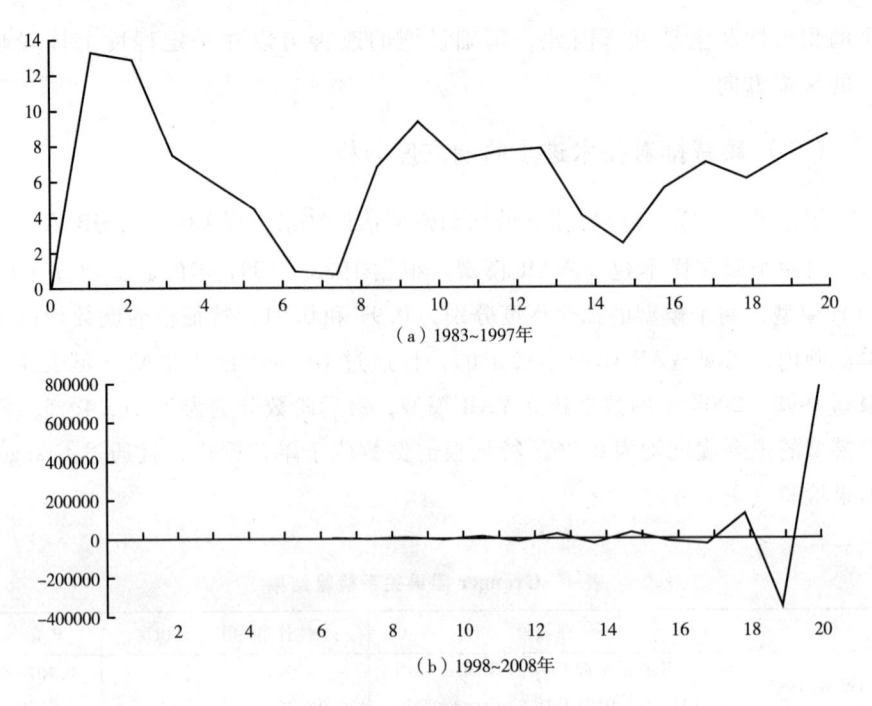

图3 CO_2 对 JSJB 正向冲击的脉冲响应

术如果能够迅速发展,并积极投入到经济活动中,技术进步对经济产生影响的整体效应也能够长期维持。②就经济发展的阶段而言,在经济起步阶段,技术进步主要通过提高生产效率、扩大经济规模等促进经济增长,进而增加经济活动产生的二氧化碳;当经济进入高速增长阶段,资源、环境压力开始凸显,技术进步的作用除了带动经济增长之外,还需要维持生态平衡。而在低碳经济发展的前提下,技术进步的首要任务就是协调经济增长与碳排放之间的关系。因此,这一时期技术进步对碳排放量的影响效应比较复杂,一方面生产技术的发展导致经济高速增长,碳排放量持续上升;另一方面能源技术、环境技术的发展则减少了单位 GDP 的碳排放,抑制了碳排放量的增加。

结 语

本文基于 1983~2008 年的时间序列数据,对中国低碳经济发展过程中的技术进步因素进行了检验,并对其效应进行了动态分析。通过对索洛增长方程进行修正,将技术进步进行分解,测算出中国整体技术进步水平以及体现式和非体现式技术进步水平;利用计量经济学的回归分析,估算出技术进步及其各因素对碳减排的贡献率;最后基于脉冲响应函数,动态分析了碳减排对技术进步的响应程度。主要结论如下:

第一,样本期内,中国技术进步水平呈现周期性变化,周期跨度逐渐增长,周期内技术进步波动幅度逐渐缩小,主导技术生命周期不断延长,其他相关技术对经济的影响力度不断加大。周期内技术进步的速度先上升,再下降,然后经历一个短暂的回弹后再持续下降。这基本反映了技术的生命周期,一项重要技术的产生会带动其他相关技术的发展,促进整个经济社会的技术进步水平快速上升;随着该技术由成熟走向衰落,其波及性和影响力会逐渐减弱,这时其他相关技术在其带动下逐渐成熟,成为经济发展的主导力量;而伴随相关技术进入衰退阶段,一轮技术生命周期结束。

第二,通过考察技术进步对碳排放的影响发现,两个样本区间内技术进步对碳排放的影响方向和影响路径各不相同。1983~1997年,技术进步促进二氧化碳排放,持续时间可达6年,同期技术进步增长1%将导致二氧化碳排放增长0.8432%;1998~2008年,技术进步对即期二氧化碳排放具有促进作用,表现为技术进步增长1%可导致二氧化碳排放增长0.9988%,但对远期排放具有抑制作用,表现为技术进步增长1%可导致六期之后二氧化碳排放减少1.5857%。通过考察不同类型技术进步对碳排放的影响发现,非体现式技术进步对二氧化碳排放具有显著的促进作用;而体现式技术进步对二氧化碳排放的影响比较复杂,其中,能源改进对二氧化碳排放具有促进作用,基础设施改善对二氧化碳排放具有抑制作用,设备工艺的改进则由促进作用逐渐转为抑制作用。

第三,基于脉冲响应分析结果,技术进步对碳排放的影响具有显著性、持久性和周期性特征。在经济起步阶段,碳排放与技术进步同向变化;而经济高速增长阶段,技术进步目标呈现多元化,导致碳排放对技术进步的响应方向不断变化。

综上所述,当前中国技术进步对二氧化碳排放的促进作用远远大于抑制作用,这与传统的理论研究结果是相背离的。但是这种相悖性在一定程度上反映了中国的国情,即中国正处于工业化高速发展的阶段,经济增长是技术进步的首要目标,但是随着生态环境压力日益严重,实现经济与环境协调发展成为技术发展新的方向。一项技术要真正实现预期的目标还需要经历一段较长的时期,目前中国节能减排的相关技术还处于起步阶段,尚未成长为能够带动经济发展的主导技术。因此,实证研究结果只能说明中国当前阶段的技术进步对碳排放有促进作用,但并不能以此为据否定技术进步对发展低碳经济的积极作用。

参考文献

[1] 王林辉、宋东林、董直庆,2009,《资本体现式技术进步及其对经济增长的贡献率:一个文献综述》,《经济学家》第12期。

[2] 王玺、张勇,2010,《关于中国技术进步水平的估算——从中性技术进步到体现式技术进步》,《中国软科学》第4期。

[3] Solow, R. W., 1957, "Technical Change And the Aggregate Production Function", *Review of Economics of Statistics*, 3.

[4] Aigner, D. J., Lovell, C. A. K., 1977, "Formulation and Estimation of Stochastic Frontier Production Functions Models", *Journal of Econometrics*, 7.

[5] Battese, G. E., Corra, G. S., 1977, "Estimation of A Production Frontier Model: with Application to The Pastoral Zone of Eastern Australia", *Australian Journal of Agricultural Economics*, 21.

[6] Meeusen, W. J., Van den Broeck, J., 1977, "Efficiency Estimation from Cobb-Douglas Production Functions with Composed Error", *International Economics Review*, 18.

[7] Caves, D. W., Christensen, L. R., Diewert, W. E., 1982, "The Economic Theory of Index Numbers and the Measurement of Input, Output and Productivity", *Econometrics*, 50.

[8] Chen, E. K. Y, 1997, "The Total Factor Productivity Debate: Determinants of Economic Growth in East Asia", *Pacific Economic Literature*, 11.

电信移动客户流失的预测模型
——基于社会网络分析的实证研究

张海波　赵焕成

（中南财经政法大学统计与数学学院）

引　言

当前，随着我国移动通信市场的迅速发展，中国移动、中国联通和中国电信三大电信运营商之间的竞争越来越激烈，客户成为这场竞争的焦点。客户流失成为每个电信企业面临的严重问题，客户流失不仅表现在客户的生命周期不断缩短，对企业的收入造成损失，而且更表现为获取一个新客户的成本远低于留住一个老客户的成本，给企业的运营成本造成压力。因此加大现有客户的保有以减少客户流失，成为每个电信企业运营的核心问题。对流失倾向较大的客户及时采取挽留措施，能够大大减少电信运营商的损失，于是客户流失分析成为一个关键问题。电信运营商凭借其拥有的大量数据，和数据挖掘技术的迅速发展，在客户流失分析领域进行大量的研究，并且取得了一定的成效。

传统的客户流失分析都是从单个用户的角度出发，如通过利用用户的年龄、性别、职业、每月通话次数、每月出账费用和信用评分等指标进行分析。这里存在两个问题，一个是电信客户的基本信息较少（尤其是预付费客户），并且缺失严重（如性别、职业等），有些还不准确（如年龄等），唯一全面可信的数据是用户的通话详单数据（Call Detail Record，CDR）。另一个是没有考虑电信用户之间的相互关系，如果将众多电信用户之间的通话联系看做一个网络，那么每个用户就是这个网络中的一个节点，两个用户之间的通话关系就是这个网络的边，这就是人们通常所说的通信网络。通信网络不仅体现了电信运营商与客户之间的关联关系，而且在一定程度上体现了社会中人与人之间的社交关系。一个客户的行为容易受其交际圈内其他客户行为的影响，这种影响就是人们通常所说的"口碑效应"。假如一个客户的所有联系人都由中国联通转网到中国移动，那么这个客户下一步转网的可能性也会很大。因此有必要从社会关系的角度研究客户的流失行为。

本文基于对客户的网络度量指标对客户流失行为的影响，以及电信通信网络的稀疏特征的考虑，提出距离度量的概念，大量用于客户流失分析的变量由此衍生。

一 研究方法

（一）社会网络分析的基本思想

社会网络分析（Social Network Analysis）是近年来兴起的研究领域，它与图论分析（Graph Analysis）密切相关，同时是数据挖掘（Data Mining）的一个分支，因此社会网络分析有时也称链接分析（Link Analysis）或链接挖掘（Link Mining）。一个社会网络由许多节点（node）和连接这些节点的一种或多种特定的链接（link）所组成，节点常常表示个人或一个团体，也即传统统计分析中的样本实例，链接则表示他们之间存在的各种关系（relation），如朋友关系、亲属关系等。同传统统计分析相比，社会网络分析不仅关注每个样本，而且对样本之间的关系同样关注，而传统统计分析往往假设样本实例之间相互独立。

社会网络分析从两个角度来分析社会网络：从整体角度分析和从个体角度分析。从整体角度分析，主要是通过研究现实中大型网络（如因特网）来发现社会网络的一些共同统计特征，最著名的是用"幂律"（Power Law）分布和小世界网络（small world）来描述网络的特征。具有幂律分布特征的网络又称作无尺度网络（Scale-Free Network），这是相对随机网络（Random Network）而言的，现实中的大部分网络都是无尺度网络。小世界网络的经典实例是"六度空间"，即不超过六个人，就能发现两个人存在关联。

从个体角度分析，社会网络主要关注个体在网络中的位置和角色，其中网络节点的核心性成为研究的热点。网络节点的核心性常用节点的中心度指标来衡量，主要包括度中心度、紧密度中心度、中间度中心度和特征向量中心度等。另外，A. Nanavati 和 S. Gurumurthy 等将衡量网页重要性的 PageRank 算法引入通信网络中，用以衡量一个用户在网络中的重要性，还有 Thomas Schank 和 Dorothea Wagner 通过聚集系数研究网络中节点的聚集程度。Burt 通过研究网络中的结构洞，提出了 Constraint 的概念，用于描述个体受到来自社会网络的限制。本文在构建电信通信网络的基础上，提取以网络度量指标研究客户的社会关系属性对其流失行为的影响。常用的网络度量指标包括度中心度、紧密度、中间度、特征向量中心度、PageRank 和 Burt's Constraint 等。

（二）网络度量指标的局限

为了说明网络度量指标在分析中可能存在的问题，我们以图 1 所示的实际通信关系图为例进行分析。

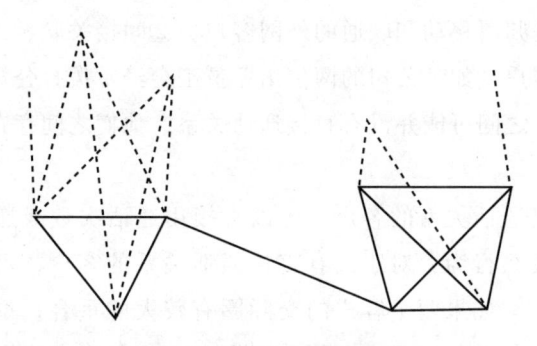

图 1 实际的通信关系

在图 1 中，实点表示电信网内的客户，实线表示两个电信网内客户之间的通话关系；虚点表示电信网外其他运营商的客户，虚线则表示网内客户和网外客户之间的通话关系，这些通话关系是可以用通话次数和通话时长加权的。从图中我们可以看出几个特点。

第一，图中存在两种类型的客户：电信网内客户和网外客户，但绝大多数是电信网外的客户。电信网外客户的基本信息及他们之间的通话数据我们无法获取，这些数据量可能是无限的。

第二，图中实线形成的网络是非常稀疏的，主要原因是电信 C 网用户的市场占有率较低，目前国内的移动用户主要来自中国移动。

第三，不像互联网等站点，通信网络很难形成复杂的结构，大大简化了网络分析所需的方法。

综上所述，本文所构建的电信通信网络是比较稀疏的，造成我们所要研究的通信网络成为极不完整的网络，而某些网络度量指标对网络的不完整比较敏感。虽然电信网外客户的基本信息和他们之间的通话数据我们无法获取，但是电信网内客户和网外客户的通话数据是可以获取的，所以考虑将这部分数据加入分析中，以弥补通信网络稀疏带来的信息损失。本文结合可利用数据的特点，采用距离度量的方式解决这个问题。

（三）距离度量

我们研究通信网络主要考虑客户之间的通话关系，通过电信的通话关系数据，我们可以确定与某个客户有关联关系的客户，实际上可以分为两种关联类型：①直接关联客户：存在直接通话关系的客户，如某个客户主叫或被叫另一个客户，但与电信网内客户发生直接通话关系的客户大部分可能不在电信网内，而是归属移动和联通的外网客户。②间接关联客户：与同一群人有直接关联的客户，如某公司的两位出差员工会经常拨打公司内同一群人的电话，这两员工之间可能并没有直接通话关系，他们之间存在着一种间接关系。

对于有直接通话关系的客户，可以直接用通话次数或通话时长的函数来描述客户的关系行为；对于没有直接通话关系的客户，可以考虑客户共同的交际圈信息。如果两个客户的交际圈有较大的重合，说明这两个客户之间有一定的相似性，因此可以假定两个客户的行为之间也存在一定的相似性。

对于有直接通话关系的客户，通话越频繁、通话强度越大说明他们之间的关系越紧密，可以采用距离度量的概念来描述他们的这种关系强度。我们用通话次数或通话时长的倒数来衡量有直接通话关系的客户 i 和 j 的距离，即：

$$D_1(i,j) \propto \frac{1}{\omega_{ij}}$$

其中 ω_{ij} 为通话次数或通话时长。如果两个客户联系越紧密，则该距离就会越小，我们称该距离为第一顺序距离。

确定没有直接通话关系的两个客户的第一顺序距离为1，同时考虑他们的第二顺序距离，即：

$$D_2(i,j) = \frac{|N(i) \cup N(j)| - |N(i) \cap N(j)|}{|N(i) \cup N(j)|}$$

其中 $N(i)$ 和 $N(j)$ 分别是客户 i 和 j 各自交往圈内的客户数，则 $N(i) \cup N(j)$ 表示客户 i 和 j 交往圈的客户数之和，$N(i) \cap N(j)$ 表示客户 i 和 j 共同交往圈的客户数。如果两个客户有完全相同的交际圈，则 $D_2(i,j) = 0$，如果两个客户没有任何相同的交际圈客户，则 $D_2(i,j) = 1$，注意到两个客户之间的第一顺序距离很小而第二顺序距离为 1 也是可能的。从第二顺序距离的定义可以看出，它可以度量两个没有直接通话关系的客户之间的相似性。

由于第二顺序距离的定义没有考虑客户的通话次数和通话时长，因此考虑对 $N(i)$ 和 $N(j)$ 用客户的通话次数和时长分别进行加权，对 $N(i)$ 定义权重：

$$N_w(i) = \{w_i(1), w_i(2), \ldots, w_i(n_i)\}$$

其中 n_i 是客户 i 联系的人数，且 $\sum_{k=1}^{n_i} w_i(k) = 1$，$w_i(k)$ 是标准化的权重（次数或时长），则：

$$D_2(i,j) = 1 - \frac{1}{2} \sum_{x \in N(i) \cap N(j)} w_i(k_i(x)) + w_j(k_j(x))$$

其中 x 是客户 i 和 j 的共同联系人，$k_i(x)$ 是 x 在 $N_w(i)$ 中的位置。权重可以让与某群人频繁通话或高强度通话的两个客户之间的第二顺序距离变小，而不管他们偶尔共同联系人的数量有多大。

第一顺序距离和第二顺序距离从不同的方面度量客户之间的关联程度，它们不再局限于电信网内的用户，同时可以反映网内和网外用户的交互信息，因此对客户流失分析能提供更全面的信息。本文在距离度量概念的基础上，根据客户交往圈对客户流失行为的影响，提出一些衍生变量用于预测客户流失。

根据第一顺序距离度量的概念，我们提出如下一些衍生变量：

第一，客户直接交往圈人数，包括网内和网外的交往圈，网内交往圈又分 C 网和固网；

第二，客户最亲密联系人的通话比例；

第三，客户最亲密联系人是否为网内用户；

第四，客户网外联系人所占比例；

考虑所掌握的某月流失用户群的交际圈信息，增加如下变量：

①客户联系人在该月的流失数量占该月总流失人数的比例；

②在客户联系人中，该月流失人数的比例；

③在客户联系人中，该月未流失人数的比例；

④客户最亲密联系人（如果在网内的话）是否流失；

根据第二顺序距离度量的概念，我们又增加提出如下一些衍生变量：

①客户与该月流失客户群的平均第二顺序距离；

②客户与该月未流失客户群的平均第二顺序距离；

③客户最近的非直接联系人（第二顺序距离最短）在该月是否流失；

④客户最短的第二顺序距离。

上面是对变量的总体描述，由于比例类变量可以用通话次数或通话时长加权，并且通话方向可以分为主叫和被叫，因此上述变量还要进一步细分，实际产生的变量个数将远多于上面提到的数量。下文将汇总网络度量指标和距离度量衍生变量，形成最终客户流失预测所需变量。

二 实证研究

（一）数据来源与处理逻辑

我们用电信的通话详单数据构建电信呼叫网络，所谓的通话详单数据（Call Detail Record，CDR）包含了一个通话的大量详细信息，诸如通话时间、通话时长、发方位置和受方位置等。这些 CDR 数据由电信的系统自动收集，并已整合到电信数据仓库系统中。由于每天的通话信息都累积到了数据仓库当中，每月所累积的数据量将达到 Terabytes 数量级，这为构建大型的通信网络提供了数据基础。

本文所使用的数据来源于武汉电信分系统的数据仓库，分析对象为武汉电信 C 网用户的通信网络。首先从 CDMA 的通话详单记录表中加载 2009 年 5 月到 7 月所有 C 网用户之间的通话详单数据，没有 C 网交际圈的用户将被排除在外。为了将通信网络的范围限定在武汉地区内，限定 C 网用户之间的通话只取本地通话，长途通话将被忽略，由此形成表 1 所示的数据结构。

表1 C网用户通信信息表结构

主叫CDMA号码	被叫CDMA号码	通话次数	通话时长（秒）
133×××2345	153×××3765	2	125
153×××7654	189×××3985	10	480
153×××3765	133×××2345	22	3210

然后我们对数据做一些过滤和处理，以便反映真实的社会网络特征，处理过的数据集有如下一些特征：

第一，通话双方相互之间至少有一次通话，删掉单向通话记录，尽量保证两个用户之间的关系不是偶然的；

第二，C网用户入网至少3个月，保证有足够的通话数据；

第三，C网用户在5到7月中每个月至少有一次本地通话，排掉到7月时已经离网的用户；

第四，通话时长非常短的通话（小于10秒）将被忽略，以避免错打电话对数据的影响；

第五，通话是有方向的，即同时存在A拨打B和B拨打A两条记录，代表不同的通话方向。

除了上述客户之间的通话数据外，我们还需要每个客户在将来月份的流失情况。由于在8、9月实际拆机的客户数量非常少，考虑把客户的话务量突降情况作为对客户流失的定义。我们将8月的流失客户定义为：8月的本地通话次数与前三个月的平均本地通话次数相比下降80%以上的客户，同样可以得到9月流失的客户。我们将8、9月流失的客户都作为要考虑的流失客户，在上述数据集的基础上增加一个0~1变量标志客户是否流失，其中1表示流失，0表示未流失。

为了减少数据存储占用的空间，我们为客户的手机号码重新进行编码，从数字1开始直到每个客户都有一个编码。把手机号码的编码作为网络的顶点，有通话关系的每对编码就形成网络的边，用每对编码的前后顺序表示边的方向，通话次数和通话时长作为边的权重，客户的流失标志作为顶点的属性。把上述数据导入R软件中，通过社会网络分析包igraph将数据转换成社会网络的形式，就形成了本文后续分析所需要的通信网络。表2显示的是该通信网络的基本结构。

表 2 通信网络的基本结构

顶点数	174420
边 数	964895
是否有方向	TRUE
顶点属性	客户编码,流失标志
边属性(权重)	通话次数,通话时长

由于网络度量指标存在的局限性,本文引入了距离度量,并由此得到距离度量的衍生变量,因此需要将电信网内客户与网外客户交互的数据考虑进来,在原来数据的基础上增加距离度量的衍生变量。本文所构造的客户流失预测变量包含第一顺序距离度量和第二顺序距离度量下的衍生变量及网络度量指标共93个。

(二) 变量选择和探索

首先将各个指标作分区间处理,使得每个区间内的客户数量大致相同;然后计算每个区间内的客户流失率,与客户的平均流失率进行对比。如果各区间内的客户流失率与平均流失率没有明显差异,说明该指标对客户流失没有显著影响,相反就说明该指标对客户流失有显著影响。

以节点度指标为例来说明分区间后得到的数据结果,如表 3 所示:

表 3 节点度指标分区间数据结果

区间下限	区间上限	区间总人数	区间总人数占比(%)	区间流失人数	区间流失率(%)	平均流失率(%)
1	1	40359	26.76	4492	11.13	7.34
2	2	24880	16.50	2225	8.94	7.34
3	3	16750	11.11	1255	7.49	7.34
4	4	12483	8.28	797	6.38	7.34
5	6	16911	11.21	908	5.37	7.34
7	8	10639	7.05	489	4.60	7.34
9	13	13771	9.13	542	3.94	7.34
14	195	15035	9.97	358	2.38	7.34

从表 3 可以看出,节点度指标对客户流失的影响比较明显。在交际圈个数为 1 的第一个区间内,共有客户 40359 人,占到总人数的 26.76%,其中

流失人数有 4492，流失率达到 11.13%，而平均流失率只有 7.34%。对比明显的是交际圈个数在 14 个以上的最后一个区间，共有客户 15035 人，占到总人数的 9.97%，其中流失人数有 358，流失率仅为 2.38%，明显低于平均流失率。

上述结果表明，交际圈大的客户流失率比较低，而交际圈小的客户流失率较高。一方面，交际圈大的客户一般是高端客户，对电信运营商的资费不是很敏感，即使竞争对手采取一些优惠措施也不会吸引他们；另一方面，交际圈大的客户的换号成本比较高，如果流失到竞争对手处，必然要换号，不仅逐一通知其联系人比较麻烦，还容易导致某些联系人与其失去联系。相反，交际圈比较小的客户就不存在上述问题。

同样可以得到如下一些探索结果：

第一，紧密度越大，客户流失率越低。紧密度大的客户会形成与网络的紧密联系，容易接近网络中的其他客户，而紧密度小的客户不易接近网络中的其他客户，造成其较易流失。

第二，中间度越大，客户流失率越低。中间度较大的客户是信息传递的"中间人"，他们控制着信息的传播，因此流失率比较低。

第三，特征向量中心度越大，客户流失率越低。特征向量中心度越大的客户，其周围的客户往往联系比较紧密，所以流失率较低。

第四，PageRank 越大，客户流失率越低。核心客户不仅交往圈广，而且其交往圈内的客户同样重要，因此流失率较低。

第五，Burt's Constrain 越大，客户流失率越高。Burt's Constrain 越大的客户受到来自网络的约束也越大，所以流失率较高。

经统计显著性检验，本文所构建的 93 个变量中，有 21 个变量对客户流失无显著影响，予以删除，保留剩余的 72 个变量。[①]

（三）客户流失预测模型构建

由于变量众多，变量之间存在一定的相关性，考虑到主叫和被叫、通话次数加权和通话时长加权可能反映了不同的通话行为特征，决定选择降维的方法将它们的信息进行整合。

用因子分析对筛选出的 72 个变量做降维处理，用方差最大法对公因子

---

① 保留的 72 个变量见表 4。

进行旋转，保留特征值大于 1 的 13 个公因子，共提取了原始变量 80% 以上的信息。各公因子将相同类型的变量较好地聚集在了一起，表 4 根据公因子载荷对变量进行归类，并对公因子的含义做出解释。

表 4　公因子包含的变量及解释

公因子	变量	主要含义
Factor 1	Call_Closein_Flag_Wcnt Call_Closein_Flag_Wdur Call_Outnet_Per_Wcnt T_Call_Closein_Flag_Wcnt Call_Outnet_Per_Wdur T_Call_Outnet_Per_Wcnt O_Call_Outnet_Per_Wcnt T_Call_Outnet_Per_Wdur T_Call_Closein_Flag_Wdur O_Call_Closein_Flag_Wcnt O_Call_Outnet_Per_Wdur O_Call_Closein_Flag_Wdur	客户最紧密联系人是否网内客户及拨打网外电话的占比
Factor 2	Degreedur O_Call_Cdma_Dstn_Wdur Degreecnt O_Call_Cdma_Dstn_Wcnt T_Call_Cdma_Dstn_Wdur T_Call_Cdma_Dstn_Wcnt Pagerankdur Pagerankcnt Degree	客户 C 网交际圈信息
Factor 3	O_Call_Churn_Per_Wcnt O_Call_Churn_Per_Wdur Churn_Closein_Flag_Wcnt Churn_Closein_Flag_Wdur O_Churn_Closein_Flag_Wcnt O_Churn_Closein_Flag_Wdur T_Churn_Closein_Flag_Wcnt T_Churn_Closein_Flag_Wdur	客户最紧密联系人是否流失及拨打流失客户电话占比
Factor 4	Sec_Arg_Nchurn_Wdur Sec_Arg_Nchurn_Wcnt O_Sec_Arg_Nchurn_Wdur O_Sec_Arg_Nchurn_Wcnt T_Sec_Arg_Nchurn_Wcnt T_Sec_Arg_Nchurn_Wdur Sec_Arg_NChurn_Nw	客户与非流失客户群的平均第二顺序距离

续表

公因子	变量	主要含义
Factor 5	Sec_Short_Sec_Wcnt Sec_Short_Sec_Wdur T_Sec_Short_Sec_Wcnt T_Sec_Short_Sec_Wdur O_Sec_Short_Sec_Wcnt O_Sec_Short_Sec_Wdur Sec_Short_Dis_Nw	客户的最短第二顺序距离
Factor 6	Call_Close_Per_Wdur Call_Close_Per_Wcnt T_Call_Close_Per_Wdur T_Call_Close_Per_Wcnt O_Call_Close_Per_Wdur O_Call_Close_Per_Wcnt	客户与最亲密联系人通话比例
Factor 7	O_Call_Fix_Dstn_Wcnt O_Call_Fix_Dstn_Wdur Call_Fix_Dstn Call_Comp_Dstn	客户主叫固网交际圈信息
Factor 8	T_Call_Fix_Dstn_Wdur T_Call_Fix_Dstn_Wcnt	客户被叫固网交际圈信息
Factor 9	Call_Nchurn_Per_Wdur Call_Nchurn_Per_Wcnt	客户与非流失客户群通话比例
Factor 10	T_Call_Comp_Dstn_Wcnt T_Call_Comp_Dstn_Wdur O_Call_Comp_Dstn_Wcnt O_Call_Comp_Dstn_Wdur	客户网外交际圈信息
Factor 11	Bconstraint Constraintcnt Constraintdur Clustercoef	客户受其所在网络的约束
Factor 12	Betweeness Call_Cdma_Dstn Pagerank Closeness	客户在网络中的重要性
Factor 13	Churn_Sec_Nw_Flag Eigenvector O_Call_Comp_Cnt	与客户交往圈最重合者是否流失

从各公因子的含义来看，它们很好地概括了第一顺序距离、第二顺序距离和网络度量指标的含义。第一顺序距离又细分为客户不同类型交往圈、客户与最亲密联系人交互信息、客户与流失用户群交互信息等因子；第二顺序距离又细分为最短第二顺序距离、客户与非流失用户群交互信息等因子；网络度量指标又细分为客户在网络中的重要性和客户受网络的约束因子。对客户流失行为有显著影响的社会因素主要包括：

①客户社交圈的大小，反映个体社会关系的广泛程度对其行为的影响。如客户的交往圈越大，客户的流失率越低。

②客户社交圈内成员的行为，反映个体联系人的行为对其行为的影响。如客户与最亲密联系人的通话越多，客户流失率越低。

③客户社交圈的结构，反映个体所处社会关系的复杂程度对其行为的影响。如客户受社会网络的约束越大，客户流失率越高。

在因子分析的基础上，计算各个客户的公因子得分，然后用公因子得分作为输入变量建立 Logistic 回归模型，结果如表 5 所示。正如变量探索结果所显示的一样，选取的显著变量形成的公因子对客户流失行为的影响都是显著的。

表 5 Logistic 回归结果

公因子	系数	标准误	Wald 统计量	T 统计量	P 值	标准化系数
(Constant)	-3.5549	0.0185	37061.257	-192.513	0.0000	
Factor 1	0.1035	0.0149	47.9121	6.9219	0.0000	0.057
Factor 10	-0.0643	0.0172	14.0004	-3.7417	0.0002	-0.0354
Factor 11	0.2431	0.0143	289.9698	17.0285	0.0000	0.134
Factor 12	0.2873	0.0281	104.8724	10.2407	0.0000	0.1584
Factor 13	0.0543	0.0124	19.2096	4.3829	0.0000	0.0299
Factor 2	-0.3047	0.0219	193.4112	-13.9072	0.0000	-0.168
Factor 3	0.0889	0.0106	70.3067	8.3849	0.0000	0.049
Factor 4	-0.1151	0.0118	95.6015	-9.7776	0.0000	-0.0634
Factor 5	-0.1115	0.0144	60.2469	-7.7619	0.0000	-0.0615
Factor 6	-0.2434	0.0137	317.325	-17.8136	0.0000	-0.1342
Factor 7	-0.2131	0.0219	94.6946	-9.7311	0.0000	-0.1175
Factor 8	0.4942	0.0231	457.5832	21.3912	0.0000	0.2725
Factor 9	0.0992	0.0131	57.5507	7.5862	0.0000	0.0547

用公式表示 Logistic 回归模型结果如下：

$$\log\left(\frac{p}{1-p}\right) = -3.5549 + 0.1035 * Factor\ 1 - 0.3047 * Factor\ 2 + \ldots + 0.2873 * Factor\ 12$$

该公式表示公因子的变化对客户流失发生比的影响，如客户与网外客户的通话比例（Factor1）每增加一个单位，客户流失发生比会增加 0.1035 个单位。

（四）模型评估

下面对 Logistic 回归模型给出的预测结果进行评估，首先根据 Logistic 回归模型得到的每个客户的流失概率由大到小排序，并将其分成 10 等份，然后计算相应的一些评价指标以进行评估，结果如表 6 所示：

表 6　模型评估结果

分位数	客户数	流失客户数	流失率（%）	流失捕获率（%）	提升度	累积流失数	累积流失率（%）	累积流失捕获率（%）	累积提升度
1	14465	1033	7.14	21.00	2.10	1033	7.14	21.00	2.10
2	14466	821	5.68	16.69	1.67	1854	6.41	37.68	1.88
3	14465	722	4.99	14.67	1.47	2576	5.94	52.36	1.75
4	14466	596	4.12	12.11	1.21	3172	5.48	64.47	1.61
5	14465	480	3.32	9.76	0.98	3652	5.05	74.23	1.48
6	14466	386	2.67	7.85	0.78	4038	4.65	82.07	1.37
7	14465	303	2.09	6.16	0.62	4341	4.29	88.23	1.26
8	14466	264	1.82	5.37	0.54	4605	3.98	93.60	1.17
9	14465	184	1.27	3.74	0.37	4789	3.68	97.34	1.08
10	14466	131	0.91	2.66	0.27	4920	3.40	100.00	1.00

从表 6 可以看出，在按流失概率由大到小排序后的前 10% 的客户中，共有 1033 人流失，流失率达到 7.14%，占到总流失人数的 21%，是平均水平的 2.1 倍。也就是说，按照模型取流失概率比较大的前 10% 的客户可以捕捉到的流失客户数是随机选取 10% 的客户可以捕捉到流失客户数的 2 倍。虽然模型的表现不是特别突出，但已经提供给我们一些有用的信息，对影响客户行为的社会因素有了初步的了解。

另外，我们还作了模型表现的 ROC 曲线，并计算了相应的 AUC 指标，结果如图 2 所示：

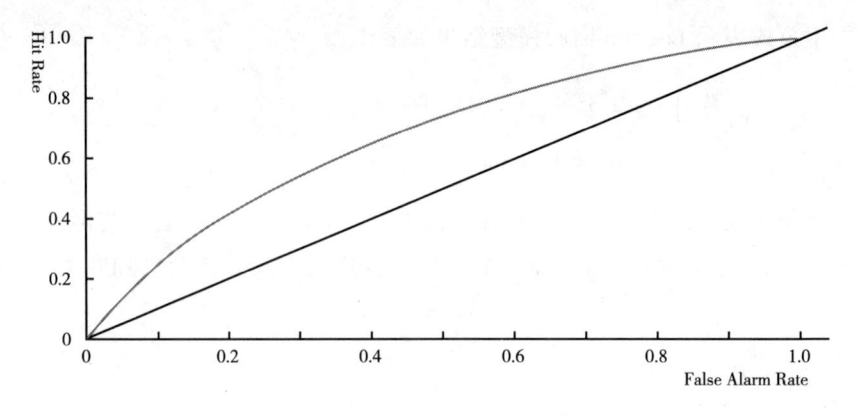

图 2　模型表现的 ROC 曲线

结　论

　　针对客户流失问题，电信运营商主要采取两方面的措施加以解决。一方面是建立客户流失预警模型，及时预测出流失倾向很大的客户，对其采取维系挽留措施，防止客户流失；另一方面是识别出电信网络中重要的有价值的客户，对其采取主动关怀措施，增加客户对网络的依赖性。根据本文的研究结论可以帮助运营商发现有流失倾向和价值重要的客户。

　　对于客户流失预测问题，可以按照本文的预测模型选取流失概率排名靠前的客户进行维系挽留。根据本文的结论：影响客户流失行为的主要社会因素包括客户社交圈的大小、客户社交圈内成员的行为和客户社交圈的结构，可以通过分析这些因素的变化找出有流失倾向的客户。例如如果发现某客户社交圈内的成员发生异常现象，预示着该客户可能会发生类似的行为，此时需要及时采取挽留措施，以免其随后流失。

　　对于识别网络中的重要客户，可以根据本文的网络度量指标进行选择。节点度比较大的客户往往比较重要，因为他们一旦离网，可能会造成整个网络的破碎。中间度比较大的客户往往是信息传递的中介者，他们的流失可能会造成两个群体信息交流的障碍。对于 PageRank 比较大的客户，不仅跟他们联系的用户比较多，并且联系用户中也是 PageRank 比较大的客户。因此 PageRank 比较大的客户意味着他们是网络中的核心客户，是电信运营商需要重点关注的对象。

本文的研究结论不仅告诉我们客户社交圈的大小、客户社交圈内成员的行为和客户社交圈的结构对客户流失行为有显著影响，而且这些因素也是现实社会中影响人们行为的主要因素，因为电信的通信网络是现实社会中人与人之间关系的一个缩影。目前许多电信运营商建立以数据仓库为基础的经营分析应用体系，其中大部分应用的是基于客户的基本属性数据。本文告诉我们客户的关系属性对客户行为的影响同样重要，因此可以考虑将客户的关系数据加入数据仓库中，完善电信的数据仓库应用，从而为电信的经营决策提供更加全面的依据。

参考文献

[1] 柳兰屏、曾煜，2003，《移动通信客户流失分析方法》，《移动通信》第4期。

[2] 王立敏、马红权、高学东，2008，《社会网络分析在电信企业客户细分中的实证研究》，《科技管理研究》第12期。

[3] 王艳辉、吴斌、王柏，2005，《电信社群网络静态几何性质分析和研究》，《复杂系统与复杂性科学》。

[4] Hungsy, Yendc, Wanghy, 2006, "Applying Data Mining to Telecom Churn Management", *Expert Systems with Application*, 31 (3).

[5] A. Nanavati, S. Gurumurthy, 2006, "On the Structural Properties of Massive Telecom Graphs: Findings and implications", ACM CIKM.

[6] Thomas Schank, Dorothea Wagner, 2005, "Approximating Clustering Coefficient and Transitivity", *Journal of Graph Algorithms and Applications*, 9 (2).

[7] Burt, R. S, 2004, "Structural Holes and Good Ideas", *American Journal of Sociology*, 110.

[8] L. Yan, M. Fission, P. Baldasare, 2005, "Predicting Customer Behavior via Calling Links", Proceedings of the International Joint Conference on Neural Networks.

文化产业的定量分析
——以新疆为例

何伦志 黄常锋 甘晓成
（新疆大学经济研究所）

引 言

"文化产业"的概念首先由 Max Horkheimer 和 Theodor Adorno 提出，它主要是指从事文化产品生产和提供文化服务的经营性行业。随着科技进步和市场经济的进一步深化，文化产业化的趋势日益显著，被学者誉为 21 世纪"朝阳产业"、"黄金产业"的文化产业在部分发达国家已经成为支柱产业（Bassett, 1993）。当然，文化产业的形成依赖于经济、技术、艺术（文化资源），这三种被依赖的要素任何一个都可能成为主导力量。随着科技进步和市场经济的进一步深化，文化产业已经成为许多城市和地区重要的经济来源。发达国家的经验表明文化产业对促进产业结构升级、经济增长有积极的作用（Gatvell, 2002）。国务院正式批准的第一批国家级非物质文化遗产名录中，新疆共有 14 项（林艺鸣，2008），国家地质公园名录中新疆有布尔津喀纳斯湖和奇台硅化木入选，中国历史名城名单中新疆有喀什和吐鲁番入围，国家级重点旅游风景区名录中有新疆的天山天池，另外首批 5A 级旅游景区创建试点单位名单中新疆有乌鲁木齐市天山天池风景区、吐鲁番市葡萄沟风景区和阿勒泰地区喀纳斯风景区[①]。由此看出新疆文化旅游资源特色鲜明、内容十分丰富。研究新疆的文化产业，以充分实现文化资源的经济价值，对新疆经济发展具有重要的作用。

---

① 数据来源于中国中央人民政府网站，http://www.gov.cn/zwgk/。

现有对文化产业的研究文献大都是从定性角度来分析的。国外，Min-Chih Yang, Woan-Chiau Hsing（2001）从狭义的文化产业角度对传统的文化产业进行了研究；Jay D. Gatrell, Neil Reid, Thomas Steiger, Bruce W. Smith 和 Michael C. Carroll（2009）对文化产业链进行了识别研究；Margaret A. Deery, Robin N. Shaw（1997），Yuko Aoyama（2007）和 George Sanders（2010）以文化产业中某一具体行业为例来进行具体分析。而国内如陈心林（2005）对新疆文化产业发展进行分析并提出了一些建议；王新忠（2008）对我国文化产业的发展现状进行了分析并提出了相应的对策建议；罗玉华（2007）运用SWOT方法分析了新疆文化产业。

与上述文献不同的是，本文从宏观角度分析新疆文化产业在当地国民经济中的地位和作用；并从最优化的视角，规划新疆的第三产业内部结构以及文化产业内部结构。本文结构如下：第一部分从产业总产出比重、产业增加比重、产业综合就业人数3个指标来分析新疆文化产业在当地国民经济中的地位和作用；第二部分在投入产出分析的基础上，结合最优规划模型来优化和调整新疆的第三产业内部结构以及文化产业内部结构；最后为本文的结论及建议。

一 新疆文化产业的地位和作用分析

（一）产业和部门划分

鉴于本文主要研究的是文化产业，所以首先对投入产出表中属于文化产业的部门进行合并。在此，国民经济的产业分类调整为：第一产业、第二产业、第三产业、文化产业。以2002年和2007年新疆以及2007年全国投入产出表为母表，按照2004年由国家统计局颁布的文化产业统计指标体系界定我国文化产业的范围，合并属于文化产业的10个部门，组成文化产业。并按相近原则把其余的部门合并为新的部门，具体划分见表1。

（二）文化产业地位和作用分析的指标

本部分主要通过产业总产出比重、产业增加比重、产业综合就业人数3个指标来分析新疆文化产业的地位和作用。其中总产出比重是指各产业的总

表1　四次产业划分和22部门划分

	新部门名称	代码		新部门名称	代码
第一产业	农业	1	第三产业	住宿和餐饮业	17
第二产业	采选业	2		金融保险业	18
	食品制造及烟草加工业	3		房地产业	19
	纺织业	4		租赁和商务服务业	20
	木材加工及家具制造业	5		科研教育卫生及社会服务业	21
	化学工业	6	文化产业	造纸及纸制品业	22
	非金属矿物制品业	7		印刷业和记录媒介复制业	
	冶金工业	8		文化用品制造业	
	机械制造业	9		玩具体育娱乐用品制造业	
	通信设备制造业	10		家用视听设备制造业	
	水电生产供应	11		工艺美术品制造业	
	建筑业	12		信息传输服务业	
第三产业	交通运输及仓储业	13		旅游业	
	邮政业	14		文化艺术广播电影电视业	
	信息传输、计算机服务和软件业	15		娱乐业	
	批发和零售贸易业	16			

产出在所有产业的总产出中所占的百分比。一般总产出比重越大,表明该部门在国民经济中的地位越重要,其数学表达式为:

$$^1W_i = o_i / \sum_{i=1}^{22} o_i \times 100\% \tag{1}$$

其中 ^1W_i 为第 i 部门的总产出比重, o_i 为第 i 部门的总产出。

产业增加值比重是指各产业的增加值在总的增加值中所占的百分比。一般产业增加值比重越大,表明该部门在国民经济中的作用越大,其数学表达式为:

$$^2W_i = w_i / \sum_{i=1}^{22} w_i \times 100\% \tag{2}$$

其中 ^2W_i 为第 i 部门的产业增加值比重, w_i 为第 i 部门的产业增加值。

产业综合就业人数,是指该产业所需要的本部门的就业人数和间接需要其他部门的就业人数的总和。一般综合就业人数越多,表明该产业解决就业的能力越强,其数学表达式为:

$$^3W_i = {}^2W_i \times m_i / o_i \times (I - A)^{-1} \tag{3}$$

其中 ^3W_i 为第 i 部门产业综合就业人数, m_i 为第 i 部门劳动者报酬, $(I-A)^{-1}$ 为投入产出表中的列昂惕夫逆矩阵。

(三) 数据处理

根据以上四次产业和 22 部门的划分，我们对新疆 2002 年、2007 年以及全国 2007 年的投入产出表中的数据进行分解、合并，最终得到 22 部门的投入产出基本流量表①。

(四) 新疆文化产业的地位和作用分析

根据上面的指标，通过 MATLAB 软件编程（王正东，2004）计算，得到新疆 2002 年、2007 年以及全国 2007 年的 22 部门总产出比重、产业增加比重、产业综合就业系数三个指标结果（见表 2、表 3 和表 4，计算结果均保留 3 位小数）。

表 2　新疆文化产业 2002 年三大指标计算结果

部门代码	总产出（亿元）	总产出比重（%）	增加值（亿元）	增加值比重（%）	综合就业人数（万人）	综合就业人数比重（%）
1	569.386	14.029	260.650	15.102	154.078	18.820
2	337.093	8.306	233.458	13.527	59.775	7.301
3	249.408	6.145	35.895	2.080	18.392	2.247
4	61.120	1.506	15.667	0.908	8.286	1.012
5	12.809	0.316	4.060	0.235	1.695	0.207
6	364.192	8.973	67.964	3.938	22.645	2.766
7	80.680	1.988	30.550	1.770	11.046	1.349
8	92.920	2.289	28.539	1.654	11.849	1.447
9	64.675	1.594	18.036	1.045	8.775	1.072
10	0.226	0.006	0.037	0.002	0.031	0.004
11	152.066	3.747	67.686	3.922	26.342	3.218
12	599.244	14.765	189.627	10.987	93.856	11.464
13	263.485	6.492	122.793	7.115	57.891	7.071
14	7.050	0.174	3.808	0.221	3.000	0.366
15	4.900	0.121	0.582	0.034	0.266	0.032
16	288.509	7.109	116.134	6.729	51.896	6.339
17	83.404	2.055	39.139	2.268	16.768	2.048
18	84.441	2.081	55.047	3.189	25.081	3.064
19	40.331	0.994	27.207	1.576	14.923	1.823
20	158.492	3.905	102.195	5.921	35.715	4.363
21	437.371	10.776	250.532	14.516	173.709	21.218
22	106.815	2.632	56.324	3.263	22.657	2.767
均值	184.483	4.545	78.451	4.545	37.212	4.545

---

① 由于篇幅的限制，整理后的 22 部门投入产出基本流量表已略。

从表 2 我们可以看出：①2002 年新疆文化产业的总产出比重为 2.632%，在 22 部门中排名第 11 位；增加值比重为 3.263%，在 22 部门中排名第 10 位；综合就业人数为 22.657 万人，在 22 部门中排名第 10 位。②文化产业的三个指标中增加值比重和综合就业人数两个指标处于前 10 名之内，总产出比重指标都处于 10 名之外，且三个指标值都低于 22 部门的平均值。这表明在 2002 年这段时间中，新疆的文化产业在国民经济中的地位和作用还不是很显著，所以新疆的文化产业的发展还有很大的上升空间和潜力。

表 3　新疆文化产业 2007 年三大指标计算结果

部门代码	总产出（亿元）	总产出比重（%）	增加值（亿元）	增加值比重（%）	综合就业人数（万人）	综合就业人数比重（%）
1	1063.462	13.036	628.718	17.482	492.559	31.073
2	1383.775	16.962	1001.467	27.846	188.285	11.878
3	261.190	3.202	68.013	1.891	35.210	2.221
4	107.232	1.314	22.323	0.621	13.832	0.873
5	21.479	0.263	4.443	0.124	1.877	0.118
6	1057.560	12.963	74.116	2.061	20.969	1.323
7	95.861	1.175	29.228	0.813	10.469	0.660
8	335.881	4.117	71.464	1.987	21.774	1.374
9	105.982	1.299	22.193	0.617	8.016	0.506
10	7.109	0.087	2.856	0.079	0.918	0.058
11	249.035	3.053	97.706	2.717	49.811	3.142
12	1066.440	13.072	249.594	6.940	114.155	7.201
13	449.444	5.509	174.548	4.853	81.410	5.136
14	10.194	0.125	4.167	0.116	3.145	0.198
15	19.362	0.237	9.960	0.277	4.479	0.283
16	288.202	3.533	201.312	5.598	68.755	4.337
17	123.417	1.513	58.232	1.619	24.177	1.525
18	206.468	2.531	158.157	4.398	55.105	3.476
19	122.238	1.498	100.458	2.793	22.575	1.424
20	160.506	1.967	50.580	1.406	20.557	1.297
21	841.728	10.318	469.836	13.064	307.177	19.378
22	181.435	2.224	97.015	2.698	39.921	2.518
均值	370.818	4.545	163.472	4.545	72.053	4.545

从表3我们可以看出：① 2007年新疆文化产业的总产出比重为2.224%，在22部门中排名第12位；增加值比重为2.698%，在22部门中排名第10位；综合就业人数为39.921万人，在22部门中排名第9位。②文化产业的三个指标中只有增加值比重和综合就业人数两个指标处于前10名之内，总产出比重指标都处于10名之外，且三个指标值都低于22部门的平均值。这表明在2007年这段时间中，新疆的文化产业在国民经济中的作用还不是很突出。③ 2007年与2002年相比，新疆文化产业的增加值从56.324亿元增加到97.015亿元，但文化产业的增加值比重却从3.263%减少到2.698%，在22部门中排名都保持第10位未变；总产出从106.815亿元增

表4 全国文化产业2007年三大指标计算结果

部门代码	总产出（亿元）	总产出比重（%）	增加值（亿元）	增加值比重（%）	综合就业人数（万人）	综合就业人数比重（%）
1	48893.000	6.088	28659.174	11.136	22232.630	22.268
2	29180.899	3.634	13799.792	5.362	4713.724	4.721
3	41790.395	5.204	10178.454	3.955	5395.584	5.404
4	43269.928	5.388	8946.247	3.476	4013.531	4.020
5	10993.931	1.369	2612.950	1.015	1123.068	1.125
6	83072.657	10.345	16344.930	6.351	5541.350	5.550
7	22804.374	2.840	6264.531	2.434	2103.425	2.107
8	78801.451	9.813	15615.684	6.068	4914.795	4.923
9	107015.259	13.326	24465.056	9.506	7772.405	7.785
10	37882.885	4.717	6241.822	2.425	1790.593	1.793
11	33773.104	4.206	9579.959	3.722	2877.451	2.882
12	62721.735	7.811	14513.451	5.639	5415.836	5.425
13	31700.111	3.948	14624.420	5.683	4440.025	4.447
14	730.757	0.091	358.439	0.139	195.560	0.196
15	2336.334	0.291	868.945	0.338	314.824	0.315
16	28832.541	3.590	17332.437	6.735	4746.330	4.754
17	14815.436	1.845	5566.721	2.163	2340.494	2.344
18	19481.024	2.426	13431.283	5.219	3736.215	3.742
19	14774.623	1.840	12319.236	4.787	1780.638	1.783
20	10161.352	1.265	3293.608	1.280	975.312	0.977
21	41041.192	5.111	19286.582	7.494	9033.730	9.048
22	38968.402	4.853	13054.882	5.073	4382.222	4.389
均值	36501.881	4.545	11698.118	4.545	4538.170	4.545

加到181.435亿元，但总产出比重却从2.632%减少到2.224%，在22部门中排名却从第11位上升到第12位；综合就业人数从22.657万人增加到39.921万人，综合就业人数比例却从2.767%减少到2.518%，在22部门中排名却从第10位上升到第9位。④虽然2007年与2002年相比，产业总产出、产业增加值、产业综合就业人数在绝对数值上都有明显的增加，但是在22部门中所占的比重却降低了，这可能是新疆文化产业的发展速度与新疆整体国民经济的发展速度相比还是比较缓慢的。

从表4我们可以看出：①2007年全国文化产业的总产出比重为4.853%，在22部门中排名第9位；增加值比重为5.073%，在22部门中排名第11位；综合就业人数为4382.222万人，在22部门中排名第11位。②文化产业的5个指标中总产出比重处于前10名之内，剩下的增加值比重和综合就业人数2个指标都处于10名之外，且3个指标中只有综合就业人数比重低于22部门的平均值，其余的2个指标值都高于22部门相应指标的平均值。这表明在2007年这段时间中，全国的文化产业在国民经济中的作用还是很突出很显著的。③通过比较新疆的文化产业和全国的文化产业可知，新疆的文化产业还未达到全国文化产业的平均水平。

二 新疆产业结构的优化

根据以上的分析可知，新疆的文化产业增加值和带动的综合就业人数与全国相比：①当前文化产业在新疆的国民经济中的作用较小、地位较低，文化产业在第三产业中的比重过小；②新疆文化产业还是以附加值较小、基础性支撑作用较强的传统文化产业为主，以污染和消耗相对较低的新型文化产业为辅。所以，我们希望新疆能在未来的发展中调整优化文化产业在第三产业中的结构比例①以及文化产业内部的结构比例，使文化产业特别是文化产业中的高附加值和低污染产业的增加值及带动的综合就业人数在新疆的国民经济增加值及带动的就业人数中所占比重增大，从而促进新疆的经济发展和社会进步。鉴于此，我们对新疆第三产业的内部结构以及文化产业的内部结构进行了优化设计，具体如下。

---

① 由于本文所划分的文化产业部门大都属于第三产业，所以调整优化文化产业在第三产业中的结构比例。

(一) 新疆第三产业内部结构优化

1. 参数说明

表5　新疆第三产业内部结构优化模型参数说明

x_i^0	规划前第三产业中的第 i 产业的增加值，$i=12,13,\ldots,22$	x_i	规划期第三产业中第 i 产业的增加值
w_i^0	规划前第三产业中的第 i 产业的综合就业人数	w_i	规划期第三产业中的第 i 产业的综合就业人数
α_3	第三产业与规划前相比总增加额增加比例的下限	α_4	第三产业与规划前相比总综合就业人数增加比例的下限
β_3	第三产业与规划前相比总增加额增加比例的上限	β_4	第三产业与规划前相比总综合就业人数增加比例的上限
$l_{\min}^2$	规划期对第三产业中投资总额的下限	$l_{\max}^2$	规划期对第三产业中投资总额的上限
γ_i^3	对第三产业中的第 i 产业的单位投入所带来的增加值增加比例	γ_i^4	对第三产业中的第 i 产业的单位投入所带来的综合就业人数增加比例
$m_{\min}^2$	规划期对第三产业中的第 i 产业投资额的下限	$m_{\max}^2$	规划期对第三产业中的第 i 产业投资额的上限
m_i	规划期对第三产业中的第 i 产业的投资额		

2. 基本假设

（1）假设对第三产业的投入总额，以及对第三产业中的每个产业投入都有范围限制。

（2）假设第三产业中每个产业的产出增加值与对其投入成正比例关系。

3. 模型的建立

我们根据上述两个假设，在投入一定的情况下，分别以文化产业增加值在第三产业增加值总额中的比重最大化、文化产业综合就业人数在第三产业综合就业总人数中的比重最大化为目标，建立模型1和模型2，以及在模型1和模型2的基础上进行综合，建立模型3，具体模型见表6。

4. 参数设计及计算结果

根据2007年新疆和全国的投入产出表，我们可以计算出文化产业在第三产业中的比重，如表7所示。

表 6　新疆第三产业内部结构优化模型

模型	模型 1	模型 2	模型 3
目标	文化产业增加值在第三产业增加值总额中的比重最大化	文化产业综合就业人数在第三产业综合就业总人数中的比重最大化	综合考虑文化产业增加值在第三产业增加值总额中的比重及文化产业综合就业人数在第三产业总人数中的比重最大化
数学表达式	$\max x_{22} \Big/ \sum\limits_{i=13}^{22} x_i$ $s.t. \begin{cases} (1+\alpha_3)\sum\limits_{i=13}^{22} x_i^0 \leqslant \sum\limits_{i=13}^{22} x_i \leqslant (1+\beta_3)\sum\limits_{i=13}^{22} x_i^0 \\ I_{\min}^2 \leqslant \sum\limits_{i=13}^{22} m_i \leqslant I_{\max}^2 \\ m_{\min}^2 \leqslant m_i \leqslant m_{\max}^2, i=12,13,\cdots,22 \\ x_i = w_i^0(1+\gamma_i^3 m_i) \Big/ \sum\limits_{i=13}^{22} m_i \\ x_i, m_i > 0, i = 12,13,\cdots,22 \\ \alpha_3, \beta_3, I_{\min}^2, I_{\max}^2, m_{\min}^2, m_{\max}^2, \gamma_i^3 \text{ 均为常数} \end{cases}$	$\max w_{22} \Big/ \sum\limits_{i=13}^{22} w_i$ $s.t. \begin{cases} (1+\alpha_4)\sum\limits_{i=13}^{22} w_i^0 \leqslant \sum\limits_{i=13}^{22} w_i \leqslant (1+\beta_4)\sum\limits_{i=13}^{22} w_i^0 \\ I_{\min}^2 \leqslant \sum\limits_{i=13}^{22} m_i \leqslant I_{\max}^2 \\ m_{\min}^2 \leqslant m_i \leqslant m_{\max}^2, i=12,13,\cdots,22 \\ w_i = w_i^0(1+\gamma_i^4 m_i) \Big/ \sum\limits_{i=13}^{22} m_i \\ w_i, m_i > 0, i=12,13,\cdots,22 \\ \alpha_4, \beta_4, I_{\min}^2, I_{\max}^2, m_{\min}^2, m_{\max}^2, \gamma_i^4 \text{ 均为常数} \end{cases}$	$\max x_{22} + w_{22}$ $s.t. \begin{cases} (1+\alpha_3)\sum\limits_{i=13}^{22} x_i^0 \leqslant \sum\limits_{i=13}^{22} x_i \leqslant (1+\beta_3)\sum\limits_{i=13}^{22} x_i^0 \\ (1+\alpha_4)\sum\limits_{i=13}^{22} w_i^0 \leqslant \sum\limits_{i=13}^{22} w_i \leqslant (1+\beta_4)\sum\limits_{i=13}^{22} w_i^0 \\ x_i = x_i^0(1+\gamma_i^3 m_i) \Big/ \sum\limits_{i=13}^{22} m_i \\ w_i = w_i^0(1+\gamma_i^4 m_i) \Big/ \sum\limits_{i=13}^{22} m_i \\ I_{\min} \leqslant \sum\limits_{i=13}^{22} m_i \leqslant I_{\max} \\ m_{\min} \leqslant m_i \leqslant m_{\max}, i=12,13,\cdots,22 \\ x_i, w_i, m_i > 0, i=12,13,\cdots,22 \\ \alpha_3, \alpha_4, \beta_3, \beta_4, I_{\min}, I_{\max}, m_{\min}, m_{\max}, \gamma_i^3, \gamma_i^4 \text{ 均为常数} \end{cases}$

表7 2007年新疆和全国文化产业在第三产业中的三大指标计算结果

产业部门		总产出（亿元）	总产出比重(%)	增加值（亿元）	增加值比重(%)	综合就业人数（万人）	综合就业人数比重(%)
新疆	第三产业	2402.99	29.46	1324.27	36.82	627.30	39.57
	文化产业	181.435	7.55	97.015	7.33	39.921	6.36
全国	第三产业	202841.77	25.26	100136.55	38.91	31945.35	32.00
	文化产业	38968.40	19.21	13054.88	13.04	4382.22	13.72

以上文所建立的模型为基础，利用LINGO9.0进行编程，其中参数 $\alpha_3 = \alpha_4 = 0.1$，$\beta_3 = \beta_4 = 2$，$m_{min}^2 = I_{min}^2/20$，$m_{max}^2 = I_{max}^2/5$，$\gamma_i^3 = 1.5$，$\gamma_i^4 = 2$。同时结合表7中的数据，计算得到如下三种方案下的最优选择，具体见表8。

表8 三种方案下的新疆文化产业在第三大产业中结构优化结果

单位：亿元

模型	投资总额范围 方案		方案1 [300,500]		方案2 [400,600]		方案3 [500,700]	
模型1	文化产业	投资额及所占比例	100.00	33.33%	120.00	30.00%	140.00	28.00%
		增加值及所占比例	145.52	9.93%	140.67	9.62%	137.76	9.44%
	其他产业	投资额及所占比例	200.00	66.67%	280.00	70.00%	360.00	72.00%
		增加值及所占比例	1320.65	90.07%	1320.86	90.38%	1321.33	90.56%
模型2	文化产业	投资额及所占比例	100.00	33.33%	120.00	30.00%	140.00	28.00%
		综合就业人数及所占比例	66.54	9.32%	63.87	8.98%	62.28	8.77%
	其他产业	投资额及所占比例	200.00	66.67%	280.00	70.00%	360.00	72.00%
		综合就业人数及所占比例	647.48	90.68%	647.69	91.02%	647.92	91.23%
模型3	文化产业	投资额及所占比例	100.00	33.33%	120.00	30.00%	140.00	28.00%
		增加值及所占比例	145.52	9.93%	140.67	9.62%	137.76	9.44%
		综合就业人数及所占比例	66.54	9.32%	63.87	8.98%	62.28	8.77%
	其他产业	投资额及所占比例	200.00	66.67%	280.00	70.00%	360.00	72.00%
		增加值及所占比例	1320.65	90.07%	1320.86	90.38%	1321.33	90.56%
		综合就业人数及所占比例	647.48	90.68%	647.69	91.02%	647.92	91.23%

从表8可以看出：①在方案1中，总投资额为300亿~500亿元时，模型1至模型3对文化产业和其他产业的投资额相同，分别为100亿元和200

亿元，所占投资比例分别为33.33%、66.67%；带来的总增加值为1466.17亿元，其中文化产业带来的总增加值为145.52亿元；带动的总就业人数为714.02万人，其中文化产业带动的就业人数为647.48万人；②在方案2中，总投资额为400亿~600亿元时，模型1至模型3对文化产业和其他产业的投资额也相同，分别为120亿元、280亿元，所占投资比例分别为30%、70%；带来的总增加值为1461.53亿元，其中文化产业带来的总增加值为140.67亿元；带动的总就业人数为711.56万人，其中文化产业带动的就业人数为647.69万人；③在方案3中，总投资额为500亿~700亿元时，模型1至模型3对文化产业和其他产业的投资额相同，分别为140亿元、360亿元，所占投资比例分别为28%、72%；带来的总增加值为1459.09亿元，其中文化产业带来的总增加值为137.76亿元；带动的总就业人数为710.20万人，其中文化产业带动的就业人数为647.92万人。

权衡上面三种方案，我们认为方案1比较好，最少的投入能够带来最大的回报。

在上面研究的基础之上，本文将进一步研究新疆文化产业的内部结构优化。

（二）新疆文化产业内部结构优化

1. 参数说明

表9列出新疆文化产业内部结构优化模型参数。

表9　新疆文化产业内部结构优化模型参数说明

x_j^0	规划前文化产业中的第j产业的增加值，$j=1,\ldots,10$	m_j	规划期对文化产业中的第j产业的投资额
w_j^0	规划前文化产业中的第j产业的综合就业人数	w_j	规划期对文化产业中的第j产业的综合就业人数
$I_{\min}^3$	规划期对文化产业中投资总额的下限	$I_{\max}^3$	规划期对文化产业中投资总额的上限
γ_j^5	对文化产业中的第j产业的单位投入所带来的增加值增加比例	γ_j^6	对文化产业中的第j产业的单位投入所带来的综合就业人数增加比例
$m_{\min}^3$	规划期对文化产业中的第j产业投资额的下限	$m_{\max}^3$	规划期对文化产业中的第j产业投资额的上限

2. 基本假设

（1）对文化产业投入总额，以及对文化产业中每个产业投入都有范围限制。

（2）假设文化产业中每个产业的产出增加值与对其投入成正比例关系。

3. 模型的建立

我们根据上述两个假设，在投入一定的情况下，分别以文化产业增加值在第三产业增加值总额中的比重最大化、文化产业综合就业人数在第三产业综合就业总人数中的比重最大化为目标建立模型1和模型2（见表10）。

表10　新疆三大产业结构优化模型

模型	模型1	模型2
目标	文化产业增加值最大化	文化产业综合就业人数最大化
数学表达式	$\max \sum_{j=1}^{10} x_j$　s.t. $\begin{cases} I_{\min}^3 \leq \sum_{j=1}^{10} m_j \leq I_{\max}^3 \\ m_{\min}^3 \leq m_j \leq m_{\max}^3, j=1,\cdots,10 \\ x_j = x_j^0 (1+\gamma_j^5 m_j / \sum_{j=1}^{10} m_j) \\ x_j, m_j > 0, j=1,\cdots,10 \\ I_{\min}^3, I_{\max}^3, m_{\min}^3, m_{\max}^3, \gamma_j^5 均为常数 \end{cases}$	$\max \sum_{j=1}^{10} w_j$　s.t. $\begin{cases} I_{\min}^3 \leq \sum_{j=1}^{10} m_j \leq I_{\max}^3 \\ m_{\min}^3 \leq m_j \leq m_{\max}^3, j=1,\cdots,10 \\ w_j = w_j^0 (1+\gamma_j^6 m_j / \sum_{j=1}^{10} m_j) \\ w_j, m_j > 0, j=1,\cdots,10 \\ I_{\min}^3, I_{\max}^3, m_{\min}^3, m_{\max}^3, \gamma_j^6 均为常数 \end{cases}$

4. 参数设计及计算结果

根据2007年新疆和全国的投入产出表，我们可以计算出文化产业内部的比重，如表11所示。

表11　新疆2007年文化产业内部增加值及综合就业人数计算结果

部门	增加值（万元）	增加值比重（%）	综合就业人数（万人）	综合就业人数比重（%）
造纸及纸制品业	49723.96	5.08	2.328	5.79
印刷业和记录媒介的复制业	37954.64	3.88	1.589	3.95
文化用品制造业	1176.49	0.12	0.058	0.14
玩具体育娱乐用品制造业	8496.60	0.87	0.245	0.61
家用视听设备制造业	1158.76	0.12	0.033	0.08
工艺美术品制造业	13323.76	1.36	0.401	1.00
信息传输服务业	641747.67	65.57	22.013	54.78
旅游业	46249.33	4.73	2.489	6.19
文化艺术和广播电影电视业	138362.84	14.14	9.671	24.07
娱乐业	40455.06	4.13	1.359	3.38

以上文所建立的模型为基础,利用 LINGO9.0 进行编程,其中参数 $m_{\min}^3 = I_{\min}^3/20$, $m_{\max}^3 = I_{\max}^3/5$, $\gamma_i^5 = 1.5$, $\gamma_i^6 = 2$。同时结合表 11 中的数据,计算得到如下三种方案下的最优选择[①]。

根据三种方案下的最优选择可知,①在三种方案下,模型 1 至模型 3 均对文化产业中的信息传输服务业的投入最多,在方案 1 中总投资额为 52.5 亿元,其中对信息传输服务业投资额为 30 亿元,占对文化产业总投资额的 57.14%,模型 1 中信息传输服务业的增加值有 119.18 亿元,占文化产业增加值比重的 76.75%,模型 2 中信息传输服务业带动的综合就业人数为 47.17 万,占文化产业带动的综合就业人数的 70.33%;在方案 2 中总投资额为 80 亿元,其中对信息传输服务业投资额为 36 亿元,占对文化产业总投资额的 45%,模型 1 中信息传输服务业的增加值有 107.49 亿元,占文化产业增加值比重的 73.73%,模型 2 中信息传输服务业带动的综合就业人数为 41.82 万,占文化产业带动的综合就业人数的 65.61%;在方案 3 中总投资额为 110 亿元,其中对信息传输服务业投资额为 42 亿元,占对文化产业总投资额的 38.18%,模型 1 中信息传输服务业的增加值有 100.93 亿元,占文化产业增加值比重的 71.76%,模型 2 中信息传输服务业带动的综合就业人数为 38.82 万,占文化产业带动的综合就业人数的 62.55%。②在方案 1 至方案 3 中,对旅游业,娱乐业,造纸及纸制品业,印刷业和记录媒介的复制业,文化用品制造业,玩具体育娱乐用品制造业,家用视听设备制造业,工艺美术品制造业的投资额相同,分别为 2.5 亿元,4.0 亿元,5.5 亿元,在方案 1 至方案 3 中对文化艺术和广播电影电视业分别为 2.5 亿元,12 亿元,24 亿元;在方案 1 中旅游业,娱乐业,文化艺术和广播电影电视业,造纸及纸制品业,印刷业和记录媒介的复制业,文化用品制造业,玩具体育娱乐用品制造业,家用视听设备制造业,工艺美术品制造业的增加值分别为 4.96 亿,14.82 亿,4.33 亿,5.33 亿,4.07 亿,0.13 亿,0.91 亿,0.12 亿,1.43 亿元;带动的综合就业人数分别为 2.73 万,10.59 万,1.49 万,2.55 万,1.74 万,0.06 万,0.27 万,0.04 万,0.44 万人;在方案 2 中各产业的增加值分别为 4.97 亿,16.95 亿,4.35 亿,5.35 亿,4.08 亿,0.13 亿,0.91 亿,0.12 亿,1.43 亿元;带动的综合就业人数分别为 2.74 万,12.57 万,1.49 万,2.56 万,1.75 万,0.06 万,0.27 万,0.04 万,0.44

---

① 由于篇幅的限制,本文略去了具体计算过程。

万人；在方案3中各产业的增加值分别为4.97亿，18.36亿，4.35亿，5.35亿，4.08亿，0.13亿，0.91亿，0.12亿，1.43亿元；带动的综合就业人数分别为2.73万，13.89万，1.49万，2.56万，1.75万，0.06万，0.27万，0.04万，0.44万人。

综上分析，我们认为方案1比较好，最少的投入能够带来最大的回报，而且加大对文化产业中的文化艺术和广播电影电视业、旅游业、娱乐业、造纸及纸制品业的投入将会带来更大的经济利益和社会效益。

结论及建议

（一）结论

本文依据产业总产出比重、产业增加比重、产业综合就业人数3个指标，以2002年和2007年的新疆投入产出表以及2007年全国的投入产出表为基础，以全国的文化产业为参照，实证分析了新疆文化产业的地位和作用；并在投入产出分析的基础上，结合最优规划模型来优化和调整新疆的第三产业内部结构以及文化产业内部结构。根据研究分析，得出的结论主要有：

第一，当前，新疆还是以第二产业为主导，文化产业在国民经济中的作用还较小，地位相对较低，这意味着新疆与文化强区的目标之间还有较大距离。同时新疆文化产品的生产和服务对工业和服务业的依赖程度较大。

第二，新疆的文化产业的发展水平还未达到全国文化产业的平均水平，虽然新疆的文化产业还在发展，但是发展的速度与新疆整体国民经济的发展速度相比还是较缓慢。

第三，新疆文化产业中对国民经济的其他部门所产生的需求拉动作用较小而推动支撑作用却比较大的产业，如造纸及纸制品业、印刷业和记录媒介复制业、文化用品制造业已经在当地的文化产业中占据了主要地位。这表明当前新疆的文化产业还是以附加值较小、基础性支撑作用较强的传统文化产业为主。

第四，新疆文化产业中对国民经济的其他部门所产生的需求拉动作用较大而推动支撑作用却较小的产业，如工艺美术品制造业、家用视听设备制造业和旅游业也已在当地的文化产业中形成一定规模。因此在新疆的文化产业发展战略中应该继续发展这些对国民经济带动性较强的产业。同时还要充分发展对这些产业支撑性作用较大的化学工业、交通运输及仓储业，以便进一步为新疆的文化产业发展提供支持。

第五，新疆的第三产业结构以及文化产业的内部结构需要进行适当的调整，以实现最佳的经济利益和社会效益。

（二）建议

当前新疆文化产业在国民经济中的地位和作用相对全国的平均水平，还是比较低的。这意味着作为黄金产业的文化产业，对于新疆来说还有很大的发展空间，应该从以下几个主要方面进行改进。

第一，增大对文化产业的投资力度，同时拓宽文化产业的投融资渠道，为文化产业的发展提供资金支持。

第二，调整第三产业的结构及文化产业的内部结构，使得产业之间及产业内部的结构更加科学合理。

第三，学习借鉴国外发达国家及国内发达省（自治区、直辖市）文化产业发展的成功经验，同时吸取它们在文化产业发展过程中的失败教训，以达到为当地文化产业发展服务之目的。

第四，以新疆的特色文化和民族风情为依托，进一步开发新疆的文化资源，形成一条科学合理的文化产业链。

参考文献

[1] 林艺鸣，2008，《新疆文化资源的产业开发和保护》，《新疆大学学报》（哲学·人文社会科学版）第2期。

[2] 王新忠，2008，《我国文化产业发展现状及对策分析》，《经济师》第2期。

[3] 陈心林，2005，《关于新疆文化产业发展的思考》，《中央民族大学学报（哲学社会科学版)》第6期。

[4] 罗玉华，2007，《新疆文化产业SWOT分析及发展对策》，《商场现代化》第21期。

[5] 新疆维吾尔自治区统计局投入产出办公室，2004，《新疆2002年投入产出表》。

[6] 新疆维吾尔自治区统计局投入产出办公室，2010，《新疆2007年投入产出表》。

[7] 《全国2007年投入产出表》，2009，中国统计出版社。

[8] 王正东:《数学软件与数学实验》,2004,科学出版社。

[9] Max Horkheimer, Theodor W. Adorno, 2002, *Dialectic of Enlightenment*, California: Stanford University.

[10] Bassett, K., 1993, "Urban Cultural Strategies and Urban Regeneration: A Case Study and Critique", *Environment and Planning*, A (25): 1773 – 1778.

[11] Gatrell, J., Reid, N., 2002, "The Cultural Politics of Economic Development: The Case of Toledo Jeep", *Tijdschrift voor Economische en Sociale Geografie*, (93), 397 – 411.

[12] Min-Chih Yang, Woan-Chiau Hsing, 2001, "Kinmen: Governing the Culture Industry City in the Changing Global Context", *Cities*, (29) 77 – 85.

[13] Jay D. Gatrell, Neil Reid, Thomas Steiger, Bruce W. Smith, Michael C. Carroll, 2009, "'Value' -chains: Identity, Tradition, and Ohio's Flori (culture) Industry", *Applied Geography*, (29) 346 – 357.

[14] George Sanders, 2010, "The Dismal Trade as Culture Industry", *Poetics*, (38) 47 – 68.

[15] Margaret A. Deery, Robin N. Shaw, 1997, "An Exploratory Analysis of Turnover Culture in the Hotel Industry in Australia", *Hospitality Management*, (16) 375 – 392.

[16] Yuko Aoyama, 2007, "The Role of Consumption and Globalization in A Cultural Industry: The Case of Flamenco", *Geoforum*, (38) 103 – 113.

我国高房价形成的影响因素及对策研究[*]

赵振全 谷家奎 程浩

(吉林大学数量经济研究中心 吉林大学商学院)

引 言

  1998年启动以货币化为导向的房地产分配体制改革以来，房地产业获得了迅速发展，逐步成为国民经济的基础性、先导性和支柱性产业。然而随着商品房价格的不断上涨，房价的增长速度远远超过人均收入的增长速度，高房价也已经成为房地产业进一步发展的障碍。1998年第一季度，我国商品房平均销售价格为2124.352元/平方米，而2010年第一季度商品房平均销售价格为5192.918元/平方米，上涨幅度高达144.45%。尽管商品房销售价格指数和居民消费价格指数的变动趋势基本一致，但在数值上商品房销售价格指数远大于居民消费价格指数（见图1）。

  2010年第一季度，以央企为主的"地王"频频出手，直接加剧了人们对房地产价格上涨的预期，导致房地产价格上涨幅度超过11%。房地产价格过快上涨，已引起广大人民群众的日益关注和国家的严重关切。什么样的价格才是房地产合理价格？房地产合理价格受哪些主要因素影响？这些问题正是本文试图探讨的问题。

---

[*] 本文得到2008年教育部重大项目（08JJD790153）、2007年教育部重大项目（07JJD790131）资助。

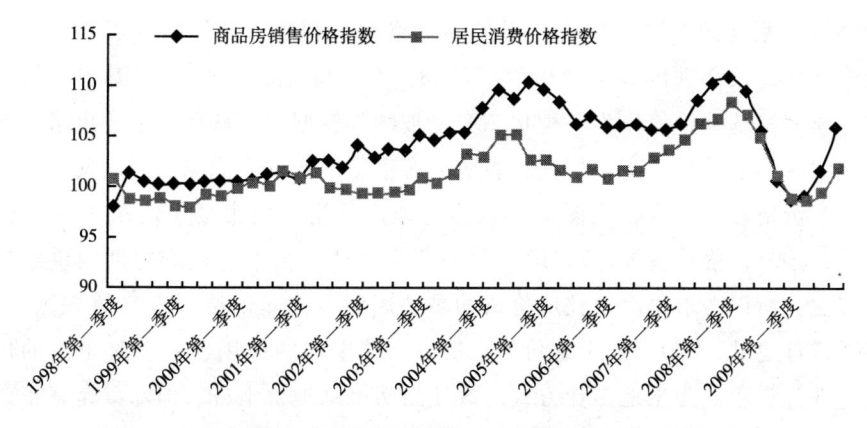

图1 1998~2009年中国商品房销售价格指数和居民消费价格指数

一 国内外研究综述

国外很多学者围绕房地产价格及影响因素进行了不同的研究，从不同角度建立相应模型探讨了有关方面的问题。Abraham 和 Hendeshortt 开发的一个考虑滞后过程在内的住宅价格变化模型，揭示了住宅价格上涨与住宅建设成本、就业率和收入直接有关；Dipasquale 和 Wheaton 对住宅租金和住宅价格进行了扩展性研究，得到了著名的存量—流量模型，模型说明了提供住宅服务的房地产物业市场与提供住宅存量的房地产资产市场如何通过租金、价格、新建数量以及住宅存量等变量的变动而向均衡调整；Nigel Pain 和 Peter Westaway 建立了一个基于消费量本身的住宅需求模型，将业主自住率作为一项附加回归量纳入模型，找到了住宅需求关系中消费一致性的长期系数；Geoff Kenny 用一套清楚区分了长期和短期的经济变量，分析了爱尔兰住宅市场中长期住宅市场中的供给和需求的关系，研究表明收入增加会引起住宅价格的上涨，并对住宅需求有一定比例的增加，抵押贷款利率对长期住宅需求产生重要的负影响，住宅价格对建设成本（包括土地成本）存在一个稳定的比例。

国内方面，刘莉亚、苏毅（2005）建立了一个决定房地产价格的模型，运用协整理论计算出上海市房地产市场均衡价格，指出 2002 年 7 月之后真实房地产价格不断偏离均衡价格，房地产市场可能存在泡沫。中国人民银行海口中心支行课题组（2008）认为总体来看 2005 年底以前的海南省房地产市场是不够健康的，实际价格低于均衡价格，对经济发展的促进作用很小，

2006年之后房地产价格尽管高于均衡价格但是刺激了经济的发展，房地产价格还是比较合理的。韩冬梅等（2008）建立了商品房供给与需求的状态空间模型，基础价值作为一种状态变量被纳入模型中，从而对上海市房地产价格泡沫问题进行了实证研究，表明上海市房地产价格泡沫已经出现。关于房地产价格影响因素，很多学者认为房地产价格是由市场供需决定的（张宏斌，2001；蔡兵备等，2001）。但一些学者认为由于房地产短期内供给缺乏弹性，所以需求是决定住房价格的主要因素，而非供给因素（姚先国等，2001；肖建月，2005）。土地价格在房价上涨中起的作用也一直是争论的焦点。部分学者认为土地出让方式的改变虽然推动地价上升，但那只是真正市场地价的释放，地价的上涨对于房价上涨没有直接关系（刘允洲，2001；牟小苏，2006）。刘琳、刘洪玉（2003）通过对地价与房价数量关系的分析得出：地价与房价成线性正相关关系，影响它们的关系的主要因素是税费率、建筑成本和容积率。张红、李文诞（2001）利用价格模型对北京商品住宅价格进行了实证分析，发现住宅实际建造成本和实际国内生产总值对住宅价格的变动有显著影响；沈悦、刘洪玉（2004）对中国14个城市1995~2002年住房价格与经济基本面进行关系分析，城镇居民家庭人均可支配收入、总人口、失业率等变量对住房价格影响显著。

二 我国高房价的剖析

（一）我国的房价泡沫

近几年我国房地产价格涨速很快，形成了显著的房地产泡沫。房价决定于房地产供给和需求的均衡，影响房地产供给和需求的因素很多。影响房地产供给的主要因素当属房产的建造成本，特别是土地的价格；而影响房地产需求的主要因素是可用于购买房产的居民可支配收入和在房地产上的投资和投机资金。前者是体现房地产的基本消费需求，它决定了房地产的基础价值，而后者资金规模过大则会产生相应程度的房地产价格泡沫，因此房地产的实际价格应该围绕其基础价值变化。赵振全等（2010）通过利用相关数据建立了一个房地产需求和供给的状态空间模型，测算了房地产基础价值。研究结果表明商品房的实际价格和基础价值都呈现出上升的趋势，但商品房基础价值上升的波动性要明显小于商品房实际价格的波动性，商品房实际价格的增长率明显高于商品房基础价值的增长率，商品房实际价格对商品房基础价值的偏离率越来越大（见图2，图3），经平稳性检验偏离率呈现一阶单整而不是平稳序列。2010年第一季度的时候，商品房实际价格对基础价值的偏离率甚至达到了60.8%，由此可见我国房地产实际价格已经出现了一定程度的泡沫。

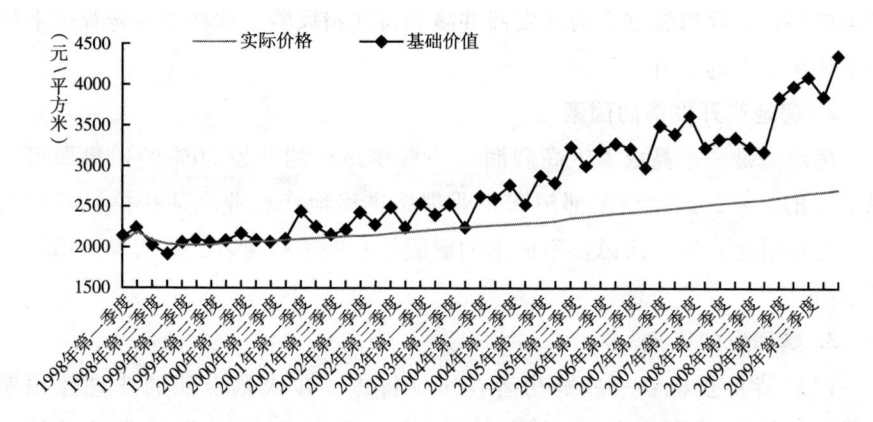

图2　1998～2009年中国商品房实际价格和基础价值

注：数据为全国平均值。

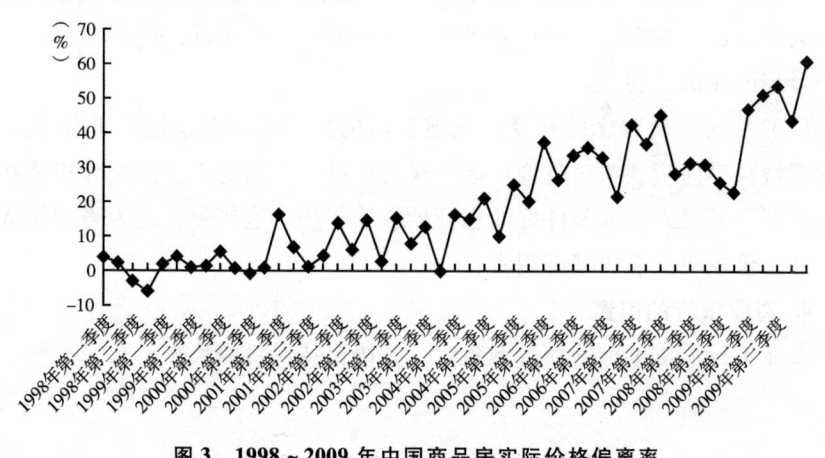

图3　1998～2009年中国商品房实际价格偏离率

注：数据根据全国平均值计算。

（二）房价过快上涨的原因

我国房价形成的原因是多方面的，多种因素共同推动了房价过快上涨，并且居高不下。以下从主要参与者的行为和心理因素分析我国房地产供需关系和房地产价格形成过程。

1. 各级政府的因素

虽然国务院实施了一系列的抑制房价过快上涨的政策，但是实施困难，效果并不理想。例如，各级政府通过卖地赢得 GDP 和财政收入的业绩；在卖地中寻租，政府管理人与开发商共赢利益共担风险。这些在一定程度上推动了住房成本的上升。

2. 房地产开发商的因素

房地产是一个高成本、高利润（一些房地产的开发 20% 的销售即可以保本）的行业，因此很多部门和企业都挤进房地产行业，某些投机开发商甚至通过捂盘、制造房源供不应求的虚假信息诱惑购房者，从而导致房价不断推高。

3. 购房者的因素

（1）待价投机：一些购房者在房价将进一步大幅上涨的非理性预期引导下购房，甚至高价购买第二、三套房等待房价继续上涨以投机盈利。

（2）住房需求：中低收入者是住房的需求者，但面对如此高企的房价他们大多数也只能望房兴叹；对于已有住房而需要改善的住房者，高房价抑制了合理的住房改善。

（3）住房消费观念的转变：当前我国的住房消费观念刚刚开始从老一代的攒钱买房向贷款买房过度。老一代为帮助子女买房不惜倾全部积蓄甚至负债借钱，年轻人收入条件好的也开始贷款买房，这些资金成为当前保持高房价和房价较快上涨的基础因素。

4. 商业银行的因素

商业银行从贷款出路和盈利角度，希望保持房价的稳步上涨。

三 我国房价影响因素的实证分析

（一）影响我国房价的因素分析的实证模型选择

在考虑我国合理房价的影响因素分析模型时，本文主要选取影响房价需求和供给的主要因素，即居民人均可支配收入和房地产的建造成本。由于房价、居民人均可支配收入和房地产的建造成本是一个地域和时间相交叉的概念，随着地区的不同和时间的推移会有很大差异，因此本文选择面板数据模型对我国房价进行影响因素分析。考虑到数据可能存在的非平稳性，首先对所要研究的面板数据进行单位根检验。为了避免使用单一方法造成缺陷产生，分别选择相同根情形下的 LLC（Levin – Lin – Chu）检验和不同根情形下的 Fisher – ADF 检验。

面板数据模型一般可以建立两类模型：从个体成员角度考虑，建立含有 N 个个体成员方程的面板数据模型；在时间点截面，建立含有 T 个时间截面方程的面板数据模型。本文只估计前一种模型，即 N 个个体成员方程的面板数据模型，该模型通常有三种形式，包括不变参数模型，变截距模型，变参数模型。其分别表示如下：

$$Y_{it} = \alpha + X_{it}\beta + \mu_{it}, t = 1,2,\cdots,T, i = 1,2,\cdots,N \tag{1}$$

$$Y_{it} = \alpha_i + X_{it}\beta + \mu_{it}, t = 1,2,\cdots,T, i = 1,2,\cdots,N \tag{2}$$

$$Y_{it} = \alpha_i + X_{it}\beta_{it} + \mu_{it}, t = 1,2,\cdots,T, i = 1,2,\cdots,N \tag{3}$$

具体采用哪种模型需要采用协方差检验来确定，其中协方差检验需设定两个假设：

$$H_1 : \beta_1 = \beta_2 = \cdots = \beta_N$$

$$H_2 : \alpha_1 = \alpha_2 = \cdots = \alpha_N, \beta_1 = \beta_2 = \cdots = \beta_N$$

在假设 H_2 下统计量

$$F_2 = \frac{(S_3 - S_1)/[(N-1)(K+1)]}{S_1/[NT - N(K+1)]}$$

服从 $F[(N-1)(K+1), N(T-K-1)]$ 分布，在假设 H_1 下统计量

$$F_1 = \frac{(S_2 - S_1)/[(N-1)K]}{S_1/[NT - N(K+1)]}$$

服从 $F[(N-1)K, N(T-K-1)]$ 分布。其中 N 代表个体数，T 代表时间数，K 代表解释变量个数，S_1、S_2 和 S_3 分别代表（3）、（2）和（1）式的残差平方和。若统计量 F_2 不小于给定置信度下的相应临界值，则拒绝 H_2，继续检验 H_1，反之采用模型 1，若统计量 F_1 的值不小于给定置信度下相应的临界值，则拒绝 H_1 采用模型 3，反之采用模型 2。

(二) 实证检验和分析

1. 数据来源

为了反映我国房地产价格与居民收入和房地产建造成本之间的关系，论文选择房地产价格 P_t 为被解释变量，居民人均可支配收入 Y_t 和房地产竣工造价 Q_t 为解释变量，建立面板数据模型。

根据数据的可得性，文中数据时间选择为 1998～2008 年，所选取的省（自治区、直辖市）包括我国的北京、上海、天津等，除我国香港、澳门、台湾地区外的 31 个省（自治区、直辖市）。数据来源于国家统计局和中国统计年鉴，采用年度数据。

2. 模型检验分析

（1）面板数据的单位根检验。

对 P、Y 和 Q 采用 LLC 和 ADF 单位根检验，其检验类型根据其图形特征观察可得，最优滞后期选择根据 AIC 准则选取。如表 1 所示，通过 LLC 检验和 ADF 单位根检验得出，变量 P 和 Q 是一阶平稳的，而变量 Y 则是二阶平稳的。

表 1　面板数据单位根检验结果

变量	LLC 统计量	LLC P 值	ADF 统计量	ADF P 值
P	17.7591	1.0000	4.45810	1.0000
ΔP	-3.55710	0.0002	89.3617	0.0130
Y	44.1386	1.0000	0.03112	1.0000
ΔY	4.59119	1.0000	12.7733	1.0000
$\Delta^2 Y$	-17.1039	0.0000	203.109	0.0000
Q	8.63719	1.0000	149.787	1.0000
ΔQ	-11.9530	0.0000	185.243	0.0000

（2）模型的估计检验。

根据本论文所用面板数据可知 $N=31$，$T=11$，$K=2$。首先分别计算 3 种形式的模型，变参数模型、变截距模型和不变参数模型，在每个模型的回归统计量里可以得到相应的残差平方和。通过 Eviews 软件得到 $S_1 = 16192582$，$S_2 = 44729994$ 和 $S_3 = 1.09E+08$。计算得到 $F_1 = 7.28$，$F_2 = 15.79$。在 5% 的显著性水平下，得到 F 分布的相应的临界值 $F_{0.05}$（60，

248) = 1.32, $F_{0.05}$ (90, 248) = 1.24。通过比较得到 $F_2 > F_{0.05}$ (90, 248) 拒绝 H_2 假设, 又 $F_1 > F_{0.05}$ (60, 248), 于是选择模型3的形式, 即采用变参数模型

$$Y_{it} = \alpha_i + X_{it}\beta_{it} + \mu_{it}, t = 1,2,\cdots,T, i = 1,2,\cdots,N$$

采用固定影响变参数模型得到如下估计式:

$$p_{it} = \alpha + \alpha_i + \beta_i y_{it} + \gamma_i q_{it} + \varepsilon_{it}, t = 1,2,\cdots,10\ i = 1,2,\cdots,30$$

$$p_{it} = -369.2225 + \alpha_i + \beta_i y_{it} + \gamma_i q_{it} + \varepsilon_{it}$$

$$(-2.779747)$$

为了对比主要地区的房价及其影响因素的差异, 选择了北京、上海、天津、重庆、浙江、吉林等6省(直辖市)的面板数据, 模型估计结果列入表2。

表 2　部分城市面板数据模型估计结果

省　份	α	β	γ
北　京	-6504.957	0.208681	4.836974
上　海	-1110.900	0.267114	0.818801
天　津	35.25277	0.262343	0.302555
重　庆	364.8073	0.109895	0.716980
浙　江	-2350.913	0.111955	2.889668
吉　林	1144.940	0.106262	0.086587

表2的结果表明所选各地的居民人均可支配收入水平对房地产价格的影响差异并不十分大, 但可以看出各地的房地产价格与其居民收入水平是密切相关的。而房地产的建造成本对房地产价格的影响差异却十分明显, 显见各地的土地价格在推动房价的上升方面起了重大作用。

结　论

根据本文的研究, 为了实现房地产的合理价格, 要继续完善和落实房地产价格调控政策, 与此同时要注重长远的制度建设, 建立健全房地产市场体系, 做到标本兼治, 为更好地进行房地产价格调控创造条件。中国高房价的根本问题在于提高住房的有效需求, 根本对策在于较快地推高居民可支配收

入而控制房价上涨速度,实现收入相对房价的较快提高。针对我国的现实状况,提出以下建议:

第一,推进房产税征收由试点城市向全国推广,制定合理的税率和相应补贴。

第二,无论满足人民生活需要还是促进经济增长、满足就业,都必须继续促进我国房地产这一产业的发展,当前最重要的是从满足人们住房需求的角度发展不同需求层次的住房生产,特别是中低档次的住房建设和经济适用房的建设。

第三,实现房价的结构性控制,根据不同收入阶层的可支配收入水平调整不同层次的住房价格,实现有30年稳定工作收入能买到相应的住房。同时发展一定规模的租用房,使暂时不能买房者能租得起住房。

第四,将尽快提高居民可支配收入水平和抑制房价过快上涨相结合,通过人均可支配收入水平增长的速度较大地高于房价上涨速度逐步调整目前房价与收入水平的差距,在动态过程中实现我国的合理房价和房地产的供需均衡及房地产行业的健康发展。

第五,通过货币政策和财政政策的调整,合理支持房地产行业发展的资金需求,同时实现行业经营者的合理的盈利水平和金融机构的合理投资收益,控制金融机构的金融风险。

参考文献

[1] 赵振全、谷家奎、程浩,2010,《我国的合理房价及影响因素》,《数量经济研究》第9期。

[2] 韩冬梅、刘兰娟、曹坤,2008,《基于状态空间模型的房地产价格泡沫问题研究》,《财经研究》第1期。

[3] 刘莉亚、苏毅,2005,《上海房地产价格的合理性研究》,《经济学》第3期。

[4] 刘允洲,2001,《土地拍卖导致房价攀升?》,《新财经》第12期。

[5] 牟小苏,2006,《高房价与现有土地供应方式无关》,《中国经济周刊》第23期。

[6] 沈悦、刘洪玉,2004,《住宅价格与经济基本面:1995~2002年中国14城市的实证研究》,《经济研究》第6期。

[7] 岳晓武、王小映,2006,《地价上涨是房价上涨的结果而非原因》,《中国土地》第11期。

[8] 张红、李文诞,2001,《北京商品住宅价格变动实证分析》,《中国房地产金融》第3期。

[9] 陈石清、朱玉林,2008,《中国城市化水平与房地产价格的实证分析》,《经济问题》第1期。

[10] 严金海,2006,《中国房价与地价：理论、实证和政策分析》,《数量经济技术经济研究》第1期。

[11] 中国人民银行海口中心支行课题组,2008,《房地产价格合理性研究：以海南为例》,《海南金融》第12期。

[12] 张宏斌,2001,《房价中的地价因素及其作用分析》,《中国土地》第9期。

[13] 蔡兵备、欧阳安蛟、陈立定,2001,《土地招标拍卖出让与杭州市房地产价格上涨关系研究》,《中国土地科学》第6期。

[14] 姚先国、黄炜华,2001,《地价与房价的关系》,《中国土地》第9期。

[15] 肖建月,2005,《需求主导因素对房地产价格的影响及政策启示》,《市场研究》第8期。

[16] 刘琳、刘洪玉,2003,《地价与房价关系的经济学分析》,《数量经济技术经济研究》第7期。

[17] Abraham, Jesse M. and Hendershortt, Patric H., 1992, "Patterns and Determinants of Metropolitan House Prices", 1977 – 91. NBER Working Paper Series, NO. 4196, October, pp. 18 – 56.

[18] Denise Dipasquale, William C. Wheaton, 1992, "The Markets for Real Estate Assets and Space: A Conceptual Framework", *Real Estate Economics*, Volume 20, Issue 2, June, pp. 181 – 198.

[19] Nigel Pain, Peter Westaway, 1997, "Modelling Structural Change in the UK Housing Market: A Comparison of Alternative House Price Models", *Economic Modelling*, Volume 14, Issue 4, October, pp. 587 – 610.

[20] Geoff Kenny, 1999, "Modelling the Demand and Supply Sides of the Housing Market: Evidence from Lreland". *Economic Modelling*, Volume 16, Issue 3, 3 August, pp. 389 – 409.

六　区域经济　协调发展

城镇居民收入流动性的实证分析[*]

——伪面板数据门限自回归模型的估计与检验

白仲林 赵 亮

(天津财经大学统计系)

引 言

2002~2007年，中国经济年均增长10.5%，其中出口一直是拉动中国经济快速增长的"三驾马车"之一。然而2008年下半年起，波及全球的金融危机对各国的实体经济产生了严重影响，中国的出口贸易严重受阻，进出口额持续较大幅度下滑，经济增长速度明显趋缓。另外，金融危机也严重恶化了发达国家居民的收入预期和消费预期，不但消费信心难以短期恢复，而且消费疲软可能呈现长期化趋势，这必将对中国出口增长形成中期性的抑制作用。情急之下中央政府出台了一系列启动内需确保经济平稳较快发展的应急举措。然而，为保持经济增长的持续性和平稳性，我国经济必须切实调整经济增长结构。借鉴市场经济国家的经验，消费需求应长期位居拉动经济的主体地位。因此，在充分发挥投资对经济增长的短期效应基础上，为缓解出口持续下滑的压力，必须改善国内消费需求长期不足的局面。于是，扩大内需成为保证经济持续平稳增长的必然选择。但是，如何才能持续地实现完整生产过程中的"惊险跳跃"将是中国经济政策面临的长期目标之一。

收入决定消费，收入是影响消费的根本因素，是宏观经济学各流派的共识之一，各流派区别在于对收入的解释不同。例如，凯恩斯认为绝对收入决

---

[*] 本文得到国家自然科学基金项目"基于Bayesian方法的面板单位根检验和协整检验方法研究"(70771072)的资助。

定消费水平；莫迪里安尼的生命周期消费理论和霍尔的理性预期生命周期理论认为消费者根据一生的收入（原始财产、现期收入和预期收入）安排一生的消费需求。然而，收入流动性（income mobility）是影响家庭或个人收入（一生）分布的关键因素，尤其，较高向上收入流动性的群体，必然改善家庭或个人的预期收入，进而消费者的消费分布受到影响。根据霍尔的理性预期生命周期理论，消费与劳动收入的变化成显著的正相关性。于是，增强居民收入向上的收入流动性有助于提升消费结构、刺激消费水平的增长。因此，对中国居民家庭或个人收入流动性的动态行为进行深入分析有助于扩大内需政策的有效选择。同时，收入流动性也是社会收入分配机会平等性的标志，较高的收入流动性意味着社会成员拥有平等的发展机会。因此，研究不同群体的收入流动性也会为解决因收入分配不平等引发的社会冲突提供一些启示。本文将基于我国某直辖市 1988~2008 年的城市住户调查数据构造伪面板数据，运用群分析方法和伪面板数据自回归以及门限自回归模型对各年龄群体（同龄群）的收入流动性进行实证分析，以期发现一些提高居民长期消费能力的策略和说明社会收入分配机会平等的证据。

本文的结构如下，第一部分回顾了相关研究文献，第二部分阐述了收入流动性的评价方法和本文的技术路径，第三部分介绍本文的数据来源及数据处理，第四部分以我国某直辖市为例研究了城镇居民可支配收入的流动性，最后是本文的分析性结论及由此得到的启示。

一　文献回顾

收入流动性常常被视为对社会平等机会、劳动力市场流动的自由程度和灵活性的一种测度（Atkinson, Bourguignon, Morrisson, 1992）。于是，Jarvis 和 Jenkins（1998）指出流动性越强，一生的收入分布也就越平等。然而，过高的流动性加剧了收入的波动和经济的不稳定。Gottschalk 和 Spolaore（2002）发现人们可以接受的流动性水平低于完全逆转的（即富人可完全转变为穷人的）流动性水平。尤其，多数发展中国家具有较低的收入流动性。

鉴于发达国家住户收入调查数据的可得性和可靠性，绝大多数早期的相关研究是讨论发达国家的收入流动性。并且，文献中提出了许多种测度收入流动性的传统分析方法（Fields, 2005；王朝明、曾传亮, 2007），例如，转移矩阵和惯性率等指标的实证分析方法。然而，Jarvis 和 Jenkins（1998）认为基于个体观测数据测量收入流动性的方法存在未控制暂时性收入因素，不能揭示纵向流动性和长期收入不平等衰减之间的直接联系等问题，应使用群体平均的伪面板数据研究收入流动性（Jarvis, Jenkins, 1998）。同时，提出用对数收入的自回归系数推断收入流动性的思路，即自回归系数越接近于零，收入流动性越强。

事实上，Deaton（1985）发现对于绝大多数国家，真正的面板数据难以获得。但是，可以使用正规的截面调查数据构造截面时间序列数据，即伪面板数据。McCulloch 和 Baulch（2000）也发现测量误差问题会导致面板自回归模型系数产生向零衰减的偏倚，建议使用工具变量法估计动态面板数据模型。Glewwe 和 Nguyen（2002）则认为对居民收入的工具变量选择不仅存在严重主观性，而且工具变量调查样本的非随机流失问题使估计量存在系统偏倚，这样必然导致工具变量估计的非一致性。然而 Moffitt（1993）、Collado（1997）和 Mckenzie（2001）发现动态伪面板数据的估计是一致的。因此，Antman 与 Mckenzie（2005）等学者使用伪面板数据 AR（1）模型的系数估计收入流动性。

尽管研究中国收入流动性的文献已有许多（王海港，2005；尹恒等，2006；孙文凯等，2007；章奇等，2007；胡棋智等，2009），并且得出了一些有价值的实证结论。但是，这些研究均使用传统的转移矩阵和惯性率的分析方法。本文将基于我国某直辖市 1988~2008 年的城市住户月度调查数据构造伪面板数据，运用群体分析方法对各同龄群的收入流动性进行实证分析。显然，本文在以下三方面与已有研究有所区别，其一是本文虽然仅基于我国某直辖市居民收入数据进行实证分析，但是数据来源于政府专业调查机构，规范可靠；其二是使用伪面板数据的群体分析方法增强了收入流动性估计的一致性和有效性；其三是利用伪面板数据门限自回归模型发现了收入流动性的非对称特征。

三　伪面板数据及其门限自回归模型

（一）伪面板数据

1985 年，Deaton（1985）指出"由于统计调查的样本轮换和样本非随机流失问题，绝大多数国家并不存在较长时间跨度的真正面板数据，或者这样的真正面板数据是难以获得的，对于发展中国家的微观经济变量尤其如此。"并且，Deaton发现"某变量的统计抽样不能连续调查到各个个体的观测数据，但是，如果按照某种属性（例如，年龄、职业和身份等）将各期调查对象分成不同的群（cohort），对各个观测期，选择各群内观测数据的均值（分位数或者方差），即可构造以群为'个体'的面板数据。"于是，对于截面时间序列的统计调查数据，基于某种属性分群、计算群内的均值（方差或分位数），称以群为个体而构造的人工面板数据为伪面板数据（Pseudo Panel Data）或合成面板数据（Synthetic Panel）。

众所周知，面板数据的本质是在观测期内的每期都能观测到相同个体的相关数据，然而，伪面板数据并非如此。在观测期内，它允许每期观测的个体不同，并且重点关注的是个体群的统计特征，即通过群均值和群方差的发展变化，来揭示相关变量的总体分布特征。

为了基于城市住户抽样调查数据来研究城市居民收入的动态行为，常见的分群标准是户主年龄段、户主出生年的区间和户主职业类别等。例如，按户主年龄段分群，称为同龄群。在各观测期，各同龄群中的不同家庭都是户主在同一年龄段的家庭，在不同群的家庭是户主在不同年龄段的家庭。例如，对于户主年龄为21~25岁的同龄群，在1988年调查时，该群内的家庭是户主年龄为21~25岁的家庭；1989~2008年调查时，该群内的家庭仍然是户主年龄为21~25岁的家庭。然后，在各调查年，对同龄群内的家庭人均收入求均值。这样，对于户主年龄为21~25岁的同龄群，可得到该同龄群家庭人均收入的时间序列。于是，不同的同龄群就可构造一个关于家庭人均收入的面板数据，称为按户主年龄分群的家庭人均收入伪面板数据。显然，按年龄段分群的家庭人均收入伪面板数据反映了不同年龄段户主的"家庭"人均收入在调查期内的分布。例如，对户主年龄为25~30岁、35~50岁和55~65岁的同龄群，1988~2008年的"家庭"人均收入伪面板数据分别反映了青年人、中年人和老年人的收入变化情况。

另外，应用群体分析方法得到的伪面板数据还具有以下优点。一是伪面板数据是由各群内个体属性的总体统计量组成的，与一般面板中的个体数据相比，前者消除了个体的测量误差，且避免了样本流失。二是由于不需要在每期中追踪固定的个体，这样可得到更长时间跨度的面板数据。

（二）伪面板数据AR（1）模型及其估计

设Y_{it}^*是个体i在t期实际收入的自然对数值，Jarvis和Jenkins（1998）

指出，面板数据 AR（1）模型

$$Y_{it}^* = \alpha_i + \beta Y_{i,t-1}^* + \mu_{it}, i = 1, 2, \cdots, N_t, t = 1, 2, \cdots, T \tag{1}$$

的系数 β 测度了个体的收入流动性。显然，若 $\beta \geq 1$，则表示收入存在扩散趋势；若 $\beta < 1$，则表示收入具有收敛性（Jarvis，Jenkins，1998）。当 $\beta < 0$ 时，收入存在转移性，即随着时间的推移，收入高于平均水平的个体的收入会有一定的下降，低于平均收入水平的个体的收入则会上升，即随着时间的推移，不同阶层在收入分布中会有所转移（Gottschalk，Spolaore，2002）。

然而，微观个体的实际调查数据往往存在测量误差，即

$$Y_{it} = Y_{it}^* + \varepsilon_{it}, i = 1, 2, \cdots, N_t, t = 1, 2, \cdots, T \tag{2}$$

其中，ε_{it} 是观测误差。

于是，对于基于微观个体实际调查数据的面板数据 AR（1）模型（1），其 POLS（Pooling OLS）和 LSDV（Least Square of Dummy Variable）估计存在向零的衰减偏差，这些估计量是非一致性的（白仲林等，2009）。

为此，在存在测量误差的条件下，将 t 时期的 N_t 个个体按照调查对象的某种属性（如年龄段）分群，假设在 t 时期第 $c(t)$ 个群中有 $n_{c(t)}$ 个个体，群 $c(t)$ 中各个体对数实际收入的均值是 $\bar{Y}_{c(t),t}$，即

$$\bar{Y}_{c(t),t} = (1/n_{c(t)}) \sum_{i(t)=1}^{n_{c(t)}} Y_{i(t),t}, t = 1, 2, \cdots, T$$

从而，对于存在测量误差的观测数据，AR（1）模型（1）可表示为

$$\bar{Y}_{c(t),t} = \alpha + \beta \bar{Y}_{c(t),t-1} + \bar{\mu}_{c(t),t} + \bar{\varepsilon}_{c(t),t} - \beta \bar{\varepsilon}_{c(t),t-1} \tag{3}$$

但是，因抽样调查的样本轮换和非随机流失，每期调查的个体不尽相同，于是，模型（3）中 $\bar{Y}_{c(t),t}$ 的滞后值 $\bar{Y}_{c(t),t-1}$ 未必是可观测的；然而在群 $c(t-1)$ 中，$t-1$ 期的 $\bar{Y}_{c(t-1),t-1}$ 是可观测的，即可得到基于群的自回归方程：

$$\bar{Y}_{c(t),t} = \alpha + \beta \bar{Y}_{c(t-1),t-1} + \bar{\mu}_{c(t),t} + \bar{\varepsilon}_{c(t),t} - \beta \bar{\varepsilon}_{c(t),t-1} + \lambda_{c(t),t} \tag{4}$$

其中，$\lambda_{c(t),t} = \beta (\bar{Y}_{c(t),t-1} - \bar{Y}_{c(t-1),t-1})$。

McKenzie（2004）研究发现，当每个群中的个体数量 $n_{c(t)}$ 趋于无穷时，$\lambda_{c(t),t}$ 和 $\bar{\varepsilon}_{c(t),t}$ 收敛于零。因此，对于根据群均值构造的伪面板数据 AR（1）模型，当群内个体数 $n_{c(t)} \to \infty$ 时，模型（4）的 OLS 估计量具有一致性。

（三）伪面板数据门限自回归模型 TAR (1) 及其估计

为了研究收入能力对收入流动性的非对称效应，本文在伪面板 AR (1) 模型中引入了反映家庭收入流动方向的体制变量，建立伪面板数据门限自回归模型 TAR (1)，如三个门限值的伪面板数据门限自回归模型：

$$\bar{Y}_{c(t),t} = \alpha_c + \beta_1 \bar{Y}_{c(t-1),t-1} I(q_{c,t} \leq \gamma_1) + \beta_2 \bar{Y}_{c(t-1),t-1} I(\gamma_1 < q_{c,t} \leq \gamma_2) + \\ \beta_3 \bar{Y}_{c(t-1),t-1} I(\gamma_2 < q_{c,t} \leq \gamma_3) + \beta_4 \bar{Y}_{c(t-1),t-1} I(q_{c,t} > \gamma_3) + \omega_{c(t),t} \tag{5}$$

其中，$q_{c,t}$ 为门限变量。

显然，三个门限值 γ_1、γ_2、γ_3 将收入变量的动态过程划分为四个不同的体制，对于各体制，待估计模型均为伪面板数据 AR (1) 模型。

1. 伪面板数据门限自回归模型 TAR (1) 的估计

对于存在群固定效应的伪面板门限自回归模型（5），其具体估计步骤如下。

（1）应用 Arellano 和 Bover (1995) 的前向正交离差法对模型中的各个变量进行变换，以消除群的固定效应 α_c；即得到变换后模型

$$\bar{Y}^*_{c(t),t} = \beta_1 \bar{Y}^*_{c(t-1),t-1} I(q_{c,t} \leq \gamma_1) + \beta_2 \bar{Y}^*_{c(t-1),t-1} I(\gamma_1 < q_{c,t} \leq \gamma_2) \\ + \beta_3 \bar{Y}^*_{c(t-1),t-1} I(\gamma_2 < q_{c,t} \leq \gamma_3) + \beta_4 \bar{Y}^*_{c(t-1),t-1} I(q_{c,t} > \gamma_3) + \omega^*_{c(t),t} \tag{6}$$

其中，$\bar{Y}^*_{c(t),t} = \sqrt{\dfrac{T-t}{T-t+1}} \left[\bar{Y}_{c(t),t} - \dfrac{1}{T-t}(\bar{Y}_{c(t+1),t+1} + \cdots + \bar{Y}_{c(T),T}) \right]$。

（2）由于模型（6）的解释变量 $\bar{Y}^*_{c(t-1),t-1}$ 存在内生性，为此，参照 Caner 和 Hansen (2004) 的方法，首先，选择门限回归简化型模型

$$\bar{Y}^*_{c(t-1),t-1} = g(\bar{Y}^*_{c(t-2),t-2}, \pi) + \mu_i \tag{7}$$

其中，$E(\mu_i | \bar{Y}^*_{c(t-2),t-2}) = 0$，$g(\bar{Y}^*_{c(t-2),t-2}, \pi) = \pi_1 \bar{Y}^*_{c(t-2),t-2} I(q_{c,t} \leq \rho) + \pi_2 \bar{Y}^*_{c(t-2),t-2} I(q_{c,t} > \rho)$，$\pi_1$ 和 π_2 为参数向量，并且，以门限回归简化型模型（7）的预测值 $\hat{\bar{Y}}^*_{c(t-1),t-1}$ 作为 $\bar{Y}^*_{c(t-1),t-1}$ 的工具变量。

估计门限回归简化型模型（7）预测值 $\hat{\bar{Y}}^*_{c(t-1),t-1}$ 的步骤如下：①对于可选的门限值 ρ，基于分割样本利用 LS 法分别估计简化型系数 $\hat{\pi}_1(\rho)$ 和 $\hat{\pi}_2(\rho)$；然后，选择使模型（7）残差平方和最小的门限值为 ρ 的估计值 $\hat{\rho}$，并以 $\hat{\pi}_1(\hat{\rho})$ 和 $\hat{\pi}_2(\hat{\rho})$ 分别作为简化型系数 π_1 和 π_2 的最终估计值。②根据估计

的门限回归简化型（7）式计算预测值$\hat{Y}^*_{c(t-1),t-1}$。

（3）对于给定的门限值γ_1、γ_2和γ_3，用上述简化型模型（7）得出的预测值$\hat{Y}^*_{c(t-1),t-1}$代替模型（6）的内生解释变量$\bar{Y}^*_{c(t-1),t-1}$，并使用POLS方法估计伪面板门限模型。

（4）选择使伪面板门限模型（6）残差平方和最小的γ_1、γ_2和γ_3，分别作为门限的估计值$\hat{\gamma}_1$、$\hat{\gamma}_2$和$\hat{\gamma}_3$。

（5）基于门限估计值$\hat{\gamma}_1$、$\hat{\gamma}_2$和$\hat{\gamma}_3$，用POLS估计伪面板门限自回归模型（6）的斜率系数。

2. 门限效应检验及门限值个数的确定

对于单门限模型，使用Hansen（1999）的 LR 统计量

$$LR_1 = (S_0 - S_1)/\hat{\sigma}_1^2 \tag{8}$$

检验假设

$$H_0^1 : \beta'_1 = \beta'_2, H_1^1 : \beta'_1 \neq \beta'_2$$

其中，S_0是无门限模型的残差平方和，S_1是单门限模型的残差平方和，$\hat{\sigma}_1^2$是单门限模型误差项的方差估计值。

显然，在零假设下，模型不存在门限效应，即门限值不可识别，于是，经典检验具有非标准分布。为此，利用Hansen（1999）的自举方法可得到 LR 统计量的经验分布。如果LR_1大于经验临界值，则可推断门限效应是显著的，即确定模型中存在一个门限值。

为了进一步确定模型中门限值的个数，分别使用Hansen（1999）的 LR 统计量

$$LR_2 = (S_1 - S_2)/\hat{\sigma}_2^2 \tag{9}$$

和

$$LR_3 = (S_2 - S_3)/\hat{\sigma}_3^2 \tag{10}$$

检验假设H_0^2：有一个门限值，H_1^2：有两个门限值，和假设H_0^3：有两个门限值，H_1^3：有三个门限值，其中，S_2和S_3分别为双门限和三门限模型的残差平方和；$\hat{\sigma}_2^2$和$\hat{\sigma}_3^2$分别是双门限和三门限模型误差项的方差估计值。以此类推，即可确定出模型存在的门限值个数。

三 样本来源及数据预处理

本文的数据资料来源于天津调查总队的城市住户调查月度数据，时间跨度为1988年1月至2008年12月。城市住户调查是以家庭为单位，对住户各成员的基本情况以及收入情况进行登记。这些被调查的家庭是天津调查总队根据实际情况随机抽取的具有代表性的家庭，为了增强样本的代表性和避免样本的非随机流失，每年对调查对象按照一定比例（25%）进行样本轮换。

1988年1月至2008年12月间的原始调查家庭共计245930户，在实际应用中，删除无记录的家庭、家庭人数或可支配收入为0的家庭、户主年龄小于26岁和超过70岁的家庭[①]，共计15099个家庭的数据，最终得到了230831个家庭的有效样本。

根据户主的年龄段（5年）分群，将样本数据分为9个同龄群，见表1；其次，计算各期每个同龄群的家庭人均可支配收入；另外，按照每个季度内各月每个同龄群内的家庭数对家庭人均可支配收入进行加权平均，得到各季度的家庭人均可支配收入，即名义的家庭人均可支配收入的季度数据。然后，根据该直辖市CPI数据[②]进行价格调整，得到实际家庭人均可支配收入的季度数据。最后，利用Eviews6.0软件提供的ARMA季节调整模块对实际家庭人均可支配收入的季度数据进行季节调整处理，再对调整后的数据取自然对数，即得到本文经验分析的研究数据$\bar{Y}_{c(t),t}$。

表1 同龄群的描述性分析

组别	按户主年龄分组	平均家庭数	最小家庭数	最大家庭数	组别	按户主年龄分组	平均家庭数	最小家庭数	最大家庭数
1	26~30岁	68	11	236	6	51~55岁	82	48	292
2	31~35岁	101	15	301	7	56~60岁	70	41	295
3	36~40岁	141	25	371	8	61~65岁	52	18	142
4	41~45岁	133	54	296	9	66~70岁	36	13	118
5	46~50岁	106	64	258					

---

① 因一些月份同龄群的家庭数小于10。
② 该直辖市CPI的原始数据来源于该直辖市统计局，其中包括1988年1月~2008年12月的上年同比数据和1989年1月~2008年12月的上月环比数据。

四 收入流动性的经验分析

为了讨论该直辖市城镇居民的收入流动性、"向上"、"向下"的收入流动性和收入流动性的非对称特征，本文分别使用伪面板数据的自回归模型 AR（1）和门限自回归模型 TAR（1）进行经验分析。同时，为了控制经济发展对改善广大居民收入的同质性时变效应和各群体收入能力基础（如受教育程度、社会背景等）的异质性非时变效应，本文分别在 AR（1）和 TAR（1）模型（5）中添加了时间趋势项和群固定效应项，即本文设定的计量经济模型分别是

$$\bar{Y}_{c(t),t} = \alpha + \delta t + \beta_1 \bar{Y}_{c(t-1),t-1} + \xi_c + \omega_{c(t),t} \tag{11}$$

$$\bar{Y}_{c(t),t} = \alpha_c + \delta t + \beta_1 \bar{Y}_{c(t-1),t-1} I(q_{c,t} \leq 0) + \beta_2 \bar{Y}_{c(t-1),t-1} I(q_{c,t} > 0) + \omega_{c(t),t} \tag{12}$$

和

$$\begin{aligned}\bar{Y}_{c(t),t} = & \alpha_c + \delta t + \beta_1 \bar{Y}_{c(t-1),t-1} I(q_{c,t} \leq \gamma_1) + \beta_2 \bar{Y}_{c(t-1),t-1} I(\gamma_1 < q_{c,t} \leq \gamma_2) \\ & + \beta_3 \bar{Y}_{c(t-1),t-1} I(\gamma_2 < q_{c,t} \leq \gamma_3) + \beta_4 \bar{Y}_{c(t-1),t-1} I(q_{c,t} > \gamma_3) + \omega_{c(t),t}\end{aligned} \tag{13}$$

其中，门限变量 $q_{c,t} = \bar{Y}_{c(t),t} - \bar{Y}_{c(t-1),t-1}$，表示"家庭"实际人均可支配收入的增长率。

（一）同龄群的收入流动性

基于 McKenzie（2004）的结论，模型（11）的估计结果是

$$\begin{aligned}\bar{Y}_{c(t),t} = & 1.623 + 0.008t + 0.633 \bar{Y}_{c(t-1),t-1} + \xi_c + \omega_{c(t),t} \\ & (12.95)(12.59)(22.19) \\ R^2 = & 0.953\end{aligned} \tag{14}$$

所以，从生命周期的角度来看，低于其平均收入水平的家庭收入增长较快，即各群的家庭人均可支配收入的增长具有一定的条件收敛性。所以，其生命周期内的收入差距具有趋于平等的机会。

（二）"向上"和"向下"收入的流动性

为了估计同龄群的"向上"和"向下"收入流动性，本文首先使用估计了门限值为零的单门限模型（12）进行分析，其估计过程如下。

①基于前向正交离差法消除群的固定效应 α_c;

②利用门限回归简化型（7）的预测值 $\hat{\bar{Y}}^*_{c(t-1),t-1}$ 作为内生变量 $\bar{Y}^*_{c(t-1),t-1}$ 的工具变量;

③基于 POLS 法再估计经前向正交离差后的模型（12），其估计结果为

$$\bar{Y}^*_{c(t),t} = 0.011t^* + 0.574\hat{\bar{Y}}^*_{c(t-1),t-1}I(q_{c,t} \leq 0) + 0.444\hat{\bar{Y}}^*_{c(t-1),t-1}I(q_{c,t} > 0) + \omega^*_{c(t),t}$$
$$(15.928)(15.998)\qquad\qquad(13.646)\qquad\qquad\qquad(15)$$
$$Adj.\ R^2 = 0.809 \qquad loglik. = 432.439$$

由此可见，对于收入"向上"流动的家庭，其收入流动性略大于"向下"流动的家庭。因此，该直辖市居民收入分配不平等的程度以及由此所引发的社会冲突会逐渐降低和减少。

（三）收入流动性的非对称特征

为了进一步讨论收入流动性的体制状态和非对称性特征，下面利用内生确定门限值的方法，建立伪面板数据的门限自回归模型以识别收入动态的变化体制和不同体制下的收入流动性。

在考虑群固定效应的情况下，首先利用（8）~（10）式对模型的门限效应进行显著性检验，结果见表2。

表 2　门限效应显著性检验结果

假　设		LR 统计量	自举临界值		
			10%	5%	1%
H_{01}:没有门限值	H_{11}:有一个门限值	119.0470 ***	20.5621	25.6393	41.5060
H_{02}:有一个门限值	H_{12}:有两个门限值	27.7445 ***	8.7420	10.1130	13.6007
H_{03}:有两个门限值	H_{13}:有三个门限值	25.6545 ***	10.4870	12.0319	19.8457

注：*** 代表在99%的显著性水平下拒绝原假设；自举临界值由500次自举模拟获得。

从表2可知，在99%的显著性水平下，LR 统计量拒绝了最多存在两个门限效应的原假设，即至少存在三个门限效应是显著的。因此，本文进一步运用伪面板数据三门限自回归模型（13）研究收入流动性的非对称特征。其估计结果如表3所示。

表3 三门限模型的估计结果

体制	样本百分比(%)	β_i估计值	OLS S. E.	White S. E.	t值
$q_{c,t} \leq -0.1247$	6.94	0.914	0.076	0.105	12.009
$-0.1247 < q_{c,t} \leq 0.0802$	70.83	0.581	0.031	0.056	18.729
$0.0802 < q_{c,t} \leq 0.1915$	16.81	0.414	0.036	0.058	11.463
$0.1915 < q_{c,t}$	5.42	0.104	0.049	0.077	2.139
δ		0.011	0.001	0.001	15.000

注：White S. E. 为 White 稳健标准差。

于是，从表3的三门限模型估计结果可知：

①按照"家庭"实际人均可支配收入增长率的大小，该直辖市城镇居民收入的行为呈现四个显著不同的体制，分别称为负增长体制（$q_{c,t} \leq -0.1247$）、低速增长体制（$-0.1247 < q_{c,t} \leq 0.0802$）、适度增长体制（$0.0802 < q_{c,t} \leq 0.1915$）和快速增长体制（$q_{c,t} > 0.1915$），且绝大多数"家庭"（约87.64%）处于低速增长或适度增长体制。

②对处于不同体制的"家庭"，其收入流动性存在显著区别，即收入流动性存在非对称特征。而且，在同龄群中，可支配收入增长率低的"家庭"，它们的收入流动性也较低；反之亦然。

③对处于负增长体制的"家庭"（约6.94%），因收入流动性较低，这些家庭的长期脱贫机会小；相反，对处于快速增长体制的"家庭"（约5.42%），收入流动性较高，它们的长期富裕机会也较大。于是，该直辖市城镇居民收入分配的不平等机会具有扩大趋势，贫困家庭更加贫困和富裕家庭越来越富裕的机会更大。

④因绝大多数"家庭"（约87.64%）处于低速增长和适度增长体制，并且，与贫困化的家庭相比，他们的收入流动性有明显改善，所以，收入分配的平等机会较高。

因此，就该直辖市而言，不足14%的城镇居民"家庭"收入分配的不平等机会有扩大的趋势，而86%以上的城镇居民收入分配的不平等机会无太大差异。

结论与启示

本文的研究表明，该直辖市家庭收入的流动性较低，家庭人均收入呈现条件收敛的特征,在生命周期内收入差距具有趋于平等的机会;对于收入"向上"流动的家庭,其收入流动性略大于"向下"流动的家庭。该直辖市居民收入分配不平等的程度具有逐渐减低的趋势;该直辖市居民家庭人均收入的动态行为存在四种体制,并且,不同体制存在显著的非对称特征。而且,该直辖市不足14%的城镇居民"家庭"收入分配的不平等机会有扩大的趋势,而86%以上的城镇居民收入分配的不平等机会无太大差异。

由此可见,对不同人群应制定有差异的政策,促进居民收入"向上流动",实现消费需求的平稳快速增长。尤其是对于收入流动性较低的人群,应进一步完善社会保障制度和劳动力市场的平等择业机制,改善他们的可支配收入水平,以提升他们的消费能力。同时,保证较高收入流动性人群收入增长的稳定性和持续性、增强中等收入流动性群体的预期收入,提升居民的消费质量,从而实现居民消费结构的优化,充分发挥国内消费需求拉动经济持续平稳增长的作用。

参考文献

[1] 王朝明、曾传亮,2007,《转型期我国居民收入差距与利益协调——基于社会分层的视角》,《社会科学研究》第1期。

[2] 王海港,2005,《中国居民家庭的收入变动及其对长期平等的影响》,《经济研究》第1期。

[3] 尹恒、李实、邓曲恒,2006,《中国城镇个人收入流动性研究》,《经济研究》第10期。

[4] 孙文凯、路江涌、白重恩,2007,《中国农村收入流动分析》,《经济研究》第8期。

[5] 章奇、米建伟、黄季,2007,《收入流动性和收入分配:来自中国农村的经验证据》,《经济研究》第11期。

[6] 胡棋智、王朝明,2009,《收入流动性与居民经济地位动态演化的实证研究》,《数量经济技术经济研究》第3期。

[7] 白仲林、史哲,2009,《存在测量误差的面板自回归模型的工具变量估计》,《统计与信息论坛》第10期。

[8] Atkinson A. B., Bourguignon F., Morrisson C., 1992, "Empirical Studies of Earnings Mobility", *Fundamentals of Pure and Applied Economics*, 52, Harwood Academic Publishers: Philadelphia.

[9] Jarvis S, Jenkins S P., 1998, "How Much Income Mobility is There in Britain",

The Economic Journal (108): 428 – 443.

[10] Gottschalk P, Spolaore E., 2002, "On the Evaluation of Economic Mobility", *Review of Economic Studies* (69): 191 – 208.

[11] Fields, G. F Sánchez and M. L. Puerta, 2005, "Earnings Mobility in Urban Argentina", 2005, http://www.ilr.cornell.edu/directory/gsf2/downloads/Fields-sanchezpuerta, Mallorcapaper.pdf.

[12] Deaton A., 1985, "Panel Data from Time Series of Cross-sections", *Journal of Econometrics* (30): 109 – 126.

[13] McCulloch N, Baulch B., 2000, "Simulating the Impact of Policy Upon Chronic and Transitory Poverty in Rural Pakistan", *Journal of Development Studies* (36): 100 – 130.

[14] Glewwe P, Nguyen P., 2002, "Economic Mobility in Vietnam in the 1990s", Washington DC, World Bank (2002), http://www.google.com/books?hl = zh – CN&dr = &id = BNboqhyWsrUC&oi = fnd&pg = PA5&dq = Economic + Mobility + in + Vietnam + in + the + 1990s&ots = 49FsL1rHa1&sig = piGKfDVOulax DImV3fxdBnJ9lZYJHJv = onepage&q = Economic% 20Mobility% 20in% 20Vietnam% 20in% 20the% 201990s&f = false.

[15] Moffitt, R., 1993, "Identification and Estimation of Dynamic Models with a Time Series of Repeated Cross-section", *Journal of Econometrics* (59): 99 – 124.

[16] Collado, M D., 1997, "Estimating Dynamic Models From Time Series of Independent Cross-sections," *Journal of Econometrics* (82): 37 – 62.

[17] McKenzie D J., 2004, "Estimation of AR (1) Models with Unequally Spaced Pseudo-panels", *Econometrics Journal* (4): 89 – 108.

[18] Antman F, McKenzie D J., 2005, "Poverty Traps and Nonlinear Income Dynamics with Measurement Error and Individual Heterogeneity", Washington DC, World Bank (2005), http://siteresources.worldbank.org/DEC/Resources/JDSAntmanMcKen zieRevised.pdf.

[19] McKenzie D J., 2004, "Asymptotic Theory for Heterogeneous Dynamic Pseudo-panels", *Journal of Econometrics* (120): 235 – 262.

[20] Stephanie Kremer, Alexander Bick, Dieter Nautz, "Inflation and Growth: New Evidence From a Dynamic Panel Threshold Analysis", http://sfb649.wiwi.hu-berlin.de/papers/pdf/SFB64 9DP2009 – 036.pdf.

[21] Mehmet Caner, Bruce E. Hansen, 2004, "Instrumental Variable Estimation of A Threshold Model", *Econometric Theory* (20): 813 – 843.

[22] Bruce E. Hansen, 1993, "Threshold Effects in Non-dynamic Panels: Estimation, Testing, and Inference", *Journal of Econometrics* (93): 345 – 368.

中国区域经济增长不平衡的影响因素

——技术效率与要素积累视角*

陶长琪　齐亚伟

(江西财经大学信息管理学院)

引　言

经济增长与区域发展差异一直是备受学术界、政府和广大民众关注的一个重大问题。改革开放以来，中国一直高速增长，在经济增长领域创造了令人难以置信的"奇迹"。但同时越来越明显的区域经济差异也令人担忧。探讨我国区域经济差异的源泉对加快中国地区之间的协调发展，壮大区域经济实力具有重要的参考价值。

要素投入是经济增长的直接原因，同时要素累积在地区间的差异也有可能造成地区经济差距。但对经济差异的研究若仅仅局限于生产要素的投入，而缺乏对技术进步、效率改善等的重视，将造成对中国区域经济差异的解释不完善（彭国华，2005）。因此，通过估计生产前沿进一步探讨要素投入和技术效率之间的关系，可为区域差异研究的要素积累和技术效率之争提出新的解释。以数据包络分析方法（DEA）为代表的非参数方法（Charnes et al, 1978）和以随机前沿方法（SFA）为代表的参数方法（Aigner et al, 1977）是测算生产效率的常见方法。Kumar 和 Russell（2002）先是利用 DEA 方法将生产率分解为资本积累、效率改善和技术进步各自的贡献，然后利用 Kernel 密度函数研究了这三个组成部分对生产率分布演进的单独效应，结果

---

* 国家自然科学基金项目（71073073），获 2007 年教育部新世纪优秀人才支持计划项目资助（NCET-07-0382），2010 年江西省研究生创新专项资金项目（YC10A080）。

表明各国的经济环境差异导致其对前沿技术的吸收利用程度不相同，进而使得技术效率水平存在较大差异。傅晓霞和吴利学（2006）基于 SFA 的地区增长差异框架，发现要素投入仍然是中国经济增长的主要源泉，但全要素生产率是造成地区差异的重要原因。唐杰和孟亚强（2008）利用 DEA 和 SFA 两种方法将中国三大城市经济圈的劳均 GDP 分解为物质资本积累、效率改善、技术进步和人力资本投入所贡献的经济增长，发现效率改善是缩小地区差距的唯一因素。

采用 DEA 和 SFA 测算生产效率各有缺点，朱有为，徐康宁（2006）认为 DEA 在边界的设定上存在主观性，也忽略了环境因素及测量误差对生产效率的影响，因而很难对效率值进行准确度量。SFA 可以定量分析各相关因素对个体效率差异的具体影响（白俊红，2009），但 SFA 需要对生产前沿的形式作很强的假设。为弥补两种方法存在的不足，Coelci（1998）提出了 DEA 的两阶段模型，即在传统一阶段 DEA 中引入了 Tobit 回归分析，此方法虽然能分析各因素对效率的影响程度，但该模型没有对研究假设的正确与否进行参数或非参数检验，本质上并不能剥离环境和误差因素对效率值的影响。为此，Fried 等（2002）提出了 DEA 三阶段法，消除外生环境因素和统计噪音对生产效率测度的影响。Avkiran & Rowlands（2008）认为 DEA 三阶段模型能够从受到得天独厚的环境或有利的测量误差支持的决策单位中区分出真实的效率值，明晰了 DEA 三阶段模型的优点：同时识别投入和产出的非射线松弛变量；能确定在环境变量和统计噪声的影响下效率值的调整幅度；使决策单位位于同一基准条件下。黄森，蒲勇健（2010）利用 DEA 三阶段模型对我国东中西部地区经济增长效率进行了实证分析，研究发现，我国三大区域技术效率逐渐趋于一致，这将成为解决我国目前东中西部经济差距的关键。

通过对已有文献的梳理可知，国内对省际全要素生产率的研究以传统的 DEA 模型或 SFA 模型为主，而本文将综合 DEA 和 SFA 的优点，将 DEA 三阶段方法应用到中国区域生产效率的测算上，并进行生产效率无效的影响因素分析，消除环境变量和统计噪声对技术效率的影响，不仅可为生产投入调整提供方向，更重要的是使中国各地区的生产活动处于同一基准条件下，增强中国各省份技术进步率之间的可比性，进而为我国区域经济差距的源泉提供更为确切的证据。另外，现有文献多将经济增长和经济差距的分析分离，从而对现实世界缺乏有力的解释，本文采用 Kernel 密度分布方法，在一个分析框架内同时考察要素投入和全要素生产率对中国地区经济增长以及经济差距的贡献，从而更加细致地刻画协调发展的过程。这对于进一步有针对性地提升中国各地区的技术效率、缩小区域经济差距具有重要的政策指导意义。

一　研究方法

本文首先介绍 DEA 三阶段模型的构成。

（一）第一阶段：基本的 DEA 模型

本文主要从要素投入角度研究中国各省份（基本决策单元）的生产效率。假设在每一个时期 $t=1,\cdots,T$，第 $k=1,\cdots,K$ 地区在生产经济活动中投入 $n=1,\cdots,N$ 种要素 x_{nk}^{t}，得到 $m=1,\cdots,M$ 中产出 y_{mk}^{t}。在此阶段建立基于投入导向的规模报酬可变的 BC^2 模型，并从中得到纯技术效率值、技术效率值以及规模效率值。

（二）第二阶段：SFA 模型

由于受到管理无效、环境和噪音干扰，中国某些地区的生产效率可能存在无效，即存在松弛变量（理想投入量与实际投入量之差）：

$$s_{nk} = x_{nk} - \lambda X_n \geqslant 0 \tag{1}$$

其中 s_{nk} 为第 k 个地区（DMU）在使用第 n 个投入时的松弛变量。λX_n 是 x_{nk} 对应产出 y_k 在投入效率子集上的最优映射。

选取造成松弛的管理无效因素、环境因素和统计噪音，它们之间的回归模型为：

$$s_{nk} = f^n(z_k, \beta^n) + v_{nk} + u_{nk} \tag{2}$$

其中，$z_k = [z_{1k}, z_{2k}, \cdots, z_{pk}]$ 为 p 个可观测的环境变量，$f^n(z_k, \beta^n)$ 是确定可行的松弛前沿，一般取 $f^n(z_k, \beta^n) = \beta^n z_k$，$\beta^n$ 表示环境变量对投入松弛变量 s_{nk} 的影响程度。v_{nk} 和 u_{nk} 分别表示第 k 个地区在使用第 n 个投入时的统计噪音和管理无效率，并假设 $v_{nk} \sim N(0, \sigma_{vn}^2)$，而 u_{nk} 服从截断正态分布，即 $u_{nk} \sim N(\mu^n, \sigma_{un}^2)$。特别的，设定方差参数 $r = \dfrac{\sigma_{un}^2}{\sigma_{un}^2 + \sigma_{vn}^2}$ 来检验复合

扰动项中管理无效所占的比例，r 趋近于 1 时，管理因素对生产无效的影响占据主导地位；r 趋近于 0 时，表明最佳投入与实际投入之间的距离大多来自于不可控的随机因素。

Jondrow 等（1982）根据 SFA 的回归结果（$\hat{\beta}^n, \hat{\mu}^n, \hat{\sigma}_{vn}^2, \hat{\sigma}_{un}^2$）和管理无效率的条件估计 $\hat{E}[u_{nk}/u_{nk} + v_{nk}]$ 得到统计噪音的估计：

$$\hat{E}[v_{nk}/u_{nk} + v_{nk}] = s_{nk} - \hat{\beta}^n z_k - \hat{E}[u_{nk}/u_{nk} + v_{nk}] \quad (3)$$

基于那些处于相对有利的营运环境或相对好运的地区，其他地区投入量的调整如下：

$$x_{nk}^A = x_{nk} + [max_k\{\hat{\beta}^n z_k\} - \hat{\beta}^n z_k] + [max_k\{\hat{v}_{nk}\} - \hat{v}_{nk}] \quad (4)$$

其中，x_{nk}^A 和 x_{nk} 分别是调整后和初始的投入值，$[max_k\{\hat{\beta}^n z_k\} - \hat{\beta}^n z_k]$ 表示使所有地区处于相同环境，即样本所观测的最差环境。$[max_k\{\hat{v}_{nk}\} - \hat{v}_{nk}]$ 表示使所有地区处于共同的自然状态，即样本中遇到的最不幸状态。这两步调整使每个地区均面对相同的生产环境和运气。

（三）第三阶段：调整后的 DEA 模型

将调整后的投入值 x_{nk}^A 代替原始投入值 x_{nk} 再次代入 BC^2 模型，重新估计不受环境因素和随机干扰因素影响的各地区生产效率，客观体现了各地区的技术效率和规模效率。

二 变量选取及数据处理

本文选取中国 2001~2008 年 30 个省际区域（将重庆市和四川省合并成一个）的数据进行实证分析。数据来自各年的《中国统计年鉴》，除此之外，还借鉴了中宏数据库和中经专网。

（一）投入和产出变量的选取

产出变量：国内生产总值。考虑到价格波动的影响，GDP 以 2000 年为不变价，用各地区的国内生产总值指数进行了平减。

劳动力（L）投入。用历年各地区从业人员代替。

物质资本（K）投入。根据永续盘存法即 $K_{it} = I_{it} + (1 - \delta)K_{i,t-1}$ 计算

各地区的固定资本存量,其中,K表示资本存量;I表示投资流量,用固定投资额度量;δ为折旧率,与大多数学者一样,这里取5%。关于初始年份即1952年资本存量数据借鉴单豪杰(2008)的研究成果,随后根据各省份的固定资产投资平减指数将资本存量折算成以2000年为基年。

人力资本(H)投入。人力资本存量体现劳动力的素质和能力,有可能直接影响生产效率,是决定经济增长的重要投入变量。人力资本存量用劳动力受教育年限表示(Wang & Yao, 2003)。将受教育程度分为文盲、小学、初中、高中、大专以上5个层次,依次赋值为0年、6年、9年、12年、16年。以每一种教育层次人数占6岁及6岁以上人口的比例为权重加权得到。

(二) 环境变量的选取

环境变量也即外部影响因素,除要素投入和技术外,经济增长依赖政体形态和制度约束的观点也得到学者的普遍认同,认为地区往往通过市场化体制改革(王小鲁,2004)、基础设施(Saohs,2003)、对外开放程度(沈坤荣,2002)和地区发展战略(徐建华,2005)等因素影响经济产出,由此导致的差异对各地生产效率具有决定性影响。

市场化程度(MAR)可从市场化制度变革、分配格局变化等方面衡量,最终体现为经济类型的非国有化,本文选用当前文献普遍使用的工业增加值中非国有工业增加值比重构建市场化指标;交通基础设施(ROAD)推动了市场交易的便利性,更利于产出正外部性的产生,进而提高生产要素的生产率,本文选用公路网密度(公里/平方公里)来衡量基础设施的发展能力;对外贸易(TRADE)是实现技术溢出从而推动经济增长的重要途径,本文用外贸依存度——年度进出口商品价值总额(贸易总额)占GDP的比重来反映地区对外开放程度及参与全球化的能力;地理区位(D)体现中国对各地区经济发展的倾斜战略,本文选择区位虚拟变量来反映地理区位对各区域经济增长的影响。$D=1$表示该地区属于东部沿海地区[主要指京、津、冀、辽、鲁、沪、苏、浙、闽、粤、琼11个省(直辖市)]。$D=0$则表示地处中西部地区。

三 中国各省份技术效率的测度分析

(一) 第一阶段基本DEA的实证结果

第一阶段运用DEAP2.1软件对30个省份从2001至2008年历年的综合

效率、纯技术效率和规模效率进行了分析。因受篇幅所限，本文给出部分年份三大区域的效率值，如表1所示。

表1 中国历年各区域的效率结果

年 份	综合生产效率(CE)			纯技术效率(TE)			规模效率(SE)		
	2001	2005	2008	2001	2005	2008	2001	2005	2008
总均值	0.494	0.486	0.484	0.619	0.662	0.662	0.798	0.72	0.704
东 部	0.674	0.707	0.720	0.726	0.779	0.797	0.904	0.879	0.873
中 部	0.449	0.414	0.397	0.524	0.555	0.564	0.852	0.743	0.703
西 部	0.337	0.308	0.303	0.588	0.630	0.602	0.632	0.524	0.520

在不考虑外部环境因素和随机因素影响时，"十五"期间我国总体和中西部地区的综合生产效率和规模效率的变化趋势一致，都呈现下降趋势，而纯技术效率呈现上升趋势，表明虽然技术效率一直在不断改善，但过度地增加投入量降低了投入配置效率，影响经济发展的综合效率。而东部地区的综合效率和技术效率都呈现上升趋势，规模效率呈现下降趋势，表明东部地区正在逐步实现由"数量扩张"向"技术推动"的经济转型，技术效率的改善在推动经济增长中起到的作用正逐年增加。从数值的比较可知，相对于技术效率，规模效率在促进经济增长中占据主导地位，说明投入要素的累积仍然是推动经济增长的关键。

从地区间的差异来看，东部地区的综合生产效率、纯技术效率和规模效率始终高于中部和西部地区，对于中西部地区，中部地区的综合效率和规模效率一直高于西部地区，而西部地区的纯技术效率超过了中部地区。这一现象反映出这些年国家大力扶持西部大开发，引进了先进的技术，对外联系更加密切，要素投入配置效率逐渐变得合理，促进了经济发展的有效性。中部地区相对而言受到冷落，出现"中部塌陷"现象，而且决策与管理水平的纯技术效率是制约中部崛起的主要因素。随着我国政府对中部地区的重视程度的增加，近年来不断加大在中部地区的投入，使其塌陷情况有所改善。

（二）第二阶段：SFA 回归分析

在第一阶段分析的基础上，将物质资本、劳动力和人力资本的松弛变量（射线加上非射线的）作为回归分析的因变量，将之前所定义的四个环境变量作为自变量,采用 Frontier 4.1 软件,通过 SFA 模型估算环境变量对各投入变量的松弛变量的影响程度。结果见表 2。

表 2 第二阶段 SFA 回归结果

松弛变量	常数项	市场改革	交通设施	对外贸易	地理区位	Sigma-squared	gamma
物质资本	3287.94 *** (6.57)	43.69 *** (5.89)	2102.06 *** (5.94)	−17.83 *** (−3.87)	−269.6 *** (−3.63)	0.70E+07 *** (0.67E+07)	0.83 *** (51.5)
劳动力	1697.34 *** (256.02)	16.61 *** (11.32)	1064.79 *** (157.38)	−16.36 *** (−12.03)	−839.76 *** (−443.4)	0.23E+07 *** (0.23E+07)	0.9 (98.09)
人力资本	5.5 *** (21.48)	−0.02 *** (−5.24)	−0.45 *** (−2.39)	−0.006 (−1.45)	1.12 *** (2.24)	5.17 *** (0.98)	0.94 *** (13.87)

注:小括号内的数字是 t 统计量,***,**,* 分别表示 1%,5% 和 10% 的显著性水平。

系数 r 具有统计显著性,并且通过单边似然比,表示生产效率的测度同时受到管理误差和随机误差的双重影响,利用环境变量对生产效率进行调整是很有必要的。各环境变量对松弛变量的影响有四。

1. 市场化程度

随着时间的推移,市场制度改革对减少人力资本浪费起到重要的作用,但会造成物质资本投入和劳动力投入的冗余。尽管非国有经济发展势头比较强劲,但在改革过程中,以集体企业为主的乡镇企业与国有企业盲目争夺资本和劳动力资源,造成资源浪费严重。人才是影响制度变迁的重要因素,市场化进程越深入,对人力资本的利用程度越高,越能提高人员素质。

2. 交通基础设施

回归结果显示,该变量对物质资本和劳动力投入冗余值起到显著的正影响,而与人力资本冗余之间存在显著的负向相关关系。这表明交通基础设施越便利,越能提高人力资本效率。但交通设施的建设需要大量的物质资本和劳动力投入,从而有可能抵消要素流动带来的优点,造成生产投入的浪费。

3. 对外贸易

开放程度能显著减少物质资本和劳动力投入的冗余,但对减少人力资本浪费并没有太大的显著性。国外市场的开拓增大了产品需求,为物质资本和劳动力找到了更大的市场空间,提高了生产要素的利用率。但进出口业务大多属于劳动密集型,虽吸纳了大量的劳动力,但将劳动力局限在技术含量较低的产业，导致人力资本资源的浪费。

4. 地理区位

地理区位能有效避免劳动力和物质资本投入的浪费，但会造成人力资本的冗余。国家政策倾斜对降低硬性生产要素的浪费是有利的，人力资本的有效利用更多地应依靠市场改革。

（三）第三阶段：调整后的 DEA 实证结果

根据（4）式对 2001～2008 年的投入变量进行调整，利用 Deap2.1 再次运行 BC^2 模型，获得第三阶段的各效率值，运行结果见表 3。

表 3　2001～2008 年中国 30 个省份同质环境下的生产效率结果

年份	CE				TE				SE		
	2001	2005	2008		2001	2005	2008		2001	2005	2008
均值	0.283	0.367	0.430	均值	0.998	0.989	0.989	均值	0.283	0.370	0.434
东部	0.474	0.595	0.640	东部	0.999	0.994	0.995	东部	0.474	0.598	0.643
中部	0.224	0.308	0.405	中部	0.998	0.985	0.983	中部	0.225	0.313	0.412
西部	0.126	0.169	0.221	西部	0.997	0.988	0.988	西部	0.126	0.171	0.224

对比表 1 和表 3，可以发现消除环境和随机干扰影响后，各省份的经济效益状况发生较大的变化。无论是整体还是分地区，综合生产效率和规模效率都呈现上升趋势，纯技术效率基本保持平稳。调整后综合效率和规模效率都有所下降，说明大部分省份在发展过程中受到较大的环境影响，而且是有利于扩大规模的利好环境，但在扩张过程中并没有表现出规模经济性，尾大不掉，产出带来的成本增加和环境污染等负效应大于投入增加的正向作用，因此，在排除环境的影响后规模效率大幅降低，出现规模报酬递减的现象。而纯技术效率明显地得到提升，表明调整前主要是经济发展的技术因素面临不利的环境，通过提升技术和管理水平来改善生产效率，促进经济集约式发展。规模效率在地区间存在较大差异，有可能是地区差距的主要源泉，技术效率在地区间大致趋同，将成为缩小地区差距的关键。

五　中国生产效率的动态分布

要素投入和生产效率是经济增长的重要源泉，但对地区差距分别起到怎样的作用？Kernel 密度分布方法为分析中国省域的经济增长及其差距，即协调发展问题提供了一个统一的研究框架（徐现祥和舒元，2005）。本文将有效劳均资本存量看做经济增长的要素投入，给出了相对综合效率、相对有效劳均资本和相对有效劳均 GDP 在 2001 年和 2007 年的 Kernel 密度分布，如图 1 和图 2 所示。

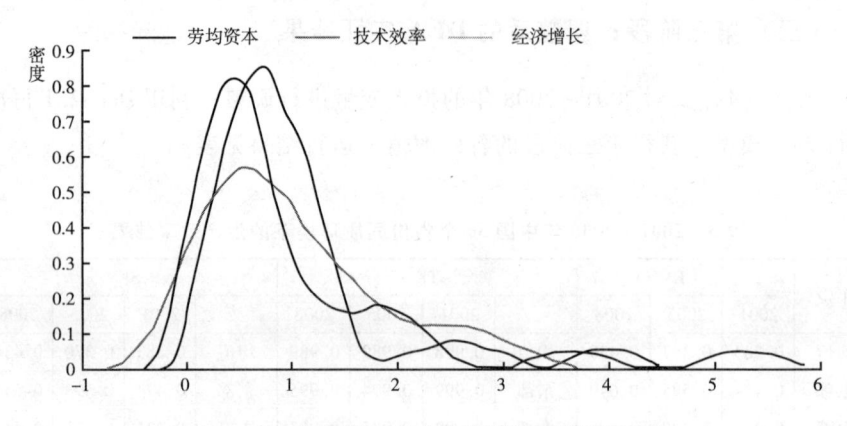

图 1 2001 年要素、技术和经济增长的动态分布

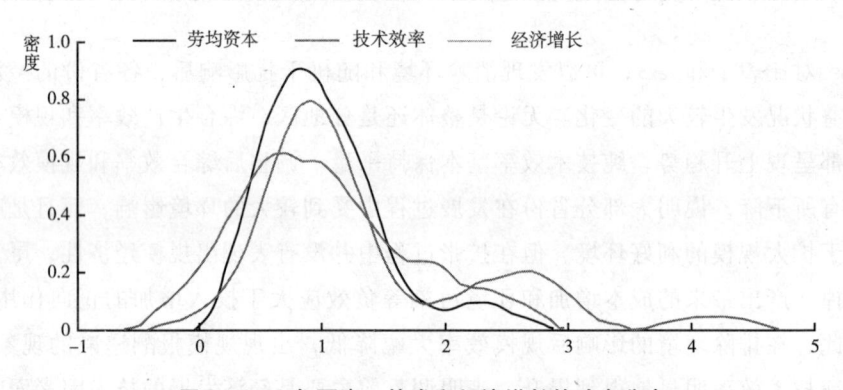

图 2 2008 年要素、技术和经济增长的动态分布

两图的分布密集区都处于 1 左右，说明要素投入、技术提升和经济增长都存在依赖性，不大可能实现龙跃。在图 1 中，从峰值的大小看，劳均资本＞劳均 GDP＞综合生产效率，大部分省份的技术效率改善或规模效率的提升程度存在一致性，相对于技术，是要素投入推动经济增长的主要因素。劳均资本和劳均 GDP 出现"双峰"，其中劳均资本增长的"双峰"特征比较明显，且两峰相距甚近，规模也等同。在要素投入规模和经济发

展水平较高的区段分别有三个和一个小的"次峰",虽然其规模远不及"主峰",但在考察期内稳定存在。生产效率基本没有出现"双峰"特征。这表明当各地区经济环境一致时,要素投入在各地区的差距较大,造成广大的低增长地区与少数高增长地区长期并存,而生产效率在地区间分布较为均匀,消除了要素累积不同而导致的经济差距,生产效率是经济趋同的主要因素。

与2001年相比,2008年的劳均资本增长、劳均GDP增长和全要素生产率增长都向右偏移,说明部分省份实现了从低到高的跃迁,省份间经济增长的差距在缩小。经济增长仍然出现较为明显的"双峰",且此次"次峰"的峰值更大,与"主峰"的距离也缩短,因此相对变得更为平缓。生产效率和劳均资本没有出现明显的"双峰",这表明经济增长的路径依赖性虽使得地区间仍存在较大经济差距,但要素的均匀分布,再加上技术转移和效率改善对经济增长的正外部性,"十五"期间中国地区经济差距再次呈现缩小趋势。

结论及建议

本文采用DEA三阶段对我国30个省份2001~2008年的生产效率进行了测度,利用Kernel密度分布模型分析了经济差距的源泉来自要素累积还是生产效率。研究表明,"十五"期间生产要素面临规模利好环境,而技术面临管理不利环境,导致调整后综合生产效率和规模效率都有所下降,纯技术效率明显得到提升,技术正在逐步增强对经济增长的促进作用;在生产无效的环境因素分析中,对外贸易和地理区位能显著减少对物质资本和劳动力投入的浪费,而市场改革和交通设施能有效减少人力资本浪费;要素投入是经济增长的主导因素,但在地区间的分布不均,是地区差距的主要源泉,生产效率的趋同性推动中国地区经济协调发展。

本文结论对地区政策的制定有一定的启示作用:国家应根据各地的要素禀赋发展特色产业,加大对西部大开发和中部振兴的政策倾斜力度,尽量消除因生产要素分布不均而造成的经济发展不均衡。生产效率受到外在环境较大的影响,政府应积极营造同质的生产环境,努力提高本地区的科技和人力资本积累水平,增强经济发展质量,实现技术的转移和扩散,为经济的协调发展奠定基础。

参考文献

[1] 彭国华,2005,《中国地区收入差距、全要素生产率及其收敛分析》,《经济研究》第9期。

[2] 傅晓霞、吴利学,2006,《技术效率、资本深化与地区差异——基于随机前沿模型的中国地区收敛分析》,《经济研究》第10期。

[3] 唐杰、孟亚强,2008,《效率改善、经济发展和地区差异》,《数量经济技术经济研究》第3期。

[4] 朱有为、徐康宁,2006,《中国高技术产业研究效率的实证研究》,《中国工业经济》第11期。

[5] 白俊红、江可申、李婧,2009,《应用随机前沿模型测评中国区域研发创新效率》,《管理世界》第10期。

[6] 黄森、蒲勇健,2010,《中国省域经济综合效率分析——基于三阶段DEA模型的研究》,《山西财经大学学报》第3期。

[7] 单豪杰,2008,《中国资本存量K的再估算:1952~2006》,《数量经济技术经济研究》第10期。

[8] 王小鲁、樊纲,2004,《中国地区差距的变动趋势和影响因素》,《经济研究》第1期。

[9] 沈坤荣、马俊,2002,《中国经济增长的"俱乐部收敛"特征及其成因研究》,《经济研究》第1期。

[10] 徐建华、鲁凤、苏方林、卢艳,2005,《中国区域经济差异的时空尺度分析》,《地理研究》第1期。

[11] 徐现祥、舒元,2005,《协调发展:一个新的分析框架》,《管理世界》第2期。

[12] Chernes, A. et al, 1978, "Measuring the Efficiency of Decision Making Units", *European Journal of Operational Research*, 2 (6): 429 – 444.

[13] Aigner, D. J., Lovell C. A. K., and Schmidt, 1977, "Formulation and Estimation of Stochastic Frontier Production Functions Models", *Journal of Econometrics*, 6 (1): 21 – 37.

[14] Kumar S. and Russell R. R., 2002, "Technological Change, Technological Catch-Up and Capital Deepening: Relative Contributions to Growth and Convergence", *American Economic Review*, 92 (3): 527 – 548.

[15] Coelli T., Rao P., and Battese, G. E., 1998, *An introduction to Efficiency And Productivity Analysis*, Boston: Kluwer Academic Publishers.

[16] Fried, H. O., Lovell C. A. K., Schmist S. S. and Yaisawarng S., 2002,

"Accounting for Environmental Effects and Statistical Noise in Data Envelopment Analysis", *Journal of Productivity Analysis*, 17: 157 - 174.

[17] Avkiran N. K., and Rowland T., 2008, "How to Better Identify the True Managerial Performance: State of the art using DEA", *Omega*, 36 (2): 317 - 324.

[18] Jondrow, J., Materov, I., Lovell C. A. K., and Schmidt P., 1982, "On the Estimation of Technical Inefficiency in the Stochastic Frontier Production Model", *Journal of Econometrics*, 19 (2): 233 - 238.

[19] Wang Y., and Yao Y., 2003, "Sources of China's Economic Growth 1952 - 1999: Incorporating Human Capital Accumulation", *China Economic Review*, 14 (1): 32 - 521.

[20] Sachs, J., 2003, "Institutious Don't Rule: Direct Effects of Geography on Per Capita Income", NBER Working Paper, No. 9490.

东北亚城市科技创新能力提升的因素探讨
——基于结构化方程模型的路径分析

郑琼洁[1]　倪鹏飞[2]　杨旭[3]

(1. 南京市社会科学院　2. 中国社会科学院财政与贸易经济研究所　3. 南开大学组合数据中心)

引　言

区域科技创新作为国家创新体系的重要组成部分，是一个地区社会经济发展综合实力的重要标志。在全球性的科技革命影响下，新一轮的国际分工与产业结构调整在世界范围内展开。库克（Cooke）对区域创新系统的概念进行了较为详细的阐述，认为区域创新系统主要是由在地理上相互分工与关联的生产企业、研究机构和高等教育机构等构成的区域性组织体系，这种体系支持并产生创新。Metcalfe（1995）认为，国家作为一个单位来分析一个技术体系的动态图像可能太大了，因此，"应考虑一组特色的、以技术为基础的体系，其中的每一个以一个国家地理和制度为界，而相互之间又进行着连接，支持国家或国家创新体系的发展"。世界经济论坛（World Economic Forum，WEF）从1986年开始每年发表一份《全球竞争力报告》，其中创立了一套评价国家和地区经济增长与国家竞争力的理论、研究方法和评估体系，并把国家创新能力作为一个重要专题对全世界的国家和地区进行了排名。其界定的国家创新能力不仅包括科学与技术的创新，也包括观念、制度、机制、政策、环境、市场等方面的创新，而且是各创新要素之间相互作用的结果。WEF对国家创新能力的研究为区域创新能力的研究奠定了一个基本的研究思路和研究方法。2005年世界银行发表的一份关于"东亚创新型城市"的研究报告，认为创新型城市应拥有优良的交通电信基础和功能完善的城市中心区；拥有充足的经营、文化、媒体、体育及学术活动的场所设施；拥有研究、开发与创新能力；拥有受教育程度较高的劳动力队伍；政府治理有效，服务高效；拥有多样化的文化事业基础设施和服务；拥有多样化的、高质量的居住选择；切实重视环保，在这方面有良好的口碑；社会多元，能接纳各种观点的碰撞，各种文化的融合和各种体验的交汇等。Cooke, Howell, Isaksen, Braczik, Asheim 等分别基于治理结构和商业创新维度、区域综合水平、技术转让模式、区域创新障碍、社会根植性五个方面对区域创新系统进行了分类，然而，目前学术界关于区域创新体系的研究仍存在三点不足。

第一，对区域创新体系要素间的作用缺乏定量研究。一般来说，区域创新体系效率的高低很大程度上取决于区域创新体系的结构，即区域创新要素之间是否存在稳定和紧密的技术创新联系。然而从已有的文献看，对区域创新体系要素间作用的分析主要局限于定性分析，对区域创新体系中要素的相互关系、路径影响机制缺少全面、细致的定量研究。

第二，缺少有效的易于推广应用的区域创新评价指标体系。学者们基于各自对区域创新体系的认识，建立了种类繁多的区域创新评价指标体系。比较有代表性的《中国区域创新能力报告》中的指标多达68个，实际应用操作起来比较困难。因此，需要建立一套能够准确测度区域创新体系的真实状态，所又尽可能少地包含指标数的指标体系。

第三，目前东北亚城市在科技创新方面仍处在起步阶段。国内外尚无学者对影响东北亚城市的科技创新的因素及相互间的路径传导进行研究。因此，本文基于《全球城市竞争力报告（2009~2010）》对世界500城市的研究，选取东北亚155个城市作为研究样本，构建了50多项投入产出指标，对其科技创新的分类水平、影响原因及传导机制进行了深入研究，并提出相应的政策建议，旨在推进东北亚地区科技创新，强化区域经济交流，共创发展机遇，共享创新成果。

本文的框架安排如下：第一部分构建了东北亚城市科技创新的指标体系；第二部分是实证分析，首先通过聚类分析和判别分析，对东北亚155个城市进行了科技创新能力的分类，然后通过结构化方程模型探求影响科技创新的因素及其原因；最后是结论和建议。

一 东北亚城市科技创新的指标体系

区域创新体系是一个地区由各类创新主体通过经济、政治、文化联系而形成的系统，其功能是通过实现现有资源的有效整合，推动新技术的产生、使用，从而强化区域竞争优势，并能以系统的关联性，帮助区域内落后地区实现跨越式发展。

经济关系是人们在进行生产、交换、分配、消费以及与此有关联的活动中所结成的相互关系。各创新主体从各自的利益出发，输出具有比较优势的产品，以此从外界获得自己所需要的产品以维持生存与发展。

政治是指以经济为基础的上层建筑，是经济的集中表现，是以政治权利为核心展开的各种社会活动和社会关系的总和。由于在经济关系中，不同主体为了各自利益，不可避免地发生各式各样的矛盾和冲突，这些矛盾和冲突往往造成创新资源无法在区域创新体系内部顺利流动，因此，需要有一些调节和约束社会关系的约定和机构，比如法律制度和政府。

文化指的是人类在社会实践过程中所获得的能力和创造的成功。不同的文化往往是区域创新体系发展模式不同的重要原因。尽管文化中的地方特色对于区域创新体系的发展非常重要，但由于很难量化，并且在不同地区之间的文化中不具有可比性，因此下面在做定量比较分析时，只考虑地区之间容易量化的文化联系，如文化公司指数和文化公司联系度。

区域创新体系是一个极为复杂而又开放的有机体，影响区域创新体系有效性的因素很多，为了对区域创新体系有效性进行定量分析，必须选取有代表性的指标来反映表现区域创新体系有效性的各个方面，同时保证指标数量不过于庞大。本文参照最新发布的《全球城市竞争力报告（2009~2010）》，从产出的角度，使用绿色GDP规模、人均绿色GDP、地均绿色GDP、经济增长、专利申请数、跨国公司指数等6项现实性指标，按照人口规模和收入水平，编制全球500个城市的综合竞争力指数（GUCI），从多侧面比较和分析500个城市的竞争力指数及其具体的构成指标数据；从投入的角度，将全球城市竞争力构成分为企业素质、当地要素、当地需求、内部结构、公共制度、全球联系6个一级指标（包括50个二级指标），编制全球500个城市的要素环境指数。通过逐层细分建立初级指标体系。根据本文研究的需要，笔者选取了东北亚地区进入世界500城市的包括中国（69个）、日本（27个）、韩国（11个）、俄罗斯（47个）和蒙古（1个）的共155个城市，同时运用相关性系数法检验指标体系的有效性，选取了专利申请、科技公司指数、教育指数、专利指数、R&D中心数和科技园区6个指标衡量科技创新。此外，基于原来的指标体系，笔者进行了重新的分类和选取，从经济环境、文化环境和政府治理三个方面对影响科技创新的因素进行了探讨。选取的所有指标数据，在实证分析前都已进行过标准化处理，因此样本数据基本符合正态分布，为下一步做结构化模型分析做了铺垫。表2是各指标说明及数据来源。

表1　155个城市名单

城市	国家	城市	国家	城市	国家	城市	国家	城市	国家
莫斯科	俄罗斯	乌法	俄罗斯	青岛	中国	潍坊	中国	横滨	日本
圣彼得堡	俄罗斯	伊热夫斯克	俄罗斯	武汉	中国	威海	中国	福冈	日本
新西伯利亚	俄罗斯	奥伦堡	俄罗斯	广州	中国	日照	中国	广岛	日本
喀山	俄罗斯	奔萨	俄罗斯	深圳	中国	郑州	中国	北九州	日本
别尔哥罗德	俄罗斯	彼尔姆	俄罗斯	东莞	中国	长沙	中国	埼玉	日本
鄂木斯克	俄罗斯	萨马拉	俄罗斯	重庆	中国	珠海	中国	千叶	日本
布良斯克	俄罗斯	萨拉托夫	俄罗斯	成都	中国	佛山	中国	静冈	日本
弗拉基米尔	俄罗斯	乌里扬诺夫斯克	俄罗斯	西安	中国	惠州	中国	滨松	日本
沃罗涅日	俄罗斯	巴尔瑙尔	俄罗斯	香港	中国	中山	中国	堺市	日本
伊万诺沃	俄罗斯	克拉斯诺亚尔斯克	俄罗斯	澳门	中国	南宁	中国	冈山市	日本
卡卢加	俄罗斯	克麦罗沃	俄罗斯	台北	中国	柳州	中国	金泽市	日本
库尔斯克	俄罗斯	符拉迪沃斯托克	俄罗斯	高雄	中国	海口	中国	熊本市	日本
利佩茨克	俄罗斯	秋明	俄罗斯	新竹	中国	昆明	中国	相模原市	日本
奥廖尔	俄罗斯	车里雅宾斯克	俄罗斯	石家庄	中国	台南	中国	鹿儿岛市	日本
梁赞	俄罗斯	哈巴罗夫斯克	俄罗斯	太原	中国	台中	中国	松山市	日本
斯摩棱斯克	俄罗斯	叶卡捷琳堡	俄罗斯	呼和浩特	中国	基隆	中国	东大阪市	日本
坦波夫	俄罗斯	北京	中国	包头	中国	唐山	中国	姬路市	日本
特维尔	俄罗斯	天津	中国	长春	中国	鄂尔多斯	中国	仓敷市	日本
图拉	俄罗斯	沈阳	中国	哈尔滨	中国	乌鲁木齐	中国	新潟市	日本
雅罗斯拉夫尔	俄罗斯	大连	中国	徐州	中国	兰州	中国	首尔	韩国
彼得罗扎沃茨克	俄罗斯	上海	中国	常州	中国	西宁	中国	釜山	韩国
阿尔汉格尔斯克	俄罗斯	南京	中国	南通	中国	银川	中国	蔚山	韩国
加里宁格勒	俄罗斯	扬州	中国	无锡	中国	贵阳	中国	仁川	韩国
摩尔曼斯克	俄罗斯	苏州	中国	嘉兴	中国	东京都	日本	庆州	韩国
马哈奇卡拉	俄罗斯	杭州	中国	绍兴	中国	大阪	日本	大田	韩国
格罗兹尼	俄罗斯	宁波	中国	台州	中国	名古屋	日本	大邱	韩国
克拉斯诺达尔	俄罗斯	温州	中国	芜湖	中国	京都	日本	水原市	韩国
斯塔夫罗波尔	俄罗斯	合肥	中国	泉州	中国	川崎	日本	城南市	韩国
阿斯特拉罕	俄罗斯	福州	中国	济南	中国	神户	日本	安山	韩国
顿河畔罗斯托夫	俄罗斯	厦门	中国	淄博	中国	札幌	日本	全州市	韩国
伏尔加格勒	俄罗斯	南昌	中国	烟台	中国	仙台	日本	乌兰巴托	蒙古

表 2 指标说明及数据来源

潜变量	测量指标	数据来源
科技创新	R&D 中心数	世界大学和研究机构网络排名（Webometrics Ranking）
	专利指数	世界知识产权组织（WIPO）网站（http://www.wipo.int）
	科技公司指数	世界科技公司网站
	科技园区数	www.iasp.ws
	专利申请量	世界知识产权组织（WIPO）的网站（http://www.wipo.int/），该数据为万人专利申请
	大学指数	世界大学排名（Webometrics Ranking）
经济环境	人均 GDP	城市官方网站，城市、地区或国家统计网站或年鉴
	GDP 规模	城市官方网站，城市、地区或国家统计网站，城市、地区或国家部门网站，城市、地区或国家统计年鉴
	地均 GDP	数据资料来源同 GDP 规模
	GDP 增长	数据资料来源同 GDP 规模
	全球 2000 总部	福布斯 2000 公司网站
	国家经济增长	世界银行数据（WDI）
文化环境	文化公司指数	世界文化公司网站
	文化公司联系度	福布斯 2000 文化公司网站
政府管理	政治稳定	WGI
	政府治理	Global Integrity Index
	公共制度	世界银行的《营商环境报告》

二 实证分析

（一）聚类分析

聚类分析指将物理或抽象对象的集合分组为由类似的对象组成的多个类的分析过程，本文在构建结构化方程之前首先运用 SPSS13.0，根据科技创新的指标对东北亚地区 155 个城市进行聚类分析，根据其相似性进行了分类。下表是科技创新指数的方差分析以及四类分个数。其中日本东京自成一类，莫斯科、香港、北京、上海、台北和首尔为第二类，水原市、相模原市、埼玉、千叶、静冈、横滨、台中、大阪、名古屋、京都和川崎为第三类，其余城市并为第四类，城市名单详见表1。

表 3　聚类分析的样本和方差

聚为四类时的样本数

Cluster	1	1.000
	2	6.000
	3	11.000
	4	137.000
Valid		155.000
Missing		.000

聚为四类时的方差分析

	Cluster Mean Square	df	Error Mean Square	df	F	Sig
专利申请	.272	3	.003	152	80.660	.000
科技公司指数	1.125	3	.003	152	361.968	.000
教育指数	.047	3	.004	152	11.401	.000
专利指数	1.701	3	.014	152	119.617	.000
R&D 中心数	.074	3	.000	152	321.886	.000
科技园区	.102	3	.002	152	63.608	.000

（二）判别分析

聚类分析并不能明确表明四类样本的性质和函数特征，因此本部分在聚类分析的基础上对以上四类城市进行了判别分析。判别分析是一种根据观测变量判断研究样本如何分类的多变量统计方法，是根据判别对象若干个指标的观测结果判定其应属于哪一类的统计学方法。分析过程基于对预测变量的线性组合产生一系列判别函数，是从每个个案所属的类别已经确定的样本中拟合出来的，并且生成的函数能够运用于同样进行了预测变量观测的新的样本点，以判断其类别归属。其具体步骤如图 1 所示。

分类的四大城市样本 →判别分析方法→ 判别函数 →建立判别准则→ 考核 →未知样品判别归类

图 1　判别分析的具体步骤

因此，在判别分析的基础上，对未收录在样本中的其他东北亚城市，我们就可以根据判别分析的结果将城市划分到相应的函数类别中。而在本文中，我们略去这个过程，着重分析样本中四个类别的城市的特点。在判别分析的结果中，结构矩阵的三个函数分别以不同创新指标重点表示。函数 F1 为科技公司指数，体现了科技公司作为研发主体在城市创新系统中的地位和作用；函数 F2 体现了专利申请和专利指数方面的情况，即体现了研发产出要素的专利等情况；函数 F3 体现了 R&D 中心数和科技园区方面的情况，也就是显示了研发活动的发生载体的情况，以此区分了各类的不同特征。三大函数的表达式分别为：

$$F1 = 0.644 * 专利申请 + 15.01 * 科技公司指数 + 2.016 * 教育指数 \\ - 3.07 * 专利指数 + 46.002 * R\&D 中心数 + 9.093 * 科技园区 - 2 \quad (1)$$

$$F2 = 27.645 * 专利申请 - 1.318 * 科技公司指数 - 1.914 * 教育指数 \\ - 1.825 * 专利指数 - 3.104 * R\&D 中心数 - 8.84 * 科技园区 - 0.31 \quad (2)$$

$$F3 = 5.37 * 专利申请 + 9.922 * 科技公司指数 - 2.198 * 教育指数 \\ - 2.931 * 专利指数 - 52.159 * R\&D 中心数 + 10.696 * 科技园区 + 0.778 \quad (3)$$

图 2 是 155 个东北亚城市根据三大函数的判别分析图，重心坐标值具体见表 4。从横坐标看，东京横坐标值最大；从纵坐标看，水原市等城市纵坐标值最大（具体城市名称未在图中标出）。可以看出，最密集的第四类共有 137 个城市，其重心坐标位于最弱地位。因此，笔者通过结构化方程，对 137 个城市的科技创新进行了因子分析和路径探讨。

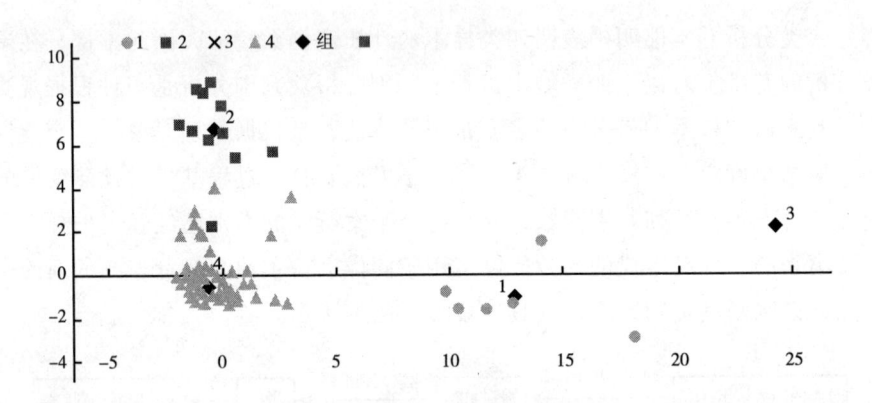

图 2　判别分析

表 4　结构矩阵

指标	函数 F 1	函数 F 2	函数 F 3
科技公司指数	.667(*)	.100	.391
专利申请	.126	.963(*)	.023
专利指数	.229	.454(*)	.076
教育指数	.043	.259(*)	-.054
R&D 中心数	.594	.076	-.760(*)
科技园区	.242	-.019	.463(*)

注：*表示判别函数中变量间相关性最强。

表 5 各函数坐标值

组	函数		
	1	2	3
1	12.799	-1.033	2.767
2	-.338	6.715	.423
3	24.299	2.247	-9.038
4	-.711	-.510	-.089

(三) 结构化方程路径分析

1. 结构化方程模型简介

结构化方程模型（Structural Equation Model，SEM）是一种建立、评估和检验因果关系模型的多元统计分析技术，整合了因子分析、路径分析和多重性回归分析等方法，在测度模型的基础上进一步对变量之间的因果关系进行假设，是测度模型与因果模型的一个综合。

结构化方程模型可分为结构模型（Structural Model）和测量模型（Measurement Model），结构模型反映潜变量（Latent Variable）之间的结构关系，测量模型描述潜变量与观测变量（Manifest Variable，显变量）之间的关系。

结构模型可以表示为：

$$\eta = W\eta + \Gamma\xi + \zeta \tag{4}$$

其中 η 为内生潜变量；ξ 为外生潜变量；W 表示内生潜变量之间的影响效应系数矩阵；Γ 表示内生外生潜变量对内生潜变量的影响效应系数矩阵，即外生潜变量对内生潜变量的路径系数；ζ 表示结构方程的残差矩阵，表示方程中未被解释的部分。

测量模型可以表示为：

$$Y = \Delta_y\eta + \varepsilon, X = \Delta_x\xi + \delta \tag{5}$$

其中 Y 为内生观测变量矩阵，X 为外生观测变量矩阵；Δ_x 为外生观测变量在外生潜变量上的因子负荷矩阵，描述外生观测变量和外生潜变量之间的关系；Δ_y 为内生观测变量在内生潜变量上的因子负荷矩阵，描述内生观测变量和内生潜变量之间的关系；ε 和 δ 表示测量模型的残差矩阵，描述方程中未被解释的部分。

2. 结构化方程模型的构建

结构化方程模型的建立过程一般有5个主要步骤，即模型设定（Model Specification）、模型识别（Model Identification）、模型参数估计（Model Parameter Estimation）、模型评价（Assessment of Model Fit）和模型修正（Model Modification）。本文拟在结构方程模型理论基础上，重点对东北亚科技创新的理论模型和模型参数估计方法进行深入探讨。

3. 结果分析

（1）模型拟合度检验。Amos18.0提供了多种模型拟合指数，通常采用绝对拟合指数 χ^2、RMR、GFI，相对拟合指数 NFI、IFI、CFI，信息指数 AIC等指数对结构化方程模型的拟合优度进行评价。本模型拟合指数计算结果如表5所示，除绝对拟合指数 GFI 基本达到拟合标准外，其他各项指数均与饱和模型较接近，并且在较好拟合标准范围内，说明假设模型与样本数据的拟合程度较好，模型具有较高的构建效度。

（2）模型估计结果。模型参数估计结果如表6所示，模型中各路径系数（潜变量与潜变量间的回归系数）和载荷系数（潜变量与测量指标间的回归系数）的统计显著性结果P值均小于0.05，表示模型中所有参数估计都具有较高的显著性水平。其中，未标准化参数值为1的变量为参照变量。

表6 模型参数估计结果

			未标准化系数	标准化系数	S. E.	C. R.	P
经济环境	<——	政府管理	.480	.945	.056	8.544	***
文化环境	<——	经济环境	.091	.405	.020	4.573	***
技术创新	<——	经济环境	.258	.626	.041	6.246	***
技术创新	<——	文化环境	.182	.099	.085	2.144	.032
文化公司指数	<——	文化环境	1.000	.999			
文化公司联系度	<——	文化环境	1.035	1.001	.001	1402.663	***
专利申请量	<——	技术创新	1.000	.943			
科技园区数	<——	技术创新	.179	.225	.060	2.974	.003
科技公司指数	<——	技术创新	.769	.519	.127	6.047	***
专利指数	<——	技术创新	2.582	.715	.321	8.042	***
R&D中心数	<——	技术创新	.033	.244	.010	3.167	.002
人均GDP	<——	经济环境	1.465	.950	.167	8.774	***
全球2000企业总部	<——	经济环境	.086	.581	.014	5.950	***

续表

			未标准化系数	标准化系数	S. E.	C. R.	P
大学指数	<——	技术创新	.601	.688	.111	5.438	***
政府治理	<——	政府管理	1.000	.966			
政治稳定	<——	政府管理	.423	.621	.048	8.772	***
公共制度	<——	政府管理	.310	.964	.012	26.758	***
GDP规模	<——	经济环境	.155	.497	.030	5.168	***
国家经济增长	<——	经济环境	1.000	.628			
GDP增长	<——	经济环境	-1.523	-.568	.095	-15.981	***
地均GDP	<——	经济环境	.432	.571	.072	5.968	***

注：<——表示因果关系，*** 表示 P<0.001，显著。

（3）模型结果讨论。图3是AMOS18.0给出的结构路径分析图，其中大圆表示潜变量，小圆表示残差项，矩形表示观测变量，残差与残差之间的连线表示两个变量间有一定的相关性。图3清晰地反映了内生潜变量城市综合竞争力与其他四个潜变量之间的作用关系。显然，政府管理、经济环境和文化环境对城市科技创新均有正向促进作用。表7~表9是标准化后的效应，其中总效应包括间接效应和直接效应。

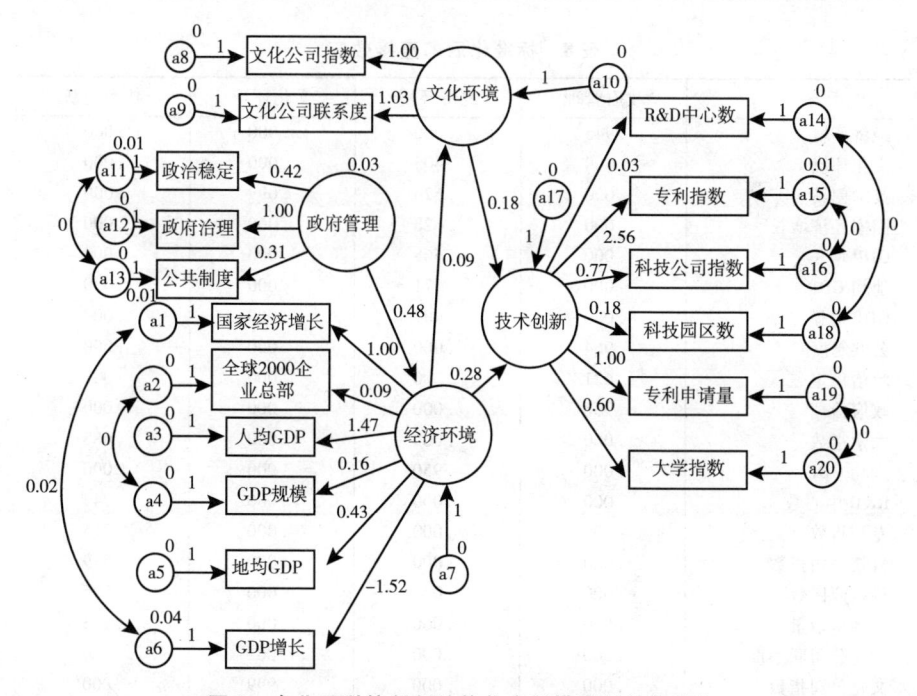

图3 东北亚科技创新结构化方程模型及各参数值

表7 标准化后的总效应

	政府管理	经济环境	文化环境	技术创新
经济环境	.945	.000	.000	.000
文化环境	.383	.405	.000	.000
技术创新	.630	.666	.099	.000
国家经济增长	.593	.628	.000	.000
GDP 增长	-.537	-.568	.000	.000
地均 GDP	.540	.571	.000	.000
GDP 规模	.470	.497	.000	.000
公共制度	.964	.000	.000	.000
政治稳定	.621	.000	.000	.000
政府治理	.966	.000	.000	.000
大学指数	.433	.458	.068	.688
人均 GDP	.898	.950	.000	.000
R&D 中心数	.154	.163	.024	.244
专利指数	.450	.476	.071	.715
科技公司指数	.327	.346	.051	.519
科技园区数	.142	.150	.022	.225
专利申请量	.593	.628	.093	.943
文化公司联系度	.383	.406	1.001	.000
文化公司指数	.382	.405	.999	.000
全球 2000 企业总部	.550	.581	.000	.000

表8 标准化后的直接效应

	政府管理	经济环境	文化环境	技术创新
经济环境	.945	.000	.000	.000
文化环境	.000	.405	.000	.000
技术创新	.000	.626	.099	.000
国家经济增长	.000	.628	.000	.000
GDP 增长	.000	-.568	.000	.000
地均 GDP	.000	.571	.000	.000
GDP 规模	.000	.497	.000	.000
公共制度	.964	.000	.000	.000
政治稳定	.621	.000	.000	.000
政府治理	.966	.000	.000	.000
大学指数	.000	.000	.000	.688
人均 GDP	.000	.950	.000	.000
R&D 中心数	.000	.000	.000	.244
专利指数	.000	.000	.000	.715
科技公司指数	.000	.000	.000	.519
科技园区数	.000	.000	.000	.225
专利申请量	.000	.000	.000	.943
文化公司联系度	.000	.000	1.001	.000
文化公司指数	.000	.000	.999	.000
全球 2000 企业总部	.000	.581	.000	.000

表9 标准化后的间接效应

	政府管理	经济环境	文化环境	技术创新
经济环境	.000	.000	.000	.000
文化环境	.383	.000	.000	.000
技术创新	.630	.040	.000	.000
国家经济增长	.593	.000	.000	.000
GDP 增长	-.537	.000	.000	.000
地均 GDP	.540	.000	.000	.000
GDP 规模	.470	.000	.000	.000
公共制度	.000	.000	.000	.000
政治稳定	.000	.000	.000	.000
政府治理	.000	.000	.000	.000
大学指数	.433	.458	.068	.000
人均 GDP	.898	.000	.000	.000
R&D 中心数	.154	.163	.024	.000
专利指数	.450	.476	.071	.000
科技公司指数	.327	.346	.051	.000
科技园区数	.142	.150	.022	.000
专利申请量	.593	.628	.093	.000
文化公司联系度	.383	.406	.000	.000
文化公司指数	.382	.405	.000	.000
全球 2000 企业总部	.550	.000	.000	.000

文化环境。文化环境对技术创新是单一的、直接的正向作用，总效应（即直接效益）为 0.099，归一后的系数为 0.07。从两个构成指标看，文化公司指数（0.999）与文化公司联系度（1.001）对文化环境的影响相差不大。

经济环境。经济环境对技术创新存在两条路径作用。第一条是直接的、正向作用，为 0.626，归一后的系数为 0.48，第二条是通过文化环境间接作用于技术创新，为 0.04（= 经济环境对文化环境的直接效应 × 文化环境对技术创新的直接效应 = 0.405 × 0.099 = 0.04）。因此，经济环境对技术创新的总效应为 0.666（具体算法为：0.626 + 0.04 = 0.666）。在三个潜在变量中，经济环境对技术创新的影响效应排在首位，说明经济环境越好，科技创新的能力越强。从构成经济环境的 6 个指标来看，国家经济增长、全球 2000 企业总部、人均 GDP、GDP 规模和地均 GDP 对经济环境的影响是正向的。其中，人均 GDP 的影响最大，为 0.950。而 GDP 增长与经济环境成反比（-0.568），也就是说，GDP 增长越快，其经济环境越差。这与现实情况相符，一些发展中国家，不惜以环境、资源为代价，寻求高经济增长。因此，经济增长并不一定代表发展。批评家们往往会质疑经济增长的实际意义，其原因是因为经济增长的衡量尺度是 GDP，而 GDP 的增长不一定代表了生产力的发展。

政府管理。从上述结果可知，政府管理对技术创新的作用是间接效应，为 0.630，并且都是首先通过经济环境来传导。(0.630 的具体算法为：政府管理对经济环境的直接效应×经济环境对技术创新的直接效应+政府管理对经济环境的直接效应×经济环境对文化环境的直接效应×文化环境对技术创新的直接效应 = 0.945 × 0.626 + 0.945 × 0.04 = 0.630)，归一后的系数为 0.45。其两条途径具体为：一是政府管理作用于经济环境，从而作用于技术环境；二是政府管理作用于经济环境，经济环境作用于文化环境，进而作用于技术环境。对于构成政府管理的三个指数，公共制度、政治稳定性和政府治理对政府管理的作用非常明显，尤其是政府治理和公共制度都达到了 0.96 以上的正面影响。

科技创新评价方法。本文对模型中各变量的标准化系数进行归一化处理得到各变量的归一化系数，并根据模型中各变量间的因果关系，以相应变量的归一化系数为权重，构建了东北亚城市科技创新能力的两种方法。

方法一：显性科技创新能力 = 0.07 × Y1 + 0.21 × Y2 + 0.16 × Y3 + 0.07 × Y4 + 0.28 × Y5 + 0.21 × Y6。

方法二：要素科技创新能力 = 0.48 × 经济环境得分 + 0.07 × 文化环境得分 + 0.45 × 政府治理得分 = 0.48 × (0.36 × E1 + 0.18 × E2 + 0.21 × E3 - 0.21 × E4 + 0.22 × E5 + 0.24 × E6) + 0.07 × (0.50 × C1 + 0.50 × C2) + 0.45 × (0.24 × G1 + 0.38 × G2 + 0.38 × G3)

上述两种方法为其他国家或城市的科技能力提供了很好的衡量测算方法。

表 10　标准化与归一化系数

潜变量	测量指标		标准化系数	归一化系数
科技创新	R&D 中心数	Y1	0.244	0.07
	专利指数	Y2	0.715	0.21
	科技公司指数	Y3	0.519	0.16
	科技园区数	Y4	0.225	0.07
	专利申请量	Y5	0.943	0.28
	大学指数	Y6	0.688	0.21
经济环境	人均 GDP	E1	0.95	0.36
	GDP 规模	E2	0.497	0.18
	地均 GDP	E3	0.571	0.21
	GDP 增长	E4	-0.568	-0.21
	全球 2000 企业总部	E5	0.581	0.22
	国家经济增长	E6	0.628	0.24
文化环境	文化公司指数	C1	0.999	0.50
	文化公司联系度	C2	1.001	0.50
政府管理	政治稳定	G1	0.621	0.24
	政府治理	G2	0.966	0.38
	公共制度	G3	0.964	0.38

结论和建议

在国际竞争日益激烈的今天，科技自主创新能力是一个国家科技事业的决定性因素，是一国的核心竞争力。本文选取东北亚 155 个城市，通过聚类分析和判别分析，对他们的科技创新进行了分类和比较研究，从中选取了科技创新能力较为靠后的 137 个城市，采用结构化方程模型，对他们的影响因子和路径传导进行了研究。

经济发展是一种不断进行的演化过程，是伴随着经济结构、社会结构、政治结构及观念意识的变化或变革的持续的还包括经济成长过程。其基本要素除了包括经济成长所带来的总量产出与收入结构变化外，还包括经济结构的变迁、人民生活品质的提高与福利的改善、社会政治体制的变化、文化法律的完善，甚至是观念习俗的变化。实证结果发现，经济环境是影响科技创新最主要的因素（0.666），而政府管理也是影响科技创新的主要原因，相对而言，东北亚的文化环境对科技创新的影响相对较弱，仅为 0.07。

因此，要想保持科技创新的持续发展，就必须建立起科技与经济、文化和政府的良性互动关系。

（一）因地制宜建立创新型城市，经济实力是根本

科技发展，首先需要有坚实的经济基础，东北亚的不同城市，首先要分析自身的优劣势，找到建设的突破口和符合各个城市的资源特征。要有相对充裕的经费投入，能够为科学技术的发展提供充足的经费，能够购买最先进的仪器设备，营造良好的环境，吸引更多的人才。

（二）文化环境是创新型城市赖以成长的根基

建立创新性城市，既是一个丰富物质文明的过程，也是一个丰富精神文明的过程。在经济高速发展的今天，发掘文化资源、营造文化氛围，是塑造城市高品位形象的重要途径。只有形成了浓郁的创新文化的城市，才能在创新活动中保持旺盛的生命力，有利于区域或城市的技术创新，发挥创造作用。此外，良好的文化环境有利于创新人才的合理配置。劳动者是生产关系中最活跃、最根本的要素。在以创新为驱动的知识经济时代，知识型劳动者成为决定生产和管理运作的主体。随着技术复杂性和内生性等特征的凸显，技术创新越来越难以通过机械的学习或单纯的"引进"来产生。因此，技术创新人才成为企业技术创新能力的关键因素。因此，要在全社会培养创新人才和企业家精神，倡导创新成功光荣、创新失败宽容的文化氛围，焕发城市创新的精神风貌。

（三）政府是创新性城市建设中不可或缺的催化剂

从政府角度看，其对科技创新的影响有两个途径——经济环境和文化环境。政府在东北亚整个创新体系中发挥着组织能力，起着系统整合的作用，它作为社会公权力的代表和行使者，职责就是对社会生活进行管理，在社会中政府的职能主要表现为经济调节、市场监管、社会管理和公共服务。从经济环境看，全球2000企业总部又是经济环境的一个重要的观察指标，因此，政府可以通过立法、政府政策等措施，建立健全鼓励创新、保护知识产权的法律法规，充分调动企业加大对科技的投入，充分发挥企业在科技创新上的主力军作用。企业是科技创新成果产业化的主体，同时

也是很重要的科学研究的投资者,是一部分科技成果的拥有者。如政府可以通过对科研机构和研究开发投入的免税与退税政策激励个人、企业和科研机构从事科研活动。尽管东北亚的城市政府在创新城市建设中都采取了不同的措施来促进城市的发展和建设,但是总的来说都是起着不可或缺的辅助作用。同时,政府可以通过改善文化环境,来提高科技创新能力。

参考文献

[1] 熊彼特,1990,《经济发展理论》,商务印书馆,第 73~74、76~82、131 页。

[2] 陈国宏,2008,《区域自主创兴能力评价及相关问题研究——基于福建省背景的实证分析》,经济科学出版社。

[3] Csikszentmihalyi, M. & J. Nakamura, 1989, "The Dynamics of Intrinsic Motivation: A Study of Adolescents", Ames, C. & R. E. Ames, *Research on Motivation Education*, Vol. 3, Goals and Cognitions, London: Academic Press.

[4] Hodgson, G. M., 1998, "Dichotomizing the Dichotomy", *Veblen Ayres versus, Institutionalist method and value: essays in honour of Paul dale dale Bush*. Edward Elgar Publishing Limited, p. 50.

[5] Kresl P K, Singh B., 1999, "Competitiveness and the Urban Economy. Twenty-four Large US Metropolitan Areas", *Urban Studies*, (36), pp. 1011 – 1027.

[6] Lever W., 1993, "Competition within the European Urban System", *Urban Studies*, pp. 20 – 28.

[7] Metcalfe J. S., 1995, "Technological System and Technology Policy in an Evolutionary Framework", *Cambridge Journal of Economics*.

[8] Girardet, H., 1992, *Cities: New Directions for Sustainable Urban Living*, Gaia Books Limited, London.

中国省际教育投入对地区经济增长贡献率的再测度及差异分析

冯 云

(东北财经大学数学与数量经济学院)

引 言

教育部门关系国家人力资源储备、经济增长和社会的和谐发展,是国民经济的重要部门。我国一直高度重视教育的发展,财政教育经费支出逐年增加。资料显示,从 2004 年到 2008 年,财政教育经费年均增长 23.7%,占 GDP 的比重从 2.79% 提高到 3.78%,年均提高 0.17 个百分点,最近出台的《国家中长期教育改革和发展规划纲要 (2010~2020 年)》更是强调要保障教育在公共财政支出中的优先地位,计划到 2012 年财政教育投入占 GDP 的比重达到 4%。教育投入总量是决定教育发展水平的一个关键方面,但教育投入的质量和效果也同样不容忽视。

国内外很多专家和学者都对我国教育投入的经济效果进行了大量的研究[蔡增正 (1999),周英章、孙崎岖 (2002),杨亚君、李红天 (2006)、于凌云 (2008) 等],这些研究从不同的视角测度了我国教育投入的效果,但由于选取的研究期间、方法和角度不同,研究结果也存在一定差异。通过对已有文献的研究,我们发现有以下几个方面的问题值得我们思考:第一,现有文献大多集中于研究我国教育投入在全国的平均收益情况,而针对各地区教育投入经济效果进行专项研究的较少;第二,这些有限的针对我国各省教育投入经济效益的研究也大多把各省份看做独立的个体,忽略了各省份之间各种生产要素流动和经济效果外溢的影响,这与现实状况不符,其研究结果也势必存在偏差;第三,直接把不同省份不同时期的数据放在一起,采用同一个模型测度，没有考虑各省份教育投入对经济增长作用机制在个体和时期上的本质性差异，这也会影响到最终结论的准确性和有效性。

我国地域幅员辽阔，各省份在资源禀赋、经济结构和政策沿革等方面都存在较大差异，因此，研究我国教育投入经济效益，必须要考虑到各省份的特殊情况。本文在现有研究成果的基础上，采用能够反映样本个体间异质性差异和个体间相互影响作用关系的面板数据模型，再测度我国各省份教育投入对经济增长的贡献，并对省际贡献率差异特征及原因进行深入分析，希望能对现阶段我们了解我国各省份教育发展的实际情况，制定区域教育发展投资规划提供有益的参考。

一 变量选择与数据处理

本文选择以下四个变量进行实证分析：国内生产总值（GDP）指标，代表社会总产出；年实际教育支出总额（EDU），代表地区教育投入；年固定资产投资总额（K），代表物质资本投入；年末从业人员数（L），代表地区劳动力投入。各指标数据直接来源于相应年度的《中国统计年鉴》，时间范围从1996年至2007年。由于重庆市于1997年才恢复为中央直辖市，归属四川省，为了保持数据统计口径的一致性，本文将重庆市的相关指标数据并入四川省。因此，面板数据共包含30个个体，12个时期，样本容量为360[①]。

（一）面板数据平稳性检验

由于大多数经济数据都是不平稳的，对不平稳的数据建模可能导致伪回归，其估计结果也是无意义的，因此，我们首先需要对各变量进行数据平稳性检验。考虑到取对数能够有效消除变量的异方差和非平稳性，且对数模型具有良好的经济含义，因此，我们直接将各原始变量作对数变换。采用 Levin，Lin& Chu t*；Im, Pesaran and Shin w-stat；ADF-Fisher Chi-square 和 PP-Fisher Chi-square 平稳性检验法，结果显示各变量均不平稳，但对其作一阶差分变换后再作检验，除劳动力投入指标外，其他变量均显著通过检验，结果见表1。

---

① 从《中国统计年鉴》上获得的数据都是按当年价格计算的水平数据，为了消除价格因素对模型参数估计的影响，本文将GDP指标按照1989年可比价格GDP指数进行了平减；将教育投入指标用1989年可比物价指数CPI进行了平减，将固定资产投资指标用1989年可比固定资产投资价格指数进行了平减。

表 1　面板单位根检验结果表

	Levin, Lin& Chu t*	Breitung t-stat	Im, Pesaran and Shin w-stat	PP-Fisher Chi-square
LN(GDP)	-4.72667** (0.0000)	7.22272 (1.0000)	3.64907 (0.9999)	32.5521 (0.9985)
D(LN(GDP))	-12.9423** (0.0000)	-5.7974** (0.0000)	-3.45985** (0.0003)	190.0581** (0.0000)
LN(EDU)	-2.80735** (0.0025)	2.24272 (0.9875)	1.56330 (0.9410)	70.7198 (0.1621)
D(LN(EDU))	-13.5655** (0.0000)	-2.52392** (0.0058)	-6.15675** (0.0000)	220.892** (0.0000)
LN(K)	-0.92028 (0.1787)	3.50576 (0.9998)	2.15943 (0.9846)	74.4682* (0.099)
D(LN(K))	-29.4341** (0.0000)	-5.6657** (0.0000)	-10.5102** (0.0000)	237.3262** (0.0000)

注：各变量的检验都是带截距项和趋势项的。PP-Fisher 检验的概率值是用渐进卡方分布计算的，其他的按照渐进正态分布计算，括号内的值是相应的 P 值，** 表示在1%显著性水平下通过检验，* 表示在10%显著性水平下通过检验。

表1① 的结果显示，GDP 指标、EDU 指标、K 指标都是一阶单整的，根据协整理论，一阶单整的变量之间可能存在长期的均衡关系，即协整关系，对存在协整关系的变量进行建模分析，其结果是有意义的。因此，我们需要进一步检验变量间是否存在协整关系。

（二）Panel 协整关系检验

本文采用 Johansen Fisher 和 Kao 残差协整检验两种方法检验面板数据变量的协整关系，结果见表2。

表 2　LN（GDP）、LN（EDU）和 LN（K）协整关系检验结果

	Johansen Fisher Panel Cointegration Test				Kao Residual Cointegration Test		
Hypothesized No. of CE(s)	Fisher Stat.* (from trace test)	Prob.	Fisher Stat.* (from max-eigen test)	Prob.	ADF	T-Statistic -3.464134	Prob. 0.0003
None	368.4	0.0000	368.4	0.0000	Residual variance:0.002036		
At most 1	211.5	0.0000	176.4	0.0000			
At most 2	114.2	0.0000	114.2	0.0000	HAC variance: 0.003019		

注：* Null Hypothesis: No Cointegration. Probabilities are computed using asymptotic Chi-square distribution.

---

① 劳动力指标"年末从业人数"数据稳定性很差，对其进行多阶差分后仍不平稳，我们决定将其剔除。另外，根据新经济增长理论，劳动力因素对地区经济增长差距的作用较小，我们将其从面板数据中剔出对本文的分析不会造成重大的影响。

从表2，我们看到，Fisher统计量和Kao检验的ADF统计量都在1%显著性水平下通过了检验，因此，我们可以拒绝原假设，认为这三个变量之间存在长期的协整关系。

二 模型设定、选择与假设检验

按照柯布道格拉斯生产函数思想，本文把教育投入看做一种生产要素，建立基本函数模型如下：

$$Y = A(EDU)^{\alpha}K^{\beta}$$

其中，Y代表地区总产出变量，用地区生产总值GDP代替，A、EDU和K分别代表技术水平、教育投入和物质资本投入变量，α和β代表教育投入和物质资本投入的边际弹性贡献率。研究中，本文将检验以下两个假设是否成立：假设1，我国各省份教育投入对地区经济增长有显著的促进作用；假设2，我国各省份教育投入对地区经济增长的作用机制存在显著差异。

（一）模型函数关系设定

对30个样本省份教育投入数据与地区生产总值GDP数据制作散点图，发现原始数据存在显著的异方差现象，且两变量间呈现明显的二次曲线型作用关系。对教育支出和GDP指标做双对数变换处理后，散点图显示异方差基本消除了，但两变量间关系仍然呈现先下降后上升的U形二次曲线型函数关系。通过对各省份数据单独制作散点图并进行曲线拟合，发现二次曲线确实比一次曲线能更好地拟合样本数据，但也有少数几个省份的散点图显示三次曲线型关系或线性关系更合理，这一点与Sachs and Warner (1997)、蔡增正（1999）、魏下海和余玲铮（2009）的研究结论是一致的。蔡增正（1999）对世界上194个不同发展水平的国家和地区1965~1990年的教育投入对GDP的贡献进行了研究，发现教育对经济增长的作用在经济发展的不同阶段表现为先弱、后强、最后又稍有降低的趋势；魏下海、余玲铮（2009）通过对我国1989~2006年29个省份的面板数据进行研究发现，全国总体样本和东部地区样本均存在人力资本与经济增长的U形曲线关系，而中部和西部则不具有非线性关系。因此，本文认为，我国各省份教育投入对经济增长的作用机制是不同的，我们不能用同一个模型测度所有省份的教育投入对经济增长的收益。不过，我们暂且先不考虑个别省份的异质性影响，而对所有样本个体一致建立二次曲线型函数模型研究我国各省份教育支出与 GDP 增长的关系。

采用同样方法对各省 GDP 变量的对数值 LN（GDP）和物质资本投入变量的对数 LN（K）做散点图，发现两者基本呈线性关系，因此，我们建立模型如下：

$$LN(GDP_{it}) = \alpha + \beta_1 LN(EDU_{it}) + \beta_2 (LN(EDU_{it}))^2 + \beta_3 LN(K_{it}) + \varepsilon_{it}$$

$$\varepsilon_{it} = \mu_i + \gamma_t + \omega_{it}$$

$$i = 1, 2, \cdots, N, t = 1, 2, \cdots, T$$

其中，α 是截距项，反映各省份地区生产总值 GDP 的自发产出水平；β_3 代表各省份物质资本投入对地区 GDP 增长的弹性贡献率，其经济含义是在其他因素保持不变的情况下，地区物质资本投入每增加一个百分点，将带动本地 GDP 提高 β_3 个百分点。ε_{it} 是随机扰动项，μ_i 和 γ_t 分别代表个体和时间层面上不可观测异质性因素的误差影响，ω_{it} 为随机扰动项，本文假设其服从正态分布，且与 μ_i 和 γ_t 不相关。模型两边对教育支出变量 EDU 求偏导，即

$$\frac{dGDP_{it}}{GDP_{it}} = (\beta_1 + 2\beta_2 LN(EDU_{it})) \frac{dEDU_{it}}{EDU_{it}}$$

教育投入对地区 GDP 增长的弹性贡献率为 $\beta_1 + 2\beta_2 LN(EDU_{it})$，说明各省份教育支出对经济增长的弹性贡献并非常数，而是随教育支出水平不同而不同的点弹性贡献率。

（二）面板模型形式设定

面板模型按照系数是否随个体或时间的变化而变化，要考虑七种设定形式：混合模型、个体变截距模型、个体变系数模型、时点变截距模型、时点变系数模型、个体时点双变截距模型和个体时点双变系数模型。通常可以用 F 检验法来选择模型具体形式。F 检验法包含两个原假设：

$$H_1: \beta_1 = \beta_2 = \cdots = \beta_N; H_2: \alpha_1 = \alpha_2 = \cdots = \alpha_N, \beta_1 = \beta_2 = \cdots = \beta_N$$

先忽略时点效应的影响，只考虑个体效应影响情况。分别估计混合效

应、个体变截距和个体变系数三种形式模型的残差平方和，分别记为 S_3、S_2 和 S_1，构造 F 统计量如下：

$$F_2 = \frac{\frac{(S_3 - S_1)}{[(N-1)(k+1)]}}{\frac{S_1}{(NT - N(k+1))}} \sim F[(N-1)(k+1), (NT - N(k+1))] \quad (1)$$

$$F_1 = \frac{\frac{(S_2 - S_1)}{[(N-1)k]}}{\frac{S_1}{(NT - N(k+1))}} \sim F[(N-1)k, (NT - N(k+1))] \quad (2)$$

N 是样本个体数，k 是解释变量个数。用 F_2 统计量检验是混合模型还是变系数模型，如果 F_2 小于显著性水平下的临界值，则接受原假设 H_2，认为应该建立混合模型；如果 F_2 大于临界值，则拒绝原假设 H_2，这时需继续检验假设 H_1，计算 F_1 统计量，确定该建立变截距模型还是变系数模型。限于篇幅，本文只列出考虑个体效应情况下的模型检验选择结果①，具体如下：

经计算，得到 $S_1 = 0.2321$，$S_2 = 0.5141$，$S_3 = 0.6047$。计算上述 F 检验的结果如下：$F_2 = 2.4775$，在 5% 显著性水平下，临界值为 $F_{0.05}$（116，179）= 1.3144。$F_2 > 1.3144$，因此，拒绝原假设 H_2，继续检验 H_1；经计算 $F_1 = 2.5002$，查 F 分布表，$F_{0.05}$（87，139）= 1.3445，$F_1 > 1.3445$，因此，拒绝原假设 H_1，认为模型应设定为个体变系数模型，即每个样本个体模型的截距项和系数都是显著不同的。这在某种程度上证明了本文提出的第二个假设"我国各省份教育投入对经济增长的作用机制在本质上存在显著差异"是成立的，我们在制定相关教育投资发展政策时一定要考虑这种地区作用机制差异的影响。

（三）随机效应与固定效应选择

面板模型最主要的优点是能够测度一些对模型有重要影响而又不可观测

---

① 本文外生变量有 EDU 和 K 两个，因此，也可能存在混合变系数模型的情况，对此本文也用 F 统计量进行了检验，假设 K 变量的系数对于每个个体都相同，估计得到残差平方和为 1.1178，计算 F 统计量为 26.46，大于 5% 显著性水平下临界值 1.51，因此，仍然应该采用变系数模型。类似的，本文构建 F 统计量检验了时点固定效应等模型的可行性，结果显示，采用个体变系数模型效果优于其他模型，鉴于本文面板数据时期不长，时点效应也显得不那么重要。此外，本文主要是研究我国各省份教育支出对 GDP 贡献的差异，因此建立个体变系数模型更有意义。

的异质性因素的影响，这些不可观测的异质性因素包括与解释变量相关的固定性影响因素和与解释变量不相关的随机性影响因素两个方面。传统面板模型只考虑单一类型误差的影响，通常使用一些统计量来帮助检验判断，如Hausman统计量、Breusch-Pagan检验等，如果统计量检验显示前一种情况更显著，就直接建立固定效应模型；如果显示后一种情况更显著，就直接建立随机效应模型。

本文认为，现实中的经济问题总是错综复杂的，任何经济体的运行都会同时受到固定性因素和随机性因素的影响，只是在经济运行的不同时期，两类因素发挥作用的力量和范围可能不同而已，任何单一的只考虑固定因素影响或随机因素影响的模型都是不合理的，其参数估计的结果也是不准确的。为了解决这个问题，本文采用一种简易的误差调整方法：取两类模型参数估计标准差的倒数为权重，对两模型的参数估计结果作加权平均调整，以此均值作为最终模型参数的估计结果，这样不仅可以在一定程度上继承两类模型各自的优点，又可以在一定程度上弥补两类模型存在的不足，提高最终计量结果的准确性和有效性。按照这一方法，我们需要同时估计固定效应和随机效应两类模型，模型的一般形式如下：

$$LN(GDP_{it}) = \alpha + \beta_{1i}LN(EDU_{it}) + \beta_{2i}(LN(EDU_{it}))^2 + \beta_{3i}LN(K_{it}) + \mu_i + \nu_{it}$$
$$i = 1, 2, \cdots, N, t = 1, 2, \cdots, T$$
$$\beta_{ki} = \beta_k + \eta_{ki}, k = 1, 2, 3。$$

其中，β_k表示第k个变量对样本总体GDP的平均影响，μ_i和η_{ki}是误差影响因素，当它们与各解释变量相关时，该模型表示固定影响变系数模型；当它们与解释变量不相关时，该模型表示随机影响变系数模型；假设μ_i、η_{ki}和ν_{it}均彼此相互独立，且都服从正态分布。

三 模型参数估计及贡献率测算

为了探测本文模型受随机因素的影响和固定因素的影响哪一个更强烈，我们采用Matlab7.1软件计算了Hausman检验统计量，结果为15.78，拒绝概率为24.6%，显示模型受随机效应影响更强烈，说明我国近年来各省份教育投入对地区经济增长的作用受不可观测的随机性因素影响较大。采用Eviews6.0软件估计上述固定变系数模型和随机变系数模型，随机变系数模型的回归结果为，$R^2 = 0.96$，Adjusted$R^2 = 0.93$，$F = 75.6$，$DW. = 1.84$，说明模型拟合效果很好，能够有效揭示变量间的相互作用关系；固定效应模型的 $R^2 = 0.91$，Adjusted$R^2 = 0.89$，$F = 72.1$，$DW. = 1.78$，模型拟合效果也很好，能够解释因变量91%的增长原因。

但我们也特别注意到，两个模型估计结果中辽宁、福建、宁夏、青海和西藏五个省份各参数的 T 统计量都极不显著，这使我们想到之前观察样本散点图阶段这些省份的异常表现，通过再次观察其散点图发现，辽宁、福建、宁夏和青海四省份的教育支出与 GDP 之间二次曲线关系确实不显著，而三次函数关系拟合效果更好些，对于西藏自治区，其散点图则显示这段时期内教育投入和 GDP 之间始终保持稳定比例的增长，两者关系更接近于线性关系。考虑到这五个省份的数据运行特征与总体样本截然不同，如果不将其从样本总体中分离出来，必将会影响整个建模的准确性，因此，我们决定将这五个省份从面板数据中剔除，对它们单独建模分析。将余下的25个省份数据重新组成面板，按上述方法再次进行模型设定检验，结果显示仍适合采用个体变系数模型，而 Hausman 检验的结果也显示新面板受随机因素的影响更强烈。对新面板重新估计随机变系数模型和固定变系数模型，结果见表3。同时，对5个分离出来的省份单独建模并进行参数估计，结果见表4。

表3 面板回归结果显示，随机变系数模型的 $R^2 = 0.96$，$Adj - R^2 = 0.95$，$DW. = 1.96$；固定变系数模型 $R^2 = 0.98$，$Adj - R^2 = 0.96$，$F = 78.06$，$DW. = 1.99$，说明两个模型整体拟合效果依然很好。两模型参数估计结果差异较大，T 统计量显示随机变系数模型的估计效果明显普遍优于固定变系数模型，这有力地支持了前面 Hausman 检验的结论，说明我国近年来各省教育投入对地区经济增长的作用受不可观测的随机因素影响较大。通过对残差序列进行单位根检验，Levin，Lin&Chu t^* 统计量值与 ADF-Fisher Chi-square 统计量都在5%显著性水平下通过检验，表明残差序列不存在明显的序列相关问题，模型稳定性较高。考虑到面板模型个体间可能存在空间相关关系，我们还对两个模型估计的残差进行了空间相关性检验，采用 Moran's I 指数检验法，结果显示两个模型的残差都不存在明显的空间相关关系。

此外，由表4可知，辽宁、福建、宁夏、青海和西藏五省的模型拟合效果也很好，能够有效揭示变量之间的相互作用关系。

表 3 固定效应和随机效应模型参数估计结果

Variable ln(edu)	随机变系数模型 Coefficient	t-Statistic	固定变系数模型 Coefficient	t-Statistic	Variable (ln(edu))²	随机变系数模型 Coefficient	t-Statistic	固定变系数模型 Coefficient	t-Statistic
北 京	-1.9545	-6.1620 **	-1.9904	-6.5062 **	北 京	0.2300	6.7785 **	0.2339	4.5954 **
天 津	-1.7240	-4.5460 **	-1.7193	-4.5164 **	天 津	0.2709	4.7496 **	0.2701	3.6485 **
河 北	-1.1520	-3.0584 **	-1.1637	-2.4288 **	河 北	0.1311	2.9763 **	0.1325	2.2713 **
山 西	-1.4906	-4.3396 **	-1.0314	-5.0973 **	山 西	0.2553	5.8698 **	0.1893	4.6728 **
内蒙古	-1.8884	-6.0736 **	-1.7997	-5.0041 **	内蒙古	0.2853	6.4906 **	0.2724	6.2935 **
吉 林	-1.7083	-3.8362 **	-1.3185	-2.9359 **	吉 林	0.2316	3.6995 **	0.1764	4.3955 **
黑龙江	-1.2274	-3.0488 **	-1.4289	-3.4385 **	黑龙江	0.1331	2.6443 **	0.1589	3.0106 **
上 海	-0.8496	-2.3276 **	-0.9442	-2.8566 **	上 海	0.1167	2.8744 **	0.1274	2.0104 **
江 苏	-1.0656	-3.0724 **	-0.8750	-3.5757 **	江 苏	0.1016	2.7455 **	0.0804	2.0936 **
浙 江	-1.2511	-4.4889 **	-1.7609	-3.6248 **	浙 江	0.1412	4.3466 **	0.2109	5.8449 **
安 徽	-1.1318	-2.7557 **	-1.9401	-4.4160 **	安 徽	0.1121	2.0617 **	0.2217	6.5435 **
江 西	-1.3942	-5.6022 **	-1.3486	-5.1308 **	江 西	0.1640	4.4542 **	0.1559	3.9628 **
山 东	-1.5089	-4.2060 **	-2.7482	-4.4714 **	山 东	0.1278	3.2603 **	0.2695	2.3115 **
河 南	-1.2449	-3.3460 **	-2.4284	-3.4428 **	河 南	0.1157	2.6844 **	0.2564	3.7786 **
湖 北	-1.1714	-2.8767 **	-6.8181	-3.1554 **	湖 北	0.0879	1.9051 *	0.6972	1.8768 *
湖 南	-1.5677	-4.1084 **	-2.8635	-3.9109 **	湖 南	0.1410	3.0854 **	0.2967	1.8294 *
广 东	-0.8386	-2.4245 **	-1.4707	-2.4687 **	广 东	0.1081	3.3686 **	0.1742	3.1583 **
广 西	-1.9208	-4.7583 **	-1.5049	-3.3967 **	广 西	0.2166	3.9638 **	0.1731	4.4328 **
海 南	-0.7768	-2.8248 **	-0.6110	-2.2725 **	海 南	0.1811	3.5852 **	0.1078	4.5160 **
四 川	-1.2979	-3.9735 **	-2.2269	-3.2218 **	四 川	0.1143	3.2153 **	0.2181	2.3444 **
贵 州	-0.8814	-4.4527 **	-0.8335	-5.7739 **	贵 州	0.1561	5.1675 **	0.1434	7.0720 **
云 南	-1.7100	-4.1533 **	-2.6386	-3.0431 **	云 南	0.2184	4.4572 **	0.3284	4.3849 **
陕 西	-1.8659	-5.4418 **	-2.2025	-5.6366 **	陕 西	0.2464	5.4467 **	0.2906	5.5691 **
甘 肃	-1.4725	-4.9938 **	-1.3423	-4.4242 **	甘 肃	0.2250	5.3459 **	0.2012	5.4320 **
新 疆	-1.6146	-4.3129 **	-1.7939	-3.6684 **	新 疆	0.2170	4.0993 **	0.2446	4.4232 **

注:加 ** 表示在1%显著性水平下通过 t 检验,加 * 表示在5%显著性水平下通过 t 检验。湖北、山东、安徽固定效应估计结果与实际情况有偏差,经检验发现包含显著的 AR(1) 过程,因此,表中的数据是经过 AR 项调整后的结果。

表4 辽宁、福建、青海、宁夏和西藏模型参数估计结果

Coefficient	辽宁	福建	宁夏(加(MA(1))	青海(加 AR(2)项)	西藏(加 AR(1))
α	-15.5011** (-2.6106)	-29.6582** (-3.7781)	7.2016** (7.7482)	6.6228** (8.3794)	2.8705** (25.797)
β_1	15.1532** (3.6722)	26.5911** (4.801)	-3.9649** (-4.0726)	-3.4365** (-2.6326)	0.0776** (2.2267)
β_2	-3.4463** (-3.6625)	-6.3790** (-4.9224)	1.8342** (-4.0128)	1.6119** (2.7127)	—
β_3	0.2589** (3.6135)	0.5091** (5.0628)	-0.2527** (-3.8553)	-0.2266** (-2.5061)	—
β_4	0.1223** (2.7031)	—	0.0013 (0.0143)	0.0376 (0.4454)	0.1847** (4.9924)
AR(或 MA)	—	—	-0.9974* (-1.7117)	-0.6813* (-1.800)	0.3253** (1.9813)
R^2	0.97	0.95	0.98	0.99	0.99
Adjusted R^2	0.96	0.93	0.97	0.98	0.99
SSR	0.0014	0.0028	0.0044	0.0016	0.001
Loglikelihood	37.16	33.11		29.32	35.08
F	69.04	50.98	—	93.04	752.85
DW.	1.86	1.72	1.68	1.93	2.02

注：括号内为t值，加 ** 表示在1%水平下显著通过t检验，加 * 表示在5%显著性水平下通过t检验。

本文提出要对传统面板模型进行加权误差调整，综合考虑固定效应和随机效应两种因素影响的思想，权重的设定将取随机影响模型和固定影响模型参数估计标准差的倒数，计算公式为：

$$\alpha_i = \frac{(\delta_{ri}\alpha_{fi} + \delta_{fi}\alpha_{ri})}{\delta_{fi} + \delta_{ri}}, \beta_{ki} = \frac{(\delta_{rki}\beta_{fki} + \delta_{fki}\beta_{rki})}{\delta_{fki} + \delta_{rki}}$$

其中，α_i和β_{ki}分别为第i个个体最终模型的截距和系数，用下标f和r表示固定效应和随机效应模型，δ_{fki}就代表用固定影响模型估计的第i个个体第k个变量系数的标准差，δ_{rki}则表示用随机影响模型估计的第i个个体第k个变量系数的标准差；β_{fki}和β_{rki}分别表示用固定效应和随机效应模型估计的第i个个体的第k个变量系数，截距项的标志也依此理解。按照这个公式计算得到同时考虑两种因素影响的各省份模型的最终参数，利用这些参数计算我国1996~2007年25省份教育投入对地区经济增长的弹性贡献率，同时，计算

出辽宁、福建等五个特殊省份的教育投入经济增长弹性，限于篇幅的原因，各计算结果表在此不予列示。

结论与启示

本文采用方差加权法，在对传统的面板模型进行误差调整的基础上，测算了我国 1996~2007 年各省份教育投入对地区经济增长的弹性贡献率，由测算结果，我们得出如下四点结论。

（一）教育投入显著地拉动了各地经济增长

从参数估计结果表，我们看到我国各省份教育投入变量的一次项和二次项都显著通过了检验，说明教育投入能够显著促进地区经济的增长；从贡献率计算结果来看，我国各省份教育投入对地区经济增长的拉动作用十分强大，2002 年各省份的弹性贡献率就普遍高于 0.2，且自 2002 年以来更呈现逐年递增之势，到 2007 年已经有一半以上的省份弹性贡献率超过 0.3，最高的内蒙古甚至达到 0.64，这意味着在其他因素保持不变的条件下，内蒙古地区教育投入每增加 1% 就将带动本省 GDP 提高 0.64 个百分点，可见，教育对经济增长的拉动作用十分显著。

（二）教育投入对地区经济增长贡献具有区域趋同性，且区域间差异较大

结果显示，我国地区教育投入的经济效益呈现明显的区域趋同性，整体表现为，东部和西部地区弹性贡献率普遍很高，中部地区普遍较低，且三大区域间弹性贡献率存在较大差距。通过对三大区域教育发展相关资料进行研究，我们认为导致区域间教育投入经济效益差距的原因主要有以下两个方面：

第一，区域间教育资源差距显著。我们从教育部、国家统计局和财政部联合发布的历年《全国教育经费执行情况公告》中发现，我国东部各省份教育资源最丰富，西部地区经过近年来的投资和改善，总体水平也很高，而中部地区则普遍较低。以 2008 年"普通小学生均预算内教育事业费"为例，东部平均生均 5162 元，远高于同期全国平均水平 2757 元；西部地区平均生均 2922 元，也略高于全国水平；而中部地区平均 2648 元，低于全国平均水平。各地在教育资源拥有量上的差距是影响最终教育投入经济效果的一

个主要因素。

第二，区域间经济社会发展水平差距显著，落后地区人才流失严重。投入的教育资源转化成人力资本后，只有与适合人才发挥才能的环境和条件相结合才能产出最大收益，中西部地区经济发展落后于东部，发展机会和发展环境都明显不足，这一方面，导致本地人才不能充分发挥作用，另一方面，人才外流严重，两者加剧，其教育收益低于东部是可以理解的。

（三）各区域内部各省份教育投入的经济增长弹性也存在较大差异

分析计算结果，我们发现我国各区域内部各省份教育投入的经济效果也存在较大差异，主要表现在东部和西部地区。东部地区教育投入整体弹性较高，但个别省份如山东省则明显偏低；西部地区整体弹性也很高，其中最高的内蒙古达到 0.6396，但同处西部的四川、西藏和广西三个省份却很低，均不到 0.15。究其原因，主要还是与各省份在教育资源水平、经济发展程度和基础条件上存在的差异有关。

（四）各省份教育投入对经济增长的作用机制存在差异，且随经济的发展而不断变化

从截面个体角度来看，研究过程中的散点图和模型设定检验过程都显示我国各省份教育投入对地区经济增长的作用机制存在显著差异；从时期维度分析，我国各省份教育投入的经济弹性也不是一成不变的，而是随各地经济发展水平和教育发展水平的变化而变化的，这一点可以从各省份历年教育投入贡献率的变化看出：1996~2000 年我国大部分省份教育投入的经济弹性为负，表明教育投入阻碍了本省份经济的增长，但从 2000 年起，各省弹性贡献率都一致为正，教育投入开始显著促进地区经济的增长。因此，我们在测算我国不同地区不同时期的教育经济效益时，一定要认识到各地在经济运行过程中的这种差异。

参考文献

[1] 蔡增正，1999，《教育对经济增长贡献的计量分析——科教兴国战略的实证依据》，《经济研究》第 2 期。

［2］周英章、孙崎岖，2002，《我国教育投入对实际经济增长的贡献实证分析》，《中国软科学》第7期。

［3］杨亚君、李红天，2006，《江苏省高等教育对经济增长贡献率的估算及分析》，《教育研究》第7期。

［4］于凌云，2008，《教育投入比与地区经济增长差异》，《经济研究》第10期。

［5］魏下海、余玲铮，2009，《人力资本与区域经济增长：只是线性关系吗》，《财经科学》第10期。

［6］《2008年全国教育经费执行情况统计公告》，2008，教育部网站，http://www.moe.edu.cn/edoas/website18/level2.jsp? Tablename=748。

［7］Saches, D. and Warner, M., 1997, "Fundamental Sources of Long-Run Growth", *American Economic Review*。

［8］Chen Hsiao, M. Hashem Pesaran, 2004, "Random Coefficient Panel Data Models", IZA Discussion Paper, August。

我国区域自主创新与政府行为的溢出效应研究

——基于 SPVAR 模型的分析

耿 鹏[1]　齐红倩[2]

(1. 吉林大学商学院　2. 吉林大学数量经济研究中心)

引　言

　　自主创新是技术进步的重要来源，也是宏观经济研究的重要内容。随着"十一五"规划的出台，自主创新已经从一般性号召上升为我国的国家战略。增强自主创新能力是我国科学技术发展的战略基点和调整产业结构、转变增长方式的中心环节，是未来五年乃至今后较长时间我国科技发展和产业结构优化升级的根本性战略。我国当前创新政策链、资金链、技术链、人才链、服务链不完整，亟须政府给予相应的政策扶持；同时，地区间创新型产业集群和人才资源的竞争也日趋激烈，大量创新项目重复投资，缺少地区间产业的合理布局与科学调控，缺乏地区间资源和信息的共享，无法形成优势资源的集中和共享，制约我国经济的可持续发展。因此，研究我国区域间经济发展、自主创新活动与政府行为，提出合理的创新产业布局建议，提高整体创新效率，对我国科学发展有重要意义。

　　国内现有关于区域自主创新的研究大多缺少对区域空间特征与区域要素禀赋的考虑，因此本文将应用 SPVAR 模型实证分析我国省际自主创新活动、政府行为与经济增长间的溢出效应。

一　SPVAR 模型

　　SPVAR 模型是国际上较为先进的空间经济计量技术，能够较为准确地反映出区域要素禀赋与区域空间关联性的实际影响，更为准确地估计区域间的相互溢出作用。

SPVAR 模型最早由 Beenstock 和 Felsenstein（2007，简称 B&F）提出。Badinger，Müller 和 Tondl（2004）的研究表明在空间经济计量模型中，区域间的溢出作用不是完全空间独立的，时间滞后性与空间滞后性的选取对估计结果有同等重要的影响。B&F 将面板数据技术引入传统的 VAR 模型，建立了具有空间特征的 SPVAR 模型，并估计了 1991~2001 年以色列 9 个地区的真实收入、人口、房地产价格和现有公屋数目之间的脉冲响应函数。但由于技术限制，B&F 的 SPVAR 模型存在参数估计的一致性过于依赖时序数据的长度（时序数据过长时，参数估计将不具有一致性），并且无法估计存在系数限制的 SPVAR 模型等问题。因此，Giacinto（2010）在 B&F 的 SPVAR 模型上对估计方法进行改进，通过以极大似然估计代替面板数据技术，有效地解决了参数估计的一致性问题，并利用完全信息极大似然估计（FIML）建立了带有参数限制的 SPVAR 模型。

SPVAR 模型具体算法如下：假定需要观测 N 个地区中的 K 个变量，即共有 NK 个观测变量，令 y_{ikt} 代表第 i 个地区（$i=1,2,\cdots,N$）的第 k 个变量（$k=1,2,\cdots,K$）。将模型写为标准的 VAR(p) 的形式：

$$y_t = \alpha + C_1 y_{t-1} + C_2 y_{t-2} + \cdots + C_p y_{t-p} + \varepsilon_t \tag{1}$$

其中，α 为 $NK \times 1$ 阶未知常量，C_h（$h=1,2,\cdots,p$）为 $NK \times NK$ 阶系数矩阵，

$$y_t = [y_{11t}, y_{21t}, \cdots, y_{N1t}, \cdots, y_{1Kt}, \cdots, y_{NKt}]', \varepsilon_t = [\varepsilon_{11t}, \varepsilon_{21t}, \cdots, \varepsilon_{N1t}, \cdots, \varepsilon_{1Kt}, \cdots, \varepsilon_{NKt}]'$$

如果直接利用传统的 VAR 方法进行估计，将会存在模型不稳定，以及出现 NK 过大而自由度不足的情况，即当 $T < (NK)^2$ 时，无法进行估计。而且区域间的溢出效应并不是空间完全独立的，会受到地域、交通等区域空间特征与区域要素禀赋的影响，传统的 VAR 模型和一般的面板数据方法在估计具有空间特性的模型时，无法得到较为准确的估计结果，因此需要应用具有空间特征要素的 SPVAR 模型，即：

设模型（1）中时间滞后长度为 p，空间滞后长度为 s，

令

$$C_h = \begin{bmatrix} A_{11}^{(h)} & A_{12}^{(h)} & \cdots & A_{1K}^{(h)} \\ A_{21}^{(h)} & A_{22}^{(h)} & \cdots & A_{2K}^{(h)} \\ \cdots & \cdots & & \cdots \\ A_{K1}^{(h)} & A_{K2}^{(h)} & \cdots & A_{KK}^{(h)} \end{bmatrix}, h=1,2,\cdots,p \tag{2}$$

其中

$$A_{kr}^{(h)} = \sum_{l=0}^{s} \Phi_{kr}^{(hl)} W_{kr}^{(hl)} \tag{3}$$

$$\Phi_{kr}^{(hl)} = diag\{[\varphi_{1kr}^{(hl)}, \cdots, \varphi_{Nkr}^{(hl)}]'\} \tag{4}$$

$k, r = 1, \cdots, K; h = 1, 2, \cdots, p; l = 1, \cdots, s_{\circ}$

根据（2）式和（3）式可知，$A_{kr}^{(h)}$ 表示第 h 期时间滞后时第 r 个变量对第 k 个变量在不同区域间的影响，l 表示空间滞后长度，当 $l=0$ 时，变量在空间上是完全独立的，即不同区域间的变量不存在溢出效应。同理可得，当 $l=1$ 时，变量只在一阶空间滞后的区域间存在溢出效应。

结合（3）式与（4）式可知，$\Phi_{kr}^{(hl)}$ 表示在第 h 期时间滞后、第 l 阶空间滞后①上，一个区域的第 r 个变量对其他区域第 k 个变量的作用。其中，$\varphi_{ikr}^{(hl)}$ 表示第 i 个区域的第 r 个变量对其他所有区域的第 k 个变量的溢出效应之和，并且该总溢出效应将按照空间权重矩阵 $W_{kr}^{(hl)}$ 分解到各个区域。

$W_{kr}^{(hl)}$ 表示在第 l 阶空间滞后上，变量 k 和变量 r 关联情况的 $N \times N$ 阶空间权重矩阵。其中 $w_{kr}^{(hl)}(i, j)$ 表示区域 i 和区域 j 在第 l 阶空间相邻时，区域 i 的第 k 个变量对区域 j 的第 r 个变量的影响权重。一般情况下，空间权重矩阵可以用描述空间相邻性的二元 0~1 矩阵或者描述空间关联特征的先验非负矩阵表示。根据（3）式的定义可知，$W_{kr}^{(h0)}$ 表示不同区域的变量在空间上是完全独立的，即不同区域间变量不会相互影响，因此 $W_{kr}^{(h0)} = I$。

将（2）式代入（1）式可得：

$$y_t = \alpha + \begin{bmatrix} A_{11}^{(1)} & A_{12}^{(1)} & \cdots & A_{1K}^{(1)} \\ A_{21}^{(1)} & A_{22}^{(1)} & \cdots & A_{2K}^{(1)} \\ \cdots & \cdots & & \cdots \\ A_{K1}^{(1)} & A_{K2}^{(1)} & \cdots & A_{KK}^{(1)} \end{bmatrix} y_{t-1} + \cdots + \begin{bmatrix} A_{11}^{(p)} & A_{12}^{(p)} & \cdots & A_{1K}^{(p)} \\ A_{21}^{(p)} & A_{22}^{(p)} & \cdots & A_{2K}^{(p)} \\ \cdots & \cdots & & \cdots \\ A_{K1}^{(p)} & A_{K2}^{(p)} & \cdots & A_{KK}^{(p)} \end{bmatrix} y_{t-p} + \varepsilon_t$$

$$= \alpha + \begin{bmatrix} \sum_{l=0}^{s} \Phi_{11}^{(1l)} W_{11}^{(1l)} & \sum_{l=0}^{s} \Phi_{12}^{(1l)} W_{12}^{(1l)} & \cdots & \sum_{l=0}^{s} \Phi_{1K}^{(1l)} W_{1K}^{(1l)} \\ \sum_{l=0}^{s} \Phi_{21}^{(1l)} W_{21}^{(1l)} & \sum_{l=0}^{s} \Phi_{22}^{(1l)} W_{22}^{(1l)} & \cdots & \sum_{l=0}^{s} \Phi_{2K}^{(1l)} W_{2K}^{(1l)} \\ \cdots & \cdots & & \cdots \\ \sum_{l=0}^{s} \Phi_{K1}^{(1l)} W_{K1}^{(1l)} & \sum_{l=0}^{s} \Phi_{K2}^{(1l)} W_{K2}^{(1l)} & \cdots & \sum_{l=0}^{s} \Phi_{KK}^{(1l)} W_{KK}^{(1l)} \end{bmatrix} y_{t-1} + \cdots +$$

---

① 关于空间滞后性的更多研究，可参考 Anselin 和 Smirnov（1996）的相关论文。

$$\begin{aligned}
&\begin{bmatrix}
\sum_{l=0}^{s}\Phi_{11}^{(pl)}W_{11}^{(pl)} & \sum_{l=0}^{s}\Phi_{12}^{(pl)}W_{12}^{(1l)} & \cdots & \sum_{l=0}^{s}\Phi_{1K}^{(pl)}W_{1K}^{(pl)} \\
\sum_{l=0}^{s}\Phi_{21}^{(pl)}W_{21}^{(pl)} & \sum_{l=0}^{s}\Phi_{22}^{(pl)}W_{22}^{(pl)} & \cdots & \sum_{l=0}^{s}\Phi_{2K}^{(pl)}W_{2K}^{(pl)} \\
\cdots & \cdots & \cdots & \cdots \\
\sum_{l=0}^{s}\Phi_{K1}^{(pl)}W_{K1}^{(pl)} & \sum_{l=0}^{s}\Phi_{K2}^{(pl)}W_{K2}^{(1l)} & \cdots & \sum_{l=0}^{s}\Phi_{KK}^{(pl)}W_{KK}^{(pl)}
\end{bmatrix} y_{t-p} + \varepsilon_t \\
&= \alpha + \sum_{l=0}^{s}\begin{bmatrix}
\Phi_{11}^{(1l)}W_{11}^{(1l)} & \Phi_{12}^{(1l)}W_{12}^{(1l)} & \cdots & \Phi_{1K}^{(1l)}W_{1K}^{(1l)} \\
\Phi_{21}^{(1l)}W_{21}^{(1l)} & \Phi_{22}^{(1l)}W_{22}^{(1l)} & \cdots & \Phi_{2K}^{(1l)}W_{2K}^{(1l)} \\
\cdots & \cdots & \cdots & \cdots \\
\Phi_{K1}^{(1l)}W_{K1}^{(1l)} & \Phi_{K2}^{(1l)}W_{K2}^{(1l)} & \cdots & \Phi_{KK}^{(1l)}W_{KK}^{(1l)}
\end{bmatrix} y_{t-1} + \cdots + \\
&\sum_{l=0}^{s}\begin{bmatrix}
\Phi_{11}^{(pl)}W_{11}^{(pl)} & \Phi_{12}^{(pl)}W_{12}^{(pl)} & \cdots & \Phi_{1K}^{(pl)}W_{1K}^{(pl)} \\
\Phi_{21}^{(pl)}W_{21}^{(pl)} & \Phi_{22}^{(pl)}W_{22}^{(pl)} & \cdots & \Phi_{2K}^{(pl)}W_{2K}^{(pl)} \\
\cdots & \cdots & \cdots & \cdots \\
\Phi_{K1}^{(pl)}W_{K1}^{(pl)} & \Phi_{K2}^{(pl)}W_{K2}^{(pl)} & \cdots & \Phi_{KK}^{(pl)}W_{KK}^{(pl)}
\end{bmatrix} y_{t-p} + \varepsilon_t
\end{aligned} \quad (5)$$

由于$W_{kr}^{(hl)}$已知,因此$\Phi_{kr}^{(hl)}$可以利用极大似然估计得到,从而得到系数矩阵C_h。

综上所述,可知在SPVAR模型中C_h矩阵中需要估计的系数个数为$NK^2(s+1)$,而传统的VAR模型中C_h矩阵中需要估计$(NK)^2$个系数,从而大大减少了需要消耗的自由度。

二 我国省际自主创新与政府行为的溢出效应研究

按照技术进步的来源,技术进步可以分为自主创新和对外界技术的引进、模仿及学习两种类型。20世纪90年代初期,国外学者普遍认为国际范围内的技术扩散是技术进步的重要来源,如Rivera-Batiz(1991),Grossman(1991)等。但随着科技迅猛发展,国家竞争力越来越体现在以自主创新为核心的科技实力上,经济竞争力、文化影响力最终取决于自主创新能力,并且国家之间的技术扩散对经济发展的外溢作用也开始受到质疑,如Lichtenberg对OECD国家的研究发现,没有充足的证据可以证明FDI能够带来技术外溢等。因此,近年来也有较多国外学者开始研究自主创新活动对经济增长的作用,Naushad Forbes和David Wield(2000)的研究表明,技术追赶者的自主创新是非常必要的，而且这种研发的方式和技术领先者有很大的不同。Bruijn通过研究空间层面的创新合作对产业集群的影响，发现区域合作对于创新行为有显著的积极作用；Horbach（2006）分析了影响德国创新环境的决定性因素，并认为节约成本是技术创新的主要动力；Kramer和SorinK（2009）的研究成果表明，创新对经济增长和产业结构调整具有积极作用。国内学者也开始在技术创新方面进行相关研究，如宋河发等（2006）测度了我国的自主创新性；陈柳和刘志彪（2006）实证分析了我国区域创新能力对经济增长的积极作用等。

国外学者对地方政府行为对经济活动产生的影响进行了一系列相关研究：如Rothwell和Zegveld（1984）评价了几个工业化国家创新政策的效果，并总结了各国政府进行技术选择时应注意的问题。Sunil Mani（2001）通过实证模型分析了印度政府在促进自主创新中所起到的积极与消极作用。洪银兴（1997）分析了地方政府行为在完善市场机制的活动中的作用，同时也指出地方政府对经济的干预行为会导致较严重的负外部效应。李广斌和谷人旭（2005）通过理论分析指出，在我国转型时期的特殊国情下，地方政府之间将在一定时期内存在恶性竞争和重复建设的行为，对我国经济发展有较为严重的负面影响。现有研究文献多以理论分析为主，缺少相应的实证分析加以证明，也缺少从政府行为对国家经济和技术进步的整体影响方面进行分析。因此，本文应用SPVAR模型来分析我国省际自主创新、政府行为与经济增长的溢出效应。

（一）指标的选取与处理

自主创新是指通过拥有自主知识产权的独特的核心技术以及在此基础上实现新产品的价值的过程。自主创新包括原始创新、集成创新和引进消化吸收再创新。这是自主创新的内容而非内涵。自主创新的成果，一般体现为新的科学发现以及拥有自主知识产权的技术、产品、品牌等。国外学者对自主创新指标的选取并没有共识，如Varsakelis（2001）用专利、开放度和文化特征评价创新能力，Lederman和Maloney（2003）认为知识产权的保护、政府投资的增加和研究机构水平的上升等，同R&D水平一样都应作为评价自主创新能力的指标。从自主创新的定义上看，自主创新能力的最直接体现在于拥有自主知识产权的技术等，同时结合数据的可得性，本文将选取专利授权数量$PATENT_{it}$作为衡量区域自主创新能力的指标。

地方政府行为对地区经济发展的作用一直是研究我国经济问题的一个重

要视角。现有文献多认为，地方政府在激励机制的影响下，对于市场经济的扭曲作用会对经济发展产生不利影响，如周黎安（2004）通过博弈模型进行的分析表明地方官员的政治晋升竞争是导致我国地方保护主义和重复建设问题长期存在的根本原因。现有国内文献在对政府行为作实证研究时，多选用政府支出作为主要指标，如陈抗等（2002）、陈柳和刘志彪（2006）。同时，由于模型限制与数据可得性的原因，本文选择政府财政支出 GOV_{it} 作为评价政府行为的指标，以检验地方政府行为对经济增长和自主创新能力的影响。另外，选取生产总值 GDP_{it} 作为衡量区域经济增长的指标。

本文选取北京、天津、河北、内蒙古、辽宁、吉林、黑龙江、上海、江苏、浙江、福建、江西、山东、河南、湖北、湖南、广东、广西共计18个省（自治区、直辖市）在1985~2008年的年度数据作为研究对象。选取对象以东中部地区为主，其中安徽省由于数据缺失未列入样本。本文所有数据均选自相应年份的《中国统计年鉴》和各地方统计年鉴。政府财政支出 GOV_{it} 和生产总值 GDP_{it} 均通过以1978年为基期的 GDP 平减指数转换为实际值。利用 ADF 检验可知所有变量均为二阶单整，因此所有变量均作对数差分处理。

（二）区域空间权重

根据（3）式可知，$W_{kr}^{(hl)}$ 表示第 l 阶空间滞后上的 $N \times N$ 阶空间权重矩阵。其中 $w_{kr}^{(hl)}(i, j)$ 表示区域 i 和区域 j 在第 l 阶空间相邻时区域 i 的第 k 个变量对区域 j 的第 r 个变量的影响权重。考虑到我国省际的联系并不能用简单的地理相邻概念表示，即不能认为不相邻的省份间不存在溢出效应，因此本文将空间权重表示为：

$$w_{kr}^{(hl)}(i,j) = \frac{1}{d_{kr}} \frac{X_r}{X_k + X_r} \tag{6}$$

其中，d_{kr} 表示区域 k 和区域 r 之间的距离，本文用各省会、直辖市之间的距离表示；X_k 和 X_r 分别为区域 k 和 r 的人口数目，为简便起见，假定空间权重矩阵 $W_{kr}^{(hl)}$ 不随时间变化而变化，因此只选取2009年的人口数目作为 X。同时，假定各个变量之间相互影响的权重是一样的，即 $W_{kr}^{(hl)} = W_{km}^{(hl)}$（当 $r \neq m$ 时）。

（三）模型的建立与估计

利用（1）式建立我国18个省（自治区、直辖市）的 SPVAR 模型，由

于数据长度较短,模型取一阶时间滞后和一阶空间滞后①,即

$$\begin{bmatrix} GDP \\ PATENT \\ GOV \end{bmatrix}_t = \alpha + \begin{bmatrix} A_{11}^{(1)} & A_{12}^{(1)} & A_{13}^{(1)} \\ A_{21}^{(1)} & A_{22}^{(1)} & A_{23}^{(1)} \\ A_{31}^{(1)} & A_{32}^{(1)} & A_{33}^{(1)} \end{bmatrix} \begin{bmatrix} GDP \\ PATENT \\ GOV \end{bmatrix}_{t-1} + \varepsilon_t$$

$$= \alpha + \sum_{l=0}^{1} \begin{bmatrix} \Phi_{11}^{(1l)} W_{11}^{(1l)} & \Phi_{12}^{(1l)} W_{12}^{(1l)} & \Phi_{13}^{(1l)} W_{13}^{(1l)} \\ \Phi_{21}^{(1l)} W_{21}^{(1l)} & \Phi_{22}^{(1l)} W_{22}^{(1l)} & \Phi_{23}^{(1l)} W_{23}^{(1l)} \\ \Phi_{31}^{(1l)} W_{31}^{(1l)} & \Phi_{32}^{(1l)} W_{32}^{(1l)} & \Phi_{33}^{(1l)} W_{33}^{(1l)} \end{bmatrix} \begin{bmatrix} GDP \\ PATENT \\ GOV \end{bmatrix}_{t-1} + \varepsilon_t$$

(7)

其中, $GDP = \begin{bmatrix} GDP_1 \\ \vdots \\ GDP_{18} \end{bmatrix}$, $PATENT = \begin{bmatrix} PATENT_1 \\ \vdots \\ PATENT_{18} \end{bmatrix}$, $GOV = \begin{bmatrix} GOV_1 \\ \vdots \\ GOV_{18} \end{bmatrix}$

本文所有计算过程均利用 GAUSS 10 软件编写,具体估计结果如下:

表1 各省(自治区、直辖市)对其他省份的平均溢出效应

	经济增长对其他省份经济增长的平均溢出作用	自主创新对其他省份经济增长的平均溢出作用	政府支出对其他省份经济增长的平均溢出作用	自主创新对其他省份自主创新的平均溢出作用	政府支出对其他省份自主创新的平均溢出作用
北京	0.0362	-0.0012	-0.0172	0.0057	-0.2479
天津	0.0624	-0.0016	-0.0167	0.0310	-0.2735
河北	0.0227	0.0000	-0.0083	0.0047	-0.1383
内蒙古	0.0231	-0.0002	-0.0081	0.0074	-0.1174
辽宁	0.0284	-0.0007	-0.0061	0.0137	-0.1087
吉林	0.0254	0.0000	-0.0068	0.0075	-0.1671
黑龙江	0.0366	-0.0005	-0.0064	0.0034	-0.1061
上海	0.0372	0.0001	-0.0265	-0.0054	-0.2350
江苏	0.0168	-0.0011	-0.0069	0.0022	-0.1213
浙江	0.0398	-0.0012	-0.0116	0.0022	-0.1347
福建	0.0181	-0.0009	-0.0100	0.0046	-0.1375
江西	0.0222	-0.0014	-0.0109	0.0072	-0.1711
山东	0.0219	-0.0006	-0.0081	0.0056	-0.0956
河南	0.0179	-0.0005	-0.0076	0.0040	-0.1007
湖北	0.0270	-0.0009	-0.0159	0.0021	-0.1822
湖南	0.0205	-0.0001	-0.0117	0.0131	-0.1628
广东	0.0070	-0.0006	-0.0046	0.0058	-0.0798
广西	0.0121	-0.0005	-0.0074	0.0014	-0.0953

① 各省份之间无论地区间的空间分布如何,所有地区间仍应存在关联性,因此本文的空间滞后阶数只取1阶。

从表 1 可以看出，各省份经济增长对其他省份都有明显的带动作用，一些省份的自主创新活动则会对其他省份造成一定的制约作用，政府行为对于国家整体经济发展和技术进步有显著的制约作用。本文将结合 SPVAR 模型的脉冲响应函数，对上述结果进行具体分析。

三 脉冲响应分析

根据（1）式可知，SPVAR 模型的脉冲响应函数为：$\Psi_i = \sum_{h=1}^{i} \Psi_{i-h} C_h$，$\Psi_0 = I_{NK \times NK}$。本文将通过脉冲响应函数分析区域变量间的长期作用关系。

本文的所有变量均作对数差分处理，因此所得的脉冲响应函数均表示对变量增长率的冲击响应。由于本文共选取了 18 个省（自治区、直辖市）的 3 个变量作为样本，即共可得到 2916 个脉冲响应函数，无法同时分析所有的脉冲响应函数，因此本文将对各省份对其他地区的脉冲响应函数作平均化处理，以方便分析各地区自主创新活动与政府行为对我国整体经济的影响。同时，由于选取省份过多，本文将按照环渤海经济区、长三角经济区、珠三角经济区、中部地区和东北地区对结果分类。

（一）区域自主创新的溢出效应[①]分析

结合图 1 与表 1 可以看出，除上海的自主创新活动始终产生负向的溢出效应外，其他各省（自治区、直辖市）的自主创新活动均会产生正向的溢出效应，这表明上海具有明显的"技术洼地效应"，即该地区利用自身优

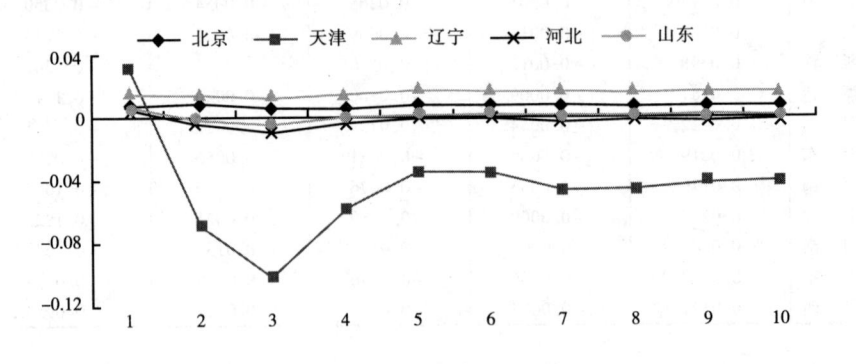

---

① 图中所示的溢出效应均为累积效应。由于一般的脉冲响应函数在各个省份之间重合较为严重，在作图时难以区分，因此将其加总为累积效应，下同。

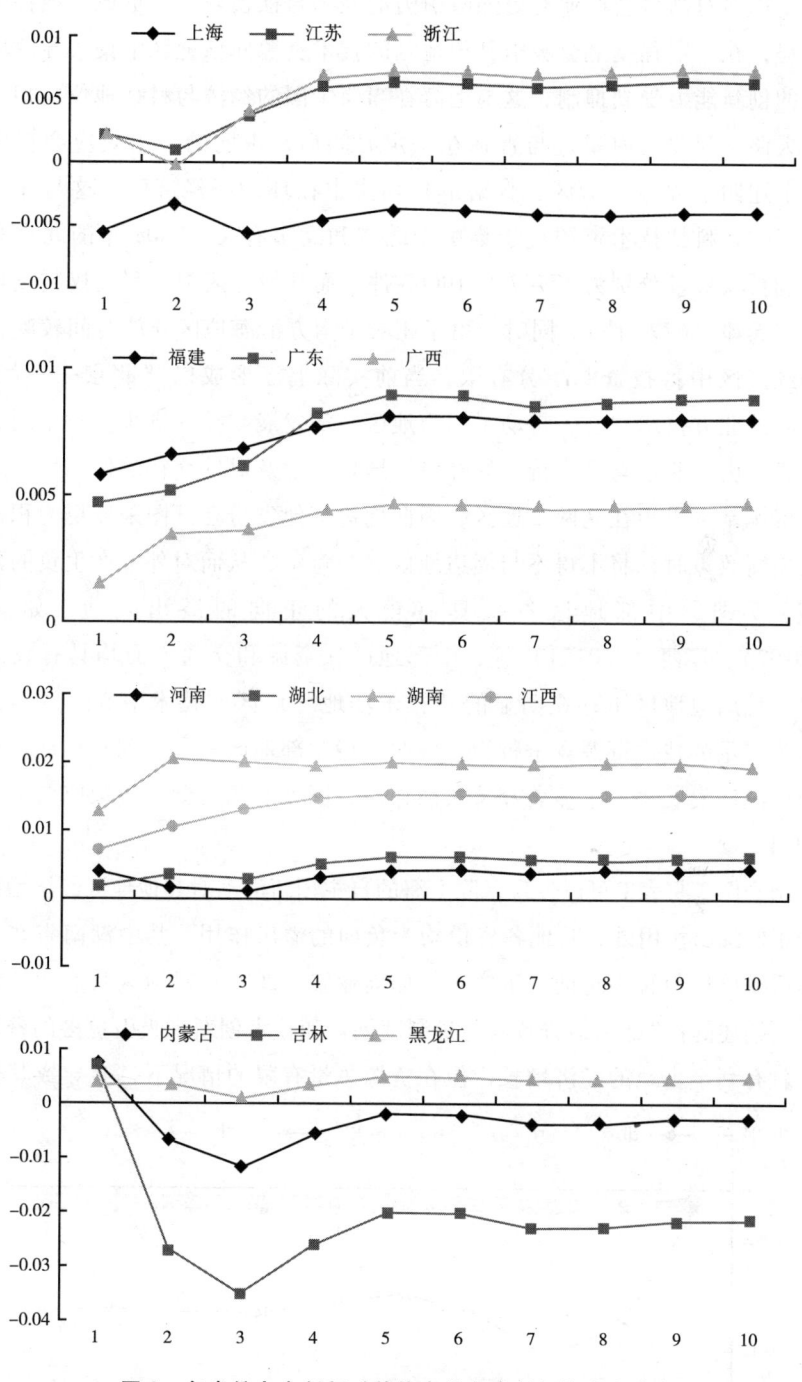

图1 各省份自主创新对其他省份自主创新的冲击响应

势，创造出对高科技产业有更强吸引力的经济与社会环境，形成了独特的竞争优势，在一定程度上会吸引其他地区的技术资源向该地区汇集，导致周边地区的创新能力受到抑制，这与上海在当前中国的经济与科技地位是相一致的。天津、河北、内蒙古与吉林在一定时间后，正向的溢出效应会转为负向。上述四个省（自治区、直辖市）均集中在环渤海经济区，这与环渤海经济区中，科技技术资源过于集中于北京和辽宁有关，2008年的北京和辽宁专利授权数量分别为17747和10665件，而其他地区中专利授权数量最高的只有天津（6790件）。同时，由于相对于南方沿海地区开放时间较晚，环渤海经济区中科技资源十分有限，当前实际上已形成以"北京——大连"为核心的北方技术中心，带动了周边地区经济发展与技术进步。对于周边省份来说，由于北京与辽宁特有的经济、地理环境及对外交往的便利性，现有技术资源基本集中在这两个地区，因此周边其他省份在试图采取更为积极的科技创新政策时，将不得不与周边地区展开竞争，从而对外部产生负的冲击响应。另外，中部地区省份具有较大的正向的溢出效应，如湖南（0.0197）、江西（0.0154）等，中部地区在资源和交通方面均具有较好的优势，且周边地区不存在明显的"技术洼地"地区或技术中心，也不会出现较为严重的技术资源竞争行为，因此支持中部地区的自主创新活动，对中部地区经济发展将产生显著和持久的作用，国家的相关创新政策应向中部省份倾斜。

结合图2与表1可以发现，除上海的自主创新活动对其他地区经济增长始终为正向溢出作用外，其他各省份均为负向的溢出作用，其中湖南省在一定时间后溢出作用转为正向。事实上，如周业安（2003）对地区政府间竞争的后果所描述的："如果地方政府通过制度创新和技术创新来吸引更多的资源流入，就有利于当地的经济增长，但在资源总量有限的情况下，会导致其他地

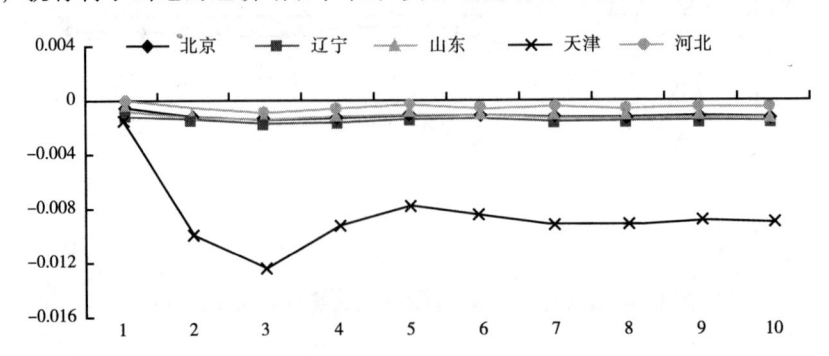

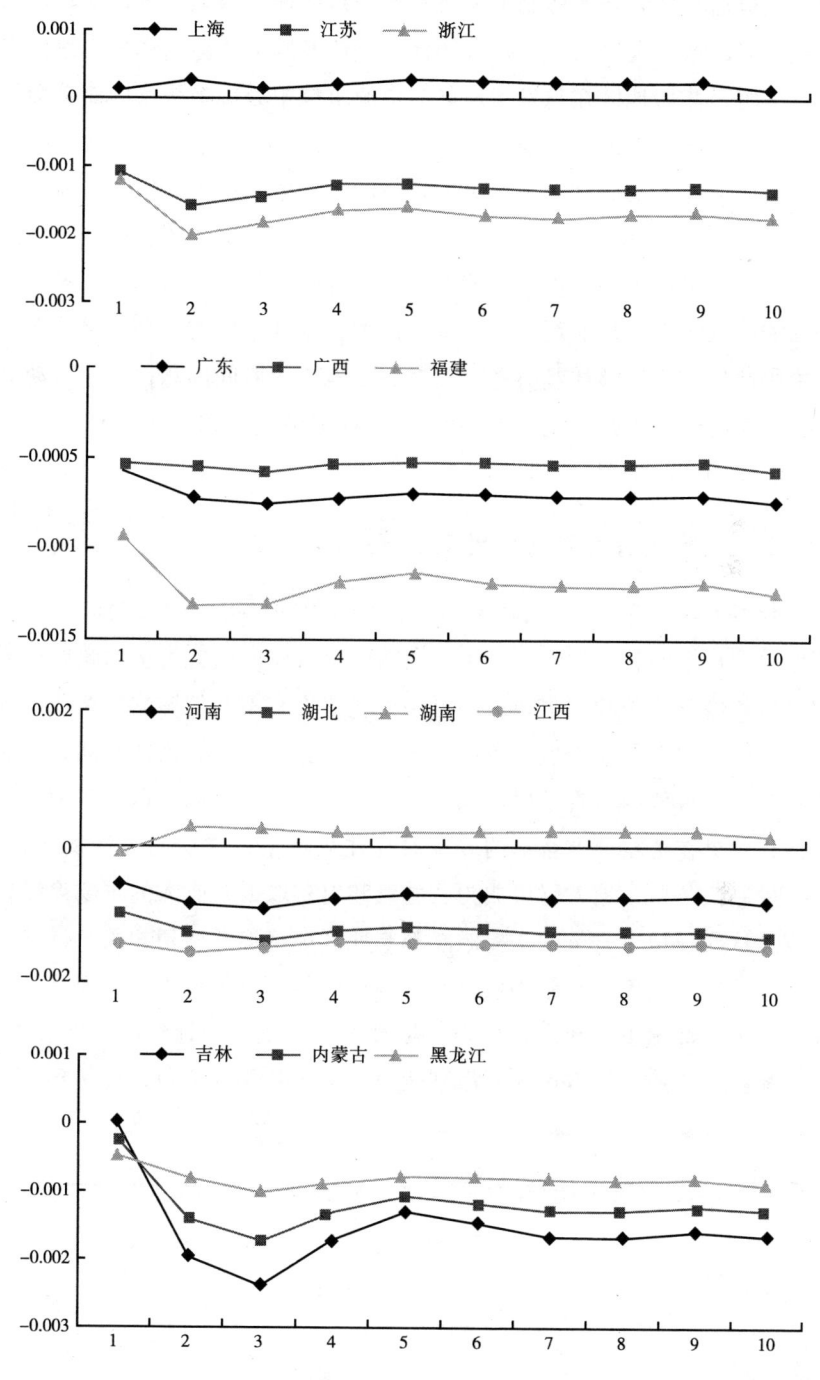

图 2 各省份自主创新对其他省份经济增长的冲击响应

区的资源流出。计划经济体制下经济资源的行政配置带来了各地区经济结构的同化，而改革开放以后一些地方的区域优势及制度优势则产生了地区间的新的不平等，落后地区在与发达地区的资源争夺中处于劣势，因而就会采取保护主义的政策，来维护当地的经济利益。"上述描述与本文所得结果完全一致，即假使地方政府试图采取更为积极的自主创新政策，但在当前国内技术资源并不丰富的情况下，将无可避免地与周边甚至更远的省份展开资源竞争，因此当某一地区的自主创新能力加速上升时，势必会抑制其他省份的自主创新能力的上升，从而可能导致其经济增长率低于应有水平。对于上述现状，中央政府应当从整体利益考虑，对各个地区政府间的恶性竞争活动进行限制，实际调查各个地区自主创新活动的具体情况，以国家整体利益为目标，对有限的科技资源进行科学合理的布局，以达到资源利用的最大效率。

（二）区域政府行为的溢出效应分析

结合表1与图3、图4可以看出，各个省份的地方政府行为对其他省份经济增长和自主创新活动都会产生负向的溢出效应。因此过多的政府行为对我国整体的经济增长和国家整体的自主创新能力有不利的影响。在我国现有政治体制中，中央相对于地方政府处于信息的劣势地位，因此对地方政府的自主行为缺乏有效的监管手段。同时，过去三十年来，国家以经济增长为单一目标，中央在考察地方官员的政绩时往往只考察该省份的经济发展状况。另外，税制改革后，地方财税成为各省级政府获取财政收入的主要途径，这就造成了这两项地方官员的主要激励都与地区经济增长密切相关。

地方政府官员不仅有激励做有利于本地区经济发展的事情，而且，在上级监管缺失的情况下，地方官员为了尽最大可能发展当地经济，会在人才、企业、科技等优质资源方面展开激烈竞争，甚至是恶性竞争，以达到打压政

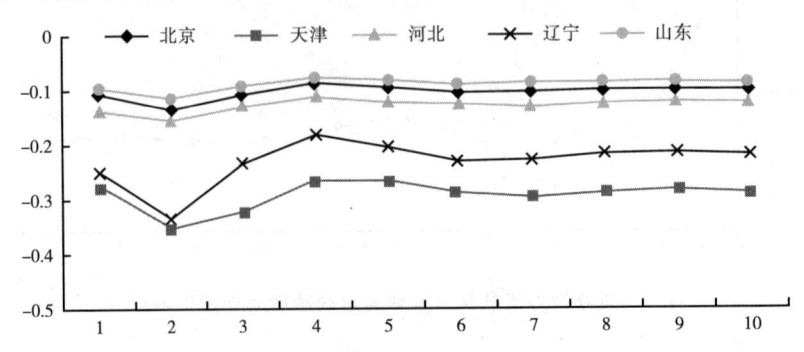

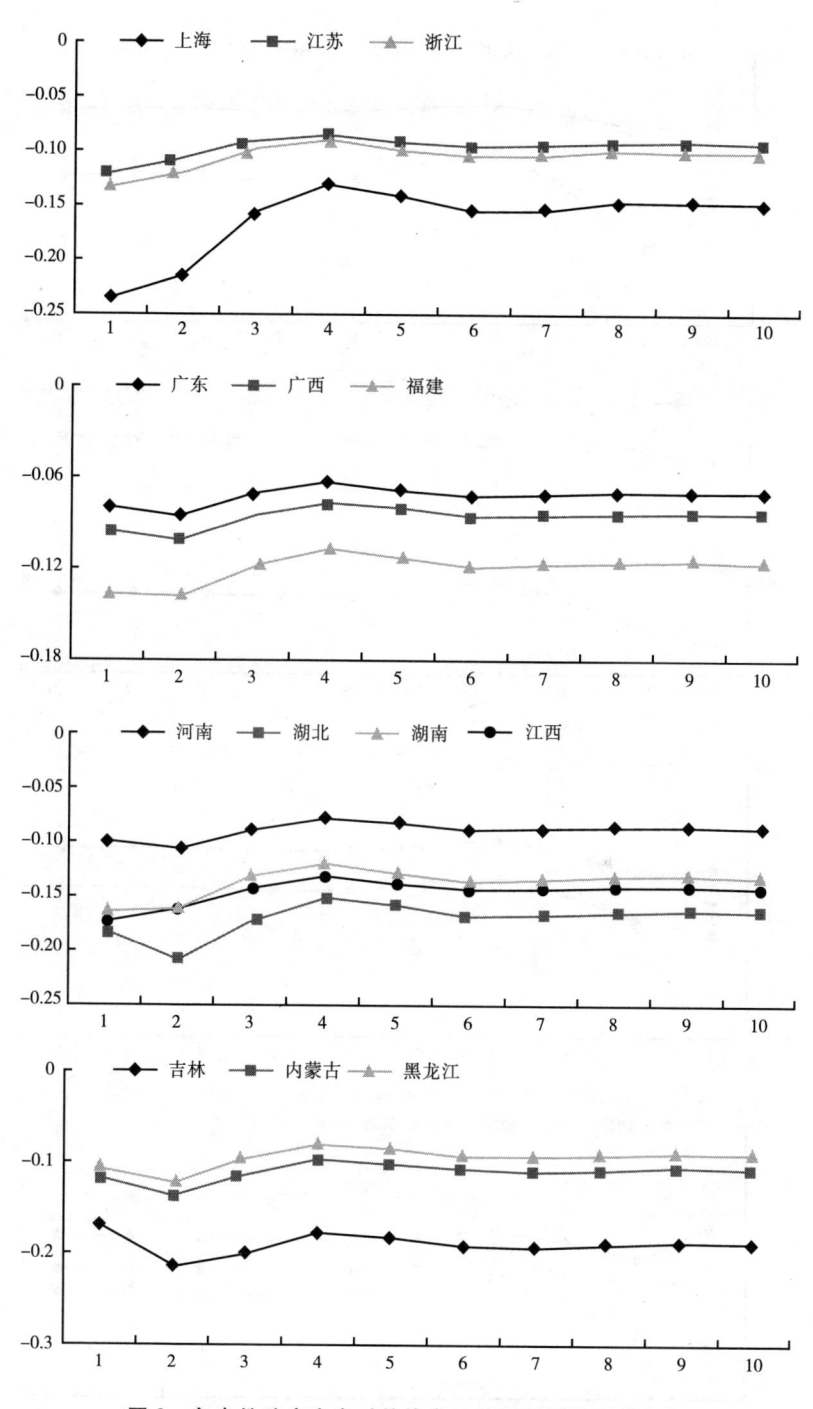

图3　各省份政府支出对其他省份自主创新的冲击响应

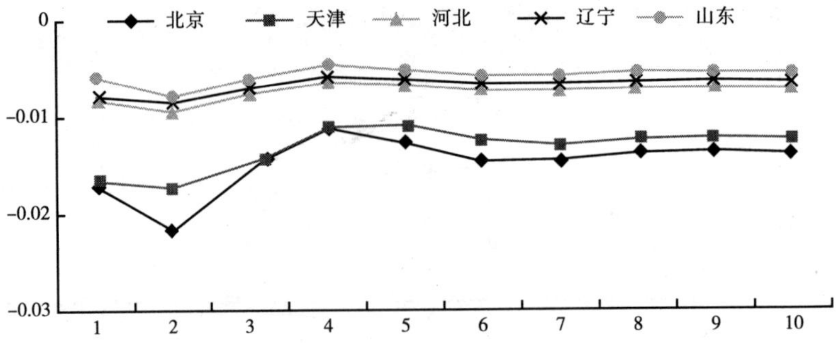
北京
天津
河北
辽宁
山东
0
-0.01
-0.02
-0.03
1
2
3
4
5
6
7
8
9
10

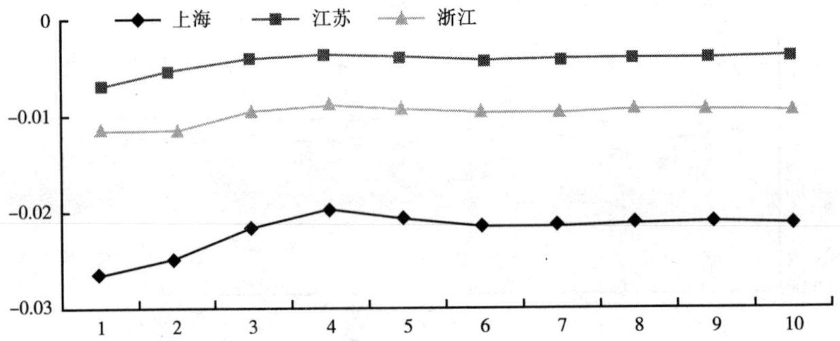
上海
江苏
浙江
0
-0.01
-0.02
-0.03
1
2
3
4
5
6
7
8
9
10

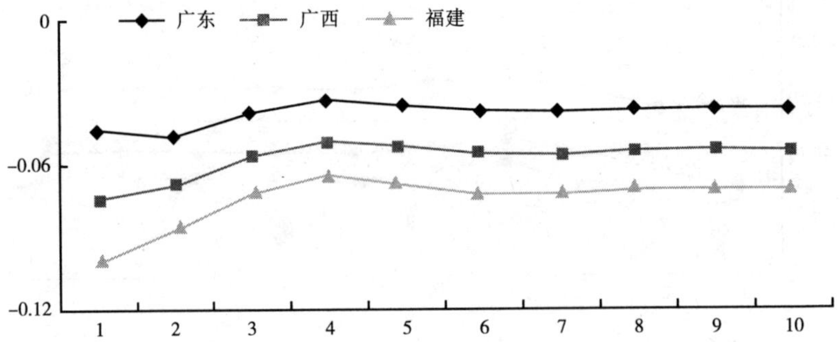
广东
广西
福建
0
-0.06
-0.12
1
2
3
4
5
6
7
8
9
10

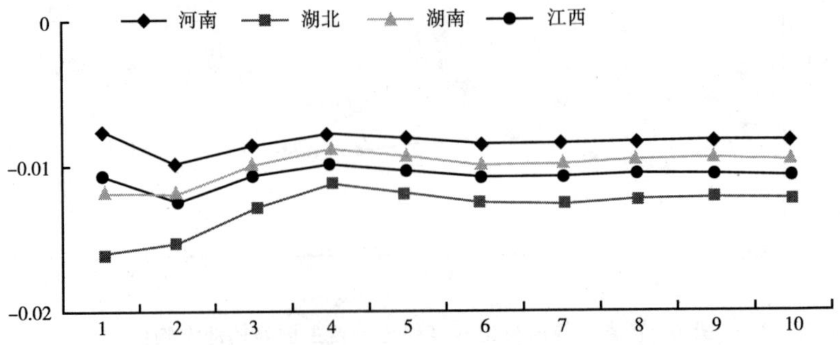
河南
湖北
湖南
江西
0
-0.01
-0.02
1
2
3
4
5
6
7
8
9
10

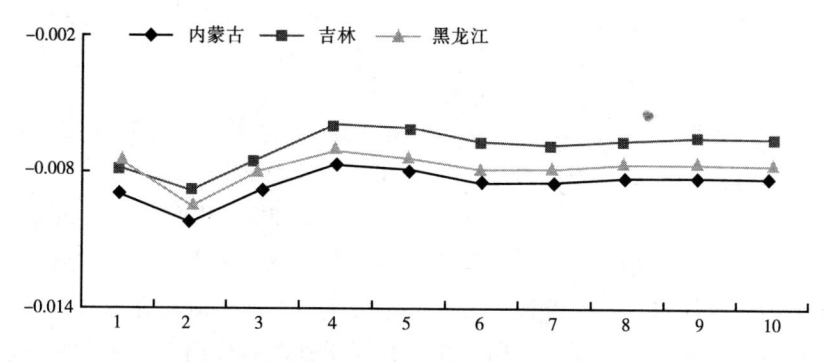

图4 各省份政府支出对其他省份经济增长的冲击响应

治对手的目的,获取更大的升迁机会。同时,各地方官员都将对竞争对手的正向的"溢出效应"视作对自己的不利影响,因此在面临合作双方都可以获得经济收益的情况下,不同省份的政府官员也不愿达成合作意向。因此,地方政府对经济行为的介入越多,对整体经济发展越不利。Grier 和 Tullock (1989)、陈抗等 (2002) 的研究结果也同样证实了地方政府的激励机制所产生的行为会导致经济发展速度减缓。

从表2可以看出,政府支出对各省份自身经济增长的影响并不完全一致。毛中根和洪涛(2009)的研究成果表明,政府支出对自身经济增长的影响,不仅受各个省份经济发展状况、资源环境状况以及要素生产率和消费习惯等影响,同时还与当地官员廉政程度、政府提供的公共性服务多少有关,难以简单地从估计结果进行判断,需要更为深入地研究后才能作出判断。

表2 各省(自治区、直辖市)的政府支出对自身的影响

省 份	对经济增长的影响	对自主创新的影响	省 份	对经济增长的影响	对自主创新的影响
北 京	-0.0411	-0.0628	浙 江	0.0299	-0.1783
天 津	0.1116	-0.7170	福 建	-0.0063	-2.1196
河 北	-0.0191	-0.9916	江 西	0.4352	2.8140
内蒙古	0.0760	-0.8536	山 东	-0.2155	0.5053
辽 宁	0.0078	-0.1248	河 南	-0.0061	0.3247
吉 林	-0.0411	-0.6276	湖 北	-0.0086	1.1164
黑龙江	-0.0136	-0.6766	湖 南	0.0496	0.2322
上 海	-0.1031	-2.7727	广 东	0.1542	-0.0891
江 苏	0.1436	-1.3344	广 西	-0.0436	0.1591

结 论

本文应用国际上较为先进的空间计量模型 SPVAR 模型，估计了我国各省的自主创新活动与政府行为带来的溢出效应。根据 SPVAR 模型的估计结果，本文得出如下结论：我国各省份的自主创新活动对其他省份的技术创新有正向的溢出效用，但由于省际的竞争作用，自主创新活动也会对其他省份的经济增长造成一定的制约作用。在现有的激励机制作用下，地方政府以自身利益最大化为目标的行为，会对其他省份造成较为严重的负向的溢出效应。

对于上述结论，本文结合中国政治与经济的实际情况，详细分析了出现上述结果的具体原因。根据分析，本文认为自主创新是我国综合国力竞争的决定性因素和核心竞争力持久的基础，中央政府应从整体利益出发，研究和公布长期的科技自主创新战略，结合各地区实际情况进行合理布局，建立区域间的合作平台，实现将现有有限的技术资源共享，改变当前地区间恶性竞争与过度投资的状况。地方政府则应不越位、不替代、不缺位，应积极引导资源向有自主创新能力的企业倾斜，为企业自主创新提供体制、机制和政策保障。

本文应用 SPVAR 模型估计了我国省际自主创新与政府行为的溢出效应。后续研究会在如下方面进行：①由于数据的可得性等原因，本文在指标选取方面较为简单，仅能够对变量粗略描述。②由于在参数识别方面难以找到合理的标准，本文仅运用标准的 SPVAR 模型进行估计，对于估计结果的合理性可能造成一定的影响。③对省际的空间关联性的研究仍较为初步。我们希望能够加入更多的区域要素禀赋与空间特征代表空间关联性，在数据可得的情况下，增加指标的负责度，以更好地估计与分析我国各省份间的溢出效应。

参考文献

[1] 洪银兴，1997，《地方政府行为和中国市场经济的发展》，《经济学家》第 1 期。

[2] 陈抗、Arye L. Hillman、顾清扬，2002，《财政集权与地方政府行为变化——从援助之手到攫取之手》，《经济学》（季刊）第 4 期。

[3] 周黎安，2004，《晋升博弈中政府官员的激励与合作——兼论我国地方保护主义和重复建设问题长期存在的原因》，《经济研究》第 6 期。

[4] 李广斌、谷人旭，2005，《政府竞争：行政区经济运行中的地方政府行为分析》，《城市问题》第6期。

[5] 宋河发、穆荣平、任中保，2006，《自主创新及创新自主性测度研究》，《中国软科学》第6期。

[6] 陈柳、刘志彪，2006，《本土创新能力、FDI技术外溢与经济增长》，《南开经济研究》第3期。

[7] 毛中根、洪涛，2009，《政府消费与经济增长：基于1985~2007年中国省际面板数据的实证分析》，《统计研究》第8期。

[8] Daniel Lederman, William F. Maloney, 2003, "Research and development (R&D) and Development", *Policy Research Working Paper Series*, No. 3024.

[9] Grossman, G. M., 1994, Helpman, E., "Endogenous Innovation in the Theory of Growth", *Journal of Economic Perspectives*, 23-44.

[10] Harald Badinger, Werner Müller, and Gabriele Tondl, 2004, "Regional Convergence in the European Union, 1985-1999: A Spatial Dynamic Panel Analysis", *Regional Studies*, Vol. 38, 241-253.

[11] Jens Horbach, 2006, "Determinants of Environmental Innovation-New Evidence from German Panel Data Sources", dazione Eni Enrico Mattei Working Papers, No. 13.

[12] Luc Anselin, Oleg Smirnov, 1996, "Efficient Algorithms for Constructing Proper Higher Order Spatial Lag Operators", *Journal of Regional Science*, Vol. 36, 67-89.

[13] Michael Beenstock, Daniel Felsenstein, 2007, "Spatial Vector Autoregressions", *Spatial Economic Analysis*, Vol. 2, 167-196.

[14] Naushad Forbes, David Wield, 2000, "Managing R&D in Technology Followers", *Research Policy*, Vol. 29, 47-53.

[15] Nikos Varsakelis, 2001, "The Impact of Patent Protection, Economy Openness and National Culture on R&D Investment: A Cross-country Empirical Investigation", *Research Policy*, Vol. 30, 1059-1068.

[16] Pieter Bruijn, 2003, "Spatial Dimensions of Cooperation Aimed at Innovation", ERSA Conference papers with number ersa, 03, p. 252.

[17] Rothwell, Zegveld, 1984, "An Assessment of Government Innovation Policies", *Review of Policy Research*, Vol. 3, 436-444.

[18] Sunil Mani, 2001, "Role of Government in Promoting Innovation in the Enterprise Sector An Analysis of the Indian Experience", Institute for New Technologies Discussion Papers No. 3.

[19] Valter Giacinto, 2010, "Vector Autoregressive Modeling in Space and Time", *Journal of Geographical Systems*, Vol. 12, 125-154.

基于微观分层数据的我国农村居民医疗需求行为分析[*]

刘晓瑞 赵卫亚

(浙江工商大学统计与数学学院)

引 言

从微观角度研究个人医疗需求在国外一直很受关注（Jacobson，2000；Sidorrenko，2001；H. Holly Wang&Robert Rosenman，2007），但国内从微观角度研究我国农村居民医疗需求的文献并不多。高梦滔、姚洋（2004）使用来自我国8省农户的调查数据，在控制了测量偏误和选择偏误的前提下，研究了农村居民两周患病就诊概率和就诊费用的影响因素。封进、秦蓓（2006）采用CHNS1991年和CHNS1997年的调查数据，分别建立了医疗决策模型和医疗支出模型，利用工具变量法和豪斯曼检验估计了我们农村居民医疗支出和收入水平之间的关系。陈在余、蒯旭光（2007）采用CHNS2004年的调查数据，建立农村居民医疗行为选择模型，结果显示农村居民是否有医疗支出及医疗支出多少主要却取决于疾病的严重程度，而农民参加合作医疗对此无显著性影响。叶春辉等（2008）采用CHNS1991~2004年的调查数据，研究了在经济转型过程中我国农村居民医疗消费决策和医疗支出大小的决定因素，验证了收入水平、人力资本和健康资本三者之间存在替代性。孙健等（2009）采用了CHNS2006年的调查数据，导出Logit患病方程和OLS医疗支出方程，实证研究了影响农村居民患病率的因素和影响患病后医疗费

---

[*] 本文获得国家社科基金项目（10BTJ103）、浙江工商大学研究生科技创新基金重点项目（1020XJ1510036）资助。

用支出大小的因素，识别出教育、每日睡眠时间、有无参加保险、家庭规模等因素对农村居民医疗需求的影响规模。封进、李珍珍（2009）采用CHNS1993~2004年的调查数据，运用离散选择模型估计了农民的医疗需求函数，评价了新型农村合作医疗中的各种补偿模式的效果。特别的，林相森、艾春荣（2008）采用CHNS2004年的调查数据，以个人潜在医疗需求为潜变量，以表示患病情况的有序离散变量为被解释变量，建立了有序Probit回归模型，运用半参数方法对模型进行了估计。

以上文献有一个特点：大都采用的是二元选择模型和OLS模型，把高层单位的变量值赋予下层单位再作回归，忽略了微观数据的层次效应。本文在理论上采用Grossman模型和修正后的两部模型，把医疗需求过程划分为医疗参与过程和医疗支出过程，同时把医疗参与过程又划分为了是否有患病过程和患病后是否支出过程；在方法上考虑到微观数据的层次效应，采用多层Logistic回归模型和多层线性模型，更加精确地估计农村居民医疗需求过程。本文的结构如下：第一部分为理论框架和计量模型；第二部分为数据说明和变量描述；第三部分为实证分析；最后为结论和政策性建议。

一 理论框架和计量模型

（一）理论框架

Grossman（1972）首先研究了人们对健康的需求以及引起的引致需求——医疗需求。在Grossman的理论框架中，健康作为一种耐用品会随着时间的推移而不断折旧，因此人们通过增加健康投资即医疗消费来提高自身的健康水平，医疗支付能力即收入和医疗价格水平直接影响居民的医疗需求；个人的人口学特征影响了居民对健康风险的偏好程度，从而影响居民的医疗需求；患病的严重程度可以视为一种随机的健康冲击，会影响居民的医疗需求；同时考虑到自身的健康状况、区域差异以及医疗保险制度和医疗服务的可及性等外生性因素对医疗需求的影响，可以得到我国农村居民医疗需求模型：$Y = Y(X_1, X_2, X_3)$，其中X_1为个人因素，包括年龄、性别、婚姻状况、教育程度、健康状况、患病程度、非农就业、疾病史、医疗保险状况等；X_2为家庭因素，包括家庭人均收入、家庭人口规模、离家庭最近医疗机构距离等；X_3为社区因素，包括社区医疗价格水平、社区人均收入水平、所在区域等。

(二) 计量模型

虽然微观数据大多数是按照分层抽样的方式获取，数据结构是分层结构，但是目前国内进行微观计量经济分析存在着一个突出问题：无论采用横截面数据或面板数据，都是将所有个体的信息归结于一层进行分析。这样既"平均化"了个体之间的异质性，增大了参数估计误差，又无法正确描述和分析层次差异形成的个体之间的异质性，降低了多层数据的应用价值。虽然有些学者利用虚拟变量或控制变量区分个体之间的层次差异，但这样做实际上是假设个体之间的层次差异是"固定效应"，忽略了环境与个体之间交互影响所形成的层次差异的"随机效应"。同时具有分层结构的个体之间也可能相互关联，违背了样本之间必须独立的统计学原则。多层模型就可以解决具有分层结构数据的建模问题。解决这些问题的方法就是假设每一个高层单位都有一个不同的回归模型，在普通的回归模型中每个高层单位有各自不同的截距和斜率，因为高层单位也是抽样的，因此可以再视这些截距和斜率是从所有高层单位的截距和斜率中抽样的，是总体高层单位的截距和斜率的随机样本，这就是随机系数回归模型（random-coefficient regression model），即多层模型（multilevel model）。本文采用修正后的两部模型法，在医疗参与方程中引入了多层 Logistic 回归模型，在医疗支出方程中引入了多层线性模型。由于每个家庭中患病和医疗支出人数很少，且笔者也检验得到三层模型不显著，所以我们在分层中只考虑个人和社区，把家庭层数据平均到了个人数据中，建立二层模型。多层模型有空模型、随机截距模型和随机斜率模型三种类型，其中随机斜率模型是最完整的模型，形式如下：

医疗参与方程的多层 Logistic 回归模型：

个人层次：$Prob(Y_{ij} = 1 \mid \beta) = \varphi_{ij}$

$$ln[\varphi_{ij}/(1-\varphi_{ij})] = \eta_{ij}$$

$$\eta_{ij} = \beta_{0j} + \sum_{p=1}^{p=n} \beta_{pj} X_{pij} + r_{ij}$$

社区层次：$\beta_{sj} = \gamma_{m0} + \sum_{q=1}^{q=m} \gamma_{mq} W_{qj} + u_{sj}$, $s = 0, 1, 2, \cdots, m$

医疗支出方程的多层线性模型：

个人层次：$Y_{ij} = \beta_{0j} + \sum_{p=1}^{p=n} \beta_{pj} X_{pij} + \gamma_{ij}$

社区层次：$\beta_{sj} = \gamma_{m0} + \sum_{q=1}^{q=m} \gamma_{mq} W_{qj} + u_{sj}$, $s = 0, 1, 2, \cdots, m$

二 数据说明和变量描述

本文使用的数据来自于由北卡罗来纳大学人口研究中心和中国疾病控制与预防中心合作开展的"中国健康与营养调查"（CHNS），CHNS 数据是目前研究我国居民医疗问题方面比较权威的微观调查数据。考虑到儿童和成人医疗需求的差异性、我国城乡二元性以及 2003 年新型农村合作医疗改革效应的滞后性，本文以农村成人居民为研究对象，选择 2006 年的数据进行分析。删除因变量和主要自变量缺失或回答"不知道"的样本后，剩余有效成人样本为 6418 个，有效社区样本 145 个。表 1 对全部样本、患病样本、医疗支出样本在模型中的变量进行定义和基本描述性统计。

本文中 60 岁以上、中学文化水平、身体健康状况一般、没有工作、患病程度一般、河南分别作为对照组，患病是指"过去的四周中有过生病或者受伤"，有医疗支出是指"过去四周中去过正规的医疗机构看病"，医疗支出是指"这次看病花了多少钱"，单身是指未婚、离婚、丧偶或分居，有疾病史是指医生给过"高血压、糖尿病、心肌梗死、中风"至少一种的诊断，社区医疗价格水平用社区治疗一次感冒的平均费用来代替。一般认为，医疗需求与年龄有关，年龄越大所需的医疗服务就越多，但是这种正向关系不一定是简单的线性关系。本文年龄组使用虚拟变量的方法可以比较好地反映年龄与医疗需求的关系。同时省份也用虚拟变量来代替，可以比较精确地反映医疗需求的地区性差异。

在全部样本中，有 15% 的调查者患病，有 52% 的调查者为女性，平均家庭规模为 3.96 人，家庭人均收入对数值平均为 8.06，有 48% 的调查者参加了医疗保险，有 9% 的调查者有疾病史，27% 的调查者从事非农工作；从社区特征上看，社区人均收入水平对数值平均为 8.55，社区医疗价格水平平均为 34.92 元。在患病样本中，有 73% 的患者参与了就医，有 59% 的患者是女性，家庭人均收入对数值平均为 7.91，有 51% 的患者参加了医疗保险，有 24% 的患者有疾病史，17% 的患者从事非农工作，同时年龄结构呈左偏分布，教育水平结构呈现右偏分布；从社区特征上看，社区人均收入对数值仍为 8.55，社区医疗价格水平平均为 34.59 元。全部样本和患病样本对比说明：女性、高年龄、低教育水平、收入低、有疾病史、非农工作者患病概率较大。同时参加医疗保险的人群更容易患病，这就是医疗保险中的

表1 变量说明及均值

变量名称	变量的说明	全部样本	患病样本	支出样本
ill	患病为1,否则为0	0.15	—	—
decision	患病后有支出为1,否则为0	—	0.73	—
med	医疗支出的对数	—	—	4.52
Gender	女性为1,否则为0	0.52	0.59	0.59
Age1	18~40岁为1,否则为0	0.32	0.16	0.17
Age2	41~60岁为1,否则为0	0.47	0.43	0.43
Marriage	单身为1,否则为0	0.15	0.21	0.19
Edu1	小学及以下为1,否则为0	0.49	0.66	0.66
Edu2	大专及以上为1,否则为0	0.03	0.02	0.02
insurance	有保险为1,否则为0	0.48	0.51	0.52
health1	健康状况(非常)好为1,否则为0	0.59	0.24	0.26
health2	健康状况差为1,否则为0	0.08	0.28	0.27
job1	农业工作为1,否则为0	0.37	0.35	0.36
job2	非农工作为1,否则为0	0.27	0.17	0.16
history	有疾病史为1,否则为0	0.09	0.24	0.23
sev1	患病不严重为1,否则为0	—	0.37	0.36
sev2	患病严重为1,否则为0	—	0.14	0.13
hhsize	家庭规模	3.96	3.78	3.79
distance	离家庭最近医疗机构距离的对数	2.03	2.10	2.11
income1	家庭人均收入	8.06	7.91	7.94
income2	社区人均收入	8.55	8.55	8.54
price	社区医疗价格水平	34.92	34.59	34.17
Liaoning	辽宁为1,否则为0	0.11	0.11	0.12
Heilongjiang	黑龙江为1,否则为0	0.11	0.11	0.10
Jiangsu	江苏为1,否则为0	0.11	0.11	0.11
Shandong	山东为1,否则为0	0.11	0.11	0.10
Hubei	湖北为1,否则为0	0.11	0.11	0.12
Hunan	湖南为1,否则为0	0.12	0.11	0.12
Guangxi	广西为1,否则为0	0.11	0.11	0.12
Guizhou	贵州为1,否则为0	0.11	0.11	0.12

注:"—"表示该变量不纳入相应的模型。

"逆向选择"问题。在支出样本中,相对于患病样本,变量值有所变化但不太明显,这可能是大部分患者都愿意参加治疗的原因。

三 实证分析

（一）医疗参与方程

在医疗参与方程中，所考察的相关变量更多的是影响"生病后是否有医疗支出"，而不是影响"是否会生病"这一过程。表2是医疗参与方程空模型的分析结果，模型中没有加入任何自变量。它的作用在于考察因变量是否存在显著的层间差异，是否有必要进行分层分析。表2显示：两个模型的固定效应系数和随机效应方差成分都是显著不为零的（$p < 0.000$）。因此，研究结果表明我国农村居民医疗需求行为在不同个体、不同社区之间存在显著的差异，有必要进行多层模型分析。

表2 医疗参与方程空模型分析结果

模型	变量	系数/方差	标准误/标准差	自由度	显著性
模型（一）	固定效应	-1.738	0.066	144	0.000
	随机效应	0.440	0.663	144	0.000
模型（二）	固定效应	0.408	0.639	141	0.000
	随机效应	0.991	0.093	141	0.000

注：模型（一）是"是否患病"方程，模型（二）是"是否支出"方程，其中固定效应对应的是系数、标准误，随机效应对应的是方差、标准差。

考虑到医疗参与方程不是本文的研究重点以及低层因素与高层因素互动的可能性，本文在医疗参与方程中直接使用随机斜率模型，对随机效应模型的研究放到了医疗支出方程中。随机斜率模型不仅分析截距的变异性，还分别分析了distance、sev2斜率的可变性。多层Logistic随机斜率回归模型分析结果如表3所示。在随机效应部分中，"是否患病"方程中的U16是显著的，说明剩余未被解释的残差仍显著，这是由于变量的选择侧重于"是否支出"方程，社区层还有没有观察到或者根本无法观察变异存在；"是否支出"方程截距的方差由空模型的0.991减少到了随机斜率模型的0.718，说明在加入个人变量和社区变量后，有27.5%截距方差已经被解释掉。

从"是否患病"方程的实证结果中可以看出，女性比男性更容易患病，说明女性健康状况比男性偏差，女性健康状况要受到足够的重视。相对于60

表3 医疗参与方程的随机斜率模型分析结果

变量	是否患病方程(全部样本) 系数	标准误	是否支出方程(患病样本) 系数	标准误
Gender	0.174**	0.071	0.013	0.175
Age1	-0.617***	0.123	0.168	0.251
Age2	-0.323***	0.092	0.114	0.189
Marriage	0.129	0.112	-0.306*	0.188
Edu1	0.101	0.084	-0.040	0.187
Edu2	0.110	0.215	0.778*	0.476
insurance	0.228**	0.112	-0.066	0.158
health1	-1.144***	0.084	0.457**	0.191
health2	1.361***	0.113	-0.176	0.175
job1	0.034	0.098	0.102	0.191
job2	-0.228**	0.106	-0.123	0.237
history	0.759***	0.110	-0.039	0.187
sev1			-0.367**	0.168
sev2			-0.678	3.490
hhsize	-0.005	0.026	-0.048	0.039
distance	-0.282	0.742	0.032	0.089
income1	-0.036*	0.02	0.082*	0.048
income2	0.123	0.216	-0.001	0.217
price	0.014***	0.004	-0.413	0.005
Liaoning	-0.974***	0.260	-0.714	0.476
Heilongjiang	-0.471*	0.271	-0.007	0.437
Jiangsu	-0.555*	0.300	0.138	0.431
Shandong	-0.835***	0.239	-0.284	0.427
Hubei	-0.729***	0.207	-0.369	0.351
Hunan	0.064	0.227	-0.736*	0.377
Guangxi	0.218	0.269	0.215	0.325
Guizhou	-0.709***	0.212	-0.428	0.357
随机效应				
U0	1.154***	1.074	0.718***	0.515
U14			0.336	0.113
U16	0.160**	0.401		

注：***、**、* 分别表示1%、5%、10%水平下显著，U0、U14、U16分别表示随机效应中截距、distance和sev2斜率的变异。

岁以上的人群，其他年龄组人群患病概率都显著降低，且 18～40 岁年龄组的人群患病概率低于 41～60 岁年龄组的人群，这说明健康资本存在年龄折旧现象。有医疗保险的人群患病可能性更大，这说明我国医疗保险市场存在"逆向选择"问题，患病可能性大的人群更愿意购买医疗保险。家庭人均收入的系数为 -0.036，说明收入越高个人患病的概率越小，因为会通过膳食营养、生活环境等途径改善个人的健康状况，同时可以通过心理或精神状况影响一个人的生理健康。有非农工作的人群患病可能性小，这是因为非农工作的人群工作环境良好，对身体健康相对有益。同时身体健康状况好的人群患病可能性相对较小，而有疾病史、身体健康状况差的人群患病可能性大。从社区层次来看，医疗价格水平高的社区居民更容易患病，这是因为医疗价格高的社区医疗服务可及性差，农村居民为了减少相对高的医疗开支而不愿意增加健康投资，长久则患病。同时大部分省份的系数显著，说明"是否患病"存在着明显地区差异。

在"是否支出"方程的实证结果中，我们发现相当多的变量不显著，这可能是患病样本中没有医疗支出的样本少的原因，也可能是微观数据有偏误或者缺失重要解释变量的原因。非单身人群比单身人群患病后更可能参与就医，这是因为非单身人群更能得到家人的细心照顾。教育程度高、家庭人均收入高的人群患病后更可能参与就医，说明他们患病后更愿意得到健康资本，这是因为他们一般是家庭中的"能人"，家庭地位和社会地位较高，并且患病不参与治疗的机会成本较大；而低收入家庭在医疗支出中存在预算约束，导致在患病后没有医疗支出行为。同时身体健康状况好的人群患病后更愿意参与就医，这可能是长年身体状况差的人群更注重平时的保养，更愿意自我治疗。患病程度不严重的人群相对而言参与就医的概率小，这是因为农村居民一般是"小病不治"。最近医疗机构距离对是否就医不显著，这是可能一方面因为农村居民的时间成本较低，另一方面是医疗供给充分。同时研究还表明了患病后是否有医疗支出行为的地区差异不明显。

（二）医疗支出方程

从空模型结果可以看出，ICC = 组间方差/（组间方差加组内方差） = U0/（U0 + R）= 12.12%，有必要采用多层线性模型进行分析。考虑到 HLM 实现能力以及经济含义，此处随机效应模型在层一中加入自变量（个体变量），在层二中随机斜率仅纳入了 sev2、hhsize、distance 的随机扰动项，

表4给出了随机效应模型的结果。从随机效应的显著性来看，U14和U16显著而U15不显著，说明sev2、distance剩余未被解释的方差仍显著，需要引入新的自变量以增加模型的解释能力。表4也给出了随机斜率模型的结果，通过随机斜率模型和随机效应模型的对比分析，不仅可以得出社区变量对医疗支出的影响，还能够清晰地看出加入社区变量后，方程个体变量斜率及显著程度的变化情况。社区变量对个体变量斜率及显著程度的影响是社区人均收入income2和社区医疗价格price影响患病严重sev2、最近医疗机构距离distance的斜率。实证结果表明：sev2由显著变为不显著，并且job2由不显著变为显著，edu2的显著性变强；社区变量中，price、Liaoning、Heilongjiang对医疗支出水平有显著影响。从偏差度Deviance可以看出，随机效应模型和随机截距模型的拟合度都高于空模型。

最终的随机斜率模型实证结果表明：edu1、edu2、health1、health2、job1、job2、sev1、income1、price、Liaoning、Heilongjiang、Guangxi对医疗支出水平有显著作用。Insurance不显著表明医疗保险对农村居民医疗支出水平没有显著影响，这是因为新型农村合作医疗制度补偿比例较小以及实行"大病补偿模式"没有能提供应有的医疗保障，不能有效地增加居民的医疗服务需求。从对医疗支出水平影响的方向和大小来看，教育水平和医疗支出水平之间不是简单的正向或反向关系，低教育水平者和高教育水平者医疗支出水平都低于中等教育水平者，这是因为低教育水平者相对而言享受的是价格低廉的医疗服务，而高教育水平者相对而言由于身体状况较为良好，需要享受较少的医疗服务；患病程度一般的人群比患病程度不严重的人群医疗支出水平高，类似的，身体状况差的人群比身体状况好的人医疗支出水平高；从事非农工作的人群比从事农业工作的人群医疗支出水平高，但比没有工作的人群低，这是因为没有工作的人群一般是老人、处于抚育期的女性或在校学生，他们需要更多的医疗服务或在健康投资上获得优先地位（Rosenberg等，1996；高梦滔等，2004；赵忠，2006；陈在余等，2007）。家庭人均收入水平对医疗支出水平的影响为正，这其中有两种效应：一是财富效应，即随着收入水平的提高，对健康的需求随之增加，因而医疗支出水平提高；二是健康效应，即收入较高的人群其健康状况相对较好，导致在其他条件相同时，其医疗支出水平较低。这说明收入的健康效应大于健康效应，此结论和叶春辉等（2008）的类似。医疗价格水平对医疗支出水平的影响也有两种效应，一方面医疗价格水平提高后，居民的医疗支出行为受到了约束，这是

表4 医疗支出方程的多层线性模型分析结果

变量	空模型 系数	空模型 标准误	随机效应模型 系数	随机效应模型 标准误	随机斜率模型 系数	随机斜率模型 标准误
Gender			0.049	0.112	0.050	0.113
Age1			0.065	0.190	-0.003	0.183
Age2			0.127	0.160	0.018	0.162
Marriage			-0.225	0.160	-0.229	0.160
Edu1			-0.399***	0.141	-0.393***	0.136
Edu2			-0.598*	0.347	-0.661**	0.333
insurance			-0.103	0.131	-0.200	0.129
health1			-0.483***	0.133	-0.554***	0.131
health2			0.604***	0.166	0.572***	0.157
job1			-0.359**	0.157	-0.318**	0.158
job2			-0.248	0.177	-0.292*	0.175
history			0.080	0.148	-0.011	0.147
sev1			-0.790***	0.128	-0.741***	0.126
sev2			1.196***	0.220	4.420	3.922
hhsize			-0.023	0.036	0.013	0.035
distance			0.117	0.079	0.125	0.077
income1			0.036**	0.036	0.067**	0.034
income2					0.134	0.179
price					0.010**	0.005
Liaoning					0.764***	0.286
Heilongjiang					0.595**	0.235
Jiangsu					-0.050	0.255
Shandong					-0.128	0.322
Hubei					0.159	0.316
Hunan					-0.095	0.263
Guangxi					-0.357*	0.196
Guizhou					-0.279	0.258
随机效应						
R	2.828	1.682	1.930	1.389	2.007	1.417
U0	0.390***	0.624	0.843*	0.918	0.329**	0.574
U14			1.568**	1.252	1.118***	1.058
U15			0.013	0.112		
U16			0.019*	0.137	0.012	0.111
Deviance	2779.8		2590.2		2578.5	

注：***、**、*分别表示1%、5%、10%水平下显著。

间接效应；另一方面医疗价格水平直接提高了居民的医疗支出水平，这是直接效应。医疗价格水平对医疗支出水平的影响为正，说明直接效应大于间接效应。研究还表明了医疗支出水平还存在地区差异，我国东北部地区的医疗支出水平大于中部地区，而中部地区又大于西部地区，这和不同地区气候、生活习惯等有关。

论和政策性建议

采用 CHNS2006 年的数据，通过医疗参与方程和医疗支出方程考察了影响我国农村居民医疗需求行为的诸多因素，得到了一些有益的结论。

第一，受教育程度和健康的关系不显著，但和医疗决策、医疗支出水平关系显著。受教育程度和医疗决策行为有着正向的关系，但和支出水平的关系并非是同向的。虽然受教育程度高的人群和受教育程度低的人群医疗支出水平都相对较低，但其根本原因不同，前者是因为医疗服务需求少，而后者因为享受的是价格低廉的医疗服务。

第二，医疗保险对是否患病有个正向的影响，而这种影响是间接的，但医疗保险对就医决策和医疗支出水平的影响不显著。是否拥有医疗保险和居民对自己长期的身体状况判断有关，自我感觉较差的人群越倾向于参加医疗保险，而这种自我感觉不同程度地反映了实际健康状况和潜在的发展趋势。由于我国新型农村合作医疗补偿比例较小，没有提供应有的医疗保障，这直接影响了农户参与就医的积极性。

第三，农民家庭人均收入对健康、医疗支出决策和医疗支出水平都有正向影响。收入越高，患病概率越小；收入越高，患病后更愿意参与治疗；收入越高，医疗支出越高，说明收入高的农户不仅可以通过良好的饮食和生活环境减小患病的可能，而且发病后也积极参与治疗，享受良好的医疗服务。因此，对我国农村居民来说，收入增加对健康的边际报酬为正，而远没有西方发达国家或地区那样，收入对健康的边际报酬为零甚至为负。

第四，身体健康状况对是否患病、医疗决策和医疗支出水平有着显著的影响。身体健康状况越好，患病概率越小，参与就医可能性越大，就医后医疗支出水平越低。身体状况较差的人群更注重平时的保养和自我治疗，参与就医积极性不强，一般就医都是因为患病较为严重，所以相对医疗支出水平较高。

第五，女性的患病概率比男性高，所以女性的健康要受到足够关注；由于健康资本存在年龄折旧，所以年龄大的人群患病可能性更大；医疗价格水平对是否患病和医疗支出水平都有正向的影响，但对支出决策影响不显著；疾病史对是否患病有正向影响，但对支出决策和医疗支出水平影响不显著；同时是否患病和医疗支出水平存在显著的地区性差异，但对支出决策影响不显著。

本文的实证分析揭示出了各种因素在影响我国农村居民医疗需求行为中所扮演的不同角色，这对如何在宏观层面更适当地调控医疗供给、在微观层面更好地满足居民医疗需求都有着主要的启示。①提高农村居民的受教育程度和家庭收入水平，让其意识到普及疾病预防和健康的重要性，从而降低患病率，增强国民基本身体素质。②农村医疗保险制度在推广中存在明显的"逆向选择"现象，因此必须坚持以家庭为单位的投保方式，同时在保险基金中应留足准备金，扩大补偿比例。③随着我国农村人口老龄化程度的加深，老人的健康状况要备受关注，老年人的医疗保险制度应该受到特别关注，从而更好地做到"老有所医"。④认真研究医疗需求水平地区性差异的根本原因，采取适当措施减少地区差异以促进医疗服务公平。

参考文献

[1] 孙健等，2009，《我国农村居民医疗需求影响因素研究》，《农业技术经济》第3期。

[2] 林相森、艾春荣，2008，《我国居民医疗需求影响因素的实证分析》，《统计研究》第11期。

[3] 陈在余、蒯旭光，2007，《农村新型合作医疗与农民的医疗保障》，《中国人口科学》第3期。

[4] 封进、秦蓓，2006，《中国农民医疗消费行为变化及其政策含义》，《世界经济文汇》第1期。

[5] Grossman, Michael, 1972, "On the Concept for Health Capital and the Demand for Health", *Journal of Political Economy*, 80: 223 – 255.

澳门房价与经济发展关系研究

陈燕武　吴承业

(华侨大学数量经济研究院
华侨大学经济与金融学院)

引　言

2001~2009年,随着世界经济一体化的加快以及在中国内地经济的带动下,澳门房地产业经历了快速成长期,其发展与整体经济的发展一直如影随形,亦步亦趋。2008年9月,源于美国的房产次贷危机的"金融海啸"一浪接一浪地向其他行业、其他国家扩散,在美国第四大投资银行雷曼兄弟正式宣布破产之后,全球性的"金融海啸"掀起浪潮,全球的股票、债券、房地产市场无一幸免。澳门是个超微型经济体,当然不可能独善其身,澳门房价也大幅下降,从中暴露出经济发展同房地产业之间存在密切的关系,本文将从经济发展的不同阶段去探索房价与经济发展的关系。

房价问题的研究,各界学者从不同的角度去探究房价涨落的原因,部分学者认为房价的上升是由地价上升引起的,地价是房价的重要组成部分,地价的上升必然导致房价的上涨。该类学者同时也认为房价对地价又存在着反作用,房价上涨或下降的同时还会拉动地价的进一步上升或下降。刘琳、刘洪玉(2003)从供给与需求的角度分析了房价与地价的关系,严金海(2006)采用四象限模型、Granger检验和误差修正模型等分析方法对中国房价与地价关系进行了研究,得出了"短期内房价决定地价,长期内二者相互影响"的结论。另外还有部分学者认为房价的上升是经济体的基本面因素发生变化引起的,其中最主要的因素是经济的发展水平，一国的经济发展水平越高，国民收入就越多，国民的购买能力就越强，对房地产的需求就越大，在供给不变的情况下，房价就会不断不升。第二种观点的学者还认为，在经济发展促进房价上涨的同时，房价的上涨也在推动着经济的向前发展，因为在我国各地，房地产业已经被正式纳入当地经济发展的支柱，房地产的健康发展与否，直接影响到当地的经济发展水平。

　　对于房价与经济发展之间的关系，国内外也有学者进行了比较深入的研究。蒋旻、许晓燕（2008）对浙江经济增长与房地产价格均衡关系进行了实证分析，结果表明 GDP 与房地产价格之间存在正的长期均衡关系，GDP 走势对房地产业的价格有着决定性的影响；王西军、刘传哲（2007）以我国 1987~2004 年度的数据为基础，运用协整分析、误差修正模型及格兰杰因果关系等方法对我国房地产价格与 GDP 间的关系进行了实证分析，结果表明，我国房地产价格与 GDP 间存在长期稳定的动态均衡关系，无论是长期还是短期，我国的 GDP 波动都是房地产价格波动的原因，GDP 对房地产价格有着决定性的影响，GDP 的波动有助于预测房地产价格的走势，短期内经济的过热容易引起房地产价格增长过快。胡胜、刘旦（2007），国晓丽（2006）等学者也从相似的角度对部分地区的房地产价格与经济发展情况进行研究，并得到相似的结论；Case 和 Shiller，Malpezzi 和 Quigley 的研究成果认为宏观经济的波动可以解释并预测房地产价格的波动。

　　以前学者研究房地产价格与经济发展间的关系时，大部分都是从房价与 GDP 的因果关系及协整关系入手，都默认房价与 GDP 之间是线性关系，无论是在房地产价格下降还是上升阶段，无论是在因果关系还是在协整方程的建立过程，都采用单一的线性方程去拟合二者的关系。但该方法容易忽视二者间的非线性关系，一般来说房地产价格的上涨是缓慢的，而金融危机或外部影响所引起房地产价格下降则是急剧的。2008 年以来，从次贷危机的爆发至全球性金融危机的发生，仅历时一年多的时间，而美国房地产价格上升到次贷危机之前的水平，则用了将近二十年的时间。无独有偶，1993 年，日本房地产泡沫引发的经济下滑也同该次金融危机一样，泡沫的膨胀用了将近十五年之久，而泡沫破裂引起经济急剧下滑仅近一年。故我们将从二者的非线性关系着手，研究二者的非线性相关关系，在此基础上，进一步研究二者的因果关系及非线性的协整关系。

一 理论模型

（一）Copula 函数的相关性检验

当前，研究二者线性相关程度用得较多的是二者的相关系数 R，研究二者非线性相关程度较为常用的是 Kendall 检验中的 τ 系数和 Spearman 检验中的 ρ 系数。采用相关系数 R 来度量二者的相关性，只停留在线性相关上，无法度量数据间存在的非线性相关。Kendall 检验的 τ 系数和 Spearman 检验的 ρ 系数等常用的相关系数虽然能度量数据间的非线性相关性，但是由于这些相关系数实际上只是非线性变换下不变的一种相关性指标，涉及非线性函数的相关性时，会导出错误的结论。而 Copula 函数所度量的相关性，是以二者的相依函数为基础，再根据不同的条件得出的一种条件概率值，只要该概率值较大，就说明二者的变化趋势是朝同一个方向的，存在着较强的线性或非线性相关，它不仅能有效刻画出二者的非线性相关关系，也能够度量出二者非线性函数间的相关关系。

在采用 Copula 函数度量二者的相关关系时，Copula 函数类型的选择直接影响到相关性度量的结果。Copula 函数的类型很多，总体可以分为椭圆型 Copula 和阿基米德型 Copula，而每一种类型中又分为许多不同形式的连接函数。不同的 Copula 函数有不同的性质，椭圆型 Copula 函数具有对称性的尾部相关性，这与我们所研究的数据不相符。而阿基米德型 Copula 函数则不存在该性质，根据需要，在此仅介绍阿基米德型 Copula 函数中下尾特征明显的 Clayton Copula 和上尾特征明显的 Gumbel-H Copula 两种。

阿基米德型 Copula 函数是通过算子 φ 构造而成的，其表示形式为：

$$C(u_1, \cdots u_n) = \varphi^{-1}(\varphi(u_1) + \cdots + \varphi(u_n)) \tag{1}$$

其中 φ^{-1} 是 φ 的逆函数；u_i（$i=1, \cdots, n$）为 n 个不同变量的边缘分布函数且 u_i 服从（0,1）均匀分布。当 $\varphi(0)$ 是有限值时，构造 Copula 的是 φ^{-1} 算子 φ 的伪逆形式：

$$\varphi^{-1} = \begin{cases} \varphi^{-1} & 0 \leq t \leq \varphi(0) \\ 0 & \varphi(0) \leq t \leq \infty \end{cases} \tag{2}$$

通过阿基米德型 Copula 函数的形式可以知道，我们仅需要知道作为算子的表示形式就可以确定一种相应的 Copula 形式。不同的算子选择，会产生不同类别的阿基米德型 Copula。

当算子 $\varphi_\theta(u) = (-lnu)^{1/\theta}$ 时，所得到的 Copula 函数定义为 Gumbel-H Copula 函数，形式为：

$$C_\theta^{Gu}(u_1,\cdots,u_n) = exp(-[(-lnu_1)^{1/\theta} + \cdots + (-lnu_n)^{1/\theta}]^\theta) \qquad (3)$$

其中 $\theta \in (0,1]$ 影响着变量 $u_1,\cdots,u_n$ 的相关程度，当 $\theta = 1$ 时意味着变量之间不相关，而当 $\theta \to 0$ 时意味着完全相关。

此外，相关参数 θ 还与尾部相关系数有对应关系（韦艳华等，2008）：

$$\lambda_{C_{Gu}}^{up} = 2 - 2^\theta$$

$$\lambda_{C_{Gu}}^{lo} = 0$$

当算子 $\varphi_\theta(u) = u^{-\theta} - 1$ 时，所得的 Copula 函数定义为 Clayton Copula 函数，形式为：

$$C_\theta^{Cl}(u_1,\cdots,u_n) = (u_1^{-\theta} + \cdots + u_n^{-\theta} - 1)^{-1/\theta} \qquad (4)$$

其中 $\theta \in (0,\infty)$ 为相关参数，当 $\theta \to 0$ 时，随机变量趋向于独立；当 $\theta \to \infty$ 时，随机变量趋向于完全相关。

另外，相关参数 θ 还与尾部相关系数有对应关系（韦艳华等，2008）：

$$\lambda_{C_{Cl}}^{up} = 0$$

$$\lambda_{C_{Cl}}^{lo} = 2^{-1/\theta}$$

Gumbel-H Copula 函数对变量在上尾处的变化十分敏感，因此能迅速地捕捉到上尾相关的变化，故采用该函数进行上尾相关的捕捉。当样本比例 $\alpha \in (0,1)$ 时，则可以得到不同 α 水平下的上尾相关系数的公式：

$$\lambda_u(\alpha) = p(Y > G^{-1}(\alpha) \mid X > F^{-1}(\alpha)) = \frac{1 - 2\alpha + C_\theta^{Gu}(\alpha,\alpha)}{1 - \alpha} \qquad (5)$$

Clayton Copula 函数对变量在下尾处的变化十分敏感，因此能迅速地捕捉到下尾相关的变化，故在本文中用该函数进行下尾相关的捕捉。当样本比例 $\alpha \in (0,1)$ 时，则可以得到不同 α 水平下的下尾相关系数的公式：

$$\lambda_l(\alpha) = p(Y \leq G^{-1}(\alpha) \mid X \leq F^{-1}(\alpha)) = \frac{C_\theta^{cl}(\alpha,\alpha)}{\alpha} \qquad (6)$$

在 Copula 函数中，θ 变量是一个未知参数，对于该参数的估计方法有很多，可以用极大似然估计，也可以用 IFM（Inference Function For Margins）法，还可以直接根据相关性度量进行参数估计（V. Durrleman，2000）。以上的这些方法，都是在假设边缘分布已知的前提条件下进行的，当边缘分布连续时，Copula 函数唯一存在，但若边缘分布函数的假设模型有误，会导致 Copula 函数一个有偏估计（Nelsen R B，1999）。由于本文所研究的两列数据的边缘分布未知，如果采用以上的参数估计方法，会产生较大的误差，故本文采用非参数估计方法估计 Copula 函数中的参数。

非参数估计方法是不假设边缘分布 $F(x)$，$G(y)$ 的具体形式，而是直接利用样本的秩相关系数 τ 估计出 Copula 的参数向量 θ [Genest 和 Rivest (1993)]。该方法主要适用于单参数的阿基米德型 Copula 函数的估计，对于每一个阿基米德型的 Copula 函数，τ 是关于 Copula 参数 θ 的一个解析函数。

$$\tau = 1 + 4\int_0^1 \frac{\varphi(t)}{\varphi'(t)}dt = f(\varphi) \tag{7}$$

这样可以通过样本数据的秩相关系数度量来估计 Copula 函数。对于每一个 Copula 函数，通过样本可以得到 τ 的经验值，然后通过求反函数就可以得到参数 φ 的表达式，当不能直接得到 φ 的显式表达式时，可以通过数值方法来获得 φ 的近似解。通过以上方法，把 Gumbel-H 的 Copula 函数和 Clayton 的 Copula 函数的算子带入方程，可以得到两函数 τ 和 φ 的解析函数。

Gumbel-H Copula：　　　　　　　Clayton Copula：

$$\tau = 1 - \theta \qquad\qquad \tau = \frac{\theta}{\theta + 2} \tag{8}$$

在上述解析式中，只要估计出 τ，就可以得到 φ 的估计值，而 τ 是 Kendall 秩相关系数，可采用相关的统计软件获得，这样就可估计出各 Copula 函数的参数。

（二）因果关系检验

当前，较为常用的因果关系检验是 Granger 检验，传统的 Granger 检验可分为"基于水平 VAR 模型的 Granger 检验"和"基于差分 VAR 模型的 Granger 检验"，但这两种检验都存在着不足之处。"基于水平 VAR 模型的 Granger 检验"是直接对变量进行因果关系检验，未考虑单个变更的平稳性及变量间的协整关系，常导出错误的结论；"基于差分 VAR 模型的 Granger 检验"由于对原非平稳序列进行了差分处理，虽然已经将序列的非平稳性问题解决了，但由于差分处理后会造成信息的损失，而且该检验也不能解决非平稳变量间存在协整关系的问题。Toda 和 Yamamoto（1995）提出的"基于扩展 Lag-Augmented VAR 模型的因果关系检验"法可弥补传统 Granger 检验的不足，该方法不需要考虑单位根的个数和变量的协整性即可进行因果关系检验，在因果关系检验中被广泛地应用。Toda 和 Yamamoto（1995）建议在拟合变量关系最佳水平的 VAR（L）模型中加入额外的滞后阶数 d（d 为变量的最大单整阶数），利用 OLS 方法估计 VAR（L+d）模型后进行模型系数的 Wald 检验，以判断变量间是否存在 Granger 因果关系。Toda 和 Yamamoto 证明在各种情况下该修正的 Wald 统计量服从标准卡方分布。

（三）门限协整与误差修正模型

当前，研究两个或两个以上变量之间的动态关系主要采用协整理论和误差修正模型。误差修正模型是由 Davidson 等（1987）提出来的，直到 Granger（1983）提出协整理论及 Engle 和 Granger（1987）提出"Granger 表示定理"后才得到进一步的发展。由于只有当变量之间存在协整关系时才能采用误差修正模型，在使用"Granger 表示定理"获得误差修正模型之前需检验变量之间是否存在协整关系。常用的协整检验方法是 Engle 和 Granger 两步法以及 Johansen 和 Juselius 基于 VAR 的极大似然法。在大样本条件下，对于只包含两个变量的系统的协整检验，两种方法得到的结论基本上是一致的。使用 EG 两步法或 JJ 法检验出两个变量间存在协整关系后，就可以根据 Granger 表示定理得到误差修正模型。基于 Granger 表示定理的误差修正模型能较好地将变量之间的长期关系和短期关系结合在一起，在短期内如果协整变量相对于长期均衡存在偏离现象，则某些变量会对非均衡作出响应，从而使系统恢复到长期均衡。但是，传统模型还存在不足之处：假设变量在由短期偏离向长期均衡的调整过程中，调整系数是固定不变的，即协整变量对误差修正项的调整是连续的。然而，由于受外部因素的影响，现实经济行为的调整往往是不连续的，存在非线性特征。

Balke 和 Fomby（1997）最早提出将协整与非线性结合在一起的门限协整模型，他们认为在实现均衡的过程中，变量向长期均衡的调整速度并不一定是不变的，即向均衡过程调整的速度在特定条件下会快于或慢于其他情况。如果协整过程中存在非线性的调整过程,而在分析过程忽略了其中的非线性,则模型的推断和分析将是有偏的。因此,对协整系统进行非线性特征的检验显得非常重要。Balke 和 Fomby(1997)在误差修正模型中考虑了非线性特征,但只探讨误差修正序列本身是否存在非线性的检验,并未涉及误差修正模型中动态调整参数存在的非线性情况。Lo 和 Zivot(2001)在协整向量已知的情况下,将 Balke 和 Fomby(1997)的方法推广到多个变量。但这两种方法存在同样的不足,即在线性模型所估计的协整向量,在存在门限效应的情况下未必能继续适用。Hansen 和 Seo(2002)的门限效应检验方法则避免了该不足,他们提出了一种以误差修正项为门限变量的两状态门限协整模型,并介绍了基于门限值未知情况下模型参数估计和门限效应存在性的检验方法。

假设 x_t 是 p 维一阶单整时间序列,并且 x_t 存在 $p \times 1$ 维的协整向量 β。记 $w_t = \beta' X_t$ 为平稳的误差修正项,$X_{t-1}(\beta) = \{1, w_{t-1}(\beta), \Delta x_{t-1}, \Delta x_{t-2} \cdots \Delta x_{t-k}\}'$,则滞后阶数为 k 的线性误差修正模型为:

$$\Delta x_t = A' X_{t-1}(\beta) + u_t \tag{9}$$

滞后阶数为 k 的两状态门限协整模型可以表示为:

$$\Delta x_t = \begin{cases} A'_1 X_{t-1}(\beta) + u_t & w_{t-1}(\beta) \leq \gamma \\ A'_2 X_{t-1}(\beta) + u_t & w_{t-1}(\beta) > \gamma \end{cases} \tag{10}$$

其中,A_1 和 A_2 为动态系数矩阵,γ 为门限值。

利用示性函数 $I(\cdot)$,模型(10)也可以表示为:

$$\Delta x_t = A'_1 X_{t-1}(\beta) d_{1t}(\beta, \gamma) + A'_2 X_{t-1}(\beta) d_{2t}(\beta, \gamma) + u_t \tag{11}$$

其中,$d_{1t}(\beta, \gamma) = I(w_{t-1}(\beta) \leq \gamma)$,$d_{2t}(\beta, \gamma) = I(w_{t-1}(\beta) > \gamma)$。在(11)式中,依据误差修正项值的不同将误差修正模型分为两个状态。当对均衡的偏离小于或等于门限值时,变量 X_t 倾向于不向长期均衡状态方向调整,而当对均衡的偏离大于门限值,变量 X_t 倾向于向长期均衡状态方向调整。

Hansen 和 Seo(2002)建议使用极大似然方法对模型(11)进行估计。在残差项为独立正态分布的情况下,模型(10)的对数似然函数为:

$$Ln(A_1, A_2, \sum, \beta, \gamma) = -\frac{T}{2} \log |\sum| - \frac{1}{2} \sum_{t=1}^{t} u_t(A_1, A_2, \beta, \gamma)' \sum^{-1} u_t(A_1, A_2, \beta, \gamma) \tag{12}$$

其中，$u_t(A_1, A_2, \beta, \gamma) = \Delta x_t - A'_1 X_{t-1}(\beta) d_{1t}(\beta, \gamma) - A'_2 X_{t-1}(\beta) d_{2t}(\beta, \gamma)$，$T$ 为样本数量。

使 $Ln(A_1, A_2, \Sigma, \beta, \gamma)$ 达到最大值 $MLE(\hat{A}_1, \hat{A}_2, \beta, \gamma)$ 的即为模型（11）的极大似然估计。

由于 $\hat{A}_1(\beta, \gamma)$ 和 $\hat{A}_2(\beta, \gamma)$ 可以由部分样本 $w_{t-1}(\beta) \leq \gamma$ 和 $w_{t-1}(\beta) \leq \gamma$ 分别以 Δx_t 对 $X_{t-1}(\beta)$ 回归得到，于是可以得到简约式的对数似然函数：

$$Ln(\beta, \gamma) = Ln(\hat{A}_1(\beta, \gamma), \hat{A}_2(\beta, \gamma), \hat{\Sigma}(\beta, \gamma), \beta, \gamma) = -\frac{T}{2}\log|\hat{\Sigma}(\beta, \gamma)| - \frac{TP}{2} \quad (13)$$

若 π_0 为任一微调参数，在协整向量 β 标准化以及受 $\pi_0 \leq T^{-1}\sum_{t=1}^{T} I(x'_t \beta \leq \gamma) \leq 1 - \pi_0$ 约束的情况下，$MLE(\hat{\beta}, \hat{\gamma})$ 可以通过对 $\log|\hat{\Sigma}(\beta, \gamma)|$ 实施最小化获得。

Hansen 和 Seo（2002）分别针对 (β, γ) 已知和未知的两种不同情况提出两个不同的 LM 检验统计量，并建议采用 Bootstrap 法获得 LM 检验的临界值和 P 值。LM 检验的原假设 H_0：应使用线性误差修正模型即模型（9）拟合变量之间动态关系，备择假设 H_1：应用非线性误差修正模型即模型（10）拟合变量之间动态关系。

在 (β, γ) 已知的情况下，LM 检验的统计量为：

$$LM(\beta, \gamma) = vec(\hat{A}_1(\beta, \gamma) - \hat{A}_2(\beta, \gamma))'(\hat{V}_1(\beta, \gamma) - \hat{V}_2(\beta, \gamma))^{-1} vec(\hat{A}_1(\beta, \gamma) - \hat{A}_2(\beta, \gamma))$$

其中，

$\hat{V}_1(\beta, \gamma) = M_1(\beta, \gamma)^{-1} \Lambda_1(\beta, \gamma) M_1(\beta, \gamma)^{-1}$,
$\hat{V}_2(\beta, \gamma) = M_2(\beta, \gamma)^{-1} \Lambda_2(\beta, \gamma) M_2(\beta, \gamma)^{-1}$,
$X_1(\beta, \gamma) = X_{t-1}(\beta, \gamma) d_t(\beta, \gamma), X_2(\beta, \gamma) = X_{t-1}(\beta, \gamma)[1 - d_t(\beta, \gamma)]$,
$\zeta_1(\beta, \gamma) = \hat{u}_t \otimes X_{t-1}(\beta, \gamma) d_t(\beta, \gamma), \zeta_2(\beta, \gamma) = \hat{u}_t \otimes X_{t-1}(\beta, \gamma)[1 - d_t(\beta, \gamma)]$,
$M_1(\beta, \gamma) = I_k \otimes X_1(\beta, \gamma)' X_1(\beta, \gamma), M_2(\beta, \gamma) = I_k \otimes X_2(\beta, \gamma)' X_2(\beta, \gamma)$,
$\Lambda_1(\beta, \gamma) = \zeta_1(\beta, \gamma)' \zeta_1(\beta, \gamma), \Lambda_2(\beta, \gamma) = \zeta_2(\beta, \gamma)' \zeta_2(\beta, \gamma)$

在 (β, γ) 未知情况下，β 可以使用模型（9）所估计出来的 $\tilde{\beta}$ 代入，这样门限效应的检验统计量为：

$$\sup LM = \sup_{\gamma_L \leq \gamma \leq \gamma_U} LM(\tilde{\beta}, \gamma)$$

其中，$[\gamma_L, \gamma_U]$ 为设定的 γ 值的搜索区间，γ_L 和 γ_U 分别为 $\tilde{w}_{t-1}$ 的 φ 和 $(1-\varphi)$ 百分位点；Andrews（1993）建议 φ 的设置在 0.05 和 0.15 之间。

二 澳门房价与经济发展关系的实证分析

我们采用澳门住宅平均成交价（P_t）代表澳门房地产价格，采用澳门的国内生产总值（GDP_t）代表经济发展水平。数据来源于澳门统计暨普查局网，样本期间为 2001 年第 1 季度至 2009 年第 4 季度的住宅平均成交价（P_t）和澳门 GDP_t 的季度数据，对两变量取对数，定义为 LnP_t 和 $LnGDP_t$。

（一）Copula 函数的相关性检验

为了检验两变量是否存在非线性相关关系；在住宅平均价格上升或下降时，其与 GDP 的上升与下降是否是对称的；是否可采用同一方程来拟合二者的协整关系，在此先对两变量进行上下尾的 Copula 相关性检验。

研究二者的相关性，首先要得到两种 Copula 函数的具体形式，需要对函数的参数进行估计。对于 Gumbel-H 的 Copula 函数和 Clayton 的 Copula 函数的非参数估计，首先都要先计算出二者的秩相关系数，再根据（8）式，计算出两个 Copula 函数的参数估计值。应用 R 软件，可以计算得到 LnP_t 与 $LnGDP_t$ 的秩相关系数 τ，为 0.8667。根据秩相关系数，则可得到 Gumbel-H 的 Copula 函数和 Clayton 的 Copula 函数的参数估计值，其估计结果见表 1。

表 1 相关参数估计结果

Copula 函数	Gumbel	Clayton
τ	0.8667	0.8667
θ	0.1333	13.0038
λ^{up}	0.9032	0.0000
λ^{lo}	0.0000	0.9481

二元 Copula 函数分布的变化主要集中在 u = v 对角线上，而 u = v 对角线上的概率密度的变化可以反映变量间的协同运动，即两个变量向一个共同方向变化的趋势。在估计出 Gumbel-H 和 Clayton 两 Copula 函数的参数

| 六 |

区域经济　协调发展　**457**

后，就可以绘出 Clayton-Copula 函数和 Gumbel-Copula 函数在 u = v 对角线上的概率密度分布图，如图 1 所示。进一步，根据（5）、（6）式可以得到在不同水平下的上尾和下尾相关，本文选取的范围从 0.05 到 0.95，共 90 个水平，结合 Gumbel-H 的 Copula 函数和 Clayton 的 Copula 函数，可得到在不同水平下 LnP_t 与 $LnGDP_t$ 的上尾相关系数和下尾相关系数图，其结果如图 2 所示。

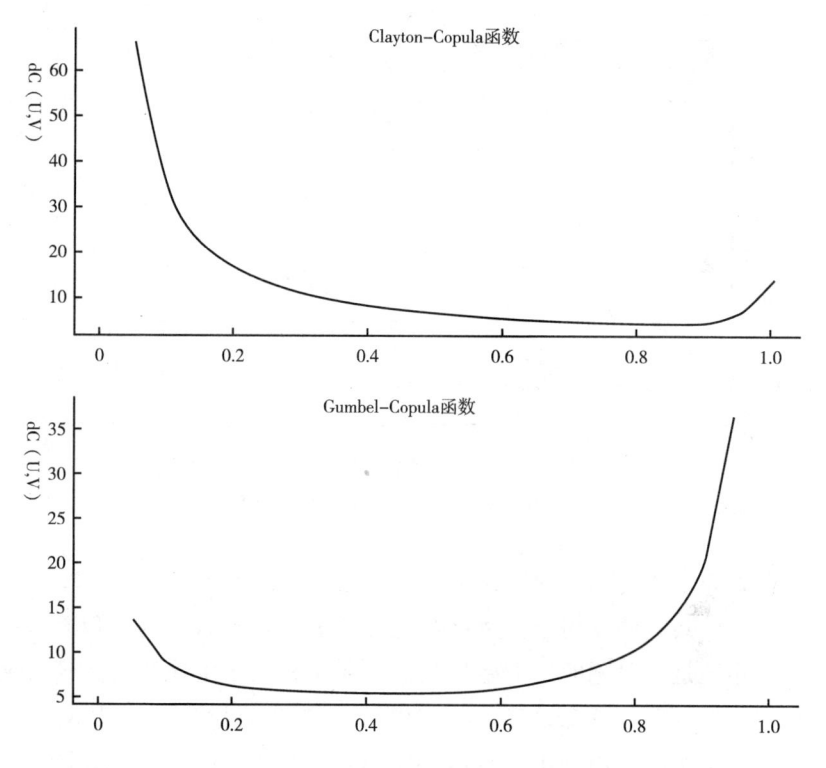

图 1　二元 Copula 函数在 u = v 对角线上的密度分布（$\tau = 0.8667$）

在表 1 中，可以看出无论是上尾相关还是下尾相关，LnP_t 与 $LnGDP_t$ 的相关关系都是非常显著的，上尾相关的相关系数在 0.9 以上，下尾相关的相关系数在 0.945 以上，这意味着住宅价格和 GDP 在大幅波动时存在着共同的变化趋势，即表现出大幅同涨、同跌趋势。住宅价格普遍由开发商利润和成本组成，一般来讲，开发商利润较为固定，即经济环境稳定的情况下，开发商期望回报率是固定不变的。因此住宅价格高低与房地产关联行业收益高低有很强一致性；GDP 波动同时伴随着利率的频繁波动，也影

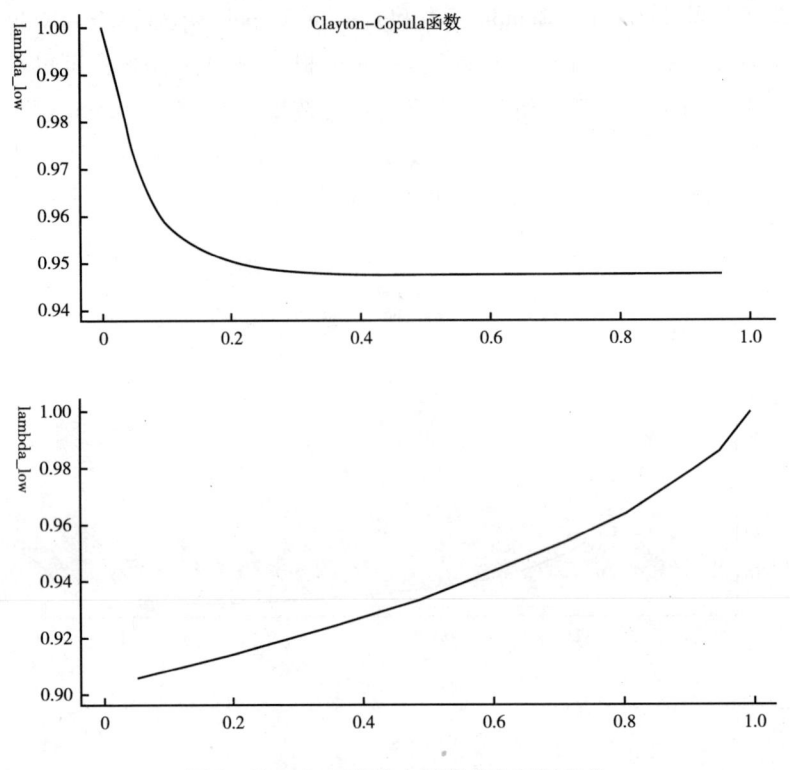

图 2　Copula 函数的上尾相关和下尾相关

响着投资者和个体需求者的决策方向；由此看来，住宅价格和 GDP 在大幅波动时存在着共同的变化趋势是符合现实情况和经济含义的。但是两变量的上下尾相关是非对称的，下尾相关强度要明显大于上尾相关，这说明在住宅价格上涨阶段与下降阶段，住宅价格与 GDP 的相关程度是不一致的，这也将导致二者的长期变化关系不一致，故这两变量存在着非线性的变化关系。

（二）单位根和因果关系检验

在进行具体分析之前，首先分别使用 ADF 检验和 PP 检验对 $LnGDP_t$ 和 LnP_t 进行单位根检验，检验结果见表 2。从表 2 可以发现，ADF 检验和 PP 检验两种方法均显示 $LnGDP_t$ 和 LnP_t 均为非平稳序列，但其一阶差分序列 $\Delta LnGDP_t$ 和 ΔLnP_t 皆在 5% 显著水平下拒绝存在单位根的原假设，即两个变量皆为一阶单整。

表2　变量的单位根检验

变量	ADF检验 统计量	P值	结论	PP检验 统计量	P值	结论
$LnGDP_t$	-0.515213	0.8751	不平稳	-0.608484	0.8547	不平稳
LnP_t	-0.885693	0.7793	不平稳	-0.883525	0.7800	不平稳
$\Delta LnGDP_t$	-5.445739*	0.0001	平稳	-12.36272*	0.0000	平稳
ΔLnP_t	-5.027105*	0.0003	平稳	-5.167522*	0.0002	平稳

注：①ADF检验和PP检验的检验方程均只含有常数项而不包括趋势项。②"*"表示在5%显著水平下，拒绝原假设。

为了分析经济发展水平与房价水平间的因果关系，此处用较可靠的VAR（L+d）方法检验二者的因果关系。根据LR、AIC、FPE和HQ准则确定拟合二者关系的VAR模型的最佳滞后阶数，当各准则的选择结果存在不一致时，对不同的滞后阶数都进行检验。经过实证发现各信息准则确定的最佳滞后阶数为1，两个序列为一阶单整序列。根据Toda和Yamamoto（1995）的建议在VAR（2）模型中检验经济发展水平与住宅价格水平的因果关系，检验结果见表3。结果表明二者间存在双向反馈机制。

表3　Toda和Yamamoto（1995）方法因果关系检验

原假设	Wald统计量	P值
经济发展水平不是房价水平的Granger原因	5.462434	0.009699
房价水平不是经济发展水平的Granger原因	3.250007	0.053267

（二）Johansen协整检验

虽然$LnGDP_t$和LnP_t都是非平稳的一阶单整序列，但其某种线性组合可能是平稳的，这样的组合反映了变量之间长期稳定的比例关系，即协整关系。这里采用Johansen协整方法检验GDP和房价之间是否存在协整关系。由于Johansen协整检验结果对滞后阶数比较敏感，应取拟合变量关系最佳的VAR模型的滞后阶数。这里，根据AIC信息准则选定非限制VAR模型的滞后阶数为1，表4是滞后阶数为1时的Johansen协整检验结果。由表4可知，在10%显著水平下，"0个协整向量"的原假设被拒绝，而无法拒绝"至少有1个协整向量"的假设，说明$LnGDP_t$和LnP_t之间存在协整关系。

表 4 LnGDP$_t$ 与 LnP$_t$ 的 Johansen 协整

原假设	特征根	特征根迹检验	
		检验统计量	P 值
0 个协整向量	0.2438414	16.58782 **	0.009108
至少 1 个协整向量	0.1766992	6.805178	0.010786

注：** 表示在 10% 显著水平下拒绝原假设。协整方程有截距项，无趋势项。

表 4 的 Johansen 协整检验表明 LnGDP$_t$ 和 LnP$_t$ 之间存在线性协整关系，但如果直接使用 Granger 表示定理获得系统的误差修正模型，可能忽略系统调整过程的非线性行为。因此，有必要使用 Hansen 和 Seo (2002) 方法对是否存在门限效应进行检验。此处 φ 值取 0.15，考虑的最大滞后阶数（差分）为 3，不同滞后阶数的门限协整模型结果见表 6。表 5 说明以 AIC 值与 BIC 值为最佳滞后阶数的选择准则，门限协整模型的滞后阶数应取 0，所估计的门限值 $\hat{\gamma}$ 为 2.343，对应的非线性误差修正模型如下：

$$\Delta lnGDP_t = \begin{cases} 0.92 - 0.461 w_{t-1} & w_{t-1} \leq 2.343 \\ (0.454) \quad (0.21) & \\ 1.916 - 0.935 w_{t-1} & w_{t-1} > 2.343 \\ (0.791) \quad (0.392) & \end{cases}$$

$$\Delta lnP_t = \begin{cases} 0.04 - 0.14 w_{t-1} & w_{t-1} \leq 2.343 \\ (0.35) \quad (0.141) & \\ -0.3879 + 1.97 w_{t-1} & w_{t-1} > 2.343 \\ (0.745) \quad (0.84) & \end{cases}$$

表 5 门限误差修正模型估计结果

滞后阶数（差分）	0	1	2	3
门限值 ($\hat{\gamma}$)	2.342897	2.450452	1.895064	1.687641
协整向量 ($\hat{\beta}$)	0.842146	0.83792	0.888915	0.912721
AIC 值	-160.741	143.2548	-125.696	-114.671
BIC 值	-164.389	-150.751	-137.251	-130.507
状态一比重 (%)	0.714286	0.852941	0.666667	0.6875
状态二比重 (%)	0.285714	0.147059	0.333333	0.3125

使用 Bootstrap 法检验估计出来的门限误差修正模型的门限效应是否显著，Bootstrap 次数取 2000 次，检验的结果为 LM 统计量（9.941）大于 Bootstrap 法所获得的 5% 临界值（7.821），对应的 P 值为 0.012。这说明使用非线性误差修正模型而不是按线性误差修正模型来拟合 $LnGDP_t$ 和 LnP_t 之间的动态关系。在非线性误差修正模型中，门限值 2.343 将系统分为两个状态（见图 3），28.57% 的样本落在状态二（$w_{t-1} \geq 2.343$），这个状态主要分布在 2004 年和 2006 年，无论是在中国内地还是澳门地区，历史经验均证明了这一时期处于房价的高涨期，其他期间绝大部分对应的是占全部样本 71.43% 的状态一（$w_{t-1} < 2.343$），特别是 2007 年受次贷危机的影响后，房价进入了下降的阶段。

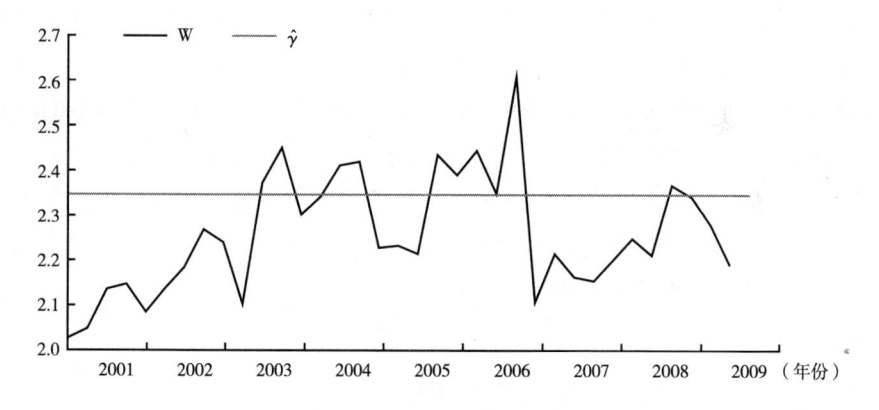

图 3　误差修正项的变化趋势

图 4 显示的是当其他变量保持不变时，估计出来的 $\Delta LnGDP_t$ 和 ΔLnP_t 对误差修正项的响应，反映了两个状态中不同的误差修正效应。首先分别观察两个状态 $\Delta LnGDP_t$ 和 ΔLnP_t 对误差修正项的响应，可以发现，在状态二中变量对误差修正项的响应明显大于状态一，表现出误差修正机制的非线性，即当变量对其系统均衡状态有较大的偏离时，系统有较大的动力去纠正变量对系统均衡状态的偏离，而当变量对其系统均衡状态的偏离较小时，系统的误差修正机制显得很弱。

通过观察误差修正项的系数可以发现以下几方面内容：第一，在经济发展方程中，两个状态方程对误差项的调整系数均为负数，说明短期非均衡状态中经济发展水平会使系统趋于长期均衡水平。在房价水平方程中，处于第一状态的方程，房价水平变化对误差项的调整系数为负数，也说明了短期非

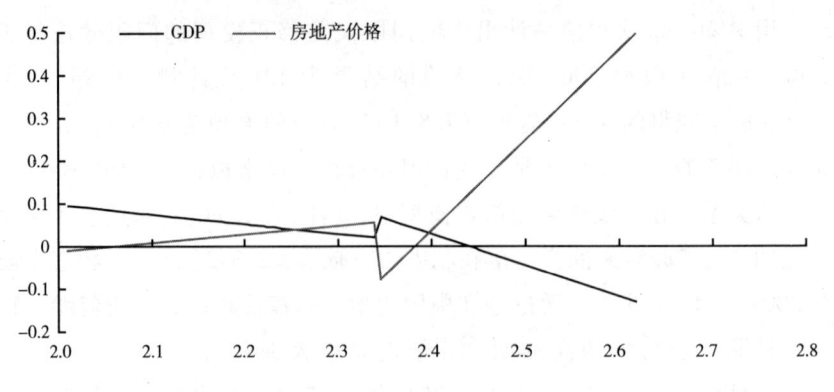

图 4 变量对误差修正项的响应

均衡状态中房价水平会使系统趋于长期均衡水平，但在第二状态方程中，房价水平变化对误差项的调整系数为正数，但常数项为负数，说明了在一定程度的短期非均衡中房价水平会使系统趋于长期均衡，但当短期非均衡的程度过大时，房价水平会使系统更大地偏离其长期均衡状态的程度更大，滋生房地产的泡沫。第二，状态二经济发展水平和房价水平方程的调整系数的绝对值均大于状态一的方程，说明了在高房价水平期间变量对误差修正项的响应均大于低房价水平期间，见图 4。

结论和启示

我们采用 Copula 函数相关性检验、因果关系检验和门限协整三种方法对 2001 年第 1 季度至 2009 年第 4 季度澳门地区经济发展水平与房价水平之间的相互关系进行研究。经过实证分析可得到以下几个结论和启示：

第一，澳门地区的经济发展水平与房价水平之间存在着相关关系，且相关关系都极为显著。但是在房价的高水平与低水平，二者的相关性是非对称的。也正是这种非对称的相关关系，使得在房价的高涨阶段与下降阶段，我们不能采用单一的方程去拟合二者的长期均衡或短期均衡的关系。

第二，澳门地区的经济发展水平与房价水平存在着协整关系，而且是非线性协整关系，门限值为 2.343，将误差修正模型分为两个状态，在高房价状态中，经济发展水平与房价水平对误差修正项的调整系数绝对值均大于低房价状态的调整力度对应。从时间上看，高房价阶段大部分停留在 2004~2006 年，而低房价阶段大部分处于 2001~2003 年，以及

2007~2008年这一期间。由于在高房价状态的误差修正项的绝对值较低房价状态大，故说明在低房价状态，经济发展水平与房价水平的关系更为密切。

第三，在经济发展水平方程中，两状态的经济发展水平对误差项的调整系数均为负数，说明当经济系统出现短期偏离时，这种短期的偏离是短暂的，经济系统的内在因素会使经济发展水平趋向于长期均衡。而在房价水平方程中，当房价处于较低水平时，对误差项的调整系数是负数，当房价处于高位运行时，对误差项的调整系数则是正数，这说明是当房价处于较低水平时，当系统出现短期的偏离时，该偏离也是短暂的，系统内的因素会使房价水平趋向于长期均衡，而当房价处于高位运行时，当系统出现短期的偏离时，房价水平对误差修正项的响应只会加大偏离的程度，这种偏离达到一定的程度，就会产生市场的泡沫。图3中，当系统运行至2004年时，系统就处于状态二中，2007年后受美国次贷危机及金融危机的影响，美国房地产市场的泡沫破裂，传导至澳门地区，使房价泡沫出现局部的破裂，使得系统又回到了状态一。

第四，澳门地区经济发展水平与房价水平之间存在双向的Granger因果关系，经济的发展（倒退）会促进房价的上升（下降），房价的上升（下降）同时也会促进经济增长（倒退）。但根据二者的门限协整方程可知，二者的这种因果关系是一种长期的均衡关系，当二者在短期内发生了偏离，这种关系将会发生改变，即房价的过度偏离（房价水平的第二状态协整方程），将无法使经济得到快速的发展，而是使房价过度偏离期长期水平，产生房地产的泡沫。20世纪90年代日本的地产泡沫及2007年美国的次贷危机，均与上述结论相符。

根据以上的结论，政府部门在制定房地产政策方面可考虑以下建议：政府部门政策制定人员需要正确认识到房价过度的偏离其合理价格，不仅不能促进经济的长期发展，还可能引发房地产的泡沫。一旦泡沫破裂，房价与经济的因果关系，将导致经济衰退。故在制定政策时，需要考虑到保持房地产与一国经济的协调发展。当房价水平过度偏离合理价格时，要出台有关政策，限制房价的过度上涨，当房价落后于经济的发展时，要出台一些促进房价发展的政策，以促进经济的更快发展。政府部门人员应该把更大的努力放在促进本地区经济发展上，根据二者的因果关系，经济发展了，房价也会紧随其后。

参考文献

［1］刘琳、刘洪玉，2003，《地价与房价关系的经济学分析》，《数量经济技术经济研究》第7期。

［2］严金海，2006，《中国的房价与地价：理论、实证和政策分析》，《数量经济技术经济研究》第1期。

［3］蒋旻、许晓燕，2008，《浙江省经济增长对房地产价格影响实证分析》，《价格月刊》第10期。

［4］王西军、刘传哲，2007，《我国房地产价格与GDP关系实证分析》，《科技导报》第8期。

［5］胡胜、刘旦，2007，《经济增长与房价波动的相关性研究》，《中国物价》第12期。

［6］国晓丽，2006，《房地产业对GDP的贡献与平抑房价：北京例证》，《改革》第10期。

［7］李悦、程骏希，2006，《上证指数和恒生指数的Copula尾部相关性分析》，《系统工程》第5期。

［8］韦艳华、张世英，2008，《Copula理论及其在金融分析上的应用》，清华大学出版社。

［9］Hansen Bruce, Byeongseon Seo, 2002, "Testing for Two-regime Threshold Cointegration in Vector Error correction Models", *Journal of Econometrics* (110), 293-318.

图书在版编目(CIP)数据

21世纪数量经济学. 第11卷/汪同三, 吴承业主编. —北京: 社会科学文献出版社, 2011.9
ISBN 978-7-5097-2626-6

Ⅰ.①2… Ⅱ.①汪…②吴… Ⅲ.①数量经济学-文集 Ⅳ.①F224.0-53

中国版本图书馆CIP数据核字（2011）第161421号

21世纪数量经济学 第11卷

主　　编　/	汪同三　吴承业
副 主 编　/	李富强　赵昕东　胡日东
出 版 人　/	谢寿光
总 编 辑　/	邹东涛
出 版 者　/	社会科学文献出版社
地　　址　/	北京市西城区北三环中路甲29号院3号楼华龙大厦
邮政编码　/	100029
责任部门　/	财经与管理图书事业部　(010) 59367226
责任编辑　/	陶　璇
电子信箱　/	caijingbu@ssap.cn
责任校对　/	张玉芬
项目统筹　/	恽　薇
责任印制　/	岳　阳
总 经 销　/	社会科学文献出版社发行部　(010) 59367081　59367089
读者服务　/	读者服务中心　(010) 59367028
印　　装　/	三河市尚艺印装有限公司
开　　本　/	787mm×1092mm　1/16
印　　张　/	29.75
版　　次　/	2011年9月第1版
字　　数　/	512千字
印　　次　/	2011年9月第1次印刷
书　　号　/	ISBN 978-7-5097-2626-6
定　　价　/	98.00元

本书如有破损、缺页、装订错误，请与本社读者服务中心联系更换

版权所有　翻印必究